本书得到福特基金会资助

城市化进程中的农民问题

王厚俊　杨守玉　周辉　黄红球　著

中 国 农 业 出 版 社

目录

1 绪言 …… 1

1.1 城市化滞后于工业化构成中国城市化的基本格局，解决城广州市化进程中的农民问题要规避这一格局的负面影响，因势利导发挥正面效应 …… 1

1.2 农民群体构成及生存状况受城市化发展影响较大，不同类型的农民群体因城市化发展而建构出不同的生存模式 …… 2

1.3 城市化进程改变了村庄经济发展模式，各地村（社）集体经济的发展水平和发展形态对农民的市民化影响深远 …… 2

1.4 城市化进程中的征地问题及其围绕征地引发的利益博弈成为农民市民化的重大问题 …… 3

1.5 发挥政府的主导作用，利用产业升级和市场变迁，充分调动农民的积极性，解决城市化进程中的农民就业与培训问题 …… 3

1.6 城市化发展必须关注农民工子女教育问题 …… 4

1.7 完善进城农民工法律保护和社会支持制度，确保进城农民工的合法权益，加强对女性农民工的权益保障 …… 4

1.8 解决城市化进程中的农民问题，政府应该有所为，要建立与学界之间的良性互动，群策群力推动问题的解决 …… 5

2 城市化理论争辩与广州城市化发展概况 …… 7

2.1 城市化概念辨析与理论变迁 …… 8

2.2 城市化发展经验与发展模式 …… 13

2.3 广州城市化形成的机理：数据、模型构建及其检验 …… 18

2.4 基本结论与政策建议 …… 28

3 城市化进程中广州各农民群体分析 …… 30

3.1 调查选点与样本选择 …… 31

3.2 农民工群体的基本情况 …… 37

3.3 农民工与城市化 …… 50

3.4 “城中村”居民群体 …… 54

3.5 城郊农民群体 …… 67

4 城市化进程中征地利益相关者的经济博弈 …… 72

4.1 征地补偿及征地收益 …… 72
4.2 征地过程中的利益相关者 …… 74
4.3 征地过程中利益相关者的博弈分析 …… 76
4.4 对征地过程中利益相关主体间博弈的思考 …… 85

5 农民工融入城市的社会因素分析 …… 90

5.1 研究背景、目标与意义 …… 90
5.2 农民工留城问题相关概念及基本理论 …… 93
5.3 广州市农民工城市生活现状 …… 103
5.4 广州市农民工留城倾向影响因素实证研究 …… 118
5.5 主要结论与政策建议 …… 136

6 城市化进程中的妇女权益保护问题 …… 142

6.1 城市化进程中妇女权益保护研究意义 …… 142
6.2 妇女权益保护的相关政策分析 …… 143
6.3 广州城市化进程中妇女权益保护的实证分析 …… 144
6.4 维权意识与维权行为 …… 153
6.5 妇女权益保护面临的问题及政策建议 …… 163

7 城市化进程中的农民工子女教育问题 …… 172

7.1 农民工子女教育问题研究的意义 …… 172
7.2 农民工子女教育政策变迁 …… 179
7.3 农民工子女教育面临的问题 …… 184
7.4 广州市农民工子女接受义务教育的基本情况 …… 186
7.5 结论与政策建议 …… 200

8 城市化进程中的村（社）集体经济 …… 209

8.1 研究方法与研究过程 …… 209
8.2 广州市村（社）集体经济发展的主要特征 …… 214
8.3 广州市村（社）集体经济的组织形式：农村社区股份合作制 …… 225
8.4 广州市村（社）集体经济发展的监督与管理 …… 241
8.5 结论和政策建议 …… 250

9　城市化进程中的农民社会保障问题 ………………………………………… 258

9.1　农民权益保障研究的意义 ………………………………………………… 258
9.2　各群体对社会保障的了解及参与意愿 ……………………………… 259
9.3　农民工社会保障问题实证分析 ……………………………………… 268
9.4　失地农民的社会保障现状 ………………………………………………… 287

10　城市化进程中农民培训与就业问题的政府行为 …………………… 297

10.1　农民培训与就业问题研究综述 ……………………………………… 297
10.2　农民培训与就业过程中的政府角色 ……………………………… 309
10.3　不同农民群体培训情况比较 ………………………………………… 331
10.4　不同农民群体就业情况比较 ………………………………………… 362
10.5　农民培训与就业存在的问题及应对策略…………………………… 381

11　城市化进程中农民权益保护的法律机制 ……………………………… 394

11.1　农民土地财产权益保护 …………………………………………………… 394
11.2　村民自治及存在的问题 …………………………………………………… 414
11.3　完善农民权益保护的政策建议 ……………………………………… 434

12　近郊与远郊的城市化——典型村的分析 ……………………………… 437

12.1　白云区江高镇大田村的城市化 ……………………………………… 437
12.2　从化市鳌头镇桥头村的城市化 ……………………………………… 442
12.3　从化市江浦街下罗村的城市化 ……………………………………… 445

附录…………………………………………………………………………………………… 449

附录1　广州市1978—2008年主要经济指标一览表 ……………………… 449
附录2　广州市黄埔区荔联街沧联股份经济联合社章程 ……………… 452
附录3　广东省农村集体财务公开制度 ……………………………………… 461

参考文献 ……………………………………………………………………………………… 466
后记…………………………………………………………………………………………… 470

1 绪　　言

中国的工业化和城市化发展，不仅改变了地区经济社会结构，而且改变了农民群体的构成和生产状况，能否妥善解决城市化发展过程中的农民问题，不仅关系到中国城市化的发展方向，也会影响到地区稳定和社会秩序。中国的城市化不同于西方发达国家，其发展路径和演变过程具有中国特色，当前中国城市化的发展存在两大问题：一是城乡二元户籍制度的广泛而长期存在；二是城市化滞后于工业化。城乡二元户籍制度的广泛存在构成了城市化进程中各类农民群体在城市生存和发展的制度结构，而城市化滞后于工业化造成了大多数进城农民工的劳动力生产和再生产的断裂，并且城市社会的社会保障和公共产品的供给无法满足城市居民尤其是都市外来人口的需求。广州作为中国南方的国家中心城市和珠三角地区最重要的区域城市，其城市化发展既具有自身的特征，也不可避免地带有中国城市化模式的不足。总的来看，随着现代化程度和工业化水平不断提高，随着城市化水平和城市规模不断扩大，越来越多的非农人口主动或被动地被广州城市所吸纳，就目前广州城市化进程中的农民群体结构来看，主要有农民工、“城中村”居民、城郊农民及远郊农民这四大类农民群体。

为进一步研究中国城市化进程中农民群体结构及生存状况，了解农民养老、居住、教育、医疗、权益保障问题，及城市化进程中与农民相关的村社集体经济发展、就业与培训、权益保障和政府治理等问题，由美国福特基金会资助，仲恺农业工程学院经济与管理学院主持的“中国城市化进程中的农民问题”课题围绕农民工的城市融入、妇女权益保护、农民工子女教育、“城中村”的村（社）集体经济、失地农民的社会保障、农民培训与就业的政府治理和农民权益保障等问题，针对农民工、“城中村”居民、城郊农民及远郊农民进行了大规模的问卷调查，并针对这四大群体选择了有代表性的个案进行了访谈，通过对问卷调查数据和个案访谈资料的整理和分析，本课题研究得出了如下结论。

1.1　城市化滞后于工业化构成中国城市化的基本格局，解决城广州市化进程中的农民问题要规避这一格局的负面影响，因势利导发挥正面效应

世界城市化模式有 4 种：城市化与工业化同步、超前型城市化、滞后型城市化和逆城市化（城市人口向农村迁移）。我国的城市化属于滞后型城市化，

出现这种发展态势并非说明我国的城市化是失败的，它至少创造了两大奇迹：一是农村乡镇企业、社队企业、中小企业的高度发展，曾经达到三分天下有其一的盛况，成为世界大国中农村工业化水平最高的国家；二是我国没有陷入“拉美陷阱”，没有出现一边是现代化，一边是发展停滞、社会动荡的局面。我国只能走工业化优先于城市化的道路。

此外，城市化是人口的聚集、要素的流动、产业结构的转换，这些都与农民休戚相关。政府需要发挥城市化的正面效应，大家普遍体会到的是农民收入提高、生活方式改变、转变思想观念、提高文化道德素质、提高社会地位、享受国民待遇，更深层次的则有提高劳动生产率、提高农业生产率、扩大内需、改善生产方式、社会结构优化、社会进步；负面效应则可能是使农民利益受损，这主要发生在初期，因为正面效应不会一开始表现出来，所以城市化初期更重要的是规避负面效应。

就广州城市化的形成机理来看，广州城市化的形成主要来自农业、工业和第三产业的驱动；城市化的实现机制主要是规模经济效益、聚集经济效益、城市的磁效益；城市化的推动机制主要为制度变迁和比较利益。就广州市的城市化发展进程来看，广州城市化形成的动力机制主要来源于工业化、市场化、外来务工人员持续增长、固定资产投资、人力资本积聚、对外开放程度、政府对城市公共服务的投资等多方面综合形成的结果。

1.2 农民群体构成及生存状况受城市化发展影响较大，不同类型的农民群体因城市化发展而建构出不同的生存模式

城市化进程中的农民群体可以划分为农民工、“城中村”居民、城郊农民及远郊农民。主张对各群体的生存状况予以分别研究，比如农民工的身份问题、“城中村”居民的身份转化、农民群体的工作变换及居住地的变迁、农民工群体的权益维护及社会人文关怀等。城市化进程中各类农民群体尤其是农民工群体，其生存现状不尽如人意，而“二元结构”户籍制度是城市化进程中农民问题的症结所在，解决城市化进程中的农民问题要从维护农民基本权益入手，政府应该高度重视城市化进程中的农民问题，彻底废除二元户籍制度，消除农民群体“二等公民”观念，消除劳动力流动的障碍，维护农民权益。

1.3 城市化进程改变了村庄经济发展模式，各地村（社）集体经济的发展水平和发展形态对农民的市民化影响深远

城市化发展促成了大多数农业村庄演变成为“非城非村，亦城亦村”的“城中村”，而“城中村”的村（社）集体经济越来越受到学界的重视和关注。村（社）集体经济依据研究层面的不同，可以分为两个层次：对村（社）集体

经济的理论研究和将村落单位制作为一种组织形态展开案例研究。

西方经典理论在阐述由乡村向城市的转型中，并没有涉及极具有中国特色的“城中村”的生存与变异逻辑。课题组则将村落单位制作为一种组织形态，主张对村（社）集体经济行为轨迹及绩效进行研究，从村（社）集体经济发展的制度背景、主要特征、组织形式和监督实效进行了归纳和梳理。其中，发现广州市中心城区村（社）集体经济发展的保守性特征和不同区域集体经济发展的差异性特征；对广州市城中村（社）集体经济实行的社区股份合作制的调查中，发现在外嫁女股权配置、股利分配、组织架构、股利的社区封闭性等方面都存在诸多亟待解决的问题。此外，对村（社）集体经济的监督主要是通过民主理财小组和财务公开的形式来具体体现的，广州市大多数村（社）集体经济组织在财务公开和民主理财方面取得了很好的成效，但还存在对财务公开不够重视、财务公开的内容残缺不全、财务公开的形式比较单一等问题。

1.4 城市化进程中的征地问题及其围绕征地引发的利益博弈成为农民市民化的重大问题

城市化的一个显著特征是农村地域特别是城郊农村逐渐被城市化所“蚕食”，使得原本以“农”为本的原农村的生产生活方式发生了变化。本研究从动态博弈的角度厘清征地过程中利益相关主体的利益关系和利益分配问题，关注失地农民切身的经济利益保障。

课题组在从化市的下罗村、鳌山和桥头村，南沙区的新兴村以及白云区的大田村等城市近郊和远郊区域选取调查样本 158 个，其中 58 个被调查对象家中土地有被征用的情况。通过分析，归纳出征地用途，主要是建工业园区、公路、学校、“房地产开发”或“村办企业”。征地过程中的利益相关主体经济博弈的焦点主要为征地补偿问题、村集体组织“代理”与“谋利”的双重角色问题、地方政府“政策执行主体”与“利益主体”双重身份问题。根据研究，给出了明晰集体产权，增强村集体组织和被征地农民的博弈地位；明确界定“公共利益”的内涵和外延，建立健全公开公平的征地程序；提出建立健全征地监督管理机制和农村社会保障体系的建议。

1.5 发挥政府的主导作用，利用产业升级和市场变迁，充分调动农民的积极性，解决城市化进程中的农民就业与培训问题

就城市化进程中农民培训与就业的政府治理来看，目前，农民问题的关键在于就业，而就业需要适应性培训，政府对农民的培训与就业一直非常重视。但是，实际工作中，政府主导的农民培训与就业服务工作存在着政府热、农民冷，农民需求没有得到满足的现象。目前看来，农民群体可以区分为“城中

村”按照相关政策已经由农业户口转为非农户口的人员（转制居民）、城市郊区的农民和外来农民工这三大类型。通过在大城市中心城区、城市近郊和城市远郊分别选点进行调查发现，当前地方政府基本形成了以农业系统、劳动与社会保障系统、成人文化技术学校为主的农民培训与就业服务体系，但是不同群体接受政府培训的分布情况极不平衡。近郊农民和“城中村”转制居民受过技能培训的比率最高，而在被调查的 230 名外来农民工中只有两人接受过镇、村委组织的培训；“城中村”转制居民转移就业比较充分，基本上没有从事农业，在集体经济组织中就业较多，城郊农民就业的主要方式是外出打工，从事农业的人数在减少，外来农民工在城市的就业多为常年就业，但工作稳定性比较差。在今后的工作中，政府的培训应明确农民培训的重点对象，调整好农民培训的途径、内容和方式，建立培训加就业的服务制度，大力推进九年义务教育后的中等职业教育，推行劳动预备制度，实行就业准入制度。

1.6 城市化发展必须关注农民工子女教育问题

关于城市化进程中的农民工问题，本课题主要研究了进城务工农民工的工作绩效和农民工子女的教育这两大问题。

进城农民工子女在城市接受教育问题，是当下困扰农民工留城工作生活的一个主要问题，也引起了农经学者们的关注。课题组通过选取具有代表性的公立学校、民办学校和农民工子弟学校 40 余所，运用访谈法和问卷法收集一手资料进行分析，发现城市实施的免除义务教育阶段学杂费的政策给农民工带来了新问题：不交借读费，外来儿童去哪入学？收取借读费的时期，部分外来务工人员子女可以凭借“借读费”作为“借读生”入读公办学校，取消借读费后，外来务工人员子女还能不能进入公办学校读书？目前，部分城市实施的对在城市中小学校就读的学生取消借读费的政策给外来务工人员带来了很大困惑，本意是出于减轻学生家长负担的一项利好政策，但给城市外来务工人员带来的后果却是农民工子女没有享受到户籍所在地的免费义务教育的权利，在城市因为难以进入公办学校读书而失去了与城市儿童的同等待遇，只能进入需要支付一定费用的民办学校或者农民工子弟学校读书，农民工子女成为在实施免费义务教育后仍需交费上学的庞大群体。

1.7 完善进城农民工法律保护和社会支持制度，确保进城农民工的合法权益，加强对女性农民工的权益保障

城市化进程对女性的就业状况、生活方式和思想观念等产生了一系列重大的影响，也引发了一些不容回避的现实问题。课题组通过对外来女性务工人员从自我保健意识、社会地位与维权意识、家庭地位三个方面展开调查，得到的

一般性结论是：在城市化进程中，妇女权益得到了较大提高，但由于妇女权益保护相关法律法规不健全、相关部门功能缺失、女性自身素质参差不齐等原因，外来女性务工人员的权益保护仍然任重道远。

此外，课题组在对230位外来农民工的调查发现，外来农民工的权益保护现状基本可以归纳为：工资发放不容乐观、休息时间大都不够、权益被侵害现象严重、法律知识欠缺、权利保护意识薄弱。课题组提出了加强立法和执行监督、扩大农民收入渠道、加强法律知识普及和妇女权益保护的建议。

就农民权益保护的法律机制来看，要着重从农民对土地享有权益的保护和村民自治权保护两个方面展开。课题组提出了城市化中完善农民权益保护的若干举措：对村民委员会、村集体经济组织的运作及其应承担的责任，需要制定可操作性的法律规定；对“公共利益需要”界定要通过立法的形式予以明确，使农民对土地所享有的权益得到有效保护；建立有效的征地补偿安置争议的协调和司法裁决机制，摒弃目前的行政裁决机制，有效保障农民的合法权益；进一步完善被征地农民的劳动就业及社会保障机制。

1.8 解决城市化进程中的农民问题，政府应该有所为，要建立与学界之间的良性互动，群策群力推动问题的解决

地方政府在对农民工进行管理的工作过程中经常思考三个问题：一是城市脏、累、差的工作大都由农民工完成，城市已离不开农民工。但从作为政府干部的角度考虑，农民进城随之而来的是社会治安状况复杂，管理难度加大；二是进城农民工希望自己能享受市民的同等待遇，希望依靠自己的劳动真正融入城市，但现实中农民工的生活质量与市民还存在一定差距，农民工心理不平衡；三是工作中观察到农民工子女的教育问题通常是两个极端，不知疾苦和生活艰苦。

此外，就地方政府针对村集体经济、村民自治、妇女权益、外来工子女教育、农民工进入城市后如何与周边居民、社区融合等问题，政府部门需要加强与学术界的互动和联系，只有实现了学者与实践部门的良好互动，才有助于在双方之间创建一个有益于研究与实践的环境，才可以发挥政学联动机制的作用，更加科学和稳妥地解决城市化进程中的农民问题。

总之，城市化进程中的农民问题，既是中国城市化发展的结果，也是中国城市化发展无法逾越的障碍，中国的农村和农民为中国城市化的发展作出了重大贡献，中国城市化的发展自然也不能无视广大农民面临的社会问题和利益诉求。作为后发型现代化国家，中国的城市既承载了发展经济和实现民富国强的宏大使命，也承担了农民市民化和实现广大农民共享社会发展成果的社会责任，因此，需要正视城市化进程中的农民问题，通过政府主导、农民参与和市

场解决三方相结合，群策群力共同解决中国城市化发展过程中面临的各类障碍，其中包括城市化发展进程中的农民问题。仲恺农业工程学院经济与管理学院的诸位同仁，竭诚探索中国城市化进程中的农民问题，本课题的研究成果就是仲恺农业工程学院经济与管理学院的诸位同仁利用群体智慧和田野调查为解决中国城市化进程中的农民问题所作出的努力和贡献。

2 城市化理论争辩与广州城市化发展概况

诺贝尔经济学奖获得者斯蒂格列茨把“中国的城市化”与“美国的高科技”并列为21世纪人类发展进程中的两大关键因素，认为“中国的城市化将是区域经济增长的火车头，并产生最重要的经济利益”。中国社会科学院经济增长前沿课题组（2003）的研究指出，中国的经济增长已经由工业化“单引擎”向工业化和城市化的“双引擎”推动转变，城市化正成为全国各地谋求经济快速发展的重要方式。

傅晨（2008）指出城市化是工业化进程中人口和社会生产力由农村向城市转移和集中的过程。人口和生产力向城市集中是为了获得聚集经济效应，节省分工、协作和交易的成本。城市是聚集经济效应的载体，城市降低了社会分工、协作和交易的成本，实现了经济活动在空间的规模经济。改革开放以来，我国城市化的进程发展十分迅速，据统计，我国总人口由1978年96 259万增长到2007年132 129万，其中城镇总人口由17 245万增加到59 379万，城市化率①由1978年的17.92%上升到2007年44.94%，我国城市化率年平均增长率达3.221%，高于全国同期总人口增长率1.098%的2.123个百分点②。城市化是在空间体系下的一种经济转换过程，人口和经济之所以向城市集中是集聚经济和规模经济作用的结果。经济增长必然带来城市化水平的提高，而城市化水平的提高无疑又加速了经济增长的步伐。

广州地处我国对外开放的前沿阵地，城市化进程呈现出快速发展的势头。据统计，1978年广州全市总人口481.54万人，非农业人口数231.49万人，城市化率达48.071%，截止2007年底，这三个数据分别为770.19万人、691.43万人和89.773%，城市化率年平均增长率为2.177%，略高于全国同期的平均水平。伴随城市化进程的加快，广州市经济建设和社会发展等各项事业得到了全面发展。据统计，广州市地区生产总值（GDP）由1978年43.09亿元（当年价）增长至2007年7 109.18亿元（当年价），年平均增长率达14.15%（可比价），远高于全国同期9.8%（可比价）的平均增长速度。全社

---

① 关于一个国家城市化率的定义，不同的学者对此有不同的解释，但国际上通行的核算方法是用一个国家城镇总人口占该国全部总人口的比例，本研究采用这一通行的核算方法。

② 该组数据来源于《中国统计年鉴》（2008），并经过简单的核算得到。

会从业人数由 1978 年的 266.90 万上升到 2007 年的 664.09 万。广州地区的财政一般预算收入由 1978 年的 17.58 亿元猛增到 2007 年的 2 116 亿元，年平均增长率达 17.96%，2007 年广州财政一般预算收入占全国同期的 4.15%。

改革开放 30 年，广州的城市化进程为何发展如此之快，其形成的机理到底如何？本研究希望能通过理论阐述并进行实证分析，从定性和定量两个层面对广州城市化形成的机理进行全面阐述，为国内其他地区城市化发展战略提供借鉴。

2.1 城市化概念辨析与理论变迁

城市化是在空间体系下的一种经济转换过程，人口和经济之所以向城市集中是集聚经济和规模经济作用的结果。经济增长必然带来城市化水平的提高，而城市化水平的提高无疑又加速城市经济的快速增长。

2.1.1 城市化的形成机理

目前涉及城市化的文献，大多数阐述的是城市化对经济增长的影响以及如何协调城市化和经济发展之间的相互关系，而涉及城市化形成机理的相对较少。已有的研究表明，城市化内生于经济增长之中，其实质是人口和经济活动在空间上的聚集过程。马歇尔（Marshall）早就注意到工业化过程中出现的产业聚集现象，并提出知识的外溢性是导致工业聚集源的重要原因之一。而阿罗（Arrow）和罗默（Romer）则认为知识外溢性是解释经济增长的重要原因。于是城市化与经济增长通过知识外溢等效应而天然地联系在一起，Lucas（1988）首次比较明确地提出了城市化与经济增长的命题，此后出现了大量的实证和理论研究文献，Henderson（2003）已对近二三年来这方面的文献作了比较好的综述。

伴随工业化进程进一步加快，我国城市化水平不断提高，因此，近年来，国内学者对城市化这个主题也作了比较多的论述。罗茜（2008）在对比考察珠三角和长三角两个不同地域城市化发展路径时，选取了人均国内生产总值（X1）、人均固定资产投资额（X2）、人均货运总量（X3）、人均社会消费品零售额（X4）、人均外贸出口额（X5）、人均邮电通信业务量（X6）、每万人中科技人员数（X7）和每万人拥有的医院床位数（X8）8 个统计指标，应用层次分析法最终测算了珠三角 3 个城市和长三角 5 个城市的城市化水平，得到外商直接投资（FDI）与这 8 个城市的综合实力存在显著的相关性。李丽萍、郭宝华（2006）主要从城市化的动力机制（农业驱动、工业驱动和第三产业驱动）、城市化的实现机制（规模经济效益、聚集经济效益和城市的磁效益）以及城市化的推动机制（制度变迁的推动作用和比较利益的推动作用）三个方面对城市化的进程作了比较全面的阐述，但主要从定性的角度来论述城市化，缺乏相应的实证分析。钱陈（2003）在综述其他学者的前提下借助于外部性城市增长模型、“中心—外围”模型和超边际城市化模型进一步印证了城市化进程中的“聚集经济效应”。而聚集经济效应主要体现在三个维度：产业范围、地理范围和时间维度（Rosenthal and Strange，2003）。许学强等人（1988）认为珠江三角洲农村城市化动力结构是：农业发展是基础，乡村企业集聚和地方运输业的发展是必要条件，对外开放是加速器，而执行有关国家政策是关键。此后，他又认为产业政策的改革是乡村—城市转型的主要动力。薛凤旋等人（1997）认为1978—1993年间的珠三角城市化是“外向型城市化”，是外力影响下的城市化。陈鸿宇等（2002）认为珠三角城市化主要动力是：体制创新、城市本身吸入力和容纳力增强。陈德宁、沈玉芳（2004）对广东城市化的动力特征与发展方向进行了探讨，并认为广东的城市化主要借助于外向经济带动、镇域“簇群经济”作用、外省劳动力贡献下城市化以及行政力量的推动作用。李晋玲、刘人境（2007）研究认为城市化体现城市带动和促进社会进步的功能，应从经济城市化、人口城市化、生活方式城市化、城市设施城市化和环保城市化五个维度（16个指标）测算城市化发展水平，作者最后运用结构方程得到5个影响城市化进展的主因子以及各因素之间的相关系数，这类研究在国内比较少见。

2.1.2　城市化形成的动力机制

2.1.2.1　产业推动机制

（1）农业驱动机制。农业在城市化过程中的主要作用体现在：一是为城市化的推进提供充足的商品粮和工业原材料；二是提供商品最终消费市场；三是提供人力等要素市场；第四，为工业发展换回进口国外技术和设备所需的外汇。

（2）工业驱动机制。按比较利益原则自由流动条件下，劳动力、资本等要素从获利低的地区流向获利高的地区，从而形成工业企业聚集区，形成城市发展所必需的资金、人才和产业支持等。同时，工业化进程中产业结构的转换也影响城市化的发展。

（3）第三产业驱动机制。一是企业生产的进一步发展要求城市提供更多、更好的生产配套性服务行业，如运输、金融、广告、科技、咨询等行业带动了城市化；二是随着收入的提高和闲暇时间的增多，人们对更丰富多彩的生活服务需求增加，住房购物、文化教育、体育娱乐、旅游度假等相关第三产业的快速发展，增加城市就业机会；三是第三产业的快速发展，进一步强化了城市的现代科教中心、文艺中心、政治中心的地位，使城市居民的现代文明程度得到提高。

2.1.2.2　城市化实现机制

（1）规模经济效益。企业为了达到一定的市场规模门槛，越过最低临界条件，追求规模经济，倾向于在城市布局，而城市良好的投资软硬环境为企业提供了良好的发展条件，这样，企业与城市之间形成了相互促进的良好格局。企业追求规模经济的过程促进了城市规模的扩大，推动了城市化的发展；城市的不断发展和完善，又为企业的发展创造了更加优越的发展环境，更有利于规模经济的实现，并吸引更多的企业到此布局。

（2）聚集经济效益。聚集经济一般是指经济要素和经济主体在地理空间的聚集所产生的专业化分工协作，资源高效配置、成本降低、效益提高的经济。城市化经济是指多个产业的多类企业的聚集经济，即多个产业在城市集中，共享基础设施、公共服务等所获得的利益。

（3）城市的磁效益。即城市像一个巨大的磁场，不断地吸引各种要素和经济活动集中到城市，在聚集达到一定程度时，再通过辐射扩散效应向周边地区进行输出。

2.1.2.3　城市化推动机制

（1）制度变迁的推动作用。制度变迁主要通过降低交易费用，为各类市场主体提供激励机制、为有效的合作提供条件和保证，对经济发展施加影响。

（2）比较利益的推动作用。配第—克拉克定理指出，随着经济的发展，劳动力将逐步由第一产业向第二产业、第三产业转移。

2.1.3　人口城市化

朱宝树（2002）以上海市为个案，分析了农村人口城市化转移的发展新态势，对未来人口城市化发展进行了合理的构想，揭示了人口城市化过程中存在的问题，并就问题的解决提出了相应的对策。辜胜阻（1994）研究了新中国成立 50 周年来城乡人口流动与城镇化的政策、实践及其相关的制度安排与创新，并在此基础上探讨了面向 21 世纪的城乡人口迁移流动与农村城镇化发展战略和对策。

2.1.4　城市化与农村劳动力流动

世界各国的历史经验表明，任何国家在工业化和经济现代化的过程中，都经历了大规模的农村人口逐步变成城镇人口的艰难过程。在这一过程中，迁移者的生活普遍遭遇到各种各样的困难。比如，在德国城市化快速发展的时期，住房紧张到了工人协作“租床”的程度，许多城市 1/2～2/3 的人口都是外来人[①]。刚进入城市的移民，因受教育水平低、社会资源缺乏和城市化初期产业发展状况的限制，往往在社会结构中处于低层。这是世界各国在城市化过程中共同特征。

但是，当代中国的农民工与世界城市化过程中从农村向城市转移的移民相

① 王章辉：《欧美农村劳动力的转移与城市化》，社会科学文献出版社 1999 年版，第 174 页。

比，除了具有共同的特征外，还存在一些明显的区别。这一区别表现在如下三个方面：

第一，西方的移民是整体性的，以家庭为单位的举家迁移。中国的农民工迁移是局部性的，大部分以个体为单位。第二，西方移民的迁移是与原有的土地割断了联系，义无反顾，城市是其最终生存的目的地，从农村到城市的迁移是单向性的。而中国的农民工仍然与土地保持着联系，进入城市是获取新的利益的手段，并在城乡之间循环地流动。第三，西方的移民是投入性的，完全融入当地社区的经济政治、文化各个领域，在城市社区扎根生存，中国农民工是漂流性的，农民工与城市的关系如油在水面上流动着，始终难以融入城市社会结构之中，大多数人把城市作为暂时的栖身地①。如韩国学者具海根对韩国农民工流动所作的研究表明，在韩国，迁居者最大的可能是永久性移居，没有回到农村的意图。由此可见，西方发达国家和东亚相对发达国家的劳动力转移与中国目前的劳动力转移模式也存在着明显的差别。

此外，王章辉等（1999）在《欧美劳动力的转移与城市化》一书中采用比较大的时间和空间跨度对欧美的城市化和劳动力转移进行了描述，具体介绍了英、法、美、德的人口流动的历程、条件、各国的共性和特点。韩国学者具海根在《韩国工人：阶级形成的文化与政治》一书中，展示了韩国从出口导向型工业开始到20世纪90年代末劳工运动的发展情况，重点描述了20世纪60—70年代韩国工厂工人曾经遭受过的令人难以置信的不公正对待。韩国工人流动特点与中国农民工流动特点具有明显的区别。首先，他们进入城市的方式是一个从农村一次性地、完全地投入城市的过程；其次，他们的流向主要集中在少数的工业城市，集中在这些城市中人口稠密的工业园地和产业带（具海根，2004）。黄柯可的《英美德法俄城市化的特点及出现的问题》一文，通过对这几个国家城市化过程的比较，指出城市化是人类历史发展的必然趋势，但城市化发展过程是因国而异的。各国必须因国制宜、因地制宜，借鉴他国经验的同时要学会走自己的路（黄柯可，1994）。李肇忠的《当代西非国家城市化的社会经济影响》一文，介绍了当代西非国家城市化的特点。西非国家的高层决策者们，在国家的产业政策选择的时候，优先发展资本密集型的产业，把大量的资金投向城市，这一发展模式未能吸收大量的农村劳动力，反而使殖民时期遗留下来的城乡二元结构进一步加深了（李肇忠，1995）。说明发展中国家在产业化发展道路的选择上存在共同的困境。

2.1.5　未来城市化发展道路论辩

1999年，中共中央关于中国经济社会发展“十五”计划的建议采用了城

① 具海根：《韩国工人》，梁光严等译，社会科学文献出版社2004年版，第21页。

镇化的提法，到 20 世纪 90 年代末和 21 世纪初，有部分学者对小城镇战略提出了反思，城镇化与城市化是内涵完全不同的两种发展路径，城镇化不能取代城市化，明确反对城镇化道路。事实上这是由于对劳动力转移路径的不同理解而造成的，主张小城镇理论的学者认为，因为中国人口众多，而且农民在人口中的比重太大，城市根本无法容纳这么多的人。而主张城市化的人则认为，城镇化改变了农村劳动力转移的正确道路，限制了农民进入城市，助长了市民对农民的歧视。城镇化不仅延缓了中国城市化的进程步伐，还严重地阻碍了全国统一劳动力市场的形成，不利于社会主义市场经济的建立，也不利于农业的发展和农业现代化的实现。相反，提出发展城市化的观点则认为，从实际的情况来看，由于市场容量大、产业门类齐全等原因的作用，城市对农村人口的吸纳能力应该更大一些。因此，若把小城镇作为全局性的国家战略，是有失偏颇的。

虽然以上学者对国内外城市化形成的机理作了一些有益的探索，观点也比较明确，但基本上都基于宏观层面的研究和经验分析，而对一个具体城市的城市化进程形成的机理阐述的较少，而大多数引用定性的分析方法，缺乏严格的定量分析，本研究以广州城市化（1978—2007 年）发展进程为例，希望在进行定性描述的同时，能对广州城市化形成的机理做定量分析。

2.1.6 城市化本质

城市化是工业化进程中人口和社会生产力由农村向城市转移和集中的过程。人口和生产力向城市集中是为了获得聚集经济效应，节省分工、协作和交易的成本。城市是聚集经济效应的载体，城市降低了社会分工、协作和交易的成本，实现了经济活动在空间的规模经济。

城市化是一个现代化的过程。虽然城市化过程体现为城市在空间上数量增多，在地域上规模扩大、城市人口增加，城市经济不断壮大，城市基础设施和功能不断完善，城市的生活方式和社会文明不断提高，但是，城市化不能理解为消灭农村，城市化是城市的先进生产力和现代文明不断成长并向农村传播与扩散，最终使农村被城市“同化”，把“异质”的二元经济变为“同质”的一元经济，达到城乡同享现代文明。

雷国本（2007）研究认为导致我国城市化进程滞后的原因：一是城市分割的二元结构。中国政府自 20 纪 50 年代开始就推行了城乡二元分离的发展模式。二是人口与资源、环境因素的制约。中国人均耕地面积稀少，人均占有土地只有世界人均数的 29%，人均耕地面积为 1.5 亩，① 仅相当于世界人均水平的 31%。此外，中国是世界上 13 个最缺水的国家之一，人均淡水资源占有量仅为世界人均水平的 1/4，1998 年，在全国 688 个城市中，有 400 多个缺水，

① 亩为非法定计量单位，1 亩＝1/15 公顷。——编者注

其中100多个严重缺水；1998年，据世界卫生组织公布的一项报告，在全球10个污染严重的城市中，中国占了7个。三是产业结构因素。目前，发达国家第三产业比重和就业比重都在60%以上，而我国这一比例较低。

2.2 城市化发展经验与发展模式

2.2.1 世界上主要国家的城市化发展模式与发展经验

（1）英国城市化进程。一是始于15世纪的圈地运动引发了农村经济变革，如大农场的建立、农业耕作技术的变革、生产规模的扩大、农村产业结构的调整、生产技术和管理水平的提高等提升了农业生产力，使农业释放了大批劳动力。二是限制人口流动的制度障碍消除：1846年颁布的《贫民迁移法（修正案）》使一些贫民不再被遣返原籍；1865年议会通过的《联盟负担法》放大了救济贫民的范围和贫民居住地的范围，大大促进了劳动力转移和英国的城市化进程。

（2）拉美国家城市化道路。一般来说，城市化是以农村人口向城市迁移和集中为特征的一种历史过程，表现在人口的地理位置的转移和职业的改变以及由此而产生的生活方式、消费行为的演变。然而，城市化在让人享受工业文明的同时又受到“城市病”的困境，生活贫困、住房紧张、供水不足、交通拥挤、环境污染正威胁着城市居民的正常生活和身体健康。由于经济发展水平不足以支撑过度增加的人口，移民被迫从原来相对靠近市中心的简陋住所向城市周边地带转移，城市在空间上的扩张比人口膨胀更快，拉美国家存在着一种逆城市化趋势。

（3）韩国城市化道路。政府通过宏大的投资计划，实施“新村运动”。具体表现在：一是改善农村生活和居住环境；二是改善了农业生产基础设施；三是改善了教育和培训方式。但是农民在此进程中承受着巨大的经济负担。

（4）日本城市化道路。西欧工业化国家走的是一条城乡、工农同步发展的道路。相对而言，后起的工业化国家则走的是先工后农、先城后乡、先生产后分配的转换之路（唐茂华，2007）。而日本在城乡规划建设和经济发展方面比较注重城乡一体化发展和加快农村剩余劳动力转移（宋蓓，2007）。

（5）世界城市化的一般经验。在世界城市化进程中，发达国家走过了一条工业化推动城市化、城市化促进工业化的发展道路，实现了经济、社会的良性发展，是世界城市化进程中的典范。发展中国家由于历史遗留的二元经济社会结构和工业化战略选择上面的偏差，曾经普遍出现了工业化与城市化相脱节的现象，具体表现为超前城市化和滞后城市化。通过对比发达国家与发展中国家的城市化进程，可以发现，虽然两类国家城市化所处的历史环境和各自国家的内部条件有很大不同，但是都有值得中国城市化学习和借鉴的一些共同的经验。这些经验不仅有工业化方面的，还包括农业状况和制度环境以及市场体制方面的。主要表现在以下几个方面（陈甬军，2009）：一是以工业化推动城市化，选择由轻到重渐进发展的工业化战略；二是重视农业发展，通过农业革命促进劳动生产率提高，为城市化提供基础保障；三是取消限制人口自由迁移的障碍，实现劳动力自由流动，为城市化发展提供制度保障。

（6）世界城市化发展中存在的最大问题是城市化发展的理论研究相对滞后。美国经济学家威廉·阿瑟·刘易斯在1954年发表了《劳动力无限供给下的经济发展》和《经济增长理论》两本著作，指出了发展中国家经济发展的典型特点是二元经济结构。在这种结构下的典型特点是，农业部门存在着大量的失业，即隐藏性失业。所以，经济和社会发展的方向是如何实现转移农村剩余劳动力的问题。农村剩余劳动力从低生产率的农业部门转移到高生产率的城市工业部门，不仅可以促进资本积累和经济增长，而且劳动力转移出去之后，还会促使传统农业部门劳动与土地的比率发生有利变化，从而有利于引进更现代和资本密集的农业技术，促进现代观念和制度向传统农村地区扩散。“二元经济结构”这一极具政策概括性概念的提出，足以成为所有发展中国家发展政策的基本政策框架。

但是，在同一时期，中国的领导者们却一致认为农业是能够吸收大量人口就业的产业，农村是能够容纳剩余人口的地方。从20世纪50年代开始推行的“上山下乡”运动是一项强制性的人口迁移政策，事实证明，这项政策不但没有改善整个国家就业的形势，而且造成了经济建设的大倒退。此外，计划经济体制下的一元化利益格局假设、理想化人格假设是“反城市化”政策产生的思想基础，只考虑国家利益和集体利益，忽视了个人利益，片面要求放弃自我利益，片面张扬所谓自我牺牲精神，其结果是每一个人都作出了牺牲，却并没有因此而增进集体和国家的利益。但是，在这么一种道德观念的指引下，违反人的本性欲求的“反城市化”政策得以全面推动。

2.2.2 我国的城市化发展水平及面临问题

（1）我国城市化水平。“城市化”是一个复杂的动态历史过程，它不仅应该包括城市人口比例的增加，还应该包括产业的不断聚集、城市文化的不断进步和人类生存环境与生活方式的不断优化。2004年英国的城市化水平最高达89.17%，高于日本28.83%，而同期中国的城市化水平为39.58%，世界的平均水平为49%。

（2）改革开放以来我国城市化发展政策变迁：从优先发展小城镇到实施城市化战略的转变。改革开放以来，由于对人口压力的非理性回应和对“城市病”的过度担忧，以及对世界城市化规律和趋势依然缺少必要的认识等原因的影响，政府推行了一项优先发展小城镇，而不是直接推进城市化的政策，这在一定程度上是消极地阻止农民进城的政策（赫广义，2007）。

改革开放以后，政府推行优先发展小城镇战略，把发展小城镇作为一种农村城市化的方向推向全国，这就必然出现与中国的超大地域、制度环境殊异的客观实际不相适应的种种问题。小城镇发展战略的最早提出者当推费孝通先生。费孝通提出发展小城镇战略的根据是苏南地区的实践，而江苏地区有发展小城镇的先天优势，如地理、人文、产业、制度等优越的条件。费孝通在他的文章中一再强调，在小城镇发展中不能满足一孔之见，更不应该以点概面。相反，应当指出认识的限度和某些小城镇的特殊性和局限性[①]。

可以说，优先发展小城镇政策是在现实中存在双重错位。一方面，沿海发达地区的所谓城镇化其实就是城市化，但由于受城镇化的限制，使得它的城市管理、城市文化建设等方面始终没有生发出城市该有的模样和品位来。另一方面，内地欠发达地区的城镇化却由于没有产业和资金的积聚，主观上再怎么推动城镇化的发展，客观上那一个个被赋予太多城市期望的小城镇，无论从生产方式上看还是从生活方式上看，依然是农村。

优先发展小城镇的关键和目的在于实现农民“离土不离乡”的发展策略。政策的初衷和落脚点并不在于发展城市还是发展城镇，而是在避免随着产业转移必然出现的农民移居城市的浪潮。

当然，改革开放以后，那些把人口从城市动员到农村去的政策随着知识青年的大返城而告终。时代的发展和进步使任何人都不可能再去推行把大城市人口动员、强制到农村的政策和举措，但优先发展小城镇的政策事实上还是在消极地阻止农村人口进入城市。

在理论界，基于中国人口众多和避免城市病的考虑，相当一部分学者认为中国现有大城市容量有限，新建中等城市代价过高，而小城镇能“化整为零”地容纳农村人口，主张走发展小城镇这一有中国特色的城市化发展道路，从而形成了只允许农民进入小城镇，阻止他们进入大城市的小城镇主义。而且，这种主张显然得到了政府的认同并得到了采纳。政府发布的有关城市发展的正式的政策文件中，所使用的语汇都是“城镇化”而不是“城市化”。

2000年11月，十五届五中全会把“积极稳妥地推进城镇化”列为“十五”期间必须着重解决的战略问题。2002年，中共中央十六大政治报告中表述为：农村富余劳动力向非农产业和城镇转移，是工业化和现代化的必然趋势。要逐步提高城镇化水平，坚持大中小城镇协调发展，走中国特色的城镇化道路。

---

① 费孝通：《小城镇大问题》，载《志在富民》（论文集），上海人民出版社2004年版，第27页。

“城市化”与“城镇化”表面上的一字之差，但实际上改变的是农村劳动力转移的道路。小城镇道路的关键点在于，它实质上是认可城乡二元结构的体制，继续限制农民向城市的转移，并在这一思路下制定了与它相对应和相配套的一系列政策。比如，在户籍制度上，大、中、小城市到小城镇的户籍壁垒依次递减，城市越大，门槛越高，壁垒越深。大城市还同时辅以名目繁多的用工限制，阻止农民进入大中城市。小城镇的户口倒是比较开放，但小城镇的收入水平低且就业机会有限，客观上不可能集聚更多的人口。而且，目前大量的小城镇仅仅是人口在经济、政治、文化上的自然集聚，是作为政治统治与行政管理的末梢而存在的，它基本上还是农村，就算是农民都集聚到小城镇，事实上还是在“赶大集”，难以享受到现代城市文明。

可以说，小城镇战略的负面作用是决策者始料不及的。在发展小城镇期间，全国新建制镇遍地开花，多达1万多个，投资4 000多亿，自筹资金这一块也不少。由于乡镇企业在资金、技术、制度和市场环境方面存在的劣势，到20世纪90年代末期，不仅不再吸纳新的劳动力，而且每年还有一定数量的劳动力从乡镇企业退出，现在全国乡镇欠债平均400多万元，原先投入的4 000多万元，大部分成了“沉没成本”①。反观世界城市化发展的历史，至今还没有通过发展小城镇，走上城市化道路的先例②。

从政策上动员、鼓励农民“离土不离乡”、“进厂不进城”，走优先发展小城镇道路的所谓有中国特色的城市化战略，在理论上站不住脚，在实践中的危害也很大。从国家的角度看，使社会结构的良性转型迟迟不能实现，成为建设高度政治文明的一个现实羁绊；从集体的角度来看，浪费有限的土地资源，增加了各项社会事业发展的费用；从个人的角度来看，增加农民进城的成本和难度，抑制了农民享受城市文明的渴望。

现实生活中，中国的农民们一出村庄就直奔最大的城市，这不是农民的盲目，相反证明了他们的理性，因为只有大城市才有更多的产业门类，集聚更多的人口，也才会相应地产生更大的劳动力需求。改革开放以来最能吸收农民就业的城市都是中国最大的城市，像北京、上海、广州这些大城市都有几百万外来从业人口。相反，小城镇的发展，尤其是中西部的小城镇发展，因为仅有一些分散的、资源依赖型的工业，无法实现产业的规模效应和集聚效应，它创造的就业机会非常有限，也就不可能吸纳更多的农村剩余劳动力。

① 《中国统计年鉴》，中国统计出版社2001年版，第109页。

② 赫广义：《城市化进程中的农民问题》，中国社会出版社2007年版，第44页。

2.2.3 我国城市化发展存在的偏差和不足

（1）城市化滞后于工业化。城市化与工业化的数量关系不是说它们的绝对相等，而是增长速度协调，即所谓的“同步增长”。赵新平、周一星（2002）研究认为，城市化率与工业化率之比的合理范围是（1.4～2.5）：1。

（2）就业结构转换滞后于产值结构。1980 年，广东农业在全省国内生产总值中的比重为 33.2%，就业比重为 70.7%，二者之间相差 37 个百分点，到 2005 年，这两项指标分别为 6.2%和 32%，两者之间仍然相差 26 个百分点，反映了农村剩余劳动力转移困难。

（3）农业土地资源流失严重。1978—2005 年，全省耕地从 4 168.22 万亩减少到 3 153.9 万亩，年平均减少 38.9 万亩，全省农业人口人均耕面积由 0.82 亩减少到 0.43 亩。

（4）农业生产条件改善缓慢。农业基础设施退化，生产手段改善缓慢，农业劳动者素质提高缓慢。

（5）城乡收入水平差距扩大 。1978 年广东城镇居民人均可支配收入为 412.13 元，2006 年增长到 16 016 元，同期农村居民人均纯收入从 193.25 元上升至 5 080 元，城乡收入差距由 218.88 元扩大到 10 936 元，相对差距由 2.13 倍扩大到 3.15 倍。

（6）城乡消费水平差距拉大。广东城镇居民家庭人均生活费支出由 1990 年 1 983.86 元增加到 2005 年的 1 1809.87 元，同期，农村居民家庭人均生活费支出由 1990 年的 932.63 元增加到 2005 年的 3 707.70 元，城乡居民生活费支出差距由 1990 年的 1 051.23 元扩大到 2005 年的 8 102.17 元，相对差距由 2.19 倍增加到 2005 年的 3.19 倍。1990 年广东农村居民恩格尔系数为 57.71%，城镇居民恩格尔系数为 57.2%，相差很小；2005 年两者分别为 48.26%和 36.12%，城乡消费差距至少 10 年以上。

总之，目前制约我国城市化发展的因素主要体现在：①城市人居环境恶化；②户籍问题成为“城市化”障碍；③公共服务与基础设施建设的相对不足（陈立俊，2008）。

2.2.4 珠三角地区城市化发展经验

广东是中国最早对外开放的省份之一，而珠三角又地处广东省的中心地带，伴随对外开放政策的全面推进，相对于其他地区而言，珠三角地区的城市化进程较快。许学强等人（1988）认为珠三角农村城市化的动力结构是：农业发展是基础，乡村企业集聚和地方运输业的发展是必要条件，对外开放是加速器，执行国家有关的政策是关键。此后他又认为产业政策的改革是乡村—城市转型的主要动力（许学强，1998）。薛凤旋等（1997）认为 1978—1993 年间的珠三角城市化是“外向型城市化”，是外力影响下的城市化。卜新民等人

（2001）的研究认为珠三角城市化呈现出镇域“簇群经济”作用。进入 20 世纪 90 年代，广东部分乡镇往专业镇方向发展，一镇生产一种或数种工业产品，一个家庭企业一般只生产一种零部件，形成高度的专业化分工与合作，生产效率高，具有强大的市场竞争力。据 2000 年的统计，全省 1 556 个市辖镇中，经济规模达 20 亿元的专业镇有 125 个。此外，陈鸿宇等（2002）认为珠三角城市化主要动力是：体制创新、城市本身吸入力和容纳力增强。据有关研究者估计：全国流出劳动力高达 6 要 000 万，大部分流向东南沿海，其中又以广东为最。当前在广东的 1 000 多万外省流动劳动人口工作在各行业，为广东经济繁荣作出巨大贡献。

事实上，当前中国政府仍然还是一个集权式的管理体制，政府的行政推动力也是各地城市化的重要动力，行政因素对广东的城市化产生十分显著的作用。深圳、珠海特区成立直接成因在于行政区域的变动，而城市等级变化，也对城市造成较大范围的影响。到 20 世纪 90 年代出现行政推动下普遍的“县改市”导致较多城市的生成，县级市升地级市产生较多高等级城市。2000 年以来，广州、珠海、江门、佛山、惠州和汕头等市内部先后进行城市或城区合并，产生多个大型城市。

总之，从以上的分析可以看出，上述的许多理论中基本上都是论述工业化与城市化之间的相互关系，城市化对经济增长的影响，城乡一体化互动关系，很少涉及城市化到底是如何形成的，城市化形成的机理是什么，本研究以广州城市化（1978—2007 年）发展进展为例，希望在进行定性描述的同时，对广州城市化形成的机理做定量分析。本研究则认为，广州的城市化是一个循序渐进的过程，其形成的动力机制主要来源于：工业化、市场化、外来务工人员的持续增长、固定资产投资、人力资本积聚、对外开放程度、政府对城市公共服务的投资等多方面综合形成的结果。

2.3 广州城市化形成的机理：数据、模型构建及其检验

2.3.1 基本数据

（1）广州市总人口及非农业总人口变化情况。据统计，广州市城市人口由 1978 年的 481.54 万增长到 2007 年的 770.19 万，年平均增长率为 1.633%，由此同时，非农业人口也由 231.49 万增长到 691.43 万，年平均增长率为 3.845%，城市化率由 1978 年的 48.072%上升到 2007 年的 89.774%，年平均增长率为 2.177%。

（2）广州市固定资产投资情况变化。经济学的基本原则告诉我们这样一个事实，投资是拉动一个地区经济增长的“三驾马车”中的一个重要因素，尤其在我国当前消费市场增长缓慢和出口受阻的情形下，投资在经济增长中的作用

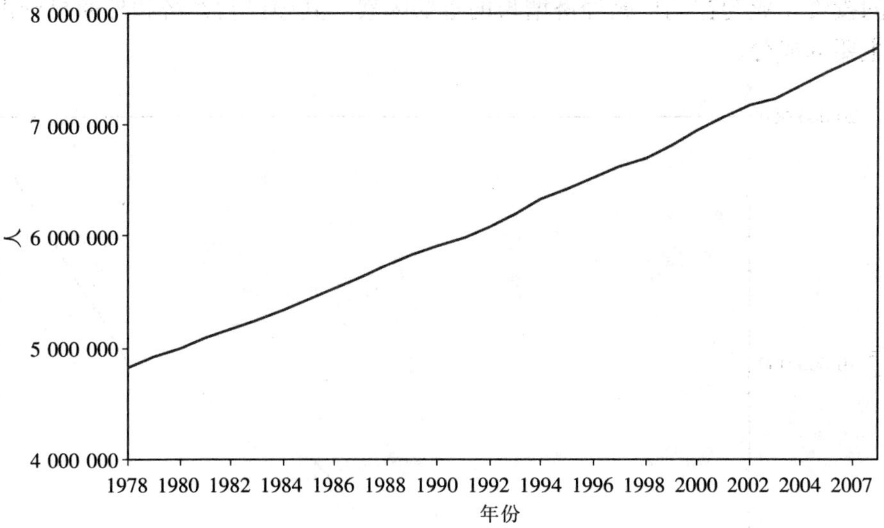

图 2-1　广州市总人口变化情况（1978—2007 年）

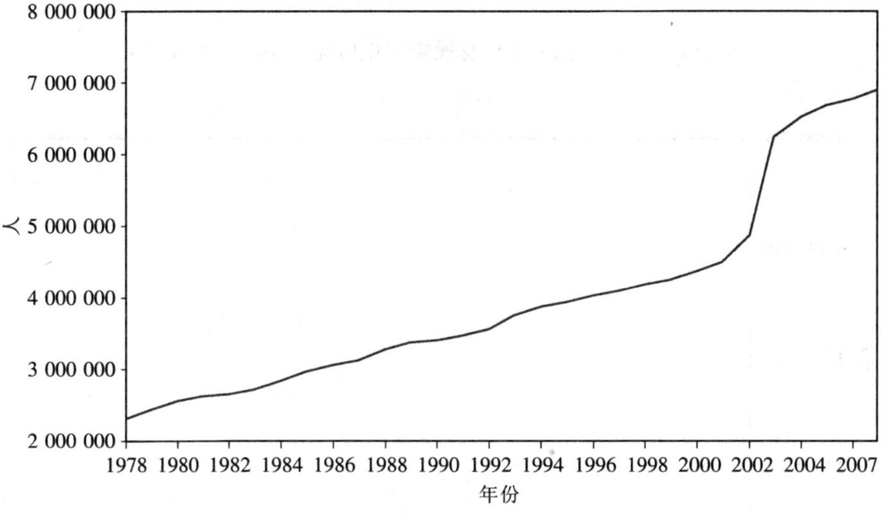

图 2-2　广州市非农业人口变化情况（1978—2007 年）

更是明显。事实上，广州多年的经济增长与全国各地的情形极为相似，投资或固定投资成为经济增长的“引擎”。广州的投资总额由 1978 年的 7.26 亿元增长到 2007 年的 1 863.3 亿元，其中国有部门的投资额也由 6.86 亿元增长到 680.22 亿元，国有部门的投资占全社会总投资的比重由 1978 年的 94.4%下降到 2007 年的 36.5%，表明投资总额中非国有部门的投资日益增长，非国有部门的投资正成为拉动广州经济增长的重要因素，其中民营经济和外商投资占据最主要的成分。

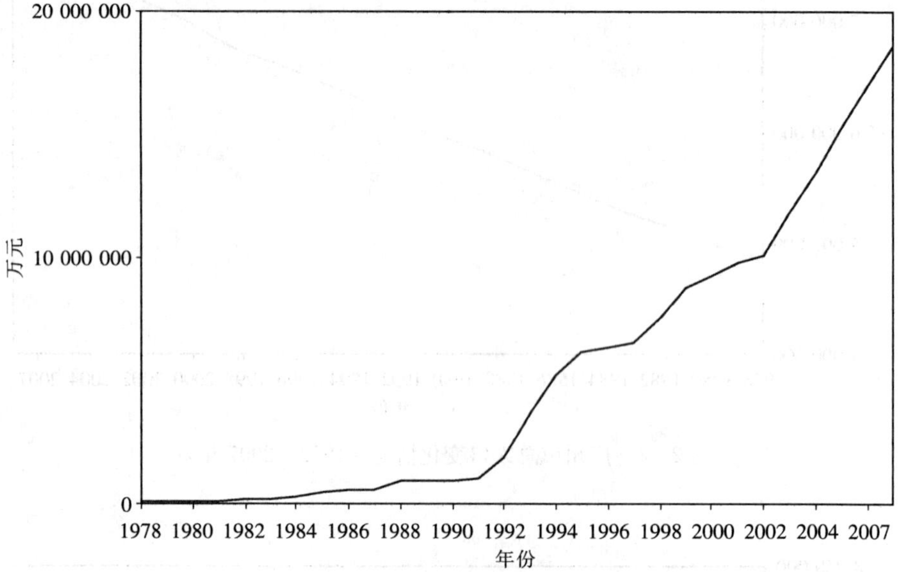

图 2-3　广州市相关年份总投资变化情况（1978—2007 年）

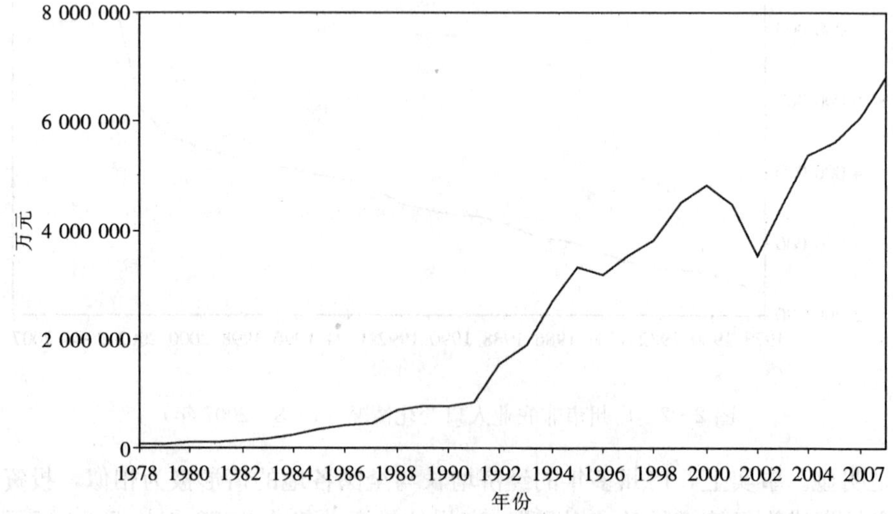

图 2-4　广州市相关年份国有部门投资总额变化情况（1978—2007 年）

(3) 广州市场化改革进程分析。从 1978 年开始，中国政府推行了对外开放政策，彻底将过去主要强调运用计划和行政手段来配置有限的资源，改为逐步采用以市场价格为主要的手段，实现有限资源的合理配置。从此，中国的市场化进程逐步加快。作为对外开放的最前沿阵地，广州的市场化改革也在加快推进，政府对市场的管制行为放松，市场化水平不断提升。事实上，也只有通过市场化的运作方式，才能使有限的资源得到充分的运用，彻底改变了过去那种依靠要素投资的方式发展经济；也只有通过市场化的运作方式，才能促进有限的资源更加合理地运用，充分发挥价格对资源的配置作用，不断提高经济增长的效率，确保经济高效、持续、稳定增长。

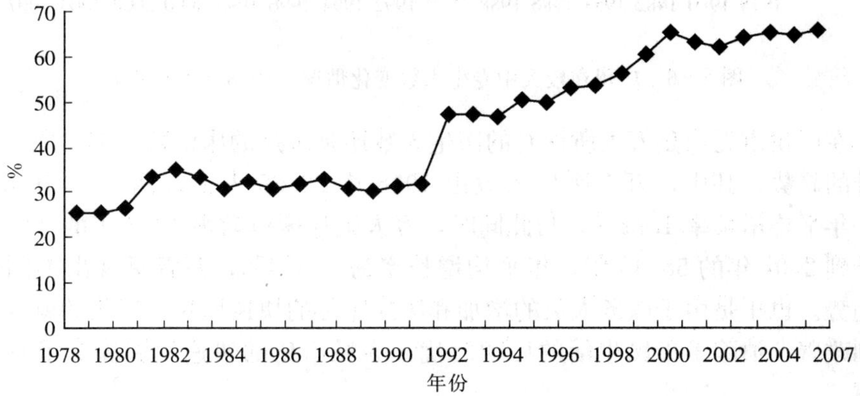

图 2－5 广州城市市场化水平变化情况（1978—2007 年）

(4) 大中专在校学生人数的变化。不论是国外的实践，还是国内的实践都表明，一个地区的城市化发展必定需要大批高素质的人才，因为只有高素质的人才队伍才能确保城市化过程中各种经济活动的需要。特别是改革开放以后，广州高校在校的大中专学生人数不断增加。作为广东省的省会城市，广州的高等教育得到快速发展，特别是 20 世纪 90 年代末期以来，广州市高等教育和全国其他城市一样，伴随高校的不断扩招，广州在校的各类大中专生人数由 1978 年的 44.94 万人上升到 2007 年 888.35 万人。正是由于在校各类大中专学生人数的增长，为广州和全省经济的发展培养出更多的专门人才，也只有大量的人才才能为广州的城市发展提供了强有力的人才支撑。

(5) 医务人员和医疗的床位数变化情况。城市化的发展过程除了有工业化的动力之外，作为医务人员和医疗设施为城市居民提供相应的就诊和看病服务，及相关的基础设施和服务不可缺少。

(6) 拥有的医疗资源状况。通过图 2－7 和图 2－8 的结果，我们可以发

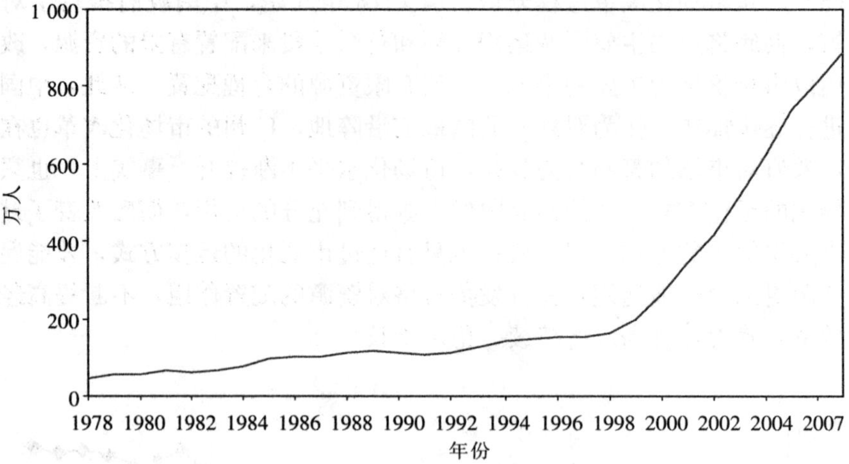

图 2-6　广州在校大中专生人数变化情况（1978—2007 年）

现，在广州市无论是万人所拥有的医生人数还是医疗的床位数，都呈现出快速上升的趋势。其中，万人医生人数由 1978 年 22.88 人上升到 2007 年 37.57 人，年平均增长率 1.72%，与此同时，万人医疗床位数由 1978 年的 29.78 张上升到 2007 年的 58.45 张，年平均增长率为 2.353%，两者呈现出不同的增长趋势。也正是由于医务人员的增加和医疗床位的快速增长，广州的就医条件得到改善，消除了市民生活的后顾之忧，为城市化的快速发展提供了有力的支撑。

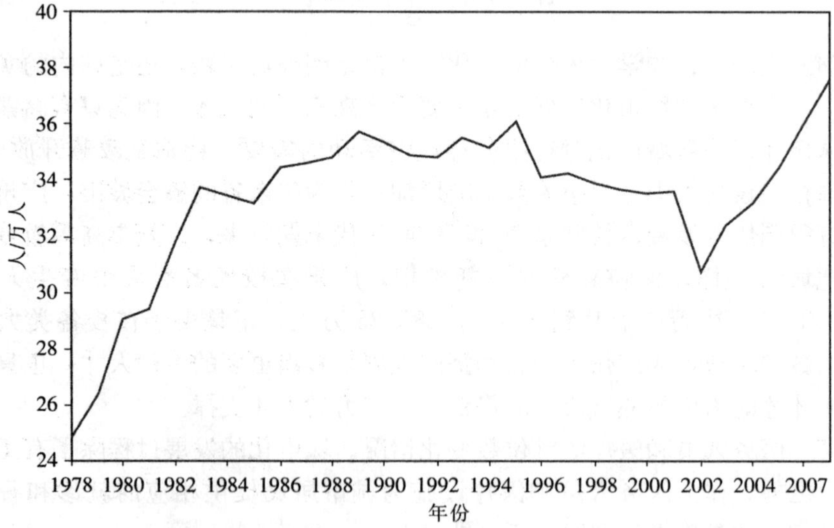

图 2-7　广州市人口每万人医生人数变化情况（1978—2007 年）

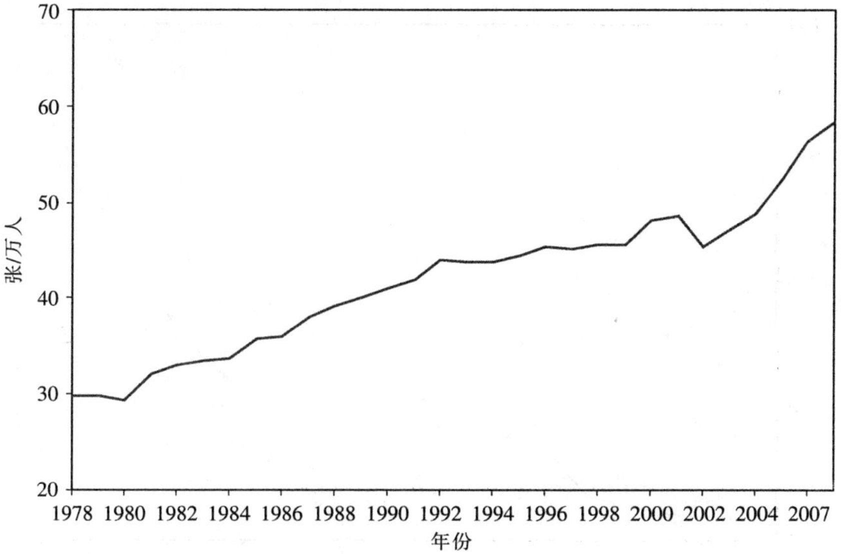

图 2-8 广州市人口每万人医疗床位数变化情况（1978—2007 年）

（7）广州市进出口总额变化情况。伴随着对外开放政策，广州对外贸易呈现出强劲的增长态势，广州对外贸易总额不仅在广东全省占据着绝对的优势地位，而且在全国各大省会城市中也处于比较领先的地位，持续了 100 多届的商品交易会现改为春秋两季举办，在交易所展示的商品琳琅满目，交易会吸引着来自世界各地的客商，“广交会”商品交易额逐年增长。据统计，广州进出口总额由 1987 年的 21.71 亿美元增长到 2007 年的 734.94 亿美元，年平均增长率为 19.256%。对外贸易促进了广州经济、社会、文化等方面的快速发展，从而最终推进了广州城市化的发展水平。

此外，伴随对外开放，广州实际利用外资也取了显著成就。由于地理位置的优越，广州与香港、澳门相距较近，而且语言及文化习俗相同。广州历来与这两个城市在人员往来和交流中就十分密切。正是由于人缘、地缘和业缘的缘故，广州成为中国对外开放以来最早利用外资的城市，而且香港和澳门又是在中国内地投资最多的地区之一，广州利用外资呈现出快速的增长态势。据统计，广州合同利用外资由 1978 年的 553 万美元增长到 2007 年的 341 138 万美元，年平均增长率为 24.80%。

（8）广州城市化率变化情况。由于一系列改革开放政策释放出巨大的政治力量，特别随着工业化进程的不断推进，广州的经济、社会、文化、政治等多方面发生着巨大的变化，广州城市人口聚集力越来越强，其中城市非农业人口逐步增加，城市化水平不断提升。据统计，广州市总人口由 1978 年的 481.54

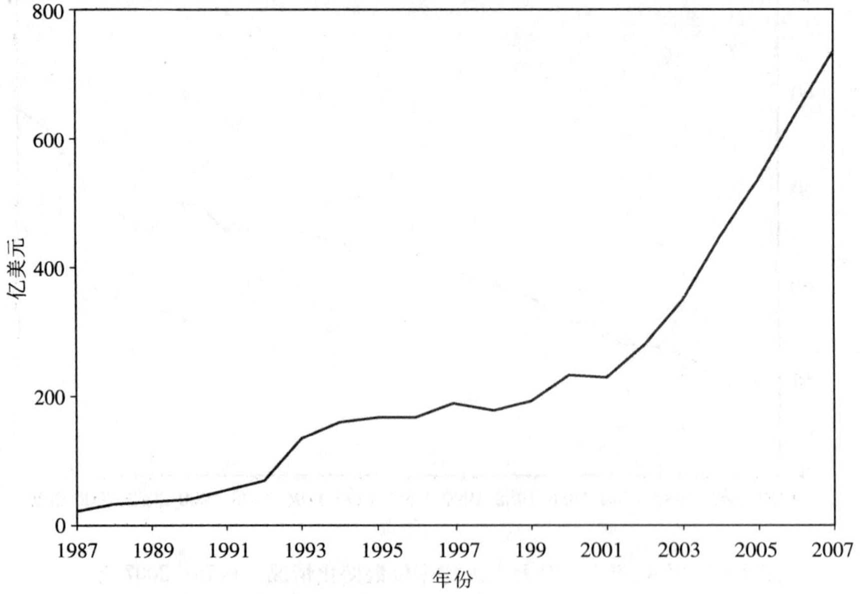

图 2-9　广州市进出口总额变化情况（1987—2007 年）

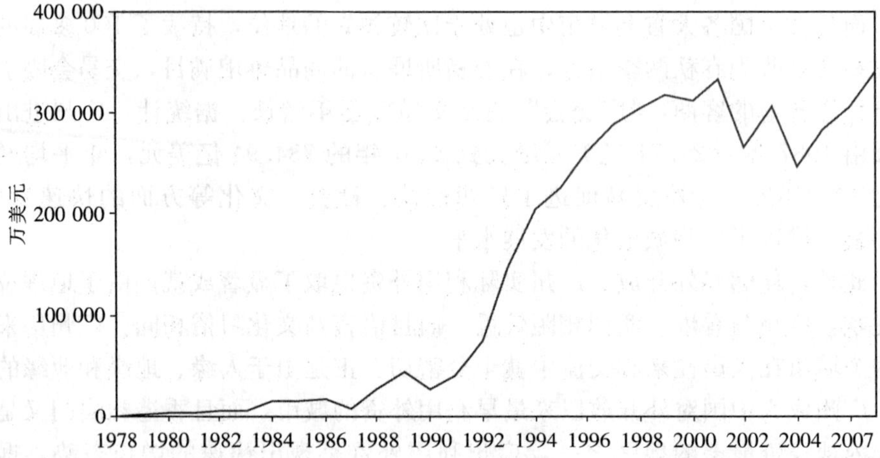

图 2-10　广州市实际利用外资总额变化情况（1978—2007 年）

万增加到 2007 年的 770.19 万，年平均增长率为 1.63%，与此同时，城市非农村居民人口也由 1978 年的 231.49 万增长到 2007 年的 691.43 万，年平均增长率 3.845%，城市化率由 1978 年的 48.072%上升到 2007 年的 89.774%，年平均增长率为 2.177%，可见广州城市化率增长速度较城市总人口的增长速度高出 0.55 个百分点，广州城市化发展速度高于其城市总人口增长速度。

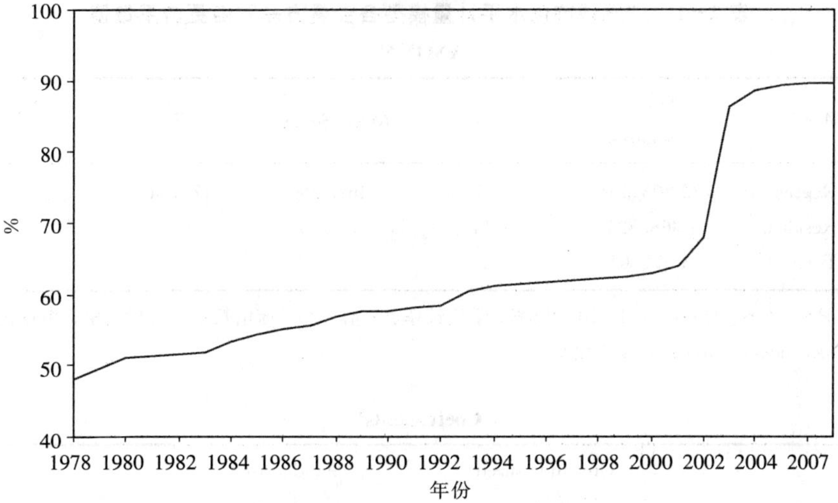

图 2-11 广州市城市化水平变化情况（1978—2007 年）

2.3.2 模型构建

通过对上述的分析，我们认为，1978—2007 年间广州城市化水平的不断提升，主要得益于几个方面因素的影响：①市场化率（%）：可用非国有投资/全部投资（%）和非国有企业就业/全部就业人员（%）两者的平均数；②外商直接投资增长率（%）；③进出口总额增长率（%）；④每万人所拥有大中专学生人数增长率（%）；⑤每万人所拥有医生数增长率（%）；⑥每万人所拥有床位数增长率（%）。因此，我们可以构建如下的计量模式：

$$CSH = \alpha + \beta_1 \times SCH + \beta_2 \times FGY + \beta_3 \times FDI + \beta_4 \times JCK + \beta_5 \times Stud + \beta_6 \times Doc + \beta_7 \times Bed + \mu$$

式中：*CSH* 代表城市水平（%）；*SCH* 代表市场化水平（%）；*FGY* 代表非国有部门投资增长率（%）；*FDI* 代表外商直接投资额增长率（%）；*JCK* 代表进出口总额增长率（%）；*Stud* 代表在校就读的大中专学生人数增长率（%）；*Doc* 代表城市居民每万人所拥有的医生人数增长率（%）；*Bed* 代表城市居民每万人所拥有的医疗床位数增长率（%）。在上述变量中只有 *CSH* 为城市化水平的被解释变量，其他变量为解释变量。

由于上述变量基本上都采用了增长率指标值，没有涉及经济总额方面的数据，因此，我们就无需对其作价格方面的处理。从理论上而言，上述建立的计量模型应该符合各项规范要求。此外，由于 FDI 与投资总额有较强的相关关系，为了防止出现解释变量之间的共线性，我们舍弃了 FDI 这个解释变量。通过以上的详细分析，我们可以得到广州城市化水平计量模型各变量方差和变更前的系数值（见表 2-1）。

表 2-1　广州城市化水平计量模型各变量方差和变更前系数值

ANOVA[b]

Model		Sum of Squares	df	Mean Square	F	Sig.
1	Regression	2 803.186	6	467.198	17.734	0.000[a]
	Residual	368.824	14	26.345		
	Total	3 172.010	20			

a. Predictors：(Constant)、医增长率、学增长率、F 增长率、床增长率、非国有率、市场化率。

b. Dependent Variable：城市化率。

Coefficients[a]

Model		Unstandardized Coefficients B	Unstandardized Coefficients Std. Error	Standardized Coefficients Beta	t	Sig.
1	(Constant)	5.163	12.049		0.428	0.675
	非国有率	−0.561	0.405	−0.794	−1.386	0.187
	市场化率	1.750	0.602	1.828	2.907	0.011
	学增长率	−0.463	0.170	−0.400	−2.728	0.016
	床增长率	1.321	0.468	0.314	2.823	0.014
	F 增长率	0.125	0.068	0.205	1.854	0.085
	医增长率	0.707	0.588	0.130	1.204	0.249

a. Dependent Variable：城市化率。

2.3.3　模型计量结果

可以将计量模型写成：

$$CSH = 5.163 + 1.750SCH - 0.561FGY + 0.125JCK + 1.321Bed + 0.707Doc - 0.463Stud$$

模型整体模拟的效果较好，其中 F=17.734，其相伴概率为 Sig. =0.000。此外，各解释变量的 T 检验和相伴概率的值可参照表 2-1 中的相关系数表。

对上述模型解释：

(1) 在其他条件保持不变的时，非国有部门投资增长率每提升 1%，广州城市化水平相应下降 0.561 个百分点。表明非国有部门投资并没有拉动广州的城市化发展水平。事实上，一个地区的城市化建设主要涉及为城市发展提供相应的配套基础设施，即主要提供一些公共产品。根据城市公共产品的基本特征，公共产品是非竞争性产品，不具有排他性，因而私人部门是不会有动机来提供的，只有政府部门通过财政的手段增加投资。因此，我们认为出现这种结果在情理之中。

（2）在其他条件保持不变时，市场化水平每提高1%，广州城市化水平则相应提升1.750个百分点，这充分说明市场化水平的提升是拉动广州城市化的重要动力。因为伴随一个地区的市场化改革的不断深化，各种生产要素会在价格约束机制的影响下形成良好的集聚效应，从而为一个地区的经济增长创造了无限的活力，促进了城市化的快速发展。

（3）在其他条件保持不变时，在校大中专学生的每增长1%，广州的城市化水平却下降了0.463个百分点，表明在校大中专学生的增长对广州的城市化起着抑制性的作用，然而这种抑制性的作用在统计学上不具有显著性，解释力不强。作为省会城市，广州是全省经济、政治和文化的中心，集聚了全省80%以上的高校，而在广州就读的大中专学生毕业后不一定就留在广州工作，因此，在校就读的大中专学生人数的增长对广州的城市化水平提升影响的解释力肯定不强。

（4）在其他条件保持不变时，进出口的增长率每提升1%，广州城市化水平相应提升0.125个百分点，而且在相应水平上通过了统计检验，说明对外进出口年平均长率对广州的城市化水平的提升具有显著的解释力。因为伴随进出口的增长，与之相关的企业数量或规模扩大，企业招聘的人员自然增加，大量员工在城市中的工作和生活，必然对城市的经济发展作出一定的贡献，诸如购房和生活消费等。

（5）在其他条件保持不变时，每万人医生人数增长率每提升1%，广州的城市化水平相应提高0.707个百分点，表明伴随城市每万人中的医生人数增多，推动了广州的城市化进程。一个城市的快速发展，人口必然会聚集，随着人口的聚集，人们看病难、看病贵的现象尤其明显。在我国经济转型时期，由于配套改革的不完善，城市公共服务一时还跟不上，长此以往必然影响到城市居民的日常生活和工作，自然也影响到一个城市的城市化进程。

（6）在其他条件保持不变时，城市每百万人拥有的床位数每增长1%，城市化水平相应提升1.321个百分点，而且该解释变量具有很强的解释力。据北京市最新的统计，截止2009年底，北京常住人口达1 775万人，其中暂住人口达535万，事实上广州市的人口也有相同的特征，目前广州市的常住人口也在1 100万人之上，大量常住人口必然对各类医疗设施提出更多的要求，其中每万人拥有的床位数也是改善医疗设施水平最基本的反映。因此，伴随着每万人拥有医疗床数的上升，满足了城市居民的就医需求，为城市化的稳定增长提供了强有力的支撑力。

2.4 基本结论与政策建议

2.4.1 基本结论

通过对广州城市化发展的内在动力机制和形成路径的分析，我们可以得到如下基本结论：

（1）一个地区的城市化决非一朝一夕就能形成的，它必然通过长时间的沉积。国外发达资本主义国家从工业化革命开始就着手推进城市化，而且这一战略目标仍在进行。因此，我国的城市发展战略还处在初期发展的阶段，需要历经很长一段时间才能实现，虽然广州的城市化发展水平相对较高，但其发展目标仍然还有待于提高。

（2）一个地区的城市化发展进程中，政府的作用是不可忽视的，尤其在我国还处在社会主义的初级阶段，政府是推动一个地区城市化进程的最主要的力量，因为城市化必然需要大量的基础设施投资，同时，这些基础设施又具有很强的非排他性、非竞争性和正的外部性等特征，只有政府才能提供这样的物品。

（3）一个地区的城市化是各种要素不断聚集的过程，是物质资本要素、生产资本要素、人力资本要素等各种要素的聚集，只有通过种类要素的集聚效应，才能形成固定的扩散效应，经济的发展才有强大的动力。

（4）一个地区的城市化快速发展需要比较宽松的环境。在外部环境方面，要注重政策的制定和完善，要做到有法律方面的保障；在内部环境方面，主要完善各项制度，鼓励和促进各项要素的合理流动。

（5）一个地区的城市化发展过程中，要注重城市发展水平与改善城市居民生活水平的有机统一。在提升城市化水平的同时，一定要改善城市居民的生活和工作条件，尤其要为广大城市居民创造一个比较宽松的生活环境，真正体现城市能够改善人们的生活方式。防止地方政府过度的投资性积累而忽视了对城市居民生活的改善，否则会出现拉美地区的“逆城市化”现象。

2.4.2 政策建议

（1）加快社会主义市场经济体制建设步伐。1992 党的十四大胜利召开确定了党和政府朝着市场化改革的方向前行，我国的经济体制改革取得了巨大的成就，初步建立了社会主义市场经济体制的框架。但与此同时，我们也应该清醒地认识到，初步建立起来的社会主义市场经济体制还存在着许多缺陷，还不完善，主要表现为：一方面，计划经济体制的核心部分尚未彻底触动，深层次问题没有完全解决，这是完善新体制所面临的首要挑战；另一方面，一些新建立的重大制度仍然是框架性的，尚不稳固，还有不少漏洞。这些问题既有旧体制的残余，也有改革的新产物，但归根到底都是由于改革不彻底而造成的，都需要在深化改革中去解决，而且也只有在深化改革中才能彻底解决。所以，我们要进一步完善社会主义市场经济体制深化改革，不断提升运用市场价格配置各类要素和资源的能力，提高市场化水平，继续保持和促进国民经济持续快速健康发展，为一个地区的城市化发展提供强大的动力。

（2）不断完善各项法律制度建设。因为城市化的发展必然需要强大的固定资产投资，自然涉及政府大量的财政支出；城市化的发展还涉及长期规划、拆迁、城市改造等诸多方面，城市化的发展必然遵循法律原则，做到有法可依、有法必依，要有长期的思想，通过法制建设，确保城市化的发展平稳推进。此外，一个地区的城市化发展必然涉及城市建设用地问题，在我国人地矛盾比较突出的情形下，一定要注重节约用地的原则，防止过度浪费有限的土地资源。如日本在城市化的过程中先后出台了《城市计划法》、《农地法》、《农振法》和《国土利用计划法》，共同引导“农地非农化”。

（3）不断提升城市居民的文化水平。无论是国外，还是国内早期的城市化发展经验表明，城市化的发展必然需要大量的人才作支撑，离开了一定量的人才，企业和各类事业单位就缺少了人力资本，城市的发展就缺少活力。因此，必须加大对各类人才的培养力度，特别培养能够适应时代发展需要的人才。

（4）大力改善城市医疗卫生设施状况。在城市化发展的过程中必然伴随着大量人口的集聚，而人的一生必然面临着生、老、病、死的自然规律，所以必须要求城市能够提供大量的医务工作者和基本医疗设施。也只有具备了这些必备的条件，才能方便人们的生活和工作，才能彻底解决人们的后顾之忧，以更好的精力投入到工作中去。

（5）增加城市对乡村的辐射和带动作用。就促进经济发展而言，城市化只是其中的一项重要的手段，其目的是为了提高人们的生活水平。即便国外城市化上百年的发达国家而言，其城市化也并非百分之百，必然还存在着城乡差别。因此，我们在发展城市化的同时，注重城乡协调发展，使城市化的便利能够向农村延伸，让广大农村居民也能分享到城市的文明，最终消除城乡分离的“二元经济”发展模式，实现人与人、人与自然、人与环境协调发展。

3 城市化进程中广州各农民群体分析

2008年，是新中国成立后具有重大意义的一年。全国各地纷纷举行各种纪念活动总结中国改革开放30周年。中国的改革首推农村改革，始于20世纪70年代末80年代初以农村土地经营组织制度变革为先导，改革开发的一个重要内容就是解放劳动，给农民以劳动自由，使中国农民从长期凝固的封闭体制束缚中解放出来，沿着工业化与城市化的方向开始流动，也标志着中国经济与社会发展进入了一个新的时期。这场由农民参与的、有史以来人数最多、变化最快、难度最大的人口与劳动力流动，形成对中国经济发展的巨大影响力。

工业的发展、城市的现代化，势必产生对农民工的需求和农民身份的转变。而农民，特别是失地农民，要在剧烈的社会变革中求生，渴望有好的一系列农村政策，在生产中有积极性，在生活、医保、社保等方面有保障，在就业上有工可做，在社会上有地位。共同的需要所形成的张力，不断孕育、催生农民工一代又一代向城市流动、转移。正是在城市化的过程中，一系列农民所面临的问题的不断呈现，促成了本课题的研究思路，并以广州市为研究背景，开展了具体的调查与研究。

农民本来是一个职业概念，是指从事农业经营活动的人。在中国，由于实行户籍制度，将国民划分为城市居民和农民两种身份，农民被限制在农村，被禁止流入城镇从事非农业工作。农民群体被固化，没有出现流动和分化现象。1978年，中国实施改革开放后，实施20年的户籍制度有所松动，农民群体流动限制日渐削弱。农民群体这一阶层逐渐被分化，职业不再仅限于农业，按照不同的职业可以分为不同的群体。但是，中国农民虽然从事非农产业工作，户籍制度依然在影响着农民，农民离开农村但仍然是农民身份，这是具有中国特色的农民群体。

在城市化发展过程中，中国社会各群体之构成及生存状况发生了剧烈变化，其中，农民群体的变化最为显著。农民群体是中国最大的群体，可以说，农民群体在城市化进程中受到的冲击最大，阶层的分化也最为显著。这一群体的生存状况影响着整个社会，不可忽视，也不应该被忽视。本课题研究当代中国农民群体在城市化进程中的变迁以及变迁后的各个农民群体之生存状况。一般来说，农民阶层现在分化成两个群体，即农民（未离开家乡，在家乡务农的群体）和农民工（外出务工人员）。但是，在城市化进程中，与城市化的发展相联系的农民群体分化要复杂一些，农民群体可分为农民工、“城中村”居民、城郊农民等，其中，城郊农民又可分为近郊农民和远郊农民。按照市场经济国家的一般情况，离开农业或农村的农民就不是农民了。需要说明的是，因为中国的户籍制度特殊性，离开家乡的农民，即农民工还是农业户口，还是农民身份，也没有完全融入城市，所以，应该还是将其作为农民对待。另一个群体——“城中村”居民，虽然从户籍上已经变更为城市居民，但是由于制度的惯性以及他们自身的农民身份认同，也没有完全融入城市，使这一群体具有特殊性，也应该作为农民来研究。

3.1 调查选点与样本选择

3.1.1 调查选点

为保证调查选点具有代表性，我们将广州市12区（市）划分为远郊区域、近郊区域及中心城区区域，每个区域选择两个行政区作为代表，并在选定区域确定两个镇或街道办事处作为调查点，开展四个群体、政府官员、部门及学校（公办、私立）的调查研究。调查按照设计好的问卷，采取一对一的访谈，并用PRA（Participatory Rural Appraisal参与式农村评估）的理念让受访者能跟随我们的思路，设身处地地对每一个调查问题谈出自己的想法与感受。

广州市远郊区域、近郊区域及中心城区区域划分见表3－1。

表3－1 广州市远郊、近郊及中心城区划分

分区	城市远郊	城市近郊	中心城区
行政区	从化市、增城市、南沙区、花都区	萝岗区、番禺区、白云区、荔湾区	越秀区、海珠区、天河区、黄浦区
调查选点	从化市、南沙区	白云区、荔湾区	海珠区、黄浦区

3.1.2 被调查群体的基本情况

（1）群体划分。在城市化进程中，有四个群体与城市化发展密切相关：①原本居住在城镇的城镇居民；②城市扩张包容进来的农村居民（又分为近郊和远郊）；③已经完全融入城市的“城中村”居民（由农村居民专制为城镇居民，位于近郊和中心城区）；④外来农民工（来自外地在城市中打工）。表3－2显示课题组调查样本分布。需要说明的是，在城市远郊存在农村居民、城镇居民和外来农民工三个群体，近郊区域则四个群体都存在，中心城区存在城镇居民、“城中村”居民和外来农民工三个群体。

表 3-2 各群体调查样本

单位：人

群体	远郊	近郊	中心城区	合计
农村居民	117	41	—	158
城镇居民	47	59	67	173
“城中村”居民	—	83	145	228
外来农民工	59	73	98	230
合计	223	256	310	789

（2）被调查者的年龄分布。调查样本中，农村居民和城镇居民年龄分布 48 岁以上占比例较大，是因为在作访谈样本选择过程中，由于这两个群体的年轻人大多外出工作，而家里大多留下年长者。对于农村居民，年轻人外出就业比例，近郊明显高于远郊，所以，在寻求样本时，明显地在近郊找不到年轻样本。对于城市居民和“城中村”样本，由于有比较稳定的职业，样本年龄分布差异不大。对于外来农民工，样本年龄成正态分布，集中在 23～47 岁之间，并大致以 33～37 岁为主要年龄群体。

表 3-3 调查对象年龄的分析

单位：人，%

指标		远郊		近郊		中心城区		合计	
		人数	比例	人数	比例	人数	比例	人数	比例
农村居民	18 岁以下	2	1.71	0	0.00	—	—	2	1.27
	18～22 岁	2	1.71	0	0.00	—	—	2	1.27
	23～27 岁	4	3.42	1	2.44	—	—	5	3.16
	28～32 岁	8	6.84	1	2.44	—	—	9	5.70
	33～37 岁	8	6.84	3	7.32	—	—	11	6.96
	38～42 岁	26	22.22	10	24.39	—	—	36	22.78
	43～47 岁	26	22.22	7	17.07	—	—	33	20.89
	48 岁以上	41	35.04	19	46.34	—	—	60	37.97
	小计	117	100.0	41	100.0	0	0	158	100.0
城市居民	18 岁以下	0	0.00	3	5.08	0	0.00	3	1.73
	18～22 岁	2	4.26	2	3.39	2	2.99	6	3.47
	23～27 岁	4	8.51	4	6.78	5	7.46	13	7.51
	28～32 岁	4	8.51	7	11.86	11	16.42	22	12.72
	33～37 岁	5	10.64	5	8.47	2	2.99	12	6.94
	38～42 岁	5	10.64	11	18.64	8	11.94	24	13.87
	43～47 岁	4	8.51	9	15.26	4	5.97	17	9.83
	48 岁以上	23	48.94	18	30.52	35	52.24	76	43.93
	小计	47	100.0	59	100.0	67	100.0	173	100.0

（续）

指标		远郊		近郊		中心城区		合计	
		人数	比例	人数	比例	人数	比例	人数	比例
“城中村”居民	18岁以下	—	—	2	2.41	2	1.38	4	1.83
	18～22岁	—	—	4	4.82	7	4.83	11	5.05
	23～27岁	—	—	4	4.82	12	8.27	16	7.34
	28～32岁	—	—	8	9.63	9	6.21	17	7.79
	33～37岁	—	—	12	14.45	8	5.52	20	9.17
	38～42岁	—	—	16	19.28	24	16.5	30	13.76
	43～47岁	—	—	17	20.48	29	20.0	46	21.10
	48岁以上	—	—	20	24.10	54	37.2	74	33.94
	小计	—	—	83	100.0	145	100.0	218	100.0
外来农民工	18岁以下	0	0.00	0	0.00	0	0.00	0	0.00
	18～22岁	7	11.87	21	28.77	13	13.27	41	17.83
	23～27岁	8	13.56	16	21.92	23	23.47	47	20.43
	28～32岁	11	18.64	10	13.70	14	14.29	35	15.22
	33～37岁	18	30.52	12	16.44	21	21.43	51	22.17
	38～42岁	7	11.86	11	15.07	17	17.35	35	15.22
	43～47岁	3	5.08	1	1.37	6	6.12	10	4.35
	48岁以上	5	8.47	2	2.74	4	4.08	11	4.78
	小计	59	100.0	73	100.0	98	100.0	230	100.0
合计		223		256		310		789	

（3）调查样本的性别分布。按照随机选择访谈对象的原则，被访谈者性别的年龄分布见表3-4。

表3-4　调查对象性别的分布

单位：人，%

指标		远郊		近郊		中心城区		合计	
		人数	比例	人数	比例	人数	比例	人数	比例
农村居民	男	67	57.26	21	51.22	—	—	88	55.70
	女	50	42.74	20	48.78	—	—	70	44.30
	小计	117	100.0	41	100.0	—	—	158	100.0
城市居民	男	25	53.19	34	57.63	32	47.76	91	52.60
	女	22	46.81	25	42.37	35	52.24	82	47.40
	小计	47	100.0	59	100.0	67	100.0	173	100.0

（续）

指标		远郊		近郊		中心城区		合计	
		人数	比例	人数	比例	人数	比例	人数	比例
城中村居民	男	—	—	41	49.40	68	46.90	109	47.81
	女	—	—	42	50.60	77	53.10	119	52.19
	小计	—	—	83	100.0	145	100.0	228	100.0
外来农民工	男	34	57.63	33	45.21	36	36.73	103	44.78
	女	25	42.37	40	54.79	62	63.27	127	55.22
	小计	59	100.0	73	100.0	98	100.0	230	100.0
合计		223	—	256	—	310	—	789	

从表 3－4 看出，农村居民和城市居民被访者总体男性高于女性，农村居民被访者男性为 55.7%，城市居民这一比例为 52.60%，而“城中村”居民及外来农民工被访者女性高于男性，分别为 55.22%和 52.19%。

（4）调查样本的文化程度。表 3－5 看出，农村居民及外来农民工小学及以下文化程度的受访者占较大比例，农村居民占的比例为 29.01%，而远郊这一比例大于近郊，远郊为 32.48%，近郊为 19.51%。外来农民工小学及以下文化程度的占受访者比例为 25.22%，在城市远郊的外来农民工这一比例高达 38.98%。

表 3－5　调查对象文化程度的分析

单位：人，%

指标		远郊		近郊		中心城区		合计	
		人数	比例	人数	比例	人数	比例	人数	比例
农村居民	小学以下	15	12.82	2	4.88	—	—	17	10.76
	小学	23	19.66	6	14.63	—	—	29	18.35
	初中	63	53.85	24	58.54	—	—	87	55.06
	高中	12	10.26	8	19.51	—	—	20	12.66
	大专	2	1.71	1	2.44	—	—	3	1.90
	大学	2	1.71	0	0.00	—	—	2	1.27
	中技	0	0.00	0	0.00	—	—	0	0.00
	小计	117	100.0	41	100.0	—	—	158	100.0
城市居民	小学以下	3	6.38	4	6.78	5	7.46	12	6.94
	小学	6	12.77	8	13.56	7	10.45	21	12.14
	初中	20	42.55	23	38.98	22	32.84	65	37.57
	高中	8	17.02	8	13.57	16	23.88	32	18.50
	大专	4	8.51	7	11.86	12	17.91	23	13.29
	大学	5	10.64	2	3.39	2	2.99	9	5.20
	中技	1	2.13	7	11.86	3	4.48	11	6.36
	小计	47	100.0	59	100.0	67	100.0	173	100.0

（续）

指标		远郊		近郊		中心城区		合计	
		人数	比例	人数	比例	人数	比例	人数	比例
城中村居民	小学及小学以下	—	—	4	4.82	26	17.93	30	13.16
	初中	—	—	32	38.55	34	23.45	66	28.94
	高中	—	—	25	30.13	30	20.69	55	24.12
	中技	—	—	12	14.46	19	13.10	31	13.60
	大专	—	—	9	10.84	36	24.83	45	19.74
	大学	—	—	1	1.20	0	0.00	1	0.44
	小计	—	—	83	100.0	145	100.0	228	100.0
外来农民工	小学以下	5	8.47	0	0.00	8	8.16	13	5.65
	小学	18	30.52	6	8.22	21	21.43	45	19.57
	初中	28	47.46	32	43.83	47	47.96	107	46.52
	高中	5	8.47	18	24.66	13	13.27	36	15.65
	大专	0	0.00	8	10.96	1	1.02	9	3.91
	大学	0	0.00	2	2.74	1	1.02	3	1.31
	中技	3	5.08	7	9.59	7	7.14	17	7.39
	小计	59	100.0	73	100.0	98	100.0	230	100.0
合计		223		256		310		789	

3.1.3 被调查群体的区域分布

（1）城郊居民调查对象的分布情况。城郊居民是位于城市与农村的接合部地区的农民或市民，他们正处于城市化的进程之中，在调查中选取了五个村作为调查区域，随机访问了158个调查对象，其中，在近郊白云区江高镇大田村随机访问了41人，在远郊南沙区横沥镇新兴村随机访问了49人、从化市江浦街下罗村随机访问了34人、从化市鳌头镇鳌山村随机访问了16人、桥头村随机访问了18人。

表3-6 城郊村居民访谈对象村庄分布

单位：人

区域	近郊	远郊				总计
村名	大田村	新兴村	下罗村	鳌山村	桥头村	5
访谈人数	41	49	34	16	18	158

在对调查数据进行分析、处理的过程中，我们将同属于远郊的南沙区横沥

镇新兴村，从化市鳌头镇的下罗村、鳌山村、桥头村调查人数进行汇总作为远郊的调查数（合计 117 人），及将白云区江高镇大田村的调查人数作为近郊的调查数，以此作为基数进行分析对比。

（2）“城中村”居民调查对象的分布情况。“城中村”是急剧城市化过程中原农村居住区域（包括土地、房屋等要素）、人员和社会关系等就地保留下来，没有有机参与新的城市经济分工和产业布局，仍然以土地及土地附着物为主要生活来源，以初级关系（地缘关系和血缘关系）而不是以次级关系（业缘关系和契约关系）为基础形成的社区①。在“城中村”的调研中，我们选取了位于近郊的白云区均禾街平沙联社、长红联社，荔湾区中南街的海中村；选取了位于中心城区中的黄埔区南岗街沙步联社、文冲街文冲联社，海珠区南洲街的环秀坊居委、西滘居委。

在对调查数据进行分析、处理的过程中，我们将同属于近郊的白云区均禾街平沙联社、长红联社，荔湾区中南街的海中村调查人数汇总后作为近郊区域中的“城中村”调查数（合计 83 人），将中心城区中的黄埔区南岗街沙步联社、文冲街文冲联社，海珠区南洲街的环秀坊居委、西滘居委的调查人数汇总后作为中心区域的“城中村”调查数（合计 145 人），以此作为基数进行分析对比。

表 3-7　“城中村”居民调查对象汇总表

单位：人

区域	近郊	中心区域	总计
村名	白云区均禾街平沙联社长红联社荔湾区中南街的海中村	黄埔区南岗街沙步联社、文冲街文冲联社海珠区南洲街的环秀坊居委、西滘居委	
访谈人数	83	145	228

（3）城市居民调查对象的分布情况。城市居民，主要是其户口已经转为城市户口的居民。在城市居民的调研中，我们选取了位于远郊的从化市江浦街、鳌山村；位于近郊的白云区大田村、长红联社、平沙联社，荔湾区海中村；位于中心城区中的黄埔区南岗街沙步联社、文冲街文冲联社，海珠区南洲街的环秀坊居委、西滘居委。

在对调查数据进行分析、处理的过程中，我们将同属于远郊的从化市江浦街、鳌山村的调查人数汇总后作为远郊区域中的“城市居民”调查数（合计

① 郑碧强：《城市化进程中“城中村”改制若干问题分析》，http：//www.mca.gov.cn/article/mxht/llyj/200801/20080100009436.shtml。

47 人），同属于近郊的白云区大田村、均禾街平沙联社、长红联社，荔湾区中南街的海中村的调查人数汇总后作为近郊区域中的“城市居民”调查数（合计 59 人），将中心城区中的黄埔区南岗街沙步联社、文冲街文冲联社，海珠区南洲街的环秀坊居委、西滘居委的调查人数汇总后作为中心区域的“城市居民”调查数（合计 67 人），以此作为基数进行分析对比。

表 3-8　城市居民调查对象汇总表

单位：人

区域	远郊	近郊	中心区域	总计
村名	从化市江浦街鳌山村	白云区大田村、均禾街平沙联社长红联社荔湾区中南街的海中村	黄埔区南岗街沙步联社、文冲街文冲联社　海珠区南洲街的环秀坊居委、西滘居委	
访谈人数	47	59	67	173

（4）农民工调查对象的分布情况。农民工，是指其户口仍然在农村但在城市工作的农民。在调研中，我们选取了位于远郊的从化市江浦街、下罗村，鳌头镇旗杆居委，南沙区横沥镇新兴村；位于近郊的白云区大田村、长红联社，荔湾区海中村；位于中心城区中的黄埔区南岗街沙步联社、文冲街文冲联社，海珠区南洲街的环秀坊居委、西滘居委。

在对调查数据进行分析、处理的过程中，我们将同属于远郊的从化市江浦街等调查人数汇总后作为远郊区域中的“农民工”调查数（合计 59 人），将同属于近郊的白云区大田村、均禾街平沙联社、长红联社，荔湾区中南街的海中村等调查人数汇总后作为远郊区域中的“农民工”调查数（合计 73 人），将中心城区中的黄埔区南岗街沙步联社、文冲街文冲联社，海珠区南洲街的环秀坊居委、西滘居委的调查人数汇总后作为中心区域的“农民工”调查数（合计 98 人），以此作为基数进行分析对比。

表 3-9　农民工调查对象汇总表

单位：人

区域	远郊	近郊	中心区域	总计
村名	从化市江浦街、下罗村　鳌头镇旗杆居委，南沙区横沥镇新兴村	白云区大田村、长红联社荔湾区海中村	黄埔区南岗街沙步联社、文冲街文冲联社　海珠区南洲街的环秀坊居委、西滘居委	
访谈人数	59	73	98	230

3.2　农民工群体的基本情况

农民工，是指进城从事非农产业工作，但仍然是农业户口和农民身份的人。农民工是城市化进程中最大的群体，也是最引人注目的群体，这一群体对中国城市化发展的影响最大。可以说，没有农民工，就没有中国今天的城市化，就没有中国今天的经济社会发展成就。

3.2.1 背景情况

3.2.1.1 来源地分布

本研究调查的230位农民工，主要来自湖南（28.7%）、广东（12.6%）、四川（10.4%）、湖北（10.6%）、江西（10.1%）、河南（7.4%）、广西（5.6%）。这主要与地理位置有关，与广东毗邻的省份如湖南、江西、广西，农民工找工作目的地主要是广东，而四川、河南、湖北等省是农民工输出大省。广州市农民工来源具有明显的地域性特征，因为广东是改革开放的前沿，吸纳农民工数量大，因而农民工主要来自劳务输出大省及周边省份，而来自全国其他地区的较少。总的来看，主要来自中西部地区省份。

3.2.1.2 平均打工年限

从调查样本分析，打工1～5年占29%、6～10年占38%、10～15年占22%、15年以上占11%。初次进城务工年龄，18岁以下占23%、18～22岁占46.3%、23～27岁占12.1%27岁以上占18.6%。可以看出，进城农民工主要是20多岁的年轻人，以初中毕业文化程度为主。初中毕业生16岁左右，家庭条件差的直接出来打工，条件稍好的则进中等职业技术学校学习两年，一般年龄为18岁。所以，18～25岁的打工者比例最大。农民工的年龄结构总的趋势是呈现年轻化。因为第一代农民工在改革开放初期进城时的年龄比较大，是洗脚上田的真正农民，由农业劳动者转为农民工，年龄一般为30～40岁。随着第一代农民工的退出，他们的子女除了考上大学跳出农门外，其他中学毕业或小学毕业后就直接进城务工，现在称之为第二代农民工。二代农民工首次进城务工年龄在18岁左右。

3.2.1.3 就业领域

从调查样本看，制造业占43.7%、建筑业占28.6%、服务业占22.3%、其他5.4%。农民工是中国产业工人的主力军，珠三角被称为“世界工厂”，众多的制造业工厂吸收了大量的农民工。改革开放30多年，珠三角一直是中国农民外出务工的首选。现在长三角也成为农民工的务工目的地，是吸引农民工的重要区域，已经与珠三角地区不相上下。在众多行业中，建筑业更是农民工的就业阵地，农民工撑起了城市建筑业。

3.2.1.4 外出动机

样本数据表明，农民工进城务工的排位顺序是，首先是挣钱，超过80%的农民工认为离开家乡是因为城里打工收入比家乡高，此类人群目的直接，挣钱就是为了养家或建新房；其次，认为农村发展余地小，城里发展机会多，占

38.7%；再次，进城是为了开阔眼界和见世面，学习技能，为以后回到家乡创业作准备的占34.3%。而认为干农活比较累，城里条件好，向往城里生活，占28.6%。经济因素是农民工外出打工的主要原因，文化因素也是重要原因。但在各年龄层次中，经济因素与文化因素的比重有所不同。调查结果表明，年龄越大，经济方面的因素占的比重越大，年龄越小，非经济因素占的比重越大。二代农民工没有务农种地的经历，不习惯干农活，绝大多数人认为干农活辛苦，向往城里人的生活，因而离开农村进城务工的动机更强烈。

3.2.1.5 找工途径

从调查的数据看，由亲戚带出来的占39.6%，乡邻带出的占35.5%，自己单独出来的占11.3%，集体组织带出来的占9.8%，其他途径的占3.8%。可见农民工进城主要依靠亲朋好友，离不开血缘、亲缘和地缘关系，依靠亲戚和老乡关系找工作，大部分农民工的第一份工作是已经进城务工的亲朋好友或老乡介绍的。即使没有明确的打工目的单位，也是与亲朋好友或老乡结伴出来寻找工作。这种情况下，多数是通过劳动中介介绍。容易遭遇黑中介，风险相对较大。调查样本中，有3.7%的人有过被骗的经历。

3.2.1.6 找工成本

寻找工作成本是指农民工从离开家乡到找到工作这个过程的花费，主要是第一次找工作的费用。500元以下的占65.3%，500～1 000元的占33.2%，1 000元以上的占1.5%。寻找工作的成本与是否经人介绍有很大的关系，如果有亲朋好友或老乡的介绍，成本一般仅仅是从家乡到打工地的交通费，而如果没有熟人介绍，成本要高出许多。因而，寻找工作的成本主要与交通费用相关，也与打工目的地是否有明确的指向性有关。

3.2.2 工作状况

3.2.2.1 就业单位分布

调查样本中，农民工就业组织性质的情况是，国有企业占3.4%，集体企业占9.6%，私营企业38.5%，外资企业占40.5%，环卫部门做工和个体自由职业占8%。可见，私营企业和外资企业是吸收农民工的主要组织，个体自由职业主要包括修鞋、个体运输、个体建筑装修、家政服务等。

表3-10 进城以后换工情况

单位：%

更换工作次数	没有换过	1次	2次	3次	4次	5次及以上
百分比	23.5	25.7	20.5	15.7	6.9	7.7

进城打工后没有换过工作的只占23.5%，大部分都换过工作，并且53.2%的人在不止一个城市工作过，频繁更换工作是农民工进城务工的普遍特

征。而从更换工作的时间看，春节过后的时间段最多。因为这个时候是农民工进城务工的高峰，也是他们更换工作的时机。

3.2.2.2 收入及生活费用支出情况

调查月收入情况是：月工资 1000 元以下的农民工占调查人数比例的 12.4%，1 000～1 500 元占 68.5%，1500～2 000 元以上占 14.7%，2 000 元以上占 4.4%。2010 年出现的民工荒现象，使农民工工资有所提高，但大多数在1 500元左右。每月费用支出情况（分包吃包住、包吃不包住、包住不包吃、不管吃住等几种），如果不包吃住的工作，其工资相对高一些，吃住的费用占生活费支出的比例较大，一般在 40%左右，除此之外，电话费用、购物消费、娱乐支出、老乡聚会及送礼支出等是主要消费支出。电话费支出每个人每个月 100～200 元之间，娱乐（上网、看电影、打牌）支出在 200～300 元之间，购物在 300 元左右，请客及礼尚往来一般在 200 元左右。30 岁以下的年轻农民工的娱乐消费比重比 30 岁以上的农民工要大得多。与常人理解相一致的是，年龄大的农民工大多节俭，省吃俭用，注重储蓄，储蓄占收入的比例相对高一些。而年轻农民工，消费概念相对超前，能够紧跟城市消费时尚，储蓄收入比例要小得多，很大部分年轻农民工甚至也是“月光族”（当月工资当月花光）。

3.2.2.3 收入满意度

农民工将进城务工收入与在家务农收入相比，45.7%被调查者认为比在家乡收入好多了，35.7%的人认为比家乡好一些，10%的人认为差不多，2.2%的人认为比家乡差一些，6%的人回答“说不清”。进一步调查，可以看出，农民对收入的比较是粗略的，因为他们对在家乡务农所得难以精确计算。而在回答这一问题时，很大程度上受工作满意度的影响。一般来说，农民工进城务工从名义收入看，比在家务农要高出许多，但实际收入差距较小。农民工在家的生活费用要低得多，非商品消费比重大，即自给自足部分较大。关于工资是否被拖欠的情况：没有被拖欠的占 78.3%，有过拖欠情况的占 21.7%，拖欠比例相当高。尽管政府在致力于整治拖欠农民工工资的现象，且有一定的效果，但拖欠问题难以根治，大多数农民工表示无能为力，多数人选择忍受，只是在忍无可忍的情况下，离开该工作单位。在拖欠工资的情况下，若是偶尔拖欠，一般不会离开。在拖欠严重的情况下，选择继续留下来的占 28%，选择离开的占 46%，犹豫的占 26%。从调查的情况看，没有一例能够运用法律手段维护自身权益。

3.2.2.4 劳动合同签订情况

农民工与所在单位签订劳动合同的占 52.7%，而没有签订劳动合同的占 47.3%。在签订劳动合同的人中，签订 1 年以下的占 63.1%，1～2 年的占 28.6%，两年以上的占 8.3%。最近一年来，政府有关部门加强了《劳动法》

的实施力度，签订劳动合同的比例有了很大的提高。农民工与单位签订其他协议的占 13.9%，没有的占 86.1%。其他协议主要是指除了劳动合同以外的农民工与所在组织的工作和生活等方面的协议，有正式的，有非正式的。在关于对老板履行合同的信用度的回答中，相信老板履行的占 81.7%，不相信的占 18.3%。

3.2.2.5　加班与休息情况

对于加班情况，经常加班的占 35.7%，偶尔加班的占 48.3%，旺季加班而淡季不加班的占 14%。对于加班是否发加班工资，回答发加班工资的占 72.6%，回答不发的占 27.4%。对加班工资的发放标准，按照平时工资标准发放的占 52.8%，按照国家规定的标准发放的占 32.6%，象征性地发一点的占 14.6%。关于每月休息天数，休息天数少于 1 天或没有休息的占 7.8%，休息 1 天的占 14.8%，休息两天的占 40.4%，休息 3 天的占 4.4%，休息 4 天的占 32.6%。可以看出，农民工按照法定节假日休息的基本上没有，即便是每周休息 1 天，其比重也不大，农民工工作及劳动强度较大，休息时间未能得到保证。

3.2.2.6　从事有毒有害作业情况

调查样本显示，农民工从事有毒有害工作的占 9.6%，而在从事有毒有害作业时符合国家规定有劳动保护的占 43.5%，大部分劳动条件不符合规定。从事有毒有害作业的农民工进行健康检查的情况，从检查次数看，半年 1 次占 15.5%，一年 1 次占 25%，两年 1 次占 4.5%，从不检查的占 55%。显然，农民工劳动保护，特别是从事有毒有害工作的农民工的劳动保护问题被忽视。

3.2.2.7　押金缴纳情况

被访农民工进入企业后，要交押金的占 13.9%，不需交押金的占 86.1%，说明交押金的占少数。交押金的农民工，在退还押金的时间上，几个月退还的占 75%，一直没退的占 25%。交押金是不合法的，但调查显示，少数企业还是违规收取押金。

3.2.2.8　证件扣押情况

被调查的农民工被扣押证件的占 64.8%，而没有被扣押证件的只占 35.2%，说明扣押证件现象非常普遍。对于扣押证件的种类，主要是身份证、毕业证、暂住证，分别是 71.8%、4%、14.8%。扣押证件的时间，1 个月占 32.9%，3 个月占 56.4%，半年的占 4%，雇佣期间一直扣押的占 6.7%。

3.2.3　法律认知与权益保障

3.2.3.1　对劳动法的了解情况

在调查中，对劳动法很熟悉的占 5.2%，有一些了解的占 35.7%，只是听说过的占 29.1%，没听说过的占 30%。大部分农民工对劳动法不了解。劳动法是保护农民工权益最重要的法律，经过政府宣传，现在这一比例有所变化，大多数农民工对劳动法有了解，并且相当部分农民工懂得用劳动法维护自身权益。

3.2.3.2　对劳动仲裁条例的了解情况

被调查者中，回答很熟悉的占3.9%，了解一些的占14.8%，听说过的占24.4%，没听说过的占56.9%。对此法的了解状况较差，导致当出现劳资纠纷时，农民工不知道通过何种途径维护自身权益。

3.2.3.3　对妇女权益保护法的了解情况

回答很熟悉的占3%，了解一些的占17.8%，听说过的占27.5%，没听说过的占51.7%。本问题主要针对的是女性农民工，可见，在女性农民工中，有超过一半的人不知道妇女权益保护法。

3.2.3.4　对社会保险条例和工伤保险条例的了解情况

被调查者中，对社会保险条例很熟悉的占6.1%，了解一些的占33%，听说过的占32.2%，没听说过的占28.7%；对工伤保险条例很熟悉的占6.1%，了解一些的占38.1%，听说过的占30%，没听说过占25.7%。两者的情形大致相当，原因是两者属于相同类别法规。

3.2.3.5　对职业病防治法的了解情况

被访农民工中，对职业病防治法很熟悉的占3%，了解一些的占16.1%，听说过的占25.2%，没听说过的占55.7%。相比较前面的社会保险条例，农民工对职业病防治法的了解要差一些。因而，经常出现农民工发生职业病案例，而农民工一旦患上职业病，往往陷于困境而不知怎么办。

3.2.3.6　对安全生产监督法和消防法的了解情况

农民工对安全生产监督法很熟悉的占14.4%，了解一些的占28.6%，听说过的占24.8%，没听说过的占33.2%。对消防法很熟悉的占8.7%，了解一些的占27%。从调查中我们了解到，大多数企业在农民工进厂后都进行了安全培训，特别是消防知识的培训，但对于相关法律条款，农民工还是知之甚少。

3.2.3.7　权益受损情况

调查中，被调查对象中80.8%的人回答没有权益受伤害的经历，受到伤害的占19.2%。可看出，权益受到伤害的只占少数。但进一步调查分析表明，很多农民工权益受到伤害时并没有感觉到，或者权益被侵害后并不认为受到伤害。比如，加班问题，一些企业随意加班，而不按照法律规定发加班工资，农民工认为是正常的，他们认为工厂都是这样的。他们认为只有当受到严重的人身伤害时，权益才算受到伤害。

3.2.3.8 维权情况

当问及权益受到伤害后是否投诉，65.9%的人回答“是”，34.1%的人回答“否”。而没有投诉的原因中，因为不知道可以投诉的占6.7%，不知道去哪里投诉的占46.7%，怕被报复占13.3%，认为投诉没有用的占26.7%，认为事小不用投诉的占6.7%。关于应该向什么部门投诉的问题，37.9%认为是劳动部门，34.5%认为是妇联（女性农民工），27.6%的人回答是“公安部门”，而没有一个人想到工会，可见工会组织在企业中严重缺位。当问到投诉时几个人去投诉，一个人的占31%，2～5人的小众行为占31%，5人以上的集体投诉占38%。值得注意的是，当农民工其权益受到严重伤害时，有27.3%的人首先想到求助于亲戚朋友或老乡。

3.2.4 生存状况评价

3.2.4.1 收入稳定性

关于收入的稳定性，34.8%的农民工认为比农村好多了，37.4%的认为好一些，16.1%的认为差不多，只有6.5%的认为差一些。绝大多数人认为打工收入比在家务农收入高，而认可打工收入稳定的比例更高，其原因是工资收入具有相对的固定性，而农业经营收入的波动性大，这是农民工离开家乡的经济动因。根据调查数据分析，农民工决定离开农村进城务工决策的临界线，是城里打工收入比在农村务农收入至少高出60%。但是，第二代农民工的临界线要低得多，第二代农民工小学或初中毕业就进城打工，他们进城的决策不是建立在打工收入和务农收入的比较上。农民工工资增长缓慢，远落后于其他阶层工资的增长速度。20世纪八九十年代，第一代农民工工资与公务员的工资不相上下，还高于国有企业职工工资，而现在第二代农民工的工资平均只有城镇职工工资的2/3。

3.2.4.2 劳动强度和工作环境的满意度

对于劳动强度的看法，19.1%的人认为比农村好多了，30%的认为比农村好一些，17.8%的认为跟农村差不多，12.2%的认为比农村差一些，10%的认为比农村差多了，10.2%的说不清。关于工作环境的危险性，10%的人回答比农村好多了，11.3%的认为比农村好一些，44.4%的认为跟农村差不多，13%的认为差一些，5.7%的认为比农村差多了，15.6%的说不清。被访者对本问题的回答显示大多数农民工对劳动强度和工作环境还是较为满意的。农民工工作和劳动的时间长、强度大、环境艰苦，农民工以其吃苦耐劳的品质，仍然觉得在工厂干活比在农村干活要相对轻松或干净。

3.2.4.3 居住条件评价

调查结果显示，9.6%的农民工认为居住条件比在家乡好多了，13.9%的认为比在家乡好一些，19.6%的认为差不多，29.6%认为比农村的居住条件差一些，26.1%认为差多了。可以看出，关于农民工对居住条件的评价，大部分人认为比在家里差。一般具有规模的企业，能够提供工人住宿条件，但是居住条件较差，只有少数企业居住条件较好。据调查样本，约43.5%的农民工自己在外租房居住，这种现象一般集中在靠近“城中村”的工厂，“城中村”出租屋相对便宜，但大多狭小逼仄，条件较差。从居住面积看，农民工在农村老家的住房面积要大得多，但很多条件比如交通、水、电、天然气等都比不上城市。

3.2.4.4 生活及人身安全状况评价

关于生活及人身安全状况的评价，7.8%的农民工认为比在农村好多了，13.1%的农民工认为比在农村好一些，25.5%的认为差不多，29.6%的认为差一些，16%的认为差多了，还有7.9%的农民工认为不好评价。而对于人身安全状况的评价，认为比在家乡好多了的占7.4%，认为比农村好一些的占5.2%，认为差不多的也是占5.2%，认为差一些的占51.7%，认为差多了的占20.9%，说不清的占6.9%。本问题的情况与收入状况的评价形成了鲜明对比，农民工认可进城后的收入，但对其自身在城里的生活状况和人身安全状况的评价却较低，这是值得注意的。农民工对生活状况及人身安全状况的评价，与其融入城市的程度密切相关。收入只是吸引农民工进城的一个动因，使其留下并融入城市社会，更重要的是需要改善其工作和生活状况。

3.2.4.5 业余时间娱乐活动情况

农民工业余时间的消遣内容，依次排列为：一是逛街购物，占53.2%；二是在家休息、看电视，占44.5%；三是上网、打牌或看电影，占42.8%；四是走亲访友或老乡聚会，占36.3%。年青人业余时间主要上网、看电影、逛街购物。对业余生活的评价，7.8%的人认为比农村好多了，20%的人认为好一些，24.4%的人认为差不多，将近40%的人认为比农村差。对业余生活的评价，认为比农村差，有些出人意料，进一步调查表明，作此评价的人年龄较大，大多35岁以上，其原因主要是工作和劳动比在农村务农紧张，业余时间相对少一些。现在的农村，农民种地再没有以前那么辛苦了，农忙时节不是很紧张，农闲时节更是相对休闲，业余时间打牌、进城逛街已经成为许多农民生活的常态。相比之下，农民工在城里，工作劳动的时间长，还得经常加班，生活节奏快，年龄稍大的或刚离开农村的农民工还不适应。农民工中的年轻人，特别是30岁以下的农民工适应工厂工作，城里社会发展较快，业余生活也比较丰富，他们对业余生活的评价较高。

但是，紧张的劳作之余，很多工厂年轻农民工的生活是很单调的，他们的活动半径限制在工厂之内及附近地区，因此，很多人缺乏与老乡交流、与朋友交流、与社会交流。

3.2.4.6　对工作和生活不满意情况评价

调查问卷中，课题组列举了一些农民工可能对城里工作和生活不满意的选项让其选择，每个被访者限选3项。这些选项是收入低、干活太累、生活费用太高、住房条件太差、工作不稳定、看病太贵、社会治安不好、工作太危险、常常被拖欠工资、遇到困难没人帮忙、生活枯燥、家庭成员难以相聚、难以与当地人交往、常受到城里人歧视等。按照比例高低，列表如表3-11。

表3-11　农民工对工作和生活不满意情况评价

选　项	比例（%）
社会治安不好	21.4
工作太危险	16.3
工作不稳定	16.1
生活费用太高	9.7
住房条件太差	9.4
干活太累	7.1
常常被拖欠工资	6.0
看病太贵	3.9
生活枯燥	3.4
难以与当地人交往	2.6
遇到困难没人帮忙	1.3
收入太低	1.0
家庭成员难以相聚	0.9
常受到城里人歧视	0.9

可见，在被调查者对于最不满意的选项中，社会治安问题、工作的危险性和工作的稳定性位列前三位。其次是生活费用、住房条件和劳动条件几个选项。社会治安问题的选项居首位，反映了农民工对当今城市与农村社会治安状况感受的强烈反差，因为在乡土中国，多数地方民风淳朴，社会安宁。调查中，农民工对城市社会治安问题反映最大的几个方面是抢劫、诈骗和偷窃，有26.4%以上的人遭遇过抢劫、诈骗或偷窃，可以看出很多人要么被抢过，要么被诈骗过或被偷过，也反映出广州市前几年的社会治安状况比较差的现实。至于工作的危险性，农民工对干农活与工厂上班的区别有深切的感受，中国传统农业劳作的危险性比工厂操作要低得多。一些工厂劳动条件差，劳动保护措施实施不力，经常发生工人被机器伤害的事件，强化了这一判断。而对于工作稳

定性问题的选项排在第三，表明了农民工的就业现实状况。调查中，农民工普遍对这一问题表示担忧。在新的劳动法颁布之前，企业很少跟农民工签订劳动合同，一些不良企业钻法律空子，以试用期不合格为由，用试用期低廉的工资使用工人，当试用期满了以后就以种种借口辞掉农民工，再换另一批工人，被辞掉的农民工又得重新找工作，重复其试用期。农民工工作的不稳定性，严重损害了农民工的利益，不仅压低了工人工资，也增加了农民工的生活成本。

后三个选项的回答比前三个的比例要低很多，但是生活费用高、住房条件差、干活太累等，也是农民工生活的真实情况。最后两个选项中，“常受到城里人歧视”选项比例最低，正好印证了广州市的包容性。与其他城市相比，广州的平民化和包容性要强得多，这是吸引外来务工人员的重要因素。而关于“家庭成员难以团聚”选项的比例很低似乎出人意料，仔细分析可知，原因有二，一是有一部分已成家的农民工夫妻都一同外出在一起打工，而未成家的年轻人并不看重这一选项。二是很多农民工把与家人团聚的要求已经压到最低限度了，一年一次或几年一次与亲人相聚已经习以为常了。

3.2.4.7　家庭情况

（1）被调查农民工孩子数量及年龄情况。这里指的是已婚农民工育有孩子，且孩子未成年。对于育有未成年孩子的农民工家庭子女数情况：1个孩子占30.3%，2个占41.1%，3个及以上的占28.6%；学龄前的儿童占50.3%，小学生占38.6%，中学生占11.1%。

被访农民工育有未成年子女，未成年子女各年龄段的比例为：0～6岁占32.3%，7～12岁占39.6%，13～18岁占29.1%。

（2）孩子在何处及谁人照管。孩子现在何处：与自己在一起的占33.1%，在老家的占60.3%，外地打工或工作的占6.6%。不在自己身边的孩子由谁照管情况：63.7%的由孩子祖父母照管，18.6%的孩子由外祖父母照管，13.5%的由其他亲属或亲戚照管，4.2%的孩子无人照管。

（3）在自己身边的孩子的教育问题。外来工子女与城市居民子女不能同等对待，不能享受同等教育资源，也就是不能到城市公办学校上学，多数农民工子女只能上农民工子弟学校，少数进了城里公办学校的需要缴少则几千多则几万的赞助费或借读费。

（4）与孩子相聚的次数。被调查者情况显示，半年一次的占14.8%，一年一次的占74.6%，两年或两年以上相聚的占10.6%。相聚的方式或途径主要是两种：一种是春节回家相聚，另一种是孩子寒暑假来与他们的父母相聚。农民工对留守在家的孩子多长时间联系一次：一个月一次的占41.7%，半年两次的占27.8%，一年两次的占13.5%，一年一次的占9.6%，说不定的占7.4%。

农民工平时与子女的联系的方式绝大多数是打电话，当问及电话联系的主要内容时，多数人的回答是“上学成绩如何及想不想爸爸妈妈”之类的内容。而每次与子女分离的时候，他们觉得特别难受，特别是孩子从老家来城里与父母短暂相聚后，要离开广州的时候，别离的伤感场面令人心碎。

从上述数据可以看出，农民工子女大多数不在身边，即所谓“留守儿童”。留守儿童的主要问题：一是留守子女缺乏父爱或母爱，子女与父母感情出现隔阂，对性格的养成造成不良影响。二是由于留守儿童多由祖父母或外祖父母照管，隔代教育，容易娇惯溺爱或放纵不管，产生问题少年。调查中，被访农民工对此表示了深深的担忧，表现出无可奈何。留守儿童问题是农民工进城后出现的带有普遍性的问题，农民工对此付出了极大的心理成本。

关于子女在身边的农民工，其子女的教育也是一大社会问题，农民工子女不能与城市居民子女一样进入公办学校，不能享受城市优质教育资源。在城郊地区，有一些农民工子弟学校，是专为农民工子女兴办的，但是，无论是从硬件还是软件看，都无法同城市公办学校相比。虽然，现在政府已经出台了解决外来工子女入学问题的政策，规定外来工来广州居住半年，其子女可申请公办学校义务教育。但是，一些学校暗地提高了农民工子女入学的门槛，竟相收取“赞助费”且名目巧立，使农民工子女入学困难。

3.2.4.8 夫妻生活

调查数据显示，60%以上的已婚农民工夫妻不在一起。夫妻不在一起的农民工人群中，配偶在老家的占27.4%，配偶都出来打工但不在同一城市的占37.5%，夫妻在同一城市打工但未住在一起的占35.1%。不在一起的农民工夫妻多长时间相聚一次的情况是：1个月以下的占20.6%，1～3个月一次的占11.2%，3个月以上一次的占69.2%，而一年以上一次占33.3%，可见已婚农民工的夫妻生活欠缺问题相当严重，也即媒体称之的“性饥渴”。通过对已婚男性农民工的调查，农民工解决性饥渴的方式大致有：大部分农民工只能是忍着，采取转移兴趣的方法打发业余时间，比如打牌或看成人录像节目。一部分人去发廊等场所花费较低廉的价格找“小姐”，有少数长时间不跟配偶在一起的男性农民工有过找“小姐”的经历。收入不高、住宿条件限制、夫妻分离，使农民工无法享受正常的性生活，有些人因此选择嫖娼。夫妻长时间不能相聚给社会带来的影响一般认为不大，常常被忽视，但就单个个体而言，其精神代价是巨大的。

3.2.4.9 未婚年轻农民工的情感生活

与上一问题相仿的年轻农民工的性生活问题可能不那么严重。原因有二：一是年轻农民工因为年龄较小，性饥渴问题不严重；二是年轻农民工多数处于恋爱时段，因而不存在性生活难以解决的问题。调查显示，12.3%的未婚农民工有3个及以上的性伴侣。问卷调查知，45%以上的年轻农民工打算或正在与打工所在地的异性恋爱，业余生活也较为丰富。

3.2.5 未来预期与打算

农民工群体对未来的打算及预期，取决于其是否能够融入城市。是否能够融入城市取决于是否能够在城里安居乐业，比如稳定的工作、看得起病、养老有保障等。但从目前现状看，农民工很难在城里安居乐业。

3.2.5.1 对农村户口及承包地的看法

对于农民工对是否愿意放弃农村承包土地转为城市户口的问题，5.5%的人非常愿意，23.5%的人比较愿意，12.2%的人的态度是“无所谓”，23.1%的人不太愿意，25.6%的人很不愿意，有16.1%的人没有想过这个问题。而当问及将来是否可能再回到农村定居的问题，回答“肯定回去”的占40.6%，回答“可能回去”占20.1%，回答“不大可能回去”的占16.9%，回答“肯定不回去”的占22.4%。可以看出，将近一半的农民工不愿意放弃老家承包地而转入城市户口。其原因是：农民工对于在城里打工一直抱有短期打算，没有长远的预期，大部分农民工的打算是趁现在年轻赚些钱，将来年龄大了以后回到家乡居住养老。认为家里的承包地是自己的依靠，一旦在城里失业了，没有了生活来源，可以回家种地，也有条退路。现在没有了农业税，不用交各种费税，种地还能够享受国家农业补贴，土地再不是负担了，农民是不会轻易放弃的。当然，从调查中得知，根本的原因是农民工还是不能融入城市，多数人认为如果在城里有稳定的工作，能够有自己的房子，就愿意留在城市。对这一问题的访问，重点关注的对象是30岁以上的农民工群体，他们对这一问题有所考虑，而30岁以下的农民工群体则不关心这个问题，大约65%的人不打算将来回到农村，特别是二代农民工绝大多数对农村老家没有依恋，愿意留在城市发展。

3.2.5.2 对农村保障的预期

调查表明，目前农民工对来自家乡农村的保障有较高的预期，关于“你现在或将来是否有可能从家乡农村获得保障”问题的问卷中，44.4%的人认为完全可能，32.2%的人认为有可能，只有15.2%的人认为不可能，其余的回答“不知道”。国家在没有完全实施农民工各项社会保障之前，农民工的保障预期多依赖于家乡农村，这也是导致多数人打算将来回去养老的原因之一。当问及“假设你失业了，城里待不下去了，又没养老保险，怎么办?”38.7%的农民工认为“家里有地，饿不死人”。

3.2.5.3 养老保障

关于养老，被访农民工的回答是：35.7%的人说靠自己，16.1%的人说靠子女，44.4%的人认为靠保险（多数人说的是商业保险），2%的人认为靠所在地城市政府，2%的人认为靠家乡政府。可见，有一半以上的农民工对社会养老保险知之甚少，认为养老靠自己或子女。农民工的养老保险购买率非常低，据样本数据，农民工养老保险购买率不足10%。即便如此，因为种种原因，已经购买养老保险的农民工很多退保。

3.2.5.4　社会救助

调查表明，43.1%的被访农民工最关心医疗保障，20.4%的农民工最关心低保待遇，16.5%的农民工最关心法律援助，6.5%的农民工最关心廉租房。农民工特别是大龄农民工大部分人最关心医疗保障和最低生活保障问题，希望像城里人一样享受这一待遇。这反映了大龄农民工对未来的担忧，因为疾病和失业是农民工未来生活的两个最可怕的变故。而关于法律援助的关注度要低得多，从调查中发现，对法律援助的关心主要来自有过严重权益受侵害的农民工，因为在得不到或不知道政府相关部门的救助的情况下，很多人有过诉诸法律的但很艰辛的经历。

3.2.5.5　养老保险

可以说，农民工的养老保险问题是关系到农民工未来生活的保障问题，也是农民工社会保障里最为关键的部分。关于对养老保险的了解情况的调查，较熟悉的只占2.6%，有一定了解的占16.3%，不太了解的占27.4%，一点也不了解的占53.1%。可见，大部分农民工不清楚养老保险。对于“是否愿意参加养老保险”的回答，超过54%的农民工表示愿意参加，没想好和无所谓的占30%，只有16%的表示不愿意参加。问及为什么不愿意参加养老保险，回答有两种情况：一是不了解养老保险是怎么回事；二是担心变换工作，所缴的保费丢失。农民工按规定参加社会养老保险大多是从1998年开始的。据“个人缴费须满15年方可在一地领取养老金”的规定，很多大龄农民工尤其是45岁以上的农民工，他们缴费年限不足，无法在打工地退休并领取养老金。目前，养老保险不能在全国范围内转续，如将个人账户资金转回老家，则须补缴企业缴的资金以及剩余年限的养老保险金，且养老金按当地标准领取，比在广州等珠三角地区领取要低。因为对政策的不了解和养老保险金的异地缴付问题尚未解决，使得农民工的养老保险制度的实施非常困难，参加养老保险的比例很低。对目前的农民工来说，享受像城市居民一样的退休生活，按月领取养老金，还是个梦。当然，这个梦终究会变成现实的。

3.2.5.6　未来工作打算

对此问题的调查，30.9%的农民工打算长期留在城市工作，10.4%的农民工打算将来回到家乡从事非农业生产，17.9%的农民工打算回到家乡县城打工，3.1%的农民工打算回到家乡创业，19.6%的农民工打算回到家乡务农，18.3%的人回答“还没想好”。对未来的打算，不同年龄段的农民工有所差别，一般地讲，45 岁以上的农民工大多数人的未来打算是回到乡下；35 岁左右的人有相当部分打算将来回乡创业，挣些钱回家开个店或办个小厂；30 岁以下的农民工多数想留在城里工作和生活，成为真正的城市人。

3.3 农民工与城市化

农民工融入城市，既是推动城市化发展的动力，也是城市化正常发展的结果。农民工是否融入城市，其权利能否得到保障，关系到城市化进程能否顺利进行。

3.3.1 城市接纳

调查显示，市民对农民工的接纳程度比过去好多了，大多数市民并不歧视农民工，也认识到农民工对城市发展的贡献，当对城市居民就“城市发展离不开农民工吗”问题进行调查时，超过 81%的被调查者回答是肯定的。

3.3.2 城市贡献

虽然城市市民意识到城市发展离不开农民工，但是，在关于“农民工给城市带来了什么”的问卷回答时，35.3%的市民认为农民工给城市带来了便利，24.9%的人认为农民工带来了麻烦。问及带来了哪些麻烦时：认为增加了交通压力占 73.4%，认为带来了治安问题占 11%，认为带来了环境卫生问题的占 7.5%，认为增加了城市就业压力的占 5.2%，其他占 2.9%。关于“农民工是否影响社会治安”问题的回答，73.9%的被访市民回答“是”，只有 19.7%的人认为“不是”，另有 6.4%的市民的回答是“说不清”。

将城市化发展过程中的交通和治安问题都归咎于农民工的这部分市民，实际上是持有偏见的，他们大多怀念改革开放前的那个时代，那时候车少、治安相对“平静”。没有认识到社会发展必然带来人口的流动，农民进城是城市化发展的必然，而随着城市化发展带来的交通和社会治安压力增大是具有世界性的普遍现象。少数市民总是固执地认为城市是有城市户口的人的城市，不应该允许农民进城，但是，这部分市民又不得不承认农民工对城市发展的贡献。

3.3.3 农民工与市民的互动

在“你的工作单位是否有农民工”的调查中，样本人群中，34%的单位“有且很多”，20.8%的单位“有但不多”，46.2%的回答“没有”，即有超过半数的人的单位有农民工。是否与农民工直接打交道，42.2%的城市居民经常跟农民工打交道，打交道但不多的占 57.8%。这里的“打交道”，是指直接与农民工单独的直接的工作或生活关系。事实上，现在的城市居民没有人能够避免跟农民工打交道，每天的日常生活都离不开农民工，如每天送牛奶、送报纸、送水、收垃圾、小区保安等，绝大多数都是农民工。

3.3.4 好感和同情评价

这一问题可以直接观察城市居民与农民工的关系，对农民工是否有好感关系到对农民工的接纳程度。

样本调查，接近48%的被访者回答“对农民工有好感”，接近40%回答“说不清”，只有12%明确回答“没有好感”。在对农民工为什么没有好感的原因进行调查可知，68.5%的人回答是“看不惯”，16.7%的人认为是因为生活习惯不一样，9.9%的人认为给生活带来了麻烦，1.9%的人是因为有过不愉快的经历。不愉快的经历包括被偷过、被抢过、被骗过或与农民工发生过冲突等。对全部被访城市居民的样本调查，54.7%的人有过一次以上被偷经历，17.3%有过被抢经历，15.6%的有过被骗经历，有29.6%的市民与农民工发生过纠纷。当然，不是所有被偷、被抢以及被骗都与农民工有关，被访市民有52.1%的人认为与农民工有关。

与好感相类似的是同情，对“你是否同情农民工”的调查中，27.2%的人很同情农民工，53.2%的人比较同情，只有13.3%的人不同情。比较上述是否对农民工有好感，同情农民工的比例要高得多。好感不同于同情，前者针对的是与农民工有过接触或打过交道的过程中，而产生的对农民工的心理评价，评价的高低与其经历是否愉快有关。而同情的评价，是一个人基于一般的社会道德所做出的评价，它不一定受被调查者与农民工打交道的经历的影响，而是一般人对弱势群体的同情，这一问题的设计，就是出于这一考虑。农民工是当今中国社会的弱势群体，是被同情的对象。在回答“你是否愿意跟农民工交朋友”的问题时，80.4%的城市居民表示愿意，只有19.6%的人表示不愿意。这些与是否同情农民工密切相关，对农民工有好感的城市居民一般都表示愿意与农民工交朋友。

3.3.5 户籍制度评价

被访城市居民中，对现有户籍制度的看法，认为合理的占23.7%，认为比较合理的占45.1%，认为不合理的占29.5%，认为非常不合理的占1.7%。可以看出，因为城市居民是城市发展的既得利益者，将近70%的城市居民认为户籍制度合理或比较合理，表明大部分城市居民还是希望农民工维持农民身份，从而维护和显示城市户口的福利性，怀念户籍制度给自己带来的优越感。

3.3.6 社会救济

农民工远离家乡，可能会遇到各种困难，他们从何种渠道获得救助，救助效果如何，在很大程度上影响着他们能否融入城市生活。

3.3.7 困难与求助对象

对“进城后有无遇到严重困难的时候”的调查，40.9%的人遇到过严重经济困难，其中因为家里遇到困难需要钱的占66.7%（包括家里有人大病住院、孩子上学学费、婚丧嫁娶、自然灾害以及家里其他重大变故等），自己遇到经济困难的占 33.3%（包括自己发生被偷被抢被骗等而没有钱花、钱物丢失及其他发生重大经济困难的情形等）。在遇到经济困难，问及向谁寻求帮助时，41.3%的人向老乡寻求帮助，33.8%向亲戚朋友寻求帮助，18.6%的人向所在单位的工友寻求帮助，其他途径占 6.3%。

3.3.8 人身财产侵犯与求助对象

个人遇到的突发性事件主要是指与人发生纠纷、人身受到侵犯、财物受到侵犯（如被偷被抢被骗等）。当与人发生纠纷、人身受到侵犯时，寻求救济的途径是：找老乡或亲戚朋友解决或报复的占 68.6%，找所在单位的占 25.3%，找街道居委会的只有 6.1%。当财物受到侵犯时，具体到被偷被抢时报警的只占 28.9%，多数保持沉默。当被骗时，报警的只有 13.6%，绝大多数不知道救济途径。如前所述，农民工在自身权益受到侵害时，维权的方式和方法以及寻求帮助的途径，大多数想到的是亲缘、血缘和地缘关系，即通过亲朋好友或老乡来解决问题。对于农民工这种寻求救济途径，很多人认为是农民工狭隘的小农思想和地缘亲缘情结，而从实际调查中得知，求助于老乡和亲朋好友确实是农民工最便捷、最有效，也是农民工最信赖的救济方式，这也暴露了政府相关救济机构及救济制度的缺失。

3.3.9 工会救助

对农民工而言，最为担心的是失业，因为失业意味着没有收入来源，重新找工作不容易，且找工作成本较大。失业的原因主要是工厂无故辞退和工厂倒闭。在劳动力市场为买方市场的情况下，工厂在用工方面的讨价还价处于强势地位，农民工处于弱势。在劳动法实施前，很多工厂抓住农民工寻找工作困难这一点，为了牟取更多的利润，让农民工接受劳动条件简陋、劳动强度大的工作，而且逼迫农民工接受低工资或接受经常性的超长时间加班，不发加班工资或发很少加班工资。还有普遍存在拖欠和克扣农民工工资的情况，农民工绝大多数对此保持缄默，忍气吞声，不“找麻烦”，不知道投诉也不知道去哪里投诉。除了失业外，农民工最担心的就是工伤和生病。一旦发生工伤或生大病，意味着失业，生活无着落。应该讲，这个时候工会应该站出来，应该成为农民工权益的保护者，但事实上，工会组织的设置及力量的发挥远远不尽如人意。据调查，73.4%的农民工不知道工会是干什么的，53.8%的农民工不知道本单位是否有工会，68.7%的农民工在自身权益受到侵害时不知道找工会，当然，即使知道怎么做，也不知道工会在哪里。据样本调查，设立工会的工厂只有 39.2%，众多私营小企业和规模较小的外资企业根本就没有工会组织。

3.3.10 女性农民工权益救助

受户籍制度限制，农民工虽然离开家乡农村进城从事非农工作，但还是农民身份，其户口还在家乡，而且所依赖的组织也在家乡，即村民自治组织。进城以后的农民工成了无依无靠的人，没有哪个组织真正成为农民工的代言人，可以说，农民工是远离组织的一个群体。如很多女性农民工在怀孕或流产时，仍然要加班，其中相当部分的女工工作环境十分恶劣，大部分妇女不知道自身权益受到侵害。被访农民工中有分娩或人工流产经历的女性农民工，70%以上是在不具备医疗资质的小诊所进行的，女性农民工普遍存在着生殖健康问题，妇科疾病严重。在维护妇女权益时，妇联应该承担其应有的职责，虽然女性农民工很多人知道有妇联这个组织，但不知道在哪里。

政府相关部门普遍忽视农民工的权益，企业又没有成立农民工自治组织，农民工与相关权益保护组织沟通严重脱节，形成了农民工在城里没人管的局面，农民工被严重边缘化。究其原因，是因为当今的社会组织与政府管理系统都是按现有户籍制度设置的，农民工成了被忽视的群体，家乡的村镇组织管不了，城里的相关组织又不管。

3.3.11 社区融入

调查表明，农民工普遍与所在社区有隔阂，难以融入社区。原因有农民工被歧视、农民工自身的自卑，这些都造成了农民工与所在社区的交往困难。但根本原因还是户籍制度将农民工拒之于所在城市社区之外，没有将农民工当成城市市民，进而纳入城市市民管理范畴，而是在制度上排斥了农民工。调查发现，没有一个社区设立有为农民工服务的组织或机构。社区居民与农民工基本上没有什么互动，更没有感情上的交流，农民工有什么困难首先想到的是老乡或同一单位的农民工，因此，农民工对所在城市没有归属感。在一些厂区，工厂像一个封闭的小社会，农民工基本上与工厂之外的世界隔绝，农民工的生活轨迹是典型的三点一线：宿舍—食堂—车间。极为单调的生活，使得每一个员工像一台不停歇的机器，也使得每一个员工依附于工厂。当地居委会为了所在社区的治安，似乎与企业达成了某种默契，也希望工厂将员工限制在厂区。农民工的生活圈基本上被限制在工厂内，所在城市似乎跟自己没有关系，自己就是一个城市过客。

3.3.12 公民权认知

3.3.12.1 身份评价

关于“你与城市居民是平等的吗”的回答，86.6%的农民工认为不平等，只有13.4%的农民工认为是平等的。对于“为什么不平等”的访问，认为户口不同的占73.2%，认为国家政策的区别对待占20.8%，认为命运决定的占5.4%，其他的回答“不清楚”。关于“不平等主要在哪些方面”，32.1%的农民工认为工作条件和工资待遇方面不平等，30.7%的农民工认为在养老保险和医疗保险方面不平等，20.5%的认为主要在子女教育方面不平等，其他的认为是住房条件方面。调查显示，农民工对城乡差距有深刻的感受，也深刻感受到了自身“二等公民”的身份。

3.3.12.2 工资待遇评价

对于劳动条件和工资待遇问题，44.3%的农民工认为有歧视，调查数据表明，同一工种城乡不同户籍员工的工资差距在30%以上。农民工大多从事城市里脏、乱、差及重体力行业或工种，且工资待遇较低。85%以上的农民工不清楚自己的劳动权利，发生劳动纠纷时，不知道如何维护自己的权利。

3.3.12.3 就业培训评价

农民工总体受教育程度较低，是城乡教育不平等的主要受害群体。就业过程中的教育培训情况，不到30%的农民工受到过专业技术培训，大多数农民工只是有过上岗前的简易培训。平时文化生活情况，相当多的企业不重视农民工的业余文化生活，农民工被当作劳动机器。从人力资本投资看，农民工对自身的人力资本投资很低，只有少数年轻农民工参加进修来提升自己。企业在农民工的培训方面多是急功近利，忽视长远的员工培训计划。

3.3.12.4 社区参与评价

农民工完全游离于社区之外，与社区没有正常的沟通和交流，没有农民工参与社区管理。绝大多数农民工不知道社区是怎么回事，不清楚社区的功能，不了解自己和社区之间的关系。而社区对农民工的管理，只局限于人口和计划生育登记、出租屋登记。农民工没有自己的组织、没有自己的团体，权利不能得到保障，缺少与社区联系的纽带，对社区没有归属感，因而对城市也没有归属感。

3.3.12.5 政治权利评价

政治权利主要包括选举权和组建自治组织的权利。从选举权看，农民工的选举权被虚置，因为农民工的选举权被户籍制限制在家乡，而在其工作和生活的地方没有选举权，在选举的时候，基本上没有农民工回到家乡去履行选举权利。从组建农民工自治组织看，农民工没有自己的权益组织。从目前看，有关法律没有赋予农民工组建自治组织的权利。所以说，无论是作为公民还是劳动者，农民工的政治权利都被忽视了。

3.4 “城中村”居民群体

“城中村”居民这一群体的产生是城市化快速发展过程中，丧失土地的农民没有同步融入城市发展而成为城市市民。“城中村”是中国城市化进程中的独特现象，是典型的城市化滞后于工业化的一个特征，是城市化快速发展过程中城市规划不统一的结果，是中国二元经济社会结构的表现。从狭义的概念讲，“城中村”是指在城市化进程中，由于全部或大部分土地被征用，农民转为居民后仍在原村落居住而演变成的居民区，也称“都市里的村庄”。广义的“城中村”，是指在城市高速发展的进程中，滞后于时代发展步伐，游离于现代城市管理之外，生活水平低下的居民区。

3.4.1　“城中村”基本情况

广州“城中村”兴起于20世纪80年代举办的全国第六届运动会。为了筹备运动会，天河区等地出现了了大量新建筑，当时形态是农村包围城市。进入90年代，随着经济和房地产大发展，慢慢出现了城市包围农村的形态。当时广州有139个“城中村”，到目前为止，尚有138个。“城中村”总占地面积81.4平方公里，总建筑面积超过1亿平方米，吸引300多万外来人口居住。

早在1984年，石牌村的居民就开始将房屋出租给外来打工者居住。长期以来，“城中村”形成了廉价公寓特色，让外来人口低门槛进入广州，其中很大部分是农民工。一般认为，中国最典型的“城中村”在广州，广州最典型的“城中村”在天河。每一个“城中村”都有自己的特色，如，广州火车站附近的“城中村”居住大量来自发展中国家的外国人；杨箕村集中了很多媒体界人士；石牌村靠近电脑城，则集中了大量的IT人士；冼村有“广州最多年轻靓女聚集地”之称，近万名租客是天河城、正佳广场等商圈、写字楼的销售小姐。“城中村”的租客身份与周边产业形态相关，因为外来人员一般选择在上班地点附近的“城中村”租住。

广州市的“城中村”具有突出的典型性表现在：一是“城中村”数量多，“城中村”改造量大；二是“城中村”居民转制工作开展较早；三是“城中村”居民与其他群体的交往和联系更为复杂。“城中村”居民这一群体的生活状况体现了城市化进程中农民群体的变迁，也可以反映出其他城市群体的状况。“城中村”分为近郊“城中村”和中心城区“城中村”两类，但我们在分析“城中村”居民生活状况时，多数情况下不分开进行描述。

自2001年始，“城中村”实行转制，即将“城中村”居民的农业户籍转成非农业户籍，村改居，村民变成市民。“城中村”居民原先身份是农民，实行转制后，并未融入城市中去，这一群体比较特殊，他们身上载有农民在城市化进程中的酸甜苦辣、喜怒哀乐等全部信息，解读这一群体，对于认识中国城市化进程中的问题具有重要意义。所以，从研究的角度出发，将“城中村”居民作为农民群体对待是合理的。

3.4.2　“城中村”居民生活状况

调查“城中村”居民群体样本，分别在海珠区、荔湾区、白云区和黄埔区等选取，这些区的“城中村”代表了广州市“城中村”的基本状况。“城中村”居民这一群体是中国城市化进程中的典型代表，总体来看，他们的生活状况在农民各个群体里是最好的，从城市化中所获得的利益是最大的。受益于城市化，他们完全脱离了农业，已经不是真正的农民。他们的居住条件较好，尤其是享受了土地资产升值所带来的巨大好处，如集体经济雄厚、住宅资产较大。样本调查表明，“城中村”居民居住面积，平均每户在300平方米以上的占31.2%、200～300平方米的占21.6%、100～200平方米的占28.5%、100平方米以下的占18.7%。“城中村”居民收入水平也比一般城市居民高，除了获得房屋这一财产性收入外，还有集体分红。调查资料估计，广州市“城中村”居民人均年集体分红收入3 000～40 000元，还有不菲的房屋出租收入。随着城市商品房价格飙升，“城中村”居民的住宅这一财产性收入（出租屋）在中心城区升值很快，显得尤其突出。“城中村”居民对自己生活水平的自我评价也较高，调查中，对“感觉自己生活与城市原居民相比较情况”的调查，29%的“城中村”居民认为比原居民生活好，45.2%的“城中村”居民认为差不多。考虑到被访者的谨慎和保守，说明了绝大多数“城中村”居民认为自己的生活水平比普通原市民的要高，只有20%的人认为差一些。

3.4.3 居民就业与邻里交往情况

“城中村”实际上就是都市里的村庄，是一个相对独立的但并未完全封闭的特殊社区。从地理面积上看，村庄变小了，由原来的生产和生活的混合区域变成了生活区域，但村民的生活圈子扩大了。村民的生活再也不局限于村庄，而是越来越多地与城市社区交流。原来相对静谧的村庄被打破，变得喧闹了，人心也变得越来越浮躁。对这一剧烈变化的生活，有些人不适应，特别是年龄大的居民，很长时间还不能适应，而年轻人适应得快些。50%以上的人在最初的两三年不适应，随着时间的推移，大部分人已经适应了这种变化。

3.4.3.1 *居民就业*

政府在征地时对部分居民进行了安置，但大部分居民的工作没有着落，“城中村”的村集体经济对村民工作的安排提供了经济基础，部分村民被安排在村经济联社上班，其中主要的工作岗位是村治安联防队。绝大部分“城中村”建立了治安联防队，治安联防队安置了不少村民。这些治安联防队的岗位带有福利性质，治安联防队队员工作量不大，相对轻松，没什么压力，工资待遇不错，因而一家只能安排一个，外来人员是不可能得到这份工作的。一般一个家庭里夫妻两人，男的在治安联防队当联防队员，女的自谋职业，或外出打工或做点小生意。累活、脏活或工资稍低之类的工作，如环境卫生保洁员，“城中村”居民不愿意干，多为或全部为外来务工人员干。相对优越的条件，提高了“城中村”居民的就业期望，一般的工作是瞧不上的，因为他们即使不工作，也有丰厚的分红和房屋出租收入。“城中村”的形成也造就了一批“食租人”（靠收取房屋租金，不用干活的人），在广州被称之为“包租公”、“包租婆”，他们有的游手好闲，甚至个别的沉湎于赌博。

3.4.3.2 邻里关系

调查显示，“城中村”居民认为邻里关系更亲密的比例为23.7%，认为更生疏的比例为13.6%，认为没有变化的比例为62.7%。认为更紧密的比更生疏的比例大，原因是居住的房屋挨得更近了，相互守望的距离缩小也拉近了心理距离。而认为更生疏的被访者也客观地反映了“城中村”居民生活受到城市化的冲击，随着外来人口的增多，与外界的交流也随之增多，一些人与原来的乡邻的关系可能没有那么紧密了。大多数人认为邻里关系没变化，这是因为“城中村”居民居住区域相对独立和封闭，生活圈子未变，邻里未分开，他们延续着原有的生活方式。不管邻里关系是否亲密，但邻里之间还是能够相互关照的，因为95.6%的人认为邻里之间是应该相互关照的。

“城中村”居民这种紧密的邻里关系是与“城中村”社区的相对独立相联系的，只要“城中村”社区不拆分，原有乡邻还住在一起，亲密的邻里关系就会一直延续下去的。因为同姓同族的宗族观念会维持着这种关系，这也说明了，城市社区或城市居民的宗族观念比乡村的要淡泊得多。

3.4.4 城市融入

“城中村”居民从失去耕地开始，就经历着生活上的剧烈变化，原来相对独立和封闭的生活区域被城市包围，急剧增加的外来人口涌进社区，彻底打破了往日的宁静。近郊“城中村”还有部分耕地，大多租给外来务工人员耕种，所以“城中村”居民一开始就面临着职业上的转换，也面临着失业的风险。

“城中村”居民融入城市并不理想，在土地被征用以后，农业产业消失，很多人由于没有了除农业生产经验外的其他一技之长，无事可做，成了失业群体。很多年青人也无所事事，靠着较为丰厚的集体分红和房屋出租租金，成了“二世祖”(依靠财产性收入，不劳而获的年青一代)。“城中村”居民的生活习惯还在维持着原来的乡村生活习性，居民的乡邻关系和邻里关系比城市社区居民的邻里关系要紧密得多。“城中村”居民的宗族观念还比较浓厚，血缘和宗族关系对社区有很大的影响力，社区文化明显保持着原来的乡村气息。“城中村”改造也改变不了原来的生活习惯和交往圈子，尽管从建筑上看，“城中村”已经与城市融为一体，但社区居民并未完全融入城市。从“城中村”居民自我感知看，他们大多数也认为没有与城市融为一体。问及是否与城市融为一体时，被访居民中只有29.8%的人认为融为一体，而超过58%的人回答是否定的，其他部分的人没有清楚地回答。

3.4.4.1 对城市生活习惯情况

对城市生活的习惯与否，直接关系到“城中村”居民能否融入城市。对“变成城中村后，生活习惯变化情况”的调查，回答“没有变化”的占36.8%、认为变化不大的占45.2%，只有17.9%的人认为变化较大。具体到近郊“城中村”和中心城区“城中村”，近郊“城中村”被访人群认为变化较大的比重较中心“城中村”大，前者为22.9%，后者为15.2%。近郊“城中村”居民认为没有变化的比例为22.9%，而中心城区“城中村”居民认为没有变化的比例则高达44.8%。这与想象中的情况相反，按照常理推断，近郊“城中村”相对于中心城区“城中村”，变化应该小一些。事实上，近郊“城中村”居民可能是因为生活区域相对比较大，居住相对分散，邻里关系相反还没有中心城区“城中村”密切，所以认为没有变化的比例小一些。

3.4.4.2　生活治安状况评价

对“城中村”生活治安有无安全感的调查，69.7%的人回答是肯定的，28.5%的人回答是否定的，持肯定态度的人占大多数。近郊“城中村”居民持肯定态度的比例为79.5%，中心城区“城中村”的比例为64.1%，相对来讲要高。对“城中村”治安状况满意度调查，满意或比较满意的比例高达84.2%，只有15.8%的人表示不满意。但普遍对“城中村”治安情况表示关切。“城中村”治安方面的主要问题依次为偷窃、抢劫、打架斗殴、卖淫嫖娼、吸毒等，其中偷窃、抢劫、吸毒和卖淫是“城中村”治安状况存在的主要问题，而最为严重的则是偷窃和抢劫。被访居民中，超过45%的人有过被偷的经历，其中多次被偷的比例是15.8%。有超过21%的人有被抢劫的经历，3.1%的人有超过3次被抢的经历。

治安问题的主要原因分析，77.2%的被访者认为导致治安问题的主要原因是“城中村”出租屋多，外来人口多，人口流动性大。关于治安问题是否会持续下去，有接近一半的被访者认为会持续下去，对治安信心不足，表现出无可奈何。“城中村”一直被人认为是藏污纳垢的地方，它是外来人口租住的集中地，而且流动人口和流浪人员大多汇集在“城中村”，因而是各类刑事案件的高发地。

3.4.4.3　村民文化传承

赛龙舟、舞狮子是广州民间的传统文化，“城中村”一直保留着这一民俗文化传统。有河涌的“城中村”每年会举行龙舟赛，没有河涌的“城中村”则有舞狮子活动。“城中村”还是顽强地保留着一些精神层面的东西，仍然保留着祠堂和寺庙。几千年来的农村自治的传统也保存着，当“城中村”遇到治安问题时，就由村民组成治安联防队维持本村治安。

3.4.4.4　“城中村”改造评价

“城中村”最初的情形是周围被迅速发展的城市建筑物包围，原来的村庄面貌未变，也就是城市中的乡村。随着城市化的发展，外来人口越来越多，对房屋租赁需求越来越大，出租房屋生意火暴。于是，“城中村”农民在没有统一规划的情况下大量建设房屋，造成房屋拥挤现象严重，即所谓的“握手楼”。

"城中村"建筑物杂乱无章，污水横流，垃圾成堆，电线乱拉，消防隐患大，严重影响了市容市貌、环境和安全。对"城中村"的改造势在必行。这几年，广州市大力推进"城中村"改造。

关于"城中村"居民对"城中村"改造的态度的调查，64.5%的人表示愿意进行"城中村"改造，只有16.2%的人表示不愿意，其他人则持无所谓的态度。对于如何改造，38.2%的人赞成在原村基础上建设，31.1%的人赞成撤村改造，16.2%的人赞成政府统一规划建设，8.8%的人赞成完全由开发商开发。在原村基础上进行建设，意味着更多地保留"城中村"原有状况，改造所带来的变化更少。"城中村"居民对于"城中村"改造更倾向于少变化，安于现状，因为他们已经习惯于"城中村"的固有生活方式和类似于相对封闭的乡村社区，75.5%的"城中村"居民希望"城中村"改造后邻里还能住在一起。

"城中村"改造是城市建设的大手笔，动用的资金巨大，重建费用、回迁补偿需要大量资金。从2010年开始的猎德村、林和村和杨箕村改造，对被拆迁的"城中村"居民的补偿基本按照市场价格进行，平均每户回迁补偿面积少则100多平方米，多则几百平方米，如猎德村有一户得到的回迁补偿面积达800多平方米，折合现在房地产市场价格1 000多万元。价值不菲的回迁补偿弥补了"城中村"居民承受改造的经济成本，回迁住房安置尽量考虑原来的邻里关系，在一定程度上弥补了被改造的"城中村"居民的心理成本（改造后，原来村民乡邻关系被打破的不适应）。但是，居民还需一段时间去适应，虽然新的住房是现代化的高层住宅、漂亮洋房，但很多人仍然怀念原来"城中村"那种单家独栋的邻里关系，那种敞开自家大门，搬个小凳坐在门口，邻里相互聊天说笑的那种情景。

3.4.4.5　*身份变更评价*

"城中村"里的年轻人变成城市人的情况，34.2%的人认为与城市人完全一样，50.9%的人认为与城市人差不多，只有9.6%的人认为不一样，另有5.3%的人回答"说不清"。这里的年轻人是指30岁以下的"城中村"居民，而对于30岁以上的"城中村"居民，是否变成城市人的比例低得多，有超过半数的人回答没有变成城市人或与城市人不一样。而在"城中村"形成之前已经成人的"城中村"居民80%以上没有变成城市人，因为这些人在"城中村"形成之前，已经习惯了农村的生产和生活方式。

3.4.4.6　*老年人日常生活*

"城中村"老年人日常生活的主要内容是：45.6%的老年人打牌，19.3%的老年人带小孩，14%的老年人做家务，7.5%的老年人逛公园，其他的占13.6%。年轻人除了上班的、做生意的，那些无所事事的大多也是以打牌来打发时间。在正在改造的"城中村"里，老年村民最不适应，以前，在村里溜达，各家各户都认识，邻里之间低头不见抬头见，大家见面互相打招呼。改造后，变成小区了，见一面不容易，见的不再是邻居，没人打招呼，没人说话，只能在家里待着。

3.4.5 征地及补偿情况

“城中村”的形成意味着农民失去土地，即村民集体土地变成了城市国有土地，“城中村”所存在的社会问题主要是征地及其补偿问题。

3.4.5.1 村民对征地的了解程度

“城中村”被征用的土地主要有两种，耕地和宅基地，其中93%以上是耕地。征地时征求村民意见的情况，60.7%的被访者回答“征求过村民意见”，而39.3%的人回答说“没有征求过村民的意见”。对“征求意见”的理解，征求实质上是通知村民，让村民知晓而已，不管同意不同意，征什么地和征多少地，都是政府说了算，政府行为谁也阻挡不了。政府在征用土地时，肯定通知了村民，一些干部认为村民是否同意，无关紧要。一部分被访者说没有征求意见，可能是要么时间长了忘记了，要么没参加当时的村民会议。

被征用的土地主要是用于城市开发，大多数是房地产开发，一部分是建设公用设施，或是建工厂。村民对征地过程的具体操作都不得而知，而关键的补偿标准问题，村民大多不清楚，村民只能是被动地接受既定标准。可以说，“城中村”的征地大多数是在村民完全被动的情况下进行的，多少存在暗箱操作情况。

3.4.5.2 “城中村”征地补偿问题

政府对被征地的“城中村”居民的补偿方式主要是支付补偿金和安置就业。补偿金包括土地补偿、安置补偿、附着物补偿和青苗补偿。土地补偿占81.1%，安置补偿占9.2%，青苗补偿占8.1%，附着物补偿占1.6%。关于补偿金在土地征用后多久得到的调查，3个月以内得到的占37%，3～6个月占10.6%，6个月以上占52.4%，表明一半以上的村民的补偿金给付滞后半年以上。而一次性给付的占57.5%，其余的都不是一次性给付的。分两次给付的占32%，分三次给付的占54.6%，三次以上给付的占13.4%。一般是一次性给付补偿金，而分次给付的可能涉及的是承包地的征用是分期征用的情况。从调查情况看，中心城区“城中村”的土地征用补偿金都已经给付清了。

3.4.5.3 对当时的土地补偿金和安置补偿的评价

被调查者中，满意的占23.7%，比较满意的占41.2%，不满意的占23.7%，很不满意的占11.4%，可以看出，虽然满意或比较满意的占多数，但不满意和很不满意的比重仍然很大。关于不满意的原因，80.5%的认为当时的标准太低，19.5%的人是因为现在的标准提高了。征地补偿标准随着时间的推移，会越来越高，现在征地补偿标准比10年前提高了几倍。现在看来，早期征地补偿标准的确比较低，绝大多数村民并不是因为现在的补偿标准提高了才不满意。

安置补偿的满意度较补偿金的满意度低，满意的只有25.4%，而不满意的占74.6%。补偿金是一种直接的补偿，只要不是太低，一般村民都会接受的。但是，安置补偿却不一样，涉及对工作的满意度的评价，而工作的满意度是多方面的，包括安排就业的工作性质、技能要求、薪酬情况、劳动强度等，一种就业岗位的安排，很难做到让大多数人都满意。

3.4.5.4 征地过程中是否发生纠纷

发生纠纷的占30.3%，其中因为经济利益不合理方面的纠纷占77.5%，而就业安置不满意的纠纷只占18.1%。这说明征地过程中纠纷的主要内容是补偿金的补偿标准和补偿金的分配问题。

3.4.5.5 “城中村”居民对失去土地是否遗憾

对“城中村”居民失去土地后是否感到遗憾的调查，73.4%的人感到遗憾，无所谓的占12.7%，不感到遗憾的只有13.9%。问及遗憾的原因，不习惯城市生活的占23.8%，想种地的占16.7%，因为现在土地价格升了而遗憾的占44.9%，其他原因的占14.5%。大部分人对被征用土地的价格是否上升很关注，早期被征地的“城中村”居民更是耿耿于怀。除了这个原因之外，不习惯城市生活是重要原因。另外一部分原因是想种地，这些人主要是年龄较大的、“城中村”形成前的种地农民，对土地有较深的感情，多少会留恋原来的田园生活。年青的被访者很少因为这个原因而感到遗憾。

3.4.5.6 宅基地被征用，政府如何解决居住问题

建安居工程安置村民的占17.5%，补偿相应面积商品房的占24.1%，现金补偿的占39.5%，其他的占18.9%。“城中村”居民的住房问题应该是解决得比较好，绝大多数“城中村”居民的住房条件得到了明显的改善了。

3.4.6 村（社）集体经济

政府给“城中村”征地的补偿金，大部分留作“城中村”发展集体经济，通过创立经济实体，进行加工制造、房屋出租、贸易、投资等经营，代替原农业经济，使村民有稳定的收入来源。“城中村”集体经济的主业是厂房、仓库等物业出租。广州市的“城中村”集体经济一般被称之为“经济联社”，都属于社区型合作经济组织，以村集体被征土地补偿金作为基础资本金或启动资金而建立起来的企业组织。

3.4.6.1 “城中村”村集体经济基本情况

经济联社的经营资金除了来自于土地征用补偿金外，还有村民集资和贷款，其中土地征用补偿金占66.5%，村民集资占27.3%，贷款占6.2%。“城中村”集体经济经营范围，房屋出租占47.8%，加工制造业占21.9%，服务

和贸易各占4%。

“城中村”都有自己的村集体经济，但不同“城中村”之间村集体经济实力相差悬殊。一般处于城市中心区域的“城中村”经济实力强大，如石牌村，处于闹市区，是外来人口密集居住地，高昂的房屋租金给村民带来了丰厚的收入，而近郊“城中村”实力相对弱，有的与近郊郊区农村的经济状况差不多。

村民参与基层组织管理实际上就是村集体经济的管理，行使管理权的基本形式是选举，基层组织的直选制度，基本上是谁答应给村民更多的分红，谁就可当选，而当选后的村长或村支书掌管集体资产管理大权。集体资产管理权的巨大利益诱惑，使得“城中村”村官选举异常激烈，村民的选举权往往被操纵利用，实际上被当选者多是本村有经济实力的老板。

在“城中村”，村支书和村长一般兼任村经济联社的董事长和总经理（有的称为社长），也就是一套班子两块牌子（村委会班子兼任经济联社管理职位），公开招聘管理人员的基本没有。这种管理体制避免了机构臃肿，减少了行政成本，但它实际上政企不分，村长或村支书行政权力和经济权力集合于一体，很难监督，容易滋生腐败。三年一届的选举，又导致管理者行为短期化。

3.4.6.2 居民对村集体经济的看法

关于“城中村”居民对集体经济管理情况评价，认为经营良好的占77.7%，近20%的人认为管理混乱。但绝大多数村民认为村集体经济对增加村民收入有利，也有少数人认为村集体经济只给村干部带来了好处。

关于村集体经济管理者是否有腐败问题的调查，50.4%的人认为没有；8.7%的人认为有问题，但问题不大；40.9%的人认为有问题且问题很大。即一半的人认为集体经济管理者有腐败问题。对于是什么问题，被访者认为主要是任人唯亲、贪污受贿、大吃大喝、管理水平低和决策失误等。对村集体经济管理者印象不佳的主要原因是村干部与普通村民收入差距大，超过一半的人认为村干部收入比普通村民收入高得多，另有20%的人认为差距比较大，被调查者中只有5%的人认为差不多。村集体经济管理者一般由村干部兼任，村干部的好处有多大，从每次村干部的换届选举可以看出来，竞选场面非常壮观，竞选非常激烈，曾经有参加村长选举的候选人出巨资拉选票。

对于村民参与集体经济管理事务，超过一半者认为根本没有参与，40%的人认为重大事物参与了，但也只是开大会走形式。村民参与管理的具体形式为股东大会，但与正规的现代企业相比较，还是很不规范。不过，村民对集体经济的前景还是乐观的，29%的人表示很乐观，43%的人比较乐观，持不乐观态度的人只有20%多。与此相对应的关于村民对村集体经济资产管理的看法，完全放心占61.8%，担心乱开支、资金被挪用或贪污的占23.7%，不关心的人亦有14.5%。说明了村民对村集体经济是看好的，从发展的眼光看，“城中村”集体经济即经济联社随着现代企业制度的实施，会逐步走上正轨。

3.4.6.3 村民入股和分红情况

“城中村”经济联社股份分配原则上是按人头分配，即按照现有本村户籍人口分配股份，按股分红，有股份即有分红资格。“城中村”集体经济分红的大致情况是：人均年分红在1万元以下的占46.3%，1万～2万元的占31.3%，2万元以上的占12.6%，最高的“城中村”居民分红所得超过了4万元。村集体经济实力可见一斑。总体看来，“城中村”居民对分配是满意的，从调查数据看，满意或基本满意的占76.8%，不满意的占23.2%。这与严格按照各人所持股份进行分配的制度有关，减少了人为操作。

因为，“城中村”集体经济的股份有可观的分红，所以拥有股份是非常令人羡慕的，这是一笔不小的收入。那些早年将户口迁出去的人后悔不已，想方设法将已经迁出的户口迁回来，女子外嫁也不愿意将户口迁出去。这曾经引起了很大的社会矛盾，也引起了政府的高度关注。各个“城中村”出台了自己的措施，最为普遍的做法是一刀切的方法，即“生不增，死不减”。由此可以看到户籍对农民意味着什么，与一般农村农民的农业户口不同的是，“城中村”户口确实很令人羡慕。在这里，户籍所承载的福利较高，“城中村”的户籍颠覆了传统户籍观，其优越性变成了城乡倒挂。“城中村”居民户籍让人羡慕表明“城中村”居民获得了较高的财产性收入，与其说，这是农民在城市化发展过程中，村集体土地的价值获得了市场的承认，还不如说是政府返还了农民应得的土地收益。另外，“城中村”户籍居民在计划生育方面比城市居民有更宽松的政策。原来，与农村社区居民一样，即允许一对夫妇生育两胎，村改居后，允许一对夫妇生育1.5胎，即头胎是女孩的，间隔几年后可以生育第二胎。这一优惠的政策，也是“城中村”居民户籍的又一诱惑。

3.4.6.4 “城中村”理财小组和村务公开的情况

从调查看，各“城中村”都建立了理财小组，而且大部分村民都知道理财小组，这个比例达87.2%。但对理财小组的产生是否民主，很多人表示不清楚。按照政府的指导原则，民主理财小组是由村民推出的村民代表组成的，不应该有村干部参加，但仍有少数村理财小组有村干部参加。关于村民对民主理财小组的信心评价情况，当问及“民主理财小组能否监督和抑制村干部乱花钱”时，54.8%的人认为能，回答“不能”的占20.6%，不知道的占24.7%。

关于村务公开，从调查情况看，绝大多数有了村务公开制度并将村事务特别是村财物用多种形式进行了公开。对样本访问，80%的人知道并相信村务公开，20%的人不相信村务公开。村务公开的形式最普遍的是公告栏，采用公告栏形式公开的占97.8%，其他的形式有发放资料、开会通报等。从公开时间看，每个月公开一次的占64.3%，一个季度公布一次的占15.9%，半年公布一次的占 9.6%，一年一次的占 10.2%。村务公开的内容主要是村重大事项占 30.8%，财物账目占 55.1%，收益分配占 11%，干部补贴占 3.1%。村民对财务公开的满意度调查，满意的占 40.9%，基本满意的占 33.5%，不满意的占 9.7%，无所谓的占 15.9%。“城中村”居民对严重不满意的事物，一般会采取上访的方式反映，对一般不满意的事项，大多数村民会及时表达自己的意见，显示出“城中村”居民比一般农村的民主参与公共事务的意识要强。

3.4.7 居民收入与就业培训

3.4.7.1 “城中村”居民收入情况

总体而言，“城中村”居民收入相对于城郊农民要高得多，也比城市普通市民收入高。“城中村”在由近郊农村变成“城中村”的时候，获得了大量征地补偿金，土地的资产性特征显现，“城中村”居民获得了这一资产性收入。另外，“城中村”农民分得的宅基地所建房屋的价值也越来越高，农民也获得了一大笔财产性收入。“城中村”由郊区变成城区，房屋价值大为提高，房屋租金迅猛高涨，“城中村”居民房屋出租获得的收入也是一笔不菲的收入。村集体经济即使没有什么经营活动，单就集体房屋出租收入就很大，“城中村”居民可以稳定地获得分红收入。所以说，“城中村”居民是城市化进程中受益最大的农民群体，他们的优越性甚至超过了原有城市普通居民。

虽然收入比原来有较大的增长，但是，“城中村”居民收入继续提高却有困难。从单个“城中村”居民家庭而言，对提高收入的困难原因分析，54%的人认为文化水平低是最主要的原因，文化水平低严重限制了就业范围和创业致富。18%的人认为，缺乏致富门路是主要原因。14.4%的人认为缺乏投入资本，资金短缺限制了投资创业。9.7%的人认为，缺乏致富信息，信息来源少限制了自己致富。

3.4.7.2 “城中村”居民就业培训情况

政府在“城中村”居民就业培训方面做了一些工作，每年组织培训次数也比较多，但是培训效果不是很理想。“城中村”居民家庭主要劳动力参加技能培训情况调查，被访者中的 56.2%受过培训，43.8%的人未受过培训。

在参加培训的人中，60%以上的人只参加一次培训，30%的人参加了两次，10%的人参加 3 次以上。有近一半的劳动力未参加培训，影响了培训的社会效果。问及为什么未参加培训，很多人是因为没有时间，一部分人是因为培训内容不适合自己。培训内容一般有电脑操作、家政服务、医疗健康、电器维修等，应该参加和有时间参加培训的居民恰恰是文化水平较低者，年龄都比较大，他们听不懂培训内容，所以缺乏兴趣和学习动力，因而培训效果较差。事实上，愿意参加培训的人占大多数，被访者中有 70%以上的人愿意参加培训，政府相关部门应该在培训内容、培训方式、培训时间安排等方面进行改进，提高居民参加培训的兴趣和积极性。由于有丰厚的分红和租金收入，很多人并不重视自身培训，因为他们根本就不想上班干活，也不重视子女教育。“城中村”居民普遍存在着缺乏创业动力的问题，“食租客”、“二世祖”现象值得关注。

3.4.8 社区卫生、居民健康、医疗和社会保障

3.4.8.1 “城中村”卫生状况

“城中村”作为一个社区有其特殊性，它的发展未能与城市发展同步，在建筑规划方面与城区不统一，流动人口多，外来人口与本地居民混居，治安复杂，卫生状况较差。对此“城中村”居民有较强烈的感受。调查统计，52.6%的“城中村”卫生状况很差，28.5%的“城中村”卫生状况较差，其余的18.9%卫生状况比较好。卫生状况差的原因主要是垃圾，占68.9%；其次是污水，占19.3%；其他原因造成卫生状况差的占11.8%，如走鬼（无证流动小商贩）占道经营、烟尘污染等。

3.4.8.2 “城中村”居民健康及医疗保障

随着城市化发展，“城中村”居民的健康状况越来越好，比农村社区居民健康状况要好，接近城市社区居民健康状况。对于一般小病去哪里看，40.4%的在村诊所看医生，37.7%的人去城里正规大医院就诊，18%的人自己买药吃，3.9%的人不看医生也不吃药。

“城中村”居民看病很方便，因为社区在城里，大病可以进城区正规大医院就诊，“城中村”小诊所基本可以满足居民看小病需要。“城中村”基本都实行了合作医疗制度，即每个居民每年缴少量的费用，即可避免大病可能带来的风险，平时看小病亦可报销部分费用。居民对合作医疗的评价，85%以上居民认为合作医疗给自己带来了实惠。对合作医疗满意度的调查，21.5%的人很满意，46.9%的人比较满意，评价不好不坏的占25%。

3.4.8.3 “城中村”居民对养老保险制度的认知及实施情况

“城中村”一般都实行了社会养老保险制度，虽然对于社会养老保险的认同比较高，有59.6%的人认为养老保险是最佳的养老方式，但是有17.1%的人认为最好的养老方式是养儿防老，还有同样比例的人认为自己储蓄存钱是最好的养老方式。对于是否愿意参加职工养老保险的调查，愿意参加的占59.2%、无所谓的占16.2%、不愿意参加的占11.8%、还没想好的占12.7%。

对于养老保险制度的了解程度，有78%的人不太了解养老保险，一点也不了解的人占15.6%，只有6.4%的人很了解。随着城市化发展，人们的观念将发生变化，会越来越认可养老保险这种养老方式并积极参加养老保险。

3.4.9 本地人与外来人口交往情况

外来人口的主体是农民工，“城中村”社区因其房屋出租租金相对低廉，

成为外来人口的聚集地，特别是农民工在城市的落脚地，除了所工作的单位提供住宿条件的，60%以上的农民工都住在“城中村”。“城中村”居民与农民工的交往或冲突，是中国城市化进程中的独特现象，这两个农民群体都是城市化进程中的特殊群体，研究他们的交往或冲突，有一定的社会意义。农民工是“城中村”居民的重要组成部分，其与本地居民的关系是城市化发展的重要社会现象，两个群体之间的关系如何，在很大程度上影响着城市安定，甚至影响着城市化进程。

3.4.9.1　农民工在“城中村”的分布情况

农民工在“城中村”的分布，主要在海珠区、天河区、荔湾区和黄埔区等地的。从职业分布情况看，城市打零工的农民工多住在中心城区“城中村”，如天河的石牌村、海珠的沥窖村等。外来务农农民工多住在近郊“城中村”，如荔湾的芳村、黄埔的文冲等。而在企业上班居住在厂外的农民工，一般在企业附近的“城中村”居住。外来农民工离不开“城中村”，从这个意义上讲，“城中村”永远不会消亡，消亡的只是城中心的“城中村”，因为一个城市必定要有廉价的社区来接受和承担城市的贫困人口或弱势群体。一个地方的“城中村”拆除了，这些人会流到另一个“城中村”。

3.4.9.2　外来工对“城中村”居民生活的影响

关于农民工对“城中村”居民生活是否有影响的调查，被访“城中村”居民70%以上认为有影响。影响分好坏，至于哪一种占主要方面，在回答有影响的人群里认为是好的影响是主要方面的占60.7%，认为带来坏的影响是主要方面的占21.4%，说不清的占17.9%。好的影响主要指的是给人们的生活带来了方便、给城市建设作出了贡献等。回答“带来坏的影响”的人，认为农民工给城市带来了治安问题、卫生问题等麻烦，还抢了城里人的饭碗。但是，对全部“城中村”被访者，都认为城市离不开农民工。关于农民工是否影响本地居民就业，即是否抢了饭碗的问题，“城中村”被访者里只有10.9%的人认为有影响，大多数认为农民工对本地居民就业没有影响。其实，农民工所干的工作大多是本地人不愿意做的活，农民工进入城市以后恰恰是填补了这些岗位的空白。

3.4.9.3　本地居民与农民工相处情况

“城中村”的本地居民与农民工的关系实际上是租客与房东的关系，因为农民工是租住在“城中村”，他们属于暂住人口，几乎没有在城市置业。调查表明，总体来看，“城中村”居民及城市居民与农民工还是比较融洽的，这在一定程度上也说明了广州是一个包容的城市，它乐于接受外来人员，不歧视外来人员。“城中村”居民认为本地居民与农民工很和谐和比较和谐的占多数，认为不和谐的占少数。与此相联系的“你认为外来工是否使社会治安变差”，回答是的比例也较小，为25%；作否定回答的占59.2%。治安方面的问题包括偷盗、抢劫、打架斗殴、吸毒等，多数人认为这是城市发展过程中的正常现象，并不能完全归咎于农民工。

3.4.9.4　“城中村”对外来工的管理

城市有关当局比较重视外来人员的管理，基本上每个“城中村”都有出租屋管理中心。对城市外来人员的管理包括：出租屋登记、暂住登记、计划生育登记、就业登记等。但是，在“城中村”的外来人员的管理中，多数“城中村”的管理措施不够规范，效果较差。主要表现为：一方面，对租住的外来人员登记不完全、对流动人口缺乏有效的监督和管理；另一方面，消防防范措施有待加强，治安防范措施也有待加强。近几年，随着广州市对摩托车的禁行和城市社区监控视频设施的建设，对极少数社会不良人员有很大的震慑作用，如抢劫犯案率大大下降，既保护了本地居民的利益，也保护了外来人员的利益。

3.5　城郊农民群体

城郊是指城市周边地区，城市化发展也给城郊地区带来了很大的影响，它改变了原来的农业生产结构，促进了农业产业化发展，农民工资性收入迅速增加，生活方式和传统习俗及价值观也受到或多或少的冲击。城郊地区农民与“城中村”农民有相似之处，但生产生活的变化没有“城中村”大，从城市化发展中所得到的福利也小得多。城郊分近郊和远郊，远郊调查点选择在广州市从化、南沙等地，近郊调查点选择在白云区的近郊。在分析城郊农民群体时，一般作为一个整体进行分析，必要时分开进行讨论。

3.5.1　基本情况

广州市城郊分布在花都、番禺、白云、从化、增城等区，其中，远郊分布在花都、从化和增城。远郊农民的农业生产结构、生产活动与一般农村无异，他们在打工收入比例上比一般农村稍高。近郊农民的生产结构明显偏重于服务城市，如蔬菜和花卉种植、水产和畜产养殖，同时，近郊农民的承包地很多租给了外来农民工种植，收取租金，自己从事非农经营活动。从收入上看，近郊农民的收入比远郊农民的收入高许多，相对于远郊，他们利用靠近城区的优势发展第三产业，分享城市化发展的更多成果。远郊地区，比一般农村也有自己的优势，一些远郊农村有越来越多的工厂进入，这些企业给远郊农村也带来了很大的影响。

3.5.2　收入水平

调查问卷显示，认为城市化发展，自己收入提高了的比例是5.7%，跟原来一样的占75.9%，认为下降了的占18.4%。远郊与近郊农民被访者中，认为收入比原来提高的比例两者差不多，但认为下降的比例，远郊为23.1%，近郊为4.8%，这一比例相差较大。究其原因，可能是远郊农民分享城市化带来的好处相对较少，收入提高缓慢，与城市居民收入差距拉大所产生的心理反应。在问及“对未来收入增长是否有信心”的问题时，远郊和近郊被访者的回答非常接近，回答“有信心”的只有2.5%，没有信心的占72.2%，说不清的占25.3%。

在家庭收入中，增长最快的方式分别是：经商占47.5%，打工占23.4%，兴办企业占19.6%，农业占9.5%。城郊农民收入增长的方式主要是非农产业经营，经商活动主要是指做小生意如开个小店经营餐馆、士多等，还有开摩托载客、小货车跑运输等，这在城郊非常普遍。随着外来工的增多，经商做点小生意的农民越来越多，很多外来人员也加入了这一行业。进城打工的人在远郊农村越来越多，打工收入占家庭收入的比例在不断增加，远郊农村这一比例约为37%。农业收入是农民收入的主要组成部分，对于影响农业收入的最大因素分析，依次是：科技占46.8%，农产品价格占22.8%，个人文化水平占20.9%，气候好坏占9.5%。

3.5.3 生活状况

近郊农民生活条件比远郊农民好，比如生活用水方面，自来水普及率近郊比远郊高。近郊农民收入比远郊农民高40%以上，生活水平也比远郊农民高，消费支出高36%。近郊农民各项消费支出普遍比远郊农民高，家庭人均手机拥有量、固定电话百户拥有率也比远郊高，人均食物消费、服装消费、旅游消费等都比远郊农民高。

3.5.4 生产生活满意度

总的来说，近郊和远郊农民对生产生活的满意度情况差不多，很满意的占1.9%，比较满意的占31.7%，不满意的占58.2%，说不清的占28.5%。但从调查中发现，远郊农民对未来的忧虑比近郊高，即对未来的预期悲观的比例较高。近郊地区因为靠近市区，生产生活比远郊有优势，加上近郊集体经济实力较雄厚，农民从集体经济中获得的利益也高于远郊地区。

从社会治安情况看，城郊地区的主要危害治安的犯罪是偷盗、抢劫，另外，赌博是城郊地区的一个不可忽视的社会问题。对本地治安状况的满意度，很满意的占3.8%，比较满意的占23.4%，不满意的占57.6%，说不清的占15.2%，不满意的比例相当高，表明了城郊地区的社会治安状况不尽如人意。对社会治安状况差的归因，36.1%的人认为是外来人口多，28.5%的人认为是城乡结合部社会情况复杂，9.5%的人认为是政府整治力度不够，15.2%的人认为公民普法教育不够和村民素质差。

3.5.5 土地转包

近些年，郊区农民越来越多地离开农业转向非农产业，出现了土地转包问题，即农民将自己的承包地转给他人耕种的现象。调查显示，城郊农民转包耕地的比例为39.9%，其中，有偿转包的比例为84.3%，转包费较低，大约每年500～800元/亩，还有19.6%的是无偿转包；近郊有偿转包为100%，且转包费较高，大约在每年每亩1 000元以上，因为，近郊土地耕种收益相对较高，较多外来务工人员租种。在转包的农户中，近郊和远郊平均来看，转包面积在10亩以下的占63.5%，转包面积在10～50亩的占31.8%，50亩以上的占4.7%。具体情况是，远郊转包面积在10亩以下的占74.5%，而近郊只有16.7%；远郊转包面积在10～50亩只占25.5%，而近郊占58.3%；远郊转包面积在50亩以上的没有，而近郊高达25%。说明了近郊的农业规模经营比远郊大，更接近现代农业特征。

3.5.6　村民自治与村务公开

城郊农村村干部的选举没有"城中村"的村干部选举那么复杂和激烈，远郊农村很多村的村民并不愿意担任村干部，因为村集体经济薄弱，村干部工资较低，所以其吸引力要弱得多，村民对选举的参与度也低得多。当然，有一些近郊村的集体经济实力雄厚，村干部的选举与"城中村"的情况相似，非常激烈，常常发生贿送现象。一些远郊村，村办公费需要政府给予补贴，村民开会难以召集齐，甚至在农村开村民大会，需要给村民支付误工费，远郊村常常因为没钱支付"开会费"，就很少开村民大会了。

对村干部的管理绩效的评价，认为管理水平低的占被访者的31.8%，认为决策经常失误给集体经济带来损失的占40.9%，认为村干部任人唯亲的占4.6%，认为村干部有贪污受贿行为的占4.6%。而远郊与近郊在评价村干部绩效方面有区别，远郊被访者无人对村干部任人唯亲和贪污受贿的进行评价，而近郊对此两项的评价的比例均占9.1%，原因是远郊的村集体经济薄弱，村干部基本无好处可捞，而近郊村集体经济较发达，村干部易于发生牟取私利的现象，村民对其有所发现和怀疑，是客观现实。村集体经济越是发达的村，村民对村干部的评价越低，干群之间的关系越紧张。

是否实行村务公开和政务公开，城郊实行村务公开和政务公开的村的比例为73%，没有实行的比例为27%。相当部分村没有公开，这与"城中村"的情况大不相同，说明了城郊农村基层民主管理相对落后。村干部在作重大决策时，75%并未遵循民主程序，未尊重多数村民的意见。村民在评价村干部带领村民致富及公共事业发展作用方面，36.7%的人认为村干部起了很大作用，63.3%的人认为没有起什么作用。关于村成立理财小组的情况，82.9%成立了理财小组。理财小组的产生，47.8%由村民选举产生，52.2%由干部指定产生。从村民对民主理财小组的期望看，关于理财小组是否监督村财物，42.4%的人认为可以，38.6%的人认为不能，18.9%的人不能肯定。

3.5.7 农村产业化与集体经济

总的看来，广州城郊集体经济各地发展不平衡，近郊村集体经济比远郊强，远郊有的村集体经济基本上是空白，如从化山区乡镇很多是贫困山区，村集体经济非常薄弱。对于有一定经济实力的村集体经济，对集体资产管理情况的调查表明，99.4%的村集体经济的管理者是由村长或村支书兼任。从经营状况方面看，经营良好及保证每年分红的占67.1%，经营混乱的占32.9%。村民对村集体经济管理者的评价，远郊农民对村集体经营管理者做出肯定评价的比例是82.1%，远高于近郊农民的31.7%的比例。村民从村集体经济中获得的收入，近郊远高于远郊，近郊农民从村集体经济获得的收入占总收入的比例为34.6%，而远郊的比例为8.5%。

3.5.8 专业合作与经济组织参与情况

关于城郊农村经济与龙头企业合作情况，远郊很少有龙头企业参与农村经济，近郊地区农民与龙头企业签订购销合同的比例近40%。城郊农民接受企业的联结方式情况，松散的市场联结方式的占7.6%，合同契约联结方式的占24.1%，参股联结方式的占49.4%。近郊农民在参股联结方式及直接参与经营方式比合同契约方式更感兴趣，而远郊农民对合同契约联结方式或参股方式比直接参与经营方式更感兴趣，其原因是近郊农民在经营上相对来说比远郊农民经验更丰富。

在加入农业合作组织方面，近郊的比例比远郊高。具体加入专业合作协会情况，远郊农民加入蔬菜种植协会的比例为41.7%，加入养殖协会的比例11.7%，加入花卉种植协会的比例33.3%，近郊的这一比例分别为48.5%、0、51.5%，可见，无论是近郊还是远郊，加入蔬菜协会和花卉协会的比例较高，这与城郊农业结构有关，城郊农业的主要产业是蔬菜和花卉。从调查看，农民越来越重视加入专业合作组织，因为在激烈的市场竞争中，单个农户对抗市场风险的能力很弱。随着城市化进程发展，城郊农民的市场竞争意识越来越强，农村各类专业合作组织也越发达。

3.5.9 子女教育

从调查看，城郊农民子女教育也极不均衡，近郊地区农村的教育状况比远郊地区的要好得多。远郊农村教育存在的主要问题是：学校校舍、设施、设备等硬件差，师资力量不足，学生失学、辍学情况严重。有趣的是，家长在对子女的教育重视的程度上，远郊农民与“城中村”农民有相似之处，都不太重视。但又有区别，前者是因为经济条件差、教育条件差继而升学率低，学生上学的积极性差，而后者是因为经济条件很好，有丰厚的集体分红和房屋出租收入，不想离开本村，因而没有了靠升学离开所在村的强烈愿望，当然也没有了上学的积极性，所以家长对子女教育也不够重视。

3.5.10 公共事务参与

公民参与社区公共事务是其应有的权利和义务，它与和经济利益联系在一起，离开了经济利益来谈参与情况是没有意义的。相对于“城中村”农民，城郊农民群体参与村集体经济及社区公共事务的情形，近郊与远郊农村不同。近郊农民的积极性与“城中村”农民差不多，但远郊农民参与公共事务的积极性却低得多。农民参与村集体和社区公共事务的热情，似乎与其受教育的关联度不高，与村集体的经济利益关系有关，村集体的经济利益越大，农民参与公共事务的积极性越高。在近郊农村，村集体经济相对雄厚，村民对村集体经济更关心，继而对所在社区的公共事务也给予了更高的关注度，对基层政治亦积极参与，因为事关自己的切身利益。而在远郊，村集体经济普遍薄弱，农民与村集体经济少有关联，从村集体经济中获得的利益基本上为零，村民的基层组织观念比较淡泊。

城市化发展对远郊的影响大小更多地取决于城市发展的基础设施建设，即硬件设施的影响。具体来说，城市发展需要征地，远郊农村如果被征地了，其影响就大，那么，村民就相关事务才给予关注。而城市的经济文化的影响对远郊来讲，与一般农村地区差不多。

4　城市化进程中征地利益相关者的经济博弈

城市化既是人口地域结构、产业结构变迁的过程，又是人们生产生活方式、观念意识转变的过程。伴随城市化进程的一个必然过程是城市逐步向城市郊区拓展，向城市周边农村征地以扩大城市版图是城市化的一个显著标志。产生于征地过程中城郊农村的一系列基于经济利益、社会关系调整的利益问题和矛盾是不可避免的社会问题。征地过程中的利益分配及利益关系重建是利益相关主体经济博弈的结果。

城市化从地域空间的角度而言，即区域范围内城市数量的增加和城市地域的扩大。在城市化进程中，显著的特征之一也是农村地域特别是城郊农村逐渐被城市化，大量的农村土地被国家征用并转化为非农建设用地，使得原本以“农”为本的农民的生产生活方式发生了变化。城市化要发展，向农村区域特别是城郊农村征地是城市化从地域上扩张不可避免的一条路径。征地，是征用农民集体所有土地的简称。国家为公共利益的需要，可以按照法定程序强制征用农民集体所有土地，并根据补偿标准一次性给予被征地者一定的货币补偿。土地被征用后，其所有权属于国家，不再属于农民集体。

在征地问题的研究上，我们选取了从化市的下罗村、鳌山和桥头村，南沙区的新兴村以及白云区的大田村作为城郊农村的研究样本，并进行了实地的调研。以广州市的地理位置来看，从化市和南沙区的调查点离广州市中心较远，地处广州市的远郊；白云区大田村地处广州市的近郊。这几个调查点在广州市城市化发展过程中都有土地被征用的情况，从征地用途上看，一是建工业园区，发展工业，如从化市建棋杆工业园区；二是用于公路建设，发展交通运输，如新兴村被征土地用于京珠高速公路建设；三是建学校，发展教育事业，如大田村被征用土地用于建白云学院。从征地时间上看，城市化初期征地主要用于工业园区及公路建设；近几年征地主要用于建学校，发展教育事业。征地频率及规模呈递减的趋势。

4.1　征地补偿及征地收益

土地是农民的生存之本，既是其基本的生产资料，也是其最基本的生活保障。按照国家规定，农民在失去土地后可获得一定的货币补偿。按照《土地管理法》，农地的征用补偿应该包括四个方面：青苗补偿费、安置补助费、土地补偿费和地上附着物补偿。各地区根据当地的实际情况制定了相应的具体实施办法。根据我们对广州城郊农村的调研情况看，征地补偿方式普遍以货币补偿为主，极少数近郊地区为失地农民安置就业。征地补偿款中青苗补偿费与地上附着物补偿是直接支付给被征地农民的，村集体普遍提留土地补偿费的20%～30%用于集体公益福利和公共基础设施建设。安置就业的工作以治安员为主，由于这些近郊区域经济比较发达，流动人口多，社区治安管理工作繁重，安置失地农民做治安员一方面缓解了失地农民再就业的压力，另一方面也充实了当地治安管理的力量。

对于征地补偿，绝大多数被访问的失地农民对当时的征地补偿金表示不满意。在158个调查样本中有58个被调查对象家中土地有被征用的情况，其中有20个被调查对象选择“比较满意”或“满意”，仅占被调查对象的35%，即65%的被调查对象表示不满意或很不满意，其中选择“很不满意”的占到了19%。近郊和远郊失地农民在征地补偿金的满意度方面也存在差异，有近72%的远郊被调查对象对征地补偿金选择“不满意”或“很不满意”，这个比例远远高于近郊被调查对象的41.67%。至于“不满意”的原因，76.32%的被调查认为当时的补偿标准太低，其中有65.86%的被调查者认为现在的土地价格与征地时的价格相差3倍以上。

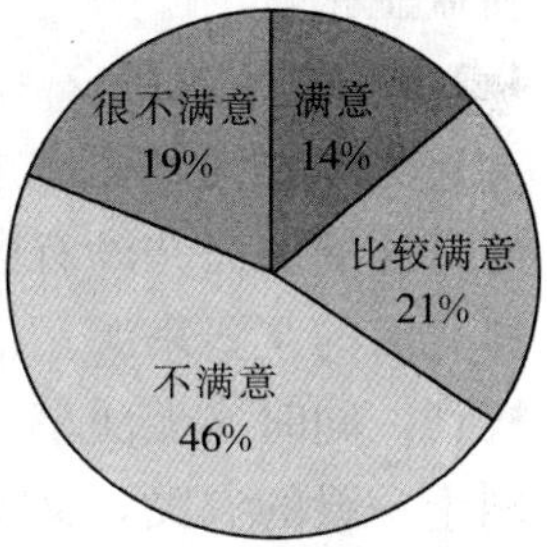

图4－1　对土地补偿金的满意度

这个调查结果也在一定程度上说明土地是农民生活来源的根本，对远郊农民而言，失地后重新就业难度大，失地在一定程度上意味着失业，征地补偿对于失地农民的生活保障难以为继。对于近郊农民而言，由于距离城市更近，重新就业的机会高于远郊农民，生活保障程度比远郊农民高。远郊和近郊被征用土地的补偿标准也是不一样的，近郊补偿标准高于远郊，拿到手上补偿费的多少是影响失地农民对土地补偿金满意度的直接因素。此外，失地农民拿到的货币补偿数额与地方政府将土地转让给土地开发商的价格差额巨大，引起失地农民的心理不平衡，他们认为地方政府是在赚自己的土地钱，纷纷要求地方政府再给予补贴。当然，由于这几年土地市场价格不断上升，而征地补偿仍然执行的是旧的标准，土地补偿费并没有提高。这也是导致失地农民对征地补偿金不满的一个重要因素。

征地补偿是土地征收过程中产生的经济收益，除此之外，国家收取的各种征地税费、地方政府获得的土地出让金和相关税费收益，这些也都是基于土地征收而产生的经济收益。当然，从广义上来讲，土地征收中产生的收益既包括

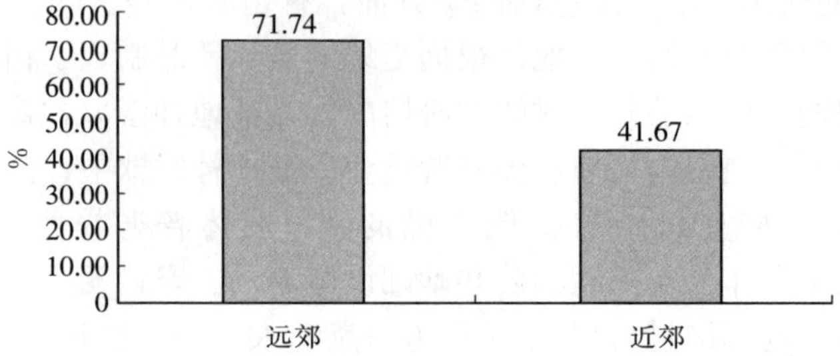

图 4-2　远郊、近郊调查对象选择“不满意”或“很不满意”的比较

以补偿金、征地税、费形式获得的经济收益，也包括城市化后解决就业、改变城市基础设施等社会收益，同时还包括美化环境、改善居住条件等生态收益。征地过程中产生的经济收益在失地农民、农村集体组织、地方政府和国家之间进行分配。

4.2　征地过程中的利益相关者

征地过程中利益主体主要包括失地农民、村集体组织、地方政府、中央政府、用地单位等。其中，失地农民是土地的供给主体，地方政府、用地单位是土地需求和利用的主体。在征地过程中，利益主体各方有其自身的利益诉求和利益主张。

4.2.1　失地农民

失地农民是征地过程中产生的一个特殊群体。这个群体在其土地被征用前与普通的农民并没有区别，都是以农业生产为主，对土地的依存度高，土地是其生活的主要来源。征地之后，失地农民即丧失了拥有土地所带来的社会保障权利，同时又无法享受与城市居民同等的社会保障权利，这使得失地农民既有别于一般的农民，又不同于城市居民的一个边缘群体。

土地被征用，即意味着农民身份的改变。失去土地的农民一般首先会被转成非农业户口。这在改革开放初期物质匮乏的年代是颇具诱惑力的一件事情。因为非农业户口可以享受到很多城市福利。因而，在当时的农民看来征地是一件让自己“鲤鱼”跳出“农门”的好事情，征地也并不像现在会激起那么多的矛盾和冲突。在物质极其丰富，城乡差距日益缩小的今天，非农户口的吸引力日益减弱，失地农民更关心的是就业和收入问题。

土地被征用，即意味着生产方式的转变。从我们对广州城郊失地农民的调查来看，失地后，进城务工是失地农民解决生活来源问题的主要途径。由于这部分失地农民在语言沟通、人际关系上的优势，又使得他们在职业选择、工资收入等方面与外来农民工有较大的区别。调查过程中，我们发现类似于“搬运工”、“清洁工”等累活、脏活，基本都是外来农民工在承担。

由于土地被征用，失地农民的主要收入来源则是来自于非农业生产。从土地被征用前后的收入对比上看，52.54%的被调查的失地农民认为征地后的收入与征地前的收入没有差别，22.03%认为征地后收入比征地前高了。近郊调查点的失地农民认为征地后收入比征地前高的比例要高于远郊调查点。

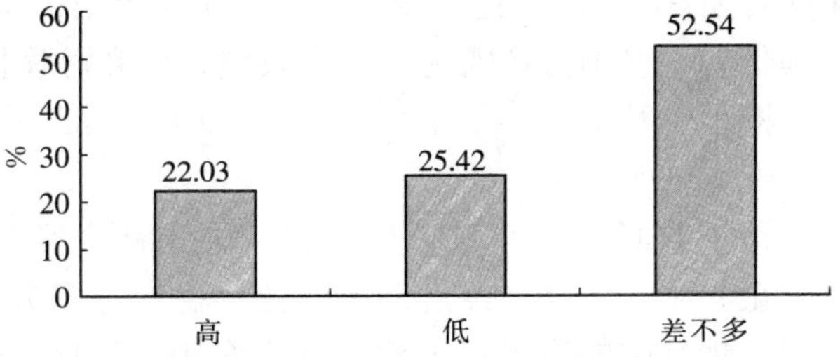

图 4-3 征地后的收入与征地前的收入对比

从调查数据看，征地前后失地农民的收入并没有发生大幅的减少，这主要是由于改革开放以来，广州及其周边地区经济发展迅速，能够为失地农民提供更多的就业岗位。但失地农民缺乏专业技能，就业竞争能力还是偏弱，一般从事简单的体力劳动。随着产业结构的优化升级，失地农民将日益难找工作，工作也将日益变得不稳定，特别是年老体弱、文化程度低的失地农民。从土地是农民生活保障和发展的生产资料的功能上看，失地农民就业、医疗、养老等问题将随着其土地的失去在一定程度上失去保障。因而，在城市化进程中，失地农民作为土地的供给方，其利益主张侧重于就业和收入方面，即失地农民更关注自身的生存和生活保障。

4.2.2 村集体组织

村组干部是村集体的代表和领导者，他们在征地过程中代表失地农民与地方政府谈判，理论上讲，在这个过程中村组干部代表了村集体的利益。另一方面，在征地补偿金分配上，村组干部有一定的决策权，特别是在土地补偿金的提留上。因而，村组干部与失地农民既有共同利益，又有各自不同的利益。同时，村组干部与乡镇、县等组织之间存在某种行政联系。在这个代理关系与行政关系的双重约束下，村组干部往往并不能够完全代表失地农民的利益主张。由于农村税费改革及农业税的取消等一些惠农政策的出台，村组干部能够经手的财力大幅度减少，在一些经济发达地区，“吃土地”成村组干部腐败主要目标。近年来，村组干部挪用、侵占征地款的现象也屡见不鲜，如 2003 年，广州市番禺区贝岗村 5 名村干部挪用 4 000 万元征地款购买债券，并收受 172.5 万元好处费；2009 年佛山市禅城区南庄镇紫洞村党支部书记、村委会主任刘子荣，涉嫌挪用村集体资金近 2 400 万元，其中大部分是村集体留用的征地补偿款。

4.2.3 地方政府

地方政府主要是市县和乡镇政府及其相关部门，他们一方面是土地征用的实施主体，代表国家完成土地利用方式的转变；另一方面，地方政府还是土地的利用主体，建设基础设施和发展各项社会事业，都需要占用土地资源。地方政府具有“政策执行主体”与“利益主体”双重身份，由于土地征收能够产生高额利益，而风险低，一些地方政府为了追求政绩、提高财政收入，乐于开展征地，甚至存在“圈地”行为。

4.2.4 中央政府

中央政府对土地征收具有最高决策权。它从国家社会经济发展的全局出发，在权衡粮食安全、生态平衡、经济发展、社会稳定等多方利益的条件下，在宏观目标下做出土地征收的决策，如建立基本农田保护区、严格规定 18 亿亩农田面积的红线。这种计划的实质是放慢土地征用的速度，以防止因耕地面积减少造成粮食减产而危机粮食安全。

4.2.5 用地单位

征地过程中，用地单位分为行政部门和各类房地产开发商。行政部门用地主要是采用行政划拨的方式获得土地使用权，这是一种无偿、无限期、强制性的征地方式。各类房地产开发商通过政府招标、拍卖、挂牌的方式获得有限期的土地使用权。作为理性“经济人”的用地单位在市场经济环境下，其利益目标为尽可能降低获取土地的成本，以追求更高的农地开发利润。

4.3 征地过程中利益相关者的博弈分析

在征地过程中，涉及多个利益主体，包括中央政府、地方政府、村集体组织、用地单位和失地农民等。征地过程必然带来的问题是土地利益在相关主体间的分配及主体间的经济博弈。在征地过程中，中央政府扮演仲裁者的角色，地方政府和村集体组织扮演代理者和谋利者双重角色，用地单位扮演谋利者的角色，失地农民扮演诉求者的角色，各利益主体间的关系如图 4－4 所示。在利益博弈过程中，各利益主体的目标是不一样的，中央政府从国家经济社会发展的全局出发，调控和监督地方政府的征地行为；地方政府以地方经济发展、社会稳定的前提下追求政绩及财政收入的最大化为目标；村集体组织代理失地农民利益的同时追求村集体和村组干部利益的最大化；失地农民则往往是以获得基本利益为目标；用地单位以低价获得土地，实现利润最大化为目标。各利益主体围绕其利益目标，调整利益分配，展开利益博弈。

在征地过程中，各利益主体的经济利益博弈行为具有多层次性、行为过程复杂性的特点，为了能够从理论上对其经济行为做出典型的刻画，本研究的博

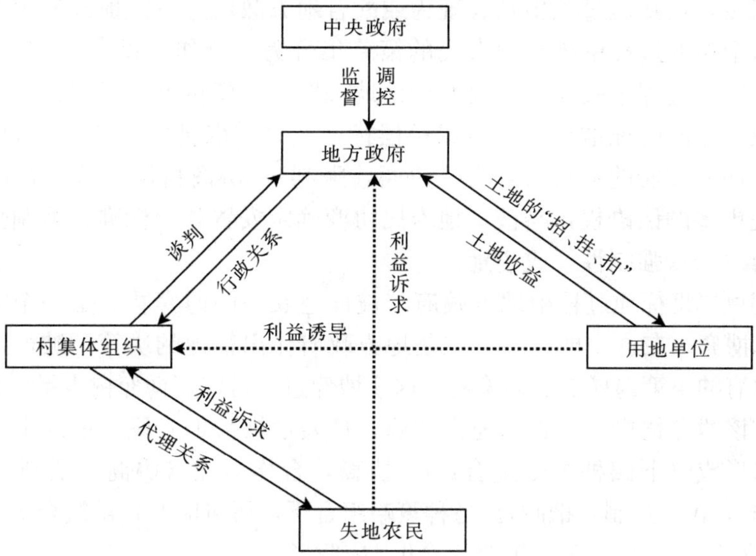

图 4-4 征地过程中利益主体间的关系

弈分析是基于以下经济学假设的。

（1）理性经济人假设。经济人的行为决策从自己的经济利益出发，通过收益与成本的比较使其净收益最大化。经济利益的最大化是指一定条件下的尽可能大，而不是无限大，也就是说最大化是条件极值。理性人的基本倾向与经济人一致，只是把经济利益扩大到综合利益和长期利益。为了简化博弈考虑的因素和明确分析重点，假设征地过程中央政府、地方政府、村集体组织、用地单位及被征地农民都是理性经济人。

（2）自主适应性假设。经济主体的适应性是指经济活动主体对行为环境具有做出适应性的选择和对策的特点，从而使经济活动形成了一个复杂的系统。在复杂系统中，主体不断根据其他主体和行为环境做出反应，以达到行为目标。在我国土地征收过程中，无论是中央政府、地方政府、村集体组织或是农民，他们都会根据自身利益的要求，对其他博弈主体的决策做出适应性的反应，使得征地过程呈现出复杂的特征。

4.3.1 征地过程中地方政府与被征地农民的博弈行为

地方政府作为征地的实施主体，在征地过程中与被征地农民的博弈行为表现得最为直接。博弈双方在博弈过程中目标利益函数不一样，采用的博弈策略也因此不同。对被征地农民而言，只要能长期为其提供高于或者至少不低于务农的各项收入，他们就有转让的意愿，而且考虑到土地未来的增值收益和自己的生活保障费用，他们往往会要求较高的补偿金额。被征地农民的利益诉求能否得以满足，在征地过程中则表现为或配合地方政府进行征地或发生冲突。因此，在这个博弈过程中被征地农民的策略集合为（合作，抵制），合作指被征地农民在征地过程中接受地方政府的征地方案及补偿标准，抵制指被征地农民不接受地方政府的征地补偿方案或补偿标准，并采取抵制措施，如阻挠征地、上访等；地方政府的策略集合为（协商，强制），协商指地方政府在征地过程中给农民更多的话语权，与被征地农民协商确定安置补偿标准；强制指地方政府利用行政力量强制性征收土地。

我们可以把征地过程中地方政府与被征地农民的博弈看成是一个完全信息下的动态博弈。在这个博弈中首先是地方政府作出征地的决策，被征地农民根据地方政府的决策选择自己的策略。这个博弈过程可以用博弈树表示，如图4－5所示。在该博弈树中，G 表示地方政府，P 表示被征地农民。在这个序贯博弈中，可以形成以下四种策略组合：Ⅰ（协商，合作），Ⅱ（协商，抵制），Ⅲ（强制，合作），Ⅳ（强制，抵制）。各种策略组合下，所对应的收益组合为：策略组合Ⅰ对应收益组合（a，b），策略组合Ⅱ对应收益组合（a，$b1$），策略组合Ⅲ对应收益组合（c，d），策略组合Ⅳ对应收益组合（c，$d1$）。

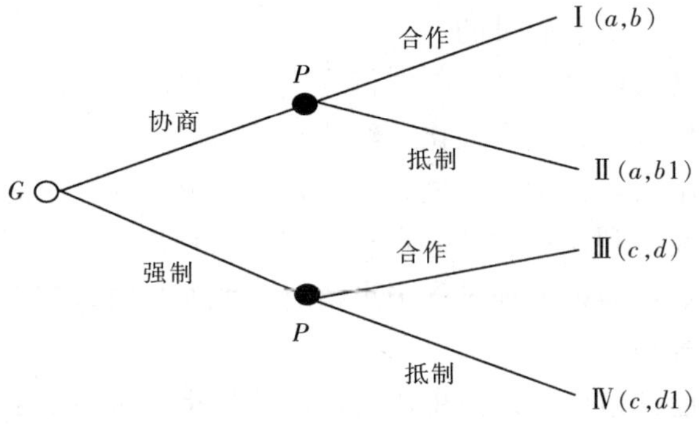

图4－5　征地过程中地方政府与失地农民的博弈树

策略组合Ⅰ：在征地过程中，地方政府和被征地农民通过协商合作的方式达成一致，博弈双方均可获得最大的收益，即地方政府获得收益 a，被征地农民获得收益 b，总收益：$a+b$。在这种状态下均衡点为稳定均衡点，具有帕累托效率，社会总福利达到最大。

策略组合Ⅱ：在征地过程中，地方政府采取协商的方式与被征地农民进行谈判，而被征地农民采取抵制的策略。在这个过程中，地方政府的收益与策略组合Ⅰ是一样的，即为 a，而被征地农民由于采取抵制的策略，因抵制带来的成本，使得其收益为 $b1$，这里 $b1$ 是小于 b 的，总收益：$a+b1$。

策略组合Ⅲ：在征地过程中，地方政府采取行政强制手段，被征地农民在政府的强制下妥协并接受政府的征地方式及补偿标准。在这种情形下，政府获

得收益为 c，被征地农民可获得收益为 d，总收益为：$c+d$。地方政府采取强制性征地的收益比协商的方式要高，即 $c>a$，被征地农民的收益 d 要小于 b，但总收益 $c+d<a+b$，这是由于政府强制征地需要花费一定的成本，使得双方的总收益减少。

策略组合Ⅳ：在征地过程中，地方政府采取行政强制手段，被征地农民对于政府的强制采取抵制的策略。在这种情形下，政府可获得收益依然为 c，被征地农民可获得收益为 $d1$，双方总收益为：$c+d1$。由于被征地农民采取抵制策略向地方政府争取自己的权益，因而其所获得收益会比妥协的情况下要高，即 $d1>d$；抵制的策略也使得双方可获得的收益小于协商合作下的收益，即 $c+d1<a+b$。

通过分析这四种策略组合下的收益，当政府采取协商策略时，被征地农民最佳的策略应为合作，实现利益最大化；当政府采取强制策略时，被征地农民为自身利益最大化应采取抵制的策略。从博弈双方利益最大化，或从社会收益最大化的角度，博弈双方采取（协商，合作）的策略是最佳的，但双方自愿达成征地协议的条件是：政府支付的各项补偿费用足够高且能切实执行，被征地农民得到的收益足够高或至少不低于目前状况。而现实征地中政府常常难以满足这一条件，于是均衡就难以真正达成，纠纷和冲突是时有发生的。在我们的调研中，61.02%的被访问者在被问及“征地过程中发生过纠纷没有”时选择“有”，其中97.22%的被访问者认为发生纠纷的原因是“经济利益不合理”。

征地过程中，被征地农民与地方政府的博弈并不是一次就能完成的，而往往需要反复多次博弈才能完成。总体来看，被征地农民在与地方政府的博弈中处于劣势地位，对于政府决策和制度安排没有多少发言权。地方政府是博弈制度的制定者，同时又是博弈者。正是由于双重身份，很容易导致地方政府以权谋取自身利益现象的出现。可以这么说，政府正是利用享有制度设计的权力首先占领了博弈的主动权。因而，建立平等有效的谈判协商机制，让被征地农民参与到征地的具体实施中来，并让被征地农民在平等有效的谈判协商机制中与地方政府反复博弈，这样才能实现博弈均衡，实现社会利益的最大化。

4.3.2 村集体组织与被征地农民的经济利益博弈分析

我国法律规定，农村土地属于农村集体所有，农民拥有土地的承包经营权。在土地被征收后农村集体组织失去了土地的所有权，农民失去了土地的经营权，理应得到补偿。一般而言，在实际的补偿中，村集体组织与农民之间的分配关系是一种村集体组织主导、农民被动接受的关系。在我们对广州城郊农村的调查中发现，土地补偿费的20%～30%被村集体组织提留用于集体公益福利和公共基础设施建设，安置补助费、青苗补偿费与地上附着物补偿是直接支付给被征地农民的，一般不安置就业。

图 4-6　征地补偿金在村集体与失地农民间的分配关系

在征地过程中，村集体组织一方面要贯彻执行地方政府的行政命令；另一方面，从《村委会组织法》来看，村集体组织作为农村基础社区群众的自治性组织，其有义务作为农民利益的代表维护村民的合法利益。相对于地方政府而言，村集体组织处于从属地位，很难对土地征收的目的、补偿标准等事项提出异议，由于利益的驱动其往往会与地方政府合作，甚至还会与用地单位非法勾结侵害农民利益。正是由于村集体组织在征地过程中具有“代理”和“谋利”双重角色，因而也成为征地利益博弈的焦点主体。

作为“代理”角色，村集体组织夹在上级地方政府和村民之间，具有代表上级地方政府和农民的双重身份。一方面村集体组织需要配合地方政府完成征地任务，另一方面需要代表村民与政府、用地单位进行谈判。这样，往往使得村干部既想以利益作为行为取向的导向，又不敢过多地做有悖于乡邻的事情。在征地补偿金的分配上，村集体组织一般是出于以下几点考虑来决定征地补偿金提留比例的：一是保证给本村农民的征地补偿相对公平，维持本村的社会稳定，二是要保证村集体能留足一部分钱用于村公共福利事业和发展本村集体经济，为本村（或居委会）农民长远的发展谋求生路。具体而言，村集体提留的补偿金主要用于以下几个方面：①用于缴纳各种社会保险的需要（如农村合作医疗等）；②用于村内福利事业的需要；③用于村内基础设施建设的需要；④用于村里行政管理费用的需要和提供动物防疫、计划生育、治安、民兵等公共服务开支的需要。因此，作为“代理”角色，村集体组织在征地补偿问题上既要考虑到实现农民补偿公平，又要考虑到维持村集体组织的健康、持续发展。

作为“谋利”角色，村集体组织对征地补偿费的分配拥有支配权，不少村集体组织在土地征用中追逐自身的利益，往往以管理费、分成、提留等各种借口和名目截留农民应得征地补偿费。“谋利”的动机，往往是村组干部受利益驱使，以村民的经济利益为其谋求政治和经济利益。当然，这种现象的出现在一定程度上也体现出在征地过程中村民自身处于信息弱势，村民的监督多数情况下形同虚设，村组干部在征地谈判中把征地补偿条件作为自己手中的资源，与用地单位相互勾结，以换取利益，出现违背甚至侵害村民权益的现象。

正是由于村集体组织“代理”与“谋利”的双重角色，村民在征地问题上与之博弈的过程中处于信息弱势地位，这往往决定了在利益分配关系上村集体组织主导、村民被动接受的局面。

4.3.3　地方政府与用地单位的经济利益关系分析

在我国，土地供给完全由国家垄断。按照所供给土地的用途可分为公益性用地和非公益性用地，对于公益性用地国家采用直接划拨或出让的方式将土地交给用地单位使用，对于非公益性用地采取招标、挂牌或拍卖等有偿出让的方式。对于采取划拨方式的公益性用地，《土地管理法》有严格的范围限定。因此，地方政府与用地单位的经济利益关系主要体现在土地出让金上。

地方政府具有追求利益最大的要求，因此，一方面会提高供地价格，另一方面会压低征地补偿费来尽可能多地获取土地收益。然而地方政府在追求经济利益最大化的同时，也寻求政治利益。因此，地方政府为了招商引资，活跃地方经济，有时也会压低供地价格，甚至大搞形象工程，圈地占地，造成土地资源的浪费。同时，由于我国管理体制的不健全，地方政府征地供地的双重垄断，给地方官员寻租受贿、以权谋私创造了条件。土地使用者为了获取更大的利润，也会想办法尽量压低土地成本。

作为用地单位，特别是非公益土地的用地单位，一般为土地开发商，与地方政府之间是一种土地供求关系。在市场经济条件下，土地被地方政府征收后，通过平整、储备等过程，以“招、挂、拍”的形式通过市场竞争的机制出让给土地开发商。它们之间的利益分配关系如图 4－7 所示。

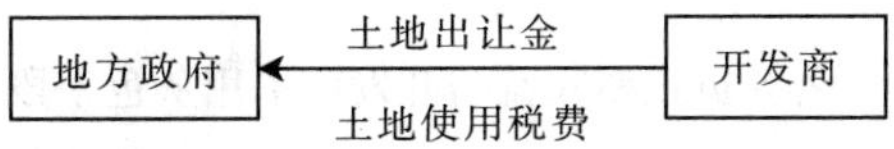

图 4－7　征地过程中地方政府与开发商利益分配关系

由于征地带来巨大的经济利益，不可避免地会出现一些地方政府的公务员利用权利设租、寻租的现象，开发商与之产生一条复杂的利益链条。这里，我们考虑地方政府公务员与开发商之间利益博弈的一个简单模型，在此模型中，假定公务员与开发商都是纯粹的本位主义者。博弈过程中，地方公务员的策略集合为（寻租，不寻租），开发商的策略集合为（正常手段，灰色手段），两者的支付矩阵如图 4－8 所示。若公务员不寻租，则 $U_{22}=0$，即开发商不能以灰色手段获得收益；若公务员寻租，则 $U_{23}<U_{24}$、$U_{13}<U_{14}$。因此，对开发商而言，如果公务员不寻租，最优的策略是采用正常手段，如果公务员寻租，最优的策略则是采用灰色手段；同样，对公务员而言，如果开发商采用正常手段，最优策略是不寻租，如果开发商采用灰色手段，最优策略则是寻租。因此，如果对公务员的行政监督机制不完善，不能从根本上彻底杜绝公务员寻租的话，那么该博弈模型可以认为是一个混合策略博弈问题，即公务员和开发商是以一定的概率来选择其策略的。

		开发商 正常手段	开发商 灰色手段
公务员	不寻租	U_{11}, U_{21}	U_{12}, U_{22}
公务员	寻租	U_{13}, U_{23}	U_{14}, U_{24}

图 4－8　公务员与开发商博弈的支付矩阵

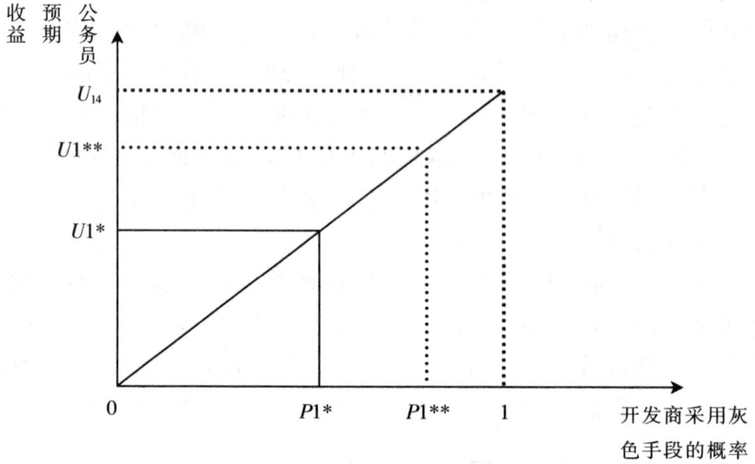

图 4－9　公务员预期收益与开发商采用灰色手段的概率

图 4－9 表示开发商采用灰色手段的概率与公务员预期收益之间的关系，横轴表示开发商采用灰色手段的概率，当这个概率值取 0 时，即开发商不采用灰色手段，公务员的预期收益为 0；当这个概率值为 1 时，即开发商确定性地采用灰色手段，公务员最大的预期收益为 U_{14}。显然，用 1 减去采用灰色手段的概率即为开发商采用正常手段的概率。在此博弈过程中，由于公务员并不能确定开发商会以多大的概率采用灰色手段，作为理性经济人的公务员会综合考虑寻租利益以及寻租行为被查处的代价，因而会以开发商采用灰色手段的某个概率 $P1^*$ 所对应的预期收益 $U1^*$ 作为博弈的底线。当公务员预期开发商采用灰色手段的概率将小于 $P1^*$ 时，将不会出现寻租行为，当预期开发商采用灰色手段的概率大于 $P1^*$ 时，将会铤而走险进行寻租。因此，作为开发商其博弈策略是采用灰色手段动机的概率不小于 $P1^*$ 的情况下，采用灰色手段并尽量降低采用该手段的概率是合适的策略。

假设公务员寻租的预期收益由 $U1^*$ 提高到 $U1^{**}$，即由于对公务员的行政监管放松或开发商提高灰色手段诱导的力度而使得寻租的收益提高，从图 4－

9上，我们可以看到开发商采用灰色手段的概率将增加到 $P1^{**}$，同时也意味着公务员寻租的概率将相应提高。就目前征地过程中存在的权利腐败问题而言，正是由于某些开发商利用征地制度上存在的漏洞和有些政府官员的寻租行为，采用了灰色手段获取极大利益，而这些利益是建立在牺牲失地农民权益的基础上的。无论从长期还是短期来看，若这种趋势不遏制的话，公务员寻租的概率和开发商采用灰色手段的概率都将维持在较高的水平，这将导致国家利益受损、土地市场运行的无序和被征地农民利益的侵害。

4.3.4 中央政府与地方政府的经济博弈分析

中央政府凭借其土地所有者和社会管理者两种身份参与政府拥有土地收益分配的。一方面要依据国家与社会纯收入创造者间的契约关系以地租的形式收取一部分土地收益，另一方面是依据国家税收价格课征土地税，以加强社会管理，提供公共产品，弥补市场失灵。在土地征收过程中，地方政府和中央政府瓜分的租税费主要包括土地出让金、耕地占用税、耕地开垦费和新增建设用地有偿使用费等。以上四种税费自征地制度实施以来，中央政府和地方政府之间、各级地方之间都进行着利益博弈。中央政府和地方政府在征地过程中的利益分配关系如图 4-10 所示。

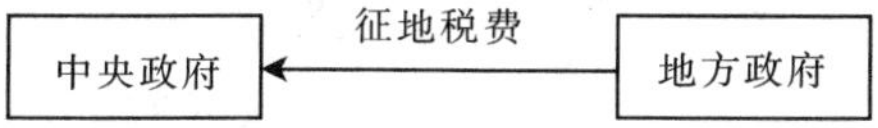

图 4-10 征地过程中中央政府与地方政府利益分配关系

但在土地问题上，中央和地方各级政府的利益取向并不总是一致的。中央实行土地征用的利润最大化目标是发展社会公共事业，保证社会和经济的可持续发展。而地方政府实行土地征用的利润最大化目标是发展本地经济，增加自己的收益（包括升迁、政绩和其他的隐性收入）等，再加上国家与地方政府之间信息不对称，这样一来地方对中央的博弈也开始多样化，如采取到其他地方购买指标的方式征地，或化整为零，把国务院才能批的权限搞到县一级就能批，违规征用大量农用土地。

正是由于中央政府和地方政府在征地过程中的信息不对称和目标取向的不完全一致，因而作为征地制度供给方的中央与需求方的地方政府在征地监管上存在博弈。中央政府的策略集合为（加强监管，保持监管），这里，加强监管表示中央政府从征地监管制度、监管方式上进行创新，以提高监管效率；保持监管表示不进行监管制度的创新，保持原有的监管方式。地方政府的策略集合为（不违规，违规）。不违规时地方政府的收益为 v，违规时收益为 w，显然 $w>v$；一旦违规被中央政府发现将受到的经济制裁、行政处分、名誉损失等的收益为 $-u$，$u>0$，这个负收益可以抵消大部分的违规收益，使得 $w-u<$

v。对中央政府而言，由于信息不对称，加强监管将增加一定的费用 f，以取得地方政府是否违规的信息。由于查处违法违规案件不仅可以挽回国家巨额经济损失，而且还有助于中央政府在社会舆论面前树立公信，收益设为 t，显然 $t > f$。若中央政府由于没有加强监管，而使相关利益群体受损，对中央政府的形象和声誉会带来损害，其收益为 $-r$，$r > 0$。由于中央政府与地方政府的决策均由双方独立作出，即一方在作出选择时，不知道另一方的选择。同时假定双方对各种情况下各自的收益是清楚的，在此假定前提下，可将中央政府与地方政府的博弈看作完全信息静态博弈来分析。基于完全信息静态博弈模型构造的一次性博弈扩展型如图 4 - 11 所示。

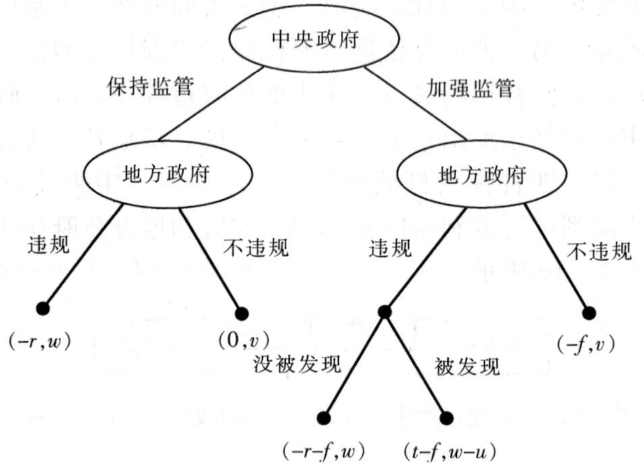

图 4 - 11　征地过程中中央政府与地方政府博弈扩展型

显然，在这个高度抽象的简单博弈扩展型中，并不存在纳什均衡。依据模型，我们可以进一步分析局中人的最优行为选择。

(1) 地方政府的最优行为选择。设中央政府加强监管的概率为 α，在加强监管时发现违规的概率为 β，则地方政府在选择违规行为的期望收益为：

$$U_1 = w \times (1-\alpha) + (w-u) \times \alpha \times \beta + w \times \alpha \times (1-\beta) = w - u \times \alpha \times \beta$$

地方政府不选择违规行为的期望收益为：

$$U_2 = v \times (1-\alpha) + v \times \alpha = v$$

根据效用最大化原则，地方政府是否选择违规取决于 $U_1 > U_2$ 是否成立。则：

$$U_1 > U_2 \Leftrightarrow w - u \times \alpha \times \beta > v \Leftrightarrow u < (w-v)/\alpha\beta$$

因此，若违规行为被查处后地方政府所受的损失 u 小于违规行为所产生的超出正常行为的收益 $(w-v)$ 的 $1/\alpha\beta$ 时，地方政府会毫不犹豫地选择违规。若要杜绝违规的发生，作为中央政府，一是要加大处罚力度，即提高 u 的值，二是要增强监管力度和查处力度，即提高 α 和 β 值，三是要采取各种措施降低地方政府违规行为的不当得益 w，即缩小违规行为与正常行为的收益差。

（2）中央政府的最优行为选择。设地方政府违规的概率为 δ，中央政府加强监管的预期收益为：

$V_1=(-r-f)\times\delta\times(1-\beta)+(t-f)\times\delta\times\beta-f\times(1-\delta)=-r\delta+(r+t)\delta\beta-f$

中央政府保持监管的预期收益为：$V_2=-r\delta$

根据效用最大化原则，地方政府是否选择违规取决于 $V_1>V_2$ 是否成立。则：

$$V_1>V_2\Leftrightarrow f<(r+t)\delta\beta$$

因此，若地方政府违规概率 δ 和中央政府查出的概率 β 为一定时，当中央政府的监管成本 f 小于加强监管后果损益之和 $r+t$ 的 $\delta\beta$ 倍时，中央政府会毫不犹豫地选择加强监管，否则，中央政府将会保持监管。进一步分析加强监管后果损益之和 $r+t$，这正是中央政府经济收益及公信力的提高获得的 t 个单位的正效应以及由于政府形象的损害获得的 r 个单位的负效应的综合，因此，公众对中央政府的社会舆论监督将会促进中央政府对地方政府在征地过程中的监管。

4.4 对征地过程中利益相关主体间博弈的思考

4.4.1 征地过程中利益相关主体博弈的现实结果

目前，由于我国的农地征收制度的不合理和实际运作中存在的不规范，以及被征地农民的弱势地位，从而导致在征地过程的博弈中地方政府、村集体组织、用地单位容易形成一个共同的利益集团，征用农地获取高额利润，使土地用途管制失效，被征地农民的权益受到侵害。征地过程中，普遍存在的现象是被征地农民的补偿、安置费被压低、挤占，甚至被挪用，最终拿到的补偿与其失去土地之后所要面临的生活和重新创业的风险和支出相差巨大，一些被征地农民陷入了“种田无地、就业无岗、低保无份”的境地。虽然被征地的农民名义上已经转变为城市居民，但实际上他们却没有享受城市居民的待遇，被征地农民的医疗保险、社会保险、养老保险和城镇居民最低生活保障体系都还不健全。

利益相关主体博弈的另一个现实结果是导致了土地资源配置效率的低下，土地市场运行的无序。我国集体所有土地必须先通过征收转变为国有土地才允许投入建设，因此国家政府为集体土地使用权入市流转设置了法律障碍，政府成为唯一的土地供应者，垄断了土地一级市场。这一规则使政府在征地过程中利益分配中占主动者的地位。政府集土地垄断权和强制执行权为一体参与利益角逐，成为利益分配主体中最具竞争优势的一方。这种土地获取方式成本低，易导致土地闲置和利用不合理等土地资源的浪费，致使土地资源配置效率低下。在征地成本与土地出让价格之间存在巨大反差的情况下，受利益机制的影响，一些地方政府片面追求地方GDP增长、吸引投资以及增加地方财政收入等“政绩观”的驱使下，很容易导致政府职能的错位，政府行政手段超越市场机制，打破了公平交易的环境，扭曲了市场机制。

4.4.2 博弈结果的根源探析

在征地过程中，政府自始至终起着主导和控制的作用，政府兼具博弈规则制定者和利益博弈者双重角色，被征地农民被完全边缘化，失去了博弈的“话语权”。现行征地制度的不完善是导致博弈方地位严重不对等的主要原因。在博弈中，制度是利益相关主体博弈的约束。从社会公平的角度，利益分配制度本身要求公正，要求体现全体利益，主体特别是弱势群体的意志和呼声。地方政府利用享有制度设计的权利在征地博弈中占有主动权，为追求自身最大的经济利益，同时也难免会使制度制定向利于自己的一方倾斜，从而控制博弈过程，使自己在利益分配中处于优势地位。在征地博弈中，政府强势与村集体组织、被征地农民弱势格局的主要原因可归结于以下几个方面：

第一，我国现行的征地制度存在不完善的地方。我国《宪法》规定国家征地是“为了公共利益的需要”，但是包括《宪法》在内的所有关于土地征用的相关法律法规对“公共利益”并没有做出明确的界定。因此，在土地征用的过程中，“公共利益”的概念解释被人为地放大，地方政府在征地中有着很大的自由裁量权。一些地方政府也将很多经营性项目“搭乘”公共利益的“便车”，结果导致农民不仅为公共利益作出牺牲，还要为其他利益，甚至开发商的私人利益作出了牺牲。

第二，集体所有制土地主体的虚置导致地方政府主导征地过程，被征地农民丧失自主权。按照现行法律，我国农村土地属于集体所有，土地经营方式是个体承包经营。制度化的集体土地与个体化的农户经营造成了土地权属关系与经营关系的脱节，单个农户或者一群农户无法作为集体的主体来显示其法律地位和表达利益主张。农村土地集体所有制看似更加彰显出村级组织作为集体土地所有者的法人地位，但实际上，对于那些既无集体经济支撑，又已经完全丧失对集体的政治和社会控制权能的村级组织而言，根本就没有能力在土地的开发或被征用过程中集合村民意志，代表他们与地方政府进行谈判和交易。这种村级权威的缺位，恰好给名义上是村政指导者，实际上是领导者的地方政府主导村庄利益提供了充分的理由。地方政府往往会以发展地方经济这一全局性的公共理由，名正言顺地介入土地的征用与开发，并且在这一过程中取代村级组织，成为介于开发商和农民之间的卖方的真正主角。这样政府就主导了征地过程，被征地农民作为集体土地的所有者丧失了自主权。

第三，集体土地产权权能的残缺导致农民被排除在土地增值收益之外。农村土地发展权从集体土地所有权中分离出来，这一制度安排将被征地农民拒之于土地增值收益之外。一方面，地方政府代表国家垄断建设用地使用权的供应，“任何单位和个人进行建设，需要使用土地的，必须依法申请使用国有土地”，农民集体无权出让和转让其所拥有的土地，只能征为国有土地后，由国家出让和转让。另一方面，在土地用途管制下，农用地转为建设用地受到严格限制。这样，由国家法律规定的农村土地发展权受限的结果是土地所有者集体和农民不能合法享有土地的增值收益，尤其是非公共利益性质的征地行为，土地从农业用途向其他城市土地用途转换中的增值收益被政府和用地单位分享。处于弱势地位的农民不可避免地成为市场博弈的受损者。

第四，现行征地补偿依据不合理、补偿标准过低，没有充分考虑农民的土地权利。目前我国征地补偿采用法定价格有余，而市场价格不足。国家在征地时，只按照现用途给予包括耕地补偿费、安置补偿费以及地上附着物补偿费和青苗补偿费在内的产值补偿。即便按照法律规定的最高限额即被征土地前三年平均产值的 30 倍计算，也无法与集体土地长期而有保障的使用权、收益权相对等，被征地农民无法分享到城市化过程中土地的增值收益。

第五，现行征地制度忽视了土地的社会保障功能，缺乏有效的失地农民基本生活权益的保护机制。耕地不仅仅是生产粮食等农产品、保障国家粮食安全的自然资源，而且承担农民就业、农民生活最低保障和农村公共事业费用支出等社会保障功能。集体土地被征用后，失地农民就失去了在第一产业的就业机会和基本生活保障，只能转向第二、第三产业就业。限于失地农民自身的能力素质，从事非农工作的难度越来越大。

当然，除了征地制度上的不完善导致征地博弈中被征地农民的弱势地位之外，被征地农民自身自我保护能力弱，社会有效保护途径少，缺乏真正强有力的农民利益代表组织也是重要的因素。通常，被征地农民文化素质、知识技能相对较低，谈判能力弱，往往表现出既对自身利益高度关注，但又不知道怎样去表达自身合法的利益诉求，上访告状或借助新闻媒体是他们表达利益诉求的主要渠道。此外，被征地农民相互依赖性差、内部达成一致的成本很高、难以克服“搭便车”的问题，难以形成集体行动，整体动员力量自然不大，再加上他们的经济、政治和社会地位低下，缺乏代表农民利益的组织，尽管他们人数众多，却依然是利益博弈的弱势群体。

4.4.3　对解决征地过程中利益相关主体利益冲突的探讨

（1）明确界定“公共利益”内涵和外延，建立健全公开公平的征地程序。当前，我国社会、经济处于快速发展阶段，土地的需求量巨大，各地政府对于公共利益的理解和解释弹性较大，因此在法律上可借鉴“列举法”，限定“公共利益”的事业范围，最大限度地克服“公共利益”概念的抽象性和语意模糊性的缺陷。同时，严格限制征地权的行使范围，对侵犯农民集体土地财产权的非公共利益目的的征地行为，应予以严厉打击。

另一方面，应设定一套系统而规范的征地程序，这是改革当前征地制度最为核心的内容。在制定征地程序时应把听证与协商谈判和表决作为两个重要的环节，着重体现农民集体土地的财产权利，充分考虑被征地农民的利益。建立土地征用工作监督制度，实行征地、用地、监理的权利分离，使征地工作在公开、公正、廉洁、规范中进行。

（2）明晰集体产权，加强村集体组织和被征地农民的博弈地位。农村集体资产从法律上明确归该集体经济组织的全体人员共同所有，但是没有明晰到个人，结果造成了表面上人人有份，实际上仅由少数村组干部支配，以及直接由国家支配的现象。在目前我国人多地少、二元经济结构并存以及农村社保制度缺位的特殊国情下，土地私有并不可行，采取农村土地集体所有制这种替代方式应克服其主要弊端——集体产权的虚置。可以说，这种集体主体的虚置和多样性，导致农村土地所有权主体模糊不清，导致损害农民土地承包经营权的事件时有发生。在现行的制度安排下，集体农地没有法律上的处置权、收益权和流转权，地方政府以国家名义从农民手中征收集体土地，以强制剥夺集体土地产权剩余价值来形成垄断利润。因此，有必要通过立法形式进一步明晰集体土地所有权，延长和固化农民的土地使用权，并规定在法定使用期限内，农民对所承包土地享有收益权、流转权和抵押权。这样不仅可以保障土地的利用效率，还有助于解决失地农民的利益补偿问题，使农民分享土地增值收益。

农民利益集团在征地博弈利益集团中处于弱势地位。要切实提高农民的谈判地位，首先应增加农民参与公共事物的决策机会，特别是像土地征收这种直接关系到农民利益的决策机会；其次要充分重视农民舆论的作用，使之成为一个有效的监督工具。

（3）按市场经济规律确定合理的征地补偿标准。征地补偿除了要考虑土地被征用之前的价值之外，还要考虑土地的区位、土地市场供求状况、当前本地区经济发展状况等因素。测算征地补偿费用，重要的是建立征地区片价和宗地价评估制度。所谓征地区片价，是指在一定区域内，以土地条件相近的地块为单位，综合考虑土地区位条件、土地质量状况、土地潜在利用价值等，评估确定该区域征地价格的市场水平。所谓征地宗地价，是指以征地区片价为指导，对某一征地项目宗地本身实际情况再评估确定的征地价格。在最终确定征地宗地价时，还应对被征土地上的青苗及地上附着物的价值进行合理评估，并计算在内。

(4) 建立健全征地监督管理机制。在土地征收利益分配过程中，中央政府和农民均处在委托人的位置，地方政府和集体经济组织处于代理人的位置。要想利益分配的格局更为合理，必须加强对代理人的监督。对于地方政府的监督，中央政府有必要加快行政决策法制化的步伐，健全监督约束机制，加大惩戒力度，必要时应对其实行负激励机制。对于集体经济组织的监督，首先应通过立法形式赋予农民监督权力，让基层农民来监督集体经济组织的行为；其次土地督察制度建设应逐步细化到集体经济组织，让以管理费、分成、提留等各种借口和名目截留农民应得安置补偿费的现象得到遏制，同时应完善集体经济组织对于被征土地农民补偿费分配制度；最后集体经济组织也要加强自身建设和自身监督，做真正的农民利益代表。

(5) 建立农村社会保障体系。不可否认的是，土地具有重要的保障功能，并对社会稳定和经济发展产生着广泛而深刻的潜在影响。建立农村社会保障体系，为失地农民提供基本的社会保障，不仅是公平、公正的需要，而且可以降低土地征收的成本，减少土地征收的阻力。建立农村社会保障体系，主要应着手于以下几个方面：一是建立失地农民最低生活保障制度。失地农民既有别于农民，又不同于城市居民，成为一个边缘群体。他们既不享有土地的保障，也不享有同城市居民一样的社会保障。最低生活保障是国民应该享有的基本权利，因此必须重视失地农民最低生活保障问题。二是建立失地农民养老社会保障机制。农民的养老问题历来是农民最关心的问题之一，尤其当农民失去土地之后这一问题就显得越来越突出。因此，养老保障应该是失地农民社会保障的一个基本内容。三是建立教育培训机制。为失地农民提供受教育和培训的机会，提高其再就业的能力，帮助其就业。四是关注失地农民的子女入学与城镇居民子女同等受教育权利的问题。五是建立健全保护失地农民权益的法律机制。当失地农民权益受到侵害时，有关部门应按照减免相关费用的原则为失地农民提供必要的司法援助，以保障失地农民能够及时通过行政复议、行政诉讼和民事诉讼等途径加以解决。

5 农民工融入城市的社会因素分析

农民工市民化是推进城市化进程的重要内容，而农民工留城问题则是农民工市民化中最为关键的一个环节。体制改革和社会转型为我国农村劳动力提供了自由流动的空间，随着经济的发展和人民生活水平的提高，这些外出农民工不再把城市仅仅作为挣钱的场所，他们中越来越多的人倾向于留城定居，实现绝大多数农民工留城是城市化和现代化的必然选择，所以研究农民工留城问题具有重要的现实意义。

课题组通过对广州市从化市、白云区、荔湾区、黄埔区、南沙区、海珠区六个区的230名样本农民工的调查访问，以调查问卷数据为基础，通过文献查阅、描述性统计分析、logistic回归分析等方法，对广州市在城农民工的个体基本情况、经济层面因素、社会层面因素、心理层面因素四个方面多个具体问题，以及这些因素和留城倾向的关系进行了详细而深入的研究。研究结果主要有：性别、年龄、受教育程度、经济收入、与配偶是否在一起、在城市朋友的多少等因素对农民工留城倾向具有显著的影响作用；户籍政策、社会保障等制度性障碍是阻碍农民工留城定居的主要外部因素。

5.1 研究背景、目标与意义

5.1.1 研究背景

“三农”问题和城市化问题，是当前我国经济和社会发展中的重大问题，而农民工问题正同时处在这两大问题的核心地带。农民工问题是关乎和谐社会的构建，而在农民工的诸多问题中，留城问题又是一个重要的问题，城市化过程是不断转化农民工的过程，农民工留城对城市化具有积极意义。

从我国中长期经济和社会发展的要求来看，中国未来的城市化是快速城市化过程，未来25～35年，中国城市人口中有一半将是新进入市民，未来城市化面临的核心问题是新进入者的适应、融和，即社会适应和市民化。而新进入者中很大一部分将是农村移民，城市化要求农民工留在城市定居生活，并成为市民，永久移民是我国未来发展的方向①。

农民工是在我国经济社会转型时期出现的一个特殊群体，他的出现给城市和经济比较发达地区的建设带来了新的活力，为我国经济的快速发展作出了巨

---

① 杜鹰、白南生：《走出乡村——中国农村劳动力流动实证研究》，经济科学出版社2002年版。

大贡献。进城务工农民能否逐步地融入城市的生活并最终留在城市，也就是能否有效地实现“人的城市化”是决定城市化能否顺利进行的关键。

改革开放30年来，城乡流动大军占据了主流，大批农村剩余劳动力进城打工。到目前为止，我国的农民工群体数量已经高达2.3亿，农民工问题的直接利害关系人实际上已占全国总人口的近40%①。这些流动人口中不乏已经在各个城市转战数载的群体，他们早已熟悉城市，习惯打工的生活，他们在城市中靠自己勤劳的双手为社会创造价值，为加快我国工业化进程贡献了自己的力量。我国城市化的快速发展离不开农民工这一群体，但是他们却很难融入城市，很难留在城市长期工作生活，他们很少或者基本没有分享城市公共福利的权利。

本课题之所以选择以城市化为背景研究农民工留城问题，主要基于以下认识：第一，城市化的过程很重要的一方面就是人口的城市化，就是劳动力转移的过程。农民工问题的源起在于对城市化一般规律的漠视与违背。因此，只有在强调城市化是一个自然历史过程这一规律性的基础上，才能认清目前农民工问题的本质，并找到解决这一问题的出路。可以说，只有把城市化过程与农民工问题的解决结合起来，才能既加快改变中国长期滞后于工业化的城市化水平，又能对农民工问题的解决找到一个基本的起点。第二，农民工问题需要在城市化的背景下来认识和解决。只有以城市化发展的一般规律作为基本的认识背景，才能揭示今天的农民工问题的真正根源，从而找到正确的解决办法。可以说，城市化道路的选择决定着劳动力转移的方向、规模和水平。第三，城市化与农民工问题的解决是一个“双边互动”的过程。目前，现实中国存在一个发展的“悖论”。一方面，与工业化率相匹配的城市化率非常低，城市事实上需要劳动力的补充；另一方面，数以万计而且在非农产业就业的农民工无法永久性移入城市，他们无法真正融入城市社会和城市生活，游离在城市与乡村之间，工业化和城市化依然分道而行。

把城市化与农民工问题联系起来考虑具有重要的意义。一方面，这一视角可以避免在城市化认识上产生误区，强调城市化最本质的含义就是人口随着产业升级而实现城市转移，避免把城市化等同于城市建设的错误思路，为农民工问题的解决找到一个科学的定位；另一方面，这一视角还有助于提高现实中国的城市化水平，改变中国城市化水平远低于工业化水平的不正常状态。从实证的角度分析农民工在城市的生活现状与留城倾向的影响因素，可以从根本上把握农民工“去”还是“留”的显著性因素在哪里，从而创造一切条件帮助农民工实现从农村向城市的转移，不仅符合城市化的一般规律，而且还有利于切实

① 郑功成：《科学发展与共享和谐》，人民出版社2006年版。

提高城市化水平。

广州市处于全国经济最发达地区之一的珠三角地带，是全国重要的农民工流入地，且流入人数还在不断增加。通过对广州市外来农民工城市生活现状和留城问题的细致研究，将有助于了解农民工城市社会融入过程的现状，对农民工自身整体利益的影响，究竟哪些因素是导致农民工留在城市定居行为发生的本质原因，在我国城市化进程的步伐中研究此问题有其现实意义。

5.1.2 研究目标与研究意义

5.1.2.1 研究目标

本研究以人口迁移理论为基础，对广州市在城农民工的基本情况和城市生活现状进行统计分析，对广州市农民工个体特征、生活现状等因素与留城倾向情况做比较分析，并进一步通过适当的回归模型（Logistic 模型）对影响在城农民工留城倾向和行为的因素进行研究分析。总结出农民工留城倾向受到哪些因素的影响，以及这些因素的作用效果，进而从改善农民工城市适应能力、提高农民工留城倾向方面为促进农民工留居城市提出有效的政策建议。

5.1.2.2 研究意义

第一，广州市是全国私营经济最发达的地区之一，近年来经济一直保持高速增长，已经成为全国重要的农民工吸收地区。而农民工留城问题又是社会各界、专家学者都极为关注的热点难点问题。对这样一个焦点地区焦点问题的研究，广州市就显得很有特殊性和意义，而且可以为今后同类问题的研究做一些有意义的探索。

第二，我们通过随机抽样调查的方式对广州市在城农民工的个体基本情况、经济层面因素、社会层面因素、心理层面因素四个大方面多个具体问题，以及这些因素和留城倾向的关系进行了详细调查访问，可以为国家相关部门以及以后其他学者在研究相关问题时提供一定的参考资料。

第三，本研究通过 Logistic 回归分析，详细分析各个影响因素对在城农民工留城倾向的影响效果、显著性以及作用力大小，并对各个影响因素加以分析，揭示农民工倾向于留城的主要原因是哪些，阻碍他们留城行为产生的原因又有哪些。为国家相关部门在制定相关政策法规时提供参考建议，从而使得这些政策法规可以消除或尽量减少一些阻碍农民工留城选择的因素，为城市化进程铺平道路，扫除障碍。

5.1.3 研究思路、方法及主要内容

5.1.3.1 研究思路

以我国社会城市化为背景，以农村富余劳动力的转移与农民工留城市民化进程为主线，借鉴人口迁移相关理论，以广州市从化市、海珠区、荔湾区、黄浦区、白云区、南沙区为主要研究区域，以该区域的农民工为主要研究对

象，通过多视角、多层次的访谈，如 PRA（参与式访谈）、直接面谈法、深度访谈和直接观察法、一对一的调查访问、系统的调查问卷、多类型的数据分析，对我国农民工留城过程中的相关问题进行了理论与实践相结合的分析探索，最终通过研究分析得出能够促进农民工留城、推动我国城市化进程的政策建议。

5.1.3.2　研究方法

本次调研采用文献收集、访谈调查与问卷调查相结合的方式。

文献收集的目的主要是了解国内外研究动态和研究成果，并以此为基础对本研究的相关概念如城市化、农民工、留城倾向、人口迁移及市民化等进行界定。对人口迁移的相关理论进行分析综述，对相关资料进行整理分析，可以对课题研究农民工留城问题有一定的启示作用。

为了较好地把握农民工城市生活的现状与留城问题，课题调研小组在广州市六个区展开了深入实地的问卷调查，共收回有效问卷 230 份。在开展问卷调查的同时，课题组成员还进行了访谈调查，访谈主要通过座谈会的形式进行，包括由各种类型的农民工参加的座谈会和与农民工有关的社会组织参加的座谈会。通过访谈更全面的了解农民工在城市中的生活的真实情况。另外，每天调研结束后，都要撰写当日的调研报告，为以后的资料整理提供了宝贵的第一手资料。

为了充分的利用调查资料，并揭示内在规律，我们利用 SPSS 统计软件对数据资料进行了处理和分析，并采用在社会科学中普遍运用的单因素方差分析和多元 Logistic 回归分析方法，对农民工留城倾向进行了分析。

5.1.3.3　研究内容与逻辑框架

农民工融入城市研究的逻辑思路框架结构，具体如图 5-1 所示。

5.2　农民工留城问题相关概念及基本理论

5.2.1　农民工留城问题相关概念界定

5.2.1.1　农民工

随着我国工业化的不断发展与城市化进程不断加快，农村富余劳动力向城市和非农产业转移这个世界范围的普遍现象在我国表现出特有的特点，由于我国特有的城乡二元分割体制，我国农民进城打工基本上是“移而不迁，迁而不留，留而不定”的状态，从而形成了农民工这一充满矛盾和过渡色彩的特殊社会群体。因此，农民工是一个典型的具有中国特色的概念名词，是我国改革开放以来新出现的一个特殊群体。1984 年，中国社会科学院《社会学通讯》首次出现“农民工”一词，随后这一称谓逐渐被广泛使用。

众多学者从不同的角度来界定农民工，从经济学的角度看，农民工指外出

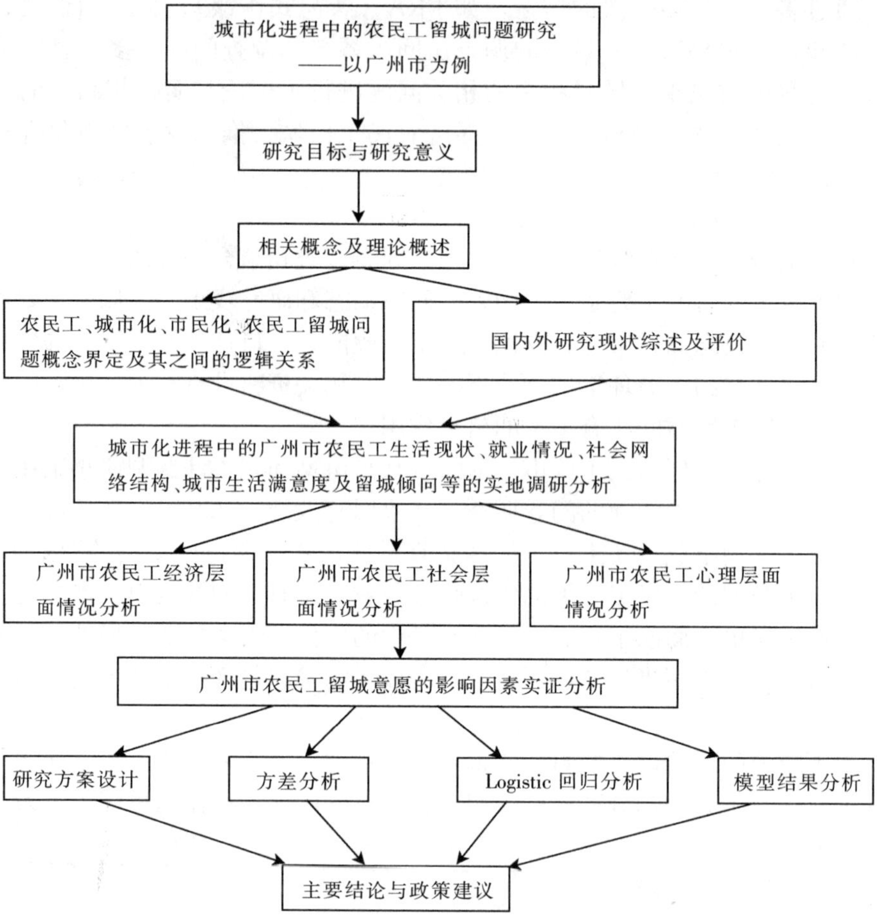

图 5-1　农民工融入城市研究的框架结构

打工的农村剩余劳动力或富余劳动力；从社会学的角度看，农民工是指户籍身份为农民在城市从事二、三产业有劳动能力的人。李强将农民工界定为泛指所有进城劳动谋生的农民，不管他们是经商的，还是务工的[①]。马九杰把所有以增加收入为目的而进城从事经济活动（包括务工、经商等）的农村籍人口统称为农民工[②]。在《中国农民工问题研究总报告》一文中“农民工”被认为是中国经济社会转型时期的特殊概念，是指户籍身份还是农民、有承包土地，但主

① 李强：《中国大陆城市农民工的职业流动》，《社会学研究》，1999 年第 3 期，第 93 页。

② 马九杰、孟凡友：《农民工迁移非持久性的影响因素分析——基于深圳市的实证研究》，《改革》，2003 年第 4 期，第 77 页。

要从事非农产业、以工资为主要收入来源的人员①。同时，也有学者把农民工分为狭义和广义两类。狭义的农民工，一般指跨地区外出进城务工人员；广义的农民工，既包括跨地区外出进城务工人员，也包括在县域内二、三产业就业的农村劳动力。

基于上述分析，本研究把农民工定义为：户籍身份仍是农民，进城从事非农产业并以此获得工资收入的人员。包括四层含义：①农民工的制度身份仍然是农民；②农民工从农村到城市，生活地域发生了变化；③农民工的职业身份发生变化，从务农转变成非农职业；④被雇佣后产生了劳动关系。

5.2.1.2 城市化

近年来，随着经济社会的快速发展，中国城市化进程步伐加快，伴随着农民工问题的凸显，城市化进程也越来越受到社会各界的广泛关注。

一般而言，城市化是由农业为主的传统乡村社会向以工业和服务业为主的现代城市社会逐渐转变的历史过程，具体包括人口职业的转变、产业结构的转变、土地及地域空间的变化。其中城市人口所占比重是城市化的一个最为重要的指标，至今国内外大都采用这个指标来衡量一个国家的城市化水平。城市化水平公式：$PU=U/P\times100\%$，式中：PU 代表城市化水平；U 代表城市人口数量；P 代表总人口数量。值得一提的是这里所说的城市人口指具有城市户口的居民，而非城市实载人口。

国家统计局发布新中国 60 年系列报告称，2008 年末，中国城市化率已达到 45.8%，比 1991 年提高了 19 个百分点。中国社科院荣誉学部委员陆学艺则强调，2008 年末，中国城市化率达到 45.8%是“有水分的”，原因是有大概接近 2 亿的农民户口居民被统计在内，但他们并没真正实现城市化。专家称 1.2 亿农民工被统计在内，是一种“伪城市化”，因为农民工虽然进入到城市就业和生活，但尚未真正融入城市，身份未转变在农村还有宅基地，职业不稳定，收入水平低买不起房，文化生活单一，在城市遭受不公平待遇等因素。这些因素的存在都会为农民工留居城市产生障碍，降低农民工留城倾向，使他们游离于城乡之间，成为城市边缘人，处于“半城市化”状态。

因此，我们的研究认为要想保质保量加快我国城市化进程步伐，必须认清农民工在城市的真实状况，切实解决农民工的社会融入与留城问题，只有农民工真正意义上留在了城市，融入了城市生活，才能够从“伪城市化”走向真正的“城市化”。

---

① 中国农民工问题研究总报告起草组：《中国农民工问题研究总报告》，《改革》，2006 年第 5 期，第 5 页。

5.2.1.3 农民工市民化

市民化是指农村居民进入城市、适应城市并具备城市居民基本素质的过程，是一个社会学术语。对农民工市民化的含义目前学术界有多种表述，吕柯认为，农民工市民化是指在我国城镇化的建设过程中，借助于农民工已经进入城市从事非农产业的优势，使其在身份、地位、价值观念及工作和生活方式等方面向城市市民转化的经济和社会过程。农民工市民化，狭义上说，指农民工在身份上获得城市居民相同的合法身份和社会权利的过程，最明显的标志是获得所在地的城市户口及相应的社会权利。广义上说，指借助于工业化和城市化的推动，使传统农民在身份地位、价值观、社会权利及生活方式等方面向市民转化，实现城市文明的社会转变过程①。

农民工市民化包括农民工就地市民化和异地市民化，本研究主要探讨异地市民化，即“离土又离乡”农民工群体市民化。从异地市民化的角度出发，我们认为农民工市民化包括三层含义：①农民工职业非农化；②农民工身份平等化，社会身份由农民转变为市民，获得城市户籍，享受同等的市民待遇；③农民工意识形态、生活与行为方式城市化。

5.2.1.4 农民工城市适应

农民工留城是我国工业化、城市化、现代化高速发展的需要。如何让农民工留城，真正融入城市社会成为城市居民是众多学者一直以来要解决的关键问题。研究农民工留城问题，首先应以农民工留城倾向或意愿为研究切入点，只有有效地掌握了影响农民工留城倾向的因素，才能制定科学的农民工引导政策；其次以农民工城市适应为研究主线，因为农民工留城的价值归宿是让农民工留得住，而只有农民工对城市生活具有较好适应的情况下农民工才能永久地留在城市，成为城市人，达到农民工真正意义上的留城。

农民工留城倾向指农民工在城市生活过程中的一种偏向性感受，即农民工的城市生活现状以及这种现状的适应性程度带来的是否愿意留在城市长期发展、永久迁移的想法。基于文献查阅和实践感受，我们认为农民工的这种留城倾向主要受如下几个方面影响：个体与家庭特征、工作的持续性、收入的稳定性、文化的融入性、心里层面的接纳程度等。

美国社会学家高斯席德（Goldscheider. G）在《发展中国家的城市移民》一书中认为：“移民的适应可以界定为一个过程，在这个过程中，移民对变化

① 吕柯：《浅议“农民工”市民化存在的主要障碍》，《中共成都市委党校学报》，2004年第4期，第45页。

了的政治、经济和社会环境做出反应。从农村到城市常常包含了这三方面的变化。”[①] 他强调变化和过程，倾向于把适应理解为行为本身，在变化的环境中移民者做出的一种不断的行为调整。《社会学词典》中，对“适应行为”解释是：“指个人适应社会环境而产生的行为。个人通过社会化，明了自己的社会权利与义务，形成了与社会要求相适应的知识、技能、价值观和性格，就会在社会交往与社会行动中采取符合社会要求的行动。反之，如果不能很好地适应社会环境，就会陷入困惑之中。人的一生是不断地适应环境的过程。”[②] 本课题研究农民工城市适应指伴随着社会生活环境的改变（农村到城市），农民工形成与城市社会要求相和谐的知识技能、价值观念，不断地在工作生活方式、社会交往、社会心理上做出种种调节，积极主动顺应城市生存环境的过程或状态。农民工的城市适应有经济层面、社会层面和心理层面三个依次递进的层次。经济层面的适应是农民工立足城市的基础，社会层面的适应是农民工立足城市的保障，心理层面的适应是农民工融入城市的必然。

基于上述思考，我们认为农民工留城不仅指农民工物质生活地域上的改变，还包括精神文化生活的融入，成为真正意义上的城市主人。

5.2.1.5　市民化、城市化与农民工城市适应逻辑

农民工市民化与留城将促进城市化步伐，城市化进程加快有利于农民工市民化和留城，而农民工市民化和留城在某种意义上可以互通使用，至少在本课题的某些研究环节可以这样理解。

从概念逻辑分析，市民化、城市化、留城三者的作用范围都具有广泛性，作用主体对象为农民，而农民工又占主要部分。从上述三者定义的界定来看，含义强调具有三个共性：制度身份转变、职业的转变、生活方式与意识观念的转变。从过程逻辑分析，三者都可看成适应环境变化的一种过程，具有动态性和发展性，是历史发展的必然。从价值逻辑分析，三者都是为了解决农民工问题，尤其是农民工城市融入问题，从而推动城乡和谐发展。在价值追求的过程中，政府政策、国家制度在其间起到不可忽视的作用。因此，研究认为农民工市民化、城市化、农民工留城在字面上看具有较大差别（研究视角不同），但从深层含义来看彼此之间息息相关，相互促进、相互影响，很多时候甚至融为一体。

5.2.2　国内外研究综述

人口迁移是城市化研究的重要内容之一，合理的人口流动促进城市化的进

---

① Goldscheider. G. Urban migrants in developing nations [M]. New York: West view press. 1983: 4.

② 王康：《社会学词典》，山东人民出版社 1988 年版，第 352 页。

程。国内外各界学者基于不同的学科视角对人口迁移进行了一定程度的解读，比如，经济学从收益成本角度来考察人口迁移的经济规律，社会学与人类学从流出地、流入地的社会结构变化来揭示人口流动的规律，而行为学则以个人、个体化的组织及其环境影响因素为切入点，研究人口流动的行为共性。本研究认为这些从不同视角得出的关于人口迁移的规律，从不同角度反映了人口迁移的特点和规律，都在一定程度上为我们研究人口迁移起到一定的指导性与启发性作用。

5.2.2.1 国外研究现状及简要评述

国外的人口迁移理论发展主要经历了传统的经典人口迁移理论和现代人口迁移理论两个阶段。20 世纪六七十年代，新古典学派理论占据主导地位，80 年代以后，人口迁移出现了诸多新特点，触发并推动了人口迁移理论的进一步发展。美国著名人口学家梅西（Massey etal.）对相关人口迁移理论进行梳理，将关于人口迁移的理论分析分为两类：一类是关于迁移是如何产生的，包括新古典经济学、新移民经济学、二元劳动力市场和世界体系理论；另一类是关于迁移是如何持续的，主要包括网络理论、制度理论、累积因果理论和迁移系统理论。国外传统的经典人口迁移理论广为理论界所认可的主要有“推力—拉力”理论、两部门理论、人力资本理论等。

(1)“推力—拉力”理论。该理论源起于 19 世纪的英国经济学家雷文斯坦(E. Ravenstien)，他从人类学角度研究了人口迁移的规律性问题，在其著作《迁移规律》中提出了人口迁移的七条规律：一是人口的迁移主要是短距离的，方向是朝工商业发达的城市；二是流动的人口首先迁居到城镇的周围地带，然后再迁居到城镇里面；三是农村人口向城市集中；四是每一次大的人口迁移也带来了作为补偿的反向流动；五是长距离的流动主要是向大城市的；六是城市居民与农村居民相比，流动性要差许多；七是男性流动率要高于女性。这七条规律被众多学者作为研究人口迁移的理论基础。

20 世纪 60 年代“推力—拉力理论”作为最有影响的人口流动和迁移理论，用来解释城乡人口流动与迁移现象和规律。其理论的代表人物主要有唐纳德·博格（D. J. Bague)、埃弗雷特·李（E. S. Lee）等人。唐纳德·博格(D. J. Bague）认为人口流动是两种不同方向的力作用的结果，在流出地存在的消极影响因素，比如农业资源枯竭、农业生产成本高、农业生产效率低、农业劳动力过剩等负面因素将人口向外产生“推力”，而流入地存在的各种积极影响因素，比如较多的就业机会、较高的工资水平、较好的物质生活条件、较好的发展环境等正面因素将人口向内产生“拉力”。埃弗雷特·李（E. S. Lee）在其基础上补充了第三个因素——中间障碍因素，主要包括迁移距离、物质障碍、语言文化差异、流动者对各因素的价值判断，认为人口迁移是这三种因素综合作用的结果。因此，流入地的“拉力”与流出地的“推力”对人口流动程度的影响由三方面决定：一是流入地与流出地两地的积极因素和消极因素的综合差异程度；二是人口流动产生的过程成本、结果成本；三是流动者在有限知识范围内作出的利弊权衡抉择。

根据上述归纳，我们认为“推力—拉力”理论对农民工留城问题的研究提供了一定的理论依据，但由于我国的基本国情，农民工留城影响因素不仅包括上面提到的三个因素，还包括政府政策、经济制度、传统风俗文化等具有我国独特性的因素。

（2）两部门理论。英国古典经济学的创始人威廉·配第（William Petty）早在1690年出版的《政治算术》一书中提出了收入差距必然推动农业劳动力向非农业转移的思想。德国经济学家李斯特随后在《政治经济学的国民体系》一书中认为，由于农业耕地的有限，人口数量的剧增，农业生产出现剩余劳动力，从而迫使一部分劳动力向工业生产转移。随着人类实践活动的深入，经济学学科的不断发展，人口迁移的研究采取实证分析方法，将原有的理论规律模型化。其中最著名的就是刘易斯（W. A. Lewis）的二元结构模型。

美国著名的发展经济学家刘易斯（W. A. Lewis）于1954年和1958年分别发表了《劳动力无限供给条件下的经济发展》、《无限的劳动力进一步的说明》、《不发达地区的就业政策》三篇著名论文，系统地建立起分析发展中国家经济发展问题的古典二元经济结构理论模型，认为区域经济发展差异导致劳动力供需差异引起劳动力迁移。他认为，许多发展中国家都存在着“二元”：一个是城市的工业部门，该部门集中了大量资本，具有较高的劳动生产率；另一个是传统的农业部门，该部门缺乏资本，劳动生产率极其低下，农民仅能维持最低的生活水平，但是却拥有大量剩余劳动力。刘易斯的工业部门从农业部门吸收剩余劳动力的理论，为解决我国农村劳动力转移问题与农民工留城问题提供了思路和方法。

值得一提的是美国耶鲁大学教授费景汉（J. Fei）和古斯塔夫·拉尼斯（G. Ranis）等人认为刘易斯的二元经济结构模式存在一定的局限性，一是忽视了农业在促进工业增长方面的重要性；二是没有注意到农业生产率提高是农业劳动力向工业流动的前提条件。他们在1961年发表的《经济发展中的一种理论》论文与1964年出版的著作《劳动剩余经济的发展：理论与政策》中提出了“费—拉二元结构”，认为农业增长与工业增长同等重要，把农业视作为工业提供所需廉价劳动力，同时也强调技术进步对农业的作用，两个部门必须平衡发展。

（3）人力资本理论。还有一些学者从人力资本投资角度研究人口迁移的规律，将迁移看做一种人力资本投资行为。1960年，诺贝尔经济学奖获得者、美国著名经济学家舒尔茨（Theodor·W·Schultz）在美国经济学会年会上发表了题为《人力资本的投资》的著名演讲，现代意义上的人力资本理论正式形成，舒尔茨也被后人誉为“人力资本之父”。

舒尔茨人力资本理论的一个基点是将迁移看作是一种能够带来收益的成本，而收益指因预期迁移所得到的更多的收入。这种成本与收益不仅仅指有形的物质形态，而且还包括更加丰富的无形的精神形态。在决定迁移之前，迁移者对迁移成本与收益的相关诸因素产生某种预期，只有在收益大于成本时才会作出迁移的决定，因此它是一种个人理性选择的结果。舒尔茨认为人力资本相比物质资本具有四个特点：人力资本的形成需要劳动者较长时间的学习和培训；人力资本能让渡使用权而无法让渡所有权；人力资本的效能不会因为使用次数而减少，相反，更多情况下会增加；人力资本效用的扩散性与创新性。

按成本—收益理论，年轻人、较高文化素质的人，即人力资本较高者更容易迁移，因为迁移带来更高的收益，需要较低的迁移成本，在克服流动障碍上有更大的优势。

（4）现代人口迁移理论。20 世纪 80 年代，随着电子信息与交通技术的发展，人口流动的范围急剧扩大，人口迁移出现新特征，原有的人口迁移理论难以有效解释一些迁移现象和规律，这促进了人口迁移理论进一步发展。在现代人口迁移理论中，可作为本课题研究理论基础的主要包括新经济迁移理论与迁移网络理论。

新经济迁移理论突出家庭而非个人作为迁移决策的主体，有三个重要的中心概念：风险转移——规避家庭在当地收入不稳定的风险；经济约束——突破当地经济发展制约；相对剥夺——迁移者在迁移过程中以同社区群体收入为参照而产生的一种感觉。该理论有力地解释了 80 年代初期，我国农民工主体主要是经济发展较为落后的农村地区。迁移网络理论将迁出地上建立的社会关系（主要指由亲缘、血缘、地缘、圈缘等形成的一种特殊关系）看做一种社会资本，这种资本可以帮助迁移者降低迁移成本与风险，对迁移者在迁入地获得较高的收益提供了一定的保障，进而增大了迁移的可能性。从目前我国农民工群体进城务工地点选择来看，这种社会资本起到了相当大的导向作用，并加快了农村劳动力向城市的合理流动。

（5）理论评述。前三个理论作为传统经典人口迁移理论的主要内容，是现代人口迁移研究的理论基础，总结了众多人口迁移原则和规律，为我们的研究提供了航标导向作用。同时，我们也应注意到传统经典人口迁移理论大多建立在城市对劳动力具有无限吸纳力的基础上，而对于我国目前城市化水平较低，城市对劳动力吸纳能力有限，因此在一定程度上该理论对本研究仍存在一定的局限性。后两个理论较前三个理论相比，对我国目前人口流动的分析更具生动性与丰富性，比如，新经济迁移理论中提到的“风险转移”、“经济约束”、“相对剥削”在我们日常经济生活中体会较为深刻；迁移网络理论中提出的社会资本在农民工进城打工信息、打工职业、打工地点选择等方面表现得淋漓尽致。但我们认为，不管多好的理论都应该讲究其“适应性”与“适用性”，因此，国外的人口迁移理论用于研究我国人口迁移特点，应注意我国人口迁移的独有特征和现象，还需进一步改进，以符合我国研究实际。

5.2.2.2 国内研究现状回顾及简要评述

与国外相比，国内的人口迁移理论起步较晚，发展还不成熟、不成体系，各种观点散见于各学科领域。在新中国成立后很长一段时间内对人口迁移问题的研究甚至处于相对停滞的状态。

改革开放以后，随着农村家庭联产承包责任制的实行，极大鼓舞了农民的热情，农业生产效率大大提高，出现大量农村剩余劳动力。与此同时，沿海发达区域经济快速发展，提供了大量的就业机会，对内陆区域的农村剩余劳动力产生了巨大的吸引力。在这两者的共同作用下，人口流动数量与日俱增，流动范围不断扩大，流动频率加快，农民工问题开始引起学者们的广泛关注。但农民工研究主要集中在农民工阶层地位、权益保障、市民化等几个方面，而从农民工彻底改变居住地、定居城市的角度进行考察，近几年学术界才开始关注，因此有关农民工留城定居的文献较为匮乏，但一些相关文献也为本研究起到一定的借鉴作用。

（1）对农民工留城状况与留城意愿的研究。农村劳动力的异地迁移分为两个过程，一是从迁出地转移出去，二是迁移者在迁入地定居下来，中国的迁移者迁出去后并不能在迁入地长期居住下去①。马九杰等对深圳市农民工非持久性迁移意愿调查得出，28.1%人具有明确的定居城市的意愿②。在李强关于“城市农民工本人对未来的打算”的问卷调查中，倾向留城的各个选项合计比例为37.9%③。吴兴陆通过2003年对广州市农民工流动愿意的调查，36.8%的人有较强的定居城市的意愿④。乡城流动人口进入新的阶段，农民工不再是暂时居住城市，而是倾向于长期居住；居住的时间在不断延长，并且有举家迁

① 蔡昉：《劳动力迁移的两个过程及其制度障碍》，《社会学研究》，2001年第4期，第47页。

② 马九杰、孟凡友：《农民工迁移非持久性的影响因素分析——基于深圳市的实证研究》，《改革》，2003年第4期，第82页。

③ 李强：《影响中国城乡流动人口的推动与拉力因素分析》，《中国社会科学》，2003年第1期，第128页。

④ 吴兴陆：《农民工定居性迁移决策的影响因素实证研究》，《人口与经济》，2005年第1期，第44页。

移的倾向[①]。以上研究结果表明，随着时间的推移，倾向于留城定居的农民工越来越多，农民工的留城定居意愿越来越强烈。但是现实却相反：中国农村外出就业劳动力的主体始终处于一种流动状态，并未成为输入地稳定的移民，其中绝大多数仍将返回原输出地。

(2) 对农民工定居意愿影响因素的研究。农民工定居意愿的影响因素，换言之，什么样特征的农民工倾向于留城定居，是哪些因素影响他们做出留城定居的决定，在此，我们将相关文献分为以下几个方面。

经济因素：经济门槛和素质门槛制约了农民工定居型流动规模的扩大[②]；较低的收入、较低地位的职业及工种、较差的居住社区环境，导致农民工的非持久性迁移倾向[③]。熊波等通过对武汉市农民工定居城市意愿影响因素实证分析，发现职业类别、收入状况和住房状况对农民工定居城市的意愿有显著的影响[④]。

人力资本因素：乡城流动人口在最终结果上会表现出巨大的差异与分化，一个重要的原因就是其人力资本不同。教育对农民工是否留城有影响作用，受教育程度越高，越倾向于留城定居[⑤]。在城市生活时间上，城市生活时间越长，越倾向于留城定居[⑥]。

社会资本和社会网络因素：社会网络连续谱的两端的“情感性关系”、“工具性关系”，显著影响着流动农民的留城定居意愿。社会网络作为正式制度的一种补充，发挥着巨大的作用。新移民的社会网络不仅直接导致了“移民链”的形成，更重要的是它为劳动力新移民提供了一种安全、稳定和低成本的流动方式，它不仅在很大程度上引导了劳动力新移民的流向和途径，而且也为劳动力新移民的进一步定居提供了条件[⑦]。

制度和结构因素：中国劳动力流动的前景如何，他们将来有没有机会在城

---

① 任远、邬民乐：《城市流动人口的社会融合：文献述评》，《人口研究》，2006 年第 5 期，第 87 页。

② 吴兴陆：《农民工定居性迁移决策的影响因素实证研究》，《人口与经济》，2005 年第 1 期，第 10 页。

③ 马九杰、孟凡友：《农民工迁移非持久性的影响因素分析——基于深圳市的实证研究》，《改革》，2003 年第 4 期，第 85 页。

④ 熊波、石人炳：《理性选择与农民工永久性迁移意愿——基于武汉市的实证分析》，2009 年第 4 期，第 15～17 页。

⑤ 曾旭晖、秦伟：《在城市农民工留城倾向影响因素分析》，《人口经济》，2003 年第 3 期，第 52 页。

⑥ 王毅杰：《流动农民留城定居意愿影响因素分析》，《江苏社会科学》，2005 年第 5 期，第 28、29 页。

⑦ 文军：《论我国城市劳动力新移民的系统构成及其行为选择》，《社会学研究》，2005 年第 1 期，第 54 页。

市定居下来，取决于制度变革的未来趋势①。户籍是影响中国城乡流动和迁移的最为突出的制度障碍。我国户籍制度改革的步伐是缓慢的，在很长时间里没有实质性的突破，成为劳动力迁移的最大障碍②。根本原因是二元城乡社会结构下的城市制度环境阻碍了农民工定居于城市。

以上论述从不同角度、不同方面对农民工留城问题进行了有效分析，并提出了促进农民工留城的建议，不乏科学性和合理性，为农民工留城问题研究起到了借鉴意义和指导作用。与此同时，我们也应看到研究存在的不足：一是农民工留城问题研究成果数量上偏少，间接表明学术界对农民工留城问题研究重视度不够；二是有限的文献中大多采取定性分析，缺少必要的定量分析，研究深度不够；三是对农民工留城问题提出的对策建议虽多，但大多缺乏可操作性，难于用于实际。因此，我们首先应对农民工留城问题加以重视，在此基础上，应多采取实证分析方法结合各学科分析工具，为各地政府政策的制定提出可操作性的有效建议。

5.3　广州市农民工城市生活现状

5.3.1　调查概况

项目组一行 31 人在广州市展开调研，开始于 2008 年 7 月，于 2008 年 9 月结束。该项目调查组成员包括 10 多位老师和 20 多名本科生、研究生，调查地点选取的是农民工比较集中的广州市从化市、白云区、荔湾区、黄埔区、南沙区、海珠区六个区，涵盖了广州市中心城区、近郊区和远郊区，有一定的代表性。而且在不同的区域，农民工占当地常住人口的比例显著不同：在远郊区农民工占当地常住人口的 50%以下，在近郊区农民工数量是当地市民数量的 1～2 倍，在中心城区，农民工数量显著多于当地市民，多达 5 倍以上。因此能比较全面地反映出广州在城农民工总体分布情况和总体生活情况。调查采取了 PRA（参与式农村调查）调研方法，即直接面对面，随机问卷调查、深度访谈和直接观察方法。其中以问卷调查为主，内容涉及 12 大方面 50 多个具体问题。此次调查共收回有效问卷 230 份，其中男性 103 人、女性 127 人。选择访问对象的基本标准是，一是农村户口；二是来自广东省外其他地区，在广东省内务工的人员；三是年满 18 岁、有劳动能力的人。对广州市 230 位在城样本农民工，从个体基本情况及特点，经济层面、社会层面、心理层面几方面所表现出的农民工在城市生活的现状与留城倾向等方面进行调查，取得广州市农

① 蔡昉：《劳动力迁移的两个过程及其制度障碍》，《社会学研究》，2001 年第 4 期，第 49 页。

② 吴红宇：《农村劳动力迁移问题的政策思考——基于迁移者角色的定位研究》，《南方人口》，2005 年第 2 期，第 53 页。

民工在城市中生活基本情况第一手资料。

在调查对象上，我们既有城市中心的农民工，又有城市郊区的农民工，调查样本具有一定的广泛性与真实性。所以这次调查能比较有效的反映当前广州市农民工的总体情况。

5.3.2 背景情况与行为特征

5.3.2.1 年龄结构

此次调查采用的是随机调查方式，调查对象是年满 18 周岁的成年人。从调研数据表 5-1 可以看出，年龄在 38 岁以下的青壮年农民工占到总数的 80%，这说明农民工中处于青壮年阶段的占绝大多数，这与农民工所从事的繁重体力劳动有密切的关系。年龄在 18～22 岁的农民工占到样本总数的 18.3%，说明广州市在城农民工中有将近 1/5 的人处于 22 岁以下，是农民工中年轻的一代，他们早早走进城市，感受城市带给他们的新鲜与活力，城市对他们来说充满了机会与希望，这一批新生代农民工将来的留城倾向是值得关注和研究的，这对我国城市化进程具有重要意义。

表 5-1 广州市农民工年龄结构分布

年龄（岁）	18～22	23～27	28～32	33～37	38～42	43 以上
样本数量（人）	42	50	38	54	36	10
比例（%）	18.3	21.7	16.5	23.5	15.7	4.3

5.3.2.2 文化程度

根据调查数据表 5-2 显示，我们可以看到农民工的文化素质普遍偏低，其中初中文化程度及以下占到 71.7%，受过高等教育的农民工也就是大专以上学历的占调查总数的 5.2%，上过技工学校的占 7.4%，可见农民工受教育水平相当有限，很少掌握什么实用的技能和特长，自身素质偏低，自身能力有限，不论是暂时的工作还是长远的发展，文化程度低对农民工群体有着不可忽视的阻碍性。受教育年限的多少也制约着农民工在城市中的适应性。文化程度低，农民工接受新事物、适应新环境的速度就会慢，他们认识事物理解事物辨别事物的能力就会略显不足，这对农民工留在城市定居生活可能会具有一定的阻碍作用，同时也是城市化进程的阻碍因素。

表 5-2 广州市农民工的文化程度

	小学以下	小学	初中	高中	大专	大学	中技	合计
样本数量（人）	13	45	107	36	9	3	17	230
百分比（%）	5.6	19.6	46.5	15.7	3.9	1.3	7.4	100

5.3.2.3　婚姻家庭状况

通过本次调查了解到，在问及广州市在城农民工其目前在打工地与配偶子女是否居住在一起时，所得到的答案既是在意料之中又是在意料之外的，据调查资料显示，有21%的已婚农民工与配偶不在一起居住，有67.8%的有子女农民工的子女们没有跟随他们来到打工城市居住（见表5-3）。可见，他们大多忍受着夫妻分离、亲子分离之苦。这种与配偶、子女的分离，让他们觉得城市只是打工赚钱的地方，让他们在城市里没有归属感，没有安全感，所以也正是这种分离牵引着他们将来离开城市回到家乡，这对农民工留城产生了不少阻力，使他们难以融入城市，难以真正的留在城市，成为真正的城市人。

表5-3　广州市农民工子女跟随父母的情况

	没有跟随	1个子女跟随	2个子女跟随	3个以上跟随
样本数量（人）	156	38	27	9
比例（%）	67.9	16.6	11.7	3.9

由表5-4显示，我们发现广州市在城农民工的婚姻状况，在230份有效调查问卷中，70.4%的人已婚，27%的人未婚，1.7%的农民工处于未婚同居阶段，并且他们也表示有结婚的意愿，只有0.4%的人离异。此项调研数据显示，在城农民工婚姻状况良好，离婚率很低，虽然他们中有些人长期忍受的夫妻分离之苦，但是他们对待婚姻对感情的忠贞度还是很高的。

表5-4　广州市农民工婚姻状况

	已婚	未婚	同居	离异	丧偶
样本数量（人）	162	62	4	1	1
比例（%）	70.4	27.2	1.7	0.4	0.4

另外，在对农民工子女个数的调查中发现，农民工群体中有子女个数从0～5不等，没有子女的占32%，其中有一个子女的占34%，有两个子女的占30%，有三个以上子女的农民工占到总体的4.1%。从数据还可以看出，在农民工群体中，计划生育政策实行较好，现在在城的农民工也开始追求生活质量，而渐渐摆脱了多子多福的传统封建思想。此项数据表明，无子女的农民工数量占据整个群体的1/3，说明在城市打工的农民工年龄层偏低，他们未婚，早早就来城市生活工作，城市生活对他们来说有着巨大的吸引力。他们来到城市，并希望长期留在城市生活发展，这对我国城市化进程和农民工市民化都有着一定的促进作用。

5.3.2.4　居住情况

调查发现，从住房方面看，农民工是无法享受福利分房或在政府提供补贴的情形下购买商品房的。他们一般都合伙租住于城乡结合部的农居点或者城市特有的“城中村”，建筑工人往往住在工地附近的工棚里（见表 5－5）。

表 5－5　农民工居住状况

	样本数（人）	所占百分比（%）
员工集体宿舍	80	34.8
出租屋	109	47.4
借住亲友家	5	2.2
临时窝棚	7	3.0
工作场所	1	0.4
自购房	5	2.2
其他	23	10
合计	230	100

在我们调查过程中，走访了很多农民工家庭，对他们居住的实际情况进行了考察，发现绝大多数农民工居住点大都不稳定，居住房间非常简陋、拥挤不堪，厨房和卧室同在一间，厕所和浴室处于走廊里供大家共同使用，采光和通风条件较差，有些农民工居住在地下室，房间更加潮湿，整日不见阳光，屋子里蟑螂到处都是。见到此情此景，让我们更加觉得农民工群体是城市中的“边缘人”，他们的处境应该得到社会各界的高度重视和关注，他们的居住情况亟待改善。由于大部分农民工居住环境恶劣，使得他们觉得城市只是暂留之地，只是打工赚钱的暂时居住地，等赚到了钱就会离开，这种想法促使他们不会留在城市定居生活，也很难成为城市人。所以改善农民工群体的居住环境，让他们在城市里有一个温暖的“家”，是促进他们留城的一个很重要因素。

农民工在城市中，由于受到二元结构制度的影响，单位福利、社区福利与社会救助权益对他们来说几乎是可望而不可即的，同时农民工的基本养老保险的参保率很低。调查发现，目前农民工游离于社会保障体系之外，或者说农民工的社会保障几乎缺失。

5.3.3　广州市农民工经济层面情况分析

5.3.3.1　职业分布

从我们此次调查的数据来看，广州市在城农民工很少掌握具体的实用技能和特长，自身素质差，只能从事一些技术含量低、职业门槛低的工作，一般靠出卖苦力为主。表 5－6 显示，57%都是普通员工，19.9%仍处于临时工的阶段，仅有8.3%是技术人员，而管理人员仅占8.3%。管理人员都是从普通员工中提拔起来的，他们要经过几年甚至十几年的努力，以出色的表现换来今天较轻松的工作。可以看出，80%以上的农民工在单位中大都做着没有技术含量的工作，以体力劳动为主，这也正是为什么他们在转换工作以后还是不能提高自己收入的一个原因。他们大多都是从事着简单的重复工作，最多也只会从"生手"变为"熟练工"，能从熟练工提拔到管理层的人少之又少。所以增加对农民工的培训，加强对他们的教育力度，能够为他们带来新的生机。

表5-6 广州市农民工从事的职业类型

	管理人员	技术人员	普通员工	打杂	临时工人
样本数量（人）	19	19	131	15	46
百分比（%）	8.3	8.3	57.0	6.5	19.9

5.3.3.2 换工作情况

调查显示，农民工从事的职业多样化，而且76.5%的农民工都从事过多种行业，通常都是生产业、建筑业、服务行业和其他职业。他们所从事的职业中都有一个共同特点，就是工作强度大、工作时间长、工资水平低，而这些又通常是他们换工作的主要原因（见表5-7和图5-1）。

表5-7 广州市农民工换工作的频率分布

换工作频率	没有	1次	2次	3次	4次	5次	6次以上	合计
样本数（人）	54	59	47	36	16	9	9	230
百分比（%）	23.5	25.7	20.4	15.7	6.9	3.9	3.9	100

农民工最显著的特点是流动性大，不仅往返流动于城乡之间，并在单位之间、城镇之间频繁地变动工作。表5-7和图5-2说明了农民工从事的职业五花八门，经常更换工作，表现为农民工在城市工作不稳定和大都集中在生产企业、服务行业和其他职业（脏、累、苦的职业），例如清洁工人、建筑工人、制衣厂工人、修鞋工、餐饮行业服务人员和流连于城市之间的各种杂工，90%以上都是农民工在做着。据调查，广州市农民工进城后更换工作的比例达76.5%，其中更换过3次以上的占30.4%，更换过2次的占20.4%，更换过1次的占25.7%。

另一方面呈现出这样一个特点，就是职业更换的意愿与年龄呈负相关的关系，调查数据显示，农民工一般都是年富力强的劳动力。因此，在职业不断变换中，年富力强的农民工是主体。

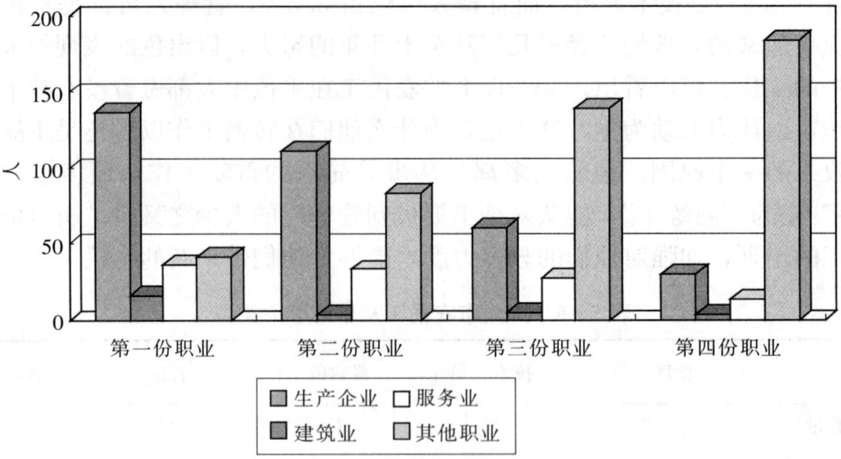

图 5-2 广州市农民工职业次数分布情况

通过调查中的深入访谈，我们了解到：在城市中工作的大部分农民工觉得年轻可以在城市中闯荡，通过不断地变换工作这种方式希望找到一份最适合自己的岗位。但是，由于自身的发展潜力有限，而且自身掌握的技能缺乏，许多人一直处于最底层的位置，通过转换工作也没能逃离这种处境。

5.3.3.3 工作时间与加班现状

《劳动法》规定：职工每周工作 40 小时，每月加班不超过 36 小时，职工平日、休息日、假日加班要按规定支付 1.5 倍、2 倍、3 倍的工资。然而农民工的工作时间一般普遍超过了规定时间，加班费达不到规定要求，甚至有的根本就没有任何加班费或补贴。

表 5-8 广州市农民工每周工作时间情况

工作时间（天）	1	4	5	6	6.5	7	合计
样本数量（人）	2	9	24	28	51	116	230
比例（%）	1.0	3.9	10.4	12.2	22.1	50.3	100

表 5-9 广州市农民工得到加班工资的情况

加班工资	发	不发	不清楚	合计
样本数量（人）	116	42	72	230
比例（%）	50.4	18.3	31.3	100

从表 5-8 和表 5-9 中得知，有 50.4%的工人是每周工作 7 天，每周工作

6.5天的有22.2%。调查结果表明，每周工作6天以上的占总数的84.8%，他们基本没有休息日。然而，能得到相应加班费的只有少数幸运者。在调查中了解到，规模相对比较大的企业都会发加班费给工人，每小时的加班费0.5～3元不等。农民工为了挣到自己的“理想”工资，只能采取加班的方式。但仍有18.3%的工人是从没享受过加班费的，而31.3%的工人不知道自己是否有加班工资。为了保住工作，没有法律知识的农民工对于加班酬金问题都没有提出异议，这使得《劳动法》对支付劳动者工资报酬的规定显得无比苍白。

5.3.3.4　签订劳动合同现状

调查数据显示，广州市仍有36.1%的人没有签订劳动合同，13.0%的人根本不知道自己是否有与工作单位签订过劳动合同。相对而言，农民工的劳动合同签订率仅在50%左右，签订率比较低。所签订的劳动合同中，有79.6%的劳动合同期限在一年以下，而在一年以上的劳动合同仅为20.4%。具体情况如表5-10、表5-11所示。由此可见，农民工与用工单位签订劳动合同现状不容乐观，他们对自身权益的保护意识不强，当他们工作中受到不平等待遇或利益受到侵害时，这些农民工群体往往不能通过法律途径保护自己。

表5-10　广州市农民工与工作单位签订劳动合同情况

	签订	没签订	不清楚
样本数量（人）	117	83	30
比例（%）	50.9	36.1	13.0

表5-11　广州市农民工所签订的劳动合同期限

	1年以下	1～2年	2年以上
样本数量（人）	183	27	20
比例（%）	79.6	11.7	8.7

5.3.3.5　找工作的途径与在城就业的难易程度

根据调查数据显示（见图5-3），农民工外出找工作的途径很单一，45.20%是靠亲朋好友，7.8%的有些帮助来自原籍农村组织，4.30%的一些帮助来自城市中营利性的中介，而城市政府部门、企事业单位、非营利性组织等组织的帮助不到3%。这使得在外打工的农民工又形成很大的亲缘、地缘的关系。

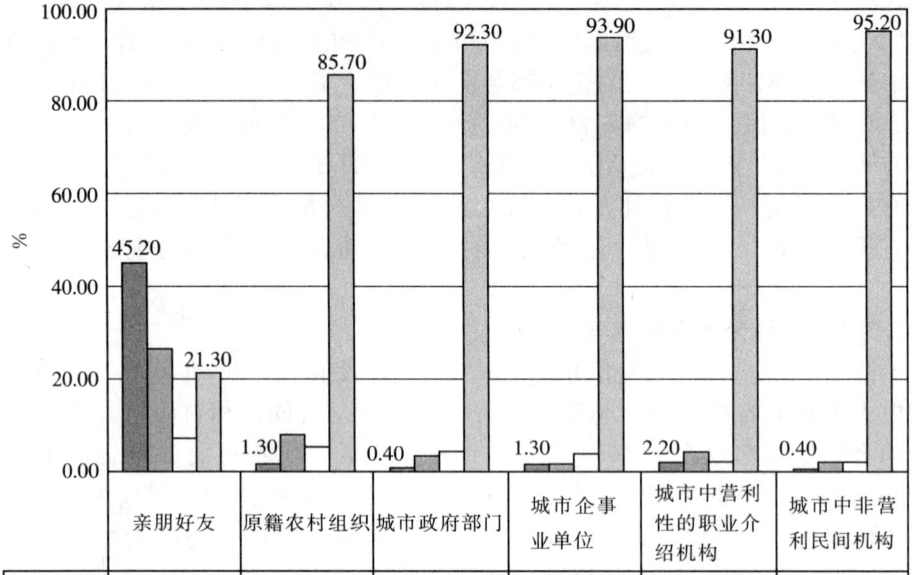

	亲朋好友	原籍农村组织	城市政府部门	城市企事业单位	城市中营利性的职业介绍机构	城市中非营利民间机构
■帮助很大	45.20%	1.30%	0.40%	1.30%	2.20%	0.40%
■有些帮助	26.50%	7.80%	3%	1.30%	4.30%	2.20%
□很少帮助	7%	5.20%	4.30%	3.50%	2.20%	2.20%
■没有帮助	21.30%	85.70%	92.30%	93.90%	91.30%	95.20%

图 5－3　广州市农民工找工作途径

表 5－12　广州市农民工在城就业难易程度

	很容易	比较容易	一般	比较难	很难	说不清
样本数量（人）	23	84	45	35	9	12
比例（%）	10	36.5	19.6	15.2	13.5	5.2

由表 5－12 可以看出，对于“你认为在城里找工作难吗?”这个问题的回答，认为容易的占 46.5%，认为还是有些难的占 28.7%，还有一些人觉得难易程度一般或者说不清。这些数据表明，农民工认为在城市就业，找到一份可以谋生的工作不是很难，当然这种所谓的工作在他们的认识当中只是有钱赚就可以了，至于就业过程中应该得到的各种保障他们大都没有考虑在内。不过农民工自身觉得在城市就业不难，就会吸引更多的农民工来城市就业生活，把更多的农民工吸引到城市来，更有利于加快城市化进程。

5.3.3.6　收入情况

由于农民工缺少技术、文化水平低，使他们尽管离开了土地，离开了农业生产，并且与在农村的一般农民相比他们也有较高的经济收入，但在他们所工作的城市却仍然处于社会的底层和微薄的收入，这是不争的现实（见表5－13）。

表5－13 广州市农民工不同职业收入水平对比

单位：%

收入比例	1 000元以下	1 000～1 500元	1 500～2 000元	2 000元以上
第一份职业	74.6	15.8	7.0	2.6
第二份职业	68.6	17.0	10.5	3.9
第三份职业	75.2	13.7	5.3	5.8
第四份职业	83.9	6.1	7.0	3.0

从表5－13中可以看出，农民工的收入还是相当微薄的。被调查农民工中，不管是第一份工作还是目前的工作收入都差不多，虽然变换了工作，但工资水平没有明显改变。在1 000元以下的占到了80%左右，2 000元以上仅4%左右。工作收入虽然略高于广州最低工资标准860元/月，但相对于当前城市的工资收入水平而言，农民工显然是处于低收入阶层。在物价飞涨的今天，80%的农民工每个月的收入，都用于解决自己的温饱问题。我们走访了6个点，看到的外来农民工生活条件极差，居住在租金便宜的“城中村”、民工房，公共浴室、厕所光线昏暗，潮湿，做饭、睡觉都在一个房间里。空暇时间无非是看电视、打牌、聊天、闲逛。简陋拥挤的居所，勤俭节约的饮食，高强度的劳动环境，单调枯燥的生活，使农民工身心饱受贫贱之苦，精神文化生活显得极度匮乏。这种状况很大一方面的原因就是工资水平普遍不高，农民工除了解决自己和家庭的温饱问题之外，就所剩无几了，没有钱用来改善自己的生活条件和调剂自己的精神文化生活，所以可见，工资水平低制约了农民工融入城市社会的脚步，为他们留在城市定居造成了很大障碍。

5.3.4 社会层面分析

5.3.4.1 子女教育情况

农民工子女的教育福利问题，也是农民工在城市化进程中一个比较凸显的问题。虽然从2008年秋季学期开始，在全国范围内全部免除城市义务教育阶段学生学杂费，但是农民工子女在城市中不能平等享有教育福利。作为外出的务工人员，都希望自己的子女能伴随自己来到城市接受良好的教育，但事与愿违，城市的教育，对于农民工的“第二代”并没有公平对待，义务教育实施免费，对于农民工子女来说也是处于边缘的位置上。

在调查中发现，随父母外出务工到城市求学的学龄子女在求学的过程当中都遭遇到不平等的待遇，特别是借读费和额外赞助费用负担比较重，90%的人都缴了插班费或借读费赞助费，只有8%的人进入农民工子弟学校或者私立学校。调查还发现，在广州市的近郊、远郊和中心城区，农民工子女教育也存在差别（见本研究的第7部分）。

5.3.4.2 就业培训享受情况

表5-14中，我们可以看到外出务工的农民工参加就业培训的情况，高达65.7%的人没有参加过专业培训，仅28.2%的工作单位提供就业培训，4.9%的人会到营利性培训机构参加技能培训，提高自己的专业技能，以求找到条件更好的工作。

表5-14 农民工参加就业培训情况

	没有培训	工作单位就业培训	营利性培训机构	村委技能培训
比例（%）	65.7	28.2	4.9	1.2

在我们的调查中发现，对比其他调查对象，农民工接受培训的意愿是很高的，达到50.4%，如表5-15所示。这表明农民工愿意接受培训来提高自己的知识水平和能力，从而找到更好的工作来提高在城市中的生活水平。

表5-15 广州市农民工接受培训意愿对比情况

单位：%

	农民工	城郊农民	城中村居民	城市居民
样本数（人）	230	157	228	173
愿意	50.4	35.3	43.9	50.9
不愿意	5.7	10.8	3.5	15.0
无所谓	43.9	53.9	52.6	34.1
合计	100	100	100	100

与农民工强烈地想参加培训的愿望相比，调查中发现政府组织或者村（居）委会对农民工提供的实用就业培训基本没有，无论是在城市中心还是远、近郊区，情况大体上是相同的，如表5-16所示：

表5-16 广州市农民工培训内容的差异对比

	城市远郊	城市近郊	中心城区
当地村民培训内容	实用农业技术（种植、养殖等具体技术），少有农民合作经济组织	规模化种、养殖技术，就业技能、法律知识培训。农民合作经济组织普遍	就业技能培训及第三产业劳动技能培训（插花、西餐制作、电脑技术）
外来农民工培训内容	计划生育	计划生育	计划生育

由表5－16可以看到，农民工的就业培训根本没有得到政府组织的重视，也可以从侧面看出，政府组织对农民工生育状况的担忧。调查数据还显示民工在城市中务工，接受用人单位的就业培训达到30.4%，政府提供的真正的就业培训只有2.2%，没有得到培训的占67.4%。农民工群体文化程度普遍偏低，再加上政府等有关部门提供的培训指导较少，使得农民工群体很难在打工城市有一个好的发展，这也对他们今后的留城问题产生了不小的负面作用。

5.3.4.3　农民工就业障碍和就业歧视

农民工在城市就业所面临的障碍比较多，要想找份待遇好些的工作比较难。数据显示，30%的调查对象都表示文化程度是其在就业中所遇的障碍，27.5%的人认为技能也是影响其就业的主要障碍，而社会关系、年龄都占10%左右，此外他们还遇到其他各种各样障碍，如表5－17所示。

表5－17　广州市农民工在城市就业的主要障碍

	文化程度	技能	社会关系	年龄	农村户口	其他因素
样本数量（人）	69	63	21	23	5	49
比例（%）	30	27.5	9.1	10	2	21.4

目前农民工在城市就业，就业歧视问题得到比较大的改善，从表5－18可以看到，仍有4.8%的人在就业过程中就受到很大的歧视，33%的人受到过歧视，如工资歧视、社保待遇歧视、职业歧视、生活习惯歧视等。也正是这些歧视的存在，让他们在心里感觉到城市人仍排斥他们这一特殊群体，虽然他们已经在多方面适应了城市的生活方式，但是这种被排斥感使得他们在心里很难融合到城市中来，也对农民工在城市留城定居有一定的阻碍作用。如果城市人、城市社会能再多一些包容，那么就更有利于我们城市化步伐的加快。

表5－18　广州市农民工就业过程中受到歧视情况

	有很大歧视	有一些歧视	没有歧视
样本数量（人）	11	76	143
比例（%）	4.8	33	62.2

5.3.4.4　医疗保障情况

调查发现大部分的农民工都缺乏基本医疗保险和大病救助。调查数据显示，有37.4%的农民工在打工期间生过病，有些人甚至多次生病，17.2%的人生病达3次以上。农民工生病后仅有10%的人花钱看病，而且看病的费用负担很大，86.4%的人去药房买药吃，3.6%的人采取不管，这就意味着农民工患病后通常都是靠“忍”和“扛”，而他们的雇主为他们看病支付的医疗费仅占4%，其中靠医疗保险报销的没有。这就说明了一旦农民工患了大病，失去工作机会是难以避免的，“因病返贫”、“因病致贫”在农民工中是非常普遍的。

在农民工医疗问题中，值得注意的一点还有女性农民工的医疗保障问题，在230个调查对象中，就有127位女性农民工，在这些女性农民工当中，自我保健意识很差，接受健康宣传教育的机会很少，如表5-19和表5-20所示。

表5-19　是否定期做健康检查

	样本数（人）	所占百分比（%）
有	55	23.9
没有	175	76.1
合计	230	100

表5-20　是否接受过妇女保健知识宣传和教育

	样本数（人）	所占百分比（%）
是	22	17.3
否	105	82.7
合计	127	100

另外，女性农民工的生育保险严重缺失，在调查中发现，有86.5%的女性农民工一旦怀孕，直接面临着失业或者被解雇，更谈不上生育保险，而且在生育的时候能到正规医院的只占20%。由此可见，农民工中的女性群体更是农民工群体中较为弱势的一部分，本来她们在心理、生理上的一些特点就无法和男性相比较，而且工作中对女性农民工的保障更是缺失，使她们在城市中没有安全感、没有信任感、没有归属感，在这种情况下，她们打算留在城市中的愿望就会减弱。

5.3.4.5　失业保障情况

农民工失业保险一片空白。表5-21表明，83.9%的农民工不了解失业保险。调查过程中，问及有没有购买失业保险，回答都是“否”。

表5-21　广州市农民工对失业保险理解程度

换工作频率	了解很详细	有一定了解	不太了解	一点都不了解	缺失	合计
样本数（人）	3	34	63	107	23	230
所占的百分比（%）	1.3	14.8	27.4	46.5	10	100

可见农民工的失业保障程度如此的低。城市农民工由于工作的不稳定性，往往会经常性失业。一旦失业，他们在失业期间多是靠仅有不多的积蓄，或向他人借钱维持生计，生活举步维艰，也有一部分人不得不重回农村老家。传统的土地社会保障功能在社会和经济转型中极大地被削弱，农民工离开土地后存在严重的失业风险，而失业保险的缺失使得农民工失业后承受着巨大的经济、社会和心理压力。这也在不同程度上阻碍了农民工留城定居的脚步。

5.3.4.6　社会交往情况

调查发现，绝大部分被调查者不懂当地方言，即使来广州工作了很长时间，也只能听懂简单的，根本无法交流。况且在城市里，农民工根本不能与城市居民处于同等地位，加上农民工认为自身素质低下和自身是农村人的原因，使得其更加不敢接近居民了，如表 5-22 所示。

表 5-22　农民工与居住地本地居民的交往情况

	样本数（人）	所占百分比（%）
交往很多	29	12.6
交往一般	60	26.1
交往很少	74	32.2
几乎没有交往	57	24.8
没有与当地人住在一起	10	4.3
合计	230	100

农民工的社会关系普遍简单，社会圈子较小，交际只限于自身周围的熟人，而且大部分都是老乡和工友。另外，在回答"遇到困难找谁"的问题时，79.4%的农民工回答从来不求助居委会等社区组织，获得居委会等社区组织求助的农民工只占 13.1%，在回答居委会社区组织相互联系的时候，认为"几乎没有联系"的占 65.2%，"很少联系"的占 18.7%。由此可见，农民工的社会交往还是以亲缘和地缘为主要依托，他们很难与当地城市人融合在一起，这也不利于农民工群体留在城市，真正融入城市。

5.3.5　广州市农民工心理层面情况分析

5.3.5.1　精神文化生活

对农民工精神文化生活的关注，能更有效地反映出他们对城市生活的适应性。从对"你业余时间有哪些精神生活"一项的回答结果来看（多项选择），选择人数最多的选项是看电视，占 82.5%，其他依次是和老乡聊天，占 65.8%，看报纸杂志，占 60.5%，打牌，占 48.6%，上网，占 40.1%。选择其他类的人中，也有部分表示会在业余时间逛商场、听音乐、出去游玩等。这表明农民工在闲暇时间主要采取的是自我娱乐或者单一群体内部娱乐的方式，娱乐方式较单一，交往空间封闭度高。小部分农民工闲暇时间的利用虽然发生了一定的变化，带上了一些城市人的色彩，但对于整个农民工群体来说，其闲暇时间的利用仍不具备十分明显的城市人的特征。

5.3.5.2 城市人对农民工的接纳程度

通过近两个月的调查走访，在访谈中我们了解到，当地市民对外来务工人员的看法略有不同。有些城市人认为农民工为当地的经济发展、社会建设作出了不可忽视的重大贡献，没有农民工的劳动付出，就没有今天广州市的繁荣发展，城市离不开这些农民工群体。建筑业、服务业、生产企业都需要大量的农民工兄弟，特别在节假日期间，农民工群体的重要性更加凸显。在节假日农民工们回乡过节，整个城市似乎变得无法适从，变得“瘫痪”起来，说明城市非常需要农民工群体，离不开农民工兄弟。然而，从另一个角度来考察，大部分城市人认为农民工虽然给城市作出了不小的贡献，但是农民工也是城市中的不安定因素。他们给城市治安带来了不小的隐患，城市治安状况下滑，很大一部分原因就是农民工犯罪带来的，有这样想法的城市人占43.6%，说明农民工在被肯定的同时还很难被城市人真正地接纳。农民工群体自身也感觉到自己难以融入城市，城市人都戴着有色眼镜来看待他们，肯定他们为城市创造的价值，却无形地排斥他们于城市之外。这种不被接纳的眼光给农民工造成了很大的伤害，也是他们无法彻底留在城市定居，真正的融入城市、成为城市人的最大障碍。

5.3.5.3 农民工对政府的期望

在调查的过程中，我们还发现，大部分农民工都对政府抱有以下期望：希望政府加强对用工单位的监督和管理，保障其合法权益；帮助解决子女上学难和学费不合理问题；解决养老保险问题；多关心自己的生活状况，制订更多保护农民工权益的实用政策；希望政府加强社会治安综合治理，营造一个祥和的生活环境。同时还希望政府能够公平对待城市居民和农民工，引导农民工群体与城市居民融洽相处。这为农民工永久留居城市，真正成为城市人提供了巨大的精神帮助。

5.3.6 广州市农民工城市生活满意度与留城倾向分析

5.3.6.1 农民工对城市生活的满意度情况

农民工对城市生活的满意度直接影响着他们是否留城的决策，为了了解农民工在其工作生活的城市中的满意程度如何，我们调研组设计了两个主要问题，一个是决定他们生活的最基本的经济元素——收入，即“对当前在城市收入状况的满意度如何”；另一个综合了各种因素之和的总体满意度，即“对当前在城市生活的总体满意度如何”。这两个问题涵盖了农民工能否留城的能力问题和意愿问题，从总体上把握了农民工对当前在城市工作生活的适应性。

表 5-23 广州市农民工对当前在城市收入状况的满意度

	非常满意	基本满意	不满意	很不满意	合计
样本数量（人）	44	105	80	1	230
比例（%）	19.2	45.7	34.8	0.3	100

如表 5-23 所示，广州市在城农民工对当前收入情况的满意程度值得乐观，有 64.9%的人认为对当前的收入状况是满意的，其中 19.2%的人表示非常满意，45.7%的人表示基本满意。可见农民工对当前收入水平持乐观态度，他们在自己辛勤劳动的工作中能够获得令他们比较满意的收入。不管收入是高是低，至少对于他们来说，心理有满足感，这对于他们的留城倾向有着促进作用。

表 5-24 广州市农民工对当前在城市生活的总体满意度

	比在农村好多了	与在农村差不多	没有在农村时好
样本数量（人）	129	52	49
比例（%）	56.1	22.6	21.3

考察让农民工对在城市生活情况和在农村生活状况进行对比时，调查结果显示当前广州市在城农民工对目前在城市中的生活现状总体上是满意的，有 25.2%的人认为"在城市生活比在农村时好多了"，30.9%的人认为"比在农村时好一些"。通过表 5-24 可以看出，共有 76.1%的人认为当前在城市中的生活状况比在农村好或者和农村差不多，这表明大部分农民工接受城市生活，喜欢城市生活，并对城市生活大体上是满意的，这对他们今后能够留在城市里生活定居，成为真正的城市人有着良好的促进作用。

5.3.6.2 农民工留城倾向调查分析

表 5-25 显示，广州市在城农民工当中有 37.4%的人打算长期留在城市工作或创业，城市中有良好的环境、较高的收入，城市对农民工来说还是有很强的吸引力，农民工也希望能够长期留在城市工作生活；有 16.5%的人打算将来回老家从事非农产业，只有 10%的人将来打算回老家务农，说明离开土地的农民工很少有人再想回农村务农了，他们已经渐渐熟悉了城市生活，适应了城市的脚步；还有 18.3%的人对将来的工作还没有做好充分的准备，还没有想好是要留城还是回家乡，他们大多处于观望状态，他们是潜在的留城主力军。

表 5-25　广州市农民工对将来的工作打算

	样本数量（人）	比例（%）
长期留在城市工作或创业	86	37.4
回到农村务农	23	10
回老家从事非农产业	38	16.5
回家乡县城打工	6	2.6
回家乡创业	35	15.2
没想好	42	18.3

从表 5-26 和表 5-27 中可以看出，有 26.5%的农民工认为最适宜自己长期居住的地方是目前所在的城市，而只有 6.5%的人认为自己将来肯定留在城市定居，加上有可能留城定居的 9.6%的人，也才只有 16.1%的农民工有留城定居的倾向。从这两个数据比较来看，说明有一大部分农民工喜欢留在城市中工作生活，但是觉得能够实现自己长久留在城市中居住生活的人还是少数。那么究竟是哪些因素影响了农民工的留城倾向，是哪些因素促进了农民工留在城市长期居住生活，有哪些因素阻碍了农民工的留城决策，又有哪些因素可以促成农民工在城市中定居并真正实现市民化，对于这些影响广州市农民工留城问题的具体因素，这是需要我们进一步着重分析探讨的。

表 5-26　广州市农民工认为最适宜于自己长期定居的地方

	目前所在的城市	家乡地区的城市	家乡农村	家乡县城	其他
样本数量（人）	61	46	93	16	14
比例（%）	26.5	20	40.4	7.0	6.0

表 5-27　广州市农民工的留城定居倾向

	肯定留城定居	有可能留城定居	不太可能留城定居	肯定不能留城定居	说不清
样本数量（人）	15	22	61	91	40
比例（%）	6.5	9.6	26.6	39.7	17.5

5.4　广州市农民工留城倾向影响因素实证研究

5.4.1　研究方案设计

5.4.1.1　特征变量与影响因素选择

农民工群体是我国城市化进程中的特殊群体，他们想成为真正的城市人需要同时满足两个步骤：劳动力从迁出地迁移出去；迁移者在流入地长期居住下来。中国目前的情况是前者并不必然引起后者的发生，从而形成与其他国家劳动力流动的最显著区别：农民工流动是既有流出又有回流的过程。而城市化的过程是让更多的农民工转变为城市人，那么研究在城农民工的留城倾向就很有意义。已有的研究倾向于将农民工假定为追求自我利益的理性经济人，通过年龄、性别、在城市生活时间、工作职业收入水平等个体属性来确定行动者在社会结构中的位置，但是很少对其社会层面、心理层面进行系统地分析研究，然而农民工社会结构关系对农民工在流动中的每一个行为都有着重要的影响作用。因此，在我们的研究中，不仅重视农民工个体基本特征、经济因素，而且还重视他们的社会交往关系。基于上述假设，我们在实证研究中需要用到的变量有：

（1）因变量。对在城农民工问及“你将来是否会留在城市定居”问题时，回答分为“肯定会留在城市定居”、“可能会留在城市定居”、“不大可能留在城市定居”、“肯定不会留在城市定居”、“拿不定主意”五种。为了便于统计，更能清楚地反映农民工“去”与“留”的倾向，我们把肯定会留在城市和可能会留在城市这两种留城倾向较大的群体归结为“会留城定居”，把不大可能和肯定不会留在城市定居这两个留城倾向较小的群体归纳为“不会留城定居”，所以在这里把因变量定义为“会留城定居”、“不会留城定居”、“拿不定主意”三种。这三种回答能够清楚地反映广州市在城农民工的留城倾向。其中“拿不定主意”所隐含的含义为农民工目前还没有明显的留城定居的倾向，也没有明显地打算回农村老家的偏向，他们摇摆于留与不留之间，他们在城市中的工作、生活、交往情况的变化会阻碍或促进他们留城的倾向。他们是潜在的留城群体，也是未来城市化过程中潜在的推动力量。

（2）自变量。主要分为三类：

第一类是个体特征变量。包括性别、年龄、文化程度。

性别。个体的性别特征决定了男女在体能、心理等方面必然具有一定差异，这些差异有可能对个体的留城倾向产生影响。

年龄。目前农民工在城市内多在次级劳动力市场中就业，即从事的大部分为城市居民不愿意从事的脏、乱、差、累行业，劳动强度大，劳动环境差，劳动保护条件不完善，因而遭遇伤害和生病的可能性较高。当年龄逐渐增大后，他们可能将透支体力，越来越难以承受高强度的劳动，同时购（造）房、结婚、子女教育等需要大量经济开支的事项也逐一完结，因而回农村老家的倾向可能会逐渐变强。

文化程度。农民工的文化程度越高，其在城市劳动力市场中可以选择的就业范围就会越宽广一些，而且对城市生活的接受力和适应性可能也相对更强一些。农民工的受教育年限越多，其学习能力、适应能力、认知能力越好，因而他们留在城市定居生活的倾向可能会增强。

第二类是经济结构变量。我们在前一章从多个角度分析了农民工经济层面的现状，现在我们选取比较有代表性的因素来具体分析其对留城倾向的影响程度。包括经济收入，找工作难易程度和是否签订劳动合同。

经济收入。经济收入的差异是导致农民工流入城市的重要原因，并且已有研究表明当农民工的收入达到一定数量后就有可能负担起房屋、子女教育、医疗等城市生活的费用，从而促成他们在城市中定居。

找工作难易程度。广州地区是民营企业比较发达的地区，对农民工的需求量较大，所以大量的农民工涌入广州市打工赚钱，与此同时，农民工数量的增多也给当地农民工的就业带来了一定的压力，所以农民工在城市中找工作的难易程度也可能对他们留城定居决策带来影响。

是否签订劳动合同。农民工在工作中是否与用人单位签订劳动合同影响着农民工在城市就业的稳定性与持续性，签订劳动合同对农民工在城市就业具有保护性，从而农民工与用人单位签订劳动合同与否可能对农民工留城倾向存在影响。

第三类是社会结构变量。由于此次调查主要针对已在城市内工作的农民工，考虑到他们在城市中获得社会资源的广泛性，因此把配偶是否和自己在一起、在城市里有多少朋友、与城市居民交往情况纳入进来进行分析。

与配偶是否在一起。与配偶同在一个城市中生活的农民工，则可能增加个体留城定居的倾向。

在城市朋友多少。反映的主要是农民工在城市生活的归属感与情感需要。农民工在城市朋友越多，他们留在城市生活定居的倾向就越强。

与城市居民交往情况。指的是农民工与城市原有居民的关系。一般情况下，与“城里人”交往将促使农民工更快地融入城市。

5.4.1.2　变量选择与定义

5.4.1.3　模型选择

当我们要研究影响因素的时候，通常首先要了解的就是解释变量与被解释变量之间的相关性问题。而在本研究中，因为农民工留城倾向会受到很多因素的共同作用，所以如果只采用单因素的分析方法，只能证明某一个因素对农民工留城倾向的影响，无法判别所有的因素交互作用下的情况以及各个因素的综合作用状况。因此，为了更进一步分析影响农民工留城倾向因素的综合作用状况，在此我们需要建立一个合理的计量模型。

表 5-28　变量选择与定义

	变　量	变量定义
	因变量	
	留城倾向	1=会留在城市定居，2=拿不定主意，3=不会留在城市定居
	自变量	
个体特征	性别	1=男，2=女
	年龄	1=18—27，2=28—37，3=38—47，4=47 以上
	文化程度	1=小学以下，2=小学，3=初中，4=高中或中技，5=大专，6=大学
经济结构	经济收入	1=2 000 以上，2=1 601—2 000，3=1 201—1 600，4=801—1 200 5=800 以下
	找工作难易程度	1=很容易，2=比较容易，3=一般，4=比较难，5=很困难
	是否签订劳动合同	1=签订，2=不知道签订与否，3=没签订
社会结构	配偶	1=在一起，2=无配偶，3=不在一起
	朋友	1=很多，2=比较多，3=一般，4=比较少，5=几乎没有
	与城市居民交往情况	1=经常来往，2=有时来往，3=很少来往，4=几乎从不来往

为了恰当地反应农民工留城倾向，我们将因变量设置为一个三分类的变量，即会留在城市、不会留在城市、拿不定主意三种情况。因为因变量是离散型随机变量，而不是连续型变量，因变量和自变量之间不存在线性关系，在这种情况下如果使用多元线性回归来分析，将导致回归结果存在严重误差，假设检验和置信区间都会失去合理的统计意义，所以一般最小二乘法多元线性回归分析不适用。同时，本研究所研究的因变量是无序多分类变量，Logistic 回归模型正是适用于这种因变量是分类变量的回归分析方法。

Logistic 函数又称为增长函数，在社会科学领域经常被使用。Logistic 函数是一个概率函数，反映的是事件的发生率 P 受到自变量的影响程度。

Logistic 回归模型的一般形式表示如下：

$$p_i = F(\alpha + \sum \beta_j X_{ij}) = \frac{1}{1 + \exp\{[-(\alpha + \sum \beta_j X_{ij})]\}}$$

式中，p_i 表示农民工的留城倾向，i 为受访农民工的编号；β_j 表示影响因素的回归系数，j 为影响因素的编号；X_{ij} 是自变量，表示第 i 个受访农民工的第 j 种影响因素；α 表示回归截距。Logistic 回归模型是人口迁移研究中的经典模型，采用多元 Logistic 回归可以较好地解决课题所研究的问题。

5.4.2 农民工留城倾向影响因素方差分析

单因素方差分析可以用来检验多组样本之间的均值有无显著性差异，方差分析主要是围绕假设的留城倾向影响因素与留城倾向之间的相关性来展开的。如果经过方差分析，发现了具体影响因素的不同取值在留城倾向效果上存在差异，则证明这些因素会对广州市在城农民工的留城倾向产生影响，应该纳入回归模型影响因素体系来继续研究。

5.4.2.1 农民工个体特征变量方差分析

（1）性别与留城倾向的方差分析。因为性别特征分组变量只有两个，不能使用 One - Way ANOVA 方法进行方差分析，因此对性别问题采取独立样本 T 检验方法（Independence—Samples T—Test），结果见表 5 - 29。

表 5 - 29 农民工性别与留城倾向独立样本 T 检验

变量名	计算方法	Levene 方差齐次性检验		两均数是否相等的 T 检验		
		F 值	P 值	T 值	Df 自由度	P 值（双侧）
性别	假设方差齐	9.174	0.003	1.866	228	0.063
	假设方差不齐			1.895	227.21	0.059

从表 5 - 29 我们可以看出，性别的 P 值为 0.003，小于 0.05，这说明这些数据具有方差齐次性，应该读取“P 值（双侧）”列中“假设方差齐”这一行的结果。“P 值（双侧）”值大于 0.05，小于 0.10。

（2）年龄与留城倾向的方差分析。由于年龄的分组变量在三个以上，因此可采用 One - Way ANOVA 方法进行方差分析。首先对样本进行方差齐次性检验（Test of Homogeneity of Variances），结果如表 5 - 30 所示。

表 5 - 30 年龄方差齐次性检验

Levene Statistic	df1	df2	Sig.（P 值）
45.668	3	226	0.000

由表 5 - 30 可以看出，Levene 统计量为 45.668，在当前自由度下对应的 P 值为 0.000，远小于 0.05，说明不具有方差齐次性，应该采用 Tamhane T2 法对各个水平的均值进行计算。各组数据两两对照比较的结果如表 5 - 31 所示。

从表 5 - 31 我们不难发现，18～27 岁年龄段的农民工与其他年龄段的农民工在留城倾向的选择上存在显著性差异，28～37 岁年龄段群体与 38～47 岁年龄段存在显著差异，47 岁以上人群与 28～47 岁农民工在留城倾向上没有显著差异。

表 5－31　多重比较结果（年龄）因变量：留城倾向（Tamhane T2 法）

(I) 年龄	(J) 年龄	Mean Difference (I−J)	Std. Error	Sig.	95% Confidence Interval	
					Lower Bound	Upper Bound
18～27	28～37	−0.771*	0.125	0.000	−1.11	−0.44
	38～47	−0.990*	0.109	0.000	−1.28	−0.70
	47 以上	−0.933*	0.139	0.000	−1.31	−0.56
28～37	18～27	0.771*	0.125	0.000	0.44	1.11
	38～47	−0.220*	0.081	0.047	−0.44	0.00
	47 以上	−0.163	0.119	0.689	−0.49	0.16
38～47	18～27	0.990*	0.109	0.000	0.70	1.28
	28～37	0.220*	0.081	0.047	0.00	0.44
	47 以上	0.057	0.102	0.994	−0.23	0.34
47 以上	18～27	0.933*	0.139	0.000	0.56	1.31
	28～37	0.163	0.119	0.689	−0.16	0.49
	38～47	−0.057	0.103	0.994	−0.34	0.23

（3）文化程度与留城倾向的方差分析。农民工文化程度分组变量有六个，因此也应采取 One－Way ANOVA 方法进行方差分析。先进行方差齐次性检验（Test of Homogeneity of Variances），结果如表 5－32 所示。

表 5－32　农民工文化程度方差齐次性检验

Levene Statistic	df1	df2	Sig.
18.504	5	224	0.000

由表 5－32 可以看出，Levene 统计量为 18.504，在当前自由度下对应的 P 值为 0.000，小于 0.05，说明不具有方差齐次性，应该采用 Tamhane T2 法对各个水平的均值进行计算。各组数据两两对照比较的结果如表 5－33 所示。

从表 5－33 可知，大学与大专之间显著性概率为 0.504，大于 0.05，不存在显著差异。而大学与其他教育程度水平间均具有显著差异，同时，高中中技与初中以下之间也具有显著差异。因此，不同的受教育程度在留城倾向上有着不同的效果，对留城倾向具有影响。

表 5-33　多重比较结果（文化程度）因变量：留城倾向（Tamhane T2 法）

(I) 文化程度	(J) 文化程度	Mean Difference (I—J)	Std. Error	Sig.	95% Confidence Interval	
					Lower Bound	Upper Bound
小学以下	小学	−0.091	0.159	1.000	−0.64	0.46
	初中	0.003	0.151	1.000	−0.53	0.54
	高中 中技	0.609*	0.184	0.040	0.02	1.20
	大专	0.804	0.300	0.205	−0.21	1.81
	大学	1.527*	0.245	0.003	0.53	2.52
小学	小学以下	0.091	0.159	1.000	−0.46	0.64
	初中	0.094	0.092	0.996	−0.18	0.37
	高中 中技	0.700*	0.140	0.000	0.28	1.12
	大专	0.895	0.275	0.083	−0.07	1.86
	大学	1.618*	0.213	0.008	0.53	2.71
初中	小学以下	−0.003	0.151	1.000	−0.54	0.53
	小学	−0.094	0.092	0.996	−0.37	0.18
	高中 中技	0.606*	0.130	0.000	0.21	1.00
	大专	0.801	0.270	0.151	−0.16	1.77
	大学	1.524*	0.207	0.015	0.38	2.67
高中 中技	小学以下	−0.609*	0.184	0.040	−1.20	−0.02
	小学	−0.700*	0.140	0.000	−1.12	−0.28
	初中	−0.606*	0.130	0.000	−1.00	−0.21
	大专	0.196	0.290	1.000	−0.79	1.18
	大学	0.919	0.233	0.075	−0.07	1.91
大专	小学以下	−0.804	0.300	0.205	−1.81	0.21
	小学	−0.895	0.275	0.083	−1.86	0.07
	初中	−0.801	0.270	0.151	−1.77	0.16
	高中 中技	−0.196	0.290	1.000	−1.18	0.79
	大学	0.723	0.332	0.504	−0.43	1.88
大学	小学以下	−1.527*	0.245	0.003	−2.52	−0.53
	小学	−1.618*	0.213	0.008	−2.71	−0.53
	初中	−1.524*	0.207	0.015	−2.67	−0.38
	高中 中技	−0.919	0.233	0.075	−1.91	0.07
	大专	−0.723	0.332	0.504	−1.88	0.43

注：*表示达到5%及以上显著水平。

5.4.2.2　农民工经济因素变量方差分析

（1）工作收入与留城倾向的方差分析。农民工工作收入分组变量有五个，因此也应采取 One - Way ANOVA 方法进行方差分析。先进行方差齐次性检验，结果如表 5 - 34 所示。

表 5 - 34　工作收入方差其次性检验

Levene Statistic	df1	df2	Sig.
20.395	4	225	0.000

由表 5 - 34 可以看出，Levene 统计量为 20.395，在当前自由度下对应的 P 值为 0.000，小于 0.05，说明不具有方差齐次性，应该采用 Tamhane T2 法对各个水平的均值进行计算。各组数据两两对照比较的结果如表 5 - 35。

表 5 - 35　多重结比较（工作收入）**因变量：留城倾向**（Tamhane T2 法）

(I) 工作收入水平	(J) 工作收入水平	Mean Difference (I－J)	Std. Error	Sig.	95% Confidence Interval	
					Lower Bound	Upper Bound
2 000 元以上	1 601～2 000 元	－0.534	0.388	0.873	－1.78	0.71
	1 201～1 600 元	－0.708	0.309	0.329	－1.75	0.33
	801～1 200 元	－1.214*	0.276	0.020	－2.25	－0.18
	800 元以下	－1.380*	0.267	0.011	－2.43	－0.33
1 601～2 000 元	2 000 元以上	0.534	0.388	0.873	－0.71	1.78
	1 201～1 600 元	－0.174	0.327	1.000	－1.23	0.88
	801～1 200 元	－0.680	0.296	0.342	－1.70	0.34
	800 元以下	－0.846*	0.288	0.033	－1.86	0.17
1 201～1 600 元	2 000 元以上	0.708	0.309	0.329	－0.33	1.75
	1 601～2 000 元	0.174	0.327	1.000	－0.88	1.23
	801～1 200 元	－0.506	0.181	0.070	－1.03	0.02
	800 元以下	－0.672*	0.168	0.003	－1.17	－0.17
801～1 200 元	2 000 元以上	1.214*	0.276	0.020	0.18	2.25
	1 601～2 000 元	0.680	0.296	0.342	－0.34	1.70
	1 201～1 600 元	0.506	0.181	0.070	－0.02	1.03
	800 元以下	－0.166	0.095	0.580	－0.44	0.10
800 元以下	2 000 元以上	1.380*	0.267	0.011	0.33	2.43
	1 601～2 000 元	0.846*	0.288	0.033	－0.17	1.86
	1 201～1 600 元	0.672*	0.168	0.003	0.17	1.17
	801～1 200 元	0.166	0.095	0.580	－0.10	0.44

注：* 表示达到 5%及以上显著水平。

该表结果显示，2 000 元以上与 1 200 元以下之间有较强的显著差异。800 元以下与 1 200 元以上之间具有较强的显著差异。因此，不同的工作收入水平在留城倾向上有着不同的效果。

(2) 找工作难易程度与留城倾向的方差分析。农民工在城市找工作难易程度分组变量有五个，因此也应采取 One - Way ANOVA 方法进行方差分析。先进行方差齐次性检验（Test of Homogeneity of Variances），结果如表 5 - 36 所示。

表 5 - 36　找工作难易程度方差齐次性检验

Levene Statistic	df1	df2	Sig.
8.444	4	225	0.000

由表 5 - 36 可以看出，Levene 统计量为 8.444，在当前自由度下对应的 P 值为 0.000，小于 0.05，说明不具有方差齐次性，应该采用 Tamhane T2 法对各个水平的均值进行计算。各组数据两两对照比较的结果如表 5 - 37。

表 5 - 37　多重结比较（找工作难易程度）**因变量：留城倾向**（Tamhane T2 法）

(I) 你认为在城里找工作难吗?	(J) 你认为在城里找工作难吗?	Mean Difference (I−J)	Std. Error	Sig.	95% Confidence Interval	
					Lower Bound	Upper Bound
很容易	比较容易	−0.543*	0.176	0.033	−1.06	−0.03
	一般	−0.569*	0.187	0.035	−1.11	−0.02
	比较难	−0.872*	0.183	0.000	−1.41	−0.33
	很难	−0.801*	0.187	0.001	−1.35	−0.25
比较容易	很容易	0.543*	0.176	0.033	0.03	1.06
	一般	−0.026	0.128	1.000	−0.39	0.34
	比较难	−0.329	0.123	0.090	−0.69	0.03
	很难	−0.259	0.128	0.384	−0.63	0.11
一般	很容易	0.569*	0.187	0.035	0.02	1.11
	比较容易	0.026	0.128	1.000	−0.34	0.39
	比较难	−0.303	0.139	0.279	−0.70	0.10
	很难	−0.232	0.143	0.685	−0.65	0.18
比较难	很容易	0.872*	0.183	0.000	0.33	1.41
	比较容易	0.329	0.123	0.090	−0.03	0.69
	一般	0.303	0.139	0.279	−0.10	0.70
	很难	0.071	0.138	1.000	−0.33	0.48
很难	很容易	0.801*	0.187	0.001	0.25	1.35
	比较容易	0.259	0.128	0.384	−0.11	0.63
	一般	0.232	0.143	0.685	−0.18	0.65
	比较难	−0.071	0.138	1.000	−0.48	0.33

注：* 表示达到 5%及以上显著水平。

从表 5 - 37 不难发现，很容易与其他难易程度之间有较强的显著性差异。比较容易、一般、比较难与很难之间都不存在显著差异。

(3) 是否签订劳动合同与留城倾向的方差分析。农民工是否签订劳动合同分组变量有三个，因此也应采取 One - Way ANOVA 方法进行方差分析。先进行方差齐次性检验（Test of Homogeneity of Variances），结果如表 5 - 38 所示。

表 5 - 38 是否签订劳动合同方差齐次性检验

Levene Statistic	df1	df2	Sig.
6.653	2	227	0.002

由表 5 - 38 可以看出，Levene 统计量为 6.653，在当前自由度下对应的 P 值为 0.002，小于 0.05，说明不具有方差齐次性，应该采用 Tamhane T2 法对各个水平的均值进行计算。各组数据两两对照比较的结果如表 5 - 39 所示。

表 5 - 39 多重结比较（是否签订劳动合同）**因变量：留城倾向**（Tamhane T2 法）

(I) 你是否与你工作单位签订劳动合同	(J) 你是否与你工作单位签订劳动合同	Mean Difference (I—J)	Std. Error	Sig.	95% Confidence Interval	
					Lower Bound	Upper Bound
签订	不知道签订与否	−0.239	0.142	0.264	−0.59	0.11
	没签订	−0.260	0.108	0.051	−0.52	0.00
不知道签订与否	签订	0.239	0.142	0.264	−0.11	0.59
	没签订	−0.021	0.136	0.998	−0.36	0.31
没签订	签订	0.260	0.108	0.051	0.00	0.52
	不知道签订与否	0.021	0.136	0.998	−0.31	0.36

从表 5 - 39 不难看出，每两组数据之间显著性概率都大于 0.05，不存在显著差异。签订与没签订之间显著性概率为 0.051，大于 0.05，小于 0.1。这说明农民工是否签订劳动合同对他们的留城倾向影响不大。

5.4.2.3 农民工社会结构变量方差分析

(1) 和配偶是否在一起与留城倾向的方差分析。农民工是否与配偶在一起分组变量有三个，因此也应采取 One - Way ANOVA 方法进行方差分析。先进行方差齐次性检验（Test of Homogeneity of Variances），结果如表 5 - 40 所示。

表 5-40 与配偶是否在一起方差齐次性检验

Levene Statistic	df1	df2	Sig.
140.566	2	227	0.000

由表 5-40 可以看出，Levene 统计量为 140.566，在当前自由度下对应的 P 值为 0.000，小于 0.05，说明不具有方差齐次性，应该采用 Tamhane T2 法对各个水平的均值进行计算。各组数据两两对照比较的结果如表 5-41 所示。

表 5-41 多重结比较（与配偶是否在一起）**因变量：留城倾向**（Tamhane T2 法）

(I) 配偶是否和你在一起	(J) 配偶是否和你在一起	Mean Difference (I—J)	Std. Error	Sig.	95% Confidence Interval	
					Lower Bound	Upper Bound
在一起	无配偶	−0.342*	0.117	0.012	−0.63	−0.06
	不在一起	−0.721*	0.093	0.000	−0.95	−0.50
无配偶	在一起	0.342*	0.117	0.012	0.06	0.63
	不在一起	−0.379*	0.083	0.000	−0.58	−0.18
不在一起	在一起	0.721*	0.093	0.000	0.50	0.95
	无配偶	0.379*	0.083	0.000	0.18	0.58

注：* 表示达到 5%及以上显著水平。

从表 5-41 不难看出，每两组数据之间显著性概率都小于 0.05，均存在显著差异。

(2) 在城市朋友多少与留城倾向的方差分析。农民工在城市朋友多少分组变量有五个，因此也应采取 One-Way ANOVA 方法进行方差分析。先进行方差齐次性检验（Test of Homogeneity of Variances），结果如表 5-42 所示。

表 5-42 农民工在城市朋友多少变量方差齐次性检验

Levene Statistic	df1	df2	Sig.
10.189	4	225	0.000

由表 5-42 可以看出，Levene 统计量为 10.189，在当前自由度下对应的 P 值为 0.000，小于 0.05，说明不具有方差齐次性，应该采用 Tamhane T2 法对各个水平的均值进行计算。各组数据两两对照比较的结果如表 5-43 所示。

表 5-43 多重结果比较（在城市朋友多少）**因变量：留城倾向**（Tamhane T2 法）

(I) 在城里朋友多吗?	(J) 在城里朋友多吗?	Mean Difference (I—J)	Std. Error	Sig.	95% Confidence Interval	
					Lower Bound	Upper Bound
很多	较多	−0.016	0.166	1.000	−0.49	0.46
	不太多	−0.236	0.152	0.737	−0.67	0.20
	很少	−0.333	0.165	0.390	−0.81	0.15
	几乎没有	−0.643*	0.131	0.000	−1.03	−0.25
较多	很多	0.016	0.166	1.000	−0.46	0.49
	不太多	−0.220	0.127	0.594	−0.58	0.14
	很少	−0.317	0.143	0.260	−0.73	0.10
	几乎没有	−0.627*	0.102	0.000	−0.92	−0.33
不太多	很多	0.236	0.152	0.737	−0.20	0.67
	较多	0.220	0.127	0.594	−0.14	0.58
	很少	−0.097	0.126	0.997	−0.46	0.27
	几乎没有	−0.407*	0.076	0.000	−0.63	−0.19
很少	很多	0.333	0.165	0.390	−0.15	0.81
	较多	0.317	0.143	0.260	−0.10	0.73
	不太多	0.097	0.126	0.997	−0.27	0.46
	几乎没有	−0.310*	0.101	0.044	−0.62	0.00
几乎没有	很多	0.643*	0.131	0.000	0.25	1.03
	较多	0.627*	0.102	0.000	0.33	0.92
	不太多	0.407*	0.076	0.000	0.19	0.63
	很少	0.310*	0.101	0.044	0.00	0.62

注：* 表示达到 5%及以上显著水平。

从表 5-43 可以看出，只有“几乎没有”与其他组之间存在显著差异。这说明在城市中几乎没有朋友的农民工在作出是否留城的选择时，与其他类型相比存在显著差异。

（3）与城市居民交往情况与留城倾向的方差分析。农民工与城市居民交往情况分组变量有四个，因此也应采取 One-Way ANOVA 方法进行方差分析。先进行方差齐次性检验（Test of Homogeneity of Variances），结果如表 5-44 所示。

表 5-44 与城市居民交往情况变量方差齐次性检验

Levene Statistic	df1	df2	Sig.
9.471	3	226	0.000

由表 5-44 可以看出，Levene 统计量为 9.471，在当前自由度下对应的 P 值为 0.000，小于 0.05，说明不具有方差齐次性，应该采用 Tamhane T2 法对各个水平的均值进行计算。各组数据两两对照比较的结果如表 5-45 所示。

表 5-45 多重结比较（与城市居民交往情况）**因变量：留城倾向**（Tamhane T2 法）

(I) 目前您与居住地本地居民的交往情况如何?	(J) 目前您与居住地本地居民的交往情况如何?	Mean Difference (I—J)	Std. Error	Sig.	95% Confidence Interval	
					Lower Bound	Upper Bound
交往很多	交往一般	0.147	0.186	0.966	−0.36	0.65
	交往很少	−0.236	0.164	0.646	−0.69	0.22
	几乎没有交往	−0.196	0.165	0.811	−0.65	0.26
交往一般	交往很多	−0.147	0.186	0.966	−0.65	0.36
	交往很少	−0.383*	0.140	0.063	−0.76	0.00
	几乎没有交往	−0.343	0.141	0.094	−0.72	0.03
交往很少	交往很多	0.236	0.164	0.646	−0.22	0.69
	交往一般	0.383*	0.140	0.063	0.01	0.76
	几乎没有交往	0.040	0.111	1.000	−0.26	0.34
几乎没有交往	交往很多	0.196	0.165	0.811	−0.26	0.65
	交往一般	0.343	0.141	0.094	−0.03	0.72
	交往很少	−0.040	0.111	1.000	−0.34	0.26

从表 5-45 可以看出，农民工与本地居民交往的每两组数据之间显著性概率均大于 0.05，都不存在显著差异。因此，与本地居民交往的程度对农民工留城倾向不具有显著影响。

通过对农民工有关变量与留城倾向进行了方差分析，我们可以发现，广州市在城农民工个体基本变量中的年龄、文化程度都会对留城倾向产生影响，而性别变量没有通过方差分析的检验；经济结构变量中的工作收入、找工作难易程度也会对留城倾向产生影响，而是否签订劳动合同没有通过方差分析的检验；社会结构变量中的与配偶是否在一起、在城市中朋友的多少对留城倾向同样有影响作用，而与城市居民交往情况没有通过方差分析的检验。因此，我们可以将年龄、文化程度、工作收入、找工作难易程度、与配偶是否在一起和在城市中朋友多少纳入回归模型进行进一步分析探讨。性别、是否签订劳动合同对农民工留城倾向的影响有待观察。

5.4.3 农民工留城倾向 logistic 回归分析

本章所做的分析采用的是 SPSS13.0 版本中的 Multinomial Logistic 分析方法，使用统计软件对此次调查的 230 个样本数据进行回归处理，并采用最大似然估计法对回归参数进行估计。

表 5－46 是总模型的似然比检验结果，该检验结果表明，最终模型和只含有常数项的无效模型相比，偏差（deviance）从 397.397 降到了 208.288，模型整体拟合的 Chi－Square 值为 186.109，似然比卡方检验结果的显著性水平 sig. 小于 0.01，模型有意义，从整体上来说自变量对因变量的作用是有统计意义的。

表 5－46 总模型的似然比检验结果（Model Fitting Information）

Model	－2 Log Likelihood	Chi－Square	df	Sig.
Intercept Only	397.397			
Final	208.288	186.109	18	0.000

表 5－47 是对各个自变量的作用进行的似然比检验。从表中可以看出，年龄、文化程度、工作收入水平和是否与配偶在一起的显著性水平小于 0.05，性别和在城市朋友多少的显著性水平小于 0.1，而是否签订劳动合同与找工作难易程度的显著性水平明显偏低。

表 5－47 各个自变量的似然比检验（Likelihood Ratio Tests）

Effect	－2 Log Likelihood of Reduced Model	Chi－Square	df	Sig.
Intercept	208.288（a）	0.000	0	.
年龄	227.097	18.810	2	0.000
文化程度	219.260	10.973	2	0.004
工作收入水平	226.859	18.571	2	0.000
是否签订劳动合同	208.975	0.687	2	0.709
找工作难易程度	211.250	2.962	2	0.227
在城市朋友多少	213.795	5.507	2	0.064
性别	214.134	5.846	2	0.054
配偶是否和你在一起	261.641	53.353	4	0.000

表 5－48 是三分类 Logistic 模型的回归参数估计结果。此模型的参照类是“不会留城定居”，该表共有两个部分，分别表示两个广义 logit 模型的参数估计。

从表 5－48 回归结果的总体情况来看，影响农民工留城定居倾向的大部分因素是显著的，其中年龄、工作收入的回归系数 B 值为负，这意味着文化程度越高、经济收入越多、与配偶在一起家庭团聚的农民工越容易做出留城定居的决策，反映农民工的知识水平、工作能力、家庭状况的变量都会对留城倾向产生正向影响。

表 5－48　回归参数估计结果（Parameter Estimates）

留城倾向		B	Std. Error	Wald	df	Sig.	Exp（B）
会留在城市定居	Intercept	－13.362	3.487	14.681	1	0.000	
	年龄	－2.336	0.735	10.103	1	0.001	0.097
	文化程度	1.611	0.592	7.403	1	0.007	5.009
	工作收入水平	－1.701	0.480	12.544	1	0.000	0.183
	是否签订劳动合同	0.223	0.511	0.190	1	0.663	1.250
	找工作难易程度	－0.237	0.379	0.391	1	0.532	0.789
	在城里朋友多少	－1.139	0.547	4.343	1	0.037	0.320
	性别＝“男”	－1.980	0.894	4.906	1	0.027	0.138
	性别＝“女”	0（b）			0		
	配偶是否和你在一起＝“在一起”	21.802	1.334	266.928	1	0.000	2 940 110 393.134
	配偶是否和你在一起＝“无配偶”	16.463	0.000		1		14 120 769.623
	配偶是否和你在一起＝“不在一起”	0（b）			0		
拿不定主意	Intercept	0.047	1.742	0.001	1	0.979	
	年龄	－0.529	0.250	4.481	1	0.034	0.589
	文化程度	－0.027	0.254	0.011	1	0.915	0.973
	工作收入水平	0.051	0.223	0.053	1	0.817	1.053
	是否签订劳动合同	－0.138	0.221	0.390	1	0.532	0.871
	找工作难易程度	－0.295	0.181	2.663	1	0.103	0.744
	在城里朋友多少	－0.172	0.206	0.696	1	0.404	0.842
	性别＝“男”	－0.263	0.400	0.431	1	0.512	0.769
	性别＝“女”	0（b）			0		
	配偶是否和你在一起＝“在一起”	1.431	0.608	5.541	1	0.019	4.185
	配偶是否和你在一起＝“无配偶”	1.702	0.646	6.951	1	0.008	5.487
	配偶是否和你在一起＝“不在一起”	0（b）			0		

注：以“不会留在城市定居”为参照，b 表示该参数的值被自动设置为 0。

5.4.4　模型估计结果分析

5.4.4.1　个体特征变量对农民工留城倾向的影响

（1）性别对农民工留城倾向有一定的影响。从模型估计结果可以得出，性别对于“会留在城市定居”的 Wald 统计量的 Sig. 值为 0.027，小于 0.05，具有显著性，系数 B 值为负，这说明男性农民工相对女性农民工更倾向于“拿不定主意”和“不会留在城市定居”。而女性更愿意留在城市定居。这和以往“男性农民工更愿意留城”的结论相悖。我们认为可能有两个原因，一是婚嫁因素。由于我国男女性别比严重失衡，城市大龄男青年数量不断增多，很多农村女性通过这种婚嫁的方式进入了城市生活，在心理上和物质上都有了很大提升，导致她们都愿意定居城市。二是传统因素与经济因素。住房、家庭吃穿行、后代教育等诸多因素，是作为男性农民工融入城市定居必须面对的，其次在城市，尤其是像广州消费水平较高的大城市，访谈中发现很多男性农民工群体是为了“学到经验技术、赚点钱”，然后回小县城，或回乡自己去干。

（2）年龄对农民工留城倾向有非常显著的影响，主要表现为年龄越小，留城的倾向越大。通过对广州市在城农民工的访问调查，我们发现当前在城农民工普遍年轻化，在 Logistic 模型中，年龄变量同样表现出了与留城倾向的显著相关性，Sig 值为 0.001，在 1%的水平上具有统计显著性，系数 B 值为负，结合变量定义来看，回归结果表明在城农民工年龄越大越倾向于不会留在城市，相反年龄越小的农民工，留城倾向越强。这些农民工都是年轻、有活力、早早就来到城市打工，对城市的生活方式接纳程度较高，喜欢城市的文化氛围，他们是农民工中的新生代，对城市生活有着强烈的向往，自身在某种程度上也表现出城市人的特征，适应城市生活的能力较强。走访中这些新生代农民工表示，将来一定要留在城市，成为真正的城里人。

同时，在第二个模型中，年龄对于那些拿不定主意是否要留城的农民工也有着显著性的影响，这说明年龄越大的农民工，越倾向于不会留城，年龄偏小的农民工越倾向于拿不定主意，他们现在还无法明确自己将来是否会留在城市生活定居。这与他们年龄小，对未来的方向不明确，对城市社会的了解不深刻，还有就是对于自己现在留城的能力有所怀疑有着密切的关系，如果以后的条件允许，那么这些徘徊在城市边缘的年青一代农民工就一定是将来的留城大军。

（3）文化程度对农民工留城倾向的影响较明显。从模型估计结果可以得出，文化程度对于“会留在城市定居”的 Wald 统计量的 Sig. 值为 0.007，小于 0.05，在 5%水平上具有统计显著性，系数 B 值为正，结合变量定义来看，农民工文化程度越高越倾向于留在城市定居。从而可见，文化程度是推动农民工留城定居的重要因素，也是推动我国城市化进程的重要因素。所以要加快城市化进程，就要提高农民工的文化程度。受教育年限越多的农民工，越能更快地掌握技能，他们在生活方式、工作能力和思想觉悟上都能更快的适应城市，能更好地在各方面融入城市社会，这对他们将来留在城市定居起到了巨大的推动作用。

5.4.4.2 经济地位变量对农民工留城倾向的影响

(1) 经济收入对农民工留城倾向的影响显著。收入水平越高留城的倾向越大，收入水平越低留城意愿越不强。模型分析的结果正好呈现这种现象。检验的显著性 Sig. 值为 0.00，在 1%水平上具有显著性，系数 B 值为负，结合变量定义来看，收入水平越低的农民工群体在城市定居问题上更倾向于“拿不定主意”和“不会留在城市定居”。而对于收入较高的农民工群体来说，他们更倾向于“会留在城市定居”。

农民工工作收入水平的高低对他们留城倾向的影响作用是显著的。这一点很容易理解，农民工来到城市打工，主要是为了赚更多的钱，得到更多的收入，为了使自己和家人的生活越来越好，正是这种城市的拉力把农民工从农村引向城市。而对广州市农民工在城市的经济收入进行比较后发现，收入越多的人越倾向于留城，平均月收入在 2 000 元以上的农民工的留城倾向更加显著，这说明了收入较高的农民工对自己将来在城市中的工作、生活、交往、自我发展更有信心。

(2) 是否签订劳动合同对农民工留城倾向不具有显著影响。从模型估计结果可以得出，找工作难易程度对于“会留在城市定居”和“拿不定主意”的 Wald 统计量的 Sig. 值均远远大于 0.05，不具有显著性。这说明是否签订劳动合同对于农民工群体留城定居没有太大影响。

这种情况反映了农民工群体对是否签订劳动合同的关注度不高，法律意识和自我保护观念不强，在他们看来，工作有收入就足够了，没有过多地关心自己在工作中是否得到了应有的法律保护。

(3) 找工作难易程度对农民工留城倾向并没有显著性。从模型估计结果可以得出，找工作难易程度对于“会留在城市定居”和“拿不定主意”的 Wald 统计量的 sig. 值均远远大于 0.05，不具有显著性。由于 B 值为负，可以说明在城市越不容易找到工作的农民工群体越倾向于回乡。

一般情况下，我们普遍觉得农民工在城市就业的难度越大，他们的留城倾向就越小，他们就更不愿意留在城市；在城市找工作越容易，农民工留城倾向就越大。但是模型结果并没有呈现这种现象。模型估计结果中的 Sig. 值为 0.532，远远大于 0.05，所以农民工在城市中的找工作难易程度对留城倾向的影响并没有显著性，基本上看不出来有什么关系。可能的解释是在调查中访问的农民工从年龄、文化程度、来城市年限、从事工作类型都有很大差异，他们对在回答“找工作难吗”这个问题的时候出发点不同，每个人对自身的认同不一致，对工作的看法也不一致，有人觉得每个月 800 元左右的工作就已经很好，有的农民工觉得每个月 1 500 以下的工作都不愿意去做，所以受访者对工作难易程度的定义不同，导致这个因素在留城倾向中没有显著性。

5.4.4.3 社会网络变量对农民工留城倾向的影响

（1）与配偶是否在一起因素对农民工留城倾向有显著性影响。从模型估计结果可以得出，与配偶在一起对于“会留在城市定居”和“拿不定主意”的 Wald 统计量的 Sig. 值为均小于 0.05，具有显著性，从系数 B 值来看，“在一起”对“会留在城市定居”影响更大。无配偶对于会留在城市定居和拿不定主意的 Wald 统计量的 Sig. 值均小于 0.05，具有显著性，从系数 B 值来看，“无配偶”对“拿不定主意”影响更大。因此，已婚且与配偶在一起的农民工更倾向于留在城市定居，而无配偶在是否留城定居问题上呈现着摇摆不定的状态。

从前面对广州市在城农民工的城市生活现状中我们可以得知有为数不少的已婚农民工是与配偶共同迁移到一个城市的，一般认为家庭迁移有利于增强农民工对城市生活的认同感和归属感，促成农民工的迁移行为从短期迁移到真正在城市留居。模型结果中 Sig. 值在 5%的水平上显著，正好与原假设相符，系数 B 为正，自变量与因变量正相关，说明与配偶同在城市中打工并长期居住在一起的农民工更倾向于留在城市生活定居。这很容易理解，家庭迁移有利于农民工在城市中增强归属感，以家庭为单位迁移的农民工在城市生活的心理稳定性更强，摆脱了两地思念之苦，再加上两个人在城市中共同接受城市的文化生活的熏陶，不论在感情上还是观念上，农民工夫妻共同提高和进步，使得这些农民工群体更倾向于在城市留居。

（2）在城市朋友的多少对农民工留城倾向的影响具有显著性。从模型估计结果可以得出，在城里朋友多少对于“会留在城市定居”的 Wald 统计量的 Sig. 值为 0.037，小于 0.05，具有显著性，系数 B 值为负，结合变量定义来看，农民工在城市朋友越少越倾向于“拿不定主意”和“不会留在城市定居”。这样也说明了在城市朋友越多的农民工越倾向于留居城市。

除了家庭因素以外，在城市中朋友的多少也对农民工留城倾向有较强的影响作用，如表 5－48 所示，检验的显著性 P 值为 0.037，在 5%水平上具有显著性，这说明朋友是农民工在城市生活中不可缺少的部分，朋友能给他们带来心灵的支持与感情的慰藉，在农民工群体中，朋友是不可缺少的情感支持，在陌生的城市打工，如果这个城市里朋友很多，他们对城市的认同感自然会增强，在与城市中朋友的交往中，也使得他们的归属感不断增强，所以在城里朋友多会让农民工更倾向于留城定居。

5.5 主要结论与政策建议

由于我国长期以来的城乡隔离的制度性强制约束，农民进城定居基本上没有实现的可能性。然而改革开放以来，特别是近几年，通过全面启动和积极推动促进农民工就业机制，深化改革户籍制度，农民选择到城市就业或定居的许多原有制度限制逐渐取消，他们可以自由地选择来到城市工作生活，农村劳动力中已有相当数量的人在职业上实现了从农业向非农业的转移，并且进城农民工已经具有一定的留城倾向。但总体而言，农民工留城定居的选择仍显得十分艰难，客观认识农民工对其生命轨迹的选择取决于哪些因素，是当前推进农村人口城市化的相关政策取得成功的重要前提。以广州市在城农民工这一微观主体作为研究主体，调查分析了他们的个体基本特征、在城市生活现状和心理适应情况，留城选择及其影响因素，对广州市在城农民工的城市生活现状与留城倾向比较分析。通过以上描述统计和实证研究，我们提出以下政策建议。

5.5.1 主要结论

5.5.1.1 农民工个体基本特征对留城定居选择影响重大

（1）女性农民工比男性农民工更倾向于留居城市。实证研究验证了男性、女性农民工在留城定居选择上存在着显著差异，logistic 回归模型结果表明，女性农民工比男性农民工更加倾向于留居城市。产生这种情况的原因可能是经济不平衡发展，男性农民工面对家庭与大城市的压力，或者考虑到其他方面的因素影响，加强了赚到钱和学到技术后回乡或到小城市发展的想法，而由于传统文化、城市文化等影响因素促进了女性农民工尤其是二代女性农民工留城。

（2）年龄与农民工留城定居倾向呈负相关。年龄越小越倾向于留在城市生活定居，相反，年龄越大越倾向于返回家乡农村。调查表明，年轻的新生代农民工来到城市的年龄较小，较早地接受城市文化底蕴的熏陶，对城市生活方式的接纳程度较高，对城市生活的适应性良好，与此同时，这些新生代农民工早早告别了农村的生活环境，不受农村传统思想的羁绊与禁锢，他们接受新生事物的意愿和能力较强，所以他们更容易做出留城定居的选择。这些年青一代的农民工是我国城市化进程的重要推动力量。

（3）文化程度与农民工留城定居倾向呈正相关，并具有显著性的影响作用。教育向来都是决定迁移的重要因素，更高的文化程度会使迁移者更容易获得工作信息并降低迁移的心理成本。受教育程度越高，农民工获取稳定工作机会和较高工资收入的可能性就越大，人力资本和物质资本的积累能力也越强，因而向城市迁移定居的倾向就越明显。研究显示受访者中文化程度越高的农民工城市生活适应性越好，文化程度越高，学习新知识的能力和适应新环境的能力越强。此外，文化程度越高的农民工在城市中的就业机会就越多，工作能力相对强，他们能更好地在城市中工作生活，所以更倾向于留城定居。

5.5.1.2　经济因素对农民工留城倾向具有显著的正向影响作用

经济层面最有代表性的就是农民工的工作收入，他们来城市打工的最主要目的就是赚钱，他们最关注的也是工作收入的多少，通过 Logistic 回归模型进行分析，结果显示工作收入对留城定居倾向具有显著的正向影响作用。

农民工向城市迁移定居的主要因素是预期在城市能够获得更高的收入，在农村务农收入水平既定的条件下，农民工在城市收入取得的收入越高，两地收入差异越大，城市的吸引力越强，从而他们留在城市定居的倾向就越明显。实证研究也验证了上述观点，虽然在城市的生活成本和子女教育费用比农村高，但他们更喜欢城市的生活环境和文化氛围，只要工作收入能够保障目前的生活，他们更愿意选择留在城市生活定居。

5.5.1.3　社会结构因素是农民工是否留城定居的重要影响因素

（1）家庭情况对农民工留城倾向的影响作用较明显。研究表明，家庭（主要指配偶是否与自己在一起）对留城倾向的影响作用较明显，配偶在同一个城市就业、居住的农民工与配偶分居两地的农民工相比较，更加倾向于在城市留居。这表明，农民工在城市中的亲缘关系非常重要，与配偶共同在城市生活居住的农民工，在城市中更有安全感和归属感，这种安定的感觉促使他们更倾向于留居城市。

（2）在城市中朋友的多少对农民工留城定居有显著正向作用。农民工群体除了在城市中打工获得一定的收入外，对他们来说最宝贵的财富就是在城市中朋友的多少。工作收入是在城市生活的物质基础，那么在城市中的朋友就是农民工的精神食粮，在城市中的朋友不但可以帮助农民工更快地融入城市社会，也增加了他们对城市的信任感和归属感，在城市中朋友越多，农民工留在城市定居的愿望就越强烈。但不容忽视的是，这些农民工在与当地城市居民交往时，由于城市居民对农民工群体的整体接纳程度仍较低，所以同样有着人格尊重和平等性需求的农民工往往更容易产生压力感和紧张感，这种社会环境的社交压力在一定程度上也导致了这些农民工在考虑今后的去向时处于困惑的状态

5.5.1.4　城乡二元结构仍是阻碍农民工留城定居的制度性因素

以上从农民工自身微观特征来考察影响其留城定居选择的原因。通过对广州市在城农民工城市生活现状的调查分析，从宏观角度而言，以户籍制度为核心的城乡二元社会结构是农民工难以从社会、文化、心理上融入城市社会的深

层次原因，在阻碍农民工留城定居选择方面的直接影响也是巨大的。

(1) 户籍制度使农民工不能与城市居民享有平等的就业机会。近几年，虽然户籍制度有所松动，但其实质性内容并没有大的改变，平等的劳动力市场和就业制度并未真正形成，城乡二元分割体制的鸿沟及其对农民工进城就业的歧视仍然存在。农民工还是以通过非正式渠道进城就业为主，其就业空间被大大限制。

(2) 农民工难以公平地享受城市社会公共福利，尤其是子女教育问题突出。目前广州市城市居民的很多福利，农民工尚不能完全直接享受，例如住房补贴、子女上学、教育培训等，这无疑大大增加农民工迁移城市后的生活、居住、子女教育等方面的成本，从而直接影响了农民工的留城定居决策。其中尤以子女教育问题最为突出，调查的农民工中有过半数的子女都留在家乡，即使随父母在城市上学的儿童也仍面临入学难或收费高等问题。农民工子女的教育和成长面临的一系列问题，不仅成为农民工留城定居的障碍，而且还可能导致农民工的身份和地位在代际间的转递。

(3) 现行的户籍制度将农民工排斥在城镇社会保障体系之外，迫使大量农民工最终返乡。与城市居民相比，农民工缺乏应有的社会保障。调查显示广州市在城农民工中只有少数人参加了养老保险、医疗保险，绝大多数农民工不能享受城市居民所拥有的养老医疗、失业保险和最低生活保障。城市农民工这种另类身份增加了其融入城市的难度，并且由于在城市得不到必要保障，他们中的大部分人最终会被迫返回农村。

5.5.2 政策建议

农民工为城市创造了巨大的社会财富，为城市居民生活提供了种种方便，已成为城市不可缺少的一部分，作为一个整体已不可能再回归农村成为农民。农民工群体中相当部分人将在城市长期生活并向市民转变，这也是城市化进程中的历史必然过程。因此，本课题研究组着力点在于让农民工在城市“进得来”、“留得下”、“定得稳”，通过上述各章对农民工留城各影响因素分析，提出相应的政策建议。

5.5.2.1 推进户籍制度的渐进式改革，让农民工享有更加公平待遇

从1958年形成的城乡分割二元体制以来，户籍制度不仅阻碍了劳动力人口的合理流动，而且带来了城乡劳动力的极大不公平，尤其是在发达城市。这种不公平主要表现在子女教育费、社会保障福利等方面。单从农民工子女的“借读费”巧立名目的赞助费就能在一定程度上管窥普通农民工的经济收入压力。

从现状看，我国县域城市的户籍制度有了较大松动，但由于国情的特殊性，较发达城市在一定时间内的户籍制度仍难松动。因此，需要政府推进户籍

制度的渐进式改革，尽快实现户籍与各类福利彻底脱钩之前，拓宽政府的创新思维，制定科学的农民工政策，缩小户籍制度带来的“福利鸿沟”，不断加强农民工进城合法权益的保障。不仅要关心进城农民工个体，还要以家庭为单位考虑农民工情况，给予农民工市民待遇，增强农民工对城市社会的认同感，让农民工享受更加公平的待遇。

5.5.2.2 加大教育培训力度，增加农民工人力资本积累

研究表明受教育程度是农民工留城定居选择的重要影响因素。部分农民工（尤其是二代农民工）过早退学进城打工，由于缺乏文化知识和技能，只能从事较低收入、没有技术含量的体力型工种，较年轻的二代农民工大多对体力型工种较抵制，他们长期处于游离状态，这些都不利于人力资本的长期积累，导致留城倾向弱化，因此各级政府部门应帮助并引导他们增加人力资本积累。

人力资本关注的是教育。各级政府部门应从教育培训着手，一是加强各区域，尤其是较落后农村义务教育普及力度，切实保障农村青少年接受基础教育权力和机会；二是加大政府公共支出，构建农民工培训体系，提高农民工的素质和技能，尽可能提供一些公益性的继续教育机会；三是建立各类农民工社区，尤其是专门为提高农民工文化素质和健康水平的社区载体；四是加强政府行为引导，带动农民工培训兴趣，树立农民工自身发展信心。

5.5.2.3 探索增收的有效途径，为农民工留城提供经济基础

农民工留城包括经济层面、社会层面与心理层面，其中经济层面是其他层面的基础。因此，对农民工留城的引导，首先应打牢农民工收入基础。成本收益理论对发展中国家出现的城乡迁移现象具有较强的解释力，社会经济因素包括两方面，一方面是城市收入情况，另一方面是流出地经济状况与家庭收入情况，留城倾向便是农民工在自身知识结构范围内的一种比较感觉。因此探索农民工增收的有效途径，切实增加农民工的收入，是促进农民工留城的有效手段。

从制度层面来看，应加快完善最低工资制度。最低工资制度不仅有效保障了农民工在城市的基本生活水平，而且增强了农民工留城的积极性。《国务院关于解决农民工问题的若干意见》中提出要合理确定农民工工资水平。因此，各级政府应认真贯彻中央的相关精神，严格执行最低工资制度，并建立农民工最低工资标准稳定增长机制，有效保障农民工收入。

从社会责任层面来看，农民工问题是社会问题，需要社会各界来共同解决，而不能单靠企业、政府，同时也要借助民间组织的力量。农民工为城市的发展、社会的进步作出了较大的贡献，社会的发展也需要农民工群体。因此，社会各界应重视并承担起解决农民工问题的社会责任。首先，一般而言，大多

城市企业与农民工相互依存，企业在保证发展的同时也应重视农民工在城市的发展，不断提高农民工收入水平和技能素质。其次，政府在各类组织中具有先天的优越性和主导性，在农民工问题的解决上，各级政府在遵守法律法规的前提下，要秉持创新性思维，制定合理有效的农民工政策，引导农民工合理就业、满意就业，保障农民工收入水平，促进农民工在城市发展积极性。第三，各类社会团体，尤其是农民工社团，一方面应充分发挥连接政府与农民工纽带的作用，向政府传递农民工的心声，有效修正政府部门行为偏差；另一方面应弥补社会对农民工关怀的缺失，增大对农民工人文关怀力度，让农民工感觉城市生活的温暖，增强农民工留城的信心。

5.5.2.4　不断完善农民工社会保障制度，增强农民工城市生活信心

农民工社会保障体系的建立不仅可以保障农民工合法权益，而且有利于增强农民工城市生活信心，增强农民工留城意愿。农民工合法权益的实现是农民工享受公平性待遇的前提，而农民工在城市生活中享有的公平待遇会增强农民工向市民转变的积极性，向往留在城市、融入城市。各级政府面对农民工流动性大和劳动关系不稳定的特点，应努力探索农民工养老保险异地转接的办法，降低农民工流动就业带来的风险成本。

根据目前农民工发展特点，一是加快农民工工伤保险的全覆盖。因为根据农民工的职业特点，较集中于安全隐患大的行业，应监督企业全部为农民工参保，将农民工全面纳入工伤保险。二是加快建立农民工养老保险制度。二代农民工数量比例逐渐增大，在国家一定财力的支持下，各级农民工养老保险主管部门要依照《劳动合同法》普遍强制实施农民工养老保险。三是建立健全农民工医疗保险制度，解决农民工看病难、看病贵的问题。四是将农民工稳定就业逐步纳入城市应急救助、教育救助机制。

总之，本书基于国外人口迁移理论和国内农民工留城问题的相关研究，对广州市农民工城市生活现状进行分析，运用 logistic 回归模型进行研究，得出结论并给出相应的政策建议，可以具体总结如下：①研究对象地方化、具体化，更具代表性。广州市是我国私营经济最为发达的地区之一，近几年来经济高速发展，已成为全国重要的农民工输入地区，本研究将广州市在城农民工作为研究对象，考察农民工的城市生活现状和留城问题，具有重要的代表意义。本课题调查组花费近两个月的时间对广州市六个区的 230 名在城农民工进行了实地问卷调研。由于在城农民工文化水平普遍偏低，又分布在城市的各个角落，获取数据难度较大。不过在我们的共同努力下，取得了宝贵的第一手资料，并就从农民工个体特征、经济层面、社会层面和心理层面对广州市在城农民工的真实生活现状做了细致的研究分析，进而考察他们的城市生活满意度与留城倾向情况，可以为今后的研究提供一些参考。②本研究运用多元

logistic 回归模型对广州市在城农民工留城倾向进行了分析，把那些没有明显留城倾向也没有明显的回乡倾向的农民工，即对自己将来是否会留居城市没有明确态度的农民工群体也纳入了考察范围，这在以往的农民工留城问题的研究中是很少见的。③由于本研究调查时间的有限性和调查难度的局限性，所以研究工作只是对农民工留城问题研究进行了初步的探索和研究，没有把户籍、社会保障等制度性因素纳入模型中进行分析，还有许多工作有待于进一步深入研究。

6 城市化进程中的妇女权益保护问题

6.1 城市化进程中妇女权益保护研究意义

6.1.1 研究目的和意义

城市化是人类社会发展的过程中，伴随着工业化进程而出现的非农产业及其人口从农业中分离出来，并逐渐集聚到城市，从而使城市经济在国民经济中的比重日益增大，城市人口迅速增长和城市地域范围显著扩张的过程。城市化包括数量与质量两个方面：一是农村人口转变为城市人口，农村地域转变为城市地域，即城市化的数量过程；二是城市文化、生活方式及价值观等城市文明在原农村地域上的扩散，以及生产要素的集聚、经济结构的演进和城市体系结构升级等过程，即城市化的质量过程①。

改革开放以来的 30 多年间，城市化作为我国社会变迁的主旋律之一，引发了我国社会全面而深刻的变化。在城市化进程中离不开妇女的勤劳和智慧。同时，她们也是推进农业和农村经济结构调整，维护农村社会稳定，推进城市化进程的一支重要力量。

城市化进程既是一场社会变革，又是一场思想变革，因而必将对妇女就业状况、生活方式和思想观念等产生一系列重大影响，必将引发一些不容回避而又亟须解决的现实问题。在这当中，妇女权益保护是一个重点和难点问题。广州作为改革开放的前沿阵地，其城市化进程发展迅速，已步入国际化大都市的行列，堪称我国城市化发展的楷模。研究城市化进程中的妇女权益问题正是为了全面了解广大妇女在城市化进程中的生产、生活状况以及在参与城市化进程中的权利地位，以及对推进城市化发展所起的作用，从中揭示妇女在城市化进程和在“分享”城市化的成果中权益保护的执行情况，以及存在的问题与不足，从而有针对性地提出切实做好妇女权益保护的相关政策建议。这对于巩固城市化发展成果，促进社会主义和谐社会健康有序发展，以及相关部门和单位切实落实妇女权益保护工作具有较强的理论和实际指导意义。

6.1.2 研究方法和思路

本研究采取一对一的方式进行实地问卷调查，取得第一手资料来进行实证

① 汪凤桂、季莉娅：《广州城市化的主要特征分析》，载《广东统筹城乡发展研究》，中国农业出版社 2005 年版。

研究分析。将研究对象分为四个群体，即城郊妇女、城市妇女、“城中村”妇女和外来工妇女。从自我保健意识、社会地位与维权意识、家庭地位等几个方面设计调查问卷，对广州市近郊、远郊和中心城区，选取了六个具有代表性的样本点进行了妇女权益保护研究的实地调查。根据调查数据，对广州城市化进程中的妇女权益保护问题进行分析研究，从中发现广州市城市化进程中妇女权益保护存在的问题与不足，并有针对性地提出相关政策建议。

6.2 妇女权益保护的相关政策分析

6.2.1 《中华人民共和国妇女权益保障法》

1992年4月3日，第七届全国人民代表大会第五次会议通过了《中华人民共和国妇女权益保障法》。第十届全国人民代表大会常务委员会第十七次会议于2005年8月28日通过了修改后的《中华人民共和国妇女权益保障法》，新的《妇女权益保障法》分为九章共六十一条。在政治权利、劳动和社会保障权利、受教育权、农村土地承包权、人身权等妇女权益的保护方面作了较大修订。强化了对妇女权益保障的刚性规定，从而使得这部法律更具有可操作性①。修订后的《妇女权益保障法》更加细化了实施妇女权益保护的细则和规定，对实际妇女权益保护工作更具有指导意义。

6.2.2 《女职工劳动保护规定》

中华人民共和国国务院于1988年7月21日颁布了《女职工劳动保护规定》，从妇女“四期”劳动保护②上维护女职工的合法权益。

6.2.3 广东省相关妇女权益保护法律

1985年1月10日，广东省第六届人民代表大会常务委员会第十一次会议通过了《广东省保护妇女儿童合法权益的若干规定》。《规定》共20条，对保护妇女、儿童的合法权益，结合广东省实际情况，制定相关规定。

1989年1月29日粤府（1989）16号颁布了《广东省女职工劳动保护实施办法》，从妇女“五期”劳动保护③方面，增加了对妇女更年期劳动保护的相关规定。为做好女职工劳动保护工作，制定了相关16条实施办法。

广东省第八届人民代表大会常务委员会第九次会议于1994年7月6日通过了《广东省试行〈中华人民共和国妇女权益保障法〉规定》。1997年4月3日，广东省第八届人民代表大会常务委员会第二十八次会议通过了《广东省实施〈中华人民共和国妇女权益保障法〉规定（修正）》。广东省第十届人民代表

---

① 罗淼：《我国农村妇女权益保障的法律对策研究》，《兰州商学院学报》，2006年22卷第3期。

② 妇女“四期”劳动保护是指妇女在经期、孕期、围产期、哺乳期时的劳动权益保护。

③ 妇女“五期”劳动保护是指妇女在经期、孕期、围产期、哺乳期和更年期时的劳动权益保护。

大会常务委员会第三十二次会议又于2007年5月31日修订通过了《广东省实施〈中华人民共和国妇女权益保障法〉办法》。该《办法》结合广东省实际情况，围绕《中华人民共和国妇女权益保障法》的各项内容，规定了实施《中华人民共和国妇女权益保障法》的具体办法。

6.2.4 广州市妇女权益保障若干规定

广州市第十届人大常委会第十三次会议于1994年11月25日审议制定了《广州市妇女权益保障若干规定》，广东省第八届人大常委会第十九次会议于1996年1月12日批准通过。根据《中华人民共和国妇女权益保障法》和《广东省实施〈中华人民共和国妇女权益保障法〉规定》，结合广州市的实际情况，制定了18条关于广州市妇女权益保障的规定。

6.3 广州城市化进程中妇女权益保护的实证分析

6.3.1 调查对象基本情况

6.3.1.1 身份构成

本研究对广州市近郊、远郊和中心城区的六个样本点进行了近两个月的实地调查，采取一对一的形式。调查对象800多人，形成有效问卷789份，数据具有较好的代表性。其中女性调查对象为412人，占总调查对象的52%。女

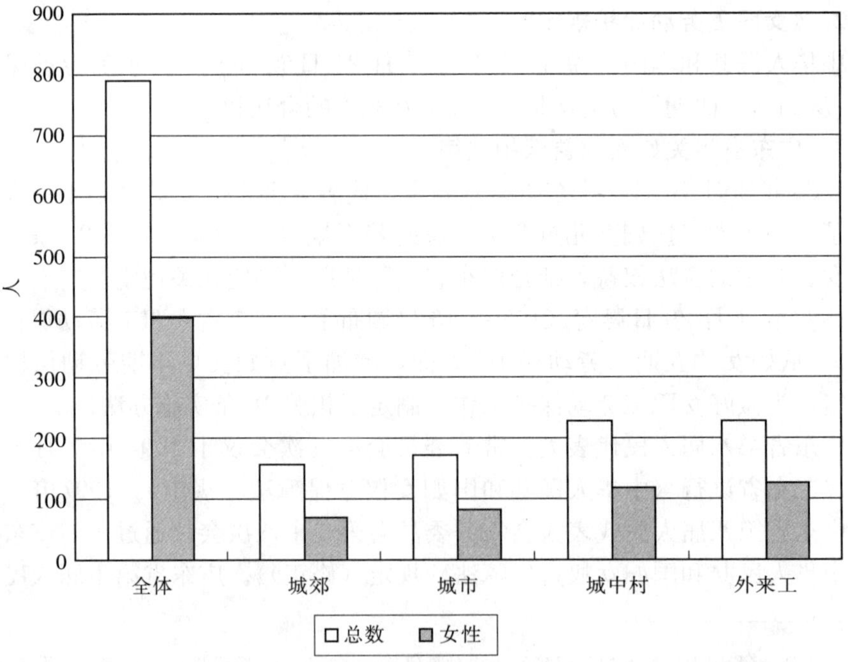

图6-1 调查对象分布图

性调查对象中城郊居民70人、城市居民96人、“城中村”居民119人、外来工127人。

6.3.1.2　年龄分布

从被调查者的年龄构成看，主要集中在18～48岁，特别是外来工，18～28岁的女性占总调查对象的46.5%，29～38岁的女性占总调查对象的37.8%，说明外来工女性中，年轻女性居多，其次是中年女性。

表6-1　被调查者年龄构成情况

单位：人,%

	城郊	百分比	城市	百分比	城中村	百分比	外来工	百分比
18岁以下	2	2.8	2	2.1	1	0.8	0	0
18～28岁	7	10.0	14	14.6	23	19.3	59	46.5
29～38岁	12	17.1	24	25.0	45	37.8	48	37.8
39～48岁	27	38.6	22	22.9	31	26.1	16	12.6
49～55岁	11	15.7	16	16.7	13	10.9	3	2.4
55岁以上	11	15.7	18	18.8	6	5.0	1	0.8
总数	70	100.0	96	100.0	119	100.0	127	100.0

6.3.1.3　文化程度

从表6-2可以看出，被调查女性的受教育程度普遍不高，“城中村”女性的受教育水平相对最高，高中及以上文化程度占59.6%，而城郊、城市和外来工被调查女性的文化程度多集中在初中及以下文化水平，比例分别为87.1%、62.2%和74.8%。这从另一个角度说明，城中村居民的经济收入水平相对较高，对女性教育较为重视。

表6-2　被调查女性文化程度情况

单位：人,%

	城郊	百分比	城市	百分比	城中村	百分比	外来工	百分比
小学及以下	26	37.1	19	19.8	18	15.1	33	26.0
初中	35	50.0	34	35.4	30	25.2	62	48.8
高中	6	8.6	15	15.6	31	26.1	15	11.8
中专、技校	0	0	5	5.2	11	9.2	8	6.3
大专	2	2.9	17	17.7	26	21.8	7	5.5
本科	1	1.4	6	6.3	3	2.5	2	1.6
总数	70	100.0	96	100.0	119	100.0	127	100.0

6.3.1.4　婚姻状况

从表6-3可以看出，本次被调查对象多为已婚妇女，这对于课题研究有一定的代表性。被调查的412名妇女中，已婚妇女为338名，占84.2%。412位调查对象中，对于离婚和同居的婚姻状态避而不谈。从调查结果来看，说明被调查者对于真实婚姻状况的隐讳。

表6-3　被调查婚姻情况

单位：人

	城郊	城市	城中村	外来工
未婚	3	10	13	37
已婚	63	82	105	88
同居	0	0	0	1
离婚	0	1	0	0
丧偶	4	3	1	1

6.3.2　妇女权益保护基本情况

6.3.2.1　自我保健意识

从中国妇女的发展历程上看，中国妇女的健康状况（特别是农村妇女），很少得到社会的关注。在旧社会中国妇女社会地位低微，没有发言权，不受社会关注。但当今妇女的社会地位逐步提升，担当的社会角色越来越重要，她们的健康状况也应当受到更多的社会关注。有着健康的体魄和健全的心理，才能更好地发挥自己的才能，同时也是提高下一代人素质的关键因素。

（1）妇女接受自我保健知识宣传与教育情况分析。在“是否接受过妇女自我保健知识宣传与教育”的调查中，选择“是”的人数分别是城郊42人、城市56人、“城中村”102人、外来工40人。所占比例分别是60%、58.3%、85.7%和31.5%（见表6-4）。

表6-4　是否接受妇女自我保健知识宣传与教育情况

单位：人，%

	城郊	百分比	城市	百分比	城中村	百分比	外来工	百分比
是	42	60.0	56	58.3	102	85.7	40	31.5
否	28	40.0	40	41.7	17	14.3	87	68.5
总数	70	100.0	96	100.0	119	100.0	127	100.0

以上数据表明：妇女在接受自我保健知识宣传与教育环节中，城郊、城市、“城中村”的妇女接受程度较高，尤其是“城中村”妇女，接受自我保健

知识宣传和教育的比例达到85.7%，而外来工妇女接受自我保健知识宣传与教育的比例最低，仅为31.5%。

（2）妇女接受自我保健知识宣传与教育的渠道分析。从“如果接受过相关妇女自我保健知识的宣传与教育，是哪个部门进行的教育”的调查看，四类妇女接受教育的渠道侧重点有所不同。城郊、“城中村”以及外来工的妇女主要是从妇联等机构获取教育，分别占到接受渠道的50%、56.9%和55%。城市的妇女主要从当地政府部门获取，占到53.6%。从以上分析看出，当地政府和妇联等机构在宣传和教育妇女自我保健知识方面起到主导作用，而妇女所在单位的宣传和教育作用微乎其微（见表6-5）。

表6-5　妇女自我保健知识宣传与教育部门

单位：人，%

	城郊	百分比	城市	百分比	城中村	百分比	外来工	百分比
所在单位	2	4.8	7	12.5	2	2.0	9	22.5
当地政府部门	19	45.2	30	53.6	42	41.1	9	22.5
妇联等机构	21	50.0	19	33.9	58	56.9	22	55.0
总数	42	100.0	56	100.0	102	100.0	40	100.0

（3）妇女自我保健知识的宣传与教育的满意度分析。在“你是否满意妇女自我保健知识的宣传与教育”上，可以看出，被调查对象基本选择“很满意”和“基本满意”，城郊、城市、“城中村”和外来工群体中选择“不满意”的比例分别只有9.5%、8.9%、4.9%和15%（见表6-6）。说明相关部门在妇女自我保健意识的宣传和教育上工作比较到位，妇女也愿意接受相关知识的普及和教育，这也是妇女自我保护意识增强和社会进步的表现。

表6-6　接受妇女自我保健知识宣传与教育的满意情况

单位：人，%

	城郊	百分比	城市	百分比	城中村	百分比	外来工	百分比
很满意	14	33.3	14	25.0	35	34.3	15	37.5
基本满意	24	57.2	37	66.1	62	60.8	19	47.5
不满意	4	9.5	5	8.9	5	4.9	6	15.0
总数	42	100.0	56	100.0	102	100.0	127	100.0

6.3.2.2　自我关爱意识

（1）定期健康检查情况。在调查“是否定期做健康检查”这个问题时，选择“是”的人数分别是城郊42人、城市63人、“城中村”102人、外来工57

人，分别占各群体调查对象的60%、65.6%、85.7%、44.9%（见表6-7）。数据显示，外来工妇女由于其所在企业不重视员工身体健康，本身收入不稳定，其自我关爱意识较差，而“城中村”居民由于收入较高，自我保健意识最强。

表6-7　妇女是否定期健康检查情况

单位：人，%

	城郊	百分比	城市	百分比	城中村	百分比	外来工	百分比
是	42	60.0	63	65.6	102	85.7	57	44.9
否	28	40.0	33	34.4	17	14.3	70	55.1
总数	70	100.0	96	100.0	119	100.0	127	100.0

（2）健康检查的收费情况。在调查“如果定期做健康检查，性质是自费还是免费”这个问题时，四个群体妇女选择“免费”的比例分别是城郊71.4%、城市52.4%、“城中村”77.5%、外来工28.1%（见表6-8）。

表6-8　妇女定期健康检查收费情况

单位：人，%

	城郊	百分比	城市	百分比	城中村	百分比	外来工	百分比
自费	12	28.6	30	47.6	23	22.5	41	71.9
免费	30	71.4	33	52.4	79	77.5	16	28.1
总数	42	100.0	63	100.0	102	100.0	57	100.0

从表6-8数据可以看出，城郊、城市和“城中村”妇女健康检查的性质大多是免费。进一步访谈发现，城郊妇女免费健康体检由所在村委会或村大队提供，城市妇女免费健康体检由户口所在区（镇、村街）政府部门提供，“城中村”妇女免费健康体检多由所在村集体或居委会提供，外来工妇女免费体检多由所在社区相关部门提供，有四个调查对象是由所在单位提供。

（3）婚前检查和婚后妇检情况。在调查中发现妇女对待生理和性方面的态度比较乐观和健康，她们追求健康的婚姻生活和性生活，在调查“你认为是否有必要进行婚前检查”时，四个妇女群体中，城郊、城市和“城中村”妇女绝大多数都持肯定态度，分别占总调查人数的82.9%、90.6%和98.3%，但外来工群体这一比例相对较低，为77.2%（见表6-9）。

表 6-9 被调查妇女认为是否有必要做婚检情况

单位：人，%

	城郊	百分比	城市	百分比	城中村	百分比	外来工	百分比
有	58	82.9	87	90.6	117	98.3	98	77.2
没有	12	17.1	9	9.4	2	1.7	29	22.8
总数	70	100.0	96	100.0	119	100.0	127	100.0

在调查“婚后，你是否定期进行妇检”问题时，回答“是”的比例，“城中村”妇女最高，达到92.5%，其次是城市妇女，比例为72%，外来工妇女比例仍为最低，为58.4%（见表6-10）。

表 6-10 被调查妇女婚后定期妇检情况

单位：人，%

	城郊	百分比	城市	百分比	城中村	百分比	外来工	百分比
有	43	64.2	54	72.0	98	84.5	52	61.9
没有	24	35.8	21	28.0	18	16.5	32	38.1
总数	67	100.0	75	100.0	116	100.0	84	100.0

6.3.2.3 自我医疗保护意识

在调查“如果患上某些妇科疾病，通常如何处理”的问题时，选择“到比较有规模的医院看病 ”的人数分别是城郊49名、城市56名、“城中村”67人、外来工93人，分别占各群体调查对象的70%、68%、56%、73%。除正规医院之外，主要是自己买药或者到私人诊所处理。不理会的处理态度极少，说明由于相关医疗知识的普及，家庭收入的增加，妇女自我保护意识提升，以及社会医疗机构的设施日趋完善等原因，妇女对妇科疾病都很重视，对常见的妇科疾病也有所认识，妇女的自我保健意识有所增强。

表 6-11 患妇科疾病的处理方法

单位：人，%

	城郊	百分比	城市	百分比	城中村	百分比	外来工	百分比
自己买药吃	9	12.8	11	13.4	13	10.9	10	7.9
到私人门诊	8	11.4	15	18.3	7	5.9	8	6.3
到正规医院	49	70.0	56	68.3	67	56.3	93	73.2
向家人或朋友请教	2	2.9	0	0	25	21.0	1	0.8
性学广播节目专家咨询	0	0	0	0	3	2.5	2	1.6
不理会	0	0	0	0	2	1.7	4	3.1
其他	2	2.9	0	0	2	1.7	9	7.1
总数	70	100.0	82	100.0	119	100.0	127	100.0

在进一步调查中，通过谈话以及多方面的了解，部分被调查女性不去正规医院就诊的原因主要是“看病贵”，其次在认识上存在误区，“觉得妇科病是小问题”。同时也应注意，虽然大多被调查妇女表示会到正规医院就医，但仍然还有相当大的一部分人没有这种就诊意识。

6.3.2.4 “四期”自我保护意识

（1）生理期的自我保健意识。调查中，在“生理周期的时候，是否特别注意卫生”上，选择“比较注意”的比例较高，绝大多数妇女表示会注意生理周期的卫生，其中城市妇女占到被调查的89%、外来工妇女占82.7%、城郊妇女占78.6%、“城中村”妇女占76.4%（见表6-12）。说明绝大多数妇女对生理期的卫生意识和自我保护意识较强。

表6-12 生理周期时注意卫生情况

单位：人，%

	城郊	百分比	城市	百分比	城中村	百分比	外来工	百分比
比较注意	55	78.6	73	89.0	91	76.4	105	82.7
有时会注意	8	11.4	8	9.8	19	16.0	13	10.2
没有注意	7	10.0	1	1.2	9	7.6	9	7.1
总数	70	100.0	82	100.0	119	100.0	127	100.0

（2）分娩地点。在“你分娩的地方是哪里”问题的调查中，选择正规医院的比例较高，其中城郊比例为70%、城市比例为52.4%、“城中村”比例为78.2%、外来工比例为40.9%。城郊妇女的分娩地选择村里卫生站和私人诊所的比例也比较高，分别为27.1%和14.3%。但不容忽视的是，外来工妇女中，竟有23.6%的人选择在家里分娩（见表6-13）。

表6-13 被调查对象分娩地情况

单位：人，%

	城郊	百分比	城市	百分比	城中村	百分比	外来工	百分比
正规医院	49	70.0	43	52.4	93	78.2	52	40.9
村里卫生站	19	27.1	10	12.2	13	10.9	8	6.3
私人诊所	10	14.3	3	3.7	0	0	0	0
家里	0	0	1	1.2	2	1.7	30	23.6
总数	70	100.0	82	100.0	119	100.0	127	100.0

注：①因调查对象大多不止一个孩子，所以分娩地的选择有些是两个以上，考虑到数据的真实性，采取完全表示形式。如李二妹，老大在家里分娩，老二在正规医院分娩，她的分娩地就有两个。②城市妇女，由于居住地的原因，所以有村里卫生站的选择。

（3）孕期产前检查情况。从生育保健意识来看，在“如果您在城里工作期间有过分娩经历，最近一次分娩是否得到以下服务”的调查中发现，大多妇女都有做产前检查和产后检查的意识，这也是城市化进程中，农村社会进步的体现。从选择可以看出，四个妇女群体对于生育保健，保健意识较强，接受产前检查和产后检查的比例均很高，所占比例总和分别为 95.3%、87.8%、82.7%和 92.5%（见表 6-14）。

表 6-14 城里工作时最近分娩经历接受的服务

单位：人，%

	城郊	百分比	城市	百分比	城中村	百分比	外来工	百分比
产前检查	35	53.8	65	49.6	83	46.4	38	56.7
产后检查	27	41.5	50	38.2	65	36.3	24	35.8
产后医生随访	3	4.6	16	12.2	31	17.3	5	7.5
总数	65	100.0	131	100.0	179	100.0	67	100.0

注：有些妇女接受以上一种、两种或三种服务，考虑到数据的真实性，采取完全表示形式。

（4）妇女避孕措施。在调查“性生活中，有没有采取避孕措施”的问题中，“城中村”妇女采取避孕措施的比例最高，达到 77.1%，城市和外来工妇女采取避孕措施的比例较高，分别达到 57.5%和 57.7%，而城郊妇女采取避孕的措施比例较低，仅为 46%（见表 6-15）。

表 6-15 被调查妇女采取避孕措施情况

单位：人，%

	城郊	百分比	城市	百分比	城中村	百分比	外来工	百分比
有	28	46.0	56	57.5	81	77.1	56	57.7
没有	33	54.0	31	42.5	24	22.9	41	42.3
总数	61	100.0	87	100.0	105	100.0	97	100.0

（5）妇女做人流情况。在调查“有没有做过人流”的问题时，四个妇女群体回答“有”的比例都较低，分别占各自调查对象的 18.5%、32.5%、25.2%和 28.7%（见表 6-16）。说明妇女的自我关爱意识较高。

表 6-16 被调查妇女做过人流数量情况

单位：人，%

	城郊	百分比	城市	百分比	城中村	百分比	外来工	百分比
有	10	18.5	26	32.5	26	25.2	27	28.7
没有	44	81.5	54	67.5	77	74.8	67	71.3
总数	54	100.0	80	100.0	103	100.0	94	100.0

进一步分析妇女不慎怀孕的原因，从“不慎怀孕原因”的调查中可发现，四个妇女群体选择“意外”的比例分别是城郊 68.8%、城市 82.1%、“城中村”74.1%和外来工 64.7%（见表 6－17）。说明大多数妇女的性保护意识较之过去有很大提高。但仍可看到，有些女性没有避孕意识，这说明少数女性的性保护意识仍需增强。

表 6－17　被调查妇女不慎怀孕原因调查

单位：人，%

	城郊	百分比	城市	百分比	城中村	百分比	外来工	百分比
男方反对采取避孕措施	1	6.3	0	0	3	11.1	3	8.8
女方反对	0	0	0	0	0	0	0	0
双方反对	0	0	2	7.1	0	0	1	2.9
没有避孕意识	4	25.0	3	10.7	4	14.8	8	23.5
意外	11	68.8	23	82.1	20	74.1	22	64.7
总数	16	100.0	28	100.0	27	100.0	34	100.0

注：由于社会调查的特殊性，数据难免存在差额，为了调查研究的真实性，采取完全表示形式。

（6）对艾滋病的了解程度。在“您知道艾滋病的传播途径吗”问题上，选择“知道”的人数分别是城郊 42 人、城市 70 人、“城中村”102 人、外来工 78 人，分别占各群体调查对象的 60%、85.4%、85.7 和 61.4%（见表 6－18）。

表 6－18　对艾滋病传播途径了解情况

单位：人，%

	城郊	百分比	城市	百分比	城中村	百分比	外来工	百分比
知道	42	60.0	70	85.4	102	85.7	78	61.4
不知道	28	40.0	12	14.6	17	14.3	49	38.6
总数	70	100.0	82	100.0	119	100.0	127	100.0

众所周知，艾滋病是一种可怕的传染病，主要通过性交、输血和母婴传播。在成年人的群体里面，传播的主要途径以性传播为主。因此，提高人们的性病防范意识是非常重要的。根据相关数据的显示，我国农村妇女的性病传播意识正在不断地增强。

在调查中，大多数妇女表示知道艾滋病的传播途径。并且还有相当一部分人能够说出如何预防艾滋病，如打针看病要到正规的医院、注意个人性安全、洁身自好等。这些都可以看出妇女在性行为中，比较注意自己和伴侣的性健康，在性健康方面做了安全保障，确保她们的性生活健康和谐。

6.4 维权意识与维权行为

6.4.1 自身社会作用认知

从家庭农村妇女走向职业农村妇女，传统观念的消极作用对现代农村妇女的影响日渐削弱。社会的关注和农村妇女维权运动的兴起给农村妇女带来了解放，农村妇女的社会地位日益得到提升，农村妇女对自身的社会作用有了新的认识，尤其是新一代的年轻的农村妇女，她们比年纪较大的农村妇女更容易接受新的事物。年轻的农村妇女表现出更多的自信，调查中的未婚农村妇女对自身的未来，对女性在生活中起到的作用基本抱有积极的态度。

在调查“你觉得女性在社会中起到什么作用”时，发现绝大多数妇女对自己在社会中的地位和作用的认识都持肯定态度，选择“能为社会创造财富”的人数分别是城郊58人、城市86人、“城中村”100人、外来工87人，分别占各自调查对象总数的82.9％、89.6％、84％和68.5％（见表6－19）。从调查数据中不难发现她们对自我社会价值的认识在逐步提高。

表6－19 女性在社会中所起作用的自我认识情况调查

单位：人，％

	城郊	百分比	城市	百分比	城中村	百分比	外来工	百分比
能创造财富	58	82.9	86	89.6	100	84.0	87	68.5
贡献不大	4	5.7	2	2.1	6	5.0	18	14.2
从未思考过	8	11.4	8	8.3	13	10.9	24	18.9
总数	70	100.0	96	100.0	119	100.0	127	100.0

6.4.2 就业评价

6.4.2.1 就业范围

在调查“你认为妇女就业范围宽吗”问题时，四个妇女群体选择“是”的比例分别是城郊35.7％、城市37.5％、“城中村”28.6％、外来工59.1％（见表6－20）。其中外来工妇女的比例最高，这说明外来工妇女在就业过程中，对职业选择要求不高。

表6－20 对妇女就业范围多元化认识情况

单位：人，％

	城郊	百分比	城市	百分比	城中村	百分比	外来工	百分比
是	25	35.7	36	37.5	34	27.8	75	59.1
否	28	40.0	49	51.0	60	49.2	30	23.6
不清楚	17	24.3	11	11.5	28	23.0	22	17.3
总数	70	100.0	96	100.0	122	100.0	127	100.0

在调查“你认为下岗女性再就业的机会如何”问题时，四个妇女群体选择“几率大”的比例分别是城郊24.3%、城市18.7%、“城中村”21.8%、外来工36.2%（见表6－21）。数据显示，大多妇女认为下岗女性再就业的几率不大。

表6－21　对下岗女性再就业机会认识情况

单位：人，%

	城郊	百分比	城市	百分比	城中村	百分比	外来工	百分比
几率大	17	24.3	18	18.7	26	21.8	46	36.2
几率小	35	50.0	64	66.7	72	60.5	50	39.4
不清楚	18	25.7	14	14.6	21	17.7	31	24.4
总数	70	100.0	96	100.0	119	100.0	127	100.0

从表6－20和表6－21的数据可以看出，大多数妇女认为女性就业范围和下岗女性再就业的几率都不大。外来工妇女对这两个问题持肯定态度的比例较之另三个群体高，说明外来工妇女就业选择性不强，对职业要求不高，就业相对容易一些。在开放式访谈中发现，很多妇女对这两个问题的进一步看法是：只要自己肯吃苦，肯学习，提高劳动技能，女性就业并不是问题。体现妇女对自身定位认识的提高。

6.4.2.2　就业机会

在调查“你认为本地区男女就业机会是否平等”时，四个妇女群体选择“是”的比例分别是城郊65.7%、城市78.1%、“城中村”73.9%、外来工75.6%（见表6－22）。

表6－22　男女就业机会是否平等情况调查

单位：人，%

	城郊	百分比	城市	百分比	城中村	百分比	外来工	百分比
是	51	65.7	59	78.1	100	73.9	102	75.6
否	19	34.3	37	21.9	19	26.1	25	24.4
总数	70	100.0	96	100.0	119	100.0	127	100.0

6.4.2.3　男女同工同酬

在调查“男女是否同工同酬”问题时，四个妇女群体选择“是”的比例分别是城郊37.1%、城市78.1%、“城中村”92.4%、外来工81.1%（见表6－23）。说明大多数妇女都能认可男女同工同酬。城郊妇女对这一问题认可男女同工同酬的比例最低，仅为37.1%。进一步了解到，城郊妇女从事的工作主要是以农业劳动为主，受工作性质影响较大。

表 6－23　男女是否同工同酬情况调查

单位：人，%

	城郊	百分比	城市	百分比	城中村	百分比	外来工	百分比
是	26	37.1	75	78.1	110	92.4	103	81.1
否	44	62.9	21	21.8	9	7.6	24	18.9
总数	70	100.0	96	100.0	119	100.0	127	100.0

6.4.2.4　男女晋升机会

在调查“在你的工作岗位中，男女的晋升机会是否平等”时，接受调查妇女选择“是”的比例都比较高，分别是城郊 74.1%、城市 67.1%、“城中村” 80%、外来工 73.5%（见表 6－24）。

表 6－24　男女晋升机会是否平等情况调查

单位：人，%

	城郊	百分比	城市	百分比	城中村	百分比	外来工	百分比
是	40	74.1	53	67.1	88	80.0	83	73.5
否	14	25.9	26	32.9	22	20.0	30	26.5
总数	54	100.0	79	100.0	110	100.0	113	100.0

6.4.2.5　求职与性别歧视

在调查“在找工作或工作过程中，是否感到性别歧视存在”问题时，接受调查妇女选择“否”的比例分别是城郊 77.2%、城市 77.3%、“城中村” 89.7%、外来工 71.9%（见表 6－25）。说明妇女在找工作或工作过程中，性别歧视现象不明显。

表 6－25　找工作或工作中是否感到性别歧视情况调查

单位：人，%

	城郊	百分比	城市	百分比	城中村	百分比	外来工	百分比
是	13	22.8	20	22.7	11	10.3	34	28.1
否	44	77.2	68	77.3	96	89.7	87	71.9
总数	57	100.0	88	100.0	107	100.0	121	100.0

从表 6－24 和表 6－25 可以看出，妇女就业过程中的待遇跟男性相比比较公平，这是社会进步、妇女社会地位上升的一种表现。

6.4.3 单位权益保护

在调查“所在单位是否建有女职工组织”问题时，接受调查妇女选择“是”的比例分别是城郊 29.4％、城市 38.8％、“城中村”42.5％、外来工 15.5％（见表 6－26）。

表 6－26 妇女所在单位是否建有女工组织情况

单位：人，％

	城郊	百分比	城市	百分比	城中村	百分比	外来工	百分比
是	10	29.4	26	38.8	37	42.5	16	15.5
否	11	32.4	28	41.8	29	33.3	67	65.1
不知道	13	38.2	13	19.4	21	24.1	20	19.4
总数	34	100.0	67	100.0	87	100.0	103	100.0

在调查“所在单位是否签订女职工特殊保护专项集体合同”问题时，接受调查妇女回答“是”的比例分别是城郊 5.9％、城市 13.4％、“城中村”3.4％、外来工 6.8％（见表 6－27）。

表 6－27 妇女所在单位是否签订女工特殊保护合同情况

单位：人，％

	城郊	百分比	城市	百分比	城中村	百分比	外来工	百分比
是	2	5.9	9	13.4	3	3.4	7	6.8
否	19	55.9	39	58.2	49	56.3	74	71.8
不知道	13	38.2	19	28.4	35	40.2	22	21.4
总数	34	100.0	67	100.0	87	100.0	103	100.0

从表 6－26 和表 6－27 数据可以看出，妇女所在单位绝大多数并未履行相关妇女权益保护，缺乏相关组织建设和特殊劳动保护合同。

6.4.4 妇女“四期”权益保护

6.4.4.1 孕期工作享有权利

在调查“工作期间怀孕，是否得到孕妇应有的权利”问题时，接受调查妇女回答“是”的比例分别是城郊 67.4％、城市 78.7％、“城中村”92.9％、外来工 63.9％（见表 6－28）。

表 6-28 妇女孕期工作是否享有孕妇权利情况

单位：人,%

	城郊	百分比	城市	百分比	城中村	百分比	外来工	百分比
是	29	67.4	59	78.7	77	92.9	53	63.9
否	9	20.9	15	20.0	4	4.9	28	33.7
不清楚	5	11.6	1	1.3	1	1.2	2	2.4
总数	43	100.0	75	100.0	82	100.0	83	100.0

6.4.4.2 产后恢复原职

在调查“你所了解的妇女产后是否能恢复原职”问题时，接受调查妇女回答“是”的比例分别是城郊75.6%、城市85.7%、“城中村”93.1%、外来工66.3%（见表6-29）。

表 6-29 妇女产后是否能恢复原职情况

单位：人,%

	城郊	百分比	城市	百分比	城中村	百分比	外来工	百分比
是	37	75.6	66	85.7	81	93.1	61	66.3
否	8	16.3	9	11.7	4	4.6	30	32.6
不清楚	4	8.2	2	2.6	2	2.3	1	1.1
总数	49	100.0	77	100.0	87	100.0	92	100.0

6.4.4.3 哺乳期女工岗位保护

在调查“你所了解的哺乳期妇女被调离有毒有害禁忌岗位”问题时，接受调查妇女回答“是”的比例分别是城郊50%、城市76.3%、“城中村”72.1%、外来工45.7%（见表6-30）。

表 6-30 有毒有害禁忌岗位是否调离哺乳期女工情况

单位：人,%

	城郊	百分比	城市	百分比	城中村	百分比	外来工	百分比
是	14	50.0	29	76.3	44	72.1	32	45.7
否	11	39.3	17	44.7	16	26.2	22	31.4
不清楚	3	10.7	2	5.3	1	1.6	6	8.6
总数	28	100.0	38	100.0	61	100.0	70	100.0

从表6-28、表6-29和表6-30的数据可以看出，外来工女性受到所在

单位“四期”劳动保护的比例是四个群体中最低的，说明外来工女性所在单位在这方面做得不足。

6.4.5 政治权利

在调查“你是否享有平等的选举权和被选举权”问题时，四个群体妇女回答“是”的比例分别是城郊 90%、城市 86.5%、“城中村”95.8%、外来工 66.1%（见表 6-31）。说明了相关部门较注重女性政治权利的履行，贯彻落实了相关法律法规。

表 6-31 妇女享有平等选举权和被选举权情况

单位：人,%

	城郊	百分比	城市	百分比	城中村	百分比	外来工	百分比
是	63	90.0	83	86.5	114	95.8	84	66.1
否	7	10.0	13	13.5	5	4.2	43	33.9
总数	70	100.0	96	100.0	119	100.0	127	100.0

6.4.6 维权意识

6.4.6.1 妇女权益信息关注

在调查“平时是否关注妇女权益的相关信息”时，四个妇女群体选择“是”的比例分别是城郊 42.9%、城市 64.6%、“城中村”76.5%、外来工 53.5%（见表 6-32）。数据说明，城中村妇女最关注妇女权益相关信息，城郊妇女对于这方面的意识较为淡薄。

表 6-32 平时是否关注妇女权益相关信息情况

单位：人,%

	城郊	百分比	城市	百分比	城中村	百分比	外来工	百分比
是	30	42.9	62	64.6	91	76.5	68	53.5
否	40	57.1	34	35.4	28	23.5	59	46.5
总数	70	100.0	96	100.0	119	100.0	127	100.0

6.4.6.2 工作期间遭遇性骚扰情况

在调查“工作期间是否遇到异性性骚扰”时，接受调查妇女回答“有”的比例分别是城郊 4.5%、城市 9.2%、“城中村”5.6%、外来工 11.8%（见表 6-33）。

表 6-33 工作期间遇到性骚扰情况

单位：人，%

	城郊	百分比	城市	百分比	城中村	百分比	外来工	百分比
有	2	4.5	8	9.2	6	5.6	13	10.6
没有	42	95.5	79	90.8	102	94.4	110	89.4
总数	44	100.0	87	100.0	108	100.0	123	100.0

6.4.6.3 维权知晓

在“自身权益受到侵害，是否知道维护权益”问题时，选择“是”的人数分别是城郊 46 人、城市 75 人、“城中村”88 人、外来工 96 人。分别占各群体调查对象的 65.7%、78.1%、73.9%和 75.6%（见表 6-34）。说明由于法律知识的普及，女性的维权意识有所提高。

表 6-34 妇女维权知晓情况

单位：人，%

	城郊	百分比	城市	百分比	城中村	百分比	外来工	百分比
是	46	65.7	75	78.1	88	73.9	96	75.6
否	24	34.3	21	21.9	31	26.1	31	24.4
总数	70	100.0	96	100.0	119	100.0	127	100.0

6.4.7 社会地位

6.4.7.1 家庭经济地位

在调查“目前家庭的经济来源主要是什么”的问题时，选择“自己”的比例分别是城郊 7.1%、城市 12.5%、“城中村”18.5%、外来工 15.7%，选择“夫妻俩”的比例分别是城郊 30%、城市 15.6%、“城中村”21.8%、外来工 27.6%（见表 6-35）。

表 6-35 被调查对象家庭经济来源情况调查

单位：人，%

	城郊	百分比	城市	百分比	城中村	百分比	外来工	百分比
丈夫	24	34.3	35	36.5	16	13.4	33	26.0
自己	5	7.1	12	12.5	22	18.5	20	15.7
夫妻俩	21	30.0	15	15.6	26	21.8	35	27.6
其他	20	28.6	34	35.4	55	46.2	39	30.7
总数	70	100.0	96	100.0	119	100.0	127	100.0

注：未婚女性回答此问题时，是指其所在家庭的经济来源。

在调查“如果失去经济来源，你认为自己在家庭的地位是否会改变”问题时，选择“否”的比例分别是城郊77.1%、城市74%、“城中村”73.9%、外来工71.7%（见表6－36）。

表6－36　如失去经济来源后家庭地位是否会改变情况

单位：人，%

	城郊	百分比	城市	百分比	城中村	百分比	外来工	百分比
是	16	22.9	25	26.0	31	26.1	36	28.3
否	54	77.1	71	74.0	88	73.9	91	71.7
总数	70	100.0	96	100.0	119	100.0	127	100.0

注：未婚女性回答此问题时，是指其所在家庭妇女失去经济来源后其家庭地位变化情况。

表6－35和表6－36的数据表明，随着女性劳动参与率的上升，以及城中村等家庭收入的多元化等原因，妇女在家庭中的经济地位有一定的提升，从而家庭地位也得到提升。妇女是否有经济来源很大程度上影响其家庭地位。

6.4.7.2　家庭决策权

在调查“在你的家里主要决策者是谁”问题时，调查对象选择“夫妻俩”共同做决策的比例分别是城郊60%、城市53.1%、“城中村”62.2%、外来工60.6%（见表6－37）。

表6－37　家庭主要决策者情况调查

单位：人，%

	城郊	百分比	城市	百分比	城中村	百分比	外来工	百分比
丈夫	15	21.4	25	26.1	25	21.0	30	23.6
自己	10	14.3	15	15.6	15	12.6	16	12.6
夫妻俩	42	60.0	51	53.1	74	62.2	77	60.6
其他	3	4.3	5	5.2	5	4.2	4	3.1
总数	70	100.0	96	100.0	119	100.0	127	100.0

注：未婚女性回答此问题时，是指其所在家庭的决策权力。

对比表6－37和表6－35，发现对于家庭决策扮演者是谁，并没有受到经济来源是来自哪一方为主的影响。说明在城市化发展中，夫妻双方的地位更加趋于平等化。交谈中，调查对象也提到，生活中，大多数家庭通常是由妻子决定一些家庭的琐碎事情，妻子拥有更多的家庭实权，如每个月的开支、孩子买书买衣服等，而对于一些重大事件的决策如买家电、购房等往往就会落在丈夫的肩上，或者与妻子共同商量决定。

6.4.7.3 家务劳动承担者

在调查“家务劳动主要是谁负责”的问题时，选择“妻子”的比例分别是城郊60%、城市70.8%、“城中村”57.1%、外来工54.3%，选择“夫妻俩”共同承担的比例分别是城郊31.4%、城市22.9%、城中村33.6%、外来工30.7%（见表6-38）。

表6-38 家务主要劳动者情况

单位：人，%

	城郊	百分比	城市	百分比	城中村	百分比	外来工	百分比
丈夫	1	1.4	2	2.1	3	2.5	9	7.1
妻子	42	60.0	68	70.8	68	57.1	69	54.3
夫妻俩	22	31.4	22	22.9	40	33.6	39	30.7
孩子或其他成员	5	7.1	4	4.2	8	6.7	10	7.9
总数	70	100.0	96	100.0	119	100.0	127	100.0

从表6-38的数据可以看出，妇女仍然是家务劳动的主要承担者，但随着她们参加工作，社会压力的增大，她们的家务劳动时间相对减少。日常生活中，夫妻一起承担家务的比例上升，体现了妇女地位的提高，她们不再是家庭劳动的工具，而是得到了社会的尊重和家人的认可，是家庭中重要的一分子。丈夫主动与妻子分担家务，也反映了男尊女卑观念的转变。

6.4.7.4 生育目的与子女性别选择

在调查“你是否认为生育只是为了传宗接代”问题时，调查对象选择“否”的比例分别是城郊41.4%、城市64.6%、“城中村”69.7%、外来工63.8%（见表6-39）。城郊妇女的这一比例最低。

表6-39 被调查对象认为生育为了传宗接代的情况

单位：人，%

	城郊	百分比	城市	百分比	城中村	百分比	外来工	百分比
是	41	58.6	34	35.4	36	30.3	46	36.2
否	29	41.4	62	64.6	83	69.7	81	63.8
总数	70	100.0	96	100.0	119	100.0	127	100.0

从表6-39数据可以看出，妇女的生育观念有较大的转变，多数女性并不认为生育只是为了传宗接代。但城郊仍有超过半数的妇女仍然认为生育的目的

是传宗接代，这与城郊妇女处于农村受传统观念影响较大有关。

在调查“你是否认为生男孩比女孩好”问题时，调查对象选择“否”的比例分别是城郊 85.7%、城市 86.5%、“城中村” 89.1%、外来工 88.2%（见表 6-40）。

表 6-40 被调查对象认为生男孩比女孩好的情况

单位：人，%

	城郊	百分比	城市	百分比	城中村	百分比	外来工	百分比
是	10	14.3	11	11.7	13	10.9	15	11.8
否	60	85.7	83	88.3	106	89.1	112	88.2
总数	70	100.0	94	100.0	119	100.0	127	100.0

从表 6-40 数据看出，被调查妇女绝大多数都认为生男孩并不比生女孩好，改变过去“养儿防老”、“男尊女卑”、“嫁出去的女儿泼出去的水”的观念，取而代之的是“生男生女一个样”、“生女儿比生男孩好”，这是社会发展、观念进步的一种表现。

6.4.7.5 生育决定权

在调查“在生育决定中，你觉得妇女的发言权是否被重视”问题时，调查对象选择“是”的比例分别是城郊 81.4%、城市 90.6%、“城中村” 88.2%、外来工 75.6%（见表 6-41）。

表 6-41 被调查对象生育决定权情况

单位：人，%

	城郊	百分比	城市	百分比	城中村	百分比	外来工	百分比
是	57	81.4	87	90.6	105	88.2	96	75.6
否	13	18.6	9	9.4	14	11.8	31	24.4
总数	70	100.0	96	100.0	119	100.0	127	100.0

从表 6-41 的数据可看出，在生育决定权中妇女的发言得到了重视，可见她们的地位正在逐渐提高，她们不再是生育的工具，而且在解决这方面的问题时，她们的意见得到了认可和尊重。

6.4.7.6 家庭暴力

在调查“是否有过家庭暴力事件”问题时，调查对象选择“否”的比例分别是城郊 84.3%、城市 93.8%、“城中村” 89.9%、外来工 85.8%（见

表 6－42）。

表 6－42　被调查对象是否有过家庭暴力情况

单位：人，%

	城郊	百分比	城市	百分比	城中村	百分比	外来工	百分比
是	11	15.7	6	6.3	12	10.1	18	14.2
否	59	84.3	90	93.7	107	89.9	109	85.8
总数	70	100.0	96	100.0	119	100.0	127	100.0

对于妇女在家庭地位的调查，是否有家庭暴力事件是不容忽视的问题。一般而言，家庭暴力大多发生在文化层次较低、家中处强势地位的成员身上，如丈夫对妻子、父母对子女、青壮年对老人等。发生家庭暴力的原因也是多方面的，主要包括：男尊女卑思想的严重影响，经济和社会地位的差距，压力的增加，社会环境的影响①。从表 6－42 的数据可以看出，随着城市化的发展，法律意识的普及和自身素质的提升，妇女家庭暴力事件逐渐减少。

我国首次出现“家庭暴力”这一概念是在《婚姻法》修正案第 3 条，该条规定“禁止家庭暴力”，《最高人民法院关于适用〈中华人民共和国婚姻法〉若干问题的解释（一）》第 1 条对家庭暴力的范畴做了表述②。

家庭暴力，是指发生在家庭成员之间的，以殴打、捆绑、禁闭、残害或者其他手段对家庭成员从身体、精神、性等方面进行伤害和摧残的行为。家庭暴力直接作用于受害者身体，使受害者身体上或精神上感到痛苦，损害其身体健康和人格尊严③。近年来社会对家庭暴力重视的程度也越来越加深，包括舆论的谴责，相关部门出台的预防和制止家庭暴力事件发生的法律法规。不过要防止这一现象的发生，使其控制在人们可以承受的范围内仍需要很长的一段时间，。但是在调查的过程中也有部分妇女选择沉默，不愿多谈关于这方面的事情，这有可能是因为对这一概念认识模糊或者是受家丑不愿外扬的观念的影响。

6.5　妇女权益保护面临的问题及政策建议

6.5.1　广州农村妇女权益保护所取得的成就

实证分析说明广州城市化进程中妇女的自我保健意识、社会地位、维权意识和家庭地位等各项权益得到了一定的提高和保证。

①② 中华硕博网：《论妇女权益保护》，http：//lw. china－b. com/mflw/lwzx _ 619466 _ 2. html。

③ http：//baike. baidu. com/view/57387. htm。

首先，在自我保健意识方面，在城市化进程中，社会各界对妇女保健的宣传和教育更加重视，妇女对自己健康的重视程度提高，健康水平有了较大提高，健康服务得到一定改善，健康服务利用率有所增加。

其次，在社会地位与维权意识方面，伴随经济地位的不断提高，妇女的政治权利得到贯彻落实，妇女的社会地位也得到各界的高度肯定；在普法过程中，妇女的维权意识也进一步加强；在就业过程中，对妇女的性别歧视也有较大的改进。

最后，在家庭地位方面，在城市化进程中，妇女的经济地位得到明显提升，在家庭决策中享有其应有的权利，对于生育事宜也享有较大的自主权，家庭暴力的情况有所好转，妇女的家庭地位得到一定提升。

6.5.2 广州城市化进程中妇女权益保护存在的问题

6.5.2.1 政策层面存在的问题

（1）用人单位《劳动法》实施不力，缺乏相关监督机制。从上述分析中可以看到，由于所在用人单位《劳动法》履行程度低以及政府相关监管不力使得外来女工自我保健意识相对较弱。在四个被调查的妇女群体中，问题突出。主要表现在：

第一，外来工妇女接受自我保健知识宣传与教育的比例低，所在单位的宣传与教育微乎其微，仅占26.2%。

第二，单位未定期为外来女工提供健康检查。127个外来工妇女中，定期做健康体检的仅有57人，占调查对象的44.9%，而这57人中，享受免费体检待遇的仅有16人，占比仅为28.1%。由于外来工城市“边缘人”的身份，使得她们不能像其他群体妇女那样可享受由所在村委、户口所在地、居委等提供免费体检机会。而所在的工作单位也未能提供定期体检的机会，违背了《劳动法》的相关规定。

第三，外来女工所在单位建有女职工组织和签订女职工特殊保护专项集体合同的比例很低。四个妇女群体中，妇女所在单位建有女职工组织和签订女职工特殊保护专项集体合同的比例都很低。但我们应注意到，特别对于外来工妇女来说，她们多是在私营企业从事制造业，缺乏相关女工组织保护和特殊劳动保护合同，对于她们的权益保障很不利。

第四，外来女工所在单位对妇女“四期”劳动保护权利做得不足。从数据分析中可以看到，在“工作期间怀孕，是否得到孕妇应有的权利”、“你所了解的妇女产后是否能恢复原职”、“你所了解的哺乳期妇女被调离有毒有害禁忌岗位”问题中，外来女工受到所在单位“四期”劳动保护的比例是四个群体中最低的，说明外来工女性所在单位这方面做得不足。

（2）妇女的健康保障制度存在严重的制度“缺位”与“缺陷”。目前我国的社会医疗保险构建于城乡社会分割的基础之上，绝大多数外来工被排除在外。即便是目前试点的新型合作医疗，由于服从属地原则，远远不能满足外来工妇女的健康保障需求。同时，公共支持的不足与制度设计的“缺陷”使其难以根本解决外来工妇女的健康保障问题。城市化过程中健康保障制度的缺失，实际上等于提高了外来工妇女的疾病负担和风险。

（3）妇女就业缺乏相关法律法规保护。在调查“你认为妇女就业范围宽吗”时，只有外来工女性中的59.1%认为妇女就业范围有多元化选择，其余三个妇女群体的这一比例分别是城郊35.7%、城市37.5%、“城中村”28.6%。而在调查“你认为下岗女性再就业机会如何”问题时，四个妇女群体选择“几率大”的比例分别是城郊24.3%、城市18.7%、“城中村”21.8%、外来工36.2%。说明由于缺乏相关法律法规对妇女就业的保护，使得性别歧视导致妇女在就业过程中对就业范围和机会的认识较为保守。

妇女就业歧视是对妇女权益保护的严重侵犯，是违背《妇女权益保护法》和《劳动法》的相关规定的。由于缺乏相关法律法规的约束和监督，使得妇女就业歧视现象日益严重。

（4）基层妇女参政议政比例低。虽然在“是否享有平等的选举权和被选举权”问题的调查中发现，绝大多数妇女都表示享受了平等的选举权，说明了相关部门较注重女性的政治权利履行，贯彻落实了相关法律法规。但值得注意的是，女性参政议政意识与质量仍有待提高，女性参与决策和管理的难度较大。主要表现在基层特别是村民委会中女性比例明显偏低。

（5）妇女的劳动和社会保障权益缺乏保护。调查中发现，妇女劳动和社会保障权益受到侵害或歧视的现象依然存在，女职工劳动权益，特别是处于私有制企业的外来女工劳动权益得不到有效保障。这些问题主要体现在：一是劳动力市场普遍存在性别歧视；二是非公有制企业中女工劳动保护问题较多，当前许多民营企业主法律意识淡薄，严重侵犯那些来自农村的女工们的合法权益；三是女职工的生育权得不到维护；四是生育保险制度的实施与妇女的实际需求相比滞后。导致这些问题出现的原因，除传统性别观念的影响外，用人单位未履行相关妇女保障条例，以及缺乏相关部门监督是重要原因。

（6）妇女的人身权利问题如性骚扰问题缺乏相关法律界定。城市化进程中，随着女性劳动参与率的增加，性骚扰也长期存在于社会生活中，已成为一个比较严重的社会问题。虽然在调查中发现调查对象遇到性骚扰的比例不高，但随着女性越来越广泛地就业，职场中的男女同工，性骚扰也随之增多。特别是那些从事钟点工、家庭保姆、临时工、合同工等非全日制就业的妇女，由于经济活动、组织结构分散，缺乏劳动和法律保护，性骚扰现象更是时有发生。性骚扰虽为我国法律所明文禁止，但目前并没有明确的法律界定。到底什么是性骚扰、在具体的案件中对性骚扰如何界定、如何适用法律条文等问题目前还没有确切的答案。法官在审理具体案件时，一是感到缺乏可操作性，二是由于性骚扰案件具有隐蔽性，受害人举证困难。

（7）妇女的财产权益缺乏保障。调查中发现，妇女的财产权益问题，主要集中在三个领域：一是夫妻共同财产领域，主要表现为女方对夫妻共同财产缺乏知情权。有一部分妇女抱着平常够用就行的观点，对家庭财产不闻不问，所有财产完全处于男方控制之下，离婚时难以举证。现行的不动产登记制度与夫妻共同财产制存在着冲突，导致女方利益受侵害。二是家庭中住房、存款、土地证书上的署名多为丈夫，其次是父亲，这表明男性在占有家庭财产方面的传统优势依然存在，这种情况也为妇女的家庭财产权利受侵害留下了极大的隐患。三是农村妇女的财产权益问题。主要表现为外嫁女的土地及相关财产权益得不到切实的维护，农村离婚或丧偶妇女的土地及相关财产权益得不到维护甚至受到侵害。

（8）对妇女的婚姻家庭权利保护的法律法规仍不健全。家庭暴力和其他暴力性违法行为相比，因其主要发生在家庭，发生在家庭成员之间，具有较强的隐蔽性。同时，虽然法律明文规定禁止家庭暴力，但针对防治家庭暴力的法律机制仍然欠缺，对于普遍情节较轻的暴力行为，即使受害方报警后，派出所在具体执行时多以“家务事”为由进行简单地调解、说服教育或以“伤害”未达到一定程度而不予追究，使施暴者的施暴行为更加有恃无恐。这些原因使得家庭暴力问题始终得不到有效解决。在现今的救助体系中，尤其是在法律体系中，存在的一个巨大的不足：其规定只是在宏观上予以立法，而并不能治本，往往只具有事后处理性，而根本不存在预防效果。举例而言，在《婚姻法》中对家庭暴力的规定是短短的“禁止家庭暴力”几个字，而在《妇女权益保护法》中也只是规定“禁止歧视、虐待、残害妇女”，“妇女生命健康不受侵害”，不仅对家庭暴力的范围没有明确的界定，而且还存在着严重的漏洞。

6.5.2.2 社会层面存在的问题

（1）外来工作为城市边缘人群，无法共享城市化发展成果。调查发现，外来工妇女在四个妇女群体中，认为“有必要进行婚前检查”和“婚后是否定期进行妇检”的比例最低。

从 2007 年 4 月 1 日开始，新婚夫妇双方或一方户籍在广州市，并在广州市登记结婚，只要在婚姻登记前 3 个月及婚姻登记后 1 个月内，均可享受政府提供的免费婚检[①]。而婚后妇检除婚后定期查环查孕由所在社区免费提供外，

① 中华人民共和国中央人民政府网：《广州公布免费婚检项目及医院》，http：//www.gov.cn/fwxx/fwzk63/content _ 566483.htm。

其余妇检项目多为自费。这也许是导致作为城市“边缘人”的外来工妇女婚前检查和婚后妇检比例较低的原因。

（2）社会各方应多关注妇女身心健康。在调查中发现妇女的自我保健意识有较大提高。妇女担当着社会神圣的使命——生育儿女，她们身体素质的高低影响着下一代。因此，她们的健康意识提高了，不仅有利于自身的健康，而且有利于下一代的健康成长。社会要关注妇女的身体健康，给予医疗保障，同时，也要关注妇女的权利和地位（特别是农村妇女和外来工妇女）。只有保证妇女身心健康，才能使她们得到全面的发展，为社会作出更大的贡献，实现她们最大的人生价值。但是，从目前的情况来看，农村妇女的医疗保障问题还没有得到根本解决。虽然她们的保健意识提高了，但是还没有相应的保障政策与之配合，使得妇女在健康保健方面遇到很大的困扰。

（3）妇女的权益保障尚未引起社会各界足够重视。妇女的权益保障需要全社会共同来努力，但是在调查过程中发现，在城市化进程中，妇女的权益保障并没有得到有效地落实，其监督机制也不完善。主要表现在以下方面：

第一，在自我保健方面，妇女的健康保健宣传不到位。特别是外来工妇女接受自我保健知识宣传与教育的比例较低，民营企业的妇女员工健康宣传和教育作用更是微乎其微。由于宣传不到位，妇女对艾滋病、生理期的卫生等健康知识不够了解，对人流的危害性认识不足，对分娩的处理也没有引起足够的重视，妇女的定期健康检查没有很好地落实。妇女在“四期”期间的权益得不到保障，降低女职工的工资、辞退女职工、单方解除劳动（聘用）合同或者服务协议的情况时有发生。

第二，在劳动保障方面，缺乏对妇女足够的支持和保护。调查发现，城郊妇女的同工不同酬以及其他福利待遇方面与男子的差距比较突出。妇女的就业范围较窄，下岗后再就业的几率更低；城市妇女在晋职、晋级、评定专业技术职务方面存在一定的阻碍（与城市妇女的工作要求有一定的关系）；外来工妇女与用人单位签订劳动（聘用）合同或者服务协议的比例较低。这些与社会对妇女的性别歧视、就业偏见有很大关系。

第三，在家庭地位方面，妇女的家庭地位仍然偏低。家庭的决策权主要集中在男方，其经济来源主要来自丈夫，家庭暴力现象仍然存在。

6.5.2.3　*妇女自身存在的问题*

（1）对妇女权益相关信息缺乏关注。在调查“平时是否关注妇女权益的相关信息”时，数据说明，“城中村”妇女最关注妇女权益相关信息，城郊妇女对于这方面的意识较为淡薄。

（2）自我健康保健重视程度不够。调查发现，有些城郊妇女和大多数外来工妇女，由于收入不稳定且没有免费的定期健康检查，定期健康检查比例较低，在患上妇科疾病后也没有引起足够的重视。

（3）法律意识淡薄，维权意识不强。调查中发现，大多数妇女并不了解妇女权益保护的相关法律法规，只有少数人知道存在《妇女权益保护法》，妇女自身的法律意识淡薄，对相关妇女保护法律法规缺乏了解。究其原因，在城市化进程中，社会各界的普法力度仍然不够，加上大多数妇女缺乏一定的文化教育，自身素质较低。

（4）文化程度低，落后的传统观念根深蒂固。从调查数据可发现，此次被调查女性的普遍受教育程度不高，“城中村”女性的受教育水平相对较高，高中及以上文化程度占比 59.6%，而城郊、城市和外来工被调查女性的文化程度多集中在初中及以下文化水平。特别是城郊妇女，普遍文化程度偏低，观念落后，自卑思想严重，满足于一般的家庭主妇生活，往往成为男人的“附属品”，明显处于弱者地位。

6.5.3 切实做好城市化进程中妇女权益保护的相关建议

6.5.3.1 加大执法监督力度，推进相关政策法规的完善和落实

（1）定期对《劳动法》及相关妇女保护法规执行情况进行检查。政府相关部门应严格监督用人单位执行《劳动法》和相关妇女保护政策法规，切实保护女职工权益，特别是外来女工权益。应采取定期检查与不定期抽查的方式，深入劳动用工单位，对外来女工劳动合同签订情况、工资发放情况、休息权执行情况及社会保险缴纳情况进行检查，对未签订用工合同的企业要予以经济处罚，并补签用工合同；对未建立女职工组织和签订女职工特殊保护专项集体合同的企业予以查处，监督用人单位对女职工定期开展自我保健知识宣传与教育并组织女职工进行定期健康体检；对侵犯妇女“四期”劳动保护权利的企业，根据违反《妇女权益法》和新《劳动法》相关规定严厉查处；对于随意延长工时、占用务工人员法定休息日的用工单位要按规定及时纠正；对确实需要延长工时和占用休息日的，要按规定给务工人员加薪；对应缴纳的社会保险，要按规定缴齐。

（2）完善法律体系，构建有效的法律救助机构，杜绝家庭暴力事件。从法律、行政、社会方面着手，充分发挥政府职能。在立法上应该增强法律的可操作性和威慑力，明确家庭暴力的定义、范围、性质等，尤其是对“冷暴力”的界定，增加法律救助程序、制裁机构、施暴者应承担的法律责任等内容，做到分工明确、执法明确，使受害者投诉有门。其中最有效的方法是制定专门的《反家庭暴力法》。同时，加强舆论作用，增强社会对家庭暴力的重视。应将家庭暴力纳入社会综合治理范畴，从舆论、道德、家庭、法律、社区、单位几方面组建反家庭暴力网，使家庭暴力无漏洞可钻[①]。

---

① 中华硕博网：《论妇女权益保护》，http：//lw. china - b. com/mflw/lwzx _ 619466 _ 2. html。

（3）加大对进城务工妇女特殊权益的保护力度。政府相关部门，如卫生、劳动、工会等部门应定期对企业女职工保健和劳动保护工作进行检查，企业每年要抽出专门资金对妇女进行妇科疾病普查，以解决外来工婚检和妇检比例低的问题；对进城务工妇女的“四期”保护，严格按照女职工劳动保护规定执行，对不具备相应设施和条件的企业，应采取积极措施达到标准要求。

（4）给外来女工“新市民”的身份和“新市民”的待遇。政府相关部门加大舆论宣传力度，在全社会形成尊重外来工，特别是外来女工，外来工进城光荣的氛围。

进城务工妇女是重要的人力资源，在城市建设和经济发展中发挥着重要作用。随着城市化进程的加快和农村剩余劳动力转移就业的增加，进城务工妇女在城市建设和提高城市居民生活质量方面将发挥更大的作用。因此，我们要给进城务工妇女“新市民”的称谓与身份，提供“新市民”待遇，与城市居民享有同管理、同教育、同服务、同维权资格。发挥舆论宣传作用，利用媒体开设专题、专栏，宣传外来工妇女在城市化进程中的作用，宣传她们的创业典型。各级政府和有关部门每年应表彰奖励进城务工创业、就业典型。在外来工妇女中，妇联组织应开展“十佳新市民”、“农村妇女转移创业、就业明星”等评选表彰活动，努力在全社会形成鼓励外来工进城、外来工进城光荣的氛围。

6.5.3.2 切实做好妇女维权工作

（1）加大宣传工作力度，提高妇女的自我维权意识。结合广州城市化发展的特征，利用学校、村部组织、居委会组织妇女学习《婚姻法》、《妇女权益保障法》、新《劳动法》等与自身利益密切相关的法律法规，增强她们的法律意识和自我保护意识，使她们在权益受到侵害时，能拿起法律武器来保护自己的合法权益；其次是要通过举办电视专栏、普法宣传车、发放宣传资料等多种形式大力宣传这些法律法规，提高农民的法制观念和法律水平，增强维护妇女权益意识，使全社会形成人人保护妇女、人人尊重妇女的良好局面。

（2）加强妇女维权工作力度，为妇女人身权利提供司法保障。建立司法维权网络，充分发挥社会纠纷的调解机制和法律服务中心的作用，在法院和司法部门专门设立妇女维权法庭，为受害妇女撑起保护伞。发挥妇联干部人民陪审员的作用，让妇联干部通过陪审工作，直接进入司法程序，依法维护妇女的合法权益。

（3）畅通妇女维权的渠道。劳动仲裁部门应对妇女的劳动权益争议案件开辟绿色通道，作为特殊问题特殊解决；妇联组织采取送法上门、公布投诉热线、在社区建立维权服务中心或咨询服务站等形式，畅通维权的渠道。建立外来工女工组织，健全妇女工会女职工委员会或女工委员会，以利于维护女职工权益。

(4) 加大妇女思想教育工作力度，增强女性独立自主精神。女性之所以被视为弱势群体，其中一个重要原因是相当一部分女性缺乏自立、自强精神和敢于面对现实的勇气。当生活中出现矛盾和问题时，缺乏自信，依赖心理严重，怨天尤人，甚至悲观厌世。因此，树立妇女的独立和发展意识十分重要。只有唤醒妇女自身的巨大潜能，帮助其真正坚强起来，用实际行动争取自身的权利和地位，才是解决问题的关键。

6.5.3.3　加大培训力度，提高妇女综合素质，多渠道帮扶妇女就业创业

(1) 加大对妇女的劳动技能培训。劳动和妇联等相关组织可从以下几方面加大妇女劳动技能培训：一是增强妇女发展现代农业的技能，开展“新型女农民培训工程”，为城郊从事农业劳动的妇女实现就地转移创造条件；二是积极创立妇女继续教育工程，与相关院校合作创办妇女继续教育进修班；三是创建“妇女创业就业培训基地”、“妇女职业培训学校”、“妇女社区服务站”、“女大学生实践基地”等培训阵地，帮助女性提高创业创新能力；四是在对外来工妇女进行岗前技能培训的同时，把提高法律意识和维权能力作为重要内容，使外来工妇女在务工前具备较强的法律意识和自我保护的能力。同时，突出抓好外来女工进城务工后的教育。依托社区学校组织外来工妇女定期开展劳动技能培训，激发她们的学习热情，提高她们适应岗位需求的能力和水平。

(2) 多渠道帮扶妇女就业创业。一是多举措帮扶妇女就业创业。如海南省妇联以项目带动和“公司+家庭”等方式，引导开发妇女手工编织产业，培育妇女经济组织与协会。三亚市妇联运用政府 100 万元专项资金，开展“巾帼经济示范户”工作，扶持了 1 个妇女合作社、3 个女性经济协会和 45 户家庭发展种养业高效农业。2009 年，海南省新培育 45 个妇女专业合作经济组织，促进了农村妇女参与农村经济专业化、规模化发展。新创建的 15 个“妇字号”黎锦、苗绣和藤竹手工编织组织、“三八”绿色示范基地及屯昌县妇女手工艺品制作就业基地，直接带动 1 万多名妇女实现就近就地转移创业就业①。二是建立健全小额贷款担保中心、妇女创业实践基地等，切实解决妇女创业就业资金瓶颈问题。妇联组织要进一步加强与有关部门的协调沟通，进一步做好对创业妇女的指导服务工作，不断提高运用政策服务城乡妇女、推进工作创新发展的能力和水平，让广大妇女真正得实惠、普受惠、长受惠。三是各级妇联积极落实妇女就业工作目标责任制。2009 年，广州市妇联积极贯彻落实“八八八”妇女就业工作目标责任制，推动妇女创业就业。广州市妇联在发挥广州市人力资源市场妇联分市场原有服务功能的基础上，积极搭建就业服务平台，创新就

① 新华网海南频道：《海南省妇联多措并举帮扶妇女就业创业》，http://www.hq.xinhua.org/news/2010-03/05/content_19170424.htm。

业服务模式。经国家劳动部批准，成立了广州市目前唯一的承担育婴师、母婴护理员资格认定的国家职业技能鉴定所，推出公共营养师、育婴师等家政培训项目，拓展了家政服务的内容，为实现就业服务上规模、升档次、树品牌提供了更广阔的平台。各基层妇联也采取积极措施促进妇女创业就业，如引导妇女参与发展乡村游、农家乐，实现了农村妇女在家门口创业就业的愿望[①]。

（3）提高妇女的教育水平，增强妇女自身素质。政府相关部门在重视妇女技能培训的同时，还要加强对妇女基本文化素质的教育和综合素质的培养。比如对文化程度较低的妇女，可以通过文化提高班提高她们的文化知识水平。只有妇女的受教育水平、自身综合素质以及劳动技能都得到了普遍提高，妇女的合法权益才能真正得到保障。

（4）建立长效的工作机制，为维护城市化进程中妇女权益提供保障。一是加快城市化进程，使外来工妇女就地转化为城市居民，鼓励大、中城市适当放宽进城务工妇女户籍管理标准，给予外来工妇女创业典型以优先落户的优惠政策。二是各部门要将维护妇女权益作为今后一项长期工作来抓，把优先解决进城务工妇女权益问题作为工作的重中之重。三是进一步完善社会保障体系，采取分层分类，优先解决重点问题、重点领域等方法，尽快将外来工妇女的医疗、养老、工伤、生育方面的保险纳入城镇医疗保障体系，解决进城外来工妇女的后顾之忧。

总之，中国城市化进程中妇女权益保护是一个长期的问题，是一项系统工程。应以科学发展观为指导，以构建和谐社会为目的，建立妇女权益保护的长效机制，保证妇女权益保护措施的具体落实。

---

① 广州市妇联网：《广州市妇联第十一届五次执委会上的工作报告》，http：//www.gz.gov.cn/vfs/subsite/flw/content.jsp?contentId=743770&catId=20621 。

7 城市化进程中的农民工子女教育问题

7.1 农民工子女教育问题研究的意义

7.1.1 问题的提出

7.1.1.1 *流动人口的产生及流动人口子女教育问题的出现*

流动人口是指其常住地与户口所在地相分离的人口，目前中国的流动人口中绝大部分都是到城市或城镇务工经商的农村剩余 劳动力。农村剩余劳动力转移是我国长期以来客观存在的现实问题。根据 2000 年第五次全国人口普查资料，中国省内跨县（市）、市区和跨省的流动人口（不包括在县（市）、市区内的流动人口）合计达 7 875.65 万，其中跨省的流动人口达 4 241.86 万，占 53.86%（《中国 2000 年人口普查资料》上册，中国统计出版社 2002 年版，第 726 页）。以农村剩余劳动力为主力军的流动人口大量流入城市，对城乡社会经济发展产生了较大的影响。

农村剩余劳动力向城市流动是伴随着改革开放和社会主义市场经济体制的建立而出现的一种必然现象，是社会生产力合理配置的一种必然需要。大多数流动人口在城市里从事本地人不愿意做的体力活，他们为城市经济的发展补充了不可或缺的劳动力，为城市基本建设和发展作出了巨大的贡献。大量农村剩余劳动力外出务工经商，不仅给农民家庭带来了经济效益，也给当地带来了很好的社会效益，而且还促进了农村剩余劳动力的转移和产业结构的优化，提高了农业劳动生产率。但是，这些流动人口在促进城市建设和经济发展的同时也带来了一系列的社会问题，如城市社会治安、环境卫生、子女教育问题等。流动人口子女的教育问题是近年来城市化进程中的一个热点问题。

流动人口子女的教育问题是伴随着大量流动人口的出现而产生的一个社会问题和教育问题，它是各国城市化进程中遇到的共同话题，其出现的主要根源是城市工业发展的吸引力和农村劳动力过剩的排斥力所形成的推拉合力的结果。在中国，如果说流动人口的大量涌现是中国改革开放和社会主义市场经济发展的必然结果，而流动人口子女在流入地的受教育问题则是流动人口迅速增加和中国城市化发展的伴生物，流动人口子女教育问题由此产生。

7.1.1.2 *伴随着流动人口产生的流动人口子女教育问题日益突出*

目前流动人口的迁移具有以下两个特点：一是流动人口的规模不断扩大。据最新统计，2007 年我国农民工达 2.26 亿。二是人口迁移呈现家庭化趋势。

随着流动人口数量的不断增加，结构也从个体流动发展到举家迁移，这就产生了进城务工人员子女这样一个数量庞大的特殊群体。据国家统计局有关资料显示，2003年农村外出务工的劳动力已达1.14亿，占农村劳动力的23%，其中举家在外务工的劳动力2 430万，随同父母进入城市的6～14岁义务教育阶段适龄儿童约有643万人。这些孩子正处于接受义务教育的法定年龄，但是在跟随父母流入城市后，他们的受教育状况却处在尴尬的境地。

流动人口的流向主要有两个方向：一是从农村流入城市，尤其是大城市和特大城市。二是由内地流向东部沿海地区。2000年，中部和西部地区跨省向东部地区流动比例分别高达84.3%和68.3%，东部地区成为劳动力和学龄人口流动的主要目的地。因此东部地区在保障流动儿童教育权利方面面临较大的压力和挑战。

当前，流动人口子女的受教育问题已经成为影响中国现在和今后社会、经济发展的大问题。近年来，众多学者分别从教育制度、财政制度、教育公平、心理健康、管理体制和家庭教育等方面进行分析，研究流动人口子女的受教育问题，试图解决在城市化进程中流动人口子女教育的一系列问题。

7.1.2 概念界定

在农民工子女这个庞大的群体中，存在流动儿童和留守儿童两个概念，流动儿童和留守儿童是同一群体的两个方面，他们同属于受人口流动影响的儿童。所谓“留守儿童”是指父母双方或一方流动到其他地区，孩子留在户籍所在地并因此不能和父母双方共同生活在一起的少年儿童。“流动儿童”是指离开户口所在地，跟父母一起流入到其父母务工经商所在地的少年儿童。根据2000年第五次人口普查的数据和2005年全国1%人口抽样调查的数据估算，2000年，我国17周岁及以下“流动儿童”的规模达1 983万，到2005年，这一数字达到了2 533万，五年间增长了27.3%。据预测，到2020年，流动人口规模将达2.3亿左右，到2050年，流动人口规模将达到3.4亿。可以预见，随着流动人口的不断增加，各流入地的流动儿童的数量也在不断上升，各级部门，包括各地政府和流入地流出地的管理机构以及各类学校，都面临着如何应对这种发展趋势和要求，切实解决流动儿童的受教育问题。

由于本研究的重点是针对城市化进程中的农民工子女教育问题，并以广州地区为例展开调研活动，因此关于农村留守儿童教育问题的研究不作为本报告的研究范围。在农民工诸多问题中，其子女的受教育问题就是其中之一，如果他们的子女在城市里的受教育问题不能很好地解决，就会使他们在流入地不能顺利地工作和生活，进而阻碍城市化进程的发展。当前，农民工子女教育问题已经成为流动人口在城市里居住的最大困难之一。

本研究试图通过对广州地区城市化发展中农民工子女受教育问题的调查分

析，找出当前影响农民工子女受教育的主要原因是什么？解决的途径和方法是什么？从而解决城市化进程中影响农民工生存和发展的关键问题——农民工子女教育问题。

7.1.3 研究意义

2006 年 3 月 28 日，中央政府颁布了《国务院关于解决农民工问题的若干意见》，要求“保障农民工子女平等接受义务教育”。为了实现这一目标，国务院明确提出了“两为主”的原则，即：以流入地政府为主，负责农民工子女的义务教育；以全日制中小学为主，接受农民工子女入学。《若干意见》强调：“输入地政府要承担起农民工子女义务教育的责任，将农民工子女义务教育纳入当地教育发展规划，列入教育经费预算，以全日制公办中小学为主接收农民工子女入学。”同时，要求城市公办学校对农民工子女接受义务教育在收费、管理等方面应与当地学生同等对待，不得违反国家规定向其加收借读费及其他任何费用。由此可见，党和政府已经高度关注农民工子女的教育问题。但事实上，问题并没有得到很好地解决，我们看到的依然是农民工无奈的面孔和农民工子女渴求的眼睛。一些流入地政府由于种种原因并没有真正依照有关指示精神妥善解决好农民工子女的教育问题，当前，农民工子女教育问题已经成为城市化发展过程中存在的重要问题。事实证明，只有农民工子女教育问题得到妥善解决，才能使城市化得以顺利进行和健康发展。

7.1.3.1 社会的可持续发展需要关注农民工子女教育问题

儿童是祖国的未来，是民族的希望，他们终将挑起历史的重任。尊重和保护儿童权利，为儿童创造一个良好的生存和发展的社会环境是政府和社会的责任。农民工及农民工子女，不断奔波于城市与乡村之间，其现实就是他们离开了乡村，却没有真正融入城市，陷入了两难境地。在法国，最近几年发生的骚乱不断，而骚乱主角都是移民后代，其主要原因就是没有很好地解决流动人口安置问题。因此我们必须高度重视解决农村进城务工人员随迁子女的义务教育问题，目前虽然已确定以流入地为主、以公办中小学为主的原则，但实际上以公办学校为主的原则在大多数地区都难以落实，公办学校在数量上仍不能满足需求，而一些民办的农村进城务工人员子女学校的教学条件差，教学质量低下。随着城市实施九年义务教育，这种矛盾越来越突出，成为影响社会可持续发展的障碍之一。

7.1.3.2 社会的平等教育直接体现在农民工子女教育问题上

农民工与流入地的当地人相比，他们在生活和工作等方面都处于困难境地，社会地位相对较低。农民工子女教育问题反映了社会弱势群体的受教育问题，在深层次上说明了中国的教育体制面临着是否对社会弱势群体的教育权利予以保障、是否有助于缩小城乡差别和实现社会平等的问题。为了保证农民工子女平等的受教育权，近十年以来，国家出台了一系列的相关政策和法令条例。但是，由于这些法律条文缺乏可操作性，农民工子女的受教育权不同程度地受到了损害。当前，农民工子女义务教育过多的附加条件不仅难以确保其可靠性、真实性和公平性，也抬高了农民工子女接受义务教育的门槛，并可能成为一些部门和个人不合理收费的借口。教育不平等是社会不平等在教育领域里的反映。如果农民工子女在流入地不能享有与当地儿童同等的受教育权利，则会导致在社会利益占有方面更大的不公平，同时也会强化流动人口的社会不公平感，使他们滋生与社会相抵触的情绪，这种情绪发展到一定程度就可能会出现不稳定因素。

7.1.3.3 社会的安定团结和经济发展要求解决农民工子女的教育问题

农民工为城市的经济和社会发展作出了巨大的贡献。如果说农民工对当地政府的贡献是在践行一种义务的话，那么，其子女在城市接受平等的义务教育则是一种应得的权利。这种权利也是流入地政府应当履行的一种道义上的职责。解决好农民工子女教育问题，直接影响到当地的经济建设和社会的安定团结，间接影响到农民工对党和政府的信任程度。正如国家教委副主任柳斌所说："流动人口中适龄儿童、少年能否就学，关系到《义务教育法》的贯彻落实和全体儿童、少年教育平等权利的保障，关系到本世纪末基本普及九年义务教育，基本扫除青壮年文盲目标的实现和全民族素质的提高，关系到经济发展和社会的安定团结。"农民工及其子女是城市化发展过程中的一个庞大的特殊群体，农民工子女的教育问题直接关系到这个群体的稳定性和未来的发展，并成为社会转型时期的一个综合性问题。在提倡教育公平的当今社会，我们应该更加关注这个群体的教育现状，深入研究农民工子女教育问题产生的原因并找到妥善的解决办法，以促进社会的和谐发展。

7.1.3.4 城市化的发展与农民工子女教育问题息息相关

城市化是人类社会发展的客观规律，是不可阻挡的历史潮流。农村人口向城市迁移和流动是城市化的直接原因，农村剩余劳动人口进城后，本身就面临着住房、就业、生活等方面的重重压力，如果他们的子女在城市里的受教育问题不能很好地解决，就会使他们在流入地不能顺利地工作和生活，进而阻碍城市化进程的发展。当前，农民工子女教育问题已经成为流动人口在城市里居住的最大困难之一。解决好农民工子女在城市里的入学问题，依法保障他们接受义务教育的权利，是我国实现快速健康的城市化的前提。

7.1.4 政策应对和地方经验

7.1.4.1 福州经验和政策应对

2004 年 4 月，福建省教育厅、省劳动和社会保障厅等部门响应国家"两为主"政策要求，联合制定了《福建省关于进一步做好进城务工就业农民子女义务教育工作的意见》，让农民工子女入学问题的解决开始步入正轨。该《意见》要求流入地政府要制定进城务工农民工子女接受义务教育的收费标准，做到收费与当地学生一视同仁。2004 年 9 月，福州市开始实行这一新政，并出台“三个一视同仁”、“三个特别照顾”、“三个灵活办理”政策为农民工子女入学创造了更为方便的条件。2005 年，福州市继续出台了一系列解决农民工子女入学问题的法规和政策，主要有《市政府关于进一步做好进城务工就业农民子女义务教育工作的意见》、《关于规范民办小学办学的补充规定》、《福州市教育局关于 2005 年福州六区初中招生工作的意见》、《福州市教育局关于 2005 年秋季小学一年级招生工作的意见》。这些法规和政策为福州市解决农民工子女入学问题提供了法律和政策依据，具有现实意义。2007 年秋季，根据规定，福州市凡有接纳能力的公办学校都必须积极接收农民工子女入学，不得以任何理由拒收。农民工子女就读公办学校与城市学生享受同等待遇，免交借读费，属于特困学生的落实“两免一补”政策。2008 年初，为保证农民工子女就读公办学校不仅能进得来、留得住，而且还能学得好，福州市教育局出台了《关于加强农民工子女入学后管理工作的意见》。《意见》要求，学校要加强温暖教育，广泛开展“同在蓝天下”的教育活动，教育城市学生尊重农民工子女，引导城市学生与农民工子女帮扶结对子，让农民工子女消除陌生感、自卑感，增进与城市学生的认同感。

政策执行情况：2004 年，新政策出台的第一年，福州市区仅有 18 所初中、12 所小学，集中接收农民工子女入学。新政策的出台，给当时福州市的农民工带来了巨大的震动，他们怀着忐忑不安的心给孩子报了名，拿到入学卡以后，他们都不敢相信真的有这么便宜的事，所以当年 8 月，到福州各教育行政部门和学校登记申请入学的农民工子女只有 6 450 人。而 2005 年春节一过，老乡传老乡一个带一个，看到前面吃螃蟹的农民工子女稳当地上了学，无数在福州务工的农民工纷纷效仿，把孩子带到了身边上学。据有关数据显示，2005 年在福州市接受九年义务教育的农民工子女已有 5 万多名，占全市接受义务教育学生总数的 5.94%，其中城区小学 44 724 名、城区初中 11 478名。此外，在八县（市）城区就读有 11 695 名。90%的农民工子女由市公办学校接纳，10%由民办学校安置。经批准办学的民办农民工子弟学校共有 5 所，均为小学，在校生达 4 000 多人。2007 年，福州市规定市区的 42 所公办中学和 147 所公办小学开始全面接纳农民工子女，市区新招 112 万名农民工子女。根据市教育局的统计，福州市（包括八县）小学在校的农民工子女总共有 74 507 人，占所有学生总数的 15.7%，初中总共有 17 262 人，占所有学生总数的 6.75%。以上学生中，九月份新入学的达到 23 477 人。

7.1.4.2 青岛经验和政策应对

近几年，青岛市委、市政府高度重视农民工子女入学工作，采取积极措施，保障农民工子女与当地学生平等接受教育。截至2008年12月，青岛市义务教育阶段学校共接收农民工子女73 645名，占全市义务教育阶段学生总数的10.1%。其中，小学共接收51 344名，占全市小学生总数的10.9%，初中共接收22 301名，占全市初中生总数的8.7%。市内四区义务教育阶段学校共接收农民工子女33 023名，占市内四区义务教育阶段学生总数的24.1%。其中，市内四区小学共接收23 850名，占市内四区小学生总数的25.7%；市内四区初中共接收农民工子女9 173名，占市内四区初中学生总数的20.8%。其主要做法是：

（1）以流入地政府管理为主，保障农民工子女平等接受教育的权利。

第一，出台农民工子女入学保障政策。2004年，青岛市政府办公厅下发了《关于进一步做好城市外来务工就业人员子女基础教育工作的意见》。《意见》明确提出，流入地政府负责农民工子女教育工作，农民工子女要以全日制公办中小学校为主接收，确保农民工子女能够接受与当地学生同等条件的教育。市教育局同时出台了农民工子女入学实施细则。2007年，青岛市教育局进一步完善相关政策，出台了《青岛市外来务工就业人员子女普通教育工作暂行办法》。《办法》对农民工子女在青岛市中小学入学的条件、入学程序、农民工子女就读的权利和义务、学校的责任、家长的责任等作了进一步的规定。

第二，确立农民工子女入学经费保障机制。在教育投入方面，青岛市坚持农民工子女与本地学生完全同等待遇，财政部门每年按照各学校实际在校人数拨付教育经费。市财政同时设立专项经费，对农民工子女集中的学校进行专项补助，并通过提高城市教育费附加返还比例等方式对区（市）财政加以支持。

第三，免收符合入学条件的农民工子女借读费和杂费。从2004年开始，青岛市公办小学和初中学校在全国率先免收符合入学条件的农民工子女借读费。从2007年开始，青岛市开始免收包括农民工子女在内的城市义务教育阶段学生杂费。崂山区、城阳区和胶南市免收城区和农村所有义务教育阶段学生课本费。

第四，设立“青岛市外来务工人员子女爱心基金”，帮助家庭困难的农民工子女完成义务教育。2006—2007学年度，全市共有600名家庭困难的农民工子女得到资助，每名学生200元，共12万元。

第五，积极挖潜，千方百计保障农民工子女入学。市教育局要求各区（市）教体局、各公办中小学要积极挖潜，尽可能多地接收农民工子女就读。在规定的班额内，有空余学位的学校不得拒收居住在本校招生区域内的农民工子女入学。对于符合入学条件但没有联系到接收学校的义务教育阶段学生，由教育行政部门负责安排，保证其入学。为了方便农民工子女就读，青岛市实行入学报名“四统一”，即统一时间、统一地点、统一分配、统一收费。

（2）坚持以公办中小学接收为主，提高农民工子女接受教育的质量。以公办中小学接收为主，让农民工子女与当地学生共享教育资源，是教育公平的重要体现，有利于保证农民工子女接受教育的质量。目前，青岛市农民工子女绝大多数安置在全日制公办学校，少部分由学生家长选择在民办学校就读，全市无独立设置的农民工子女学校。根据青岛市实际，市内四区按照相对就近、统一安排的原则，由各区教体局统一安排到班额有空缺的学校。

（3）开展“手拉手”结对帮扶活动，帮助农民工子女尽快适应新的学习环境。农民工子女来自全国各地，他们当中许多人认为自己是“外来户”，性格比较内向，缺乏自信。他们需要教师投入更多的热情，付出更多的爱心，给他们更多的机会，让他们施展才能，体验成功，树立自信。通过“手拉手”结对帮扶活动，农民工子女能够很快地融入新的群体当中，很快地适应新的学习和生活环境。

（4）探索农民工子女教育规律，实施因材施教。青岛二十七中、山东路小学等学校积极开展农民工子女教育专项课题研究，加强校本教研，积极探索农民工子女教育的规律。对农民工子女的薄弱学科进行集中补习或个别辅导，关心他们的生活和心理健康。

7.1.4.3 珠三角地区经验与政策应对

珠三角农民工子女教育问题已日益引起各地方政府的重视，各地方政府根据当地实际情况相继出台各种政策和措施来解决农民工子女受教育问题。

珠海市：据了解，珠海市目前有流动人口 95 万，其中在劳动就业管理部门办理了用工登记的外来工约 35 万。目前在珠海市普通中小学就读的非户籍务工人员子女有 78 156 人，占全市普通中小学在校生 34%，其中超过六成的外来工子女在公办中小学就读。这些外来工子女，从 2009 年秋季开始，不分省内外在公办中小学就读的将全面免除书杂费，与珠海本地学生一样完全实现零缴费上学，这是继 2009 年春季开学后首先响应减免外来工子女借读费的基础上的又一举措。在 2009 年秋季之前，外来工子女借读珠海公办中小学，依据学校等级不同，小学每学期缴费 840～1 030 元，中学 890～1 160 元，其中包含每学期 500 元的借读费。从 2009 年春季开始，取消借读费后，外来工子女上学仍然要缴纳 340～660 元不等的书杂费。如果从秋季开始外来工子女也开始免交书杂费，这样一年下来省下两千多元，差不多为家里每月省下 200 元左右的生活费。

中山市小榄镇：对非户籍学生入公办学校就读的办法是实施“积分制”准入机制，对非户籍学生父母进行综合积分考核，根据其父母职称、文凭、居住年限、收入、纳税及计划生育情况等进行综合评定，由辖区提交非户籍学生父母的综合材料进行评分，评分高的优先解决其子女进入公办学校就读。

东莞市：为贯彻落实《中共广东省委广东省人民政府关于推进农村免费义务教育的决定》，切实减轻人民群众的负担，进一步提高义务教育的整体水平和质量，加快教育现代化和城乡一体化的发展，东莞市委、市政府决定从2006年9月1日起，免除本市户籍（包括城镇户籍和农村户籍）九年义务教育阶段学生的杂费，从2007年9月1日起，免收本市户籍学生义务教育阶段书本费，从2008年9月1日起，免收义务教育阶段本市户籍借读生杂费差额，实现完全免费义务教育。

在积极落实各项政策措施的同时，东莞市还大力扶持民办教育，积极探索解决外来流动人口子女读书的有效办法：

首先，积极鼓励和扶持社会团体及公民个人开办专门招收外来流动人口子女就读的民办学校，并加大管理力度，着力提高民办学校的质量，使之成为解决外来流动人口子女教育问题的重要渠道。至2008年底，东莞市民办教育的基本情况是：全市经批准开办的民办幼儿园有436所，民办中小学有237所，其中办学层次为小学的有115所、初级中学9所、九年一贯制学校94所、完全中学2所、高级中学2所、多层次学校8所、中职学校7所。全市中小学，非户籍学生有49.15万，其中小学生39.18万、初中生7.96万人，普通高中生0.65万、中职学生1.36万，民办中小学接收了大部分非户籍学生。义务教育阶段非户籍学生在民办学校就读的有34.65万人，占全市义务教育阶段非户籍学生的73.5%。

其次，东莞市按照“以流入地区政府管理为主，以全日制公办中小学为主”的精神，并根据省的有关规定，结合本市的实际，要求各镇（街）充分挖掘公办学校潜力，利用剩余学位尽量招收外来流动人口子女入学。为了减轻外来流动人口的经济负担，还规定经镇（街）以上教育行政部门批准入学，并到指定公办学校借读的农业户口外来流动人口子女，其父母在同一招生学区所在地有固定住址，且连续暂住5年以上，并有合法就业经营证明和计划生育证明的，按本市普通生书杂费标准收费。

再次，通过制定《东莞市新莞人子女接受义务教育工作宣传手册》、《东莞市新莞人子女接受义务教育暂行办法》及《东莞市新莞人子女申请入读义务教育阶段公办学校起始年级积分方案》等一系列措施，有序地解决外来流动人口子女就读问题。

7.2　农民工子女教育政策变迁

7.2.1　中央政府关于农民工子女教育的政策变迁

随着城市化进程的发展，农民工到城镇就业是中国现代化发展不可缺少的必要条件，而农民工的家庭生活与子女教育是影响农民工队伍稳定的重要因素之一，农民工子女随父母外出的比例也逐渐提高，国家开始注重农民工及其子女的教育问题。

2003 年国务院办公厅颁发了《国务院办公厅关于做好农民进城务工就业管理和服务工作的通知》（国办发［2003］1 号），其中第 6 条明确规定要多渠道安排农民工子女就学："要保障农民工子女接受义务教育的权利。流入地政府应采取多种形式，接收农民工子女在当地的全日制公办中小学入学，在入学条件等方面与当地学生一视同仁，不得违反国家规定乱收费，对家庭经济困难的学生要酌情减免费用。要加强对社会力量兴办的农民工子女简易学校的扶持，将其纳入当地教育发展规划和体系，统一管理。简易学校的办学标准和审批办法可适当放宽，但应消除卫生、安全等隐患，教师要取得相应任职资格。教育部门对简易学校要在师资力量、教学等方面给予积极指导，帮助完善办学条件，逐步规范办学，不得采取简单的关停办法，造成农民工子女失学。流入地政府要专门安排一部分经费，用于农民工子女就学工作。流出地政府要配合流入地政府安置农民工子女入学，对返回原籍就学的，当地学校应当无条件接受，不得违规收费。"

2006 年 6 月新修订的《义务教育法》第 4 条规定，凡具有中华人民共和国国籍的适龄儿童、少年，不分性别、民族、种族、家庭财产状况、宗教信仰等，依法享有平等接受义务教育的权利，并履行接受义务教育的义务。第 12 条规定，适龄儿童、少年免试入学。地方各级人民政府应当保障适龄儿童、少年在户籍所在地学校就近入学。父母或者其他法定监护人在非户籍所在地工作或者居住的适龄儿童、少年，在其父母或者其他法定监护人工作或者居住地接受义务教育的，当地人民政府应当为其提供平等接受义务教育的条件。具体办法由省、自治区、直辖市规定。

2008 年，国务院决定从 2008 年秋季学期开始，在全国范围内全面免除城市义务教育阶段学生学杂费。据了解，免除城市义务教育阶段学杂费将惠及全国 2.59 万所城市中小学的 2 821 万学生，每位学生每年可免交 190 元至 350 元不等的费用。同年教育部部长周济再次提出要努力做好进城务工人员随迁子女就学工作，保障其平等接受义务教育的权利。在教育部、财政部联合召开的会议上，周济指出，要做好统筹规划，将进城务工人员随迁子女接受义务教育纳入公共教育体系；对接收进城务工人员随迁子女的公办学校足额拨付公用经费；加大教育资源投入力度，中央财政将根据各省份义务教育阶段实际接收的进城农民工随迁子女人数，给予公用经费和改善办学条件两方面的奖励。

7.2.2 广东省关于农民工子女教育的政策变迁

广东省是外来工最多的省份之一，近年来广东省在积极探索如何让外来务工人员能够安心工作而提供一个良好的生活工作环境，解决外来务工子女教育问题就是一大举措。参照中央的指示精神和有关的政策措施结合广东省的实际情况，近年来制定了一系列关于农村义务教育和农民工子女教育问题的政策措施，并积极稳步地推进此项工作的进程。

2007 年全省外来工总数达 3 000 万人，约占全国的 1/3。与此同时，进城读书的外来工子女数量激增。2007 年，广东省义务教育阶段外来工子女人数达 244.08 万人，占全省义务教育阶段学生总数 16.27%，而在粤接受义务教育的外来工子女高度集中于珠江三角洲地区。2007 年，珠江三角洲地区义务教育阶段外来工子女共有 136.11 万人，约占全省总数的 89.3%，并且在珠三角部分城市已出现义务教育阶段非户籍学生数大幅超过当地户籍学生数的现象。例如，深圳义务教育阶段非户籍学生数占当地义务教育学生总数比例高达 67.79%，东莞达到 62.55%。

围绕 2001 年国务院对流动人口子女接受义务教育工作明确提出的“以流入地政府为主，以公办中小学为主”的方针，广东省政府出台了一系列政策来解决流动人口子女的就读问题。

2004 年 7 月，省政府办公厅转发《国务院办公厅转发教育部等部门关于进一步做好进城务工就业子女义务教育工作意见的通知》。

2006 年 6 月，省政府颁发了《关于进一步加强农民工工作的意见》，要求流入地政府把流动人口子女义务教育纳入当地教育发展规划和教育经费预算，并制定了一系列具体的政策措施和实施办法。

2007 年，省教育厅《转发关于进一步明确在农村义务教育经费保障机制改革中坚决制止学校乱收费的通知》，取消了农村中小学义务教育阶段借读费。珠三角地区各城市在省政府相关政策指引下，通过公办学校扩容、挖潜和大力发展民办学校等有效措施，初步解决了非户籍务工人员子女的就读问题。尽管在民办学校就读的非户籍务工人员子女还未能享受到免费义务教育的待遇，但已做到了人人有书读。

2009 年 4 月 28 日广东省物价局、教育厅、省财政厅联合发出《关于取消义务教育阶段借读费有关问题的通知》，除了继续明确“从 2009 年 1 月 1 日起，一律取消义务教育阶段中小学校学生借读费”外，还提出了“本省户籍以及符合省规定义务教育条件的外省户籍学生，在广东义务教育阶段公办学校就读的，免收杂费、课本费”。通知还要求，本省户籍以及符合省规定义务教育条件的外省户籍学生，就读义务教育阶段民办学校，按民办学校学杂费标准减除各级财政规定的义务教育阶段杂费和课本费补助标准后缴费入学。并且要求各级教育行政部门和学校要严格按照就近入学原则加强学籍管理，不得因取消借读费而辞退或拒收符合入学条件的学生，要积极创造条件逐步解决常住人口子女接受义务教育问题。

7.2.3 广州市关于外来工子弟教育的政策变迁

广州市共有 300 多万外来工人员，带来的 43.025 万外来工子女需要在广州入读小学和初中，这意味着外来工子女义务教育阶段学生已经占了广州全市在校生的一半。目前已经有约 13 万名外来工子女以借读等名义入读广州公办小学或初中。在国家全面实行城市实施免费义务教育政策以前，根据广州市规定，外来工子女在广州农村入学免借读费，在城市入读义务教育需缴纳 500 元/月的借读费，而入读区、市、省一级以上的公办学校，据各校规定，可能收取一定额度的捐资助学费用。只有 13 类流动人员子女在广州接受义务教育可获得政策性照顾免费借读，并且完全按照本市地段生管理。这 13 类人员为：①父母均为从事地质勘探等长期野外工作的子女；②革命烈士、因公牺牲军人、病故军人及现役军人的适龄子女；③合法领养的适龄孤儿；④父母均长期患重病或失去监护子女能力的残疾人的子女；⑤按规定引进的博士、博士后、专家的适龄子女；⑥归国创业留学人员的适龄子女；⑦海外华侨华人子女；⑧台湾学生；⑨有突出贡献的港、澳人士的适龄子女；⑩驻穗领事馆等外交人员的适龄子女；⑪殡葬工人的适龄子女；⑫持《广东省居住证》有效期三年及以上人士的子女；⑬从事承担政府环卫工作服务连续两年以上的环卫临时工子女。

2008 年 6 月 18 日《广州日报》报道：广州市教育局最新统计，目前共有 43.025 万外来工子女在广州市各类中小学接受义务教育，其中约 1/3 在公办学校就读，剩下的近 30 万人仍然分布在各类民办学校。国家政策支持鼓励城市将外来工子女逐步吸纳进公办学校，对此，广州市已连续多年探索外来工子女义务教育的长效机制和政策办法。据市教育局相关负责人介绍，国家政策支持鼓励城市将外来工子女逐步吸纳进公办学校，但是目前政策落实还不能一步到位，需要分阶段推进。广州市目前的状况是如果将这 30 万学生“消化”掉，至少还需要新建几百所公办学校，学校用地、师资等都成问题，决定了这是一项需要逐步推进的工程。

2009 年末由广州市发改委网站公布的《关于进一步做好优秀外来工入户和农民工子女义务教育工作的意见》中明确规定两类外来工子女可享受免费义务教育。一是获得广州市及各区（县级市）政府授予优秀称号的外来工子女；二是在广州市居住半年以上，有固定住址、固定工作和收入来源的来穗务工就业的农民工子女。遗憾的是，所谓“住穗半年农民工子女就近入学”的政策实施起来还具有一定的难度。2010 年 2 月 10 日《南方日报》报道：2010 年 2 月 9 日广州市教育局在 2010 年中小学招生考试新闻发布会上表示，这个《意见》只是规定了基本原则，具体实施还需要各区制定入读条件细则，而什么时候能出台，“时间表未定”，并指出从目前来看，广州市容纳了所有外来工子弟义务教育阶段的入读问题，但并非以公办学校为主，民办学校承担了大部分的学位要求，各区外来工子弟的数量不一样，各区学位数也不一样，像白云区、天河区、番禺区，外来务工人员比较多，要完成《意见》中的要求，压力比较大，所以，门槛的设置权留给各区自己定。要解决30万外来工子女就读问题，广州是否兴建更多的公办学校以提供学位？其回答说：这是一个方向。

从广州市最近公布的小学升初中的有关规定中可以看到，户籍仍然是一个基本条件。其通知规定：具有本市常住户籍（含12区、县级市），在公办小学（含政府在民办小学实行补贴的公办学位）毕业的学生（含经批准的政策性照顾借读生），按免试就近入学原则，在毕业学校所属区、县级市范围内升学。因特殊情况需回户口所在的居住地升学者，需向户口所在地的区县级市教育行政部门提出申请，并提交有关居住证明（房产证明、购房协议、宅基地证明、迁移协议、租赁合同等），经审核符合条件的按户口所在区（县级市）升学办法入学；具有本市常住户籍，在民办小学毕业的学生，要求到公办初中就读的，应回户籍所在区（县级市）申请入学，按该区（县级市）升学办法入学。

7.2.4 农民工子女教育政策缺陷与不足

在政策的层面上，不管是中央还是地方，为解决农民工子女教育问题相继制定了一系列政策措施，但实际上这些政策和措施在具体实施过程中却遇到种种困难，难以落实。

例如《义务教育法》第12条，适龄儿童、少年免试入学。地方各级人民政府应当保障适龄儿童、少年在户籍所在地学校就近入学。父母或者其他法定监护人在非户籍所在地工作或者居住的适龄儿童、少年，在其父母或者其他法定监护人工作或者居住地接受义务教育的，当地人民政府应当为其提供平等接受义务教育的条件。具体办法由省、自治区、直辖市规定。

从条例上看，适龄儿童有接受义务教育的权利，但并没有规定谁来为流动人口提供教育条件，是户籍所在地还是居住地？在城市，儿童入学是以户籍为首要条件的。由于户籍问题而带来的流动人口子女的教育问题尤其显得突出。一方面，对于户籍所在地来说缺乏提供教育条件的可能性。因为适龄儿童人不在本地，户籍所在地政府不可能追在流动儿童后面去办学校。由户籍所在地政府给予经济补偿的可能性也很小，缺乏实施的可能性。另一方面，对于居住地来说，也存在一定的困难。因为中国的义务教育经费是按人头拨给户籍所在地，如果居住地政府免费为外来儿童提供教育条件，就意味着侵占本地儿童的教育经费。《义务教育法》规定的适龄儿童的受教育权利在流动人口子女中无法实现。虽然各地政府也都规定流动人口子女可以到当地学校借读，但是繁琐的手续和高昂的“借读费”、“赞助费”使低收入的流动人口家庭无力承担。这实际上使《义务教育法》所规定的平等的受教育权因缺乏相应的保证机制而难以实现。因此，在城市里儿童入学是以户籍为首要条件的前提下，流动人口子女成为城市教育的一个死角。

广东省2009年1月1日起颁布的关于取消义务教育阶段借读费的通知，对于学生家长来说是个好消息。以小学为例，现在每生每学期的借读费是500元，一学年下来就是1 000元，6年就是6 000元，这从经济上减轻了学生家长的负担，特别是对于收入低，家庭生活困难的外来工来说，这是一笔不小的数目。但又面临着新的问题：没有了借读费，地方财政压力大，公立学校办学经费不足。

事实上，广州市中小学义务教育早已没有“借读费”这一项收费项目。2008年9月1日前，教育部门对普通生和借读生实行“一费制”的两套不同收费标准。其中，对借读生征收的书杂费标准比普通生高出500元。这500元就是通常所说的“借读费”，也就是说，原来要家长交的钱，现在由政府来买单。对于广州市来说，这个“单”有多大？如果按照让流动人口子女大多数（即超过50%）在公办学校就读的话，广州市起码要提供超过20万个学位。根据广东省政协专题组2008年5月在广州开展的“非户籍人员子女教育调研”活动，认为若完全解决非户籍生义务教育问题，需经费1.370 3亿元。对于学校来说，广州市荔湾区某市一级的小学校长说，该校的近1 000名学生中，约有1/3是借读生，仅此一项学校就少收了十几万元的办学经费。在这之前，借读费上交给地方财政后，会全数或部分拨给学校做办学经费，不少公办学校有剩余学位的话，都乐于招收借读生。而现在借读费取消后，财政补贴又跟不上，有些公立学校只能减少借读生的学位。

7.3 农民工子女教育面临的问题

7.3.1 农民工子女享受义务教育难度大

广东比全国率先一步推行免费义务教育，目前户籍学生已全部享受，但仍不能覆盖外来工子女。平等的免费义务教育何时才能实现？

从目前实际情况来看，外来工子女平等接受免费义务教育对于广东来说压力尤其突出。广东的外来工子女以平均每年30万的幅度在增长。2008年底全省非户籍义务教育阶段学生，外来工子女269万，同比增加25万。269万人相当于我们国家非户籍子女接受义务教育人数的1/4强。而广东省的压力又相对集中在珠三角地区。广州、深圳、东莞三市义务教育阶段在校学生的外来工子女比例超过50%，深圳差不多占2/3，东莞接近60%，广州53%。广州全市义务教育阶段在校生98万人，其中外来工子弟就有52万，矛盾主要集中在珠三角。据了解，目前珠三角每个市都在根据本市情况逐步解决这个问题。

何时才能解决外来工子女就读问题，让他们都能享受免费义务教育？教育管理部门的回答是只能逐步实现，目前无法给出时间表。比如广州来说，外来工子女平均每年新增 5 万人，按照 2 000 人一所学校的规模，一年要新增 20 所，压力很大。

7.3.2　农民工子女就地入学难

在贯彻“两为主”的政策中，广州市逐步解决了部分农民工子女进入公办学校就读问题，但绝大部分学龄儿童依然依靠社会力量办学的形式来解决入学问题。据悉，广州流动人口子女在 2008 年已经超过 43 万人，数量庞大，若按照超过 50%在公办学校就读，即以达到“以公办学校为主”的要求来计算，预测从 2008—2012 年，广州公办学校需向来穗务工就业农民工子女提供学位数分别为 22.92 万个、27.44 万个、30.48 万个、31.69 万个、34.29 万个。即使是这样，解决 50%的学位对广州市的公办学位来说也是压力过大，大部分外来工人员的子女入学问题仍然需要民办学校来解决。

由于种种主客观原因，公立学校在“两为主”政策执行过程中往往有消极抵制的态度，经常以“满员”或“小班教学”等借口不愿意接纳农民工子女，其原因是加重了学校的财政负担。同时，由于外来儿童流动性大，基础参差不齐，管理难度大，因此学校担心影响它们的教学质量和声誉。

7.3.3　实施免除义务教育阶段学杂费对农民工子女入学的负面影响

（1）不交借读费，外来儿童去哪上学？没有了借读费，曾经可以凭借“借读费”入读公办学校的外来务工人员子女，还能不能进入公办学校读书？取消借读费的忧虑来自外来务工人员。在广州经营小餐饮的张生在得知取消了借读费后反而十分担心地说：“要是公办学校以满员为理由不再招收非户籍学生，那我们的孩子就只能到民办学校读书了。”因此造成的局面是农民工子女既没有享受到户籍所在地的免费义务教育的权利，在城市因为难以进入公办学校读书而失去了与城市儿童的同等待遇，只能进入需支付一定费用的民办学校或者农民工子弟学校读书，农民工子女成为在城乡普及免费义务教育之后的仍需交费上学的庞大群体。

（2）近年来外来务工子女享受与户籍学生同等待遇的群体较以往相比并没有扩大。根据《广东省流动人口管理规定》（粤府［1995］68 号），在非户籍所在地连续居住的科技人员和在非户籍所在地连续居住 5 年以上、有固定住所、固定就业或经营证明、计划生育证明的持暂住证人员的子女是“符合省规定义务教育条件的外省户籍学生”。2009 年所发通知所指的能够受惠的符合省规定义务教育条件的外省户籍学生实质上从 1995 年 9 月 1 日起就已经享受了与常住户口人员子女同等待遇，也就是说外来务工子女享受与户籍学生同等待遇的群体较以往并没有扩大，过去不在广东免费义务教育实施范围的外来工子女，如今也一样不在这个范围，同样要交杂费和课本费。

(3) 借读费变身“捐资助学费”。2009年10月19日《南方日报》报道了这样一则消息：今年秋季开学之后，教育乱收费再次成为投诉热点。特别是很多身为外来务工人员的家长反映，去年以来国家和广东省先后出台了外地户籍学生在义务教育阶段取消借读费的规定，他们本来满心欢喜，以为从这学期开始可以大大减轻儿女上学的负担。没想到开学后才发现，借读费虽然没有了，但一些学校却以捐资助学等名目继续收钱，虽说是叫“捐款”，但你不“捐”孩子就不能上学，实际上还是借读费，只是改了个名目而已。湖南益阳的刘先生在花都区狮岭镇打工，其小孩在秋季开学时报读当地的小学一年级，学校却要求非本地户籍学生一次性交3 000元的“捐资助学费”，说是捐资，但如果不交小孩就不能就读。刘先生曾打电话到花都区教育局质询，得到的答复是：地方财政是按照本地户籍学生人数下拨教育经费的，外籍生不在财政拨款范围内。如果其孩子想要享受财政拨款免费上学，只有回老家去上学。

取消外来工子女借读费政策大大减轻了外地户籍家长的经济负担，受到外来务工人员的热烈欢迎。然而此项规定却触到了一些外来工子女较多的学校的痛处。这些学校为保证资金来源各出奇招，将收费变为“捐款”成为最常见的做法。《关于取消义务教育阶段借读费有关问题的通知》特别强调，各级教育行政部门和学校要严格按照就近入学原则加强学籍管理，不得因取消借读费而辞退或拒收符合入学条件的学生。但这一规定显然没有得到很好执行。

7.3.4 社会力量办学条件和教学质量差

各类民办学校和农民工子弟学校普遍存在办学条件差、教学质量低下等问题，只能解决农民工子女“能上学”问题，未能解决其“上好学”问题。在流入地公立学校学费高、入学门槛高的情况下，农民工子弟学校就成为流动人口子女上学读书的最佳选择。但是，农民工子弟学校校舍简陋，教学设备严重不足，教师素质偏低，流动性大，教学质量难以保证。因此无论在办学条件还是教学质量等方面与公立学校相比差距较大。尽管存在种种问题，但到目前为止农民工子弟学校依然是解决农民工子女入学的主渠道。农民工子弟学校大大减轻了公立学校接收外来人员子女就读的压力，缓解城市义务教育的压力，也有许多难以解决的矛盾，如在简单解决了外来工子女的入学问题的背后存在的教学质量、心理素质、社会融入等问题。目前，农民工子弟“能上学”的问题基本得以解决，但他们现在能“上好学”了吗？

7.4 广州市农民工子女接受义务教育的基本情况

7.4.1 广州市农民工子女教育现状

近年来，随着广东经济社会的快速发展，非户籍务工人员不断增多，其就读子女数量也随之激增。到 2007 年，全省义务教育阶段非户籍务工人员子女达到 244.08 万人，占全省义务教育阶段学生总数的 16.27%，较 2003 年增加 120.43 万人。其中大多数分布于珠三角地区，2007 年广州、深圳、珠海、佛山、惠州、东莞、中山、江门 8 市义务教育阶段在读的非户籍务工人员子女占全省的 89.3%。

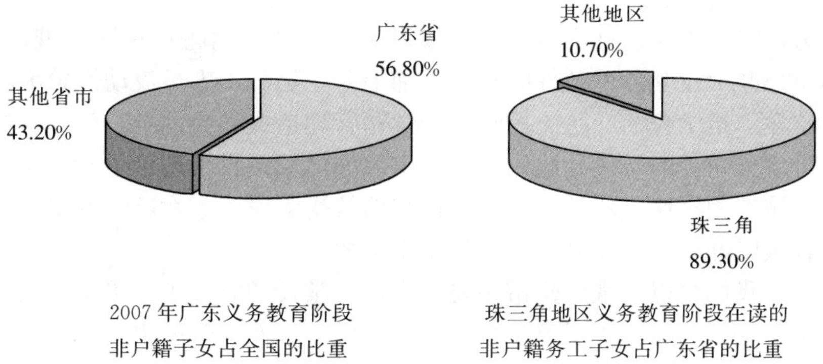

图 7－1　广东省义务教育阶段学生的户籍和地区分布

据统计，到 2008 年为止，在广州市接受义务教育的适龄儿童约 129 万人，其中非本地户籍生已经超过 43 万人，约占 33%；非本地户籍生在公办学校入读的约 17 万人，约占在校的非户籍学生的 40%。也就是说，大约有 30 万外来工子女就读于非公立学校。

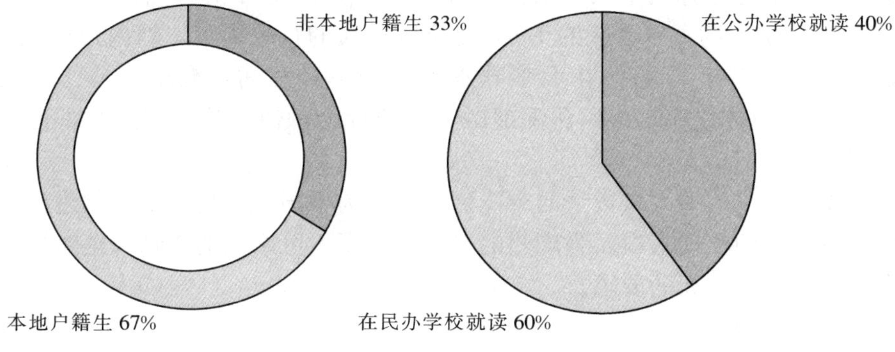

图 7－2　广州市义务教育阶段学生就学情况分布

关于目前各地公办学校接受外来工就读的基本情况，我们以北京为例与广州作一个对比。据 2008 年数据显示：北京非户籍务工子女 40 万人，公办学校接收人数为 24.8 万人，占非户籍人数的 62%；广州地区非户籍务工子女 43 万人，公办学校接收人数为 17.2 万人，占非户籍人数的 40%。

表 7-1　广州与北京非户籍务工人员子女入学的比较

地区	非户籍务工子女（万人）	公办学校接收人数（万人）	百分比（%）
北京	40	24.8	62
广州	43	17.2	40

表 7-1 数据表明：①广州市外来人口的增长速度超出了许多公办学校的承受能力，完全依靠公办学校来解决农民工子女教育问题在短期内难以做到；②广州市公办学校受种种条件制约，再加上非户籍务工人员流动性较大，其子女频繁转学，给学校的“防流控辍”和学籍管理造成很大困难，公办学校并没有一个可靠且完善的解决办法；③广州市公办学校接收外来工子女入学的比例与北京等城市相比比例较低；④广州市目前接受农民工子女就学的主要渠道还是依靠各类民办学校，尤其是农民工子弟学校。

因此，我们可以发现广州市主要依靠民办学校和农民工子弟学解决农民工子女入学问题校，农民工子弟学校是解决农民工子女入学的主要渠道。

随着城市化发展，外来流动人口将不断增加，这种压力将会不断增大。据 2009 年 7 月 6 日《广州日报》报道：广州市流动人员已接近 600 万，2008 年公布的广州市户籍人口 773.48 万，也就是说广州市流动人员与广州市户籍人口相比已接近 1∶1。其中，番禺 105 万、白云 102 万、天河 101 万、海珠 81 万、越秀 27 万、黄埔 29 万、花都 40 万、萝岗 30 万、南沙 12 万、增城 25 万、从化 8 万。这些流动人员中，来自湖南、四川、江西、广西、湖北的占大多数，广东本省也有大量人口流入广州。以越秀区登峰街为例，登峰街面积 4.98 平方公里，约占越秀区的 1/6，是全区最大的行政街道，辖内户籍人口 5 万，流动人口却有 10 万。在大多数本地人的不经意间，流动人员已经成为“广州人”的主体之一，他们深深地融入主流社会，他们建设着广州，也生活在广州。

可见，广州流动人口数量的突飞猛进，成为中国现代化、城市化进程的一个缩影，巨大的流动人口，为广州的发展作出了不可磨灭的贡献，也对城市管理和公共服务提出新的要求。

7.4.2　实证分析

问卷抽样调查：本书资料来源于广州市远郊、近郊、中心城区（简称“三大区域”）农民工子弟学校情况和公立、私立学校接收农民工子女义务教育情况的调查，共挑选了 20 个学校作为调查样本，其中包括公立学校 8 所、民办私立学校和农民工子弟学校 12 所。

7.4.2.1　调查对象的基本情况

通过对各类学校的办学现状进行抽样调查，发现影响农民工子女受教育的因素，如农民工子弟学校在许多城市里的存在已经是既成事实，这类学校的存在是否必要？与公立学校相比，又该如何生存和发展？在当前民办学校和公立学校并存的前提下，又该如何去共同承担解决农民工学龄子女教育问题？从而保证农民工子女受教育的平等权益，从根本上解决城市化进程中农民工子女教育问题，探索解决农民工子女教育问题的途径和方法。

7.4.2.2 典型案例分析

【个案 7-1】康乐学校及其发展

（1）学校基本概括及其发展现状。广州市海珠区康乐学校现有 3 000 多名外来工子弟就读，是全市规模最大的外来工子弟学校。康乐学校是信孚教育集团于 1997 年创办的一所专门招收外来工子弟的学校，面积 5 000 多平方米。据其创办人信力建称，当时信孚教育集团在康乐村有一所技工学校，由于不断有外来工家长前来打听可不可接收小孩读书，同时考虑到康乐村、五凤村和凤和村一带已有数十万外来工聚居，形成了规模较大的城中村。集团便拿出技工学校一栋教学楼的两层来办小学。“第一学期招了 300 多名学生；第二学期增加到 600 多名……接下来，几乎是每学期都翻一番，到目前已有 3 000 多名学生。”信孚教育集团一名工作人员介绍。7 年间，原技工学校校舍已全部变作了康乐学校。

2004 年 3 月上旬，全市规模最大的外来工子弟学校——海珠区康乐学校迎来了一年一度的区教育局督导评估，督导评估小组对其用地、校舍、师资力量、教师培训、课程设计等 10 多项办学软硬件进行考核。按常规，这次督导评估的结果，将直接关系到区教育部门接下来即将展开的对民办教育机构的年审。年审不合格者，区教育部门将提出限时整改意见，而严重违规办学又不按要求整改的，区教育部门将取消其办学许可证。

近日，该校在接受区教育部门的督导评估时，被认为办学硬件连续四年不足，与相关标准存在较大差距。一年一度的评审，直接关系到这所民办外来工子弟学校的存亡，3 000 多名外来工子弟前景堪忧。

康乐学校的创办人信力建对这次督导评估结果如何感到很不踏实，因为“学校的设备设施、硬件建设，确实赶不上学校迅猛扩张的规模”。大约一周后，区教育督导评估小组再次来到康乐学校，对学校软硬件建设进行了全面考查。督导评估小组的行动让一部分教师和学生家长感到不安。据知情人士透露：随后几天，陆陆续续不断有教师、学生家长到学校打听有无停办的危险。3 月 12 日，康乐学校的投资创办者信孚教育集团在学校大门口张贴《致全体教职工与家长》的通告，称“学校某些方面不达标，不等于学校就要停办”，并表示，“对目前在办学设施方面存在的一些缺陷（主要是场地不够），我们会积极改进”。据悉，信孚教育集团已租用海珠区南华西街一幢建筑面积达 1 万多平方米的工业大厦，正在进行全面装修。校方表示，下学期会把康乐学校初中部整体搬迁过去。

一面是市场需求旺盛，一面是外来工子弟学校校舍用地、场地标准和生均面积等相对缩减，于是，“超规模办学”成为康乐学校一个无法回避的问题。按计算，康乐学校的生均面积只有 8.3 平方米，与标准生均面积 14 平方米相隔悬殊。而 5.8 平方米的校舍生均面积也比“至少 8 平方米”的标准低了许多。对于学校规模，信力建也承认：按学校生员来保守估计，至少相当于 5～6 个普通公办小学。

对这些户口在农村、生活在城市边缘的孩子们的读书问题，信力建有一个形象说法：“谁不想给学生吃肉？但如果连饭都吃不上，为什么不让他们先喝上粥呢?”信力建认为，应该以简易学校的标准来考核外来工子弟学校，而不能以公立学校标准来要求外来工子弟学校。在康乐学校，在教学楼与围墙之间的一个狭长地带，三个班的学生正在做课间操。据介绍，这是学校唯一的操场，因为无法一次性让所有 52 个班的学生一起出来做操，只好采取分批做操的办法，一批做完再换下一批。与公办学校相比，康乐学校虽然简陋，但这在广州同类学校中已属中上等水平。该校 3（6）班学生陈勇浩很认真地说：“我很喜欢在这里读书。”海珠区由于地处城乡结合部，外来人口历来比较集中。1996 年，中国民主促进会在该区创办了广州第一所外来工子弟学校——金雁学校。到 2004 年，该区已有近 20 所外来工子弟学校，在校学生达 3.8 万多人。

（2）康乐学校案例反思。其一，康乐学校是一间典型的外来工子弟学校，它的出现可以说是广州市城市化发展过程中，现行的教育体制改革滞后于社会转型的结果，是社会需求的产物。当城市的教育资源根本不足以满足流动儿童的就学需求时，外来工子弟学校的出现就成为一种必然。由于外来工子女必须缴纳高额的“借读费”和“赞助费”等才能进入流入地的公立学校读书，而绝大多数外来工人口收入微薄，无法负担这些费用，于是各种专为外来工开设的外来工子弟学校便应运而生。这些学校由于收费低廉，管理灵活，可以随时入学，符合外来工收入低、流动性大的特点，因而受到外来工的欢迎，成为解决外来工子女就学的重要渠道。

其二，虽然外来工子弟学校的出现和存在具有一定的合理性，但绝大多数外来工子弟学校却存在不少的问题，如办学条件差、管理水平低，教学质量难以保证、安全方面的隐患较多等，与公立学校相比存在较大差距。

其三，政府以及相关部门在对该类学校的管理和支持方面存在一定的偏差。康乐学校的督导事件，其实隐含着民校和教育管理部门对民校发展阶段的一个不同判断，即外来工子弟学校是尚未饱和，还是已发展到了提升功能规范办学阶段？为什么不能面向不同经济能力的外来工家庭，发展多层次的外来工子弟学校呢？比如可以有简易学校、规范达标学校、区市一级优秀学校等多品种竞争格局。对民校的管理，不仅要规范其办学，让流动人口子女有书读，而且还要争取为孩子们提供优质的学习环境，让他们有好书读。究竟是先让这些生活在城市边缘的孩子“有书读”，还是让他们“读好书”？有专家表示，矛盾的背后，其实是城乡二元结构中城市孩子和户口仍在农村的城市外来工子弟在享受有限教育资源时的分配不公。

其四，城市教育资源有限，学校学位紧张，是各级教育部门在解释无法容纳更多外来工子弟入学时最常用的一个理由。据了解，按广州市教育局规定，每个班的学生应为 46 人，但目前稍好一点的公立中小学校学生大多超标。每学期开学时，随处都可看到为孩子找学校的焦急父母。一位资深小学教师称：有些学校根本不用招，早就提前满员了。外来工子女入学难问题应该是一个全国性难题，而在珠三角、长三角等经济发达地区显得较为突出而已。按有关政策要求：“流入地政府应尽量解决外来工子女的就学问题”。但具体如何操作，如何实现民办学校与公立学校的资源对接，目前还只是处于摸索期，并没有清晰思路。但现状是，在一定的发展阶段，地方教育资源有限，公立学校学位也不可能盲目膨胀。

其五，能够在城里上学特别是在城里的公办学校上学的外来工子女是幸运的，但这些孩子们的幸运究竟能延续多久呢？据调查，在广州就读的数万名外来工子弟中，在城里读书的幸运往往只是局限于义务教育阶段，在初中毕业时多半被画上了无情的句号。康乐学校的曹副校长讲起外来工子弟的出路时，颇为痛心地说：“这些孩子的出路比较麻烦，小学毕业后，大约 70%继续留在本校或转到其他民办初中，大约 20%回原籍上学，少量则失学；初中毕业后，绝大部分会回到原籍或失学，因为城市高中一般不收外来工子弟，极少数有钱家庭可能会出高价继续读民办职校或职高。”

从康乐小学的发展历程可以看到，农民工子弟学校的产生和发展顺应了社会历史发展的要求，并在以后相当长的时间内存在并发挥着重要的作用。那么如何规范这类民办学校，充分发挥其在城市教育中的作用，使得农民工子女在城市中与其他孩子一样接受健康公平优质的教育，使其身心都能健康成长？基于这样的背景，我们课题组成员就围绕农民工子弟学校的现状存在问题和今后的发展等展开了实地调研。

【个案 7－2】少量外来工子女的从化市某中学

这是从化市鳌头镇四所公立中学的其中一所，占地面积 10.2 万平方米，是镇一级的初级中学，2005 年通过了广州市一级评价，在从化市升中考试中在镇级中学中排前列，教学质量较高，连续 12 年初三毕业考试中排第一、二名。本校的办学特色鲜明，社会声誉较好。

学校办学经费主要来源于上级拨款，市政府每年都有拨款投入到学校建设中，学校的基本设施是按省一级的标准建设，有3间电脑室共168台电脑，有图书馆、阅览室，收藏图书4.7万册，20多间课室有多媒体平台，主要是供初三学生用，初二的部分课室也有多媒体平台，部分课室有电视。这些设施是按市一级学校要求配备的，较为齐全，基本能满足教师和教学学生学习的需要。在教育创强中，2006年市里就投入了2 000多万，是广州市直拨下来的。用于校园扩建工程及配套教学设施，新征用的土地83亩（在创强时征的，市政府出钱），新建了运动场、科学楼、教学楼、宿舍等设施共9000多平方米。

目前在校学生2 500人，其中本地学生2 450人、外来工子女50人，每个年级有15个班，每个班有40～50人不等。2008年升学率为80%，排在镇的前列。

学校共有168名教师，其中专任教师128名。专任教师大专以上学历的占60%，一级教师44人占34%，高级教师仅1人占0.78%，教师平均年龄35岁，50岁以上有3人，教师工作较安心，很少有辞职现象。在教师福利方面，教师享受住院医疗公费报销政策，市财政、学校、个人分别负担70%、20%、10%。2007年9月开始，市政府为全体职工缴交住房公积金，缴存额为个人月总收入的14%，财政、个人各负担7%。2008年1月，由市财政统一划拨教师岗位津贴，平均每位教师每月增加540多元。这样大大提高了老师的积极性，大部分老师也能安心工作。

该中学在教师队伍建设方面主要存在以下三个问题：

（1）教师的工作和生活条件还有待提高。办公室电脑配备不齐，上网的月租贵，上网速度慢，宿舍住房不够，宿舍平均4～5个教师一间。

（2）教师的整体素质有待提高。因为青年教师较少，教师培训是学校工作的重中之重，参加继续教育培训费主要由教师承担，所以继续教育也难以提高。2003—2007年，仅56%的专任教师完成上级规定继续教育学习任务，也由于办公经费有限，教师全员培训率也较低，2007年学校用于教师培训经费是18 443元，占公务费4.1%。

（3）教师的流动性较大。近年来，学校共有10多个教师调到城区或经济发达地区工作，这些教师大多是骨干教师。学校位于较偏远的城郊，由于农村生活、学习等条件制约，所以如何留住人才也是本校领导一直关注思考的问题。但就这样一间有着办学质量的中学，吸收外来工子女就读仅50人，仅占全校学生人数的2%。

学校今后发展的关键是深化内部管理与教学改革，加强师资队伍建设，进一步完善办学条件，全面提高教学质量。在学校门口，看见鳌头中学今年中考的分数排行榜，总分状元是738分，重点高中录取分数线是668分，高出了70分。这个事实有力地证明了该校的教学质量和管理水平，也印证了公立学校的地位和作用。

【个案7-3】 白云区博海小学

博海小学是白云区江高镇的一间民办小学，由同心教育集团建立，该集团总部在芳村。博海小学建校不到3年，但基本得到社会的认可。

学校共有学生587人，只有1个本地学生，586个外来工子女，专职老师中也只有1个本地老师，其余的都是外地来的老师，教师流动性较大，学生流动率每个学期达30%，而老师的流动总体还算是稳定。

该校的教学质量一般，英语水平比较差。英语差是一般民办学校的共同点，主要是学生流动性强，来自内地的学生在低年级没学英语。但广州从一年级就已开设英语课，所以基础差，跟不上。此外，成绩好的学生到一定时候还没毕业就走了，剩下的是中下成绩的学生。由于学生的流动性大，从一个民办学校转到另一间民办学校，可能要重新适应一个新环境新老师的教学方式，出现了学校与学校之间交换生源甚至抢生源的现象，这是影响学校教学质量的因素之一。

学校的经费主要来自学费和企业捐助，由于受生源不稳定和外来工收入低两个因素的影响，学校办学资金缺口较大。其收费标准是一个学生700元/学期学费，另外收350元/学期中餐费，在收费站内要100元/学期校车费，在收费站外收200元/学期校车费，50元/学期书费。在广州市创强中曾拨款4万元用于学校建设，近三年同心教育集团每学期投入8千元用于学校建设。

对于特困生，学校也有适当的优惠，如果家里有3个孩子的，家庭生活比较困难，每个学生学费优惠50元，5个小孩的每个优惠100元。

在教师待遇方面，老师完成招生指标后，每多招一个学生就有提成。多招20个以下的，每个指标奖金30元，多招20个以上的每个指标奖金50元。教师共有28人，平均年龄28岁，绝大部分都有教师资格，学历为大专以上，基本待遇是1 380元/月。

该校有一个特色是校服费不用交，由集团统一下发。

谈话中，校长认为政府应该给老师补贴，尽量与公办老师的工资持平。希望对外来工子女规范管理，有确实的招生指标和就近入学规定，否则校与校之间竞争很大，不利于民办学校生存。

【个案7-4】 港湾中英文学校

港湾中英文学校是凤凰教育集团（总部在广州）属下的第12所学校，据了解，凤凰集团是广州市知名的教育品牌，所属的12所学校分布于珠江三角洲各地，拥有区一级以上学校4所、市一级绿化学校3所。办学十多年来，在人文教育、学科教学等方面取得了一定的成绩，目前拥有教职工 900 余人、学生 20 000 多名。

港湾中英文学校位于从化市街口，建校三年半，其地理位置较为优越，交通便利，校园环境优美，拥有 200 米的环形跑道、篮球场、羽毛球场等运动设施，配置了信息技术室、语音室、多媒体课室、图书阅览室、音乐室等，为学生创造良好的英语教学环境是该校的教学特色。

本校共有在校生 1 050 人，其中初中 170 人、高中 880 人，共 22 个班。初一年级有 2 个班、初二级有 1 个班、初三 1 个班、高中 18 个班、大班有 60 多人、小班有 40 多人。学生的流动性很强，每年都有学生流走，有的回到户口所在地参加中考，然后参加高考，有的是随父母的工作流动转学到别的地方，所以导致学校管理、教学质量等问题较为突出，解决难度大。

学校有教师 39 人，其中高级教师 1 人，一级教师职称 30 人。教师来自五湖四海，最远的来自吉林，平均工资 1 500～1 600 元，享受社保，管吃管住，单身教师住的是单房，有家室的是套间，学校看情况安排。此外补课还有补课工资，老师们基本能在这安心工作。但也有教师流动，每个学期都有 20％的老师流出，有 20％的老师流入，所以老师的基本数是不变的，调出的老师大部分都是到广州的私立学校去了，也有去考公务员的，都是去更好的地方，调入的老师大多数是刚毕业的大学生或是在其他学校不做了，而来到本学校的。学校老师都是公开招聘，多数老师是从网站上看到招聘信息来应聘的。

因为是私立学校，学校的资金来源主要是靠学费，暂时不存在资金困难的情况，政府不会拨款下来，不过最特别的是，这里的教师有一个任务就是要招收新生，每招一个新学生，就有招新奖金，这也会体现在工资上，招新学生多了，老师的工资也会有相应的提高。

学校的硬件设施较为完善，每个课室都有电视机，有多媒体课室和一般课室，如果是要上多媒体课室的学生每学期学费 1 250 元，一般课室是 880 元/学期，多媒体室只有小学才有，中学部没有，初一的学费是 1 380 元/学期，初二是 1 390 元/学期，初三是 1 400 元/学期，而在资料方面 100 元/学期，没有另收赞助费。另外还有校服（55 元冬装、50 元夏装）、交通费（250 元/学期）、保险，不过这三样费用属于自愿缴纳。

在学生来源中，有 70％是外来工子弟，都是父母来当地工作后跟随父母出来读书的。进该校读书的条件是有原籍户口，有原来学校的转学证明，没有户口的人很少，有 30％是本地的学生，有些是想让孩子换个环境读书，也有些家长觉得这里的教学质量不错，宁愿多交点学费来这里读书，因为多年来学校的教学质量基本得到社会的认可，所以才会吸引学生来学校就读。

学校里也有特困生，但占的比例不大，解决这类学生学习困难的方法是帮助他们申请助学金（由学校发）。学校每学期设奖学金，是专门面对特困生用来抵减学费的，要求是成绩优异，每个年级每学期可有 6 人申请（300 元/学期）。这类的特困生占 5/1 000 的比例。

教师反映办学过程中出现的困难：一是政策上的困难。2007 年教育创强中，随着公办学校的不断扩大、不收赞助费等，有很多学生选择到公办学校读书，而不去私立学校，这对私立学校造成很大的冲击，目前改变的措施就是提高校园管理质量和硬件建设，加大品牌的打造，树立学校的形象，扩大影响力。二是企业的不稳定性，造成生源上的不稳定。有些学生就读了一个学期就走了，因为学生是按学期缴费的，由于工厂的倒闭或工厂的问题要搬迁，父母的迁移使小孩子也跟着走。三是教育部门对私立学校的不重视。比如有关政策性的通知，应付性地下达到学校，但政府没有给予政策上的指导，有时会出现通知比较迟、没到位，一些与教研、教学有关的讨论会没通知私立学校去参加的情况，这也是对一个学校的发展有影响的，希望有关政府部门在对待公办和私立学校的问题上是平等的。

对于外来工子女教育困难的问题依然存在，因为教材不同步，比如内地有些学校开英语班，而有的学校没有，一些外来工子女来到广东时，在家乡没学英语，英语学习很难跟得上，加之教材版本不同，外地学生无法适应。再加上学习环境的改变，在家里自由惯了，在这里接受学校管理，一时很难适应，这些也是存在的问题。

由于老师和学生的流动性大，所以学校在管理方面困难较大，很难创造很高的成绩，所以教育行政部门应对私立学校多些指导，引入良性竞争，使得私立学校也有其生存和发展的空间。

7.4.3 农民工子弟学校情况分析

本次调查的范围为广州地区的公立学校和民办学校，重点是农民工子弟学校。选取的对象是在广州市远郊、近郊、中心城区三大区域有代表性的学校，分别从办学性质、师资队伍、学生构成、校园环境、教学设施、教学质量、学生收费和就读条件等方面进行调查。

表 7-2 被调查学校及接受农民工子女情况分布

学校	所处区域	办学性质	在校生数（人）	农民工子女数（人）	占比例（%）	农民工子女学费
从化人和小学	远郊	公办	1 200	34	2.8	不收费
从化鳌头中学	远郊	公办	2 450	50	2.0	不收费
白云区均禾街长虹村东方小学	近郊	农民工子弟学校	1 600	1 520	95.0	1 100 元/学期（学费 800 元、交通费 200 元）

（续）

学校	所处区域	办学性质	在校生数（人）	农民工子女数（人）	占比例（%）	农民工子女学费
白云区江高镇长江小学	近郊	农民工子弟学校	800	800	100.0	780 元/学期（交通费 150～200 元）
白云区江高镇中心小学	近郊	公办	1 719	132	7.7	1907 年前 500 元/学期，后不收费
海珠区信孚康乐小学	中心城区	民办	2 500	2 250	90.0	学费：小班 2 700 元/学期、大班 1 800 元/学期

7.4.3.1　不同区域的农民工子女就学情况比较

按照我们所调查的样本，以学校所在的地理位置为依据，按城市远郊、城市近郊、中心城区来划分，对外来工子弟入学需求、公办学校政策、农民工子弟学校数量作对比分析，进一步了解目前广州地区农民工子弟的入学情况。

表 7-3　不同区域的农民工子女就学情况比较

	城市远郊	城市近郊	中心城区
外来工子女入学需求	外来工子弟适龄儿童入学人数较少	外来流动人口增多，适龄儿童入学的需求增大	外来流动人口子女较为集中，适龄儿童入学的需求最大
公办学校政策	农民工子弟一般是就近入学，享受与当地村民子弟同等待遇	公办学校按广州市教育局规定收取借读费，但收取费用高低不一	公办学校收取借读费和赞助费，赞助费高达 3 万～5 万元
农民工子弟学校数量	无农民工子弟学校，公立学校基本能满足其需求	公立学校未能满足其要求，催生农民工子弟学校，并不断增多	普遍有农民工子弟学校，其办学规模、办学质量差别较大

在城市远郊外来工子弟适龄儿童入学人数较少，如从化鳌头中学（公办）在校生 2 500 人，其中外来工子弟 50 人，所占比例为 2.0%；人和小学（公办）在校生 1 230 人，其中外来工子弟 34 人；港湾中英文学校（民办）在校生 1 050 人，其中外来工子弟 735 人。农民工子弟一般是就近入学，享受与当地村民子弟同等待遇。在城市远郊，公立学校基本能满足其需要。

在城市近郊，外来流动人口增多，适龄儿童入学的需求量增大。如白云区江高镇中心小学（公办）在校生 1 719 人，其中外来工子弟 138 人；江高二中

（公办）在校生1 945人，其中外来工子女200人；英才小学（农民工子弟学校）在校生800人全部为外来工子女；博海小学（农民工子弟学校）在校生587人，其中586人为外来工子弟。由于外来适龄儿童的增加，公立学校未能满足其需求，催生了农民工子弟学校，并且数量有逐年增加的趋势。公办学校按照广州市教育局的规定收取借读费，但收取费用高低有不同。2009年春季开始，随着九年义务教育在城市铺开，按照有关规定实施免收借读费。在城市近郊，农民工子弟学校每人每学期收取学杂费800～1 500元。

在中心城区，外来流动人口子女较为集中，适龄儿童入学需求量最大。如海珠区信孚小学（农民工子弟学校）在校生最多时达到3 500人，曾经是广州市最大的外来工子弟学校。越秀区育才实验学校（民办）在校生1 800多人，面向全省招生，属于广州市民办初中之一。在中心城区，农民工子弟学校、私立民办学校、贵族学校等并存，数量较多，但办学规模、办学质量差别较大。收费普遍较高，有的学校赞助费每学期高达10 000元。

7.4.3.2 农民工子弟学校与公立学校、民办学校的办学情况比较

从办学规模来看，公立学校的办学规模较为稳定，农民工子弟学校的办学规模较为灵活，可以视生源的情况而定，对于流动性较大的农民工子女来说，农民工子弟学校更为适应这种需求。从师生比来看，江浦中心小学15.3∶1，和仓小学18.46∶1，港湾中英文学校26.92∶1，博海小学20.96∶1，东方小学31.37∶1，长江小学26.66∶1，康乐小学35∶1。可见，民办学校比公立学校的师生比要高，有的高出1～2倍。从教师的待遇来看，公立学校教师比民办学校教师普遍要高，城区学校教师比城郊的教师待遇高。从办学经费来看，公立学校主要依靠上级财政拨款，私立民办学校是依靠自筹资金，主要来源是收取学生学费。从交通条件来看，农民工子弟学校比公立学校较为优越的条件是普遍配备接送车，对于家离学校较远的学生或者没有时间接送孩子的农民工来说更为便利。

表7-4 农民工子弟学校与公立学校、民办学校的办学情况比较

单位：人，元

	江浦中心小学	和仓小学	港湾中英文学校	博海小学	东方小学	长江小学	信孚康乐小学
学校性质	公办	公办	民办	农民工子弟学校	农民工子弟学校	农民工子弟学校	农民工子弟学校
办学规模	830	1 200	1 050	587	1 600	800	3 500
教师人数	54	65	39	28	51	30	100
教师待遇	2 500	3 000	1 500	1 380	1 500	1 300	2 500

（续）

	江浦中心小学	和仓小学	港湾中英文学校	博海小学	东方小学	长江小学	信孚康乐小学
办学经费来源	上级拨款	上级拨款	自筹	自筹	自筹	自筹	自筹
收费水平（每学期）			1 250 元	700 元	1 000 元	700 元	2 870 元
交通条件	步行	步行	住宿、校车	校车	校车	校车	校车

7.4.3.3　农民工子弟学校与公立学校、民办学校的师资情况比较

调查结果显示，农民工子弟学校教师的学历符合国家的要求，但大专学历占绝大部分，大学以上学历的人数较少。公立学校中存在一部分中专学历，据了解这部分学历老师都是年龄偏大的老教师。从大学以上学历教师人数看，公立学校和私立（贵族）学校所占的比例较大，教师结构较为合理。在教师年龄上，公立学校与私立学校没有存在明显差异，相比较而言，民办学校（农民工子弟学校）的教师平均年龄总体较小于公立学校的教师。这说明民办学校（农民工子弟学校）的教师流动性大，教师中以单身年轻教师为主，学校面临师资队伍不稳定和整体教学素质不高的困境。

表 7－5　农民工子弟学校与公立学校、民办学校的师资情况比较

单位：人

	江浦中心小学	禾仓小学	大田小学	长江小学	东方小学	英才小学	港湾中英文学校
学校性质	公办	公办	公办	农民工子弟学校	农民工子弟学校	农民工子弟学校	民办
教师人数	54	65	25	30	51	34	39
中专	11	8	12	0	0	0	0
大专	20	29	38	28	49	27	27
大学以上	10	28	12	2	2	7	12

7.4.3.4　农民工子弟学校与公立学校、民办学校的学生流动性比较

调查访谈表明，一些公立学校的老师认为外来工子弟的入学会给他们自身的教学带来许多麻烦，如原来的基础不够扎实，教材使用不同，特别是英语，在广州普遍从一年级开始就开设了英语课，而外地转来的学生大多数都是三年级才开设英语课，因此英语水平差异较大，而且缺乏家庭对孩子的学习辅导和督促，没有养成良好的学习习惯是农民工子女在学校学习面临的主要困难。由于许多学生家长工作和收入不稳定，生源也极不稳定。“谁都不知道下学期哪

名学生会继续来上学。”学生的频繁流动更是给学校的教学秩序和管理带来一定的影响。从调查数据可以看到，公立学校学生的进出基本相等，并且所占的比例很小，私立农民工子弟学校学生进出比例很高，占学生数的20%～40%，学生流动性大是私立和农民工子弟学校的特点和现实问题，也是影响学校教学质量的主要原因。

表7-6 农民工子弟学校与公立学校、民办学校的学生流动性比较

单位：人

	港湾中英文学校	东方小学	长江小学	英才小学	人和小学	江高二中	江高镇中心小学
学校性质	私立	农民工子弟学校	农民工子弟学校	农民工子弟学校	公办	公办	公办
学校人数	1 050	1 600	800	800	1 230	2 600	1 719
最近一年转到外校的学生	400	300	180	240	1	10	0
最近一年从外校转入的学生	350	300	200	200	1	10	17
转入本校学生来源	外来工子弟	外来工子弟	外来工子弟	外来工子弟	外来工子弟	外来工子弟	外来工子弟

7.4.3.5 农民工子女就读学校途径分布

调查显示，目前农民工子女在城市就读主要有以下几种途径：借读公办学校、就读收费较高的政府批准的民办私立学校和进入政府批准的农民工子弟学校。农民工子弟学校是存在于国家义务教育体制之外的一种社会现象，它存在的根本原因是目前我国实行的义务教育体制在解决流动人口子女就学问题上的乏力，表明这种教育体制已经不能适应当前人口大流动的社会格局。正是现行的义务教育体制把流动人口子弟排斥在城市正规学校之外，农民工子弟学校才得以产生和发展，并且成为解决流动人口子女就学的重要渠道。特别是流动人口密集的中心城市，农民工子弟学校普遍存在。

表7-7 农民工子女就业途径分布

单位：人

就学途径	远郊	近郊	中心城区
留老家农村上学	21	15	16
到城里进公立学校	26	25	21

（续）

就学途径	远郊	近郊	中心城区
到城里进农民工子弟学校	4	2	6
到城里进私立学校	5	1	0
提前结束上学早点打工	0	0	0

调查结果表明：父母希望子女到城里公立学校读书的比例最高，留在老家农村上学的排第二，到城里进农民工子弟学校排第三，到城里私立学校排第四。也就是说，到农民工子弟学校读书是外来工不得不作出的选择，在公立学校难以接收、把孩子留在老家又不具备条件的情况下只好选择了农民工子弟学校。可见，希望孩子能在城里上公立学校是外来工的最大愿望。

7.4.3.6　*农民工对子女受教育程度的期望*

统计结果显示，农民工对孩子学习的期望不再停留在会读书认字上，而是希望孩子能考上大学。但是现行的教育制度是一种属地化管理的体制，即以户籍所在地作为享受教育权利的依据。很多随父母来到城市的孩子，念完小学和初中后，没有资格在城市参加中考，上完高中后更没有资格在城市参加高考，他们只能回自己的户籍所在地参加中考和高考，而各地中考、高考的考试科目有差异、所使用的教材也有区别。可见，义务教育后的农民工子女就读问题也成为我们必须关注和务必解决的问题。

表 7-8　农民工对子女受教育程度的期望

单位：人

	远郊	近郊	中心城区
小学	1	1	0
初中	0	2	1
高中	2	1	1
大学以上	49	30	30
无想法	5	1	8

7.5　结论与政策建议

7.5.1　结论

7.5.1.1　*流动人口子女绝大多数无法进入公办学校就读*

我们的调查资料显示，能够就读于广州市公办学校和较好的民办学校的流动人口，大多数已在广州定居，职业、收入和居住环境相对稳定，并有少数高收入阶层的子女进入贵族学校和高收费的学校就读；但大部分外来务工人员的子女只能进入一些简陋的、办学资金短缺、师资力量极其有限的民办流动人口子弟学校就读。外来人员子女要进入公办学校就读，需一次性交纳一笔“赞助费”，并每月交付一笔“借读费”，对于外来人口的经济收入来说负担非常大。现阶段，民办学校（或流动人口子女学校）师资力量薄弱、教学设施落后、教学管理经验缺乏、任教老师频繁更替、学生流失现象严重，再加上流动人口子女自身素质偏低、学业基础差等原因，致使当前民办中小学校的教育质量令人担忧。因此，即使流动人口子女“能上学”，但也很难“上好学”，这已成为流动人口子女教育面临的一个普遍而突出的问题。

7.5.1.2 政府在解决流动人口子女上学问题上处在一个以现有的条件逐步解决的阶段上，还没有具体的彻底的解决办法和措施来推进这项工作，形成有效的长效机制

2008年7月30日，国务院常务会议决定：从2008年秋季学期开始，在全国范围内全部免除城市义务教育阶段学生学杂费。会议要求，要切实解决好进城务工人员随迁子女就学问题。这对广大进城务工人员及其子女来说，绝对是个福音，必将进一步推动城乡教育公平。这项措施能否落实，关键是能否解决好农民工子弟的就学问题，从目前制订出台的农民工子弟入学政策及实施情况来看，存在较多的问题。

首先，农民工子弟入学还不能做到“零门槛”，各种名目的设限普遍存在。如广州市规定的十三类人员子女可享受免费义务教育、优秀农民工可以落户城镇等。类似的规定还有很多，有些规定是当地政府迫于现有教育资源饱和，不得不为之；有些则是用来提高门槛，达到限制外来子弟入学的目的。这些障碍如何破除？广州市对待农民工子女入学的教育困境又如何解决？这些都是值得当地政府考虑的。否则，入学门槛不除，何来免费一说？

其次，解决农民工子弟的入学问题虽然能保证教育的初始公平，但很难解决深层次的教育难题。最突出一点就是歧视问题，一方面学校担心接受农民工子弟过多，会影响学校生源和教育质量；另一方面一些城市学生家长对外来务工人员存有偏见，认为孩子与外来子弟交往会影响孩子成长，而一些城里孩子也不愿与外来子弟同座、同玩、同学习。这些问题不解决，即使免除农民工子弟的学杂费，也难以保证义务教育精神真正得到落实。

再次，贯彻接受义务教育以流入地为主的决定必须在经费安排上有制度性支持。具体说，就是农民工子弟流出地和流入地应共同承担义务教育所需经费。中央政府对处于义务教育阶段的每个孩子都有专用经费，中央财政应建立“钱随人走”的财政转移支付制度，按照各地报送的流入学生人数，向当地核拨转移支付经费。

最后，加强义务教育经费使用情况监督。只有将义务教育经费落实到每一位学生头上，义务教育学杂费问题才能迎刃而解。

如果说推行义务教育是我国教育发展史上的一个里程碑，那么规定农民工子弟与城里孩子享受同等的义务教育待遇，则翻开了我国教育发展史新的一页。在这个历史性的时刻，我们既要看到希望，也要正视困难，要积极采取应对措施推进各项工作的落实，形成有效的管理机制。

7.5.1.3 户籍制度是阻碍解决流动人口子女上学问题的重要制度因素

中国的户籍制度自 20 世纪 50 年代开始实行以来，对普通中国公民改变永久居住地进行严格限制。70 年代末开始改革开放，国家和地方当局开始放松对取得城市户口和暂住证的限制，到 1990 年代后期限制进一步放松。尽管这些措施是一种进步，但近来实行的改革常常附带高收入要求和对住房的严格规定，对想迁居城市的流动人口十分不利。达不到规定要求的流动人口常常不能像城市居民那样享受医疗和子女就学等同等的公共福利。例如：2009 年 2 月，上海发布户籍新政，持居住证满 7 年，符合一定条件的人员可转常住人口；继上海之后，2009 年 12 月，广东省在《广东省流动人口服务管理条例》颁布实施新闻发布会上宣布，从 2010 年起，在全省范围内推行全省通用、一证多能的居住证制度，取代暂住证制度。居住证持证人在同一居住地连续居住并依法缴纳社会保险费满五年、有稳定职业、符合计划生育政策的，其子女接受学前教育、义务教育应与常住户口学生同等待遇。

也就是说，户籍制度改革发展到今天，依然带有森严的部门利益壁垒，并没有实质性突破，何时才能还自由迁徙的权利于公民？作为一项关系国计民生的重大政策，户籍制度改革需要经历一个漫长的过程。“户口”在中国的形成和固化，有其历史和传统文化的成因，亦有着城市承载能力的现实考量，今天我们对户籍制度改革，有必要正视其历史和现实症结。综观世界各国的户籍管理，基本上是遵循一个迁徙自由的原则，不论在美国还是日本，人口流动完全自由，实行“户口随人走”制度；在印度，迁徙者只要找到工作，其日常生活、子女上学和当地人同等对待，这些实行自由迁徙的国家，并未出现人口管理松弛、乱套的局面。这些国家的户籍管理办法也反证了中国的“户口制度”并非动摇不得，而应该以一种更自由更人性化的户籍制度取而代之。市场经济制度天然要求迁徙自由，中国的户籍制度还是在通过人口登记区分不同的权利，你是在农村还是在城市，是在这个城市还是在那个城市，由此可享有不同的权利。我们还没有形成与市场经济相配套的人口管理制度。进入城市的农民工在城市可以“立业”，但无法“安家”，城市不给他们“户口”，意味着没有城市居民的身份，也就享受不到城市居民可以获得的一切福利待遇。户籍制度、教育制度、保障制度、人事制度、医疗制度对城市户口、农村户口的双重标准，使得农民工只能游离于体制之外。户籍政策成为这一系列制度不公的核心载体。城市对农民工经济制度上的接纳和社会制度上的不接纳这一矛盾导致了中国城市化进程中的最大不公，最关键的原因在于户籍制度基本上没有进行过彻底的改革。这些是导致农民工子女入学难、难以享受教育公平的根本原因。

7.5.1.4　对民办学校的扶持和规范管理缺乏有效的保障措施

首先，对民办教育的认识存在误区。现在很多部门将民办教育等同私人办学，认为是以营利为目的的商业行为，对其投入太少，人财物缺位。作为政府部门，就算是想投点钱也不放心，怕进了私人的口袋。

其次，政府对民办学校没有专门的管理部门，造成管理缺位。据了解，广州市各级管理部门对民办学校和农民工子弟学校的管理是归口到各级教育部门，但这些部门绝大多数没有设立专门科室进行对口管理，处于一种附带管理的局面。我们在白云区江高镇通过与一些农民工子弟学校的老师、校长交谈中了解到，这类学校老师的继续教育问题、职称评定问题等与公立学校有很大不同，基本处于无序和空白状态，平时的教学互动、课改讨论、经验交流等处于一种边缘地位，可有可无，缺乏规范管理，也说明了有关管理部门对这类学校的管理重视程度不够。

第三，很多民办学校管理机制不健全，管理不规范，有些管理者素质不高，一些民办学校管理者和管理层实行“家长式”甚至“家庭式”管理；一些学校由于财产、财务制度不健全，甚至抽逃资金；学校为了抢生源，发布虚假招生广告，或者不正常地压低收费标准，给予高额回扣。形成校与校之间的恶性竞争，发展空间有限，大多数为短期行为。

针对这些问题，如何制定有效措施，规范民办学校的管理，使其形成有效的良性的竞争机制；如何明确民办学校的办学定位、办学目的和办学目标；如何消除认识上的误区，达成共识。既要用制度规范管理，使其有较大的生存空间，同时也要充分发挥其教育功能，特别是现阶段，在数十万的外来工子弟主要依靠这类学校接受教育的情况下，政府应加大管理力度，使得这类学校成为外来工子女在城市接受义务教育的有效渠道和补充。

7.5.1.5　对农民工子女后续教育问题缺乏保障机制，没有连续性

已经有越来越多的农民工子女进入了初中后阶段教育，但“两为主”的教育政策并未涉及这一阶段的教育问题。由于户籍制度的限制，城市的高中阶段教育和以后的升学制度是不向他们开放的，而返回原籍对许多农民工子女来说已经不太现实，尤其对那些从小在城市长大的孩子。这些顾虑，使许多农民工子女最后不得不放弃学业，却没有具备在城市社会安身立命的职业技能。因此，政府在解决农民工子女接受义务教育问题的同时，必须重视这些孩子的初

中教育和初中后的教育。我们在调查过程中发现，外来农民工对孩子的学习期望已经有了较大的变化，期望值普遍较高。

7.5.2 政策建议

7.5.2.1 教育公平比户籍改革更迫切更重要

随着户籍改革的呼声越来越高，各地政府也在尝试着出台新政以缓解这种矛盾和压力。上海在2009年2月23日的户籍新政出来后遇到一片的反对声，认为这是在吸引人才而不是从根本上解决流动人口的户籍问题，在阶层之间制造不平等，背离制度改革的大方向。但如果我们来一个换位思考，站在城市的角度上想一想，有没有可能只要想入户就能入户而无需任何条件？答案可能是否定的，一旦发达城市全面放开户口，其城市的承载能力将面临严峻考验。户籍不太可能没有任何条件自动入户。否则，仅是大量学龄儿童和高考学生涌入北京、上海、广州等大城市，将使这些地区的学校难以承担。

如果把教育公平寄希望于户籍改革，或者单纯依靠户籍改革来改变目前的教育现状，那是不太现实的，综观我国户籍改革的漫长历程就可以预见，矛盾就在于人们入籍需要等待，但是跟随父母的孩子却面临上学、高考等问题，是不可能长期等待的。

因此，教育公平比户籍改革显得更为迫切更为重要。由于城乡差异、教育资源的分配不公所引起的教育效果的差异日渐突出。有一组统计数据：2008年从全国范围来看，目前城乡大学生的比例分别是82.3%和17.7%。而在20世纪80年代，高校中农村生源还占30%以上。也就是说，农村孩子在大学生源中的比例，30年来几乎下降了近一半。农村孩子占的比例和在大学中的比例是不相称的。

究其原因：其一，农村大学生比重的下降，其中有30年来城市化的结果，那些曾经是农村户籍的学生在城镇化过程中变成了城镇居民，当中的比例自然会变化。其二，就业难也是导致农村大学生比重下降的另外一个原因。高昂的学费，读完大学后却发现找工作是如此艰难，出于现实的考虑，很多农村家庭难免会重拾"读书无用论"的观念。其三，随着流动人口的不断增加，流动儿童和留守儿童的数量也在逐年上升，这类儿童不管留在农村还是跟随父母来到了城市，他们接受的教育与城里的孩子相比依然有很大的差距，造成升学率的差距越来越大。

造成这种现象的根源是教育资源的分配不公，是城乡差距的日益扩大。农民工子女的教育问题就是教育资源分配不公的突出表现，如果中国的教育存在不公平，这就是一个最大的不公平。教育公平要从基础教育抓起，受教育权是每个公民的基本权利，同时教育也以其巨大的力量塑造公平。但现在的教育不但没有起到缩小贫富差距和城乡差距的作用，反而因为教育资源的不公而拉大了贫富差距和城乡差距。

因此在义务教育阶段，必须执行国家和义务教育法的相关规定，严查地方和学校向外来人口收取借读费或变相收取捐资助学等款项，更不得把孩子拒之门外，实行父母在哪里工作其子女就在哪里就读，实行在哪里读书就在哪里高考。实现教育身份的公平，将会更好地解决流动人口子女的教育问题和解决城市化进程中所带来的一系列社会问题。

7.5.2.2 完善配套政策，加强对农民工子女入学管理

对进城务工人员随迁子女接受免费义务教育作出安排，是我国教育改革政策的亮点之一。据粗略统计，现在全国进城务工人员子女大概有 2 400 万，其中有 800 万随迁子女。政策明确把进城务工子女教育工作纳入公共教育体系，在重申“两为主”（以流入地为主和公办学校为主）的基础上，要求地方各级人民政府应根据进城务工人员随迁子女流入的数量、分布状况和变化趋势等，合理规划学校布局和发展，并应按照预算内生均公用经费标准和实际接收人数，对接收进城务工人员随迁子女的公办学校足额拨付公用经费。另外，对进城务工人员随迁子女流入较多、现有教育资源不足的地区，要求当地政府加大教育资源统筹力度。

将进城务工人员随迁子女义务教育纳入公共财政保障值得肯定，但“两为主”的免费政策在落实过程中存在制度缺陷，需要进一步完善。对流入地政府来说，由于随迁子女数量庞大，义务教育免费所需资金数额巨大。根据教育部的统计资料，2007 年，全国义务教育阶段农民工随迁子女约为 800 万人，其中省内流动学生占 52%、跨省流动学生约占 48%。这部分学生绝大部分集中在北京、上海、浙江、广东等经济发达地区，而且占当地义务教育阶段学生的比例较高，如浙江为 53.4%、广东为 47.3%、上海为 31%、北京为 24.9%。以广东为例，广东省外来人口主要集中在珠三角，占全省 89.3%，如果以这种非户籍学生的增长速度，全部进公办学校全省每年必须新建 370 所 1 000 人规模的义务教育学校才能基本满足，而按目前每增加一个学位约需投资 1.75 万元测算，全省每年要投入 66 亿元，加上新增设备、教师工资、公用经费的投入，财政压力巨大（《广州日报》2008 年 8 月 9 日）。按照现行户籍制度，流动人口子女义务教育财政投入被流出地政府使用，流入地政府在面临财政困难的情况下，会提高入学门槛实行有选择的接纳，这将造成隐性排斥现象的出现，使政策难以发挥应有的效力。其关键是取消借读费造成了地方财政压力大，公立学校负担加重，这些困难是各级政府必须重视和解决的，只有这样才能使政策落到实处，才能真正发挥其作用。

为此，各级政府应设立进城务工人员随迁子女教育专项基金，实施教育券制度，建立流动子女的电子学籍管理系统。各地应制定合理的入学标准，挖掘

公办学校潜力，推广农民工子女学校“国有民办”办学模式，加强对农民工子女学校的支持力度，缩小“公立”与“民办”的差距，实现同步发展。

7.5.2.3 通过规范和管理，把农民工子弟学校纳入正轨

（1）政府应尽快立法，承认农民工子弟学校的合法地位，规范其办学行为，给其留出制度化发展的空间。政府还应对农民工子弟学校进行引导，制定符合我国实际情况的民办学校办学标准，让达标的农民工子弟学校享受与公办学校的同等待遇。教育部门应定期指导和监督达标学校的教学活动，逐步形成布局合理、管理规范、保证教学质量的民办学校教育指导网络。在基础教育方面，教育行政部门要结合素质教育转变职能定位，给接收农民工子女的学校比较宽松的办学环境。在学校管理层面，要创造更加灵活，随时可以接纳农民工子女就读的管理方式。根据农民工子女的分布和发展的动态需求，设寄宿制学校，加强对寄宿制学校教学、生活、安全方面的管理，解除进城农民工的“后顾之忧”。

（2）充分发挥民办教育的作用。民办学校和农民工子弟学校承担了相当数量的农民工子女的教育，在很大程度上缓解了流入地公办学校及政府的财政压力。因此，教育部门应建立公正合理的评估机制，依照法规管理民办学校和农民工子弟学校，给予其合法身份，提高其教学质量，改善其教学设施，从而增加农民工子女的就学机会。具体而言：

第一，应全面、正确地认识民办学校在现阶段义务教育提供过程中的重要作用。民办学校在目前我国教育体制与户籍制度改革明显滞后的情况下能满足相当数量农民工子女的教育需求，并且在办学模式上迎合了农民工家庭的特点。在所调查的广州地区，民办学校甚至成为农民工子女进城就学的一个主要渠道，解决了约 2/3 的外来人口子女的入学问题。这就要求国家和政府本着“效率优先、兼顾公平”的原则因势利导，在办学资格、办学规模等方面适当降低门槛，使民办学校能在一定范围内得到发展。

第二，流入地政府应成立相关的专门机构和职能部门，把民办学校纳入到本地区的教育事业管理范畴之内。根据国务院有关基础教育改革文件的精神，制定相关的管理规范，依法审批，建立年检制度，适度加强对民办学校、农民工子弟学校的管理和监督，促进其不断提高自身的办学水平，并引导他们开展良性竞争。一方面严格把关，坚决取缔不具备办学资质，尤其是采取欺骗手段引诱农民工子女就读的非法教育机构，另一方面则是在取缔过程中，要及时妥善安置这些学校的学生，坚决维护农民工子女接受正当教育的合法权益。

第三，鉴于民办学校的办学基础较为薄弱，流入地政府应结合当地实际情况，提供经济扶持与税收支持，优化其发展的外部环境。除此之外，还可鼓励公办中、小学伸出援助之手，积极开展校际合作。在教学硬件上实现资源共

享，公办学校在其空闲时段以优惠条件或无偿为民办学校的教育提供资料室、课室、实验室及体育场馆等；在人力资源上，既可采用志愿服务的方式，公办学校教师兼职任教于民办学校，也可沿用师傅带徒弟的方式，对民办学校的教师进行师资培训，从而有效缩小两类学校之间的教学差距。

7.5.2.4　充分发挥政府的管理职能，制定农民工子女教育的长效机制

应加强对流动儿童教育政策的后续监督和管理，例如教育部、公安部联合下发的《流动人口中适龄儿童少年就学暂行办法》，应制定与之相配套的有关保障措施，进一步完善政策实施的各个环节，促进教育政策目标的实现，缩小政策理想和现实执行之间的距离。各职能部门应监督各地教育政策的落实情况，并及时根据情况作相应的调整；加大对义务教育经费的统筹力度，促使各地教育发展走向均衡；推行学籍信息管理制度，依据学籍信息管理制度来规范管理每位适龄儿童，允许他们在全国任何地区的任何实施国家义务教育的学校，都可入校接受教育；实现义务教育经费随着学籍走，即建立“教育券”制度。依靠政府的管理职能，制定一套行之有效的管理机制，是解决农民工子女就学问题的根本保证。

7.5.2.5　做到不仅要让进城务工人员子女“能上学”，而且要“上好学”，实现真正意义上的教育公平

国家政策明确要求，“要切实解决好进城务工人员随迁子女就学问题。进城务工人员随迁子女接受义务教育以流入地为主、公办学校为主解决；对符合当地政府规定接收条件的随迁子女，要统筹安排在就近的公办学校就读，免除学杂费，不收借读费。”这一规定，实质要求保障进城务工人员子女与城市户籍人员拥有平等的受教育权利，使进城务工人员子女既能上学，又能上好学。那么，要做到这一点，首先需要进一步加大公办学校接受进城务工人员子女的力度。无论是从落实国务院的要求，还是从进城务工人员的实际经济情况与打工子弟学校的办学情况看，创造条件让进城务工人员子女进公办学校，是让他们能上好学的最重要途径。因此，应尽最大努力创造条件更多地接纳农民工子女到公立学校就读。其次是有重点地扶持和创办优质民办学校和农民工子弟学校，建立一批办学条件好、教学质量高，能与公立学校形成竞争的各类性质民办学校。

7.5.2.6　引入社会力量参与解决农民工子女教育问题

目前，进城务工就业的农村剩余劳动力已经达到2.3亿，他们的流动已是不可阻挡的趋势。流入地政府应正视这种现实，对广大农民工兄弟及其子女敞开接纳的胸怀。同时，也应当意识到农民工学龄子女的义务教育问题是牵涉到全局的问题，单靠政府的唯一支持是无力提供和发展优质教育的。以此，应鼓励社会各界发扬互助传统，倡导企业、社会团体、慈善机构及公民个人热心参

与公益事业，多方帮助农民工适龄子女走进学校，接受良好的教育。一方面，政府首先要在全社会范围内加大宣传教育的力度，强化农民工依法送子女入学的观念，树立责任意识和教育优先、优质和均衡发展的理念，做到切实维护农民工子女接受教育的权利。另一方面，则要动员社会各界力量，共同关注农民工子女的义务教育问题。调动和整合希望工程及其他社会救助力量，设立各种形式的教育救助资金，为农民工子女就学提供更多的经济、法律和教育援助，或是积极鼓励师范院校毕业生以志愿者的身份在农民工子弟学校任教，组织市民团体、大学生志愿者、退休教师到农民工子弟学校进行帮扶、援助等活动，从而保证农民工子女真正享有义务教育这一公共产品。其中，应尤为关注非政府组织在其间起到的服务平台作用，非政府组织利用其非营利性、自治性、自愿性等特质，能恰当地进行社会动员，从而整合社会资源，为多元主体的参与提供渠道。

8 城市化进程中的村（社）集体经济

农村城市化的过程至少包含了两大方面：①农村经济形态向城市经济转型、增长方式的转型和产业结构的升级，伴随这个过程，是人口的“非农化”以及从业人口的非农化比重大大提升。②从城市空间景观上观察，农村村落向城市社区演替。正是在滚滚而来的城市化浪潮中，无数原来的农业村庄，演变成了向现代化城市区域迈进的村改居社区，变成了“非城非村，亦城亦村”的“城中村”。截至2005年8月，我国共有社区居委会7.78万个，其中村改居社区居委会约8 000个，占总数的10.2%，约有4 200多万农民在城市化过程中转为城市居民。

村改居社区（也即“城中村”）作为城市化过渡时期的产物，兼具了城市社区和农村社区的某些特质，但又与二者有实质区别。由于村改居社区目前尚处于建设的初级阶段，需要解决的问题很多。而这些村（社）的集体经济承担着社区居民分配、就业、福利、公共事务开支等重任，是各项社区建设工作的重中之重。更何况村级组织历来都是农村集体资产的载体，也是其集体资产权属与受益的边界。李培林认为，在“城中村”里，存在着与城市单位很相似的组织形态，即村落单位制，村民在经济利益、生活、情感、社会交往、心理认同等诸多方面对自己的村落都有很强的依赖关系（李培林，2002）。在这种强烈的依赖中，集体经济的资源配置效应会更加凸显出来，村民们对集体经济的取向、发展与管理也会更加关注。正因如此，本书的研究视角就定位于这些城中村的集体经济，并选择了城市化程度较高、集体资产存量较大的广州市作为我们的研究样本。

8.1 研究方法与研究过程

8.1.1 调查方法

本研究以广州市的城市化过程为例进行实地调查，采用的是PRA（Participatory Rural Appraisal）参与式乡村评估方法。PRA是国际上流行的发展的运作方法，强调三个支柱：第一个支柱是思想行为和态度——以什么样的心态去工作，思想是什么，体现的行为方式是什么，这是一个比较关键的问题；第二个支柱是知识共享，当地人有当地人的知识，我们有我们的知识，只是知识体系不同，在农村要干一件什么事，我们下去的是学生，是我们和当地人把我们的知识和他们的知识融合在一起的一个共享的过程；第三个支柱是PRA

工具。这三个支柱支起了 PRA 工作构架。让当地人来决定是 PRA 的基本观点。PRA 强调允许多元化的存在。如果没有思想的变化就没有分享的过程。因为你不承认当地人有他的知识，就不会站在他的角度去思考他的问题。PRA 的调查原则是：①充分参与；②如实记录；③不主观引导；④不承诺；⑤中性评价/尽量减少评价；⑥观察、倾听；⑦不做现场记录；⑧摆正角色；⑨保持朴实的形象。

PRA 还强调调查人员语言表达的本地化，注意收集本地的表达方式和习惯用语，以消除社区老百姓与调查人员之间潜在的心理隔阂。这种调查是在调查人员不带有任何主观假设进入到现象或对象所生活的背景中，是一种参与式、访谈式的调查方式，其调查结果也显得更加原生态，甚至遇到访谈对象对一些敏感数据不愿意告知时也不能强迫或杜撰。所以，在一些数据不全的情况下，本研究力图进行补充调查或通过借用其他研究团队的调查数据来印证。

8.1.2 研究过程

（1）研究既关注“城中村”集体经济的变化过程，也关注各类具体事件，并将城中村集体经济的发展过程放在城市化变迁、村（居）改制的制度创新以及各类行动者的互动过程当中看待，将它们放在一个相互衔接与作用的系统关系中，从微观（行动者）的角度来考察它与中观（组织）和宏观（城市化）的关联，而不是仅仅关注一个微观的、由若干具体事件构成的动态过程。

（2）研究是在理论取向指导下有目的的研究过程，更加关注事务之间相对确定的联系，而那些不确定的、出人意料的变化在研究过程中仍然是可能不断出现的，但只有在确实值得关注的情形下，才会被纳入本研究的研究视野。也就是说，本研究认为一些偶发性变化不一定意味着是结构性的决定因素，相反，那些确定的关联可能更具有普遍性的价值。

（3）一些调查点的重点事件（如征地）已经早已完成，本研究无法做到参与观察，而只能事后访谈。所以有些事件的描述很难做到连贯而流畅，而事件本身只变成了一系列标志性的过程节点，在叙述上的衔接可能是相对分割的。

8.1.3 问卷与访谈

我们在广州市的调查中采用了问卷调查的方法有着更加实际的原因。当我们以一个陌生人的身份进入相对封闭的个案社区时，其实是很难获得有价值的信息。在这样一个三缘（血缘、亲缘、地缘）社区，任何一个打听消息的外来者都会迅速引起广泛的注意，我们的调查面临的最大问题就是以非正式的途径难以介入。我们尽可能地找到一些具有组织关系的调查点，然后通过一些社区工作人员的引荐去入户调查。也正因为这一点，我们的调查区域是有代表性的，而我们的具体调查点却不一定是具有典型的代表意义。为此，在本书的撰写过程中还查阅了近年来以广州市城中村为研究对象的研究报告，并从中选取了更具有代表性的数据样本来补充我们调查中的不足。我们希望调查过程能够深入地就某些问题“聊聊”，所以在调查问卷中设计了一些半结构性访谈项目，并尽可能地引发调查对象对某些问题的谈话兴趣，每个对象的平均问卷访谈时间都在一小时以上，结束当天调查者都被要求对每个访谈对象写出个案报告，这也成为本书写作的一个直接引用的材料来源。

在问卷调查过程中，还有一些不尽如人意的地方，比如说我们遇到了多次拒访的现象，在调查中也明显感觉到有些问题设计的敏感性引起了村民的回避与敷衍，另外在一些问题上村民的回答显然也是言不由衷的。

8.1.4 概念界定

8.1.4.1 “城中村”

“城中村”是我国经济发展和城市化的一种特殊现象[①]。国内学者对“城中村”的概念有不同的认识与概括，归纳起来主要有亲缘关系论、产权和经营制度论、行政管理体制论、社会形态论、综合意义论等。百度词条对“城中村”的解释是：从狭义上说，是指农村村落在城市化进程中，由于全部或大部分耕地被征用，农民转为居民后仍在原村落居住而演变成的居民区，亦称为“都市里的村庄”；从广义上说，是指在城市高速发展的进程中，滞后于时代发展步伐、游离于现代城市管理之外、生活水平低下的居民区。而笔者的理解是：从时间上看，“城中村”是农村城市化进程中实现城乡一体化所经历的一个阶段；从空间上观察，“城中村”就是城市海洋中的一座岛屿；从经济上看，“城中村”就是促使农村经济和城市经济转型的“特别经济体”。

城市化进程的加快，使一些处于城乡结合部的村庄，融入城区，成为“城中有村，村里有城，村外现代化，村里脏乱差”的地区，严重地阻碍了城市精神文明建设的普及与发展，不利于城市整体规划和建设。“城中村”在从乡村向城市转变的过程中，因土地、户籍、人口等多方面均属城乡二元管理体制，没有完全纳入城市统一规划、建设和管理，其发展有很大的自发性和盲目性，在生产方式、生活方式、景观建设等各方面仍保留浓厚的农民特征，因而影响了城市基础设施的布局，乃至城市整体规划的实施。“城中村”的长期存在，已经成为我国很多城市发展面临的一个难题。

根据著名社会学家李培林的观点，“城中村”大体可以分为三种类型：一是处于繁华市区，已经完全没有农用地的村落（社区）；二是处于市区周边，还有少量农用地的村落（社区）；三是处于远郊，还有较多农用地的村落。无独有偶的是，刘红萍、杨钢桥对城中村也作了如下类似的划分（见表 8－1）。

① 轩明飞：《村（居）改制：城市化背景下的制度变迁——以济南市前屯改制为个案》，社会科学文献出版社 2008 年版。

表 8-1 "城中村"的主要类型

类型	A类	B类	C类
区位	被城市建设所包围（城市中心）	城市边缘（近郊）	城市规划区域（远郊）
农用地	无或很少	占部分	大部分
居民从事产业	以第二、三产业为主，土地资产为其主要收入来源	以第一产业经济类为主，兼业化严重	基本以第一产业为主
基础设施	比较完备	城市部分设施延伸到此，自身建设落后	落后
人口及素质	非农人口比重大，人户分离，流动人口占绝大多数	农业人口为主，存在部分流动人口，农民受城市文明冲击较大	基本为农业人口，城市文明普及对当地农民影响较弱

资料来源：刘红萍、杨钢桥：《农村城市化中的城中村形成机制与思考》，《农业现代化研究》，2004年第4期。

上述类型的划分完全是从城市区域规划的角度出发，因而将远郊这一尚未具有鲜明城市化特征的村落也划分到"城中村"的范畴里，这与我们的调查取样点是恰好吻合的。虽然从居民的生产、生活方式来看，"城中村"与城郊村有着重要的区别，但我们的研究正是希望能比较出城市化进程对不同区域的影响程度，城郊村最终是否会追逐和复制城中村的发展轨迹，也是我们需要探讨和关注的一个重要问题。需要说明的是，对城市化进程中村（社）集体经济问题的研究，客观上会要求我们更多地去关注城市中心的区域，因为这块区域更有集体经济的实力，更有集体经济发展与思考的价值和空间。

与其他城市相比，广州市城市化开始得早、推进得快、知名度高。其中，位于广州市天河区的石牌村已经成为全国最著名的"城中村"，曾先后成为李培林、陆学艺、郑孟煊、蓝宇蕴等著名社会学家的调查研究个案。广州市"城中村"的发展，共经历了三个阶段：第一阶段是20世纪80年代以前，可称为"前城中村"阶段，城市尚未扩展至村镇，"城中村"还是单纯的农村聚落，以农业为主，经济落后，农民收入较低，离城市近的地理优势也没发挥出来。第二阶段是20世纪80年代，可称为"城乡结合"阶段，这个阶段是伴随着城市的扩展和城市化进程的加快而出现的，城市的发展使城市工商业所需的劳动力和社会供给需求增加，周边的农民则逐渐脱离原有的职业和身份，进入到城市从事第二、三产业。同时，由于旧城区密度过大，随着交通的改善，企事业单位迁入城市周边村落，这些村落的耕地也逐渐被征收，开发为新的城区，这时土地征收价格相对较低，主要通过招工、转户口给农民以补偿，而不高的征地费成为村（社）发展的启动资金。80 年代城乡结合地区的村集体经济盛极一时，主要是村集体兴办纺纱、酿酒、造纸、制砖、制茶、石料加工、服装加工等企业，此时村民的消费水平有很大提高，行政管理体制也开始纳入市区的范围，村委会与居委会并存。20 世纪 90 年代以来是第三个阶段，也即“城中村”阶段，由于“城中村”集体企业竞争力的衰弱，第二、三产业经济处于停滞状态，政府开始寻求新的经济增长点，这是一个从第二阶段以来的去工业化过程。历史上广东沿海地区人口曾经大规模迁移海外，广东籍港澳同胞、海外华侨数量众多，拥有华资关系的村镇，利用其对集体土地的使用权的出售和其地理优势，开始“以地招商，卖地致福”。在这个阶段，土地价格上涨，一般厂房租金可达10～12 元/平方米，城中村的耕地几乎全部被征用或出售其使用权，只留有宅基地，而其宅基地的租金相对低廉，管理相对松散，成为低收入的外来人口的首选居住地，这个阶段则成为一个由本地人加上大量外地人共同构成的二元社区阶段。本地人拥有土地出租的高收入和各种分红，以及房屋的出租收入，形成不用劳动的“食租阶层”。

目前，广州市大部分“城中村”的现有土地产权还属于农村集体所有，村民以非农收入为主，土地已经全部或大部分被国家征用，虽然典型的“城中村”中的农民已全部转为城市户口，但农民的宅基地还未被征为国有，其土地本质仍未发生变化，这部分“村”至今仍然还是“村建制”，实行村的管理方式，甚至还有不少农民集体财产和村办企业经济实体。良好的区位条件和低廉的建设成本使“城中村”出租房屋比率相当高，房屋出租加上村里的分红收入，可以使村民们过上相当富裕的物质生活，有些村民的平均生活水准甚至已远远超过城市居民，很多农民也已有自己的企业，主要从事一些初级饮食娱乐、交通运输、建筑业、农副产品和蔬菜零售等行业，或是以房屋租赁为主要职业。

8.1.4.2 村（社）集体经济

集体经济，即集体所有制经济。它是一定范围内的劳动者（成员）所有，并取得控制权的一种公有制形式，这种劳动者（成员）控制权是区别于私有制、国家所有制的主要标志；劳动者在企业中有个人产权，也有劳动者（成员）共有产权；集体经济体现劳动与资本要素的联合，按劳分配和多种生产要素共享利益；集体经济的实现形式是多样化的，市场经济条件下大多企业组织形式和经营方式都可以是集体经济的实现形式。当前，农村集体经济是指在实行家庭联产承包责任制和双层经营体制改革之后形成的包括乡、村、村民小组和部分农民共同所有的农村劳动群众集体所有制经济。本研究主要定位于村级（含村、村民小组，转制后改为经济联社和经济社）的集体经济。

中共中央十一届三中全会以后，经济体制改革首先在农村拉开了序幕。在农业所有制改革中，建立了以公有制为主体、多种所有制并存的所有制结构，建立了以家庭承包经营为主、统分结合的双层经营体制。这些改革大大解放了农村生产力，促进了农村经济的发展。随着高度僵化计划体制的不断打破和市场化程度的提高，许多城市周边的村庄，凭借优越的地理位置，最先受到市场经济的洗礼，有的逐渐发展成为城市的蔬菜和畜禽基地，有的则兴办了许多乡镇和村办企业，并得到了蓬勃发展。这些企业的兴办，不仅提高了农民的个体收入，而且也壮大了农村集体经济。当城市化浪潮涌向这些城市周边的农村时，这部分村庄的农业用地逐渐被征用，村民和村集体产业也陆续非农化，这些村庄逐渐演变成了今天的“城中村”。“城中村”利用土地的增值，发展房地产、物业等，资产得到大大增加。经过这些年的发展和积累，许多“城中村”都拥有了少则几千万多则上亿元的集体资产，“城中村”的集体经济进入了一个高速膨胀的时期。

8.2 广州市村（社）集体经济发展的主要特征

改革开放后，广州经济发展迅速，特别是自 1998 年以来，经济快速增长。城区不断扩大，城市建设实现了跨越式的发展。从 1998—2004 年 7 年间，仅市级城建投入就达到 1 115.37 亿元，相当于 1949—1997 年 48 年间广州市城市建设总投入的 3.3 倍。

8.2.1 广州市近年的城市发展规划

按照广州市现行的城市总体规划，广州市辖十区将划分为中心组团、番禺组团和花都组团，中心组团（即中心城）包括越秀、荔湾、东山、海珠、天河、芳村、黄埔和白云原市辖八个行政区范围，番禺组团和花都组团则分别涵盖番禺区、花都区两个新的市辖行政区范围。城市规划区范围包括 10 个市辖区和 2 个县级市，总面积为 7 434.4 平方公里。城市性质确定为：“广东省的政治、经济、文化、交通中心，是我国的历史文化名城和华南地区的中心城市，是我国重要的经济、文化中心和对外交往中心之一，是我国南方的国际航运中心。”

规划预测 2010 年广州市域总人口 1 225 万，城镇人口 1 040 万，其中市辖十区总人口 1 035 万、城镇人口 920 万。市辖十区人口分布：2010 年中心城区总人口 680 万，其中城镇人口 628 万；番禺、花都等总人口 355 万，其中城镇人口 292 万。规划 2010 年市辖十区城镇建设用地总量为 785 平方公里，其中中心组团城市建设用地规模为 549 平方公里（含广州经济技术开发区新增用地 28.98 平方公里），人均城市建设用地为 87.42 平方米。番禺、花都组团城镇建设用地规模为 236 平方公里。

规划建立由都会区、片区中心、中心镇、一般镇构成的市域城镇体系，形成以都会区为中心，以高、快速路网与轨道交通体系为依托，各级城镇辐射范围合理、空间分布均衡的大中小城镇相结合的多层次、星座式市域城乡布局结构。规划确定城市空间发展的基本策略为："南拓、北优、东进、西联"，南部、东部为城市发展的主要方向。形成以山、水、城、田、海的自然格局为基础，主要沿珠江水系发展的多中心组团式网络型城市结构。确立珠江作为城市空间景观发展的纽带。沿珠江前后航道发展带、沙湾水道发展带、蕉门水道发展带，与广州传统城市中轴线、新城市中轴线以及沿轨道交通用地发展轴交汇，共同形成多中心网络型发展形态。

然而，区划调整或居民区建设都并不是真正意义上的城市化。城市化是指农村人口成为城市人口的过程。在这个过程中，农村居民向城市居民的转变并不仅仅是身份的转变或居住地的地理位置上的转变，它还包括生产要素、资产经营模式、生活方式和管理体制等多方面的转变。

8.2.2 广州城市化进程中的集体经营性资产

由于农村集体所有的土地等自然资源不能用来归还贷款和债务，广州市的农村集体经济组织转变成股份合作社时，也并未对土地等自然资源和村办公楼、公益事业设施等公共设施进行分配。因此，本研究在讨论集体经济的资产时，主要讨论的是经营性资产。经营性资产在经济学中找不到恰当的定义，国务院1995年12月31日发布的《国务院关于加强农村集体资产管理工作的通知》指出，集体资产包括：集体所有的土地和法律规定属于集体所有的森林、山岭、草原、荒地、滩涂、水面等自然资源；集体所有的各种流动资产、长期投资、固定资产、无形资产和其他资产。在此基础上，根据国家对集体资产的分类和个人对经营性资产的理解，笔者认为广州市农村集体经济组织的集体资产可划分为三类：①资源性资产，包括集体所有的土地和法律规定属于集体所有的森林、山岭、草原、荒地、滩涂、水面等自然资源；②非经营性资产，包括村办公楼、公益事业设施等；③经营性资产，包括集体所有的各种流动资产、长期投资、固定资产、无形资产和其他资产。资源性资产和非经营性资产可以转化为经营性资产，如土地被征用后的土地征用补偿费、村办公楼作为商用房出租等。本研究所讨论的村集体资产主要是指经营性资产。广州市的村（社）集体经营性资产主要来源于三个方面：一是原村（社）集体企业；二是征地补偿款中扣除分给村民以外而留作发展集体经济的部分；三是按政策征地后的留用土地。

城市化使大量农业用地被征用，从而引起了村集体经济资源形态和经营模式两个方面的转变（见图8-1）。从资源形态上看，集体经济的经济资源经历了一个由土地形态转换为货币形态，再到物业形态的转变过程。而与之相适应的是在经营模式上，则经历了一个由集体土地家庭承包制到社区股份合作制，再到集体物业的公司化经营的转变过程（见图 8－2）。在城市化过程中，村（社）集体经济得益于土地资源的非农转化和价值提升，集体资产存量大大增加。

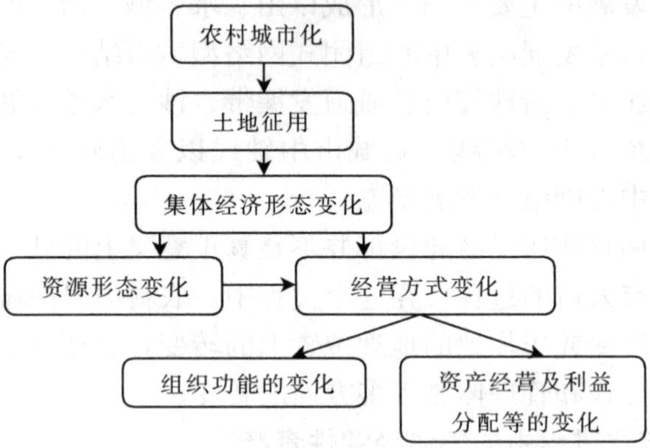

图 8－1　村集体经济变化路径分析

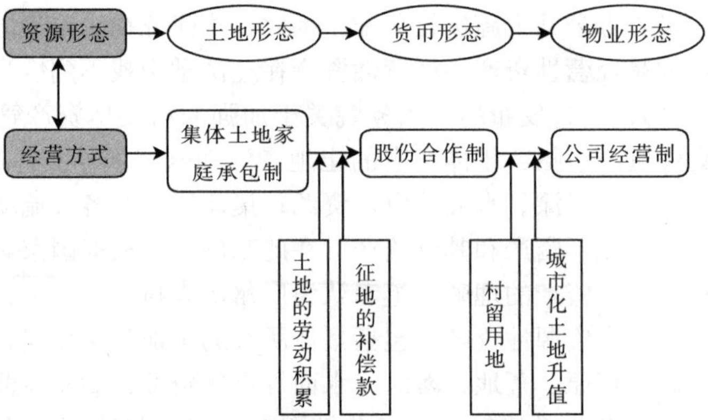

图 8－2　城市化进程中集体经济资源形态及经营方式转变模式

8.2.3　广州市城市化进程中村（社）集体经济发展的主要特征

8.2.3.1　中心城区村（社）集体经济发展的保守性特征

从某种意义上说，我国城市化的加速推进，使城郊地区的经济和社会变迁呈现出一种“突变”的态势。农村集体经济组织虽然有“占地为王”的优势，但对本社区的“突变”不论从思想上还是发展资源的储备上，特别是管理资源、人力资源和新产业发展所必需的客户资源准备上是远远不足的。于是，在地方政府的诱导和市场机制的双重作用下，广州市“城中村”的集体经济开始形成了一种新的发展模式：就是利用土地资源，或是以土地合作、合资建设各种项目，然后根据合同进行分配。或是利用土地资源投资建设各种物业，然后出租。这就是被形象称为“筑巢引凤”的发展模式。有人将其抽象为“租壳经济”，因为农村集体经济组织通常是建好各种厂房、场地等物业（或者称之为“壳”）之后，自己不经营（也不懂经营），然后将这些“壳”租给其他经济主体经营，如办工业、商贸服务业等。也有人称之为“守护型经济”，即集体经济的发展在理念与策略上，都“保守着社区边界的防线。而且，引人注意的是，这不仅仅是一道利益的防线，它同时还是一道具有多重内涵经济发展的防线”[①]，带有显著的保守性特征。而作为农民个体，他们发展经济的手段也几乎是向集体经济组织学来的——发展出租屋经济。以天河区为例，农村经济发展的基本思路就是“以第三产业为主体，以发展物业为重点”。“物业”在这里的含义就是“物业出租”。我们从天河区农村经济的统计资料看到的是工业、服务业、仓储业、商业等，其实这些数据仅仅表示在天河区农村地域发生的经济现象，表明天河的“城中村”“做”了这些经济行为。而广州市其他“城中村”的经营情况也是如此。村（社）经济提供的仅仅是一种经营场地，而没有进行产业生产活动。

可以这么说，“租壳经济”或者说“守护型经济”是广州市“城中村”最典型的产业结构特征，也是广州市中心区域村（社）集体经济发展的基本形态。

那么究竟是什么原因引发了这种经济形态的出现呢？我们认为，土地出租和物业租赁的确是城中村中一种方式最为简单、风险最大外移和利润最为稳妥的经营模式。因为这种经营模式相对简单化的管理要求和效益衡量标准，能使村（社）集体经济能够在并不如意的内外环境下，在并不完善的运作机制下以及在难以克服的弱势社区体制中得以维系，并创造出总量上实为可观的经济效益。

可以说，广州市城中村的“租壳经济”或“守护型经济”特征是在村民们朴实的“安全第一，效益第二”的经营理念下建立起来的。正如广州市历史最早的“城中村”——石牌村三骏企业集团公司原董事长（2003 年后退居二线）潘树勋所说的“我们对公司的经营，只能抱着必须成功，不能失败的心态，兢兢业业去做。因为我们经营的资产，是石牌村的土地换来的，是全体村民的命根子。”[②]这种经济特征的背后，包含着更深层的内涵：一个特有的经济联合体在巨大的市场化动力和自我生存压力的双重挤压下所体现出的一种理念与哲学。因为，在具有众多先天优势的城市企业的包裹下，这些“城中村”“不仅

① 蓝宇蕴：《都市里的村庄——一个“新村社共同体”的实地研究》，生活·读书·新知三联书店 2005 年版。

② 郑孟煊、黄绍汪：《城市化中的石牌村》，社会科学文献出版社 2006 年版。

仅是一个弱势的经济联合体，也是一个弱势的社会联合体，它们在经济层面的生存与它们在社会层面的生存是不分彼此地胶着在一起的”。[①] 由此可以得出，“租壳经济”或“守护型经济”是“城中村”的生存本能与市场经济的竞争规则紧密结合的现实体现。但随着土地资源的减少，这种守护型经济又会使村集体经济发展的空间受到制约。

据统计，由广州市石牌村村集体经济改制而来的三骏企业集团公司，在2000年就拥有了25万平方米的出租物业，此外还有10多万平方米的在建出租物业。据《南方都市报》2006年4月27日的报道，石牌村下的石牌酒店楼顶户外商业广告位置使用权以290万元成功拍出。由于石牌村的物业基本都处于天河商圈的核心区域，所以石牌村的村集体经济发展稳定，实力雄厚。2000年，三骏公司的固定资产总值就已经达到8.4亿元，当年总收入为2亿多元。2008年，石牌三骏企业集团总收入达到约2.6亿元，比上年增长3.25%。

另外，本课题组对广州市的海珠区、荔湾区、黄浦区以及白云区的六个村（社）的229个村民个人调查的结果显示，城中村的物业出租是村（社）集体经济最主要的经营方式，其经营比例占集体经济的47%（见图8-3）。如我们所调查的白云区江高镇大田村，是一个属于广州市城市边缘的近郊“城中村”，其集体经济的收入来源主要也是物业出租收入，村集体的土地规模出租每年给村带来近400万的租金收入，加上村集体投资新建的白云学院学生公寓以及厂房出租收入，使全村集体经济收入有了非常稳定的来源。

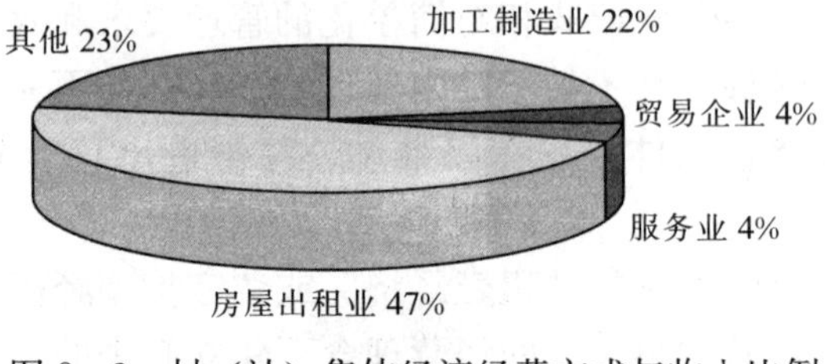

图8-3　村（社）集体经济经营方式与收入比例

8.2.3.2　不同区域集体经济发展的差异性特征

我们从调查研究中发现，按照前述的城市化程度不同而划分的中心城区、城市近郊、城市远郊这三类不同区域，它们在村（社）集体经济实力、集体经济收入的来源渠道以及集体经济收入的分配上都显示出较大的差异化特征。与实力雄厚的中心城区相比，广州市郊区（特别远郊区）的村（社）集体经济规模要小得多。如，到2003年为止，从化、增城市集

① 蓝宇蕴：《都市里的村庄——一个“新村社共同体”的实地研究》，生活．读书．新知三联书店2005年版。

体经济年纯收入 3 万元以下的贫困村有 100 多个，占广州市行政村总数的一成多；人均年纯收入 2 000 元以下有 10 多万人，约占广州市农业总人口的 6%。这些地区农民的生活质量跟广州市发达地区农民相比，反差很大①。

而且，即使是在同一个村（经济联社）中，不同的村民小组（经济社）之间由于地理位置的优越性不一也会存在很多的差异性。如白云区江高镇大田村，2007 年股份分红最高的经济社每股可达到 600 多元，最低的经济社每股仅有 100 多元，两者差 6 倍。江高镇的双岗村 2008 年社区之间的股份分红也有明显差异，该村当年共有 10 个经济社进行了股份分配，具体分配情况如表 8－5 所示。在 10 个经济社中，每股分红最多 220 元，最少只有 30 元，差异高达 7.3 倍（见表 8－5）。

表 8－2 城市化程度不同而导致的村（社）集体经济实力的差异比较

	城市远郊	城市近郊	中心城区
集体经济表现	集体经济薄弱。年集体经济收入 7 万元以下的村集体由上级财政给予补贴	靠土地出租和城乡结合部土地开发为厂房等出租，村集体有一定的收入	有商贸、物流中心对外出租等，有可观的收入。村集体经济实力雄厚

表 8－3 村（社）集体经济收入来源渠道比较

	城市远郊（如从化区）	城市近郊（如白云、黄埔区）	中心城区（如海珠区）
村集体经济收入来源渠道	出租土地给企业，如江浦街下罗村 铺位出租，房子出租，如鳌头镇桥头村、鳌山村 出租山地种果树，如鳌头镇桥头村	物业性投资，建厂房出租，如江高镇大田村、均禾街平沙、长红经济联社 耕地、菜地转租，如江高镇大田村、均禾街长红经济联社	集体经营的第三产业（流通业） 物业性投资，建厂房出租，如沥窖村、西窖村

表 8－4 村（社）集体经济收入分配比较

	城市远郊	城市近郊	中心城区
集体经济收入分配	无	部分租金收入按股份分红	收入完全按股份分红

① 林芳文：《广州经济蓝皮书：2004 广州经济形势分析与预测》。

表 8-5　2008 年度白云区江高镇双岗村各经济社股份分配统计表

单位：元

社别	总股数	每股分配金额	分配总金额	股份收入来源
1	2 279	50	113 950	京广铁路、蘑菇场等
5	2 125	100	212 500	广州邮件处理中心
10	1 866	50	93 300	顺延加油站、北二环路、新广花公路
12	1 519	70	106 330	北二环路、新广花公路
13	1 948	30	58 440	新广花公路、商铺
14	3 250	200	650 000	SG 农贸市场、商铺、新广花公路
15	3 151	120	378 120	SG 农贸市场、商铺、新广花公路
16	2 845	220	625 900	广州邮件处理中心、新广花公路
17	2 324	100	232 400	市交委货运场
18	1 502	30	45 060	市交委货运场

资料来源：双岗村民委员会.《2008 年度白云区双岗村各经济社股份分配统计表》。

另外，将天河区东北部 6 个村 2008 年的年总收入、集体经济纯收入、集体资产总额、人均年收入、劳动力人均年收入等几项指标与邻近的农村如黄村、龙洞村进行对比，也可以看到各村之间经济发展的明显差异（见表 8-6）。

表 8-6　天河区东北部 6 村与邻近两村的经济发展规模对比

村名	总人口（人）	劳动力数（人）	年总收入（万元）	集体经济纯收入（万元）	人均年收入（元）	劳均年收入（元）	集体资产总额（万元）
柯木塱	4 770	2 200	7 296	2473	8 382	15 050	7 408
渔沙坦	2 706	1 537	4 537	570	6 711	11 815	4 183
新塘	1 238	860	3 988	1 204	7 310	8 130	10 617
沐陂	510	305	682	239	6 400	7 535	1 249
玉树	784	470	551	519	6 500	7 921	9 710
凌塘	963	560	733	—42	3 385	6 250	951
黄村	4 381	2 081	38 834	4 587	16 222	27 430	46 977
龙洞	4 803	2 797	17 288	2 870	12 150	20 864	13 896

资料来源：天河区信息网 www. THnet. gov. cn。

由表 8-6 可见，从集体收入来说，天河东北地区 6 个村的集体经济纯收入总额为 4 963 万元，仅比黄村多 376 万元；6 个村中最高的柯木塱村也只有 2 473 万元，比黄村、龙洞村分别少 2 114 万元和 397 万元，最低的凌塘村同比更是分别少 4 629 万元和 2 912 万元。从个人收入来看，占了天河区农村人口 15%的 6 个村，人均收入 7 184 元，劳均收入 13 286 元，分别比黄村、龙洞村少 56%、41%和 52%、37%；6 个村中最高的柯木塱同比也分别少 49%和 46%，最低的凌塘村同比更是分别少 80%和 88%，个人收入水平之低已接近广州市农村村民最低生活保障线。

这些差异的形成，归根结底是各个区域的城市化程度不同，造成了其土地功能和土地价值回报的差异化。对远郊地区而言，城市化程度较低，土地的主要功能是农业生产功能、提供就业机会功能（土地是农业生产的基本要素）和社会保障功能；对近郊地区而言，城市化程度高，土地的功能已经发生了巨大的变化，其农业生产功能基本消失，就业机会功能也逐步弱化，而社会保障功能（主要通过集体经济收入分配来实现）则更为强化。与此同时，土地的市场化功能（主要通过征地补偿和集体留用土地的集中经营来实现）却集中凸显出来。另外，随着城市化的程度加强，土地的价值增值空间也越来越大。对城市中心的"城中村"而言，农用土地已基本消失，取而代之的主要是原集体留用地上兴建的各种物业的经营和运作了。

在此，我们还选取了广州市三个不同区域的个案对村（社）集体经济的差异进行更为细致的说明。

【个案 8－1】远郊村（社）

下罗村是从化市江浦街道办事处下属的一个行政村，与 105、106 国道及广（州）从公路相邻。2007 年末全村农户 638 户，3 215 农村居民人口，其中劳动力人口 1 000 余人，贫困农户 38 户，贫困人口 72 人。全村有外来人口 780 人，其中劳动力人口 670 人。耕地 3 900 亩，其中水田 2 200 亩、旱地 1 700亩，粮食产量 805 吨。主要经济作物有荔枝、龙眼和蔬菜，年产荔枝 60 吨、龙眼 16 吨、蔬菜 4 350 吨。全村林地 2 700 亩、果园 730 亩。养殖水面 87 亩，年产鲜鱼 30 吨。年产生猪存栏 880 头、耕牛 16 头、家禽 8 855 只。国民生产总值 910 万元，农民人均纯收入 3 030 元。

从广州市的地理位置来看，下罗村地处广州市远郊；从从化市看，下罗村处于城郊结合部。这一特殊的地理位置，决定了下罗村将是城市化扩张的首选。

近年来，村里的土地有两次大面积的征用，共征地 837 亩，其中 800 亩是 2002 年用于发展大学城（广州大学商学院）、20 亩用于下罗村小学建设、17 亩发展南海食街。征地费 3.19 万元/亩，全部付给了被征地的农户。

地处城郊结合部的下罗村，经济发展水平与广州市近郊城乡结合部相比，差距非常明显，表现在以下方面：

（1）经济结构单一。全村以农业生产为主，又以蔬菜（水葱生产具有特色）、水果为主要农产品。在广（州）从（化）公路接壤地段有部分村民自建楼房的一楼开设铺面，设商铺自营或出租。

村域内有纺织制品厂、天马摩托车厂、丛风摩托车厂、大学城（广州大学城建学院）、南海食街、凯旋宫（娱乐餐饮业）等企业以及 10 多个私营小型企业。这些企业给本村村民和来自于湖南、湖北、江西、贵州、四川、云南等省的外来农民工提供了就业机会。并且，这些外来工大多租住在下罗村村民自建房。

（2）村集体经济薄弱。1994 年原村委会贷款建的村委办公楼共有三层，一楼五个商铺出租，村集体有一个农场（5 亩地）出租给一私人老板建摩托车配件厂，每年的租金 3.15 万元，这是村集体经济的收入来源。但 1994 年贷款建村委办公楼的贷款 10 万元至今没有偿还，加上贷款利息，现在这笔钱已经变成了 15 万元，这是村里自 1994 年以来一直承担的债务。按照财政规定，村集体收入不足 7 万元的，由财政补贴到 7 万，所以，下罗村每年由财政补贴 3.85 万元，加起来总收入为 7 万元。这些收入要负担村干部的工资及日常的开支。当调查组到村委调查时，快到中午的时候，村干部明显显得紧张。我们明显感觉到他们是担心中午的接待问题。所以，我们赶快给他们解释，我们自己解决吃饭问题，并在村委会的楼下定了快餐盒饭，并给 4 个村干部定了盒饭，我们请他们吃饭。让他们很感动，这也是后来村干部连续两天一直陪着我们完成调研的一次感情交流了。

村集体有部分零星耕地，村民谁愿种谁种，不收取任何费用。

（3）农民收入主要依赖于外出打工。经营耕地不再是农民收入的主要来源。下罗村人均耕地 1.3 亩，30 年承包期不变的政策使户与户之间的耕地拥有量悬殊较大，有的农户有 10 亩以上的耕地，有的农户只有人均 1 亩多的承包地。全村没有农户把耕地承包给别人种的情况，村民也不愿转包别人的耕地。从访谈中村民所表现对现有的耕地的态度看出，农民既不愿放弃承包耕地，但也不把精力集中在耕地上。农民愿意无偿把耕地给他人种，但不放弃耕地的承包权利。这既表现出农民对耕地的依赖，更表现对耕地的预期。因此，农民把更多的精力和时间集中在外出打工，以增加收入。

在下罗村，当地农村居民与外来农民工成了当地企业的务工人员。月工资大约为 1 000～1 500 元。一些文化较高、有一技之长的农民也到珠三角收入较高的番禺、东莞等地工作，为家里带来比在当地高得多的收入。

【个案 8-2】近郊村（社）①

江村村隶属广州市白云区江高镇，位于广州市北郊，距广州市新城区仅

① http：//baike. baidu. com/view/1463218. htm。

10公里，全村辖区面积约9平方公里，2006年该村有耕地面积1 100多亩，户籍人口8 390人，其中农业人数5 708人、居民人数2 682人。江村的主要经济支柱是“三大公司一市场”，即江丰实业股份有限公司、江村经济发展公司、江村建筑工程公司、江村农贸综合批发市场。江村积极贯彻“为城市服务，富裕农村”的方针，农业实行多种经营，粮、果、鱼、禽、畜全面发展，并以蔬菜种植为主要农业经营项目，是广州市菜篮子工程重要的基地之一。

2005年，全村实现经济总收入12.38亿元，其中各村民小组（经济社）集体总收入1 491万元、江村市场经营总收入1 294万元，全村人均年收入18 500元。2006年，全村实现生产及经营总收入12.5亿元，集体经济收入2 650万元，村民年人均收入19 240元。2007年，全村工农业总产值13.75亿元，村、社集体经济总收入4 758.7万元，江村市场经营收入1 640多万元，其中投入1 243万元兴建江村市场饮食一条街和进一步拓宽江村市场，饮食街两期商铺为市场增加953万元的收入。江村的产业齐全，工业、农业、商业综合发展，并以农产品的流通和粗加工为主。2006年，江村的工业产值比例为49.4%，农业产值比例为18.7%，商业产值比例为31.9%，体现出良好的产业发展结构。

【个案8-3】城市中心村（社）①

石牌村是广州市建成区内的“城中村”。其社区主体位于天河区繁华地段的黄埔大道以北、天河路与中山大道交错带以南、石牌东路以西、石牌西路以东，呈不规则长方形分布，整个区域面积约为0.6平方公里。2000年，该社区内共有本土居民9 181人、3 139户，有外来租屋居住的流动人口4.2万人。该社区是一个在人口数量上以外来流动人口为主，但在社区的经济、社会结构上却以本土居民为主的特殊城市社区。本研究仍称该社区为“村”，既是沿袭过去的习惯称谓，也是因为该社区是一个具有村社特点的、在非农化经济基础上组织起来的城中村社区。

石牌村演化为“城中村”的历史，主要发生在改革开放后的20多年间。在成为“城中村”以前，石牌村是珠江三角洲的一个普通的农业村落，始建于南宋的咸淳九年，即公元1273年，至今已有730多年历史。1987年，为配合广州城市东移策略的落实，天河区在原来的石牌村域内成立了石牌街道办事处，石牌村成为石牌街道办事处下辖的一个行政村，成为广州市第一个“街带村”的社区。1992年，村民聚落外围的农田被迅速征用。至1994年，村民聚落与村域范围基本合为一体。随着村域区位优势的凸显，村民开始在宅基地上

① 蓝宇蕴、张汝立：《城中村成因的探析——以广州市石牌村为例的研究》，《中国农村经济》，2005年第11期。

规模性地推出廉租屋，社区也逐渐成为流动人口的聚落。1994 年，外来入村居住的流动人口已经超出本土居民的人数。随着异常复杂的流动人口聚居区的形成，人们迫切地提出了加强社区治理的要求。在这种情况下，原社区组织无可回避地介入了大量的社区治理事务当中，也获得了新的生存空间。

为推动村社区的城市化进程，1997 年 5 月，经天河区委、区政府批准，石牌街道办事处对石牌村进行了撤村改制的变革，该村由此成为广州市最早实施改制的试点单位。改制的主要举措，一是集体经济公司化。由石牌经济联社和 27 个经济社共同发起并出资成立了三骏企业集团公司，统一经营管理原石牌村全部集体经济。二是社区事务管理居委会化，即撤销村委会，成立新居委会。全村 27 个经济社除经济上仍独立经营和核算外，其行政和社会事务的管理归属 4 个居委会和 27 个居民小组。然而，改制无论是在理念上要与现代企业接轨的公司化，还是要向现代城市社区看齐的居委会化，都是在借助、依托原来的村社组织以及具有完整社会关系的社区网络进行的。由于经济、历史、文化、社会、心理等因素的共同作用，石牌村的三骏公司仍是具有浓厚“社区”特点的经济实体，事实上仍是社区事务的领导核心。它与新成立的居委会一起，成为具有村社属性的组织化实体。

表 8－7 是石牌三骏企业集团从 1997—2002 年的收入和支出概况，充分说明了位于城市中心区域的石牌村集体经济的雄厚实力。

表 8－7　1997—2002 年石牌三骏企业集团收入、支出概况

单位：万元

项　目 \ 年　份		1997	1998	1999	2000	2001	2002
收入	总收入	19 379	20 517	20 646	20 465	21 023	21 421
	利润	6 469	6 697	6 431	6 387	5 212	6 632
支出	股份分红（社员生活费）	4 205	4 595	4 768	4 117	4 289	5 549
	福利性开支	987	1 228	1 452	945	973	1 392
	公益性固定资产投资	222	397	295	626	712	406

资料来源：郑孟煊，黄绍汪：《城市化中的石牌村》，社会科学文献出版社 2006 年版。

由此可见，村（社）集体经济的发展规模和实力是与这个村（社区）所在区域的城市化程度呈正相关的。城市化发展的程度越高，该村的集体经济实力就越强。因此，我们得出一个结论：城市化发展对推动村集体经济的发展，增强村集体经济的实力，提高村民的家庭收入都是极为有利的。

另外我们还发现，城市化发展程度不一的三个区域在集体经济的产业结构方面也有差异。城市化程度最低的远郊地区多从事以种养为主的第一产业，土地集约经营的程度比较低，集体经济往往缺乏可靠的收入来源，有些村集体只能依靠财政补贴才能维持村组织机构的基本开支和运转；城市化程度中等的近郊地区的产业结构相对最为齐全与合理，一些村（社）的集体经济工、农、商、贸样样都有，一、二、三产业全面开发，土地集约经营程度相对较高，集体经济收入来源丰富、渠道多样；城市化程度最高的中心村（社），集体经济的产业结构反而单一，一般主要集中于经营物业为主的第三产业，是一种特有的“租壳经济”或者说“守护型”经济，集体经济主要是通过整合征地后留用的少数集体用地、原有集体积累资金以及留归集体的征地补偿款等生产要素进行市场运作，并实施高度集约经营，这些村（社）的集体经济往往拥有较为丰厚而稳定的收入来源（见表 8－8）。

表 8－8　不同区域村（社）集体经济的差异

区域	城市化程度	经济实力	土地经营	经营类型
远　郊	较低	薄弱	集约度低	主要为第一产业
近　郊	较高	较强	集约度高	一、二、三产业并进
城中村	很高	很强	高度集中	基本为第三产业

如上文所提到的天河东北部 6 村，应该归属于我们上面所划分的近郊地区，截止至到 2000 年底，这 6 个村的一、二、三产业结构比重是 26：16：58，与西南部村社相比，6 个村第一产业所占比重都较大，而第二产业和第三产业占的比重都小。其中第一产业所占比重最大的是凌塘村，达 73％，比邻近的西南部村社如黄村、龙洞村分别高 71％和 70％。6 个村第一产业比重大，第二产业发展缓慢，第三产业比重小，城市化水平偏低，这种状况与国内、省内大部分经济欠发达地区产业结构层次低的情况很相似，也完全符合我们于表 8－8 中所作的基本分析。

8.3　广州市村（社）集体经济的组织形式：农村社区股份合作制

伴随着农村工业化与农村城市化的快速推进，不断改善集体经济效率的生产性努力与分享集体经济收益的分配性努力，迫使人们以原社区性农村集体经济组织（行政村或自然村）为单位，在不改变生产资料集体所有的前提下，将社区集体经济财产折股量化到人，并参照股份制的组织治理结构成立股份合作组织，保持统一经营，实行民主管理，按股分红。由此，自 20 世纪 80 年代中期开始，一种被称为“农村社区股份合作制”的经济组织形式首先在广州市郊的农村悄然兴起，并于 90 年代在全国广大农村获得普遍的效仿和推广。有效地再造了农村社区工业化与城市化的道路模式，农村股份合作组织也因此成为中国农村集体经济的重要组织形式。

8.3.1 广州市农村社区股份合作制的改革与实施情况

广州市的“城中村”改造是分两步走的：第一步是改制。即把城市建成区内的“城中村”农民转为居民，把村委会转成居委会，同时把原来属于农民所有的集体土地转为国有土地，把原来由村委会管理的集体经济转为由集体法人股东和个人股东共同持股的股份公司，把“城中村”纳入城市一体化管理，并逐步把市政、环卫、供电、供水、供气以及治安等纳入城市管理范畴，实行统一管理。第二步是有步骤地推进“城中村”物质环境的改造。即结合“城中村”的实际情况和周边城市建设编制旧村改造规划，改造的主要形式是新的农民公寓建设和旧村改造相互结合。第一步的改制主要是想实现两个层面的转变：一是管理体制的改革，逐步将农民转制为城市居民，将村民委员会改为居委会，将已转制的“城中村”集体土地转为国有土地；二是依法改革“城中村”集体经济的管理模式，将村委会管理的集体经济改组为符合社会主义市场经济体制要求的股份制公司。改制的关键是政府要解决村民的后顾之忧。

广州市天河区是我国农村社区股份合作制的改革与实践的先行者。20 世纪 70 年代末 80 年代初，随着改革开放的深入和工业化的发展，广州市天河区的大批农田首先被征用。每次土地征用，政府都会安排一批农转居指标。开始时，要是哪个村民能被招工、能够农转居，谁就是幸运儿。但随着城市化的发展，天河区的一些村利用征地款大力发展村办企业，村集体经济不断发展壮大，村民的年终分配也逐年提高。如到 1986 年，天河区杨箕村村民的年平均收入已高达 7 600 多元。而早先被招去企业当工人的农民，每月只有几十元，生活反而没有保障。这部分被招工农转居的村民回村委会请愿，要求“非转农”，恢复农民身份。为了处理好集体资产的权属，杨箕村村委会当时参考了“股份合作制”这个概念，率先提出了农村股份合作制改革的思路，并依靠当时沙河镇党委的努力，冲破了重重阻力，于 1987 年 8 月成立了村股份合作经济联社。联社由股份合作理事会管理，下设经济发展公司，把集体经济折成股份，村民设置人头股、劳动工龄股和发展股，集体经济年终结算，按股分红。随后，农村集体股份合作制改革在天河区拉开了序幕，杨箕村也成了广州市农村改革的“头啖汤”，全国各地前来杨箕村取经的团络绎不绝，农村股份制也犹如星星之火燎原全国。

天河的社区股份合作制改革模式体现着当时天河区的土地资源形态在征地过程中逐步向货币形态转换的一种占有形式和经营形式，即由过去的集体土地和家庭承包经营转变为对集体资产（由土地形态转化而来的货币形态）实行股份制，以股权获得集体资产收益的形式。因此，这是城市化实践中的一种经济制度的探索和创新。这一模式后来也被国内外誉为广州“天河模式”。广州其他社区的股份合作制也是在“天河模式”的基本框架内具体实施的。

“天河模式”农村社区股份合作制的改革与实施可以划分为两个阶段①：

第一阶段：初期改革阶段。“七五”期间，广州市制定并实施城市中心东移的发展战略，天河区农村耕地大量被征用并迅速城市化，大批的农民被招工实行“农转居”。按照征地有关规定，被招工的农民只获得青苗补偿款，而大量的土地补偿款则由村集体留作发展经济之用。这样，留村的人越来越少而集体财产的积累却越来越雄厚，转居的农民一方面由于文化水平低、缺乏技能在城市公有制经济改革中首先受到“优化组合”、“裁员”等的冲击，生活失去了保障；另一方面由于改变了农民的身份，转居农民无法享受集体财产带来的收益分配，心理上难以平衡。“去”与“留”矛盾开始尖锐化，留村的农民说什么也不肯转居招工，招工出去的农民有的提出重回农村，有的提出“赎”回农民身份，有的甚至提出瓜分集体财产的要求。面对着“分”和“留”的两种选择，1986年，沙河镇党委成立专门调查组，进行了深入仔细的调查研究。1987年，沙河镇党委、镇政府经过周密组织和策划，在天河区委、区政府和广州市农委的大力支持下，决定在原有的社区集体经济组织中引进股份制和规范的合作制的因素，改革产权边界不清的产权制度和不公的分配制度。试点单位是沙河镇的杨箕、登峰两个行政村，当时的提法是“合作经济股份制”改革。1988年到1990年前，棠下、农林、寺右、银河、林和、元岗、石牌、车陂、沙东、石东10条村相继建立了合作经济股份制。

这一阶段的主要做法是：在土地不能折价入股、集体财产不得分解的前提下，对集体财产进行清产核资、造册登记，并按一定的依据折股到人。这一阶段的股权设置主要有两大类：一是集体股，即“共同共有，产权不可分割，由集体占有、支配和使用”的股权，也就是将集体资产折股后作为集体经济组织所有的股权，持股者是股份合作经济（联）社。这部分股权占总股权的60%以上；二是个人股（又叫社员分配股），即“按份共有，职工按照各自的份额享有所有权，股权归个人所有”的股权，也就是将集体资产折股后分配给社员的股权，持股者为符合改革对象的本社社员、外迁部分的原居民，这部分股权占总股权的40%以下。社员分配股主要由农龄、人头、劳动等级等作为分配的标准与依据。因此，也相应称为农龄股、人头股、劳动股。除了个别村外，如元岗，大多数村都设置人头股。除此之外，有的村还设置了“现金股”，即股份合作经济组织根据新发展企业的需要，主要部分在本村、少数向社会集资

① 曹鉴燎：《制度立区——城区公有制经济制度创新案例研究》，经济科学出版社2001年版。

组成新的股份企业的股权，其持股者是出资者。

必须指出的是：第一，这个阶段设置“集体股”的仅登峰、棠下两个村，其他村都没有设集体股；第二，这个阶段主要解决的是集体经济的“二次分配”问题，而不是个人财产所有权问题。

第二阶段：制度完善阶段。1991 年，广东省政府下发了《广东省农村社区合作经济组织暂行规定》，实际上是对天河区“合作经济股份制”的肯定。同年，区委、区政府借全省第一批农村“社教”之机，制定了穗天委［1991］018 号文《关于推行和完善农村股份合作经济的意见》（以下简称 18 号文），在全区范围内“全面推行”和“完善”（应是适应当时的政治环境“规范”）“股份合作制”（这次正式使用了“股份合作制”、“股份合作经济”的提法，取代了“合作经济股份制”的提法）。

这次改革的积极意义主要有三点：①在全区范围内，全面推开股份合作制。村一级成立了股份合作经济联社，生产队一级成立了股份合作经济社，全区 22 个行政村、196 个生产队分别成立了股份合作经济联社和股份合作经济社。②初步统一了股份合作经济组织内部的组织和管理制度。③基本统一了可以参与“社员分配股”改革和配股的对象范围。

然而，这次改革也是在特殊的政治背景下展开的，因此带有较浓厚的政治痕迹，主要表现在：第一，要求所有的村社都要设置“集体积累股”；第二，强化了“社员分配股”的分配特征；第三，规定了可以扩股。18 号文规定：“对本经济组织资产增值部分，可在董（理）事会换届时，根据资产增值情况对新参加劳动的社员和原持股社员（指在本村参加劳动者）实行扩股和配股。正因如此，这次的改革方案在多方面引起了质疑和争议，焦点主要集中在保留“60%”集体积累股和“扩股配股”的规定上。

1994 年 11 月，天河区根据前期改革的情况，制定和发布了穗天委［1994］015 号文《关于进一步完善农村股份合作制的若干规定》，对原有的股份合作制进行了进一步的完善，其主要内容如下：①取消了集体积累股，解决了“集体积累股”新的产权边界不清晰的矛盾。②明确规定量化到个人的股权应当是包含分配权在内的资产权，并能依法继承。③承认股份合作制的福利性，但明确指出这是一种“过渡”办法，并规定“劳动力分配”和“生活补贴”部分应逐年减少，直至取消，以体现“股东权利的平等”。“根据股份合作经济的性质，分配方式以股份为主，并逐步过渡为唯一分配方式，实行按股分红，多股多分，少股少分，无股不分的分配制度。”④明确统一了配股对象和范围。

8.3.2 广州农村社区股份合作制的主要特征

根据曹鉴燎的观点，广州的农村社区股份合作制“天河模式”具有四个显著特征，即社区性、多样性、彻底性和过渡性[①]。

（1）社区性。股权分配对象只限于一定时间、区间内的社区合作经济组织的成员，股份合作经济组织承担社区管理的责任，股份合作经济组织与农村社区的党政关系相当密切，甚至可以用“三驾马车，一套人马”来描述。

（2）多样性。从试点方案设计到后来的政策调整，制度的设计都带有“不完全刚性”的特点，只是提供一个方向性的框架，而不是具体规定每一步做法。社区内各行政村各（联）社在股权结构的设置、股权分配的标准、股权的确认和集体分配形式（包括股份分红、劳动分配）等方面做法有所不同，存在差异。

（3）彻底性。从整体上看，广州市农村的股份合作制改革在全国农村以及城市集体经济的产权制度改革中是最为彻底的。广州市的做法是，将集体经济产权全部量化到社员，不留任何的“集体股”，并实行“一刀断”，即“生不增，死不减；迁入不增，迁出不减”。还明确规定量化到个人的股权不仅具有分配权，而且有继承权。这意味着股东拥有的是完整意义上的、具有强制性排他性的“产权”，即个人财产所有权而不仅限于“分配权”。

（4）过渡性。社区股份合作制还保留了大量的传统制度功能，这就决定了随着农村城市化的进程，其社区性功能将逐步减弱。另外，随着国家新税制的实施，不同所有制、不同经济组织的税负日益趋同，原有的制度安排对社区股份合作组织已经表现出不公平，在这种背景下，必然产生对制度重新安排的创新需求。以石牌村为例，1994—1998 年，其社会性负担分别为 980 万元、1 989万元、2 138 万元、2 364 万元和 3 137 万元。1999 年村级负担为 2 078 万元，若加上社级支出也将超过了上年。很显然，这必然导致社区股份合作组织的交易成本——即制度运行成本上升，最终引发出制度创新，以期降低交易成本。这两个因素决定了广州市农村股份合作制的经济组织形式带有过渡性的特征（见附录 3）。

8.3.3　广州农村社区股份合作制具体实施中出现的主要问题

根据课题组的实地调查及对相关文献的研究，广州农村社区股份合作制在具体实施中出现的问题主要表现在以下四个方面。

8.3.3.1　外嫁女的股权配置问题

按照广州市推行的农村集体经济股份固化改革，各个村（社）都将其集体资产以股份形式全部量化到个人。在配股过程中，不论男女，只要是集体经济组织成员，都可以分到股份。分配后的股份按照“生不增，死不减”的原则，允许股权在集体经济组织范围内流转、继承、赠送、抵押。股份固化后，股东

① 曹鉴燎：《城区公有制经济制度创新案例研究》，经济科学出版社 2001 年版。

永远享有股权，不因生产、生活的变化而变化，因而外嫁女的股份永远跟随其本人。

但事实上，从我们的实地调查情况来看，在外嫁女股份的具体配置上，各村（社）的具体做法也是不一样的。如，黄埔区南岗街沙步村将股份分为社区股和社会股，在社会股中按外嫁女在本村生活的年限配置股份；荔湾区中南街海中村以外嫁女是否将户口迁出本村为条件来配置股份。也有些地方外嫁女根本就不予以股份配置，不予配置的原因应该有两个方面：一是由于受到农村封建意识观念的长期影响，认为外嫁女是“嫁出去的女，泼出去的水”，是外姓人了；二是由于村民数量的多少直接决定了每个村民所得分红的多寡，将外嫁女剔除出去，自己就可以多得一些分红。因此，一些村（社）集体通过村民表决，在外嫁女股权配置上制订诸多条款规定，使外嫁女在股权配置问题上得不到公平、合理的对待，造成外嫁女股权配置问题上访个案增多。仅 2002 年，广州市外嫁女到省、市、区（县级市）、镇四级妇联上访、去信、去电的就有 245 宗。对外嫁女不能做到一视同仁，还反映在诸如生活补贴、医疗补助、劳动力分配等方面。而且集体经济收入越高，经济效益越好的村（社），外嫁女的问题也就越突出。2005 年广州市妇联曾做过这样一项调查：广州实行土地承包经营权股份制改革以来，完全没有享受股份分红的“出嫁女”达 7 000 多人，完全没有享受征地补偿款的“出嫁女”达 6 000 多人。

【个案 8－4】资料来源：《广州日报》2002 年 9 月 24 日（电子版）报道节选

1994 年对新市镇一个村子来说是不平常的一年，村里大片土地被征用，政府补给村里一大笔钱。钱怎么入股分红，村里老人们立下规矩：以 1985 年划界，这以前嫁出去的女子，哪怕户口还留在村里，一律不参与分红。从村干部到村民，一致举手同意。

村民们高高兴兴分钱，但 60 多个外嫁女群情激奋。《妇女权益保障法》虽然明确规定，农村分田及批准宅基地，妇女与男子享有平等的权利，不得侵害妇女的合法权益，妇女结婚、离婚后，这些权益应受到保障，但乡规民约不理这些，“嫁出去的女，泼出去的水”。

这一年，广州市 75 个镇 1 237 个行政村有 2 万名“外嫁女”，很多“外嫁女”被剥夺户口，分不到责任田，没有年终分红。新市镇的 60 名外嫁女涌进市妇联，要求争取权益。妇联权益部派人去到村里协调，再三调解，村里终于同意，户口在村里的外嫁女一视同仁。

市妇联副主席林琦说，这个案例开了广州市“外嫁女”也可以和村民同等待遇的先河。市妇联在全市展开调研，提出解决外嫁女权益问题已经刻不容缓，《妇女权益保障法》较宽泛，广州市应就外嫁女制定一个可操作性的规定，针对“外嫁女”权益问题，市人大委托市妇联起草，广州市通过了《广州市妇女权益保障若干规定》。

虽然外嫁女的权益问题现在也还没有完全解决，但广州在全国开了一个头。

【个案 8－5】资料来源：《广州视窗》2007 年 8 月 31 日报道节选

昨天上午，番禺市头村村民用投票的方式来决定是否同意《市头村经济合作社章程》，如果《章程》被通过，村里的外嫁女可能一分钱分红都拿不到。这与今年 10 月 1 日起实施的《广东省实施〈中华人民共和国妇女权益保障法〉办法》的有关内容相违背。究竟是"村规民约"大还是人大颁布的法例大？律师表示，如果"村规民约"与国家法律法规或地方法令法规相违背，都将无效。

昨天上午，番禺市头村村委会门前热闹如墟，村民们纷纷赶来投票，用画圈或打叉的方式来决定是否同意《市头村经济合作社章程》，就在大多数村民兴高采烈地讨论将来自己有多少分红时，村里的外嫁女小志却着急上火——如果按照《章程》规定，自己或儿女可能一分钱都拿不到。

像她一样的外嫁女在村里只占少数，根本无法阻止《章程》通过。小志质问，从 10 月 1 日起，《广东省实施〈中华人民共和国妇女权益保障法〉办法》（以下简称《办法》）将实施，里面规定外嫁女权益将得到保障，但是现在村里这样搞，究竟是"村规民约"大还是人大颁布的法例大？

记者看到，几个大队的登记本上，画圈圈表示同意的村民基本上都占了绝大多数。早就对这个结果心中有数的小志非常无奈。投了反对票的她表示，胳膊扭不过大腿。市头村有 10 多个生产队，1 万多人，每个生产队只有 10 多个外嫁女。外嫁女只占了极少的数量。按照一家一票的原则，就算所有的外嫁女家庭都投了反对票，投票结果也是无法改变的。

更让她气愤的是，这份《章程》有 14 页，分 9 章，每章有几十条细则之多，其中仅有一条是对外嫁女配股作了规定，但是投票时并没有细分，只有简单地要求村民选择同意或者不同意。小志说："其实除了外嫁女那一条外，其他的章程我们都同意。但是这样投票太笼统了，根本就不让我们选择。"小志还说，根据今年 5 月份出台的《广东省实施〈中华人民共和国妇女权益保障法〉办法》，其中对外嫁女的权益保障作出了明确规定。市头村这样的《章程》里关于外嫁女的内容明显与《办法》违背。对此，市头村村支书蒋志新表示，市头村并不是第一个这样做的村，南村镇的一些村都做过了。

【个案 8－6】资料来源：本课题组个案报告节选

郭××，男，53 岁，初中毕业，南沙区横沥镇新兴村第 11 队村民。郭××说，2007 年以前，村里规定不管外嫁女有没有迁出户口，都不能分地。

随着城市化的发展，村里的土地也越来越值钱了，而那些外嫁女因为自己得不到村里的土地而感到不公平，就到镇、市二级等不同的政府机构进行申诉，结果她们申诉成功。政府在2007年宣布外嫁女如果没有迁出户口的，可以参加分田，而且如果外嫁女的儿女也随外嫁女的户籍，同样可以参与分地。郭××说，村里很多村民都不赞成这样的做法，认为这样下去的话，本村人可以得到的土地也就越来越少（他们村每5年分一次地，而每次分地人数都会有改变，如果人数多了，每人可得到的土地也就少了）。

8.3.3.2 股利分配存在的问题

广州市各村（社）集体经济的股利分配，表现出显著的高福利性和多功能性的双重特征。

（1）股利分配的高福利性。从调查研究的情况来看，已经完成股份制改造的村（社）集体经济组织（经济联社和经济社），其年终的收益分配主要集中于股民的股权分红。广州市天河区两个涉农街道28个行政村不到8万农民，2003年共创造股份合作经济组织总收入73个亿，其中可支配净收入22个亿。在该区农民人均纯收入15 000元中，来源于股权分红的占50%左右，人均分红7 000～8 000元。

股利分配是广大村民最关心的集体经济分配形式，也是集体经济与广大村民的切身利益关联最为密切的表现方式。股权分红收益在不同经济社之间的差异很大，也往往成为产生各村（社）之间村民生活水准高低差异的一个重要原因，还会成为村（社）民对村（社）干部是否称职的主要评价因素。如我们课题组在调查问卷中发现，对集体收益分配不满的229个样本对象中，有96人认为分配“只是少数人受益，分配不公平”，有116人认为分配“都有份，但分得太少”，这两种人加起来共占样本总数的92.6%见表8－9。

表8－9 村（社）集体收益分配调查表

对集体收益分配不满的原因	样本数（人）	所占比例（%）
只有少数人收益，分配不公平	96	41.9
都有份，但分得太少	116	50.7
分配不透明	5	2.2
其他原因	12	5.2
合计	229	100

表8－10是天河区石牌村三骏企业集团1997—2002年的收入和支出情况，也可以说明以上情况。

表 8-10 1997—2002 年石牌三骏企业集团收入、支出概况

单位：万元

项目		1997	1998	1999	2000	2001	2002
收入	总收入	19 397	20 517	20 646	20 465	21 023	21 421
	利 润	6 469	6 697	6 431	6 387	5 212	6 652
支出	股份分红（生活费）	4 202	4 595	4 768	4 117	4 289	5 549
	福利性开支	987	1 228	1 452	945	973	1 392
	公益性固定资产投资	222	379	295	626	712	406

资料来源：郑孟煊、黄绍汪：《城市化中的石牌村》，社会科学文献出版社 2006 年版。

由表 8-10 可以看到，石牌村的村民作为三骏企业集团的股东，其收益是分两个部分收取的，一部分是通过每年现金的股份分红（石牌村称之为“发放社员生活费”），2002 年约占当年总收入的 25.9%（占利润分配的 83.4%）；另一部分是通过福利性社会保障性（如购买各种社会保险）的渠道来取得，占总收入的 5%左右。两者合起来共占集体经济分配的 25%左右，而且多年来都是相对稳定的。

另外，我们还从课题组的个案报告中节选了 3 个案例来补充说明情况。

【个案 8-7】资料来源：本课题组个案报告节选

黄××，女，35 岁，大专毕业，荔湾区中南街海中村居民。现今在海中村村委会工作，家里有 3 人，有一栋 3 层高的楼房，家里的主要收入来源是非农就业收入和村集体分红，集体分红占家庭的主要收入的 1/2 左右。黄××对现今的收入感到不满意，不过对当前的生活基本感到满意。黄××有固定的工作单位，从 1999 年起她每年都买社保。工作单位相应为她支付一定比率的保费，除此之外，她还买了农村合作医疗，这种保险是从她出生那一年开始买，一直到现在，保费全部由生产社以集体股份的钱支付。

【个案 8-8】资料来源：课题组个案报告节选

陆××，黄埔区文冲街文冲社区农转居居民，是一名外嫁女，但仍然享有分配股份分红，所在社区实行终身配股制。但由于该社区在 2002 年农转居，当时陆××只有 20 出头，只能分得 5 股，妹妹也如此，只有父母年龄大才有 10 股。因为其所在生产社经济发展一般。平均每股 700 元，那么一家人平均每年可获 4 000 多元分红，而其他生产社则会因为所在路段好、环境好，经济发展相对较快，最高的配股分红一年可以达人均 3 万多元。

【个案 8-9】资料来源：课题组个案报告节选

谢××做了大田村 21 年的村干部，从会计做到村长，他见证了大田村 20

几年的发展与变迁。谢××介绍了大田村的主要情况：

大田村的经济分红源于 1987 年推行的鱼塘承包，产权归属各个经济社，承包形式从按实物承包变为按市场现价折款，再演变到今天的按现金支付方式。目前的收费标准是 1 000 元/亩，这种鱼塘承包虽对集体经济收入的影响不大，却减轻了农民负担。

1987 年后，大田村已发展成为“广州的菜篮子”，经营项目主要集中在水产、牲禽和蛋类三大方面，当时村干部把这种经营模式称为“立体经营”。

村里的股份分红实行村统筹与经济自给相结合，经济自给主要是鱼塘和厂房的出租，村统筹部分是 1990 年修建广清高速时留归集体所有的征地款，这部分征地款主要用于村公益事业开支（如自来水、道路等公共设施的建设）以及经济社的统一规划建设（如仓库、办公室建造），村里的租金收入都是按出资比例进行分红的。

村里的股权确认已由早期的承包责任田（一份责任田占 3 股）与人口股相结合的方式转变为现在的“人口股×2”的计算方式。股权计算中农转居的人口是按一半计算的，即每人 1 股，而农村户口的是每人 2 股。另外，18 岁以下的只有 1 股，69 岁以上的人再加 1 股，以体现对老人的关照。

这种股利分配的高福利性，已经带来了不少副作用，妨碍了股份经济的可持续发展，主要表现在以下几个方面：

第一，农村社区股份合作经济主要是通过折股量化落实产权，并按股分红，但是，囿于平均主义的传统思维定式，折股量化实质上考虑的是福利分配人人有份，股权分配主要以社区成员的“天然”资格为依据，差别仅仅体现在年龄上，并没有真正体现贡献和效率。而且，不少村每隔几年还会调整一次股份，对变动人口的资格进行认定，也是为了在动态上保持公平。但股权的重新调整不仅本身劳民伤财，而且矛盾重重，需要花费一笔昂贵的交易费用。由于社区股份合作经济制度安排的基本特点是“肥水不流外人田”，对此的规定和操作大多不利于流动人员，产生和积累了大量的矛盾，增加了社区的不安定因素，基层组织和干部陷入无尽的纠纷，消耗了大量的精力。资源配置没有优化，反而由于分“蛋糕”的人多了，“蛋糕”被切得越来越小。

第二，社区经济面对激烈的市场竞争，客观需要高素质的管理人员和员工队伍，改善人力资本构成。然而，股利分配的高福利性使得股东对外部人员的进入呈强烈的排斥性。调查显示，社区股份公司的中高层管理人员中很少有外来人员，大多是刚刚“洗脚上田”的本村农民，文化素质不高，缺乏经营管理技能。但是，各村对引进人才却普遍具有排斥的心理。这种状况使社区企业人才匮乏，经营能力差，制约了社区股份经济的发展。

第三，股利分配的高福利性还滋生了一些所谓的“二世祖”。这些人以

"四不"为荣（不做工、不务农、不经商、不读书），无所事事，游手好闲，其中的一些人精神颓废，胡作非为，扰乱社会治安。"二世祖"意识的形成和蔓延还诱发种种恶性治安案件，扰乱了社区的安宁，尤其严重地腐蚀着人们的进取精神，使社区的人力资本素质大大降低。这种情况的产生及其严重性恐怕是社区股份合作经济的创始人始料未及的。对此，社区一直拿不出有力的对策。虽然不少村在章程中规定对"四不"人员不予分红，但是面对社区劳动力素质普遍低下与劳动力市场求职难竞争激烈的矛盾，社区既不能向成员提供充足的就业机会，也无法辨别哪些人是找不到工作，哪些人是存心游手好闲，或者由于辨别的成本过高，也就无法执行规定。

第四，股利分配的高福利性还滋长了人们的分配性努力，形成了一种分配刚性，即不仅年年要分红，而且分红年年要增长，分配的要求与经济发展严重脱节。一些股份合作组织迫于股东的分配刚性压力，即使赢利不多，甚至亏损，也分红，甚至多分红，给可持续经济发展带来致命的损害。

第五，股东分红与承担风险并不对称，股东普遍是只享受分红，不承担亏损。

（2）股利分配的多功能性。2000 年，广州市政府为了加快城市化速度，出台了"城中村整治建设计划方案"，要求"城中村"逐步实行政企分开，村集体经济组织要进行公司化管理，原村委会及其管理社会事务的职能，由街道办事处替代。广州市 2008 年颁布的《关于完善"农转居"和"城中村"改造有关政策问题的意见》重新强调，集体经济转制为股份制企业的，各级政府和各有关部门要给予大力支持，居委会及社会公共服务方面的开支，应由各级政府承担。

石牌村早在 1997 年就已经成为撤村改制的试点。其动因是实行社区性股份合作制后的 10 年间，全村的集体资产增长了 40 多倍，已经不能再满足于过去村党总支、村委会以及村经济发展公司这一管理架构。1997 年 5 月，石牌村实行撤村转制，这项改革包括组建三骏企业集团，成立集团党委会，撤销村委会和村党总支，成立居委会和居民区党支部，对村的集体经济实行公司化管理，对村民及其居住地实行城市化管理。通过改制，城中村已经完全具备了城市社区的外壳。但是，其内核是否真的发生了变化呢？

事实上，尽管行政管理职能已经移交到居委会，但名义上是经济实体的三骏集团公司仍然对村内大小事务具有决定性的影响力，这跟组织架构有关。石牌村内部是一个相对独立封闭的村落体系，"村委会"这一级组织机构的撤销，就使得居委会和石牌街道办之间存在一个管理衔接的断层，而原来村集体资产以及村委会的领导干部几乎全部转移到集团公司。于是，过去的大部分行政事务就自然而然继续落到了集团公司的头上；另一方面，因为政府财政困难，也不急于拿出巨额财政来替代原村委会管理社会事务的公共支出。于是，本该由政府承担的每年 1 000 万元左右的社区公共事务支出，目前仍然由三骏集团承担。而各个居委会的主任，也全部是由经济联队的负责人兼任，“否则搞不掂”。加之居民对集体经济的强烈依附，使得“村落”改“街道”的制度变迁并没有真正改变过去的村落体制，就连一些管理部门至今也未能分清“石牌村”和“三骏集团”的区别。转制以来，三骏企业集团公司投资于社区内公共事务的费用，平均每年都在 1 000 万元左右，与改制前相比，不仅没有减少，反而有所增加。三年前，广州技术师范学院蓝宇蕴教授就对石牌村进行过蹲点调查，发现三骏公司的经济收入以超过两成的比例投入到各种本应由区、街、居委组织的社区项目中。

从本课题组的调查情况来看，广州市的其他城中村的基本情况与石牌村大同小异，社区股份经济不仅是社区成员的主要收入来源之一，还是整个社区得以顺利运转的经济基础，社区股份经济已代替了大部分原本应属于政府财政支出功能的社会公共职能开支。股份合作制的领导机构作为社区内部的“小政府”，在实际中也行使了相应的“小政府”职能，而这些职能的实施当然无法离开经济的支撑。这不论是在近郊，还是在中心区域，村（社）集体经济的大部分收益都投入到了这些职能之中，包括社区的旧村改造、社会治安、文化教育、公共卫生、计划生育、精神文明建设等一系列村镇建设，使社区的股权分配同时承载着社区、行政和福利等多重功能。主要原因还是目前城市化进程中出现的城乡建设、社会保障与市政建设、财政支付等一系列接轨问题仍然未能处理好。

下面是 1997 年石牌三骏企业集团公司成立到 2002 年六年间的统计数据，数据显示，公司六年内共在社区的社会性、福利性方面开支了近 7 000 万元（见表 8－11）。

表 8－11　1997—2002 年三骏企业集团公司社会性福利性开支

单位：万元

项目 \ 年份	1997	1998	1999	2000	2001	2002	合计
村镇建设	283	408	461	146	172	224	1 694
医疗、卫生、计生	380	447	527	445	308	459	2 566
老人福利	55	77	76	29	16	10	263
行政性费用	30	45	49	35	134	104	397
学校幼儿园	116	101	69	49	77	159	571
文体活动	29	40	58	39	37	60	263
民兵、治安	74	82	144	114	223	370	1 007
合 计	967	1 240	1 384	944	973	1 392	6 908

资料来源：郑孟煊、黄绍汪：《城市化中的石牌村》，社会科学文献出版社 2006 年版。

可见，社区股份经济承载了多种功能和责任。它既要负担社区政府的行政管理费、社区干部的工资和福利，又要为村民的社会保障承担一定的费用，还要为社区的公益事业、公共福利如公共基础设施和服务及其他社会事务而增加支出。

也正因如此，广州市“城中村”的社区集体经济已经成为社区公共事务最坚实的经济来源，行政村的实体化和权威化也正是依靠着这一雄厚经济实力的支撑才得以形成和延续。调查中我们就深深体会到，城中村的社区居委在具体履行其管理职能时，对村（社）集体经济组织领导是极为恭敬的。

然而，这种股利分配的高福利性和多功能性，表面上看，似乎有利于农村社区合作社的发展，因为其保障了股民的利益，讨取了政府的欢心。其实不然，社区股份的高福利性不仅在社区成员中无法体现增量收益公平分配的原则，也不利于合作社经济的进一步增值。由于股权是高福利性的，使股份合作社对资产经营的好坏不影响股东福利分红的水平，股东不直接承担经营性风险，严重违背了股权的基本属性，不利于股权的进一步资本化和社会化。使经营者缺少激励，不利于集体资产的经营和管理。另外，股东对年度分红期望值的不断升高，也会导致股份经济合作社分红的压力不断加大，影响了村（社）集体积累和长远发展。同时，社区股份的多功能性也掩盖了股份经济的本质属性，弱化了企业的经营功能，侵害了股东的经济利益，政府逃避了的必要责任，久而久之，对村民个人、村集体企业以及地方政府都是不好的。

8.3.3.3 组织架构存在的问题

广州市现有的社区股份经济组织架构与村（社）的党政组织是高度合一的。改制后每个村虽然都设党支部、村委会、股份经济合作社三种组织架构，但实际上还是“三驾马车，一套班子”，村委会主任往往兼任经联社主任和公司董事长（已经公司化经营的村社），在管理方式上，企业往往与党支部、村委会合属办公、联席开会、齐抓共管。所以传统村社管理模式在目前的组织架构下无法根本得以破除，这种关系也使得其生产管理成本和交易成本必然大大高于其他经济组织。进一步分析还可看出，这些“城中村”新的集体经济组织，包括一些已经转制成股份合作制的企业，具有很大的封闭性，管理人才等社会资源很难进入，致使它们不仅在产品市场上难以与现代企业相竞争，而且在要素市场（特别是资本和劳动力市场）上也处于不利地位。这种组织架构还在某种程度上强化了权利精英的权利结构，使他们在村内企业的就业、工程承包和物业承包等利益集中领域拥有了更多的关键性资源。村里“不同层级的工作职位都隐隐约约地、或多或少地与带有内部化色彩的人际关系网络相联系，这几乎是村里一个公开的秘密与共识”（蓝宇蕴，2005）。

表 8-12 是本课题组就谁是“村集体经济的管理者”这一问题对“城中

村”居民进行抽样调查的结果，基本反映了上述情况的存在。

表 8－12　村集体经济管理者调查表

调查内容	项目	样本数（人）	所占比例（%）
村集体经济的管理者	村长、村支书等党政一把手	175	76.8
	社会公开招聘	3	1.3
	董事长任命	19	8.3
	其他	31	13.6
	合计	228	100

课题组的调查数据显示，在村干部和一般村民之间，其经济收入的差异多数是比较明显的（见图 8－4）。

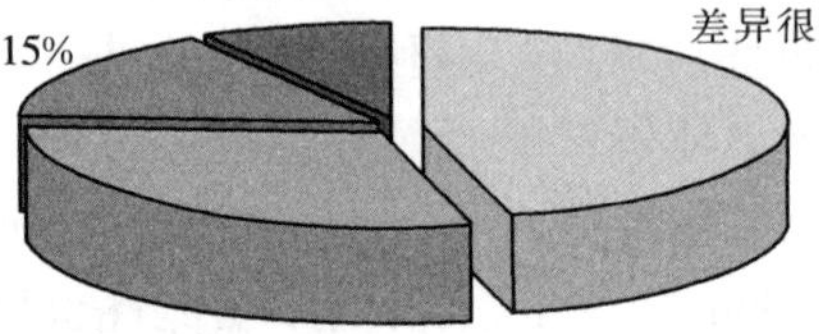

图 8－4　村干部与普通村民的收入分配差异分布图

【个案 8－10】资料来源：蓝宇蕴．《都市里的村庄——一个“新村社共同体”的实地研究》节选

从干部报酬的实际数额看就经历了明显的扩张过程。1990 年，（石牌村）村干部的报酬是一般劳动力的 1.7 倍，百分制考核的奖励是每分 10 元，干群差距不大。1993 年，干部的报酬则规定是村民当年参加集体分配人均的 3～3.4 倍，奖励有超利润奖、工农业总产值奖、计生奖等，这些奖励不封顶，每分奖励 20～30 元，干群差距明显拉大。而现在施行的报酬制度与十年前的方案相比，差距无疑就更大。

【个案 8－11】资料来源：中国网 china.com.cn，2009 年 1 月 13 日题为《广州黄浦 5 村官受贿千万调查：警惕基层官员腐败》报道节选

400 万元的礼如何送给社区干部？把一个装满钱的麻袋放到社区干部的车上，“礼”就送完了！“礼”怎么分？车上的 3 名村干部“坐地分钱”——300 万人民币一人 100 万；100 万港币一分为三，每人 33 万多。

广州市黄埔区荔联街沧联社区的 5 名主要干部，利用手中职权，在重大工程项目中明目张胆地收取大量“回扣”，初步查明涉案金额 1 100 多万元，令人震惊。具体如下：

钟伟佳：男，45岁，发案前任广州市黄埔区荔联街沧联社区党委副书记、居委会主任、经联社董事长。涉嫌利用协助管理征地补偿费用、社区建筑工程招投标和其他公共事务的职务之便，收受贿赂人民币240万余元、港币33.4万元。

钟树韬：男，41岁，发案前任广州市黄埔区荔联街沧联社区经联社副董事长。涉嫌收受多家建筑商的贿赂人民币230万元、港币33.3万元。

欧德添：男，42岁，发案前任广州市黄埔区荔联街沧联社区经联社副董事长。涉嫌收受相关人员贿送的现金人民币150万元、港币33.3万元。

【个案8-12】资料来源：本课题组个案报告节选

梁××经营一家便利店，丈夫外出打工，两个孩子都上了初中，大女儿刚毕业，正准备上技校。梁××家里还有一亩耕地用来种植蔬菜，这也是家里的主要收入来源。由于气候原因，蔬菜的增产增收不太容易，弄不好就会使生活陷入困难，这是梁××最担心的一个问题。

梁××常年受颈椎病、腰椎病的折磨，经常出入大医院。对于每年巨大的医疗费用，梁××从医疗合作保险那里显然没有得到很大的优惠，而且在报销上，村委也并没有给予太多的帮助。据梁××透露，10 000元左右的医疗费用只有100多元的报销，说到这方面，梁××显得特别激动。她还说，社会保障制度只是村干部和城里人的保障制度，与农民根本是两码事，一个专为农民而设的农村合作医疗并没有为农民作出多大的保障。

在访谈的过程中，梁××对村委会干部的行为表示很不满。据她表述，村委村务公开不真实，对村民的生活不关心，腐败行为严重，并道出村干部都是“住洋楼养洋狗的”。特别是说到在种菜遇到天灾和自己看病报销问题时，她说村委根本没有想到我们这些农民的艰苦生活，在办理医疗报销时，也没有给予方便。在访谈过程中，梁××还多次叫我不要把这些话说出去，怕以后村委会的干部报复自己。

【个案8-13】资料来源：本课题组个案报告节选

在问及征地情况，以及集体经济的一些情况时，被访者流露出一无所知的表情，而且回答都不清楚，但反而强调村里的分红太少，希望集体分红每年都有所增加。还从被访者的一些言语中得知，该村集体经济经营存在很多问题，管理混乱，财务公开不真实，干部收入不透明，以及谈到征地的问题时，被访者小声说了句“部分征地补偿金全都不知道去哪里了。”可见被访者对集体经济以及城地补偿金的问题有所不满。

【个案8-14】资料来源：本课题组个案报告节选

由于村中的经济效益不错，集体资产管理就成为村民普遍关心的问题，但梁叔对今天经济管理有很大的担忧和意见，因为他觉得村干部和他们这些一般村民的收入差距很大，而且管理水平低，管理混乱，用人唯亲，贪污、挪用资产等问题突出。因此他对村中兴办的集体经济实体是又爱又恨，爱是因为村民有收益，恨是因为大部分收益都被村干部贪了。

【个案 8-15】资料来源：本课题组个案报告节选

彭××夫妇都在村委工作，工资不算很多，但家中有房屋租给别人，加上每年年末都有分红，总体生活还不错。在问到村集体的经济实体管理时，她犹豫了一下，还是以不知道来回答我，之后我说这些问卷不给其他人看的，她再三想了一下，最后说村中的管理真的不是很好，每一个村干部都想搞点东西给自己，很多分配方案和分红方式他们不知道也不参与，只是负责简简单单的工作和传达。"天下都有贪官啦!"在问到管理的满意程度时，她便这样回答。

【个案 8-16】资料来源：本课题组个案报告节选

陈婆婆对集体经济分红和集体资产的管理等事情虽然知道得不多，但都不大满意。认为村干部侵占了集体的土地，村干部有多栋房屋出租，且收集体的租金，工资也高，村干部的收入有 20 万元，与村民们的收入差异很大。征地补偿金的分配也太少了，只拿出很少的一部分来分。村理财小组虽然是与村委干部一起选举出来的（选举时得票最多的人当村长，排下来，得票少的人就当理财小组），但也是村长叫去签名时就去签，并不了解村里开支的具体情况。

从根源上看，我们现有的社区股份合作经济组织都是由过去的生产大队（生产队）转制过来，人员组合上完全是一个土生土长的人群集合体。虽然广州市区内的 138 个村目前都已完成股份制改革，也都普遍成立了股东大会、董事会、监事会等机构，但它们的成员基本上都是过去的村委会成员，股东也就是过去的社员。由于旧习惯、旧观念的影响及体制上的原因，干部不愿意、群众不习惯去监督和检查领导层的工作情况，在此氛围下，股份经济结构体制所特有的监督作用难以真正得以发挥。改制后由村民代表大会演化而来的股东大会是社区股份合作经济体的最高权力机构，但它目前实质在一定程度上还滞留于文本意义。实际权利真正集中于"两委会"（村委会和村支委），而且多数村（社）每年仅召开一两次股东大会，普通股东参加股东大会只是听取负责人的报告或宣布事宜，采取的投票表决也仅是形式。村民群众参与管理和监督的权力并不能得到完全切实的体现。

8.3.3.4 股权的社区封闭性问题

农村社区股份合作经济组织从集体资产作价评估到确认股东资格，从股权设置到股份分配，从存量配股到增量扩股，从股权管理到股红分配，从合作社的经营管理到收益分配，目前基本上都严格限制在社区范围之内，社区之外的个人和法人资本不能进入，社区内的股权也不能流出。这种格局，使社区股权凝固，造成了产业布局的分散和资本规模的狭小，影响了资本的流动和产业的集中与升级。

农村社区股份合作社的章程中都明确规定股权只能在社区成员内继承、转让，不得买卖、抵押，不得退股提现，通过这一条款严格限制股权流动。虽然该规定是出于固化股权，保护集体资产的目的。但如此做法使股权的分配具有极强的福利性和再分配的性质，而使其丧失了作为资产经营的功能和应有的流动性，这就不利于很好地解决因人口变动而带来的配股方面的问题。

8.4　广州市村（社）集体经济发展的监督与管理

村（社）集体资产是村（社）集体经济组织全体成员集体所有的资产，是广大村民（股东）多年来辛勤劳动积累的成果，是发展村（社）经济和实现村民共同富裕的重要物质基础，应切实加强保护。城市化进程只有与正确处理村（社）集体资产、保护村民利益结合起来，才不至于偏离正确的轨道。村（社）集体经济管理如果不透明，容易滋生腐败、恶化干群关系、影响社会稳定，也不利于农村城市化进程的推进。民主理财与财务公开是广州市村（社）集体经济监督管理的具体形式，它既是村民参与基层民主政治的必要前提，也是农村城市化进程顺利推进的必要前提。

具体而言，民主理财和财务公开是对村集体经济组织实行民主监督管理的重要组成部分，其宗旨是为了维护国家、集体和广大农民的切身利益，是规范村财务管理活动的具体体现。民主理财就是成员群众发扬当家做主的精神，管理、监督村级财务的一种管理活动。财务公开，就是村集体经济组织以便于群众理解和接受的形式，将其财务活动情况及其有关账目，定期如实地向全体村民公布，接受群众监督。村社在财务管理过程中必须坚持财务公开与民主理财的统一，没有财务公开的民主理财是不实际的民主理财，没有民主理财的财务公开也是没有意义的财务公开。因此民主理财与财务公开必须有机结合在一起，才能真正有效地发挥对村集体经济的监督作用。

8.4.1　广东省对农村集体经济实施监督管理的主要规定

村（社）的集体资产，包括土地和集体积累，都属于村（社）集体经济组织全体成员所共有。村（社）集体经济组织全体成员既是集体经济的主人，又是集体财富的创造者，他们对集体资产与财务既有参与管理和监督的权利和义务，又有参与管理和监督的强烈愿望。由于村（社）集体资产的集体所有制性质，决定了村务、财务的决策与管理必须由全体成员参与，实行民主理财监督，保障村（社）成员对集体财务的知情权、决策权和监督权。

2002年6月10日，广东省人民政府办公厅发布了粤府办［2002］44号文，即《广东省农村集体财务公开制度》。44号文共18条，分别从财务公开的意义、适用范围、原则、主要内容、时间和要求、程序等各个方面作了细致的规定。根据44号文第九条的规定，“民主理财监督机构是对村、组集体财务公开实行民主管理和民主监督的代表机构”，“民主理财监督机构由村、组集体经济组织成员大会或成员代表大会选举产生，成员一般3～7人，组长由民主理财监督机构成员会议选举产生。民主理财监督机构每3年改选一次，与村民委员会换届同步进行，可连选连任”。

2006年8月9日，广东省人民政府正式发布了第109号令，即《广东省农村集体经济组织管理规定》。109号令第3条特别对农村集体经济组织进行了界定，“本规定所称农村集体经济组织，是指原人民公社、生产大队、生产队建制经过改革、改造、改组形成的合作经济组织，包括经济联合总社、经济联合社、经济合作社和股份合作经济联合总社、股份合作经济联合社、股份合作经济社等”。第11条规定：“农村集体经济组织设立3～7人的社委会或者理事会和3～5人的民主理财监督小组或者监事会。每届任期3年，可连选连任，但不得交叉任职”。第21条规定：“农村集体经济组织实行民主监督和审计监督制度。民主理财监督小组或者监事会根据组织章程和财务管理制度、财务公开制度，对经营管理活动和财务收支进行审核、监督”（见附录4）。

8.4.2 广州市村（社）集体经济发展监督实效的调查情况

8.4.2.1 理财小组的建立与财务公开

做好民主理财工作的第一步就是要建立健全的民主理财组织。村民民主理财除了通过召开村民大会和村民代表大会讨论重大财务事项外，平时主要是通过建立民主理财小组开展民主理财工作。

课题组在广州市的城市中心、城市近郊和城市远郊三个区域对228个调查对象进行了访谈，对于我们提出的“村里有没有理财小组”这一问题，其中199人表示村里有民主理财小组，占调查总数的87.3%，表示没有的有7人，占调查总数的3.1%，还有9.6%的人表示不知道（见表8－13）。

表8－13 民主理财小组存在情况调查表

调查内容	指标	样本数（人）	所占比例（%）
村里有没有理财小组	有	199	87.3
	没有	7	3.1
	不知道	22	9.6
	合计	228	100

这说明，绝大多数村（社）都按照农村财务管理的规定，建立了民主理财小组来对村（社）集体经济的管理进行民主监督。

在就“你村的财务是否公开”这一问题的回答上来看，有203位村民反映自己所在村（社）的财务是公开的，占调查总数的89%；有10位村民反映自己所在的村（社）是没有进行财务公开的，约占调查总数的4.4%；有15位村民表示对村里的财务公开情况并不知情，约占调查总数的6.6%（见表8-14）。

表8-14 财务公开现状调查表

调查内容	指标	样本数（人）	所占比例（%）
你村的财务是否公开	公开	203	89
	不公开	10	4.4
	不清楚	15	6.6
	合计	228	100

【个案8-17】资料来源：本课题组个案报告节选

今天上午采访的是一位城郊农村居民，一位王姓中年妇女。王姨说自己对村集体经济以及村里的财务公开情况还是比较关注的。她说村里的一些大事，一般都会由村民大会来决议，并实行一人一票制的管理方式，这方面自己很愿意参加。由于她所在的经济社人口多，因而分红很少，1年才100多元。村里有民主理财小组，每个月会公开一次村务。她认为村干部在许多方面都起了带头作用，做得还是很好的。

8.4.2.2 民主理财小组的产生与构成

按规定，民主理财小组的成员应由村民大会或村民代表大会通过无记名投票方式选举产生，由政治觉悟高、原则性强、办事公道、关心集体、联系群众，并在群众中享有威信，或为群众所信任的村民担任。村民主理财小组以村民代表为主，"两委"成员不得超过1/3，现任村干部的直系亲属不得担任理财小组成员。理财组长由小组成员选举产生，不能由"两委"负责人兼任。

在回答"民主理财小组是如何产生"这一问题时，村民中回答"村民选举"的有172人，占样本总数的75.4%；回答"干部指派"的有25人，占样本总数的10.9%；有31人对民主理财小组的产生过程并不清楚，约占样本总数的13.7%。这说明广州市大部分村（社）的理财小组的产生过程是比较民主的（见表8-15）。

表8-15 民主理财小组的产生渠道调查表

调查内容	指标	样本数（人）	所占比例（%）
民主理财小组如何产生	村民选举	172	75.4
	干部指派	25	10.9
	不清楚	31	13.7
	合计	228	100

我们在具体调查“民主理财小组有几个村干部”这一问题时，228位村民中有176人表示本村民主理财小组的成员当中没有村干部，占调查总数的77.2%；38位村民表示本村的理财小组成员当中有一部分村干部，14位村民表示自己所在村（社）的民主理财小组成员全部是村干部组成的，两项合计约占调查总数的22.8%。这说明大部分村（社）民主理财小组的成员构成是合理的、科学的，能更好地保证其履行民主监督的基本职能（见表8-16）。

表8-16　民主理财小组的成员构成调查表

调查内容	指标	样本数（人）	所占比例（%）
民主理财小组中	没有	176	77.2
有几个村干部	有	38	16.7
	全部是村干部	14	6.1
	合计	228	100

【个案8-18】资料来源：本课题组个案报告节选

对于集体经济的管理者，村民何××认为虽然存在一定的问题，但问题不大。她称村中的民主理财小组由政府指派、村委会开会推荐和对外公开招聘共同产生，共8人，其中两名是村干部。她对民主理财小组的总体评价很高，对村财务公开的方方面面基本满意，何××对财务公开的意见主要是：希望村里把批准支出（特别是集体经济支出）的标准公布出来。

【个案8-19】资料来源：本课题组个案报告节选

村民冯××对未来的生活不是很乐观，他认为现在物价高涨，但农民的收入跟不上。对于村务公开和财务公开，他的看法都比较偏激，用他的话来说，这都是些表面功夫做足但不切合实际的行为。他说民主理财小组都是村干部指定好的，不够民主。

8.4.2.3　财务公开的形式与内容

在回答“村财务公开的形式”这一问题时，228位访谈对象中有223人表示自己所在村（社）的财务公开是通过公告栏的形式来实现的，占调查总数的97.8%；只有4人表示，村里会在村民大会上进行通报。这说明，公告栏仍然是目前广州市村级财务公开的主要形式（见表8-17）。

表8-17　村务公开的形式调查表

调查内容	指标	样本数（人）	所占比例（%）
村财务公开的形式	公告栏	223	97.8
	发放资料	0	0
	广播	0	0

（续）

调查内容	指标	样本数（人）	所占比例（%）
村财务公开的形式	开会通报	4	1.8
	其他形式	1	0.4
	合计	228	100

对于村集体经济财务公开的具体间隔时间，调查对象的回答似乎有些凌乱，各种时间间隔均有人选择。229位村民中有146位回答是每隔一个月会公开一次，占调查总数的63.7%，这说明广州市的财务公开基本上是每个月都要定期开展的（见表8-18）。

表8-18 财务公开的时间间隔调查表

调查内容	指标	样本数（人）	所占比例（%）
多长时间财务公开一次	一个月	146	63.7
	一个季度	37	16.2
	半年	12	5.2
	一年	24	10.5
	其他	10	4.4
	合计	229	100

在对村（社）集体经济“财务公开的主要内容”这一问题的回答上，有125位村民表示村里的全部账目是公开的，占调查总数的54.8%；有71位村民表示所在村会公布村里的重大建设项目，占调查总数的31.1%；有25位村民表示本村的收益分配会进行公布，约占11%；有7位村民表示所在村会公布村干部补贴，占调查总数的3.1%。这说明各村在具体公开内容上是有很大差别的，而对于一些事关村民利益的重大事项以及村干部补贴这些敏感问题的公布还是十分有限的（见表8-19）。

表8-19 财务公开内容调查表

调查内容	指标	样本数（人）	所占比例（%）
财务公开的主要内容	重大项目	71	31.1
	干部补贴	7	3.1
	收益分配	25	11.0
	全部账目	125	54.8
	合计	228	100

8.4.2.4 财务公开的效果

对于村集体经济财务公开的实际效果，我们共对三个项目进行调查了解。在回答“你对财务公开的内容、形式是否满意”这一问题时，228 份调查问卷中有 93 人回答“满意”，76 人回答“基本满意”，共占调查总数的 74.1%；回答“不满意”的有 22 人，占调查总数的 9.7%；37 人回答“无所谓”，占调查总数的 16.2%。这说明大部分村民是关注财务公开的，并且对本村的财务公开状况是满意或基本满意的（见表 8－20）。

表 8－20 财务公开满意度调查表

调查内容	指标	样本数（人）	所占比例（%）
你对财务公开的内容、形式是否满意	满意	93	40.8
	基本满意	76	33.3
	不满意	22	9.7
	无所谓	37	16.2
	合计	228	100

在回答“如果不满意（财务公开），你会如何对待”这一问题时，228 位村民中有 195 人表示会直接“向村干部提意见”，占调查总数的 85.5%；有 15 人表示会到上级部门“上访”，占调查总数的 6.6%；有 18 人表示不会就此事项进行作为，占调查总数的 7.9%。这说明大部分村民是非常具有民主意识的，如果财务公开内容未能显示自己希望得到的信息，会采取更为直接的方式去反馈自己的意见（见表 8－21）。

表 8－21 财务公开意见反馈方式调查表

调查内容	指标	样本数（人）	所占比例（%）
如果不满意，你会如何对待	向村干部提意见	195	85.5
	上访	15	6.6
	不管他	18	7.9
	合计	228	100

在对“你认为民主理财小组能否使村干部不乱花钱”这一调查问题进行回答时，228 位村民中有 125 人表示民主理财小组能有效遏制村干部乱花钱的行为，占调查总数的 54.8%；有 47 人表示民主理财小组的存在仍然无法控制村干部乱花钱，占调查总数的 20.6%。这说明民主理财小组的实际作用与理想的制度预期效果还是存在很大差异的（见表 8－22）。

表 8－22 民主理财效果调查表

调查内容	指标	样本数（人）	所占比例（%）
民主理财小组能否使村干部不乱花钱	能	125	54.8
	不能	47	20.6
	不知道	56	24.6
	合计	228	100

【个案 8－20】资料来源：本课题组个案报告节选

李××是村理财小组的成员，工作性质相当于一个会计，1998 年、2003 年、2007 年，他分别参加了 3 次由镇政府组织的会计培训，每次大概 3 天或 5 天。据他介绍说，村里的全部账目都会公开，每个月更新一次。村里的理财小组成员都是由村民选举产生的，没有村干部，从而有效地防止了村干部乱花钱的现象。

8.4.3 广州市村（社）集体经济监督实施中存在的问题

根据我们对广州市的调查，尽管大多数村（社）集体经济组织在财务公开和民主理财方面取得了很好的成效，但还是存在一些问题，特别是在财务公开方面主要存在以下五个方面的问题。

8.4.3.1 有些村（社）对财务公开工作重视不够

财务公开不是目的，而是一种体现民主监督、民主管理的手段，是进行干群交流的渠道。但从我们的调查情况来看，不少村（社）还没有从战略上去认识财务公开的必要性，将财务公开作为集体经济经营管理的必要手段，特别是村（社）负责人对财务公开工作还不够重视，更多的是将财务公开当成是上级布置的一项工作而应付差事。有些村（社）公开时间滞后，个别村（社）干部开始热情高，坚持每月一公布，时间一长就松懈。有村民反映就有几个月公布一次的，或上级催一次就公布一次，上级来检查一次就公布一次，被动应付，不按规定的时段公布，从而使群众产生误解。

【个案 8－21】资料来源：本课题组个案报告节选

杨女士是社区工作人员，专门负责管理外来务工人员的居住。杨女士虽然是从增城嫁到这个村的外嫁女，但也能享受这里的股份分红，共 10 股。据她所说，她现在每月的分红只有 40 元，原来有 500 元，也不知道为什么只剩下这“买米不够，买盐太咸”的 40 元。她认为村里面的管理存在比较多的黑暗角落，是一般老百姓不知道的，选举也不是公平的一人一票，是村干部在村里找信得过的人来选举，包括村民主理财小组也是一样。

【个案 8－22】资料来源：本课题组个案报告节选

陈先生认为村务公开栏的信息，包括财务部分，很形式化，认为财务公开内容的真实性让人很怀疑，认为公布的信息假却又条理清晰，让人难以反驳。所以他觉得很没意思，村里也很少人去看。

8.4.3.2 财务公开的内容片面甚至不真实

农村集体经济组织财务公开的内容应该包括经营信息、财务信息以及年度召开村民大会等所议定的重大事项及其落实情况。但调查中发现，一些村（社）在财务公开中并没有将召开会议所议定的重大事项及其落实情况进行披露，所公布的经营信息和财务信息也残缺不全或是过于笼统，使村民不能一目了然。一些村（社）干部在进行财务公开时还故意弄虚作假，避重就轻，只公布一些无关紧要的内容，群众真正关心的问题却被故意“忽略”或改头换面后附加在其他一些生产性开支里进行公开，不让群众了解和掌握真实情况，造成了一些群众的不满。有的甚至隐瞒真实财务状况，主要表现在“三多三少”，即：公布村民实际缴费的多，公布缴费政策依据和标准的少；公布欠账的多，公布招待费及其他开支等明细账的少；公布规章制度多，公布违规违纪的事少。由于公开内容不全面，群众对一些重大开支项目如经济合同、基建工程等仍然不太清楚，不太了解，易使群众产生“公开的都是皮毛，关键的不敢公开”的误解，因而对财务公开持怀疑态度，同时也给个别存有私心的干部提供了进行“暗箱操作”的可乘之机。

【个案 8－23】资料来源：本课题组个案报告节选

区××透露，村财务收支不平衡。前不久，村出租屋及其他物业出租收入2100万，但支出2 300万，且支出不合理。如去旅游一项，仅有总结，其他详细内容并未列出，有很大漏洞。村里理财小组与村干部关系密切，上一届村书记有贪污受贿的情况，已被收押。对于外来企业招标一事，他表示招标底价大都泄漏，一些想中标的企业与村委会来往密切。他自己总结道，反正这里的上级领导及工作只可以用两个字来概括：“乌龙”。

8.4.3.3 财务公开的形式比较单一

调查发现，广州市的财务公开的形式还比较单一，主要表现在以下几个方面：

（1）公开渠道不宽畅。目前，广州市大部分村（社）图方便图省事，财务公开主要以上墙公布为主，财务资料只是在村委会门口的公开栏中张榜公开的一种形式。张榜公开尽管有“保存时间长、公开地点稳定、有据可查、便于监督”等优点，但这种单一的方式往往达不到预期效果。随着广州市农村城市化进程的加快，村民的居住地必然越来越分散，这使村民阅读财务公布栏就会越来越不方便，对于住所离公开栏偏远的村民来说，就很难有机会看到，当然也就无法及时了解、监督村（社）集体经济的经营情况，导致财务公开信息的使用效率降低。加之，大多数村（社）的财务公开只是以表格的形式将一些指标进行一些简单罗列，未对各个指标的变动情况及原因进行详细说明。这说明公布栏这种财务公开形式与广州市的城市化发展的要求存在一定差距。

（2）公布编排不科学。这主要表现在村（社）的财务公开资料编排混乱，同一项内容有时张贴在左上角，有时张贴在右上角，让群众看得模糊，摸不着头脑。同时，经常粘贴不牢固，贴出几天就开始掀起边角，工作人员没有及时再行粘贴，造成观看的不便。

（3）公开程序不规范。这主要表现在个别村（社）财务公开资料虽然有监事会和会计等有关人员签名，但由于村（社）主要负责人本身工作繁忙或工作人员偷懒，公布的财务资料有时没有负责人签名就公布了，或者图省事干脆用电脑把村组负责人的名字打上，造成批准公布的手续不规范。

【个案 8－24】资料来源：本课题组个案报告节选

杨女士认为村务方面是很隐蔽的，财务小组虽然表面看是民主选举，但实质是内部定好了的。平时理财小组也不知道在干什么，只是在过年分红才露面跟村委吃饭什么的。她认为村里的财务根本没公开，因为在村里转了这么久也没发现财务公开栏。

8.4.3.4 财务公开的制度有所缺失

这主要体现在三方面：

（1）内外部运行协作机制不完善。部分村（社）的财务公开主要由财务人员具体操作，导致不少基层干部认为财务公开就是财务人员的事，干部很少主动介入，因此造成许多重要的财务管理事项未能向群众公开。此外，按照上级部门的有关规定，有些内容必须提前公告村民，并“走完”规定的民主程序后才能审批办理，但有个别镇（街）在没有完成规定程序的情况下，照样给予相关村组办理审批，使有关管理制度形同虚设。

（2）监事会监督效果不明显。少数监事会成员由于年龄大，文化水平低，财务知识缺乏，或者存在“老好人”思想，怕得罪干部，因而存在审账水平不高或审账流于形式，发现问题不敢大胆提出和要求纠正等现象。如少数村（社）监事会活动记录簿的财务监督意见，年年月月都是写着同一句话：“收支合理，没有意见”。甚至没有载明意见，只有签名。

（3）对违反制度规定的处理不重视。部分村（社）干部对财务公开缺乏足够认识，把财务公开作为缓解干群矛盾的权宜之计，对财务公开后的一些后续工作没有及时跟上。村（社）财务公开后，没有及时召开党员和村民代表会议，没有听取村民意见；对村民提出的疑点，没有及时作出解释；对村民提出的要求，没有及时予以答复；对违反制度规定的事项，没有及时做出处理。时间一长，村民对财务公开不再抱有什么希望，若对村（社）干部不信任、有疑问，便直接越级上访告状，造成了干群关系的紧张，增加了不稳定因素。

8.4.3.5 部分村民的监督意识较为缺乏

调查发现，一些村（社）的村民监督形同虚设，部分村民对集体的事不关心、不过问、不了解，民主管理和监督流于形式。课题组下村调查时，也发现群众对财务有疑问，但实际上自己却很少关注财务公开的情况。甚至有一些村民竟然连自己村（社）有无民主理财小组和财务公开都不知道。村民对财务公开的不关心、不过问、不阅览，也挫伤了一些村干部村务公开的积极性。

8.5 结论和政策建议

8.5.1 结论

本研究认为，广州市城市化进程中村（社）集体经济发展具有两个典型特征：一个是中心城区村（社）集体经济发展的保守性特征；另一个是不同区域村（社）集体经济发展的差异性特征。由此形成以下结论：①“租壳经济”或者说“守护型经济”是广州市“城中村”最典型的产业结构特征，也是广州市中心区域村（社）集体经济发展的基本形态。②“租壳经济”或“守护型经济”是“城中村”的生存本能与市场经济的竞争规则紧密结合的现实体现。但随着土地资源的减少，这种守护型经济又会使村集体经济发展的空间受到制约。③广州市村（社）集体经济的发展规模和实力是与这个村（社区）所在区域的城市化程度呈正相关的。城市化发展的程度越高，该村的集体经济实力就越强。④这些差异的形成，归根结底是各个区域的城市化程度不同，造成了其土地功能和土地价值回报的差异化。

广州市城市化进程中村（社）集体经济是以社区股份合作制的组织形式进行发展的。调研发现，在其具体实施中出现的主要问题有外嫁女股权配置的问题、股利分配的问题、组织架构的问题和股权的社区封闭性问题。由此形成了以下研究结论：①在外嫁女股份的具体配置上，各村（社）的具体做法是不一样的。有将股份分为社区股和社会股，并在社会股中按外嫁女在本村生活的年限配置股份的，有以外嫁女是否将户口迁出本村为条件来配置股份的，也有对外嫁女根本不予股份配置的。一些不合理的村规民约使外嫁女的合法权益无法得到实际保障。②广州市各村（社）集体经济的股利分配，表现出显著的高福利性和多功能性的双重特征。这种股利分配的高福利性，已经带来了不少副作用，妨碍了股份经济的可持续发展。而社区股份的多功能性不仅在社区成员中无法体现增量收益公平分配的原则，也不利于合作社经济的进一步增值。③广州市现有的社区股份经济组织架构与村（社）的党政组织是高度合一的。改制后每个村虽然都设党支部、村委会、股份经济合作社三种组织架构，但实际上还是“三驾马车，一套班子”，所以传统村社管理模式在目前的组织架构下无法根本得以破除。这种组织架构关系使得村集体经济组织的生产管理成本和交易成本必然大大高于其他经济组织，而且还有很大的封闭性，并在某种程度上强化了权利精英的权利结构，使他们在村内利益集中领域拥有了更多的关键性资源，易滋生新的腐败。④广州市现有集体经济组织基本上是以村组为单位组织，范围狭小，具有较强的地域性和封闭性，多考虑原本社区利益，对外开放性极为有限。这种封闭性格局，使社区股权凝固，造成了产业布局的分散和资本规模的狭小，影响了资本的流动和产业的集中与升级。

广州市村（社）集体经济的监督主要是通过民主理财小组和财务公开的形式来具体实现的。通过实证调查，我们发现，尽管大多数村（社）集体经济组织在财务公开和民主理财方面取得了很好的成效，但还是存在一些问题，特别是在财务公开方面突出存在以下五个方面的问题：①有些村（社）对财务公开工作还重视不够。②财务公开的内容片面甚至不真实。③财务公开的形式比较单一。④财务公开的制度有所缺失。⑤部分村民的监督意识较为缺乏。

8.5.2 政策建议

8.5.2.1 对广州市村（社）集体经济发展模式的建议

（1）引导村（社）集体经济朝着延伸广州市支柱产业的产业链方向发展。为促进“城中村”的经济发展，必须充分整合其经济发展资源，利用广州市产业结构调整的机会，引导“城中村”集体经济往区域支柱产业链延伸。比如，在发展生产性服务业和兴办专业市场上多动脑筋，使村（社）集体经济尽可能与支柱产业的发展方向相吻合，为广州市的支柱产业发展做好配套服务。加速市经济、区经济、转制社区经济之间的产业链对接、招商资源整合和社会分工优化，形成三大经济板块融通互动、携手共进的发展格局。认真落实扶持出租车发展的各项措施，引导村（社）集体经济融入区域经济发展体系，加快发展配套产业，在细化分工中赢得发展空间；融入市场经济发展轨道，稳妥推进集体经济组织的公司化改造，在深化改革中获得发展动力；融入法制化管理轨道，积极完善各项规划用地报批手续，在更新观念中实现可持续发展。

（2）逐步优化村（社）集体经济的发展形态。如前所述，广州市已经完成转制的138个“城中村”的集体经济形态呈现出“租壳经济”的特点，这是一种比较初级和粗放的经济形态。随着撤村设居工作的完成，农村经济也要往城市经济转型，实现“租壳经济”向“实业经济”转型。城市经济应该是一种趋于集约型的经济。第一，随着城市化进程的推进，城市土地资源越来越成为一种稀缺资源，城市经济的发展客观上要求有限的土地资源产出更高的经济效益；第二，完成转制的社区既然已是城市而非农村，在发展经济上就得往城市经济的形态上靠拢，努力发展城市型产业；第三，“租壳经济”形态很容易受到宏观经济状况、城市政策和城市物业供需状况的影响，从长远看是脆弱和不可持续的。竞争性是市场经济的基本特征之一，只有增强村（社）集体经济的竞争力，使其具有自己的核心竞争优势，具备可持续增长的能力，实现集体经济的优化转型，将其转变成依靠知识、技术参与市场竞争的企业组织才会有根本出路。当然，村（社）集体经济的转型也要因地制宜地进行，要根据各村（社）所处片区的地理位置、城市功能类型和村（社）的资源状况，并结合国家产业结构调整和城市的规划，来发展村（社）集体经济。发展的途径也要寻求多样化，可以通过招商引资、股民和集体参股的方式进行，也可以通过集体投资控股的方式推进发展。即使是传统的放租形式，选择的承租内容和产业也应该力图多元化，以分散经营风险。

（3）城市化程度不同的区域应培植各自集体经济的增长点。城市化程度不同的区域应培植各自集体经济的增长点，中心城区既要通过兴建物业进行出租增加村（社）集体收入，又要积极推进兴办酒店、旅社、商贸、服务等第三产业来增加集体收入；近郊地区可通过在公路沿线，厂企、住宅小区等附近抢滩布点建门面房、集贸市场、小、中型房产，并积极创办第二产业来发展集体经济；远郊地区则可通过土地出让、矿山开采权出让和企业厂房、车间的租赁来增加集体经济收入，也可通过发展生态和观光农业，利用集体荒山建立茶场、经济林基地、养殖基地，借助天然的绿色环境，通过租赁、承包的方式，来增加集体经济收入。

（4）以“城中村”改造为契机推进集体经济的可持续发展。“城中村”改造是一个系统工程，需要耗费大量资金。它不仅关系到城市化发展的积极意义，关系到村（居）民的切身利益，也关乎到村（社）集体经济的未来发展。按照计划，广州市要用10年左右的时间基本完成138个“城中村”的整治改造任务。其整治改造模式将分为两类：一类是全面改造类，即对位于城市重点功能区、对完善城市功能和提升产业结构有较大影响的52个“城中村”，进行整体拆迁重建，实施全面改造。仅这一项，就涉及拆迁人群60万人，拆迁所需资金将超过1 000亿元。第二类是综合整治类，对位于城市重点功能区外，但环境较差、公共服务配套设施不完善的86个“城中村”，在基本不涉及房屋拆迁的基础上，改善“城中村”的居住环境、完善公共服务配套设施。其融资模式有三种：一是熟地出让模式，即单独拿出一块融资地块公开出让，融得资金全额返还村用于拆迁安置和基础设施建设；二是生地熟让模式，即公开出让融资地块，但捆绑拆迁安置责任，公开出让条件中明确，由开发企业负责建设回迁房和支付货币补偿款，拆迁资金由区政府和村共同监管，防止“烂尾”；三是自主开发模式，即由村经济组织自行融资进行开发建设。为了保证村（社）集体经济发展的需要，在财税资金扶持方面，广州市计划将全面改造类项目土地纯收益的60%支持集体发展。对综合整治类项目也允许村集体经济组织利用本村旧厂房、空闲或低效用地，在符合城市规划的前提下，以流转方式自主招商融资进行改造。并且，拆迁房屋的补偿一律与一手楼实价持平。

如果广州市的这一系列政策能够真正落实到位，那么，广州市不仅会催生出如深圳岗厦与大冲两个“城中村”因旧城改造拆迁而造就数十名“亿万富豪”的传奇，也会使这些被改造的社区股份合作公司在“城中村”旧改的“财富升级”过程中获益巨大，一夜之间将从现在的千万或亿元级迅速膨胀到十亿甚至数十亿元级的“超级公司”。这也就引发了这些“超级公司”如何利用这笔巨大财富实现新的超越和可持续发展的新问题。我们希望广州市在整个改造工作推进之际，能结合区域发展规划来引导这些村（社）集体经济的发展，并形成与广州市整个城市发展规划融为一体的发展模式，使原来的农村集体经济真正融入城市最先进的现代经济体系中。

8.5.2.2 对广州市村（社）集体经济组织改革的建议

（1）进一步规范社区股份合作经济组织的治理制度。一是强化“三会”的职能。首先要进一步明确股东代表大会是股份合作经济组织的最高权力机构，合作经济组织的重大事项要经股东代表大会通过，不能以村干部的意愿代替股东代表大会的意愿；其次是要充分发挥董事会的职能，董事会是股东代表大会的常务决策机构和管理机构，它必须执行股东代表大会的决议，并对股东代表大会和全体股东负责，村“两委会”的决定不能取代董事会的决定；其三是要健全监事会，没有监事会的合作经济组织要尽快建立，已成立监事会的要将监督职责落到实处，以加强合作经济组织的监督。

二是进一步规范社区内外股东的权责。要进一步明确，虽然凡是持有股份合作组织股份的自然人，不论持股多少，都是股份合作经济组织的股东，但是，由于特定历史的原因，股份合作经济组织兼有农村社区管理的职能，根据权利和义务对等的原则，社区股东和社会股东的权责不同：社区股东享有选举权、被选举权和村民待遇，接受农村社区的管理、承担相关的责任；社会股东虽持有股份，可以平等地享有“同股同酬”，但没有其他权益，这类股东不纳入农村社区的管理，也不承担相应的社区管理、服务等方面的责任。

三是股权设置要坚持一视同仁。广州市农村股份合作制实行的是相互依存的双层产权制度：法人财产权和个人财产所有权。无论集体资产是否增值，股东对集体财产都是“按份共有”，因此，股权是属于股东个人的私有财产，受法律的保护。即在计股时间内，留村村民、“农转居”村民和出嫁女都应根据章程的规定，一视同仁地进行配股，不能对任何一种人进行歧视。

（2）进一步规范社区股份合作经济组织的分配制度。广州市股份合作经济组织以资本合作为主要特征，又具有社区管理的过渡性特点，分配方式包括按劳分配和股份分红两个层次。股份合作经济组织的领导成员、高级管理人员和所属企业员工以按劳分配为主，实行效率优先兼顾公平的分配制度。股份合作经济组织的二次分配应以股份分红为主，并逐步过渡为唯一的分配方式。股东按持有股份按股分红，多股多分、少股少分、无股不分。对目前有的合作经济组织以“劳动力分配”、“就业补贴”等名义发放的福利分配，是一种过渡性的社区福利政策，应根据实际情况逐年减少，直至取消。因为实行过渡性的福利分配将减少股东的股份分红，减少了股东的既得利益。

（3）进一步规范社区股份合作经济组织的股权流转制度。由于广州市股份合作制实行股权一刀断，生不增死不减，并可继承。这在今后将会出现这样一个问题：目前持有股份很少甚至没有股份的年青一代，若干年后可能成为合作经济组织的领导者，由于占有的股份份额少，将会影响他们管理合作经济组织的积极性。为了避免这种情况发生，也必须实行股权流转或期权激励，这也是对股东拥有完备个人产权的要求。股权流转包括两个方面：一是在企业内部建立股权流转机制，促使股权在企业内部流转，拉开持股比例，具体形式可以通过转让、增资配股等方式来实现；二是建立地方股权流转市场，通过市场既可以吸引社区外部的资金及其他要素，又可促进企业改善经营管理。期权激励是可在一定日期，按买卖双方所约定的价格，取得买进或卖出一定数量的合作经济组织股份的权利。可实行经营者股票期权的做法，即是指企业资产所有者给予经营者的一种权利，经营者可以凭借这种权利按约定价格购买未来一定期限内（一般为5～10年）股份合作经济组织股份的权利。基于合作经济组织经营管理者的业绩的考虑，可实行两大类期权激励：一是基于当期业绩的奖励。主要是取决于当期合作经济组织利润增长率、投资回报或市场份额等。二是基于长期业绩的奖励。主要是通过与合作经济组织股份增值挂钩的奖励方式，使高层管理者分享股份增值的好处，并降低决策风险，鼓励他们积极进取。

打破社区股权封闭、促进股权流动既是社区股份合作社发展成股份有限公司的前提，同时也是结果。二者互为因果，互为前提。公司制促进了社区的开放和股权的流动，同时开放的社区合理流动的股权也反过来促进了公司制的进一步完善。另外，由于股份有限公司的成立促进了股权的合理流动，加上外部资金的涌入，淡化了股权分配的高福利性，提高了股权的经营功能。这就还原了股权作为生产要素的本来面目，公司经营得好，股东收益就多，反之，公司经营得不好，股东收益就少。这就等于引入了激励机制，可以促进公司的良性发展。再加上股份有限公司的股东（社员），可能是社区企业的职工，为了使自己获得更多的收益，就必须努力工作使资产增值。

（4）进一步规范政府管理体制和移交社会管理职能。对于“村改居”社区，要使社区股份合作经济组织真正做到政企分开，就要尽快使社区股份合作经济组织目前承担的原应由政府承担的社会职能尽快移交。这是一件关系到政府的信誉和社会稳定的大事。对于“村改居”社区的社会管理职能移交，要以尊重历史、尊重现实、面向未来、切实维护广大转制后居民的根本利益为前提，以社会稳定、政府和转职公司“三赢”为目的，彻底改变“城市建制、农村管理”的局面，使转制公司轻装上阵，逐步建立现代企业制度。在政府现有财力不足的情况下，可采取先易后难、试点引路的办法逐步推进移交工作。视财力的可能，对容易承接的优先安排，建议在广州市城市化程度最高的天河区选择 3～4 个试点村（社）进行全面的承接，再在全市推行。最后是探索一条由股份改造公司上缴部分收入的办法来实行社会管理职能的移交：即在过渡期 2～3 年内，由公司按当年营业收入的一定比例上缴给街道，公司在过渡期内不承担社会管理职能的费用，过渡期后公司不再上缴收入，由政府全部承担各项社区管理和费用。

（5）防止在条件不成熟时将集体经济组织盲目改制为公司。按照广州市对社区合作经济组织引入股份制的改革定位，最终是要将所有村（社）集体经济组织改制为股份制企业。而自合作化以来，我国长期对农村集体经济组织实行免征所得税政策，是因为农村集体经济组织承担了工商企业所不需要承担的许多公共开支。如果将集体经济组织改为公司后，那么公司一方面仍要承担基层组织运作、社区公益事业建设、社区公共设施建设及管护等公共开支，另一方面又要承担与工商企业同等的税负（公司就要依法纳税，且税权属中央，地方无权减免），则显失公平。所以，我们认为，在政府无力全面承接社区公共开支的地方，不宜匆忙把集体经济组织改为公司，但要逐步促使其向市场经营主体转变，以便在有条件改为公司时瓜熟蒂落、水到渠成。

（6）明确“村改居”村（社）集体经济组织和集体资产的管理部门。为避免“村改居”村（社）的集体经济组织和集体资产出现管理真空，我们认为，明确其政府主管部门是十分必要的。考虑到村（社）集体经济组织不同于工商法人，也不同于行政事业单位法人，更不同于社团法人，又考虑到“村改居”村（社）的集体资产不同于传统意义上的城镇集体资产，更不同于国有资产，而农业部门对集体经济组织和集体资产已经形成了一整套较为完整的管理网络、管理制度和管理经验，因此可以如此处理：凡未改为公司的集体经济组织和集体资产仍归农业部门管理，已改为公司的，则取消行政主管部门这个“婆婆”，由各级政府统一实施宏观管理。

8.5.2.3　提高村（社）集体经济监督效果的相关建议

针对上述问题，广州市今后要突出抓好四方面工作，切实把村（社）财务公开工作落到实处。

（1）进一步深化对财务公开的认识。就是使村（社）干部群众对实行财务公开重大意义认识提高。要继续利用各种会议、广播、板报等宣传工具，广泛宣传实行财务公开的重要意义，组织村（社）干部认真学习中央、省、市的有关重要政策和方针。要引导他们从讲政治、顾大局的高度，从推动科学发展、促进社会和谐的高度，从扩大基层民主、巩固党的执政基础的高度，深刻认识实行村（社）财务公开工作的重要性和紧迫性，消除怕麻烦、怕引起矛盾等疑虑，坚定财务公开民主管理工作的信心和决心，主动抓、抓主动，反复抓、抓反复，努力使村（社）财务公开民主管理制度能够长期坚持并不断完善。同时，要不断增强群众的民主监督意识，提高参政议事的能力，进一步强化党员和群众对村（社）干部的监督，密切党群、干群关系，切实维护农村改革、发展和稳定的大局。

（2）进一步创新财务公开的形式。一是进一步规范公开渠道。要坚持实际、实用、实效的原则，顺应城市化发展和扩大村民知情权的需要，通过采用上墙公布、印发到户、召开会议、建立手机短信平台以及广播、电视、明白纸等灵活多样的形式，向群众公开农村财务各项内容，让群众及时、全面、便捷地了解集体财务情况。特别需要注意的是，财务公开的财务报表不能是“天书”，要让村民看得明白。因为受现阶段国情所限，大多数村民不懂会计知识，所以公开的内容要简单易懂，还要尽量组织人员给村民讲解帮助他们看懂报表的财务知识。用于公开的财务报表要尽量打印，防止字迹模糊看不清，还可以把主要数据印成“明白纸”发到村民手中。二是进一步规范公开程序。具体要求做到“三前三后”。第一，对重大的开支项目，都要事先召开村民议事会，征求并听取群众代表的意见，做到决策在前、公布在后。第二，理财在前，处理、核实在后。对财务开支应先经民主理财小组通过后再行公布。第三，把重要的统计资料公布在前，审核上报在后。财务收支公布后，要及时召开会议，听取群众代表意见，做好核对、纠正、解释工作。三是进一步规范公开时间。对财务收支情况坚持每月公布一次，对重大收支事项如经济合同、固定资产构建、农村医疗保险、村组举债等，要根据实际需要和群众要求，不受时间限制，及时公布。四是切实选择好公开地点。公开地点也很重要，公开栏要设立在主要交通路口，方便村民观看。特别需要注意的是，公开栏最好不要设在村委会门口。

（3）进一步拓展财务公开的内容。要根据城市化发展、广州市的实际情况和村民群众的要求，进一步丰富和扩展财务公开的内容，力求使财务公开的内容达到“全、细、实”的要求，重点公开群众关心的焦点、热点问题，比如重大事项决策、关键财务环节办理情况等重要信息，真正把村（社）财务和集体重大事项的民主决策置于“阳光”之下，全面接受群众监督。一是公开的项目要“全”。如财务收支计划，村（社）收入支出，村（社）干部工资奖金，村（社）招待费支出，村（社）借、贷款用途及偿还情况，村（社）债权、债务及农户往来，提留、税费、统筹等收缴及减免，救济、捐赠、优抚等钱财发放，呆账处理及重大经济事项等。二是公布的内容要“细”。该具体的要具体，该到户的要到户，一竿子插到底，把重要的村（社）财务开支情况明明白白地交给村民，使村民看到实质性内容。三是公开的内容要“实”。坚持实事求是，据实公布，不弄虚作假，不避实就虚，不搞形式主义。

（4）进一步健全财务公开的制度。积极探索村（社）财务公开民主管理工作的新途径新举措，健全财务公开制度，创新检查督促手段，努力把全市村（社）财务公开民主管理工作推上新的台阶。一是进一步健全督查考核制度。加强对财务公开工作的指导和监督，组织专人定期检查各村（社）财务公开情况，及时处理村民提出的问题，通报检查情况，总结经验，不断完善公开工作。坚持财务公开与管理人员政绩考核相结合，镇（街）年初要与各村（社）签订责任，把财务公开纳入年终村（社）“两委”班子量化考核的重要内容，实行每月检查，每季度汇总，半年初评，年终总评的办法，对照财务公开的内容、时间及标准进行考核打分，并把考核结果作为村（社）干部工资、奖金、评先、提升等方面的重要依据之一，增强制度执行的约束力。二是进一步健全培训和审计制度。加强对专职或兼职财务审核人员的资格培训，提高村级财务审计人员政策水平和业务素质，确保村级财务审计的有效开展。通过现场释疑、举办小型培训班等形式，加快财会知识在村（社）基层的推广普及，解决村民对财务数据“看不懂”的难题。对通过村（社）财务审计中发现的问题，审计人员可以提请上级党委政府对侵害集体资产的行为进行必要的行政处分或经济处罚。三是进一步健全部门协调制度。由市村务公开工作领导小组牵头，组织国土、城建、司法等职能部门达成工作备忘录或办事程序指引，明确规定农村征地、工程建设和重要经济合同等涉及农民切身利益的经济事项，必须在民主程序符合规定的前提下才给予办理，共同把好村（社）集体经济民主理财关。

9 城市化进程中的农民社会保障问题

9.1 农民权益保障研究的意义

城市化是任何一个国家在其发展进程中不可能避免的历史阶段，它是社会生产力发展的必然结果。世界各发达国家城市化发展都经历了农村劳动力向城市非农产业转移的过程。城市化是指城市数量不断增加，城市人口在总人口中所占比重迅速提高，从事制造业和商业活动的城市代替从事农业生产的乡村而在经济中占主导地位，进而对整个社会生活发挥着绝对支配作用，人们从封闭的农村走向开放的城市的进程。① 目前，我国城市化已经进入了快速发展时期，大量的城市化进程中的农民问题是中国“三农”问题的重要部分，是当今中国社会的热点问题，也是中国政府非常重视并试图着手解决的问题。建立健全与经济发展水平相适应的社会保障体系，是我们社会面临的迫切任务，而社会保险作为社会保障体系的核心，既是社会发展的稳定器，也是构建和谐社会的重要基础。

社会保障（social security）一词，最早出现在美国 1935 年颁布的《社会保障法》中。社会保障即国家和社会依法对社会成员基本生活给予保障的社会安全制度。它是指国家为了保持经济发展和社会稳定，对公民在年老、疾病、伤残、失业、遭遇灾害、面临生活困难的情况下，由政府和社会依法给予物质帮助，以保障公民的基本生活需要的制度。②联合国国际劳工局社会保障司概括社会保障的含义为：“对生活采取一系列保护性措施，以帮助人们渡过由于失业、年老、疾病、生育、工伤和死亡而造成工资或收入损失的难关。”国际劳工组织在《21 世纪社会保障展望》中指出：“社会保障的目标不应限于防止或减轻贫困，应该更为广泛。它反映着一种广义的社会保障意愿。它的根本宗旨是使个人和家庭相信他们的生活水平和生活质量会尽可能不因任何社会和经济上的不测事件受很大影响。这就不仅是在不测事件中或已出现不测事件后去解决困难，而且也要防患于未然，帮助个人和家庭在面临未能避免或不可避免的伤残和损失时，尽可能做到妥善安排，因此，社会保障需要的

---

① 李化祥：《浅析流动人口的犯罪倾向闭》，《甘肃政法学院学报》，2001 年第 6 期，第 98 页

② 吴越、罗杰：《中国特色社会保障制度的建立初探》，载邹海林、李西霞《社会保险改革与法制发展》，社会科学文献出版社 2005 年版。

不仅是现金，而且还有广泛的医疗和社会服务。”社会保障具有经济福利性、社会性和强制性等特征，在内容上涵盖了经济保障、服务保障和精神保障等领域。经济保障，即从经济上保障国民的生活，它通过现金给付的方式来实现；服务保障，即当代社会还需要适应家庭结构变迁与自我保障功能弱化的变化，满足国民对有关生活服务的需求，如安老服务、康复服务、儿童服务等；精神保障，即属于文化、伦理、心理慰藉等方面的保障，是更高层次的保障。①

中共中央十四届三中全会通过的《关于建立社会主义市场经济体制若干问题的决定》为中国建立社会保障体系设计了基本框架。《决定》指出："中国社会保障体系包括社会保险、社会救济、社会福利、优抚安置和社会互助、个人储蓄积累保障。""按资金筹集方式、保障目标分类，中国社会保障体系大致由三大块构成。一块是主要由国家财政支撑的保障项目，包括社会救济、社会福利、优抚安置、社区服务四项；一块是由国家法律强制实行的社会保险项目，包括养老、失业、医疗、工伤、生育保险和住房保障六项，这是社会保障体系的主体部分；还有一块是遵循自愿原则，以赢利为目的的商业保险项目，包括个人投保、企业投保和互助性保险三项，这是社会保险的最主要的补充。"社会保障制度是现代国家最重要的社会经济制度之一。建立与健全社会保障体系，是社会和谐发展的必然要求，是社会稳定和国家长治久安的重要保证。社会保障制度是维系社会公平的重要纽带，发挥着社会"稳定器"和"安全网"的作用。完善和健全社会保障制度关系到和谐社会建设和全面小康社会战略目标的实现。党的十七大更是将社会保障作为民生工作的重要组成部分和构建社会主义和谐社会的重要支撑加以强调，并且强调必须在经济发展的基础上，更加注重社会建设，着力保障和改善民生，加快建立覆盖城乡居民的社会保障体系，保障人民的基本生活。

9.2 各群体对社会保障的了解及参与意愿

9.2.1 样本基本情况

调查数据显示（本研究所作的分析在没有特别注明的情况下，所用数据均已剔除"不清楚"的选项），总体样本中女性与男性基本持平，而且文化程度普遍偏低（见表 9-1）。

① 黄庆杰：《城乡统筹的农村社会养老保障：制度选择与政府责任》，中国社会科学院研究生院博士学位论文，2009 年 4 月。

表 9-1 样本基本情况

单位：人，%

		城郊居民		"城中村"居民		城市居民		外来农民工		合计	
		人数	百分比	人数	百分比	人数	百分比	人数	百分比	人数	百分比
性别	男	88	55.7	109	47.81	91	52.6	103	44.78	391	49.56
	女	70	44.3	119	52.19	82	47.4	127	55.22	398	50.44
文化程度	小学及小学以下	46	29.11	30	13.16	33	19.08	58	25.22	167	21.17
	初中	87	55.06	66	28.95	65	37.57	107	46.52	325	41.19
	高中	20	12.66	54	23.68	32	18.5	36	15.65	142	18.00
	中专、技校	0	0	31	13.59	11	6.36	17	7.39	59	7.48
	大专	3	1.9	44	19.3	23	13.29	9	3.91	79	10.01
	大学	2	1.27	3	1.32	9	5.2	3	1.31	17	2.15

9.2.2 总体评价

9.2.2.1 超过八成受访者认可目前广州社会保障水平

调查显示，对于目前广州社会保障水平，受访者表示"满意"的比例为19.26%，表示"比较满意"的为24.71%，满意度为43.97%；表示"一般"的比例为43.22%；表示"不太满意"的比例为5.46%，表示"不满意"的为7.35%，不满意度为12.81%（见表9-2）。尽管受访者对目前广州社会保障水平的满意度只43.97%，但可接受度超过八成，达到87.19%，表明这一社会保障水平依然在公众的可接受范围之内。

表 9-2 不同受访群体对目前广州社会保障水平的评价

单位：%

	满意度			一般	不满意度		
	满意	比较满意	合计		不太满意	不满意	合计
城郊居民	5.32	6.21	11.53	7.1	0.76	0.63	1.39
城中村居民	3.8	9.0	12.8	10.77	3.3	2.03	5.33
城市居民	5.83	4.56	10.39	9.13	0.13	2.28	2.41
外来农民工	4.31	4.94	9.25	16.22	1.27	2.41	3.68
合计	19.26	24.71	43.97	43.22	5.46	7.35	12.81

交互分类结果显示，对目前广州社会保障水平不满意度较高的主要是"城中村"居民，这些人员的不满意度均高于受访总体；对目前广州社会保障水平满意度较低的主要是外来农民工群体，这一群体的满意度低于受访总体。

9.2.2.2 受访者对各类社会保障项目了解一般，但参加各类社会保障项目的意愿较高

调查显示，不同受访群体对《养老保险》的知晓率（含“了解很详细”和“有一定了解”）为28.9%，对《社会保险》的知晓率（含“了解很详细”和“有一定了解”）为19.9%，对《医疗保险》的知晓率（含“了解很详细”和“有一定了解”）为22.31%，对《失业保险》的知晓率（含“了解很详细”和“有一定了解”）为18.13%，对《工伤保险》的知晓率（含“了解很详细”和“有一定了解”）为31.8%，对《生育保险》的知晓率（含“了解很详细”和“有一定了解”）为28.9%。

表9-3 受访者对各类社会保障项目的知晓情况

单位：人，%

	了解很详细		有一定了解		不太了解		一点也不了解		合计	
	人数	百分比	人数	百分比	人数	百分比	人数	百分比	人数	百分比
养老保险	28	3.55	200	25.35	247	31.31	314	39.79	789	100
社会保险	24	3.04	133	16.86	247	31.31	385	48.79	789	100
医疗保险	32	4.06	144	18.25	258	32.70	355	44.99	789	100
失业保险	23	2.92	120	15.21	264	33.46	382	48.41	789	100
工伤保险	70	8.87	176	22.31	238	30.16	305	38.66	789	100
生育保险	44	5.58	155	19.65	230	29.15	360	45.62	789	100

调查显示，不同受访群体对《社会保险》的参与意愿为53.74%，对《社会保险》的参与意愿为49.05%，对《医疗保险》的参与意愿为55.13%，对《失业保险》的参与意愿为49.94%，对《工伤保险》的参与意愿为49.30%，对《生育保险》的参与意愿为46.13%。

表9-4 受访者对各类社会保障项目的参与意愿

单位：人，%

	愿意参加		无所谓		不愿意参加		没想好		合计	
	人数	百分比	人数	百分比	人数	百分比	人数	百分比	人数	百分比
养老保险	424	53.74	117	14.83	127	16.10	121	15.33	789	100
社会保险	387	49.05	125	15.84	152	19.26	125	15.85	789	100
医疗保险	435	55.13	111	14.07	124	15.72	119	15.08	789	100
失业保险	394	49.94	113	14.32	158	20.02	124	15.72	789	100
工伤保险	389	49.30	116	14.70	162	20.53	122	15.47	789	100
生育保险	364	46.13	124	15.72	166	21.04	135	17.11	789	100

9.2.2.3 城郊农民对社会保障项目了解程度不高，但参与意愿却较高

调查显示，城郊农民对《养老保险》的知晓率（含“了解很详细”和“有一定了解”）为13.93%，对《社会保险》的知晓率（含“了解很详细”和“有一定了解”）为16.92%，对《医疗保险》的知晓率（含“了解很详细”和“有一定了解”）为14.56%，对《失业保险》的知晓率（含“了解很详细”和“有一定了解”）为8.23%，对《工伤保险》的知晓率（含“了解很详细”和“有一定了解”）为16.46%，对《生育保险》的知晓率（含“了解很详细”和“有一定了解”）为9.49%。

表9-5 城郊农民对各类社会保障项目的知晓情况

单位：人，%

	了解很详细		有一定了解		不太了解		一点也不了解		合计	
	人数	百分比	人数	百分比	人数	百分比	人数	百分比	人数	百分比
养老保险	2	1.27	20	12.66	47	29.75	89	56.33	158	100
社会保险	1	0.63	21	13.29	41	25.95	95	60.13	158	100
医疗保险	4	2.53	19	12.03	42	26.58	93	58.86	158	100
失业保险	0	0.00	13	8.23	38	24.05	107	67.72	158	100
工伤保险	3	1.90	23	14.56	34	21.52	98	62.03	158	100
生育保险	3	1.90	12	7.59	35	22.15	108	68.35	158	100

调查显示，城郊农民对《社会保险》的参与意愿为46.84%，对《社会保险》的参与意愿为49.37%，对《医疗保险》的参与意愿为50.63%，对《失业保险》的参与意愿为44.94%，对《工伤保险》的参与意愿为44.30%，对《生育保险》的参与意愿为40.51%。

表9-6 城郊农民对各类社会保障项目的参与意愿

单位：人，%

	愿意参加		无所谓		不愿意参加		没想好		合计	
	人数	百分比	人数	百分比	人数	百分比	人数	百分比	人数	百分比
养老保险	74	46.84	27	17.09	26	16.46	31	19.62	158	100
社会保险	78	49.37	15	9.49	33	20.89	32	20.25	158	100
医疗保险	80	50.63	17	10.76	26	16.46	35	22.15	158	100
失业保险	71	44.94	19	12.03	33	20.89	35	22.15	158	100
工伤保险	70	44.30	21	13.29	32	20.25	35	22.15	158	100
生育保险	64	40.51	18	11.39	37	23.42	39	24.68	158	100

9.2.2.4　"城中村"居民对社会保障项目了解程度较高，参与意愿也较高

调查显示，"城中村"居民对《养老保险》的知晓率（含"了解很详细"和"有一定了解"）为24.56%，对《社会保险》的知晓率（含"了解很详细"和"有一定了解"）为20.62%，对《医疗保险》的知晓率（含"了解很详细"和"有一定了解"）为21.61%，对《失业保险》的知晓率（含"了解很详细"和"有一定了解"）为16.23%，对《工伤保险》的知晓率（含"了解很详细"和"有一定了解"）为28.07%，对《生育保险》的知晓率（含"了解很详细"和"有一定了解"）为28.51%。

表9-7　"城中村"居民对各类社会保障项目的知晓情况

单位：人，%

	了解很详细		有一定了解		不太了解		一点也不了解		合计	
	人数	百分比	人数	百分比	人数	百分比	人数	百分比	人数	百分比
养老保险	9	3.95	47	20.61	96	42.11	76	33.33	228	100
社会保险	3	1.32	44	19.30	85	37.28	96	42.11	228	100
医疗保险	6	2.63	41	17.98	102	44.74	79	34.65	228	100
失业保险	6	2.63	31	13.60	94	41.23	97	42.54	228	100
工伤保险	15	6.58	49	21.49	80	35.09	84	36.84	228	100
生育保险	9	3.95	56	24.56	75	32.89	88	38.60	228	100

调查显示，"城中村"农民对《社会保险》的参与意愿为59.21%，对《社会保险》的参与意愿为54.82%，对《医疗保险》的参与意愿为56.58%，对《失业保险》的参与意愿为46.49%，对《工伤保险》的参与意愿为51.75%，对《生育保险》的参与意愿为46.93%。

表9-8　"城中村"居民对各类社会保障项目的参与意愿

单位：人，%

	愿意参加		无所谓		不愿意参加		没想好		合计	
	人数	百分比	人数	百分比	人数	百分比	人数	百分比	人数	百分比
养老保险	135	59.21	38	16.67	26	11.40	29	12.72	228	100
社会保险	125	54.82	44	19.30	40	17.54	19	8.33	228	100
医疗保险	129	56.58	43	18.86	25	10.96	31	13.60	228	100
失业保险	106	46.49	42	18.42	46	20.18	34	14.91	228	100
工伤保险	118	51.75	39	17.11	40	17.54	31	13.60	228	100
生育保险	107	46.93	43	18.86	46	20.18	32	14.04	228	100

9.2.2.5 城市居民对社会保障项目了解程度不高，但参与意愿却较高

调查显示，城市居民对《养老保险》的知晓率（含“了解很详细”和“有一定了解”）为60.69%，对《社会保险》的知晓率（含“了解很详细”和“有一定了解”）为31.21%，对《医疗保险》的知晓率（含“了解很详细”和“有一定了解”）为32.37%，对《失业保险》的知晓率（含“了解很详细”和“有一定了解”）为32.37%，对《工伤保险》的知晓率（含“了解很详细”和“有一定了解”）为39.88%，对《生育保险》的知晓率（含“了解很详细”和“有一定了解”）为34.68%。

表9-9 城市居民对各类社会保障项目的知晓情况

单位：人，%

	了解很详细		有一定了解		不太了解		一点也不了解		合计	
	人数	百分比	人数	百分比	人数	百分比	人数	百分比	人数	百分比
养老保险	11	6.35	94	54.34	41	23.70	27	15.61	173	100
社会保险	15	8.67	39	22.54	62	35.84	57	32.95	173	100
医疗保险	16	9.25	40	23.12	56	32.37	61	35.26	173	100
失业保险	14	8.09	42	24.28	69	39.88	48	27.75	173	100
工伤保险	23	13.29	46	26.59	56	32.37	48	27.75	173	100
生育保险	16	9.25	44	25.43	67	38.73	46	26.59	173	100

调查显示，城市居民对《社会保险》的参与意愿为52.60%，对《社会保险》的参与意愿为42.20%，对《医疗保险》的参与意愿为50.29%，对《失业保险》的参与意愿为49.13%，对《工伤保险》的参与意愿为41.62%，对《生育保险》的参与意愿为36.42%。

表9-10 城市居民对各类社会保障项目的参与意愿

单位：人，%

	愿意参加		无所谓		不愿意参加		没想好		合计	
	人数	百分比	人数	百分比	人数	百分比	人数	百分比	人数	百分比
养老保险	91	52.60	26	15.03	38	21.97	18	10.40	173	100
社会保险	73	42.20	37	21.39	38	21.97	25	14.45	173	100
医疗保险	87	50.29	28	16.18	39	22.54	19	10.98	173	100
失业保险	85	49.13	31	17.92	39	22.54	18	10.40	173	100
工伤保险	72	41.62	33	19.08	45	26.01	23	13.29	173	100
生育保险	63	36.42	39	22.54	45	26.01	26	15.03	173	100

9.2.2.6 农民工对社会保障项目了解程度不高，但参与意愿却较高

调查显示，农民工对《养老保险》的知晓率（含“了解很详细”和“有一定了解”）为19.57%，对《社会保险》的知晓率（含“了解很详细”和“有一定了解”）为14.78%，对《医疗保险》的知晓率（含“了解很详细”和“有一定了解”）为21.74%，对《失业保险》的知晓率（含“了解很详细”和“有一定了解”）为16.09%，对《工伤保险》的知晓率（含“了解很详细”和“有一定了解”）为37.83%，对《生育保险》的知晓率（含“了解很详细”和“有一定了解”）为25.56%。

表9-11 农民工对各类社会保障项目的知晓情况

单位：人，%

	了解很详细		有一定了解		不太了解		一点也不了解		合计	
	人数	百分比	人数	百分比	人数	百分比	人数	百分比	人数	百分比
养老保险	6	2.61	39	16.96	63	27.39	122	53.04	230	100
社会保险	5	2.17	29	12.61	59	25.65	137	59.57	230	100
医疗保险	6	2.61	44	19.13	58	25.22	122	53.04	230	100
失业保险	3	1.31	34	14.78	63	27.39	130	56.52	230	100
工伤保险	29	12.61	58	25.22	68	29.56	75	32.61	230	100
生育保险	16	6.96	43	18.70	53	23.04	118	51.30	230	100

调查显示，农民工对《社会保险》的参与意愿为53.91%，对《社会保险》的参与意愿为48.267%，对《医疗保险》的参与意愿为60.44%，对《失业保险》的参与意愿为57.39%，对《工伤保险》的参与意愿为56.09%，对《生育保险》的参与意愿为56.52%。

表9-12 农民工对各类社会保障项目的参与意愿

单位：人，%

	愿意参加		无所谓		不愿意参加		没想好		合计	
	人数	百分比	人数	百分比	人数	百分比	人数	百分比	人数	百分比
养老保险	124	53.91	26	11.30	37	16.09	43	18.70	230	100
社会保险	111	48.26	29	12.61	41	17.83	49	21.30	230	100
医疗保险	139	60.44	23	10.00	34	14.78	34	14.78	230	100
失业保险	132	57.39	21	9.13	40	17.39	37	16.09	230	100
工伤保险	129	56.09	23	10.00	45	19.56	33	14.35	230	100
生育保险	130	56.52	24	10.44	38	16.52	38	16.52	230	100

9.2.2.7 “城中村”居民对实行养老保险的评价最高

从不同农民群体对实行养老保险的评价来看，37.97%的城郊居民认为养老保险非常好，65.35%的“城中村”居民认为实行养老保险非常好，71.19%的城市居民认为养老保险非常好，44.35%的外来农民工认为实行养老保险非常好。

表 9-13 受访群体对实行养老保险的基本评价

单位：人,%

	非常好		虽然好，但没钱交		子女赡养更可靠		不了解		合计	
	人数	百分比	人数	百分比	人数	百分比	人数	百分比	人数	百分比
城郊居民	60	37.97	39	24.68	31	19.62	28	17.72	158	100
“城中村”居民	149	65.35	47	20.61	3	1.32	29	12.72	228	100
城市居民	123	71.10	29	16.76	4	2.31	17	9.83	173	100
外来农民工	102	44.35	74	32.17	37	16.09	17	7.39	230	100

9.2.2.8 所有被调查者最认可的养老方式是参加养老保险

从不同农民群体对养老方式的评价来看，参加养老保险是所有农民群体最认可的方式，其中，最认可养老保险的城郊居民占31.65%，“城中村”居民的比例为61.40%，城市居民的比例为59.54%，外来农民工的比例为44.35%。

表 9-14 受访群体对不同养老方式的看法

单位：人,%

	养儿防老		自己存钱储蓄养老		参加养老保险		不知道如何选择		其他	
	人数	百分比	人数	百分比	人数	百分比	人数	百分比	人数	百分比
城郊居民	42	26.58	42	26.58	50	31.65	16	10.13	8	5.06
“城中村”居民	39	17.11	39	17.11	140	61.40	7	3.07	3	1.32
城市居民	16	9.25	46	26.59	103	59.54	2	1.16	6	3.47
外来农民工	37	16.09	82	35.65	102	44.35	0	0.00	9	3.91

9.2.2.9 医疗有保障是受访群体购买保险的最主要目的

从购买保险的目的分布来看，51.90%的城郊居民希望医疗有保障，43.04%的农民工希望医疗有保障，农民工这一比例低于城郊居民。

表 9－15　受访群体购买养老保险的目的

单位：人，%

	养老		医疗有保障		预防意外伤害		投资		因为人情，朋友推荐		其他	
	人数	百分比	人数	百分比	人数	百分比	人数	百分比	人数	百分比	人数	百分比
城郊居民	49	31.01	82	51.90	16	10.13	1	0.63	2	1.27	8	5.06
外来农民工	45	19.57	99	43.04	73	31.74	2	0.87	1	0.43	10	4.35

9.2.2.10　医疗优惠是受访群体最关心的社会救助内容

在调查问卷提供的 5 个选项“低保待遇、医疗优惠、廉租房、法律援助和其他”中，受访群体最关心的社会救助内容是医疗优惠，在三个不同群体中均属比例最高的，其次是低保待遇。对于“城中村”居民这个群体，最关心的社会救助内容是医疗优惠，有 39.47%，其次是低保待遇，有 38.16%，两个群体的比例大体持平。而在所有群体中对低保待遇最为关注的是“城中村”居民，达到 38.16%；医疗优惠受到的关注程度最高的是城市居民，达到 60.12%；对廉租房最为关注的群体是城市居民；对法律援助最为关注的群体是外来农民工。

表 9－16　受访群体对社会救助的期望

单位：人，%

	低保待遇		医疗优惠		廉租房		法律援助		其他		合计	
	人数	百分比	人数	百分比	人数	百分比	人数	百分比	人数	百分比	人数	百分比
“城中村”居民	87	38.16	90	39.47	6	2.63	15	6.58	30	13.16	228	100
城市居民	3847	21.97	104	60.12	14	8.09	5	2.89	12	6.94	173	100
外来农民工		20.43	99	43.04	15	6.52	38	16.52	31	13.48	230	100

9.2.2.11　城郊居民对政府目前社会保障制度的宣传力度的满意度最高

从受访群体对社会保障制度的宣传力度的评价情况来看，36.71%的城郊居民认为较好，34.68%的城市居民认为较好，19.13%的外来农民工认为较好。

表 9－17　受访群体对社会保障制度的宣传力度的评价

单位：人，%

	较好		一般		较差		很差		其他		合计	
	人数	百分比	人数	百分比	人数	百分比	人数	百分比	人数	百分比	人数	百分比
城郊居民	58	36.71	72	45.57	19	12.03	7	4.43	2	1.27	158	100

（续）

	较好		一般		较差		很差		其他		合计	
	人数	百分比	人数	百分比	人数	百分比	人数	百分比	人数	百分比	人数	百分比
城市居民	60	34.68	67	38.73	25	14.45	18	10.40	3	1.73	173	100
外来农民工	44	19.13	89	38.70	56	24.35	28	12.17	13	5.65	230	100

9.2.2.12 城市贫困家庭被大多数受访群体认为是社会弱势群体

35.44%的城郊居民认为城市贫困家庭是社会弱势群体，33.33%的“城中村”居民认为城市贫困家庭是社会弱势群体。随着社保制度的改革调整，城市中的弱势群体理应获得社会的关爱与帮助。在本次调查中，不少受访者表示，希望政府加大对弱势群体在社会保险方面的保障力度，保障其基本生活，促进社会的进步。

表 9-18 受访群体对弱势群体的看法

单位：人,%

	农民工		城市下岗职工		城市贫困家庭		流浪乞讨者		其他		合计	
	人数	百分比	人数	百分比	人数	百分比	人数	百分比	人数	百分比	人数	百分比
城郊居民	24	15.19	54	34.18	56	35.44	10	6.33	14	8.86	158	100
城中村居民	35	15.35	53	23.25	76	33.33	44	19.30	20	8.77	228	100

9.3 农民工社会保障问题实证分析

农民工已经成为我国产业工人的重要组成部分，这一群体是我国改革开放与社会转型期间所出现的特殊群体，特指具有农村户口，但在城镇务工的劳动者[①]。农民工又称“进城务工人员”、“外来工”，是指兼具农民与工人身份的劳动者，包括在第二、第三产业中的劳动者，其特征是持农村户口但在城市、乡镇企业工作，没有放弃农村土地承包经营权，但以务工为主要谋生手段。农民工是市场经济和城市化进程中的一个特殊群体，是推进中国经济和社会发展的重要力量。农民工有广义和狭义之分。狭义的农民工，一般指跨地区流动的外出务工人员；广义的农民工，则包括在县域内二、三产业的就业人员和跨地区外出务工人员。农民工具有以下特点：以初中文化的青壮年为主，以自发性外出为主，以来自中西部地区为主，以制造业、建筑业和服务业就业为主，以

① 郑功成：《农民工的权益与社会保障》，《中国党政干部论坛》，2002年第8期。

低收入者为主，以到东部地区和大中城市就业为主，以在城乡间双向流动为主。[①]农民工的产生是城乡发展不平衡和人口自由流动的必然现象，根据相关部门的数据，目前我国外出农民工（狭义）数量为1.4亿人，如果加上在本地从事非农产业的农村劳动力，农民工（广义）总数大约为2.3亿人。[②]

《中共中央关于制定国民经济和社会发展第十一个五年规划的建议》明确指出，要“认真解决进城务工人员社会保障问题”，《国务院关于解决农民工问题若干意见》指出，“坚持分类指导、稳步推进，优先解决工伤保险和大病医疗保障问题，逐步解决养老保障问题”。农民工的社会保障是经济社会发展中的关键问题之一，农民工社会保障体系的构建和完善是促进和谐社会建设与推动城乡统筹发展的重要环节。农民工群体是我国制度变迁和社会转型过程中出现的特殊社会群体，农民工虽然眼下吃“青春饭”、养老问题不尖锐，但却把沉重的包袱留给了以后。农民工权益保障薄弱的问题也日益凸显，严重缺失的社会保障与他们为社会创造的难以估量的财富形成了极大反差。农民工缺少社会保障，不仅导致抗御务工过程各种风险的能力脆弱，而且还会“引发不少社会矛盾和纠纷”，“正在成为现阶段新的社会问题与社会风险累积的生成条件”，“如果此问题不引起重视，长期下去，将给中国未来的社会形成世纪性的灾难”。抓紧建立符合农民工就业特点的社会保障制度，妥善解决农民工社会保障问题是构建和谐社会和可持续发展的需要，也是维护农民工权益，巩固执政基础的政治任务。农民工的社会保障问题成为政府和社会亟待解决的问题。

9.3.1 农民工的社会交往与职业变动

9.3.1.1 社会交往

在本研究中，农民工的社会网络仅限于他们在打工城市的社会网络。农民工的社会关系普遍简单，社会圈子狭窄，交际只限于周围的熟人。工作时间长、工作强度大也使得他们没有太多时间和精力进行社交活动。下班后通常与最亲近的老乡相处，其次是找同事和同学交往。农民工的社会网络分为“乡土社会网络”和“新生社会网络”，前者是指那些带入城市的乡土关系网络，主要包括家人、亲戚、老乡、同学（在农村，同学也就是老乡）；后者是指在城市工作和生活中建立起来的网络，主要包括企业内的工友、主管、上级负责人和企业外的朋友。[③]新生社会网络可能会给农民工提供更多的城市信息和资源，也使农民工与更多的“当地人”产生了交往，有助于消除由经济、社会、文化

① 原劳动和社会保障部农村社会保险司：《农民工和被征地农民社会保障综合调研报告集》（内部资料），2004年11月。

② 根据人力资源社会保障部的有关数据。

③ 蔡禾、曹志刚：《农民工的城市认同及其影响因素——来自珠三角的实证分析》，《中山大学学报》（社会科学版），2009年第1期，第148～158页。

和心理差异带来的隔离，增进相互之间的理解。新生社会网络有可能对农民工的城市认同产生更正面的影响，也能弱化对乡土社会网络的依赖，更多地利用新生社会网络来开拓城市生活，越有可能产生城市认同。当问到“你刚进城时和现在在城里主要交往最多的朋友”，调查显示，54.78%的农民工认为是同乡，18.7%的农民工认为是同事，17.83 的农民工认为是工作中结识的其他人。

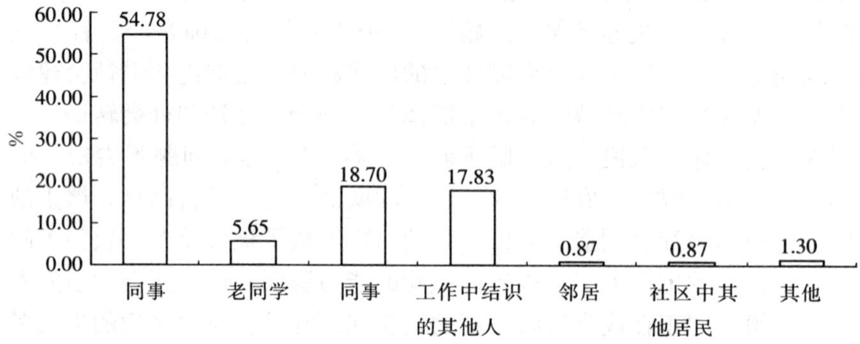

图 9－1　农民工交往对象

调查访问“当你遇到经济上困难的时候，有没有获得以下帮助”，大部分受访农民工认为是亲戚朋友，达到 59.32%，其次认为从工作单位获得帮助，达到 22.03%，具体情况见图 9－2。

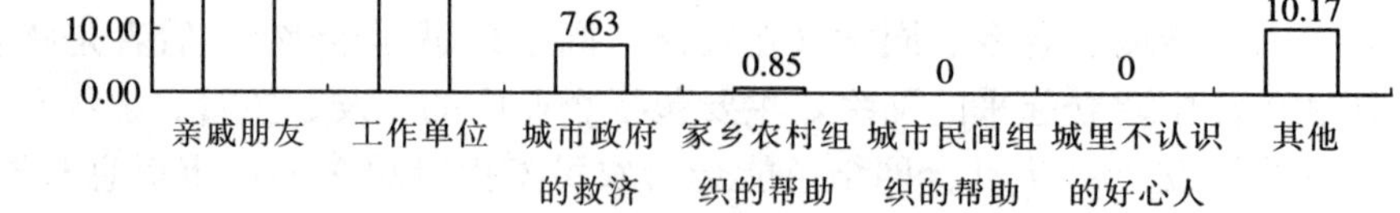

图 9－2　农民工求助对象

由此可见，农民工的社会交往主要还是以地缘、血缘和业缘为主要依托。观察城市农民工的生活，他们的生活有很强的“圈子性”。也就是说，他们的精神文化活动的开展范围仍旧封闭在一个传统的以血缘、地缘、业缘等乡土同质为纽带的“圈子”中，他们仍是城市中的陌生人，远未融入城市生活。

9.3.1.2　农民工的娱乐休闲

农民工的低收入使他们的物质生活条件处于城市生活水平的低端，没有过多的资金参与精神文化消费；现在大多数的休闲项目不是针对相对贫困的农民工设计的，娱乐、休闲的费用昂贵，门槛过高；农民工的工作时间长、劳动强度大，没有充足的休闲时间和精力去进行精神文化生活。①于是城市中丰富多彩的文化生活基本上与他们无缘。因此，农民工普遍的低收入在很大程度上造成了他们精神生活贫乏的现状。在工作之后，面对的是孤单和寂寞，大多数平时的消遣就是看录像、玩扑克、打麻将、上街闲逛、睡觉和在宿舍闲聊，或者去影剧院、逛逛公园和商场。农民工生活过于单调，精神需求得不到满足。与在农村的业余时间娱乐活动相比较，39.13%的人认为比在农村差，只有27.83%的人认为比在农村的时候好，还有8.7%的人说不清。

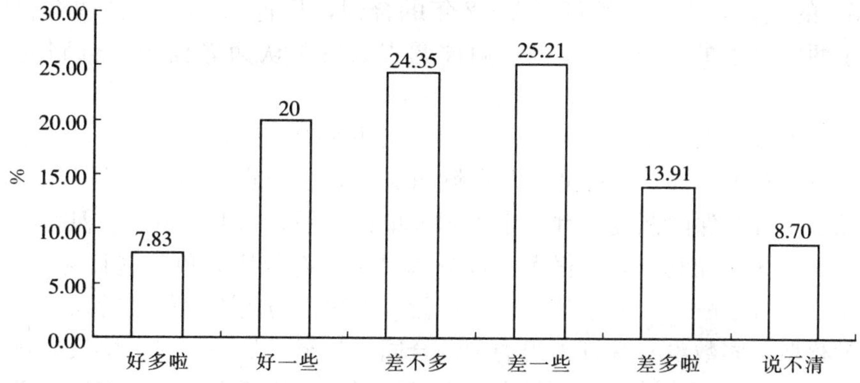

图9-3　业余时间娱乐休闲与在农村时相比较

9.3.1.3　农民工的权益保障

社会福利是指国家、社会和企事业单位为各类特殊的生活弱势群体和本单位职工提供的福利性收入与服务保障。

（1）农民工与城市居民在社会福利待遇上存在较大差别。在社会福利方面，农民工是无法与城镇职工相比的。农民工社会福利缺失主要表现在与城镇职工在住房条件或补贴、在职培训或进修、各种劳动保护及保健费、子女入学、入托、社区服务等方面存在明显差别。

（2）农民工无法享受城市的住房福利，大多数农民工住集体宿舍和出租屋。农民工在城市生活，住房问题可谓是直接决定他们是否能够在城市里生存的先决条件。农民工大多数住集体宿舍或工棚和“城中村”出租屋，少部分自

① 李芳：《和谐社会视域下的城市农民工精神文化生活》，《韶关学院学报》，2008年第11期，第5～8页。

己住房或住亲戚家。有研究者将之归纳为两类居住方式：聚居和散居。聚居又分为两种，一种是生活、劳动条件都极为艰苦的建筑行业农民工采用工棚式聚居方式，另一种是具有“贫民窟”特征的村落式聚居方式，多数人的居住条件差、环境恶劣。散居又分为租房式散居和进入家庭式散居。[①]调查显示，有44.78%的农民工居住在员工集体宿舍，居住在出租屋的农民工也占有很大比例，达到43.48%，1.74%的农民工借住在亲戚家里，仅有2.17%的被调查农民工有自购房。

（3）仅有半数的农民工签订了劳动合同，但超过八成的农民工对劳动合同评价较高。从调查对象对签订合同的态度看，当问及农民工是否与单位签订劳动合同的时候，有42.86%的被调查农民工没有与单位签订合同。而签订了合同的被调查农民工中，有32.61%的被调查农民工签订了一年以下的合同，14.78%的被调查农民工签订了1～2年的合同，只有4.35%的被调查农民工签订了两年以上的合同。81.74%的被调查农民工认为老板履行合同的信誉度高。

（4）大多数农民工对《劳动法》和《工伤保险条例》中对农民工工伤权益保护的认知程度不高。“农民工”在城市务工，已经存在事实上的劳动关系，且劳动法、社会保障制度也都规定了用人单位必须为职工缴纳社会保险费，然而现实中却大相径庭。由于很大一部分农民工没有与用人单位签订劳动合同，在发生工伤等事故后，得不到相应的赔偿。农民工与用人单位的劳动关系一般都比较松散，多数没有签订正规的劳动合同，甚至只是一句口头协议或熟人的担保，处于随时可能被终止的状态。农民工群体面临严重的工伤事故隐患，却没有与之匹配的工伤保险作保障。据调查，没有固定用人单位的农民工几乎没有参加任何社会保险。[②]对于《新劳动法》以及《工伤保险条例》等保护农民工工伤权益的具体内容，只有极少数农民工了解很详细。在随机采访的230个农民工中，对工伤保险了解很详细的有29人，有一定了解的有58人，不太了解的有68人，一点也不了解的有75人。可见对此不了解的农民工占了绝大多数。

（5）遭受工伤后有近四成五的农民工能得到合理赔偿。在调查受访农民工“进城打工后如果有工伤，是否留下残疾”时，94.78%的被调查农民工没有工伤，5.22%的被调查农民工有工伤，其中有3.48%的人没有留下残疾，0.87%的被调查农民工有轻微残疾，但可以自理，还有0.87%的被调查农民

① 李强：《关注转型时期的农民工问题（之三）户籍分层与农民工的社会地位》，《中国党政干部论坛》，2002年第8期，第16页

② 汝信等：《2003年：中国社会形势分析与预测》，中国社会科学文献出版社2003年版。

工有严重残疾，不可以自理。留下残疾的被调查农民工中44.44%的人得到合理补偿，22.22%的人得到少量补偿，22.22%的人几乎没有补偿，11.11%的人完全没有补偿。

总之，农民工工伤事故繁多，但由于很多人没有与企业签订劳动合同，导致缺乏最基本的工伤保险。当遇到工伤事故时，他们往往是自己承担，用人单位要么对受伤农民工置之不理，要么对因伤致残甚至丧失劳动能力的农民工一次性支付少量费用后将其解雇。其中多采取出现工伤医疗时，打报告由单位或雇主给予报销一部分医疗费的办法，也有个别单位为他们买一份人身意外伤害险。至于医疗以外的伤残待遇，如护理费、辅助器具费（假肢等）和伤残抚恤金及补助金等项目几乎没有，而这些对于失去家庭主要劳动力的农村家庭来说往往是很重要的。农民工的工伤保险无论从消极意义，还是从积极意义来看，均将成为一个缝合生产力与生产关系滞后性，连通城乡二元格局，关涉经济发展、社会和谐、政治稳定的亟待解决的大问题。[①]

9.3.1.4　**职业变动**

由于农民工的高流动性，在问及“外出打工以来，有没有换过工作”问题时，只有23.48%的受访农民工没有换过工作，其中有不少是初次出来打工的农民，换过一次的是25.65%，换过两次及以上的达到50.87%。可见，高流动性和不稳定性已经成为外来打工者在广州就业的一个基本特点。农民工最显著的特点是流动性大，不仅往返流动于城乡之间，并在单位之间、城镇之间频繁地变动工作岗位，而且外出的人群每年都在不断变动，新老农民工进行着代际更替。

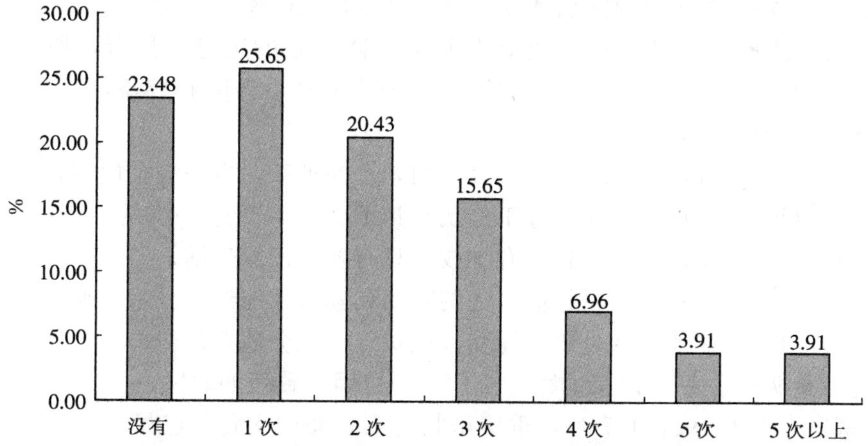

图9-4　外出打工以来换工作的次数

① 汪泓：《社会保障制度改革与发展：理论方法实务》，上海交通大学出版社2008年版。

9.3.2 案例分析

9.3.2.1 维权意识与维权行动

【个案 9-1】随遇而安——有待提高维权意识的外来工

代××，河南省周口市淮阳县人，35 岁，外出务工已有 18 年多。1996 年结婚，现有三个子女，最大的 11 岁，最小的 7 岁，家里还有耕地 3～4 亩，由在家乡的妻子耕种，并照看已上学的三个小孩。代××现在的职业是在工厂的饭堂里做厨师，每个月的工资只有 1 500 元左右，而他的每月开支也只有 300 多，剩下的大部分钱都寄回家了。他说“家里三个孩子要上学负担有点重”。通过一个多小时的访谈，了解到代××是一个老实巴交的外来农民工，不抽烟喝酒，不赌博。

代××读完初中后，便离开家乡四处打工，期间做过建筑工人、技术工、打杂工、厨师等，在 18 年的务工经历中，也有 3～4 年的时间无业在家或在外，自成家以来便一直不能放松。据他描述，河南这一带很多农民出外打工的经历都与他很相似。

代××描述，刚出来务工时，曾被用人单位拖欠工资，那时讨回工资的形式是集体讨薪，但没有全额讨回，只要回 60%的工资。那时候，代××觉得用人单位很无良，对辛苦工作的农民工竟做出这样的行为。时隔 10 多年后，代××在某工厂做厨师时发生工伤意外，但让代××意外的是，整个医疗过程不用花自己的钱，也有病假工资，那时的感觉是“觉得很开心，工作积极性也高了”，代××笑着说。代××现在的工作单位为他购买了保险，但他表示购买了什么保险，或者是有什么样的保障，自己一点都不了解，就只知道有这么一回事。往往是等出事故之后才知道自己享有什么保障。

这也说明，外来农民工现在还是社会保障体系的边缘保护者，遇到的就有，不能遇到也就没有，对自己应该享受怎样的社会保障和权益，了解不多，也不懂得该如何获取。

通过访谈了解，代××是一个典型的老实外来工，也是一个比较顾家的农民，家庭观念比较重。从他的务工经历可以看出，对于这一类的外来工群体，只能说是随遇而安，没有挣扎没有维权，只有随工作而生活。

同时，这一类农民工只相信自觉的劳动和勤奋才能给自己带来财富和生活的改善，但是往往他们却是最容易受人欺负、受社会遗弃的群体。

【个案 9-2】翘首以待的赔偿金——一位因工致残的农民

董××生于 1967 年 7 月，重庆市长寿人，初中文化，已婚，家中有两个子女，男孩子 19 岁，在老家学驾驶，女儿 18 岁，现来到广州找工作。家中有 6 亩土地（每人 1 亩），现由父母在家耕种。他从 1992 年就来到广州，先在一家建筑公司做普工，当时月收入只有 450 元，从 2004 年开始他到了一家搞钻操的企业做普工，一年收入有 3 万多元。

董××很少回家，几乎有 10 多年没回过家，最近因有事才回去过两三次，目的是挣更多的钱。他年迈的父母很理解他在外打工的艰难，从不让他往家里寄钱，他也没寄过，早在几年前他就用打工挣的钱在家里建了楼房，并且用他的话说“在老家是相当好的楼房”。

他所在的工地和其他不同，平时都不发工资，而是每到春节才结算一次。曾经有一次老板年终结算后看他们的工资多了不想给，尽管他们也曾经集体向老板讨要，但至今都没有拿到被老板扣掉的工资。他的上班时间很不固定，只要有活做甚至春节都不休息，包括国家规定的“五一”、“十一”、“元旦”等法定节假日，并且老板也不发给加班工资。

2007 年年初，董××在韶关从事打桩（钻井）作业，由于当时老板未为其配备足够的保险措施，在钻井的时候不慎出现意外。他妻子回忆当时丈夫被送到当地医院的时候手和胸部血肉模糊的情景，还心有余悸。在当地医院抢救昏迷了一个星期后，董××奇迹般地保住了生命。虽然保住生命，但是手术过后，董××的左手再也出不了力了，留下了终生残疾。我们看到他的一只手两个指头没了，他还让我们看了他手臂及腹部的伤疤，他现在被鉴定为 6 级伤残。这一突如其来的不幸，不但使这位四十岁的中年人留下了终生残疾，手术加上住院治疗用去 12 万元多，更是让这个本来就贫穷的外来打工者的家庭雪上加霜。

手术住院用去 12 万元多，其中有 9 万元是董××一起在工地打工的老乡帮助交付的。因为做钻井这份工作是其一起打工的老乡（二工头）介绍的，没有签订任何就业合同。造成现在这种情况，其老乡觉得很对不起他，所以就帮交付了 9 万元的医疗费。然而，这次不幸事故的主要负责人，他们的老板在手术前后只帮助交付了 3 万元的医疗费，剩下 9 万元一直拖欠，而且经常不见老板踪影。董××夫妇因工伤向老板讨说法，通过热心人士介绍，几经周折，多次联系当地政府部门，他们找到了援助律师，前前后后用了将近 1 万元的费用。然而，事实并没有像他们夫妇想像得那么简单，正当他们开始通过法律途径索赔时，他们的律师又偏向了老板那边，并且说老板买通了法官。目前官司已宣判，只判赔偿 12 万元，目前在申请执行中。直到现在，董××夫妇还一直苦苦地等着那剩下的 9 万元医疗费和 12 万元赔偿费。他现在已无法工作，笔者也期盼着他能早日得到赔偿。

当问及现在家里的生活状况时，他妻子只能不断无奈地叹气，以前在丈夫没有受伤时，生活过得安安稳稳，相比老家重庆的生活水平，还算小康，然而现在，简直就是举步维艰。在广州的开支，生活简单点，一个月至少要 1000 多元，加上物价上涨，妻子又没有工作，这种生活状况，他们只能选择回家。

董××夫妇已经商量好，只要剩下的 9 万元医疗费和 12 万元赔偿金拿到手，她们就离开这个住了15 年的地方，离开广州这个伤心地。可是，他们还要等多久呢?

我们可以看到，董××不幸的遭遇只是千千万万外来打工者的一个缩影。然而，我们往往只看到城市化发展、经济高速增长，却往往忽视了繁华背后普通打工者的境况，城市化是以千千万万外来工的健康与权益为代价。

个案的说服力是有限的，但它至少告诉我们一个真实的农民工安全生产与工伤保障状况。绝大部分的农民工是没有什么意外伤害或职业病保障的。许多企业只为了追求利润，在安全生产、防范职业病方面缺乏有效措施。而农民工在这方面与用人单位处于信息不对称地位。个案 1 代××遇到工伤，整个医疗过程不用花自己的钱，也有病假工资，那时的感觉是“觉得很开心，工作积极性也高了”，代××在现在的工作单位为他购买了保险，但他表示购买了什么保险，或者是有什么样的保障，自己一点都不了解，就只知道有这么一回事。往往是等出事故之后才知道自己享有什么保障。可见，农民工的普法维权意识有待提高。个案 2 是因伤致残且导致家贫的典型案例。从法律规定的程序上来看，职工发生工伤到领取工伤保险待遇，其中至少要有申请工伤认定、劳动能力鉴定和工伤待遇索赔三个阶段。据法律援助工作站统计，三个程序走一遍，总共要 3 年 9 个月，如果有延长，会到 6 年 7 个月。如此繁琐的程序会使已经受到身体伤害的工伤者心力交瘁，权利无法得到保障。处于弱势地位的农民工在工伤事故面前孤立无援，在这漫长的等待中，不仅工伤治疗费没有着落，还要付出巨大的维权成本，这对他们来说无疑是雪上加霜，对于社会而言，也是很大的隐患。可见，对工伤事故的事后救济显得格外重要，且法律宣判后赔偿的执行问题也需要政府部门的关注。

由于很多农民工在劳动强度大、风险高、工作环境恶劣的行业工作，干的往往是最脏、最累的活，也是最容易出事故、缺乏安全措施的活。农民工因工致伤、致残甚至致命的事故和职业病时有出现，但目前农民工很难得到相应的抚恤和救助。应尽快强制建立和推行农民工的工伤保险制度，以有效分散和化解农民工所面临的高职业风险。这说明面向农民工的以工伤保险作为基础的社会保障项目应尽快确立的迫切性和重要性。2003 年 4 月 27 日国务院颁布了《工伤保险条例》，这是继 1956 年修订颁布《中华人民共和国劳动保险条例》之后，第一次制定的专门的具有法律效力的工伤保险法规，对于推进工伤保险改革，规范工伤保险制度，解决工伤保险争议至关重要。它从法律上实现了《劳动法》赋予劳动者的工伤保险待遇权利，增强了工伤保险待遇权的行使与保护机制，为建立和健全比较完善的社会保障法律体系奠定了法律基石。此外，各地方纷纷出台措施，狠抓农民工的工伤保险工作。比如广州出台新规定，建筑施工企业要为农民工缴纳工伤保险，否则不发“施工许可证”，不能开工。[1]虽然广州地区对农民工的社会保障出台了一些相关的政策措施，但政策执行和实施效果有待提高。我国已建立了相关的工伤保险制度，但仍需进一步加以完善，更需要真正的将其落到实处，杜绝“有法不依”现象的发生。

9.3.2.2　*工作流动性*

【个案 9-3】多次转换工作　希望回家乡创业

李××，男，31 岁，已婚并有一个女儿和一个儿子，中专文化程度，为湖南省郴州市桂阳县农民，现在广州从事建筑行业工作。妻子、孩子都在家乡。李××出外工作已有 13 年多，每年都会回家两次，在农忙和春节的时候回去。

李××在外务工十多年，自己也有一个比较丰富的工作经历：

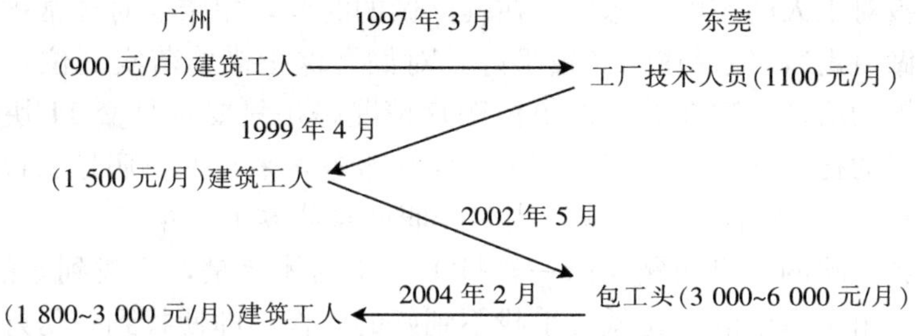

李××第一次进城务工的时间是 1995 年 6 月，做建筑工人。在此后的十多年中他一直往返于广州和东莞工作。李××有亲戚好友从事建筑方面的工作，而且很多是包工头。他最有意思的一次换工经历是放弃东莞的包工头工作，到广州做工人。原因是：工地承包竞争大了，而且自己文化程度以及工作经验不足，以致承包工作不稳定，加上竞争中有自己的亲戚好友，因此放弃这份工头的工作转换为建筑工人。

出门在外，李××并没有什么特殊的经历，凭借的是其自身所具有的良好素质，工作认真，勤奋，责任心强，处事有度，忍让，就算遇到工作上的冲突，也会第一时间找上级部门帮助，维权意识较高。

虽然出门在外十多年，但他还是喜欢家乡的农村生活。只是由于家乡农村的收入低下，无奈之下只身出来打工，他打算等挣够钱再回家乡创业。这也是他目前非常渴望的一件事情。

【个案 9-4】六年打工历程，尽尝酸甜苦辣

今天访谈的是从四川青川县（2008 年 5 月 12 日特大地震灾区）来到从化市旗杆镇打工的欧××。她年仅 22 岁却有 6 年的打工经历。5 个月前来到镇

① 刘义青：《和谐社会目标下农民工社会保障问题研究》，《农业经济》，2008 年第 8 期。

泰玩具厂打工，之前一直都在东莞打工。6年里她换了4次工作，在塑胶玩具厂、布玩具厂、鞋厂、纺织厂都工作过，曾因工资低身体感觉不舒服而转换工作，今年她是跟随丈夫才来到这里工作的。从一个什么都不懂的小女孩到怀孕三个月的女人，打工让她变得成熟。

被访谈者反映的内容：①有4次换工作的经历，工资从大约400元到现在的1 400元。在6年内主要从事的都是制造业，在东莞工作没有得到过加班工资，单位一般没有组织过健康检查，只打乙肝疫苗；②对现在的工作不满意，因为工资太少，包吃包住的工作工资就更少了，而且从化市这边的收入没有东莞高；③觉得新劳动法不好，因为假期少了，清明、中秋、端午只放一天的假，哪也去不了，不像以前能到别的城市找老乡玩；④2005年前，东莞拖欠工资的现象很严重，不过现在好多了，庆幸的是自己没有被拖欠工资的经历；⑤以前老板对工人的态度很恶劣，在鞋厂做的时候，犯错误时经常被骂“要做就做，不做就走”，但现在的老板很好，对妇女保护措施落实到位，比如安排妇女干轻松的活；⑥现在的工作单位医疗情况是，只要每月交11块钱，有病时交2块钱的挂号费就可以享受厂里的医疗服务，平常的小病是感冒（持续半个月左右），2004年曾大病一场，当时辞职回家休养了一年多。

被访者反映的突出问题：第一，打工6年的体会是，要找到好的工作难，一直以来，由于自己的文化低几乎找不到好的工作，即使找到一份好工作也要看你能不能坚持下来。第二，工厂的培训只限于进厂培训、车间培训、岗位培训，以及有关安全、消防的培训，针对专业技能的培训几乎没有。第三，除了自己报名参加过电脑培训外（只去过两三次，因为培训老师的教学态度很差，而且自己一天工作下来也很累，所以后来就不想去了），没接受过其他的培训，希望得到的是裁缝技术培训，自己能够掌握一门技术（看到堂姐们接受裁缝培训后，找工作容易多了，不用再担心给老板随便“炒鱿鱼”）。第四，对性病、艾滋病的了解很少，仅有了解就是通过在医院看墙上的宣传教育得到的，平时也没有采取避孕措施，觉得这方面的防治主要靠个人良好的生活习惯。第五，不满意当前的收入状况、生活状况，觉得没东莞那时候好（她对我说，她老公要是让她搬的话，她恨不得马上就走），始终对这里的环境不太满意。第六，工厂应当关心员工的医疗、养老保险，而且工伤保险对打工的人特别重要。

通过与被访者的交谈，觉得她对自己的权益有一定的了解，知道该怎么去维护自己的合法权益，而且她对男女平等也很有自己的见解，亦是一个传统贤惠的女人（每次问到有关她老公的事时，她总是微笑告诉我她老公的情况，听的人能感觉得出她很幸福）。对于将来的路该怎么走，她曾两次跟我强调“肯定会回到老家去”。6年打工的辛酸，并没有打击她对美好生活的向往，她对自己未来的生活充满信心，每次问到她有关将来的打算时，她总会笑着回答我。最令我感动的是当我问她“你积蓄的主要用途是什么”时，她很开心指着自己的肚子说：“当然是给我的孩子用了！”天下的父母都一样伟大。

当你站在被访谈者的位置上去与他们交流时，你会得到最真诚的答复。这样的调查才能达到真正的目的——让被访者说出自己心里所想的。

【个案9-5】打工在外多年，工作更换频繁

唐××是湖南省永州县的一名外来农民工，今年25岁，进城打工已有9年之多，换过多份工作，但收入还是不乐观，也没有给家里寄过多少钱。

1999年进城打工的唐××极少回家乡，一年顶多就回那么一两次，都是选择在春节的时候。他说外出打工挣钱不容易，不回家是想多挣几个钱。唐××如今在白云江高镇的大田村做房屋装修的活，但在干这个活之前他已换过多份工作，1999年进城时他就在一个私人老板那里做过装修和建筑的活，这也是他学到的第一门手艺。2001年，他通过熟人的介绍到了海南的一间私人打石场工作，当时的收入有1 000多元。2004年，他到了广州花都的一间家具厂当生产工人，每天工作11小时每月才800元。2005年，来到广州市太和的一间玩具厂当生产工。2006年到现在，一直在白云区大田村跟着一名广西的私人老板又做回装修和建筑工作。

如今做着这份装修的工作，他也是非常担忧。因为他知道从事装修行业是危险行业，但在工作前并没有和老板签订劳动合同，也没有买工伤保险等。同时在他工作的这两年多里，也发生过老板拖欠他们工资的情况，原因是老板说他的工作做得不好，没有符合客人的要求。发生这样的情况已有好几次，他们只好又把工作重做一遍才讨回工资。

在大田村的这两年里，唐××对这里的居委会也没有多大好感。原因是，他和他的一些同乡在做装修工作的时候，被一名外省男子以与他们合伙的名义骗走了4万～5万元。事后他们寻求居委会的帮助，但居委会只是做了一下表面工作，没有帮他们真正讨回被骗的钱财。

外来工文化程度一般比较低，保护自身权益能力比较差，政府应采取相关的措施来提高他们的法律意识和保障他们的权益，居委会也应多了解关心他们，给他们应有的帮助。

【个案9-6】闯荡十多年的制衣工

张××，来自江西南康，他和妻子来广州市已经好几年了。以前也去过深圳、东莞，基本上算是闯荡过半个广东的外省人。他现在留在广州打工，他说这是长远的打算了。无论张××走到那里，他都是做裁缝这一同样的工作，这一干就是十几年。现在他和妻子在海珠区南洲村的一家私人制衣厂工作，妻子在饭堂里做饭，工资每月大概900元左右。因为张××的工资是按件计算的，即多劳多得，一个月大概可以拿到1 500元左右的工资。夫妻俩每月工资加在

一起有 2 000 多元，但他们省吃省用，说要留着些钱以后养老。

他们的老乡老板对他们很好，每月都按时发工资，也从来没有拖欠他们的工资。因此，他们也乐意为老板打工。然而，他们没有签订劳动合同，即使不会拖欠工资，也可能带来很多麻烦，特别是如果员工在工作中意外受伤，私人老板所负担的责任就重大。然而，在这几次对不同私人制衣厂的外来农民工的调查中，发现类似张××这样没有签订劳动合同的情况比较普遍，几乎每个小厂都有类似不签订合同工的情况。所以，可以发现，劳动法在私人小企业中，还需要不断加强贯彻落实，让每个外来农民工都能安心地工作。

关于上班时间，张××说，上午从 8：30—12：00，下午从 1：30—6：00，晚上从 7：00—11：00，一共 11 个小时，几乎每天都是这样，法定假日也不放假。加班的工资也和平时一样，一个月最多也只有月末发工资放一天假。在这种情况下，他们想看电视也没有时间看。对于私人企业这种上班超时的情况，作为工人的张××只能无奈地说："没有办法，帮私人老板打工，就是这样，你不做，有大把的人等着做。"

从以上个案可以看出，农民工流动原因日益多元化。农民工中年轻人居多，这是因为年轻人的接受能力和适应能力都比较强，更容易接受媒体的舆论导向。他们也有能力在短时间里适应城市生活，学习到谋生的技术。同时，年轻农民工对工作机会的估计，时间自然要放得长远一些。他们会考虑进城的时间越长，社会接触面扩大，就业机会也会逐渐增加。加之较早外出务工的同龄人的示范效应，他们会认为通过流动来改变社会经济地位是合理的行为[①]。他们的离职原因可以分为主动离职和被动离职。主动的离职包括新工作能学到技术、更有前途、创业等，完全被动的离职是被解雇或单位关闭，合同到期，而因收入低、劳动时间长、家里有事等则属于相对被动的离职。个案 9－1 李先生前几次转换工作属于主动离职，收入处于上升状态，最后一次换工作属于被动离职，收入骤减。个案 9－2 欧小姐基本属于被动离职，主要因工资低、感觉不舒服而转换工作。个案 9－3 和个案 9－1 有相似之处。

可见，农民工与用人单位的劳动关系一般都比较松散，多数没有签订正规的劳动合同，甚至只是一句口头协议或熟人的担保，处于随时可能被终止的状态。这些都造成了农民工的高流动性。与高流动性、低收入性的特点相适应，农民工进城务工的直接目标是追求短期利益最大化。农民工为了寻求到更好的就业机会、挣更多的钱，不得不频繁地从一个企业流动到另一个企业，从一个城市流动到另一个城市。

---

① 丁社教、宋怡青：《中国农民工过强流动性的原因及对策研究》，《西北工业大学学报》，2008 年第 6 期，第 32～36 页。

2006年3月，《国务院关于解决农民工问题的若干意见》颁布，提出要积极稳妥地解决农民工社会保障问题：依法将农民工纳入工伤保险范围，抓紧解决农民工大病医疗保障问题，探索适合农民工特点的养老保险办法。各地在农民工保障问题上作了一些积极探索，如北京、上海、广州等地出台了专门解决该群体特殊困难的保障政策，但政策执行和实施效果均不太理想，出现“叫好不叫座”的状况。曾经参与了保障的农民工纷纷退保，如广东省，农民工退保率已达到95%以上，每天都有农民工退保，甚至出现了退保人数比办理参保的人数还多的现象，[①]而办理转移保险关系的则寥寥无几。广东等地出现的农民工“退保潮”将现有保障制度的弊端和深层次问题暴露出来。目前，这种参保面窄、保障水平低、退保率高的保障水平与农民工的社会贡献不相适应。

这些弊端和问题包括：现有社保制度门槛较高，一些企业设法规避社保，农民工流动性大，缺乏参保意识，现行制度转移难、退账难等。[②]现有社保制度门槛较高，主要针对大中型企业正规就业和城镇从业人员特点设计的，最重要的一点就是就业的稳定性和交费的连续性。按照目前的社保体制，有两点规定对流动性很大的农民工不利：第一，在1997年国务院颁布的《关于建立统一的企业职工基本养老保险制度的决定》中规定，“本决定实施后参加工作的职工，个人缴费年限累计满15年的，退休后按月发给基本养老金”，“个人缴费年限累计不满15年的，退休后不享受基础养老金待遇，其个人账户储存额一次支付给本人”。第二，在2001年劳动和社会保障部颁布的《关于完善城镇职工基本养老保险政策有关问题的通知》中规定，“参加养老保险的农民合同制职工，在与企业终止或解除劳动关系后……根据农民合同制职工本人申请，将其个人账户个人缴费部分一次性支付给本人，同时终止养老保险关系，凡重新就业的，应重新参加养老保险。”以上的规定意味着，农民工必须至少在一个地方工作15年，才能得到“退休后按月发给基本养老金”的待遇，如果流动，则只能带走“个人账户个人缴费部分”。“企业缴费部分”则为当地城镇职工基本养老保险制度作了贡献。社保的制度性缺陷使农民工社会保险的“养老”功能成了一块“画饼”，农民工因种种原因不断地变换工作单位，因此陷入了“参保—退保—再参保—再退保”的恶性循环，以致农民工们很少能跨过“累计缴费15年”这道槛。理论上，虽然存在养老保险关系和个人账户积累额转移的可行性，但实际上只要不实行全国统筹，转移非常困难。其原因：首

① 徐鸣：《进城农民工社会保障的困境与对策》，《贵州财经学院学报》，2005年第6期，第81～83页。

② 李立新：《应该尽快将农民工保障问题纳入政府视野》，http：//www.51labour.com/protect/show.asp? id=89050。

先，手续烦琐，即使同一个省市不同地区之间转移都有一定困难，跨省、市转移就更加困难；其次，农民工流动性大，就业盲目，在不知道自己下一个工作地在何处的情况下，根本无法进行社保关系转移；再次，农保制度和城镇保险制度目前尚不能兼容；最后，农民工在接近养老金享受条件规定的最低缴费年限时，由于各地缴费标准、待遇享受等方面的差异，转移账户接受地区不愿意接收，使得账户转移也只能是纸上谈兵。这些转移上的困难，使得流动性很大的农民工对“画饼充饥”式的社保失去信任，不得不退保。再加上我国社会保障制度的城乡分割和地域分割，不同企业、不同城市对社会保障的规定不一样，不能有效对接，养老保险关系也就无法转移接续，社会保障网络在全国无法对接和联通，这里上的保险，到其他地方就没了，农民工社保没有实现全国“通存通兑”，使得流动人口对参与社会保障望而却步。这严重影响了参保人员的参保积极性。流动性大、就业稳定性差，成为农民工频繁退保的重要原因。这种退保现象目前在全国是普遍存在的。因此，对农民工来说，退保也是无奈之举。与其等着吃那块其实是吃不着的“画饼”，还不如先吃“现成的”，吃到一块是一块。否则，不仅享受不到养老的待遇，也丢掉了眼前的利益。而社保如果能逐步实行全国统筹，就非常有利于人员的自由流动。

虽然不少地方都出台了农民工可以参加当地社会保险的政策，但是大多数地方为便于操作，规定办理社会保险需要按照基数缴费。如广州市则规定，按照月平均工资55%的基数缴费。这对那些月工资水平低于当地职工月平均工资缴费基数比例的农民工来说，实际上提高了他们的社会保险缴费比例，加重了缴费负担。2003年，广州市职工月平均工资为2 353元，按照基数是月平均工资的55%计算，即1294元。该市农民工每月按8%的养老保险个人应缴比例计算，个人需要缴费103元。而实际上，当年在广州市的农民工月平均工资还不到1 000元。[①]许多农民工的收入水平较低，经济收入相对不稳定，仅有的一点收入也仅能满足当前需要，而保险费用对于他们来讲也确实是一笔不小的开支，即使主观上认识到参保的重要性但最后也不得不放弃。对于他们来说，参加社会保险会减少工资收入，缴纳社会保险费被认为是强加在身上的另一种负担。

农民工自身的一些因素也是导致参保率低的原因之一。首先，有些农民工认识错误或不足，参保意识淡薄。有些农民工认为保险是骗人的，交了钱其实最后也用不上，或者即使用得上也是几年或几十年后的事了，不如把有限的钱做眼前紧要的事，“社保政策成鸡肋”。从实际情况看，要搞好农民工社会保

---

① 王海全、黄文正：《制度供求的错位：农民工社会保险困境解析》，《石家庄经济学院学报》，2006年第29卷第6期。

障，只单纯要求农民工提高法律意识明显不现实，一些企业设法规避社保，处于弱势地位的农民工为了得到工作机会也没办法。

9.3.2.3 养老保障制度与实践

农民工为我国的工业化、城市建设以及农村地区的发展作出了特殊的重要贡献。自2006年国务院发布《关于解决农民工问题的若干意见》以来，农民工的工资权益、劳动合同、就业培训、社会保障等各项工作均取得了很大进展。在农民工参加城镇养老保险方面，截止2008年6月，农民工参保人数为2 173万（包括以前参保但停止缴费的人数），约占广义农民工的9.4%（狭义占15.5%）。目前，广东省农民工参加养老保险是执行与城镇职工同等缴费、同等待遇政策，俗称“大斗进，小斗出”。养老保险不同于工伤保险和医疗保险，需要长期积累，农民工在退休时才能享受待遇。目前存在的困难主要是因农民工就业流动性大、统筹层次低导致养老保险关系转移难和养老保险权益受损，农民工收入低导致缴费能力有限以及企业主逃避缴费责任等。

造成农民工不愿参加社会保险或停保退保的原因主要有：第一，绝大部分农民工收入低，缺乏缴费能力，这是主要原因。第二，现有的养老保险制度不适合农民工特点，这是客观原因。现行养老保险制度主要针对城镇稳定就业者而设计，而农民工的职业特点除了收入低之外，就是不稳定、流动性大。同时，我国社会保险关系跨地区统筹时很难转移接续，由此导致农民工参保后停保、退保。第三，部分企业为降低用工成本，不愿为农民工参保缴费。企业主总是想方设法地逃避缴费责任。而目前农民工就业还是卖方市场，农民工对于用人单位不依法缴纳社会保险费等行为，也只有保持克制忍耐的态度。可见，农民工是一个组织松散、处于社会边缘的弱势群体，几乎没有任何同雇主讲价钱的资本，必须依靠政府协调解决。15年的缴费期对经济紧张、频繁流动的农民工来说太漫长，“稳定不动”的养老保险金对“频繁移动”的农民工，反倒成为一种累赘和负担。广东居住半年以上的流动人口达2 600多万人，但是这些人在离开工作地点的同时，却带不走企业给个人缴纳的养老保险。越是用工密集的沿海发达城市，占农民工的“便宜”也就越多，地方社保也就越富，也更愿意为农民工“退保”大开方便之门。退保为当地累积起巨额财富，使原本应该由政府支付的部分，直接“取之于民”了。专家认为，退保的代价是，农民工此前在打工地积累的养老保险指数立刻归零。农民工退保潮的后果将波及今后几十年，尚在壮年期的劳动者大规模放弃养老保险，不仅使得以低收入群体为主要统筹对象的整个社保体系失去意义，还将在贫富差距扩大的同时加剧地区间社会保障的贫富悬殊，给未来的国家管理者留下巨大的社会压力。这些人未来进入老年期后，将无法在社保的巨伞覆盖之下，获得退休后应得的照顾和支撑。“在很多地区，社会保险基金的筹集、管理和运用都是以市、县为单位，各自为政、封闭运作的特征十分明显。”周沛教授戏称之为“小水缸”式运作模式，“这是一个政策设定和制度安排方面的‘地方主义’的表现。”这在全国是个普遍的现象。由于这种现象的存在，有相当大的一批单位社保资金在地方社保基金中沉淀下来。目前我国社保基金的管理分散在2000多个县、市中，也非常不利于社保基金的保值、增值。被称为“社会矛盾减压阀”的社会保障体系在中国有可能因某种“割据”状态而减弱其效果。让农民工的社会保障在全国范围内无缝对接，构建全国性社保体系似乎已经迫在眉睫。

【个案9-7】

55岁的湖南衡阳人易××，在广州打工22年，买了10年社保，本想着明年就退休的她多方打听后才发现，自己既无法在广州退休，也无法继续以个人身份参保。这意味着过去10年在广州缴纳的养老保险是白缴了。

一个民工辛辛苦苦工作20多年，结果却发现，自己缴了10年的社保“缴了白缴”，世间还有什么比这更让人伤心？显然，易××的尴尬境地是制度之过，尽管是“误伤”，但易××的尴尬已经充分暴露出当前社保制度的缺陷。“缴了白缴”让社保蒙羞。

就公民而言，当他辛辛苦苦买社保，却发现“缴了白缴”，很可能会任由情绪泛滥，从而对政府公信产生怀疑。一个可以预见的后果是，公信力正在严重受损。此时，对于相关方面来说，一个公民的保险“缴了白缴”或许无关痛痒，但公信的“丢了白丢”却应该引起足够重视。

易××的尴尬来自公众一直所关注的社保统筹。当前社保统筹已经向前大大迈进，很多省市甚至已经实现了省级统筹。然而，社保的全国统筹却还迟迟未动。诚然，地区之间发展的不平衡，决定了全国统筹的难度，但这一背景下，却应该对当前社保体系进行微调。就易××的尴尬来看，此时，一个相对容易的操作思路是，允许易××提取自己的个人账户、统筹账户，而对于接受地来说，尽可能地考虑易××的实际情况，给其续保提供最大的便利。唯有如此，才不会出现“缴了白缴”的尴尬，才不会让人怀疑社保制度的设置初衷。

这里的关键在于哪一方愿意先“低头”，因为，其中透着利益之争。此时，就需要更高层面的社保部门给出一个明确说法。毕竟，这里损伤的公信力，不是哪一级社保部门的，也不是哪一个地区的，而且我们应该明确一个原则，不管有什么理由，都不应该让公民成为制度的受伤者。

有劳动保障部门的工作人员也认为不交够15年就不能按月领取退休金的规定不合理。因为社会保险是有其强制性的，强制别人缴纳就应该由国家承担可能存在的支付风险，而不能像商业保险那样把风险转嫁给投保人。因为商业保险是自愿的，风险也应该自愿承担。养老和医疗应该实行全国联保，一卡通，按你缴的费用享受相应的标准。

养老保险（pension insurance）是社会保险的主要项目，主要覆盖的是就业人群。“养老保险又称老年保险，是指国家通过立法强制建立养老保险基金，使劳动者达到法定退休年龄退出劳动岗位后，能够通过领取养老金保证基本生活的一种社会保险制度”。[①]在农民工养老保险方面，研究热点集中于制度模式和养老保险关系转移等内容。在制度模式上，有人主张纳入城镇养老保险，如李迎生（2001）主张将进城农民逐步纳入城市职工统一的社会保险制度，原因在于改革开放以来，相当一部分农民实际已经在城市和小城镇居住多年，职业、生活都已有了相当的基础，和城镇企业职工已无二致。[②]也有人主张单独建立农民工养老保险，如卢海元（2005）提出了建立适合农民工特点、缴费门槛较低、缴费方式灵活、可随人转移的弹性社会养老保险。“弹性”主要体现在个人账户的缴费、政府对个人账户的补贴、待遇调整与覆盖对象上。[③] 还有学者主张农民工参加农村养老保险，如杨立雄（2004）认为，中国由于历史原因形成的二元体制不可能在短时间内打破，目前把农民工纳入城镇社会保障体系既不现实也不可行。可行的方案是把农民工纳入农村社会保障制度，加快改革、完善农村社会保障制度，并在适当时机，将农村社会保障制度与城镇社会保障制度接轨。[④]在农民工养老保险关系转移方面，由于现有财政体制和社会保险管理体制制约，目前还没有合适的转移办法，城镇职工养老保险关系的转移接续也面临同样的问题。有的学者认为中国可以学习欧盟的经验，采取“工作地缴费、分段记录，退休地发放、全国结算”的办法。[⑤]

直到国办发［2009］66号《国务院办公厅关于转发人力资源社会保障部财政部城镇企业职工基本养老保险关系转移接续暂行办法的通知》对这一状况有了质的改变。国务院常务会议决定，从2010年1月1日起施行《城镇企业职工基本养老保险关系转移接续暂行办法》（下称《办法》）。包括农民工在内的参加城镇企业职工基本养老保险的所有人员，其基本养老保险关系可在跨省就业时随同转移；在转移个人账户储存额的同时，还转移部分单位缴费；参保人员在各地的缴费年限合并计算，个人账户储存额累计计算，对农民工一视同仁。为避免参保人员因办理转续关系而在两地往返奔波，暂行办法规定了统一的办理流程，参保人员离开就业地，由社保经办机构发给参保缴费凭证；在新就业地参保，只需提出转续关系的书面申请，转入和转出地社保经办机构为

① 吴鹏森：《现代社会保障概论》，上海人民出版社2004年版。

② 李迎生：《探索中国社会保障体系的城乡整合之路》，《浙江学刊》，2001年第5期。

③ 卢海元：《适合农民工特点：建立弹性养老保险制度》，《中国劳动》，2005年第5期。

④ 杨立雄：《“进城”，还是“回乡”？——农民工社会保障政策的路径选择》，《湖南师范大学学报》（社会科学版），2004年第2期。

⑤ 唐钧：《农民工社保异地转移接续》，《瞭望》，2007年第36期。

其协调办理审核、确认和跨地区转续手续。国家将建立全国统一的社保机构信息库和基本养老保险参保缴费信息查询服务系统，发行全国通用的社会保障卡。

近几年，社会保险关系，特别是基本养老保险关系跨地区转移接续已成为一个社会热点问题。现在，《暂行办法》正式出台实施了。这一举措有深远的意义和影响。

按照制度规定，劳动者在什么地方就业就在什么地方参保缴费，他们退休后领取的基本养老金水平，与其缴费年限长短和缴费额多少密切相关。这种“多工作、多缴费、多得养老金”的机制，在同一地区稳定就业的劳动者中得到普遍实现和认同。但对跨地区流动就业的劳动者来说，在不同地区参保，基本养老保险关系还不能顺畅地转移接续。特别是总规模已达 2 亿多人的进城农民工，许多人在不同城市和多个时段就业参保，而缴费年限不能累计计算，使他们在进入养老时利益受损甚至无法得到制度保障。也就是说，多缴多得的机制在他们身上没能实现。这无疑降低了这些劳动者参保缴费的积极性，这也是农民工在离开一个城市时选择“退保”的主要原因。

党中央、国务院高度重视这一关系人民群众切身利益的问题。党的十七大报告明确提出要“制定全国统一的社会保险关系转续办法”，国务院要求在 2009 年“制定出台养老保险关系转移接续办法”。《暂行办法》的出台实施，是落实党中央、国务院惠民政策的体现，是一件利民生的好事、顺民意的实事。我们可以从三个方面来认识它的重大意义和深远影响。一是有利于维护参保人员特别是广大农民工的养老保险权益。《暂行办法》规定，劳动者跨省流动就业参保缴费的，其基本养老保险关系可以转移接续，缴费年限合并计算，个人账户储存额累计计算；未达到领取待遇年龄时，不得提前终止基本养老保险关系并办理退保手续；在省内流动就业的，也要按照这一原则处理。这就真正、全面实现了参保人员“不论你在哪里干，养老保险接着算”。二是有利于完善社会保障体系。我国的养老保险长期实行较低层次的基金统筹调剂制度。随着全国基本养老保险制度的统一，特别是 2009 年全面实现了省级统筹，劳动者在省内流动就业转移接续养老保险关系，有了制度和体制的基础。《暂行办法》明确了跨省流动就业的养老保险关系转移接续政策，进一步打破了地区分割、城乡分割的壁垒，必将进一步扩大养老保险制度的覆盖范围，也是向着党的十七大提出的完善覆盖城乡居民的社会保障体系、人人享有基本生活保障的目标迈出了坚实的一步。三是有利于促进城乡统筹。《暂行办法》规定，农民工在城镇之间流动就业或间断性在城镇就业，只要参保缴费并达到规定条件，与城镇职工享受同样的养老保险待遇。这对统筹城乡和区域发展，引导农村富余劳动力向城镇有序转移就业，推动工业化和城镇化进程，具有深远影响。①

《暂行办法》一共 13 条，重点是解决了四个方面的问题：第一是跨省转移接续问题。目前，参保人员在省内流动就业，已经实现或正在逐步实现基本养老保险关系的顺畅转移接续。《暂行办法》的重点，是通过明确规定全国统一的转移资金量、各地责任范围和转移接续程序，实现劳动者在跨省流动就业中基本养老保险关系的顺畅转移接续。第二是异地权益认同问题。《暂行办法》通过规定全国统一的政策，解决了劳动者跨地区流动就业参保缴费年限在各地互认和累加的问题。第三是解决农民工退保问题。农民工在城镇就业，流动性特点比其他群体更为突出。在他们返乡或中断就业时，以后是不是还回到城镇就业、什么时间回来、到哪个城镇就业，都不确定，加上跨地区转移接续基本养老保险关系不顺畅，农民工很难对自己的未来有明确和稳定的预期，因此出现了大量退保的现象。《暂行办法》通过明确城乡一视同仁、权益累加计算的政策导向，给了农民工一个长期稳定的预期，这样，农民工离开城镇时就不用再退保，从而减少了养老保险权益的损失。规定不得退保是保障外来工权益的措施，“不得退保，不是说侵害参保人的利益，实际上是国家‘用心良苦’。”急着退保，是一些人还没有领会政策的含义。以前外来工“每次一退保，社保关系就清零，怎么都攒不够 15 年，也领不到养老金。”随着众多的农民工逐渐达到退保年龄，这个问题将会非常突出。“迟办不如早办，不得退保，实际上是保障了外来工今后能够享受养老保险待遇。退保对个人只有害处，没有任何好处。”②第四是关于管理服务方便群众的问题。劳动者流动就业，涉及全国各个地区。如果让流动就业的参保人员自己往返不同地区办理基本养老保险关系转移接续手续，费时费力，十分不便。《暂行办法》规定流动就业人员离开原参保地，社保经办机构要开具统一样式的参保缴费凭证；到新就业地参保缴费后，只要提出转移接续申请，所有手续都由相关两地社保经办机构办理。同时，人力资源社会保障部还公布了全国县级以上所有社保经办机构联系方式信息，供相关人员查询自己的参保缴费和转移接续信息。这体现了以人为本，大大方便了群众。

9.4 失地农民的社会保障现状

9.4.1 失地农民对政府补偿相对较满意，但对未来生活的不确定性表示担忧

在访谈的过程中，“城中村”的失地农民接受我们调查的态度还是比较积

① 来源：新华网，2009-12-29。

② 蒋悦飞：《两三分钟搞定转移凭证》，《广州日报》，2010-01-05。

极的。土地被征用，补偿金合适。农民可以用补偿金来建房出租收租金，而不必像以前那样辛辛苦苦劳动而换来不稳定的收入，由“耕地族”变为“耕房族”，感觉现在的生活比以前好多了。但是最忧心的是失业。因为收入的主要来源是租金和分红，如果遇到什么意外，生活会过得很艰难。这可能和广州的城市发展有关，尤其是在“城中村”，大多数的农民用补偿金建房出租收租金，他们早已习惯了以收租和分红为主的生活。失地农民由于在就业、收入等方面的不稳定性，依托家庭保障的模式越来越受到冲击。许多家庭是靠征地款来维持生计，但过几年征地款“吃”完了，其最终结果往往是生活没有保障。大多失地农民特别是老人对政府抱着很大的期望，希望能得到政府更多的关注和照顾，进一步改善生活条件。

失地农民后顾之忧严重。对于祖祖辈辈靠土地生存的农民来说，一旦失去耕地，心里总感觉不踏实，特别是那些老弱病残者更是感到彷徨。调查中，一位妇女道出的失地后的忧虑，具有普遍性。

【个案9-8】“城中村”居民的忧虑及对征地的无奈

胡××抱着一个孩子主动接受访问，她也是我今天上午访问的最后一个访谈对象。她的主动和敢言在所有访问历程中都是少见的，这点真令我印象深刻。

作为失地农民，胡××对失地的感觉是非常强烈的，甚至是充满抵制的。她坦言，种地时的收入和生活水平与今天无法相比，但人过得很踏实，而现在她没有了土地，两口子因为文化低、年龄大，也很难找到能胜任的理想工作。家庭的生活来源主要靠房租收入（一个月2 000多元），自己还有一点在社区任计生协管员的工资（一个月1 000元）及每年有6 000元的股份分红，钱虽然不少（一年下来大概有6万元的收入），但总是觉得心里很不踏实，人也过得非常无聊。因此，访谈过程中她不断重复自己对未来生活的担心，对孩子的担忧。担心“城中村”改造会使自己的房屋被拆迁，使自己失去主要的经济来源，更担心孩子以后无法找到稳定的工作，而自己家里又没有了收入保障，这种担忧是非常实在的。

胡××反映的一些情况也充分说明：对于没有任何法律常识、文化水平很低的农民而言，征地是多么的无奈。每次征地虽然有补偿，但很少。据说一块属于村集体的土地被一个装饰材料城征收了，大概有100多亩，每亩按250 000元补偿给社区，说是搞廉租房建设，但村民都不相信这么中心的地带会盖廉租房，地价这么便宜，所以都不同意，连社长都不同意。但这是政府行为，不同意也没办法。她表达的无奈也说明失地农民的无奈和无助，城市化给谁带来了最大好处真是说不清楚。

【个案9-9】“农转居”居民满足于现状之下的隐忧

黄××，白云区均禾街黄沙村居民，家有5口人。现在社区里面工作，平时参加股民大会，不固定上班，视社区安排而定。收入主要来源有集体经济分红、出租房租金等。

刚开始访问时，问及他家里情况，他防备心理很重：“为什么这样问，查户口吗?”再问及他收入来源及家中开支时，他显得更加抗拒，不愿意透漏信息。后来再次详细跟他说明来意及调查目的后，他显得随和起来。他表示，对现在社会总体觉得满意，虽然土地被征用了，但补偿金也合适。再加上自己可以用补偿金来建房出租收租金，而不必像以前那样辛辛苦苦劳动而却换来不稳定收入。感觉现在的生活比以前好多了。

谈及村办集体经济时，说到他们一家人每年可以享受分红时，他的反应是笑哈哈的。他说对村领导工作满意，自己衣食无忧，又不用为子女学费发愁，甚是轻松。觉得自己跟城市居民没有什么区别，对村里的治安也基本满意。虽然外来人口增多会增加管理难度，但他认为，“没有外来工，我的房子能租给谁？我的房租又从何而来?”

对于城市化发展滋生的一些情况，他觉得自己根本没有什么可担心的，子女也不用自己担心，养老也不用愁，保险都买好了。平日里也过得快乐自在，有空还会去爬爬山什么的，甚是精彩。但只有一样是他最忧心的，就是失业。因为如果这样的话，生活便会过得很艰难。他解释，自己收入来源是租金和分红，但世事难料，最好是不要有什么意外。

访谈结束后，“城中村”居民状况让我困惑：没有工作，收入依靠出租房屋和集体分红，不需要劳动力的投入，一旦失去这些保障，他们的将来是难以预料的。改善“城中村”中“非城非村”的状况确实任重而道远。

【个案9-10】城中村“耕房族”生活情况

黄××，男，平沙村某社社长，初中学历，有两个读初中的儿子。

黄××是一位典型的“耕房族”，家里有两栋楼出租，一栋80平方米的六层楼房和一栋80平方米的八层楼房，月收入近万元。平时除忙于出租房管理外，还要忙一些社里的公务，对目前生活状态和城市化的发展都很满意，希望维持现状。

黄××不需要找工作，也不需要工作技能培训，更不需要农业生产技术方面的培训。对集体经济分红和集体资产的管理都比较满意。对养老不担心，对农村合作医疗也感觉满意。虽然没有参加什么保险，但认为当前的社会保障已经很完善了。

他不满意的地方是社会治安和生活环境。由于村里企业多、外来工多，各种抢劫、盗窃等案件也比较多。最担心的是环境污染严重，影响身体健康，如果有可能，甚至想移民到国外去，认为国外的环境好。最希望的是儿子不学坏，长大后有稳定的工作。

9.4.2 政府对失地农民的社会保障政策落实情况直接决定失地农民的生活水平

广州市出台被征地农民养老保险试行办法，将 21 万名被征地农民纳入养老保障体系。被征地农民缴费后年满 60 周岁的，每人每月将可获得 180～400 元的养老金。目前，广州市被征地农民达 21 万人，其中 35 周岁以上的近 11 万人。根据新出台的《广州市被征地农民养老保险试行办法》，被征地农民将按 3 个年龄段（即 16～35 周岁、35～60 周岁、60 周岁以上），实施“三类保障”，并实行完全积累个人账户模式。广州市劳动和社会保障局局长崔仁泉介绍，被征地农民养老保险费筹集渠道是“个人缴费、集体补助和政府扶持相结合”。养老保险费主要是由被征地农民个人缴纳，鼓励村集体经济组织予以适当的补助，政府给予适当的资助。据介绍，个人缴费标准分别设定为 50 元、70 元、90 元、110 元和 130 元。村集体经济组织缴费标准分别设定为 20 元、30 元、40 元、50 元和 60 元。为鼓励被征地农民和经济组织多缴费、多保障，政府资助采取了积极的激励措施。资助的绝对额随缴费水平的提高逐步提高，但相对水平随缴费水平的提高而逐步降低。政府资助分别与个人和经济组织缴费挂钩，激励经济组织积极为被征地农民缴费。为此，政府需要同步投入大量的资助资金。“如果是三方都全额缴费到位的话，被征地农民的回报率是 200%以上。”广州市劳动和社会保障局副局长黄远飞表示，这一办法实施后，如被征地农民个人和经济组织都缴费，则待遇水平在 181.29～401.44 元之间，个人缴费回报率在 200%～263%之间。

【个案 9－11】撤镇建街，全部村民“农转居”——黄埔区南岗街

2002 年撤镇建街，全部农民转为居民。2006 年 7 月 1 日，广州市出台了农转居养老保险设施办法，街道“农转居”的社保工作 2006 年 10 月启动。第一批 1 866 名老年人的参保率为 100%，个人出 8 000 元、社区出 17 000 元。社区一下要拿出上百万元，有困难，做了很多工作才完成。很多个人拿不出钱，由经济联合社担保，向农村信用社贷款 5 年期，用退休金还贷。第二批 4 050人员，参保率 50%（1 275 人）。估计是因为有些人在外工作由公司买了、有些人想观望（想等到退休年龄一次性购买）。第三批年轻人，参保人员很少了。

农村合作医疗保险覆盖率 100%，但存在问题较大的是 20 世纪 70—80 年代农转居的人，其养老保险没有买，将来怎么办？建议政府要着手解决。

9.4.3 社会保障标准比较低，无法满足广大失地农民的保障需求和保障水平

除了部分家里子女条件不错的受访者觉得无所谓外，大多数人都反映保障标准跟不上物价的上涨。相对于城镇居民的退休金，失地农民的保障金糊口都困难，年轻人可以进企业赚钱贴补生活，年纪大的人没办法生活。由于这些居

民都安置进了小区，水、电、气、物业都要交费，粮食、蔬菜也得花钱购买，因此生活成本比原来高出很多。失地农民的就业培训政策还没有统一，执行力度还不强。部分失地农民就业困难。由于城镇就业机会有限，部分失地农民希望能就近就业，不愿意异地就业。失地农民参与就业竞争处于劣势，部分失地农民没有实现就业或稳定就业。尤其是年纪偏大、文化程度比较低的失地农民，非常需要培养一技之长或由政府出面解决工作难题。就业乃民生之本，是解决失地农民问题的根本出路，也是失地农民顺利完成角色转变的关键所在。失地农民就业难、失业率高，是近年来失地农民保障问题中一直没有解决好的棘手难题，尤其是失地的中老年农民就业岗位不稳定，重新就业更难。

大家共同关注的还有一个问题就是医疗保险，大家对医疗保险不太满意。由于受访对象基本都是已婚人士，所以涉及家庭抚养和赡养的问题，往往是一对夫妻要抚养一个孩子，同时还要赡养老人，这对本不宽裕的失地农民来说是非常大的负担。而老人和孩子又是体质较为虚弱的群体，因而他们的医药花费相对较多，这时候就更需要有医疗保险基金来解决困难。受访对象普遍觉得医疗保险中大病报销数额少，希望能有所增加。

【个案 9－12】“城中村”居民希望提高社会保障待遇

陈××是“农转居”后的“城中村”居民。家中的收入来源只有靠房屋租金和村集体建厂房出租后每年的分红。没有了土地，陈××便在村委会做一些村民纠纷的调解工作，每个月都有 1200 元左右的工资。家里现在也正在建一幢出租屋。像陈××这种没有稳定工作的“城中村”居民，一旦房屋出租不了，生活便很难维持。

“农转居”之后，这种大都靠房屋出租和集体分红收入维持生活的“城中村”居民，一旦发生经济萧退或者外来打工者减少，加上又没有稳定的工作，家庭的生活将很难维持，如果政府处理得不好，他们有可能变为城市中新生的弱势群体。

在调查中，陈××提到集体建厂房出租，政府部门就不断干预，说他们的厂房是违规建筑，因此导致很多已经盖好的厂房被强制拆迁，使他们的集体经济发展受阻，居民收入受阻。

外嫁女情况是：本村嫁出去的女孩，如果她本人的户口不迁出，那么她以后依然还可以享受村里的集体分红，但她以后的子女就没有这种权利享受。这也是他们村里对于外嫁女的股份管理办法，不同于其他村。

提到户口问题，陈××脸部表情特别激动，他说，为了办理他儿子的户口问题，花了整整 6 年还没有办好，而且也花掉了几万元，所以他对政府关于户籍的管理制度非常不满。

提到“城中村”居民与城市居民时，陈××说，自从“农转居”后，虽然生活条件改善了很多，但社会保障不明显，就医保来说，虽然方便了，但收费比以前贵了不知多少倍。所以，他非常希望政府能为他们搞好医保，改善他们的福利。让他们在城市进城中真正地感受到党、政府的关怀，享受到实实在在的好处。

【个案 9－13】“城中村”居民社会保障不全面

陈××是在村委干活的，家里面已经没有土地，全部被征为集体土地。但是当问到赔偿标准和愿不愿意被征土地时，他的脸上出现了很无奈的笑容，他说这都是社里面的事，不管你愿不愿意，只要大家同意了就要赞成，他还提到他们被征的土地都集资盖了厂房，但是由于建厂房时没有报建，因此政府把它当作违章建筑拆掉了，还说要把剩下的都拆掉。因此他希望政府能体谅他们，手下留情。

同时，他也认为社会保障比较缺乏。虽然有养老保险，但要一次性缴纳 24 000 元，才可以享受每月 400 元的补助，他觉得不够。而村里到现在都没有搞医疗保险，他也希望能早点推行。

他认为村里面本地人和外来农民工的矛盾不是很尖锐，但是也承认村里面的治安问题和外来工有着一定的关系。

【个案 9－14】“城中村”居民不满意工资待遇情况

郭××，大专文化程度，未婚，现为荔湾区中南街海中村“城中村”居民，与母亲、妹妹一起居住一层 4 房的商品房。现在海中村经济发展公司工作，且每年分得人均 5 000 元左右的集体土地股份分红，总的来看，收入是比较稳定的。

从访谈中得知，村民凡办理失业证，可免费参加劳动局组织的就业培训，而且培训内容丰富，效果较好。

村中“农转居”的居民基本上都参加了农村合作医疗，人均每年交 96 元，只有入院等大病才有四成报销，每人一年最多限报 8 000 元，很多村民都认为保额太低，且不应设保障上限。平时普通病痛的医疗费过高，政府又没有相应的保障补贴。

提及城市化进程，郭××对村的发展没有太大的意见，但强烈反映工资问题，因近年来物价持续上涨，而工资却不随之上升，让大家的生活消费能力下降，且感到工作没有动力，付出的劳动得不到相应的报酬。

【个案 9－15】村民对城市化后的担忧

陈××，40 岁，广州市黄埔区南岗街沙步村治安员。对于自己家的征地情况并不了解。原因是时间太长，且征地时自己还年轻，都是父母经办的。家里现有两层共 180 平方米（每层三间）出租屋，每月房租收入约为 1500 元。

陈××也是广州市黄埔区南岗街沙步村小塘社社员。陈××说，社的收入主要来源于厂房、土地以及市场出租。村中的主要支出用于厂房的建设。

第一，对土地征用的意见：自己这一辈人因为无文化、无技术、年龄较大，很难找到工作，而且工资很少，单靠工资无法维持家庭生活。现在土地被征用完毕，很多人下岗又没有土地可耕种，生活没有保障。特别是现在物价越来越高，分红却越来越少。

第二，自己还未感觉到自己是城市人。原因如下：城市的交通设施到位，而且很完善；城市人素质比较高。感觉农村就是农村，现在户口“农转居”只是名字改变了而已。

第三，政府的保障政策应该关注失地的“城中村”居民。要按照各地区的消费水平和物价发放保障金额。

第四，孩子教育问题，主要是孩子学习不够努力，不能学以致用。政府政策不完善导致学生填报志愿时得不到正确的信息。希望政府多考虑教育政策完善的问题。

第五，城市中最弱势的群体是农民工。因为农村基础设施不完善，农民生活水平得不到很大的提高，始终生活在最底层；各项优惠政策和保障措施在他们身上得不到实现，生活得不到保障。

第六，城市扩张，使人流量增大，厂房增多，工商业更易发展，给城市的治安及交通带来巨大的考验。城市扩张会令居住环境更好，但也会发生寸土尺金的情况。土地征用赔偿不够，令许多人买不起房屋。自己文化不高，难以适应城市化发展。

第七，现在最担心的生活问题是物价上涨，以及孩子的教育费用问题。

第八，房屋统一规划令道路更加畅通，和居住环境更加安全。

第九，希望政府在城市化过程中关注孤寡老人，完善社会保障制度。

9.4.4　平衡失地农民社会保障可以更好地确保失地农民能够共享社会发展成果

访谈中补偿费问题突出。主要表现在四个方面：一是实际补偿标准不高，失地农民意见大。二是土地补偿价格不统一，农民互相攀比严重。三是村集体所得补偿费用分配矛盾突出，村民对如何分配土地补偿费往往意见不统一，造成大量的信访问题。四是廉价征地与高价售地，造成农民心理极不平衡。社会保障平衡主要是新老失地农民社会保障政策的衔接和广州的几个地区之间的保障统一问题。访谈过程中，有一部分是20世纪90年代被征地的农民，当时征地的基本办法是一次性的买断方式。他们只有到达了规定的年龄才给予养老金。现在，随着新征地办法的出台，失地农民不仅征地补偿标准升高了，而且他们的社会保障内容也逐渐健全，还有政府专门组织失地农民参加就业培训，这让过去的失地农民心理失衡。同样是失地农民，保障水平前后却并不统一。为此，先前的失地农民希望能够衔接前后社会保障政策，统一保障水平。此外，广州各个区之间的保障水平不一样，也让失地农民产生心理落差。所以，在广州范围内建立和谐、平衡的社会保障制度相当重要。

【个案 9-16】对征地不满的“城中村”居民

邝××，50多岁，有两个儿子，其中大儿子在本村当治安员、小儿子还在读高三，丈夫也是本村治安员，家庭的总收入就靠大儿子和丈夫的工资还有每年村集体的分红。邝××一直以来都是靠种菜卖菜来增加家庭收入，但在1998年国家就征用了她在洛溪桥底的一大片土地，用来种植绿化草地。1998年征地之后，邝××就失业了，失去了耕地的条件，如今她年纪又大，文化程度又低，所以自征地之后，邝××一直找不到一份稳定的工作，只能干一些零散工，如一些清洁工、保姆之类工作，收入微薄且不稳定。

对于征地问题，邝××表示极为不满，国家征地之后对村民的补偿只有几千元，村集体的分红是按照他们社民的股份来分，每股80元/年，每人40股，所以年终的分红只有3 200元，40股也是满股了，就是不能再随年龄而增加股份，如果在2002年前出生的小孩，或者在2002年前未满40股的年轻人，他们可以以每股80元的价钱把自己的股份买满，这样也就可以获得每年3 200元的分红。但邝××认为分红太少，还比不上10年前自己种菜的收入，加上这两年菜价的不断上升，邝××更加是心痛不已，认为当时政府这样征了他们的土地，只给补偿金的做法十分不合理。政府应该从农民的角度考虑，农民是一个没知识没文化，只会干粗重活的一个群体，政府征了农民的地就等于没收了农民的生存工具，应该要合理安置农民的就业，考虑他们日后的生计问题，而不应该“一刀切”。一次性给补偿金的做法，会造成“坐吃山空”，就算政府给再多的钱也会有用光的一天。政府应该“送人鱼不如授人渔”，这种做法才能稳定失地农民的生活。

邝××对股份分红也不满，认为股份分红不均。她是1986年花了2 000元买的居民户口，因为土地被征了用以建小学。2006年前后是第二批大规模的农转居，但是第一批的只享有15%的股份，即每年150股，而第二批的则享有每年500股的待遇（每股10元）。因此她曾经向大队反映过。大家都是“农转居”，但待遇相差甚远。甚至，他们近年来失去了选举生产队长的选举权，现在只享有选举居委的权力。

【个案 9-17】迫切需要“有人管”的“农转居”居民薛××

薛××，56岁，是在市桥电信局做了十几年临时工的一名普通退休员工，丈夫是一名退休转业军人，退休金每月1 000元，有一儿一女。儿子是货运工人，已成家有一女。女儿在横沥居委做临时工，负责计生工作。她是在17年前“农转居”的，当时主要是为了儿女着想，“农转居”后户口归横沥镇居民，自己家原有的4亩地没有了，只靠夫妻俩的工资维持生活。

"农转居"后什么优惠也没得到，儿女的工作都是自己搞定，现在自己老了，觉得生活没有保障。第一，农村合作医疗，养老保险自己没办法享受，"农转居"的买不了农村合作医疗，社会养老保险原单位也解决不了（想一次性购买也不知往哪买，原单位又不帮买）。第二，"农转居"后除了计生工作有人管之外，其他的根本没人能管，觉得自己是"黑市户口"。第三，政府不重视"农转居"居民。"农转居"享受的是社会不公平待遇（只准生一胎，做生意又无资本）。社会上"农转居"很累（现在的农民多好：有田有地，有收入，不用交税），自己却什么也没有，而且连选举权与被选举权也没有（居委、村委有什么事都不会通知我们）。第四，目前的收入来源有三部分：儿女每月大概 1 300 到 1 400 元的家用；丈夫每月 1 000 元的退休金；夫妻俩每天 10 多元卖鱼的收入（平时丈夫三四点就起床出海捕鱼，自己送孙女上幼儿园后骑自行车把鱼运到市集上卖，捕的鱼多就多卖点，收入就多点）；这样的生活真的很没有保障。

尽管生活有困难，但自己对政府只有两点要求：一是让他们转回农业户口，分给他们地（当时是自愿转出，当地人不给转回来，而且政府也没有文件说明）；二是让他们能购买社保，他们自己愿意承担购买的大部分费用，最好政府可以补贴一部分（有了社保心里会踏实些）。

据了解，新兴村的"农转居"居民有 10 到 20 户，他们都有和薛阿姨同样的情况：无人管。没有得到政府的关心与重视，医保社保没有保障。

9.4.5　为失地农民提供长期收益，才能从根本上解决失地农民的后顾之忧

如很多被调查者所提到的，应该给农民提供长期收益。土地是农民赖以生存的根本，而土地补偿安置费对农民来说就是"保命钱"。《试行办法》中的货币补偿方案基本是可取的，但从更为科学、合理、公平的角度来说，现行的失地农民补偿方案还有待进一步优化。要适时认真研究，合理划分国家、农村集体、农民个人三者利益的分配比例。广东等地已开始较大幅度地提高了征地补偿和安置费用。土地是集体所有的，可是在不少被调查者的概念里，已经将村委会等同于集体，认为土地不是自己的。大家都无奈地将土地拱手出让，自己却只能依靠低水平的养老贴补来生活。政府应该在确保农民拥有社会保障的同时，以多种形式让农民在土地被征后仍能从中受益。政府应积极探索以土地承包权作价入股、使用权转让、转包、租赁、互换合作等方式，加快农用地有序、合理流转，实现生产要素的市场化配置，尽量改变在农用地转为建设用地以后对农民补偿实行"一次性买断"的情况，让农民从合作经济组织取得的土地收益中不断获得相应利益，从制度上保障农民的权益。失地农民拥有社会保障是基本，农民享受土地收益是保证和巩固，两者是相互补充的，最终的受益者是农民。历史遗留问题主要有就业安置和货币安置两种。就业安置的这部分

人中，有的当初没有领到补偿费，后又下岗，现生活无依靠，有的还在岗，但收入并不高，而且没有生活保障。货币安置的这部分人中，有的没有“农转居”，现为农村农业人口；有的办理了“农转居”，但没有交纳社会保障金；有的已经将有限的征地补助金花光，现在仍需要社会救济。

因为传统的社会保障制度只覆盖城市就业人员，失地农民则被排除在社会保障体系之外，面对“种田无地，上班无岗，低保无份，创业无钱”的失地农民，他们的问题越来越突出，已严重影响到城乡社会稳定和农村经济发展。因此，失地农民问题已成为当前城市化过程显现出来的社会焦点与热点问题，成为影响国民经济健康发展和顺利构建和谐社会的重大问题。理论上，在现行征地制度下的失地农民是被动失地的，其失地风险属于社会风险，失地农民的基本生活保障属于纯粹的公共品，应该由政府来提供。实践中，广州失地农民的社会保障制度体系建设应是以政府行为为主导的、多维并举、相互关联并互动叠加的。货币保障是稳定器，就业保障是动力器，留地保障是助推器，法律援助是缓冲器。多位一体、联合互动，以货币换保障、以保障促就业、以法律援助为依靠，切实解决失地农民的社会保障问题，也为地方政府切实减轻财政压力，实现城乡经济社会的协调、持续发展。

10　城市化进程中农民培训与就业问题的政府行为

10.1　农民培训与就业问题研究综述

10.1.1　研究意义

城市化是人类历史发展的客观规律，是人类文明发展的重要标志，是一个国家在经济增长和社会发展中不可避免的过程。改革开放以来，城市化是我国经济社会发展中最重大的变迁之一。在城市化进程中，被征地农民和农民工是城市的重要组成部分，农民问题解决得好，城市化才能顺利进行，社会转型过程才能保持稳定，而农民培训与就业是城市化进程中诸多农民问题中的关键。

10.1.1.1　农民是城市化进程中社会关注的重要群体

由于城市规模的扩大、工业园区的兴建等原因，城市周边大批的农民失去了他们赖以生存的土地，成为被征地农民甚至失地农民。一方面，由于体制、机制和管理等多方面的原因，一部分郊区农民成了种田无地、就业无岗、低保无份的“三无”农民，生活困难，外出打工难度大；另一方面，由于地理位置上的优势、集体经济的发展，一部分城中村“农民”和近郊农民成了农村股份合作制的股民，有可观的物业出租和股权分红，生活富裕，大多无心外出务工。在城市化进程中产生的这样两个贫富分化的农民群体，引起了社会各界的关注。同时，一个无所事事的农民群体的存在，给当地的社会治安带来了许多问题，尤其是青壮年，打麻将赌博、寻衅滋事、偷盗、抢劫、嫖娼甚至吸毒等严重社会问题纷纷出现，成为影响城市经济社会稳定发展的一大隐患。城市农民成为了社会关注的重要群体。

同时，大量农民工进入城市，成为产业工人和城市建设的生力军。统计资料表明，我国目前进城务工的农村剩余劳动力中具有初中以上文化程度的只有11%，70%以上的人没有经过任何培训（国务院研究室课题组，2006）。农民工进城以后只能在低层次的产业中形成过渡性竞争，无法适应经济结构调整和产业升级的需求。随着进城的农民工队伍越来越庞大，数量越来越多，供大于求的趋势使农民工的工资水平越来越低，找不到工作的农民工大量存在。同时，许多农民工虽然在城镇打工多年，由于户籍、生存条件、自身素质等因素的影响，始终不能完全融入城市。农民工成为城市的弱势群体和边缘群体，成为社会关注的焦点。

10.1.1.2 农民问题的关键在于就业

党的十六大报告中指出：就业是民生之本，扩大就业是我国当前和今后长期重大而艰巨的任务。补偿、保障和就业是解决被征地农民生存和发展的三个重要方面，而补偿、保障是基础，就业才是关键。不能实现就业是城市农民及进城农民工的最大担忧，只有充分就业才能从根本上使农民的生活获得可靠保障、生活水平得到提高，才能使他们能够安居乐业，找回自尊，维护社会稳定。推动农民就业，才能真正推进我国的城市化进程。

10.1.1.3 就业适应性培训必不可少

城市农民和进城农民工由于文化素质低，并不具备必要的城市就业技能。提高农民综合素质和就业技能最重要的途径就是对他们进行综合知识和就业技能的培训，增强农民的自我“造血功能”。

根据人力资本理论，发展中国家人力投资收益率不仅高于发达国家，而且一般比物质资本投资收益率高。世界银行《1991年世界发展报告》指出：劳动力受教育的平均时间增加一年，GDP就会增加9%。国家统计局农调队对农村劳动力抽样调查显示，2000年，农村转移劳动力的受教育时间每增加一年，可给家庭多带来198元汇寄现金；受过培训的农村转移劳动力的寄带款比平均水平高13.7%。根据赵耀辉的调查，教育对劳动力从农村到城市的永久性迁移作用很显著，劳动力的受教育年限每增加一年，进入本地非农业产业就业的概率就增加3个百分点，户口迁入城市的概率也会增加6个百分点①。

10.1.1.4 政府对农民的培训和就业负有责任

一方面，我国的城市化是政府主导型的城市化，对于城市化进程中产生的农民就业和培训问题也应由政府主导解决。在城市化过程中，对失地农民的经济补偿、劳动力安置、就业培训、生活安排、社会保障等，都是政府必须承担的责任，它直接关系到我国经济的发展和社会的稳定以及我国市场经济体制的完善。另一方面，农民培训和就业具有公共产品的性质，不仅对农民本人有利，而且对社会有利，也就是说，农民培训和就业的外部性很强，具有积极的公益性。大量文化素质低、不能顺利就业人员的存在，必然严重威胁正常的社会生活秩序，影响社会稳定。培训就业问题既是社会经济问题，也是政治议题。政府干预有利于实现农民培训和就业的机会均等，使那些经济困难、就业无路的农民也能平等地得到比较良好的培训就业机会。“培训与就业是所有人的一种权利。政府应在同社会伙伴合作的情况下，保证所有人能享有这一权利”。

政府一直强调要把加强对农村劳动力的职业技能培训、提高农民就业能力

① 赵耀辉：《中国农村劳动力转移及教育在其中的作用》，《经济研究》，1997年第2期。

作为增强产业竞争力的一项重要基础性工作来抓，并置于各级政府工作“重中之重”的战略地位。从2001年开始，党中央、国务院就开始对农村劳动力培训工作提出明确要求。2003年，由农业部、财政部、劳动和社会保障部、教育部、科技部、建设部等六部委联合制定的《2003—2010年全国农民工培训规划》，对农民工培训工作做出具体部署。2004年起，实施了“农村劳动力转移培训阳光工程”，目标是在7年内通过公共财政的支持，对拟转移的5 000万农村劳动力开展引导性培训，对已就业的两亿农民工开展岗位培训。如此巨量的培训是史无前例的。2004年中央财政用于“三农”的投入为26亿元，其中直接安排的农民培训预算为2.5亿元。至2006年底，中央财政累计投入12.5亿元，对参加培训的农民进行补助，农民培训，政府买单。2004年，教育部在《2003—2007年教育振兴行动计划》中专门提出，要全面实施“农村劳动力转移培训计划”，对进城务工农民进行职业教育和培训，计划到2010年以后，按照城乡经济社会协调发展的要求，把农村劳动力培训纳入国民教育体系，使农村劳动力的科技文化素质总体上与中国现代化发展水平相适应。

10.1.1.5 农民培训与就业的难度越来越大，正处于一种尴尬境地

然而，城市化进程中农民培训与就业服务存在着政府热农民冷、农民的有效需求不足、农民需求并没有得到满足等问题。问题的原因之一，是各级政府还存在越位、错位、缺位等现象，尤其是基层政府在此问题上更多的是被动地等待高层政府的行政推动，缺乏主动性、积极性和创造性。政府主导型模式通过政府直接命令、指令性政策、直接投入资金等行政干预方式直接管理整个培训就业工作，不能充分发挥市场机制的作用，并有效调动企业、非营利组织等其他社会组织的积极参与，加上资金不足、资源缺乏整合、激励政策不多、手段有待加强等问题，一方面造成了资源的巨大浪费和工作效率低下，另一方面农民得到的就业培训效果不大，农民的积极性不高。

政府在城市化进程中农民培训和就业问题上如何给自身定位、担当何种角色、承担何种责任、如何履行职责、如何提高工作效率和效果，这是各级政府面临的、需要及时解决的重大而现实的问题。

研究对政府在城市化进程中的农民培训和就业服务方面的工作状况，以及农民反映的情况进行深入调查，对政府在农民培训和就业服务方面如何发挥主导作用、如何界定政府与市场供给的合理边界、实现优势互补，如何规范、建立各级政府的公共服务分工体制等问题进行探讨。这一研究对促进农民培训与就业及政府管理体制改革具有一定的理论意义与现实意义。

10.1.2 国内相关研究概况

10.1.2.1 关于农民培训的研究

（1）关于“城中村”居民的培训。从20世纪80年代起，我国各地开始了

社区教育的研究与实践活动，上海、天津、沈阳等地开展得独具特色。然而，从全国范围看，我国的社区教育仍处于探索性和经验性总结阶段。

陈元妹（2008）[①] 对社区教育管理中的政府行为进行了探讨，分析了政府介入社区教育管理的必要性和政府在社区教育管理中的角色，提出改革政府行为运作方式势在必行。

（2）关于城郊农民的培训。朱敏（2005）[②] 在分析上海郊区农业和农村社会经济发展特点与郊区劳动力现状的基础上，就郊区农民教育培训发展的任务、模式创新进行了探析，提出了郊区农民教育培训的任务是农业的生产培训、农业劳动力转移培训和农民的生活教育培训，并从创新发展的角度提出了能力本位的培训模式、素质教育的培训模式和远程教育培训模式。崔晓光（2007）[③] 通过对上海市浦东新区张江镇被征地农民的调研，对被征地农民就业适应性培训进行了研究。陈亚东（2007）[④] 调查显示，重庆郊区农民对与就业相关的各类知识和技能培训有着强烈需求，但传统观念局限、教育资源不足、培训与就业脱节等制约了工作的有效开展。发展郊区农民职业教育与培训，必须统筹城乡教育资源，完善农村教育体系，加强终身教育宣传，建立多元主体，完善就业跟踪服务等。高珊（2008）[⑤] 以江苏省为研究案例，通过问卷调查，总结全省农村劳动力的四大素质特征，指出当前江苏农村劳动力的教育培训存在的主要问题，定量和定性相结合深入剖析农民自身的培训需求，有97%的农民愿意参加培训，总体需求旺盛。吴忠坤（2008）[⑥] 就四川农民教育培训的历史与现状，指出了农业的比较效益低下及教育与就业相脱节是当前农民教育培训陷入困境的重要原因，提出了有效实施农民教育培训的几点看法：以农业产业带动农民教育培训的发展，以专业协会作为农民教育培训实施的途径，以农民工岗前技能培训代替农村劳动力转移培训。

杨国勇（2007）[⑦] 对农村劳动力培训与就业的关联进行了分析，农村劳动

---

① 陈元妹：《浅析社区教育管理中的政府行为》，《天津职业院校联合学报》，2008年第1期，第34～37页。

② 朱敏：《城市化与郊区农民教育培训发展探析》，《上海交通大学学报》（农业科学版），2005年第2期，第202～206页。

③ 崔晓光：《被征地农民就业适应性培训研究——基于上海市浦东新区张江镇的调研》，华东师范大学2007届研究生硕士学位论文。

④ 陈亚东：《重庆郊区农民职业教育与培训探索》，《职业技术教育》，2007年第10期，第70～72页。

⑤ 高珊：《发达地区农村劳动力的素质现状及提升策略——以江苏省为例》，《乡镇经济》，2008年第6期，第112～115、126页。

⑥ 吴忠坤：《以农业产业带动农民教育培训的发展》，《职业教育研究》，2008年第1期，第137～138页。

⑦ 杨国勇：《农村劳动力培训与就业的关联分析》，《农村经济》，2007年第7期，第125～126页。

力就业岗位分布与其技术技能素质存在明显的关联，而对农村劳动力培训工作的开展，又在很大程度上影响着他们技术技能素质的提高。绝大多数的农村劳动力期望通过培训解决就业问题。调查结果表明，农村转移劳动力对培训与就业联系的期望是很高的，其培训的实用主义取向非常明显。因此，在对农村劳动力进行职业技能培训和职业资格认证的过程中，能否真正实现培训与就业的有效关联，使农村转移劳动力在培训之后能够顺利地进入相应的行业就业，是各级政府开展农村的转移劳动力培训工作能否真正产生实效的关键。

贾勤美（2007）① 对影响我国农村劳动力转移培训实效性的因素进行系统分析，提出主要因素包括主体性因素、培训目标、内容和方法因素、资源性因素、制度性因素。

贾爱平、王云飞、霍丽娟（2008）② 提出高职院校要充分利用自身优质教育教学资源，开展各种形式的职前职后培训，开展农村劳动力转移培训。于风云（2008）③ 探讨了农村预备劳动力培训策略与职业学校的作用。黄天柱（2008）④ 指出，农业大学参与农村劳动力职业技能培训是促进农业科技成果转化和大学发挥其社会服务功能的客观需求。参与模式主要有自主开设培训班、与企业或协会联合培训、专家深入农村举办科技讲座和参与相关培训机构的培训活动等。实施大学参与培训，政府的导向、大学的办学定位和科技人员的培训思路需有相应的调整。

（3）关于外来农民工的培训。徐本仁（1994）⑤ 通过分析“民工潮”出现的社会原因和农民工的生存现状，指出农民工平均文化水平比较低，即使对于一般的操作工或建筑等劳动密集型的工作，其必要的生产技术和安全知识仍然十分缺乏。同时，农民工由于普遍缺乏法律知识和必要的卫生防病知识、道德修养不够高等，来到城市后仍存在许多愚昧的行为和陋习，与城市的生活方式格格不入。赵本涛、肖泽群（2004）⑥ 认为，农民工培训的必要性和迫切性主要是有以下三个原因：一是工业化、城市化的发展进程加快；二是经济增长方

---

① 贾勤美：《影响农村劳动力转移培训实效性的因素和对策分析》，《文化建设》，2007 年第 7 期，第 88～90 页。

② 贾爱平、王云飞、霍丽娟：《高职院校开展农村劳动力转移培训工作研究》，《中国成人教育》，2008 年第 8 期，第 191～192 页。

③ 于风云：《农村预备劳动力培训策略与职业学校的作用》，《职业教育研究》，2008 年第 8 期，第 131～132 页。

④ 黄天柱：《农业大学参与农村劳动力职业技能培训的模式与思路》，《安徽农业科学》，2008 年第 36 卷 2 期，第 2582～2583 页。

⑤ 徐本仁：《民工潮向农村成人教育提出了新课题》，《中国成人教育》，1994 年第 12 期。

⑥ 赵本涛、肖泽群：《农民工培训：我国人力资源开发的重大问题》，《淮北煤炭师范学院学报》，2004 年第 8 期。

式的转变；三是知识经济时代的来临。

潘洪其（2003）[①] 指出，关于农民工教育，目前更多使用的概念是“农民工培训”。它可以分为三个层次的核心内容：一是提升受教育水平和职业技能素质；二是普及城市生活常识和法律法规知识，引导其对城市文明的认同感和对城市生活的责任感；三是法制观念教育，帮助其树立现代公民意识、权利意识、平等意识，培养其在多元化利益分配格局中的话语能力、依法维权能力。宋言奇、马乙玉（2004）[②] 指出，农民工的城市适应性教育和职业技能教育同样重要，它的开展在当前尤为紧迫。对于城市社会而言，农民工进城后，在为城市建设作出巨大贡献的同时，也给城市治安和社会秩序带来了隐患。由于其原有的价值观念、行为准则很容易与城市中的价值观念、行为准则相冲突，容易导致犯罪。赵秀玲（2004）[③] 认为，农民工自身对教育培训的需求主要体现在对生存技能和发展技能的培训需求上。前者是指农民工为了满足最基本的生存需要而渴望结合自己实际和市场需求进行技能培训，后者则是在生存技能培训需求得到满足之后产生的培训需求，如社会交往、友情、尊重等社会和精神满足。但是由于农民工无法与市民进行全民的互动，不能真正融入城市，因而后者也只是一种潜在的需求。李会娟（2006）[④] 认为，农民工教育投资是一种“生产性投资”，它有助于提升农民工人力资本。如果农民工的继续教育问题不解决，我国城市的人口整体素质将得不到整体性提高，城市的社会道德、文明和经济发展也将受到灾难性的影响。农民工“人力资本”投资不足将使目前已经困扰中国的结构性失业愈演愈烈，并且以后的几年甚至几十年也可能成为中国人力资源开发和教育发展的失落期、滞后期，从而影响整个中国全面建设小康社会和现代化建设的第三步战略目标的实现。朱敏（2008）[⑤] 认为，引导性培训是我国现行农民工培训的一项重要内容，基于对其现状的基本认识，在城市移民的新视角下，逐步改进原有的农民工引导性培训模式；转变农民工的身份与角色定位，调整培训目标与效果；逐步拓展与提升培训内容，改变以往实施培训的方式，使之更切合实际与未来的发展方向。

方轮（2005）[⑥] 对广东的农民工教育培训问题深入调查和分析，发现农民

---

① 潘洪其：《农民工培训的三个层次》，《北京青年报》，2003－10－14。

② 宋言奇、马乙玉：《城市适应性教育——民工潮中不可忽视的问题》，《教育发展研究》，2004年第7期。

③ 赵秀玲：《谈农民工的培训需求与培训方式》，《教育与职业》，2004年第1期。

④ 李会娟：《从人力资本投资看我国农民工受教育问题》，《教育与探索》，2006年第1期。

⑤ 朱敏：《城市移民视角下农民工引导性培训思考》，《职业技术教育》，2008年第4期，第70～72页。

⑥ 方轮：《广东省进城工培训问题研究》，《人才开发》，2005年第6期。

工教育培训面临的问题有：一是受教育机会不平等。与本省籍农村劳动力转移的免费培训相比，外省籍农民工的教育培训费用完全由农民工本人承担。二是职业教育培训发展滞后，表现为规划滞后和总体投入不足。三是职业教育培训和劳动力市场信息不对称，缺乏一个覆盖全省乃至相关省份的劳动力供求信息网络。詹亚、邓桦（2005）① 指出，除传统成教体系的时间安排、教学内容和形式无法满足农民工的多样化需要之外，现行的农民工教育培训由于缺乏政府的宏观指导以及系统的安排，导致一些只图收费不重实际的培训机构出现，它们乱收费、发假证，甚至招摇撞骗。

李湘萍（2005）② 以北京市富平职业技能培训学校为例，探讨了“富平模式”的制度创新，即“民办公助”的培训—就业—权益保护一体化的农民工培训就业新模式，并运用经济学、政治学和社会学的相关理论阐述了非营利组织在提供农民工培训中的独特作用和意义。富平学校是著名经济学家茅于轼、汤敏等人出资于 2002 年成立的职业学校，是我国第一个“公民个人利用非国家财政教育经费面向社会举办的股份制有限责任中级职业技能培训学校”。它以市场化的操作方式，针对贫困地区的农村剩余劳动力，探索出培训和就业“一条龙”运作方式。胡小凤（2006）③ 指出，MES（Modules of Employable Skill）课程模式是由国际劳工组织开发的一种“模块式职业技能培训模式”，意为“适于就业技能的模块组合”。由于农民工受工作时间条件的制约，农民工教育培训的课程不应该是固定和系统化的，应该是农民工可以根据具体需要进行灵活选择的。MES 课程模式提供了适于自学的学习材料，强调学员的自学，这样能使学员发挥最大的主观能动性，同时能为农民工节省时间、节省费用。

谢建社、黎明泽（2007）④ 对农民工教育研究进行了比较全面的综述，认为我国的农民工教育尚处于初始的培训阶段。

10.1.2.2 关于农民就业的研究

（1）关于城郊农民的就业。马弛等（2005）⑤ 通过对失地农民就业情况的调查、分析和研究，指出随着我国城市化进程的加快，农村土地征用面积越来越大，被征地农民的就业问题变得日益突出。怎样保证农民失地不失业，成为

① 詹亚、邓桦：《现行民工教育存在的问题与对策分析》，《职业教育研究》，2005 年第 3 期。

② 李湘萍：《富平模式——农民工培训的制度创新》，《教育发展研究》，2005 年第 6 期。

③ 胡小凤：《MES 课程模式：农民工培训的必然选择》，《中国培训》，2006 年第 2 期。

④ 谢建社、黎明泽：《农民工教育研究综述》，《学习与实践》，2007 年第 4 期，第 121～130 页。

⑤ 马弛、张荣、彭霞：《城市化与失地农民就业》，《华东经济管理》，2005 年第 1 期，第 71～74 页。

城市化进程中又一个需要迫切解决的问题。宋艳敏（2007）[①] 分析了当前失地农民就业状况，找出造成当前我国失地农民就业困难的经济因素、制度因素以及他们自身因素，最后为解决失地农民就业问题提出了对策和建议：依靠经济发展从根本上拉动失地农民就业；改革征地补偿制度，提高失地农民就业经济基础；健全社会保障体系，解除失地农民后顾之忧；建立城乡一体化的就业制度，为失地农民营造好的就业环境；建立健全教育培训机制，提高失地农民素质，增强其市场竞争力；采取灵活多样的就业机制，通过各种渠道，积极扩大失地农民就业。李富田、张媚迪（2008）[②] 通过问卷调查，对失地农民的就业现状、地区经济差异对失地农民的就业影响、失地农民就业中的主要问题等进行了分析。失地农民的性别、年龄、文化程度及所在地区的经济水平都与就业状况存在着一定的关系。

谢伟（2005）[③]通过对白云区近郊农村青年的就业观念、就业结构和就业状况的分析，认识到近郊青年就业的情况发生相应的变化，总体上呈现出择业多元化、就业领域分散化、流动性大等特征。近郊农村青年的独立自主、开放接纳、竞争、合作、效率、进取、创新等符合现代化生产的品质不断形成，成长起来的近郊农村青年又将为白云区的产业结构的优化升级和经济进一步发展提供人力资源保障。但是，也存在着一些不容忽视的问题，例如就业期望与社会需求脱节、市场调节不力与劳动力市场缺陷和信息的不对称等问题。该文对白云区近郊农村青年的就业状况进行的剖析，并对促进近郊农村青年的就业提出了相关的政策建议。胡加荣（2007）[④] 对北京市边缘区失地农民就业情况的实证分析，提出扫除制度障碍，强化政府责任，建立以政府为主导的失地农民就业模式，为解决失地农民就业开辟新的路径，并将扶持集体经济的发展作为解决失地农民就业的重要措施。刘霞（2007）[⑤] 以城市化速度较快的青岛市城阳区为例，分析失地女性农民就业的现状、特点及其原因。解决失地女性农民的就业问题是一个系统工程，需要政府、企业、妇联、社会各界等多方面力量的协作。目前既不能将失地女性推向就业市场，走完全的市场化道路，也不能单纯依靠政府的安置和指导就业；既应注重解决失地女性眼前的安置、就业问

① 宋艳敏：《城市化进程中失地农民就业研究》，西南大学 2007 届研究生硕士学位论文。

② 李富田、张媚迪：《城市化进程中失地农民就业状况调查》，《西南科技大学学报》（哲学社会科学版），2008 年第 4 期。第 56～61 页。

③ 谢伟：《城市化进程中近郊农村青年就业状况研究——基于广州市白云区青年就业状况的实证分析》，华南农业大学 2005 届硕士学位论文。

④ 胡加荣：《城市化进程中失地农民就业实证研究》，《北京农学院学报》，2007 年第 3 期，第 57～60 页。

⑤ 刘霞：《地女性农民的就业出路问题实证研究——以青岛市城阳区为例》，《甘肃理论学刊》，2007 年第 3 期，第 93～97 页。

题，也应重视长远的妇女人力资源的发展和管理问题，使问题的解决不只局限于就业率，而应该纳入政府就业长远规划的战略问题来对待，将失地女性就业问题纳入城市人力资源开发的系统工程，以“立足现在，重在未来”的思路，探寻各种举措。

纪韶（2006）[①] 认为长期以来，中国二元经济结构造成了城乡劳动力的市场分割性。随着改革的进程，劳动力市场的发育程度呈现出变化迅速的动态特征。一方面，市场配置劳动力资源的程度加深，范围扩大；另一方面，政府在不断清除阻碍劳动力流动的制度性障碍。但由于二元经济结构造成的劳动力市场扭曲迄今为止仍然没有解决。

（2）关于外来农民工的就业。贫成龙（2007）[②] 以“推—拉”理论为基础，通过对南通地区农村进城务工农民回流现象加以分析，认为新形势下城市“推力”和农村“拉力”对进城务工农民的回流产生了重要作用。进城务工农民的回归不仅振兴了乡村社会的经济、政治和文化，而且与我国城市化进程中发展城市圈的方针相一致。

10.1.2.3 关于农民培训与就业的政府行为的研究

（1）关于农民培训的政府行为研究。雷世平、姜群英（2004）[③] 认为，地方政府对农民工培训工作的重视程度不够，至今尚未制定农民工教育培训的具体计划以及配套的政策，也没有统筹农民工教育培训的专门机构。农民工培训投入机制也尚未建立起来，没有政府专项经费，缺乏社会捐助，招收农民工的企业也出于利润最大化而削减或不安排培训经费。培训后的就业服务不到位，培训与就业服务相脱节，“由一种服务关系沦落为一种经济利益关系”。此外，作者还指出，农民工培训的理论支撑不够。由于缺乏农民工培训工作的经验总结和科研成果，导致农民工教育培训工作随意性、盲目性较大。培训本身存在严重问题，使得一些农民工深感培训意义不大，由于培训没有就业准入的功效，使得农民工失去了参与培训的外在压力。魏丽莉（2007）[④] 认为，政府主导型农村剩余劳动力转移培训模式是造成效率低下和效果甚微的主要原因。许昆鹏（2007）[⑤] 指出，当前，农村劳动力转移培训中存在着诸如培训信息不

---

① 纪韶：《中国农民工流动就业现状的实证研究—对 2004—2005 年我国 14 个省调研数据的分析》，《经济与管理研究》2006 年。

② 贫成龙：《进城还是返乡——新形势下进城务工农民回流现象分析》，《农村经济》，2007 年第 11 期，第 86～88 页。

③ 雷世平、姜群英：《农民工培训工作面临的问题及对策》，《中国农业教育》，2005 年第 1 期。

④ 魏丽莉：《农村剩余劳动力转移培训中的政府职能研究》，兰州大学 2007 年硕士学位论文。

⑤ 许昆鹏：《农村劳动力转移培训中政府介入的现状分析及政策启示》，《乡镇经济》，2007 年第 7 期，第 66～68、76 页。

足、规模小、落实制度不到位等问题，根本原因在于政府对于自身的职能定位不明确，在行政推动的运作过程中出现了错位与越位现象。因此，需要对政府在其中的职能进行明确定位，以进一步改善绩效。结合农村劳动力数量大、素质低、技能低、收入水平低的现状，对农村劳动力转移培训中政府的职能做如下定位：整合社会资源，增加培训供给，提供培训机会，优化供给结构，强化信息服务，促进社会公平。刘亚萍（2007）[①] 指出培育新型农民迫切需要对政府农民培训资源进行整合，目前可以通过整合组织资源、整合培训目标、整合培训经费、整合无形资产、整合培训基地等路径来提高政府农民培训资源的使用效益。

张启富（2007）[②] 认为，在农村劳动力技能培训潜在投资者当中，农村劳动力投资意愿强烈但成本承担能力有限，企业成本承担能力不成问题但投资意愿不强，只有政府同时具备较强的投资意愿与成本承担能力，同时，政府还负有为农村劳动力技能培训“买单”的道义责任。因而短期内，政府应是农村劳动力技能培训的主要“买单者”。从长远来看，政府要采取有效措施，促使农村劳动力技能培训市场正常有效运转，促进农村劳动力技能培训正常化、规模化和持续化开展。王静怡（2008）[③] 运用博弈方法分析在农村剩余劳动力培训过程中政府、培训机构、农村剩余劳动力三主体间的关系，发现目前开展的培训存在政府鼓励农民参加培训的激励机制不够、政府对培训学校的监督机制不完善等问题。马桂萍（2004）[④] 从认识、机制、政策三方面分析了农民工培训的制约性因素。首先是农民自身和政府对农民工培训工作在认识上的不到位，农民工更倾向于选择即时工作维持生活，而不愿意承担培训费用；政府则还没有认识到农民工培训是一种公益性行为，对农民工培训工作也没有给予足够的重视和财政支持。其次是各地方政府正处于落实中央政策、制定和实施本地政策的初始阶段，工作机制有待进一步完善；政府对农民工、用人单位、培训机构参与农民工培训的激励功能不强。再次是尚未形成合理的、多元化的资金投入机制。我国进城农民工的职前培训费用基本是个人投入，职后再培训投入也没有制度化，而农民因其经济状况决定了他们很少有自我职前职后的培训投入。中央财政和地方财政的投入比例过低导致农民工参与培训的积极性难以调动起来。

---

① 刘亚萍：《整合政府农民培训资源的路径分析》，《湘南学院学报》，2007 年第 12 期，第 117～121 页。

② 张启富：《谁为农村劳动力技能培训“买单”》，《农村经济》，2007 年第 4 期，第 111～113 页。

③ 王静怡：《农村剩余劳动力培训的博弈分析》，《湖南农业科学》，2008 年第 1 期，第 144～146 页。

④ 马桂萍：《农民工培训的制约因素及突破思路》，《高等农业教育》，2004 年第 11 期。

郭亚非、鲍景（2006）[①] 对云南省曲靖市外出农民工进行抽样调查，认为政府应该是推动者而不是具体实施者，应是各类资源的组合者和加强农民工培训工作的督促和服务者。

（2）关于农民就业的政府行为研究。杨静（2007）[②] 在肯定目前我国失地农民安置中政府行为初步绩效的同时，指出了失地农民安置中政府行为存在的四大问题，即法定征地补偿不足、征地程序不合法、安置方式不合理、安置规划不科学；并进一步从五个方面剖析了问题的成因，即安置观念不先进、安置规范不完善、安置角色定位不当、安置动机不端正、安置监督不到位。结合政府行为的相关理论以及政府安置政策发展的宽广思路，尝试性的探讨了优化我国失地农民安置中政府行为的路径，即要坚持以人为本，实现科学发展；引入市场机制，转变安置观念；改善补偿标准，合理安置农民；完善规章制度，保障农民权益；端正安置动机，转变政府职能；加强行政监督，健全考评机制；保证制度供给，建立社保机制。魏敏（2007）[③] 总结到：关于政府在安置失地农民方面应承担的责任，国内学者普遍认为政府应该承担的责任包括以下几个方面：①提供就业政策，建立健全就业相关法规制度；②为失业者提供社会保险，并及时引导其重新就业；③为就业者提供各方面的就业服务并帮助其就业；④创造多方位的就业机会扶助失业人口再就业。在就业安置中，政府充当了制度安排的角色，一个切实可行的政策能够提高个人的行为效率，同时，在制度安排基础上依赖市场的自身调节也是必不可少的。

代秀艳（2005）[④] 根据目前人力资源的重要性和我国人力资源市场发展的现状以及我国政府管理的不断变化，在总结人力资源市场中的政府行为研究的理论基础和实践依据的基础上，探讨人力资源市场中的政府角色与职能，分析了人力资源市场中的政府的不同职能和人力资源市场中的政府角色定位及角色冲突，详细地分析了政府基于人力资源市场主体的行为和政府基于人力资源市场管理者的行为，并结合实际具体分析我国人力资源市场中的政府行为所存在的主要问题，由此提出政府对人力资源市场施加影响的有效途径和若干相应的政府行为对策。最后以实际案例——农民工讨薪，来具体分析政府在人力资源

---

① 郭亚非、鲍景：《入城农民工就业培训中政府角色定位分析——以云南省调查为例》，《学术探索》，2006 年第 3 期，第 23～27 页。

② 杨静：《现阶段我国失地农民安置中的政府行为研究》，华中师范大学 2007 届硕士学位论文。

③ 魏敏：《失地农民就业问题研究——以南京市为例》，南京农业大学 2007 届研究生硕士学位论文。

④ 代秀艳：《人力资源市场中的政府行为研究》，大连理工大学 2005 硕士学位论文。

市场中的行为缺位、错位和越位等问题。王萌（2007）[①] 认为，在这种劳动力市场存在失灵的情况下，需要政府进行调节。此时政府作用一方面表现在培育完善的劳动力市场，另一方面在一定程度上还要参与劳动力资源的配置过程。王枝茂、张璐琴（2008）[②] 对我国劳动力市场制度变迁中的政府行为进行分析。分析认为，劳动力市场的制度变迁指的是劳动力市场制度创立、变更及随着时间变化而被打破的方式，它涵盖劳动就业制度、劳动力流动制度、工资收入分配和社会保障制度。这是劳动力市场实现有效运行的基本条件，共同构成劳动力市场制度体系的基本框架。

胡加荣（2007）[③] 对北京城市边缘区失地农民的就业状况进行了调查，分析城市边缘区失地农民就业难的原因，提出扫除制度障碍，强化政府责任，建立以政府为主导的失地农民就业模式，为解决失地农民就业问题开辟新的路径。并将扶持集体经济的发展作为解决失地农民就业的重要措施。

10.1.3 核心概念

10.1.3.1 农民培训

培训是指人们为获得技能和就业者的生产能力而进行的投资。农民培训指的是农民为适应就业、发展或其他需要而以一定的方式（包括现代网络技术的应用）进行的有关知识、技能、行为和态度的一种短期教育的教育投资，以提高其自身的职业技能为教育目标，直接为社会生产提供劳动力资源的一种形式。本书是指对拟向非农就业和城镇转移的城市化农民和农民工进行必要的多种形式、多种层次职业技能培训，以促使其充分就业和合理有序的转移。

10.1.3.2 农民就业

《辞海》中“就业”的定义如下：就业，亦称劳动就业。具有劳动能力和求职愿望的人，从事某种社会劳动，并取得相应报酬或经营收入的行为。按照我国《劳动法》最新的界定标准，“就业”指 16～60 岁的男子或 16～55 岁的女子在法定劳动年龄内，从事一定的社会经济活动，并取得合法劳动报酬或经营收入。其中劳动报酬达到和超过当地最低工资标准的，为充分就业；劳动时间少于法定工作时间，且劳动报酬低于当地最低工资标准、高于城市居民最低生活保障标准，本人愿意从事更多工作的，为不充分就业。虽然从事一定社会劳动，但劳动报酬低于当地城市居民最低生活保障标准的，视同失业。就业具

① 王萌：《现阶段我国劳动力资源配置中的政府行为》，《现代企业》，2007 年第 8 期，第 15～16 页。

② 王枝茂、张璐琴：《我国劳动力市场制度变迁中的政府行为》，《宏观经济管理》，2008 年第 3 期，第 43～45 页。

③ 胡加荣：《城市化进程中失地农民就业实证研究》，《北京农学院学报》，2007 年第 3 期，第 57～60 页。

有以下几个基本特征：①就业主体是达到法定年龄的具有劳动能力的人；②就业主体所从事的劳动必须得到社会的承认；③这种劳动必须是有报酬的，公益性的没有报酬的劳动不能称为就业。在本研究中我们把就业界定为具有劳动能力和求职愿望的城市化农民和农民工，从事某种社会劳动（包括农业生产和非农业生产），并取得相应报酬或经营收入的行为。

10.1.3.3　政府行为

政府行为是指国家各级行政机关及其公务人员为履行政府职能而进行的各项行政活动的总称。它有两层含义：①政府行为的主体是国家各级行政机关及其公务人员；②政府行为是履行政府职能的活动。政府职能是指政府在一定时期内根据国家和社会发展的需要应该承担的职责和功能。政府职能主要包括两个方面：政治职能和社会管理职能。政府行为是政府职能的具体运作。政府行为的首要特征是其公共性。政府行为公共性有两层含义：①政府以全社会为管理对象，处理公共事务；②政府的决定对全社会具有普遍的强制约束力。政府行为的第二个特征是非营利性。非营利性是政府作为公共权力机构的行为有别于经济组织的行为的基本特点，是政府作为公共事务的管理机构有别于社会中的普遍组织的一个显著特征。农民培训与就业方面的政府行为主要有政策引导、制度保障、公共服务、宏观调控、法律规范、监督和仲裁、财政扶持、舆论导向等。

10.2　农民培训与就业过程中的政府角色

10.2.1　农民培训与就业的政府政策

10.2.1.1　国务院有关农民培训与就业的政策规划

党中央、国务院对农民培训与就业工作非常重视。农业部于 1990 年就已经开始在全国开展农民技术资格证书即“绿色证书”制度试点工作。1994 年《国务院办公厅转发农业部关于实施“绿色证书工程”意见的通知》提出，在今后一段时期内，农民技术教育主要通过三种教育培训方式，培养造就三支队伍：一是通过实用技术培训，向农民普及推广农业科学技术，培养一支掌握致富技术的劳动者队伍；二是通过实施“绿色证书工程”，对具有初、高中文化程度的农民进行岗位培训，培养一支能够起示范带头作用的农民技术骨干队伍；三是通过开展农民中等学历教育，培养一支能够适应农村经济发展需要的乡、村基层管理干部和技术人员队伍。争取用 10 年左右的时间，在农村的大多数岗位初步建立“绿色证书”制度，为建立与现代化农业相适应的农业从业培训和从业资格奠定基础。在“八五”期间，培训“绿色证书”学员 200 万人。到 2000 年，培训“绿色证书”学员 800 万～1 000 万人，平均 20 户左右有一名获得“绿色证书”的农民，形成一支活跃在基层的农民技术骨干队伍。

2000年，农业部、团中央根据1999年农业部、财政部和共青团中央《关于印发〈关于开展跨世纪青年农民科技培训工程试点工作的意见〉的通知》精神，印发了《跨世纪青年农民科技培训工程管理办法》，决定从2001年起在全国全面实施青年农民培训工程，计划到2005年培训青年农民500万人，基本达到每个村民小组有1名青年农民接受培训。《中共中央、国务院关于做好农业和农村工作的意见》明确要求："随着产业结构升级和现代化建设步伐加快，城市对进城务工农民素质的要求越来越高，各地和有关都门要加强对农民工的职业技能培训，提高农民工的素质和就业能力。"国务院也做出《关于进一步加强农村教育工作的决定》，提出："积极实施农村劳动力转移培训，每年培训2 000万人次以上，使他们初步掌握在城镇和非农产业就业必需的技能，并获得相应的职业资格或培训证书"。

2003年农业部等六部联合制定了《2003—2010年全国农民工培训规划》，明确了转移培训的指导思想、基本原则、培训目标和任务。《规划》确定，2003—2005年，组织对拟向非农产业和城镇转移的1 000万农村劳动力开展转移就业前的引导性培训，对其中的500万开展职业技能培训；对已进入非农产业就业的5 000万农民工进行岗位培训。2006—2010年，对拟向非农产业和城镇转移的5 000万农村劳动力开展转移就业前的引导性培训，对其中的3 000万开展职业技能培训，同时对已进入非农产业就业的2亿多农民工开展岗位培训。为保障农民工培训工作的顺利进行，《规划》提出六条政策措施：一是加强农民工培训工作的组织领导；二是加大农民工培训的资金投入；三是制定农民工培训的激励政策；四是推行劳动预备制度，实行就业准入制度；五是整合教育培训资源，提高培训效率；六是加强农民工培训的服务工作。

2004年4月农业部、财政部、劳动和社会保障部、教育部、科技部和建设部共同组织实施"农村劳动力转移培训阳光工程"。由政府公共财政支持，主要在粮食主产区、劳动力主要输出地区、贫困地区和革命老区开展的农村劳动力转移到非农领域就业前的职业技能培训示范项目。目标任务是：2004—2005年，重点支持粮食主产区、劳动力主要输出地区、贫困地区和革命老区开展短期职业技能培训，探索培训工作机制，为大规模开展培训奠定基础，培训农村劳动力500万人，年培训250万人；2006—2010年，在全国大规模开展职业技能培训，建立健全农村劳动力转移培训机制，加大农村人力资源开发力度，培训农村劳动力3000万人，年培训600万人；2010年以后，按照城乡经济社会协调发展的要求，把农村劳动力培训纳入国民教育体系，扩大培训规模，提高培训层次，使农村劳动力的科技文化素质总体上与我国现代化发展水平相适应。2005年《中共中央国务院关于推进社会主义新农村建设的若干意见》指出：要大规模开展农村劳动力技能培训，扩大农村劳动力转移培训阳光工程实施规模，提高补助标准，增强农民转产转岗就业的能力。

2006 年，《国务院关于解决农民工问题的若干意见》指出：劳动保障、农业、教育、科技、建设、财政、扶贫等部门要按照各自职能，切实做好农民工培训工作。劳动保障部《关于实施农民工培训示范基地建设工程的通知》提出：要重点扶持技工学校和公共实训基地扩大农民工培训规模，使其成为培养技术工人的主阵地。从现有近 3 000 所技工学校中，优选 100 所基础好、后劲足、社会认可度高的技工学校，运用国家开发银行政策性贷款给予重点扶持，使其充实培训设施，改善办学条件，扩大招生规模，在农民工职业培训中发挥示范作用。从现有 300 个地级以上城市中，优选 100 个人口规模大、产业密集、职业培训机构集中、劳动者职业培训需求旺的区域性中心城市，运用国家开发银行政策性贷款给予重点扶持，使其在较短时间内建立、完善公共实训基地，带动职业培训集约化。

2006 年《国务院办公厅转发劳动保障部关于做好被征地农民就业培训和社会保障工作指导意见的通知》指出：一要促进被征地农民就业。在城市规划区内，要将被征地农民纳入统一的失业登记制度和城镇就业服务体系。未就业的被征地农民可到当地公共就业服务机构办理失业登记，公共就业服务机构要及时办理，并积极为被征地农民提供就业咨询、就业指导、就业培训、职业介绍等服务，促进在劳动年龄段内有就业愿望的被征地农民尽快实现就业。二要落实被征地农民就业安置责任。政府要积极开发公益性岗位安置就业困难的被征地农民就业，督促指导用地单位优先安置被征地农民就业。三要加强对被征地农民的培训工作。在城市规划区内，各地要有针对性地制定适合被征地农民特点的职业培训计划，通过订单式培训等多种方式帮助被征地农民实现就业。在城市规划区外，各地要针对被征地农民的特点积极开展职业培训，提高被征地农民的就业竞争能力和创业能力。

从 2006 年起，农业部、财政部开始组织实施“新型农民科技培训工程”。《农业部财政部关于组织实施新型农民科技培训工程的通知》指出，2006 年新型农民科技培训工程计划在全国 300 个县，10 000 个村开展培训工作。各省根据优势农产品区域布局规划和地方特色农业发展要求，选择项目实施县和培训示范村。要围绕地方主导产业和“一村一品”发展要求，招标确定培训机构，进村开展培训工作。各村的培训工作要在实行整村推进的基础上，确定 40 名以上主要从事农业生产和经营、农业生产经营收入为家庭主要收入的专业农民，作为基本学员，登记注册，开展系统培训。对经考核达到“绿色证书”岗位规范要求的发放“绿色证书”。培训机构进村开展集中培训的时间不得少于 15 天，根据农时季节现场指导不得少于 15 次。通过进村培训指导，使受训农民能够基本掌握从事主导产业的生产技术及其相关知识。《农业部办公厅关于做好示范村（场）新型农民科技培训工作的通知》要求：各省须将100个示范村所在的县（市、区、团场）列入2006年新型农民科技培训项目县。

2007年劳动和社会保障部《关于做好2007年度农村劳动力技能就业计划实施工作的通知》指出，2007年度农村劳动力技能就业计划任务是：培训农村劳动力800万人。其中，培训转移就业前的农村劳动力（包括农村初高中毕业未升学人员和其他新成长劳动力、农村退役士兵、有意愿外出务工的农村富余劳动力、在城镇公共就业服务机构登记求职的农村劳动者）400万人，培训合格率达到90%，转移就业率达到80%；培训在岗农民工400万人，培训合格率、稳定就业率分别达到90%。

2007年8月30日第十届全国人民代表大会常务委员会第二十九次会议通过了《中华人民共和国就业促进法》，规定：县级以上人民政府把扩大就业作为经济和社会发展的重要目标，纳入国民经济和社会发展规划，并制定促进就业的中长期规划和年度工作计划；通过发展经济和调整产业结构、规范人力资源市场、完善就业服务、加强职业教育和培训、提供就业援助等措施，创造就业条件，扩大就业。对政策支持、公平就业、就业服务和管理、职业教育和培训、就业援助、监督检查、法律责任等方面的问题做出了全面的规范。

2008年2月《国务院关于做好促进就业工作的通知》指出：要强化政府责任，把扩大就业放在经济社会发展的突出位置。健全就业工作目标责任制度。把城镇新增就业、控制失业率、失业人员就业、就业困难人员就业及减少有劳动能力长期失业人员、城市居民最低生活保障人员作为就业工作主要目标任务，逐级分解，建立目标责任体系，并作为政府政绩考核的重要指标。进一步加强就业服务和管理，健全面向全体劳动者的职业技能培训制度。进一步完善面向所有就业困难人员的就业援助制度，及时帮助零就业家庭解决就业困难。进一步加强组织领导，切实做好就业促进法的贯彻实施工作。

2008年9月人力资源社会保障部、发展改革委、教育部、工业和信息化部、财政部、国土资源部、住房城乡建设部、商务部、人民银行、税务总局、工商总局《关于促进以创业带动就业工作的指导意见》由国务院办公厅转发至各省、自治区、直辖市人民政府、国务院各部委、各直属机构。要求重点指导和促进高校毕业生、失业人员和返乡农民工创业。对农民工返乡创业的，劳务输出地区要积极探索完善相关扶持政策。建立满足城乡各类劳动者创业的创业培训体系，做好职工的岗前培训和在职培训。为创业者、新创办企业及其所吸纳的员工提供公共就业服务。为创业者及其招聘的劳动者提供社会保障、人事管理、教育培训、职称评定等方面的政策便利，吸引人才去新创办企业工作，扩大创业带动就业的规模。

表 10-1　政府农民培训与就业工程一览表

工程名称	主管部门	开始实施时间
绿色证书工程	农业部	1994 年
跨世纪青年农民科技培训工程	农业部、财政部和共青团中央	2001 年
2003—2010 年全国农民工培训规划	农业部等六部	2003 年
农村劳动力转移培训阳光工程	农业部、财政部、劳动和社会保障部、教育部、科技部和建设部	2004 年
新型农民科技培训工程	农业部、财政部	2006 年
被征地农民就业培训	劳动和社会保障部	2006 年
广东省百万农村青年技能培训工程	广东省政府	2006 年
广东省农民工技能提升培训计划	广东省政府	2006 年
农村劳动力技能就业计划	劳动和社会保障部	2007 年
（由省百万农村青年技能培训工程和省农民工技能提升培训计划共同组成）		
关于推进产业转移和劳动力转移的决定以创业带动就业工作	人力资源社会保障部、发展改革委、教育部、工业和信息化部、财政部、国土资源部、住房城乡建设部、商务部、人民银行、税务总局、工商总局	2008 年

10.2.1.2　广东省政府有关农民培训与就业工作的实施意见

2006 年 6 月，广东省人民政府办公厅《关于做好被征地农民就业培训和社会保障工作的通知》指出：劳动保障部门作为被征地农民就业培训和社会保障工作的主管部门，要切实履行职责，主动加强与有关部门的沟通协调；财政、国土资源、农业、卫生、建设（规划）等部门要密切配合，共同做好有关工作。第一，积极促进被征地农民就业。对建设公益性项目而征地的，各级政府要积极开发公益性岗位安置被征地农民就业，并制订政策引导用人单位吸纳被征地农民就业。有条件的地方，可以从国家征用的建设用地中留出一定比例的土地作为安置用地，吸纳被征地农民就业。对建设经营性项目而征地的，各级政府要督促指导用地单位优先安置被征地农民就业，可采取用地单位直接提供就业岗位并与安置对象签订 5 年以上劳动合同的方式。鼓励被征地农民自谋职业或自主创业。第二，加强被征地农民就业服务和培训工作。对城市规划区内的被征地农民，要纳入城镇就业服务体系和失业登记管理制度，使其享受与城镇居民统一的公共就业服务和有关促进就业再就业扶持政策，为其提供免费的职业技能培训和技能鉴定服务。培训内容应根据被征地农民的特点，突出针对性，体现实用性。对城市规划区外的被征地农民，统一纳入“广东省百万农村青年技能培训工程”，实行一次性全免费技能培训鉴定和转移就业服务。对有劳动能力和就业意愿、对岗位不挑不拣的被征地农民，要承诺一定期限内给予安置就业。

2006 年《广东省百万农村青年技能培训工程实施方案》提出：2005—2010 年，组织 270 万名农村青年参加职业技能培训，向非农产业转移本省农村富余劳动力 480 万人以上，使广东省非农产业就业比重由目前的 64%提高到 72%。具体分两个阶段：2005—2007 年，每年转移本省农村富余劳动力 80 万人，组织 33.5 万人以上的农村青年参加转移就业前职业技能培训，其中免费培训不少于 18 万人，3 年共培训农村青年 100 万人以上。2008—2010 年，每年转移本省农村富余劳动力 80 万人，组织 55 万人以上的农村青年参加转移就业前职业技能培训，其中免费培训不少于 30 万人。参加免费培训的农村青年考证（国家职业资格证书或单项职业能力证书）通过率不低于 80%，就业率不低于 95%，转移就业后年回流率不高于 10%。

2006 年 9 月，广东省人民政府《关于进一步加强农民工工作的意见》提出了工作目标：“十一五”期间，建立和完善农民工综合管理服务的配套政策法规体系和工作制度，加快建立覆盖农民工的公共就业服务体系和职业培训体系，实现本省农村富余劳动力向非农产业转移就业 400 万人，转移前参加职业技能培训 240 万人。要加快建立覆盖农民工的就业服务和职业培训体系：第一，统筹做好城乡和省内外劳动力就业工作。改革城乡、地区分割的就业管理和服务体制，加快建立城乡统一的就业管理体制和公共就业服务体系。劳动保障部门所属的就业服务管理机构要切实做好统筹组织广东省城乡和外省劳动力就业服务工作。进一步清理和取消针对农民工的歧视性规定和不合理限制，为农民工提供平等的就业机会和服务。加强就业管理，严格执行就业登记和凭证就业制度。所有劳动者包括农民工就业必须领取《广东省就业失业手册》或《社会保障卡》，凭证进行劳动合同备案、享受就业扶持政策和政府提供的就业、教育、卫生、计生、医疗等各项公共服务。第二，强化对农民工的公共就业服务。各级政府要把本地农村富余劳动力和外来农民工全面纳入公共就业服务范围。加快健全覆盖城乡的省、地级以上市、县（市、区）、街道（乡镇）四级公共就业服务体系，根据工作需要配备工作人员与设施，并落实经费。进一步加强基础设施建设，完善城乡统一的劳动力市场和信息网络。各级公共就业服务机构包括公益性职业介绍机构要向农民工开放，有条件的地方要设立农民工专门服务窗口，为农民工免费提供政策咨询、就业信息、就业指导和职业介绍服务，并可逐步扩大提供其他就业服务项目。有关商业银行也可按条件为培训合格、有创业意愿但自有资金不足的农民工提供小额担保贷款。鼓励社会各类职业中介机构为农民工提供诚信、有效的就业服务。对免费开展农民工就业服务的各类机构，各级政府要给予财政补贴。第三，加强区域劳务合作，提高农民工组织就业程度。各级政府要高度重视和支持省内外劳务合作，把区域劳务合作项目纳入当地经济社会发展规划和投资项目计划。进一步加强和完善泛珠三角劳务合作制度和广东省地区之间劳务帮扶制度。加快实现省内劳动力市场信息共享，积极推进省际和省内远程见工系统建设，组建全省和省际劳务派遣组织，加快建立培训、就业和维权“三位一体”的劳务合作机制，提高农民工流动就业的组织化程度。第四，加强农民工职业技能培训，优化农民工就业结构和就业质量。根据全省及各地经济发展、产业结构调整升级和农村富余劳动力转移就业的需要，制订实施农民工职业技能培训规划和年度计划，开展职业技能培训、创业培训、专项技能培训和技能鉴定，大力提高农民工职业能力。全面实施“广东省百万农村青年技能培训工程”。组织实施“广东省农民工技能提升培训计划”，加强对在粤就业农民工在岗职业培训工作，建立由政府、用人单位和个人共同负担的培训投入机制。积极为农民工提供职业技能鉴定服务和专项能力认证服务。第五，落实农民工培训的政策和责任。加快构建覆盖农民工的职业培训网络。各级政府要加快以技工学校和职业培训机构为主体的综合性培训基地或公共实训基地建设，积极吸纳现有各类涉农培训机构开展农民工培训。鼓励工青妇组织、企业和各类教育、培训机构参与农民工职业技能培训并给予相应补贴，落实农民工职业培训补贴政策。各级财政要加大投入力度，多渠道筹措资金，将农民工职业技能培训经费纳入财政年度预算。强化用人单位对在岗农民工的培训责任，用人单位应按照国家规定提取职工教育培训费，并按农民工占全部职工的比例安排农民工在岗培训经费。

2007年，广东省农业厅、财政厅、劳动力保障厅、教育厅、科技厅、建设厅印发了《关于做好我省2007年农村劳动力转移培训阳光工程实施工作的通知》，省“阳光工程”示范性培训任务2万人，确定在梅州、韶关、潮州、湛江等14个市38个县（市、区）安排示范性培训任务，接受培训的农民当年转移就业率达到80%以上。转移就业以稳定就业为主导，积极引导受训农民自主创业和灵活就业。打造一批劳务品牌，提高技能培训比重。通过“阳光工程”实施，扩大各地农村劳动力转移培训规模，促进农村劳动力转移，加快劳务经济发展，不断增加农民收入。一要强化项目监管，明确监管责任，上好

“第一节课”，建立公示制度，建立台账制度，建立培训券制度，实行月报制度，检查验收制度，开展管理评价，实行动态管理。二要提高培训质量，推行订单培训，打造劳务品牌，规范基地认定，加强职业技能培训，做好引导性培训，加强教材建设。三要落实保障措施，加强组织领导，加大资金投入与监管，建立奖惩制度，加强政策培训和宣传。

2008年5月，中共广东省委、广东省人民政府《关于推进产业转移和劳动力转移的决定》提出：力争到2012年，人力资源得到充分开发，劳动力素质整体提升，就业结构整体优化，本省劳动力就业比重提高，农村劳动力在城镇就业以及向二、三产业转移成效显著。新增转移本省农村劳动力600万人，组织技能等级培训360万人，全社会非农就业比重达到80%。力争做到三年初见成效，五年大见成效。一要加快省内劳动力向珠三角发达地区转移。珠三角各中等职业技术学校和技工学校每年要安排不少于30%的招生指标专门用于招收东西两翼和粤北山区学生，并负责推荐在当地就业。二要大力推进农村劳动力就地就近就业。各地要结合产业升级和承接产业转移，积极培育产业集群，大力发展县域经济和特色产业，提高吸纳就业能力。要把产业转移园作为吸纳农村劳动力就业的重要载体，制定产业转移园吸纳当地农村劳动力的培训就业方案并抓好落实，明确企业吸纳和培训当地农村劳动力的社会责任。每个县（市、区）要建立若干个灵活就业基地，鼓励农村劳动力就地就近就业。三要鼓励企业招用本省农村劳动力。有条件的地方对企业当年新招用本省农村劳动力并签订1年以上劳动合同和缴纳社会保险的，给予企业社保补贴；对招用人员属农村贫困户劳动力、40岁以上和被征地农民的，同时给予企业岗位补贴。四要加强农村劳动力职业技能培训。实行农村贫困家庭子女入读中等职业技术学校、技工学校免学杂费和补助生活费政策。实施农村劳动力免费职业技能培训，为45周岁以下、有就业能力和就业意愿的本省农村劳动力提供一次免费职业技能培训，确保每个农村家庭都有一名以上有就业能力的劳动力接受职业技能培训。实施农民工技能提升培训计划，每年对100万名在岗农民工进行技能等级提升培训。对被征地农民、转产转业渔民、其他农村劳动力和返乡创业农民分别开展不同类型的技能提升培训。五要加强就业培训载体建设。以中等职业技术学校、技工学校为主阵地，建立覆盖城乡的职业技能培训体系。建立公共实训基地，认定一批劳动力培训定点机构。开发建设覆盖全省城乡的远程职业培训网络体系。六要强化转移就业公共服务。建立有利于产业发展与劳动力需求相协调的统计、分析、预测、评估和决策机制。开展全省农村劳动力资源普查，健全农村劳动力数据库和培养培训转移就业动态管理档案。实行转移产业岗位申报和信息发布制度。完善各级就业服务体系，加快组织实施农村劳动力培训转移就业工作。完善各级人力资源市场信息网络和服务体系。充分发挥社会职业中介机构的作用。七要建立优秀农民工激励机制。省劳动保障厅要按照有技能、贡献大、有发明创造、本省紧缺等条件，开展优秀农民工（含外来城镇务工人员，下同）认定工作，对其中特别优秀的农民工由各级党委、政府表彰和奖励。省劳动保障厅要会同省公安厅等部门制定优秀农民工落户城镇的优惠政策。

2008年7月广东省人民政府《关于进一步做好促进就业工作的通知》指出：一要强化政府促进就业的领导责任，努力扩大就业规模，调整优化就业结构，协调区域就业发展，完善市场就业机制，建立科学评价体系，加强失业调控。二要进一步完善和落实积极就业政策，包括税收优惠、收费减免、职业培训和鉴定补贴、职业介绍补贴、小额担保贷款、劳动密集型小企业贷款、资金投入、政策衔接。三要积极促进创业带动就业，实施创业带动就业工程，鼓励高校毕业生创业，鼓励复员退役军人创业，鼓励青年创业，建设创业孵化基地，优化创业服务。2008—2012年力争每年扶持10万名城乡劳动者经过创业培训合格并成功创业，带动就业50万人左右。县级以上人民政府要充分发挥就业工作协调机制的作用，切实加强对创业带动就业工作的组织领导。各级劳动保障部门负责创业带动就业工程的具体组织实施工作。由省劳动保障厅会同有关单位每年组织1万～2万名有创业意愿和创业潜能的青年开展创业培训，力争培训合格率达90%以上，创业成功率达50%以上。四要建立健全面向全体劳动者的职业教育培训制度，构建劳动者学有所教的职业教育培训体系，大力开展职业技能培训，加强职业培训基础能力建设，进一步拓宽职业培训资金筹措渠道。2008—2012年，力争每年组织劳动预备制培训、转移就业培训、在岗技能提升培训、转岗转业培训、创业培训、高技能人才培养等600万人次，到2012年底，力争使全省技能劳动者占非农产业从业人员的比重达到45%以上，高技能人才占技能劳动者的比重达到25%左右。到2012年，全省建成50所示范性技工学校、120所省级以上重点技工学校，有条件的县（市、区）建立1所以上骨干技工学校。全省技工学校在校生规模达到100万人，年培训规模达到100万人次。“十一五”期末，全省建成30个高技能公共实训基地和10个技师工作站，认定一批农村劳动力培训定点机构，建成年培训100万人次以上的远程职业培训平台。加快全省职业资格查询服务系统建设。根据地方支柱产业发展对新技能人才的需求，每年开发60个新职业（工种）。五要进一步完善面向城乡就业困难人员的就业援助制度，明确就业困难人员对象范围，实行特殊技能援助，给予扶持创业补贴，给予社会保险补贴和岗位补贴，实施公益性岗位援助，建立城市居民最低生活保障工作与就业再就业工作联动机制。就业困难人员可享受1次以上免费的职业技能（创业）培训和技能鉴定。享受城市最低生活保障的就业困难人员和农村贫困家庭劳动力在培训期间可申请生活补贴。六要进一步强化公共就业服务，突出抓好就业困难人员就业援助服务，做好就业和失业登记管理工作，加强公共就业服务能力建设，健全公共就业服务体系。街道（乡镇）和社区公共就业服务机构要重点向“零就业家庭”成员等就业困难人员提供就业援助。七要进一步加强促进就业工作的组织领导，进一步完善促进就业工作协调机制，健全就业工作目标责任制，加大促进就业宣传力度。

10.2.2 农民培训与就业工作的政府行为

10.2.2.1 农民培训与就业工作的政府领导组织

为了有效地组织和领导全国农村劳动力转移培训工作，2003 年在农民工培训工作部联席会议的统筹协调下，农业部、财政部、劳动和社会保障部、教育部、科技部、建设部成立了全国农村劳动力转移培训阳光工程指导小组，负责对各地组织实施阳光工程进行业务指导，指导小组办公室设在农业部。联席会议由国务院办公厅、发展改革委、教育部、科技部、公安部、监察部、民政部、司法部、财政部、劳动保障部、建设部、农业部、文化部、卫生部、人口计生委、人民银行、国资委、税务总局、工商总局、统计局、安全监管总局、法制办、国研室、扶贫办、西部开发办和中宣部、中农办、高法、全国总工会、共青团中央、全国妇联共 31 个部门和单位组成。联席会议由国务院领导同志任总召集人，劳动保障部部长、国务院 1 位副秘书长、国务院研究室 1 位负责同志为召集人，各成员单位 1 名负责同志为组成人员。广东省根据省政府办公厅《关于成立广东省劳动力转移培训阳光工程领导小组的通知》（粤办函[2006] 339 号）精神，在农业厅设立广东省农村劳动力转移培训阳光工程领导小组办公室。办公室内设立综合协调组、培训规划组和资质评估组。各市、区和县也都根据中央政府模式陆续成立转移培训工作领导小组。在转移培训工作的具体管理上，中央政府采用了地方行政首脑负责培训的行政领导机制。

《跨世纪青年农民科技培训工程管理办法》规定，农业部、财政部和共青团中央三部委全面负责青年农民培训工程的组织实施工作，具体日常工作由农业部科技教育司和团中央青农部负责。各省、自治区、直辖市及计划单列市、新疆生产建设兵团（以下简称“省”）和市、地、州、盟、师（以下简称“市”），分别成立由农业、财政、共青团组织等部门共同组成的青年农民培训工程领导小组，对辖区内的青年农民培训工程工作进行协调和组织管理。领导小组下设办公室，负责日常工作。县、市、区、旗、师、垦区团场（以下简称“县”）成立由县委和政府领导负责，农业、财政、共青团组织等部门共同组成的青年农民培训工程领导小组，负责本县青年农民培训工程的具体实施。领导小组下设办公室，负责日常工作。各级领导小组和办公室应包括独立设置的畜牧、水产、农机、农垦、农民科技教育培训中心（或农广校）等部门和单位。

新型农民科技培训工程由农业部、财政部共同组织实施，以村为基本实施单元，按照“围绕主导产业、培训专业农民、进村办班指导、发展‘一村一品’”的要求组织实施。项目县成立由分管领导任组长，农业、财政、畜牧、水产等单位负责人参加的工作协调小组，加强对培训工作的领导和协调。协调小组下设办公室，具体负责项目日常管理工作。各地要积极动员和组织各级各类农业院校和教育培训机构、农业科研院所和技术推广服务机构、农民专业合作组织、农业产业化龙头企业等，积极参与农民科技培训工作。

广东省百万农村青年技能培训工程（“百万工程”）由省劳动保障厅负责统筹、规划、协调和组织实施。各地级以上市要将每年的工作任务下达到各县（市、区），各县（市、区）要分配下达到街道（乡镇）。省政府将把“百万工程”实施情况列入再就业工作目标责任制考核内容，并定期组织对各地工作进行考评。

为进一步加强促进就业工作的组织领导，广东省建立了就业工作联席会议制度。省就业工作联席会议负责全省就业工作重大问题的研究、统筹和协调，组织全省促进就业工作监督检查和考核表彰活动。各地级以上市和各县（市、区）人民政府要根据促进就业工作的需要，建立相应的组织领导机制，协调解决本行政区域就业工作的重大问题。

2008 年，成立省推进农村劳动力技能培训转移就业工作专责小组（粤劳社办［2008］274 号），各地级以上市、各县（市、区）和农村劳动力较多的乡镇要层层建立农村劳动力技能培训转移就业工作领导机构，形成全省统一的农村劳动力技能培训转移就业工作机构体系，确保上下贯通，协调推进。

10.2.2.2 农民培训与就业工作的政府工作机构

负责农民培训与就业工作的政府工作机构主要包括农业系统和劳动与社会保障系统的各级政府工作机构和各类职业培训、就业服务单位。

（1）农业系统各级政府工作机构。农业系统组织实施的农民培训项目主要有绿色证书工程、跨世纪青年农民科技培训工程、农村劳动力转移培训阳光工程和新型农民科技培训工程。广东省农业厅负责农民培训与就业工作的主要机构及有关职能如下：

科技教育处：拟订农业科技、教育、技术推广及队伍建设的发展规划和相关的政策；管理、指导技术推广和教育培训体系工作；承办实施科教兴农战略工作；指导农业和农民教育工作，组织农民技术职称评定；负责农业科技宣传和组织指导国内农业展览活动。

广东省农业干部学校：以服务农村、发展农业为宗旨，以培养农业技术与管理人才为己任，在省农业厅的领导下积极开展农业教育培训工作。设有干部培训科、农民教育科、学历教育科、技能鉴定站、教材管理科等。

各级“阳光工程”办公室：全国“阳光工程”办公室，负责制定政策、综合协调和项目监管；省阳光工程办公室主要负责政策和业务指导，制定全省培训规划，分解培训任务，沟通培训和就业情况，组织检查等。市县阳光工程办公室建立农村劳动力资源及就业基本情况档案，根据市场需求和农民意愿组织实施培训工作，对承担本市县培训任务的单位进行日常检查监督，培训项目结束后，组织项目验收。

此外，农业技术推广体系、各级各类农业协会、农业科研单位、农业教育机构、涉农企业、农业产业化经营组织、农民合作经济组织、农民用水合作组织、中介组织也为农民提供各种培训。

(2) 劳动与社会保障系统各级政府工作机构。以广州市劳动与社会保障局为例，与农民培训与就业工作相关的机构设置情况及相关工作职责如下：

培训处（加挂技工教育管理处牌子）：负责拟订职业技能培训的总体规划和政策并组织实施；拟订职业分类、职业技能标准和行业标准的具体实施办法；组织实施职业资格证书制度、劳动预备制度；拟订职业技能鉴定的政策，核发职业技能各种等级的《职业资格证书》；拟定企业在职职工技能培训和就业培训的规划、政策；拟订技工学校、就业训练中心、社会力量举办的职业培训机构的发展规划和管理规则并组织实施；拟订职业技能人才培养、表彰和技能竞赛的规则、政策和措施；指导职业技能培训教材和师资队伍的建设；负责拟订技工学校的发展规划、管理规划、及相关政策并实施指导；拟订技工学校的教材建设规划和分类评估认定制度；负责技工学校学生学籍综合管理；负责综合管理和指导全市技工学校招生工作和技校毕业生推荐就业工作；参与编制全市技工学校专项资金分配方案。

就业和失业保险处（加挂农民工管理处牌子）：负责综合管理劳动就业工作，拟订促进就业的政策和改革方案，拟订劳动力市场发展规划和职业介绍机构管理规则并组织实施；负责统筹协调和综合管理外来农民工的劳动保障工作；负责拟订外来农民工在本市技能培训、就业服务、用工管理、权益维护、社会保险等方面的法规、政策和规章制度；负责本市跨地区劳务协作的业务指导和管理；负责在我市农民工劳动保障情况的统计、分析；承担本局与其他部门在流动人员管理方面的沟通协调工作；负责市农民工工作领导小组办公室的日常工作。

广州市劳动就业服务管理中心：规划、指导、协调全市劳动就业服务机构有关就业管理及其业务开展；负责就业和失业的统计；提出全市失业人员、失业职工管理工作及相关政策措施的意见和建议；实施本市劳动力异地就业和外来流动人员就业管理；办理录用登记、劳动合同鉴定、征地“农转居”劳动力安置等各种手续；负责为各类企业和劳动者个人提供代办招工手续、个人档案代管、代办劳动人事、劳动和社会保障等劳动事务综合服务；根据省、市人民政府的规定为境外企业常驻代表机构提供聘用中方雇员服务等。

广州市劳动保障信息中心：负责全市劳动保障信息管理系统的规划和组织实施工作；负责劳动保障信息的收集、储备、整理、发布，为社会保险业务及劳动力市场提供信息、计算机技术服务和决策咨询；负责市劳动保障系统业务数据库的建设、管理及政策法规资料、数据的管理工作；负责全市劳动力市场信息网、社会保险信息网的设备维护工作；负责指导各区、县级市劳动保障网络建设，组织有关人员的培训及交流等工作。

广州市就业训练中心：宣传，贯彻执行国家、省、市有关就业培训政策、规定，制定本市就业前和转岗培训工作规划；开展市场急需工种的训练，对待业、失业人员和富余职工进行技能训练和转岗培训；受市劳动保障局委托，承担部分专业工种技能的考核工作；承担对全市社会力量办学机构进行日常的管理和申请开办资料的收集、组织专家组开展评审等事务工作；承担局对全市职业技能培训和技工教育统计工作的资料收集、整理等事务工作；承担上级指定的创业培训和职业指导培训等试点项目；承担局赋予的其他职业技能培训和部分专业工种职业技能鉴定工作等。

广州市人力资源市场服务中心：依法开展职业介绍、咨询、培训、招聘等服务工作；组织劳动力交流集市，开展境内劳务输出和输入；负责全市劳动力市场信息的收集、整理和传递；指导各区、县级市劳动力市场的工作等。

广州市职业技能鉴定指导中心：按照国家、省、市有关政策规定实施职业技能鉴定和国外证书引进工作；对市属的职业技能鉴定站进行指导等。

广州市职业技术教研室：负责技工学校、职业技能培训机构教学管理人员和师资培训及继续教育工作；负责技工教育、职业技能培训教材和教学资料的开发、研究、发行、教学实验器材的研究开发等工作；承办技工学校和职业培训学校的教学督导工作；参与技工学校和社会力量办学职业培训机构的评估论证等。

（3）其他政府部门各级政府工作机构。除了农业系统和劳动与社会保障系统外，工会、共青团、妇联、计划生育等组织和部门，也结合日常工作，不定期开展多渠道、多层次、多形式的农民工职业培训。

（4）各类职业培训、就业服务单位。承担大量农民职业培训和就业服务工作的基层单位是各级各类中等职业技术学校和技工学校、成人教育学校、公共实训基地、技师工作站、经政府部门择优认定的具备培训就业综合服务功能的大型社会教育培训机构；省、地级以上市、县（市、区）、街道（乡镇）四级公共就业服务体系（各级公益性劳动力市场和就业服务大厅）、职业介绍服务机构及经劳动保障部门批准设立的社会职业中介机构。

10.2.2.3 政府农民培训与就业工作的具体实施办法

（1）广东省劳动和社会保障厅关于就业和失业登记管理的试行办法（粤劳社［2006］125号）。本省转移（或准备转移）到非农产业就业的农村劳动者和在本省行政区域内就业（含自主创业）的外省劳动者的就业（求职）登记，适用本试行办法。

实行全省统一的《广东省就业失业手册》（以下简称《手册》），全程记载劳动者就业和失业的状态。

各级劳动保障行政部门主管本行政区域内就业和失业登记管理工作。各地劳动保障行政部门可委托本地残联的残疾人就业服务机构，开展残疾人的就业失业登记工作，并纳入本地失业、就业统计系统和就业目标工作考核范围。各级劳动保障行政部门所属就业服务机构具体负责本行政区域内《手册》的核发和就业、失业登记具体工作。县（区）级劳动保障行政部门可根据实际情况委托街道（乡镇）劳动保障工作机构办理就业和失业登记的具体事务。

（2）广东省农民工技能提升培训计划工作规程。农民工技能提升培训计划包括六个基本工作环节：信息收集建库、编制下达计划、组织培训鉴定、提供就业服务、补贴资金申请核拨、考核验收。各工作环节均必须通过“广东省农民工培训管理服务信息系统”（以下简称信息系统）进行操作，实行全程信息化管理。

（3）广东省百万农村青年技能培训工程培训就业服务基本规程。“百万工程”包括九个基本工作环节：资源储备、培训信息发布、人员选送、学员培训、鉴定发证、培训验收、输送就业、办理就业登记、跟踪服务。各工作环节均须通过“百万工程信息管理系统”（以下简称“工程管理系统”）进行操作，实行全程信息化管理。

（4）广东省农村劳动力技能培训及转移就业实施办法（粤农工办［2008］7号）。一要加强规划，分类培训。各地要结合本地产业发展特点制订农村劳动力技能培训和转移就业规划，明确总体目标和阶段目标。实施一户一技能计划，分类开展技能培训。从2008年起，本省45周岁以下的农村中青年劳动力（含未转移和目前已在岗）可享受一次免费职业技能培训（含创业培训）。

二要规范教学和技能鉴定，确保培训质量。省劳动保障厅负责制订全省统一的农村劳动力职业技能培训教学标准、工种鉴定标准和教学大纲，规范鉴定工作流程，指定和开发一批全省统一的培训教材；加快建立全省统一的培训绩效评估考核制度，对各地、各培训机构开展农村劳动力培训的质量进行严格监管，并作为下一年度培训任务分配的主要依据；开展全省农村劳动力职业技能培训资源调查，全面掌握全省可开展培训的机构和培训能力情况。

三要加强劳动力技能培训体系建设。以骨干技工学校为龙头，通过在各地设立分校区、分教点，构建覆盖全省的技能培训骨干网络；多形式开展农村劳动力职业技能培训，采取与培训机构合作、在企业建立培训基地、委托培训、送教上门和远程培训等多种培训方式，灵活多样地开展农村劳动力技能培训。采取“校企合作”培训方式开展在岗农民工技能提升培训；各地要加强培训师资队伍建设，加快培养“双师型”专业课教师队伍，聘请企业、行业技术能手任教，建设一支数量足够、结构合理、素质优良的专兼结合的职业技能培训师资队伍。

四要强化农村劳动力转移就业公共服务。加强信息统计分析工作，开展全省农村劳动力资源普查；加强技能培训组织发动工作、加强就业服务；对农村劳动力转移就业实行免费职业介绍和职业指导；加快完善各级公共就业服务体系。

五要加强对口劳务帮扶。健全珠三角对口劳务帮扶制度；珠三角各市要制订鼓励企业招收本省农村劳动力的优惠扶持政策。

（5）广东省 2008 年“就业援助月”活动方案。2008 年 1 月 6 日至 2 月 5 日。分三个阶段组织实施：

第一阶段（1 月 6—11 日）：各地级以上市制订活动方案，落实援助对象的登记认定。

第二阶段（1 月 12—25 日）：全面落实就业援助行动，组织开展送政策、送岗位、送技能、送补贴、送服务“五送”活动，其中 1 月 18 日全省统一组织一次省、市、县（区）、街道四级联动的《就业促进法》宣传和就业援助政策措施咨询活动暨就业困难对象专场招聘会。

第三阶段（1 月 26 日至 2 月 5 日）：组织上门家访慰问。重点了解已就业的困难对象的就业状况，采取有效措施，帮助解决存在问题，巩固其就业的稳定性。

（6）2008 年“春风行动”暨春运组织民工有序流动工作方案。春节前，重点提供两项服务。一是返乡服务，二是信息服务。主要内容是：开展春节后两个月内劳动力需求情况调查，筛选适合农民工就业的岗位信息，重点掌握工种、数量、技能要求和工资待遇等情况，编制节后岗位需求简报；通过用人单位、基层劳动保障平台、各级劳动力市场、省内外媒体和外省驻粤劳务办事机构等多种渠道广泛发布岗位需求信息，引导劳动力节后按需有序入粤求职就业。各地收集发布的有效岗位信息要争取不少于节后流入劳动力的预计数。

春节后，重点提供四项服务：一是咨询服务，从正月初八起，各市均要在当地主要车站、码头的显眼处设立“外来务工人员咨询服务点”，派发“春风卡”，提供就业、维权、培训等信息资料，开展现场咨询服务。二是就业服务，所有县以上公共就业服务机构和职业介绍服务机构应向农民工免费提供求职登记、岗位信息、职业介绍、职业指导和政策咨询等就业服务。同时通过新闻媒体和基层平台向社会公布公共就业服务机构和诚信民办职业中介机构名单和投诉电话，方便劳动者求职就业。三是专场服务，各地要组织市、县（区）和乡镇（街道）联动举办“零收费”农民工专场招聘会，集中推荐一批农民工就业。四是培训服务。各市、县要充分利用技工学校及各类培训机构放寒假、春节农民工放假和节后农民工集中上岗这一有利时机，提前筹划，采取有力措施落实“农民工技能提升培训计划”，“春风行动”期间培训数量不少于全年农民工培训任务的30%。

(7) 广东省农村贫困家庭子女免费接受职业技术教育的实施办法（粤劳社发［2008］14号）。从2008年秋季起，招收符合资助条件的农村贫困家庭子女入读各类技工学校和职业技术学校，使其免费接受3年正规职业技术教育，掌握一项及以上技能后稳定就业，实现“培训一人，输出一人，脱贫一户”的目标，为推进广东产业转移和劳动力转移作出积极贡献。省财政在现有每年资助1.2万名贫困学生的基础上，2008年扩大至资助2.24万名贫困学生，力争使全省符合条件的贫困学生均得到资助。原已开展的1.2万名贫困学生资助工作仍由劳动保障部门主管的技工学校继续承担，2008年新增的1.04万名资助名额按照4∶6的比例在技工学校和中等职业技术学校之间分配，以后视两类学校的招生情况作合理的调整分配。

资助标准：①学杂费资助标准。按每人每学年3 500元的标准对入读技工学校和职业技术学校的农村贫困家庭子女给予资助，资助内容包括全部学杂费、实习实验费、住宿费和技能鉴定费。未达到省物价部门批准的职业学校收费标准部分，由承担任务的学校补足。②生活费资助标准。在校的一、二年级农村贫困家庭子女（含目前在读的智力扶贫生）可享受生活费资助，资助标准为每人每学年1 500元。

(8) 广东省农村劳动力转移技能培训的有关管理办法。广东省劳动保障厅先后颁发了《关于建立农村劳动力技能培训转移工作情况报送和通报制度的通知》、《广东省农村劳动力转移技能培训教学管理规定》、《广东省技工学校农村劳动力转移职业技能培训实施办法》、《关于印发广东省农村劳动力技能培训转移就业督查评估办法的通知》、《关于印发广东省农村劳动力技能培训转移就业鉴定考务管理工作流程的通知》、《广东省农村劳动力转移技能培训信息系统管理办法》、《关于印发广东省农村劳动力转移远程培训管理暂行办法的通知》、《广东省农村劳动力技能培训转移就业岗位信息收集和发布管理暂行办法》、《关于印发〈广东省农村劳动力转移职业技能培训证书〉发放管理办法的通知》、《广东省省级农村劳动力培训转移就业专项补助资金管理暂行办法》、《关于印发广东省农村劳动力技能培训转移就业职业介绍工作实施办法的通知》等一系列文件。

（9）广东远程职业培训平台。广东省职业训练指导中心（以下简称“省职训中心”）建立广东省远程职业培训平台，开发远程职业培训项目、课件、网站及后台管理系统，免费为农村劳动力定点培训机构（以下简称“定点培训机构”）开展培训和农村劳动者自主学习提供远程技能培训、创业培训辅助课件和辅助实训软件，有效改善培训和实训条件，记录学员的学习时间和学习效果，提高培训质量。

定点培训机构使用广东远程职业培训平台，必须填报《广东省农村劳动力转移远程培训定点培训机构申请表》、《广东省农村劳动力转移远程培训定点培训机构系统管理员（教务员）申请表》、《广东省农村劳动力转移远程培训学员用户申请表》。

参加农村劳动力转移远程培训的学员，可以在定点培训机构填报《广东省农村劳动力转移远程培训学员用户申请表》录入广东远程职业培训平台，经省职训中心审核后，成为广东远程职业培训平台的个人学员用户，自行凭身份证号码和初始密码登录系统，在有效期内使用广东远程职业培训平台的课件开展学习，由定点培训机构组织考核发证。

（10）农民就业的信息网络。实施广东省农村劳动力技能培训转移就业岗位信息收集和发布管理暂行办法。农村劳动力转移培训就业岗位信息，包括农村劳动力技能培训转移就业信息（以下简称“就业信息”）和适合农村劳动力技能培训转移就业的岗位信息（以下简称“岗位信息”）。就业信息是指需要转移就业的农村劳动力个人的技能培训和就业情况信息。岗位信息是指适合农村劳动力技能培训转移就业的机关、企事业单位、社会团体等的用人需求信息，重点是各类企业的用人需求信息。就业信息通过广东省农村劳动力技能培训转移就业信息管理系统进行收集，并实现与广东省劳动保障信息系统的数据共享。岗位信息可通过转移企业岗位申报、企业用工需求调查、在工业园区及产业转移园区建立信息收集挂钩点以及专场招聘会、设立专职信息员定期与企业沟通联系和在转移企业聘用兼职信息员等途径收集。岗位信息内容应包括招聘岗位、人数、人员要求、待遇、单位名称、单位性质、经济类型、所属行业、工商登记号、社会保险登记证号、联系人、联系电话、详细地址等。就业信息内容应包括公民身份证号码、姓名、性别、婚姻状况、文化程度、专业技能、择业地区、工种及要求、联系方式等。发布的岗位信息应包括企业名称、招聘岗位、招聘人数、人员要求、待遇及联系方式、详细地址等具体内容。发布的就业信息应包括个人基本情况、技能培训及等级、拟就业区域或工种、待遇要求及联系方式等具体内容。所需经费列入农村劳动力技能培训转移就业专项资金安排。

各地收集的岗位信息应通过辖区内公共职业介绍服务前台、产业园区劳动保障基层服务平台及广东省劳动保障信息系统等途径及时进行发布；经信息提供方同意的就业信息和岗位信息可通过辖区内的人力资源市场互联网站和报纸、电视、电台等新闻媒体进行发布。各级公益性职介机构收集的岗位信息，还应及时通过“广东省人力资源市场网站”的农村劳动力技能培训转移就业岗位信息发布专用模块，进行发布和交流。

10.2.3 镇、街政府农民培训与就业工作的案例

10.2.3.1 从化市江埔街成人学校

江埔街成人学校（市民学校）有教师 3 人（一位语文老师、一位生物老师、一位电脑老师），办公室 1 间、课室 1 间。

2004 年开始，广州市农业局下达指标，开展农民免费培训。2007 年开始对外来工开展免费培训。对每一批农民培训都发放教材、资料、笔、簿等，并按足课时上课，对有些年纪偏大的学员，还多上几节课。

2007 年，与街劳动和社会保障服务中心合作，完成从化市劳动局（共 9 000人培训指标）下达给江埔街的 300 名农民培训指标和 215 名外来工培训指标，得知从化市外来工培训指标（4 470 人）还未完成时，就主动提出增加 300 个培训指标。培训班有，计算机（中级），30 天，361 人；计算机（初级），20 天，45 人；电衣车，15 天，162 人；物业管理，15 天，314 人；蔬菜工，15 天，207 人；果树工，15 天，81 人。

培训地点一般在学校、企业、村，教师一般来自市农业局、农业技术推广中心、本校，或者到其他镇成人学校聘请（要求有职业资格证、教师资格证、中专以上学历证）。

农村实用技术培训班开到村里，农民参加的积极性较高，开办 11 期，有 3 092 人参加。

与市劳动局培训科、市职业技术学校、市技工学校等合作，开设 16 个职业技能培训班，共培训 487 人，考取证书 462 人，转移就业 455 人。其中，公共区域保洁班 6 个 338 人、初级电脑班 1 个 35 人、初级果树班 2 个 114 人。与市职业技术学校合作，到山下村组织了一个新型农民科学知识培训班，51 人参加。

在街文教办、联星居委、吉星居委配合下，开展科普知识、法律常识、环境保护、禁毒、创建卫生城市及优秀旅游城市等内容的教育宣传活动；与街农办在河东市场、七星市场进行了两次农科知识宣传；与司法所、派出所联合在七星路文化中心进行了一次法律知识和禁毒宣传；与街文教办一起多次到农村进行环境保护、预防登革热等宣传活动。

10.2.3.2 从化市鳌头镇成人文化技术学校

鳌头镇成人文化技术学校位于鳌头镇棋杆墟，有教职工 7 人，其中 3 人有考评员资格、1 人在职读研究生。辖下有龙潭、民乐、鳌头三个分教点和 61 个村级成人文化技术学校。学校占地面积 1.1 万平方米，校舍建筑面积 4 170 平方米，还有生产实验基地 50 多亩。1997 年被广东省教育厅评为乡镇成人文化技术学校省级示范单位。学校的办学宗旨是“服务‘三农’，促进就业，消除贫困，维护稳定”。

一是为满足居民提高文化层次的需求开展学历教育。学校与广州市机电高级技工学校联合办学，办起了全日制中专、中技办，开设机电一体化、数控加工技术、模具制作、制冷技术和运营技术、电梯安装与维修等 16 个专业，每年为社会输送 300 名优质中高级技工人才。2007 年，学校在招生工作上狠下苦工，几次召开各村（居）办学干部会议进行宣传，在各主要路段打宣传横幅等，成功招收以机电为主的品牌专业和其他的 5 个专业 325 人的 6 个中技班。

二是结合本地实际，开创职业培训新天地。学校与劳动部门、劳务公司紧密配合，为再就业人群进行岗位培训。学校与镇服务中心紧密联系，发动赋闲在家的农民兄弟到学校学习一门技能。在农民工培训上方式灵活，采用了“一村一品”年度专项培训、“公司＋农户”、“订单定期培训”。学员参加岗位培训不仅免费，考试合格后还能获得 200 元补助。61 个村级成人文化技术学校是农村农民培训的主要阵地，2004 年配合市农业局在 11 个行政村中选出 560 户农户作为新型农民科技项目核心带头户，为他们进行科学知识培训。2004 年 9 月为广州市华林摩托车厂 150 名农民籍员工进行摩托车维修免费培训，教师利用周末上课，学习生产两不误，深受企业和学员的欢迎。2004—2005 年为万宝制冷有限公司 128 名农村劳动力开办了 3 期电气制冷免费培训。2005—2006 年，为全市纺织制衣行业开办了 12 期电衣车培训班。2006 年初，镇政府委托成人学校为广州市捷普电子厂、广州市金浪星辉有限公司、纺织有限公司实施对口培训，这些厂每月都到镇招收一批农民工，为农村劳动力转移就业提供了便捷。2004—2006 年三年共培训 61 673 人次，转移劳动力 20 125 人。其中 2004 年培训转移农村劳动力（领取技能证）860 人、2005 年 1 066 人、2006 年 1963 人。培训制冷工 128 人、电衣车工 1 122 人、初级电脑 968 人、电工 918 人、叉车工 130 人、初级蔬菜工 10 093 人、餐饮服务 68 人。连续三年培训量占全市的 45％以上，年培训面达到 37.3％。2007 年技能培训学员 764 人，其中，蔬菜工培训 5 个班，取得技能证的人数为 326 人；电脑中级班 2 个，取得技能证的有 86 人；电衣车 6 个班，取得技能证的有 268 人；畜牧一个班 64 人；餐饮服务员一个班 19 人。家政服务员培训走上了良性循环的道路，受到区领导的重视。10 月份谭口村培训了 36 人并且都取得了技能证。

2008 年第一批培训 86 名获证学员已全部就业。由于就业前景好，第二批又有 75 名参加学习。

三是扎实开展社区教育，打造鳌头文化强镇品牌。学校认真落实镇社区教育领导小组的工作部署，要求 33 个村（居）分校根据本单位本社区的特点，各显其能开展社区教育工作。未成年人暑期教育是一项十分重要的工作，成校联合中小学、村、居委，为使每个学生都能安全而又有意义地过好暑假，精心设计和开设各类兴趣班，丰富学生的暑期生活。在暑期教育活动中，中心村、棋杆居委由于工作出色，荣获优秀组织奖。学校组织专家到各社区学校开展健康知识、食品安全知识、法制教育、科普知识、计划生育、青春期教育、早期教育等一系列讲座 63 讲。办好“全民终身学习活动周”，学校发动各教学点全面开展各具特色的学习活动。学校承办的“全民终身学习活动周”启动仪式十分成功，受到市、镇领导的肯定和社会各界的好评。农普科技培训和社区教育办班 26 期，学员人数 13 222 人。

2007 年学校教科研工作有了大幅提高，《学习型社区建设的现状与探索》获市论文评比三等奖，学校的实验项目《社区学校（村、居）分校建设的初探》一次通过专家组的验收，孙才茂老师和陈钢老师合撰的论文《大力推进社区教育，积极创建文明村镇》在《南汇教育》杂志上发表。这些理论成果不是凭空捏造，也不是脱离实际的假想，而是他们在学校教学、管理工作实践中的收获，为学校今后的发展提供了很好的指导作用。

10.2.3.3 白云区江高镇劳动和社会服务中心

白云区江高镇劳动和社会服务中心共有 14 名工作人员，其中 4 人事业编制、7 人区劳动局聘用的协管员、3 人是合同工。

（1）主要工作。第一，登记失业人员就业。2007 年全镇失业登记总人数 4 043人，失业人员实现再就业 2 874 人，再就业率 71.1%，其中特困失业人员 4 人，实现就业 4 人，再就业率 100%。“4050”（指女 40 岁以上，男 50 岁以上，下同）下岗失业人员 611 人，实现再就业 384 人，再就业率 62.8%。社区政府资助公益性就业服务岗位安置就业 773 人，资助保险费 210 万元，其中“4050”失业人员 436 人，岗位补贴 42 万元。“充分就业社区（村）”18 个，占 40%。针对“4050”的失业人员和“零就业家庭”等困难群体的实际情况，认真落实免费职业指导、职业介绍、职业培训，就业推荐上门、一对一就业服务等。第二，农村劳动力培训与转移就业。2007 年，办理求职登记的农村劳动力 2 143 人，安置就业 1 519 人，转移就业率 70.88%。举办农村劳动力技能培训班 28 期，培训农村劳动力 2 100 人、农转居人员 120 人、外来农民工 280 人，培训后实现就业 1 519 人，再就业率 72.3%。7 月 28 日在镇中心小学举办了一次大型农村劳动力专场招聘会，有 95 家企业进场，招聘工种 365 个，提供就业岗位 2 948 个，进场求职的劳动力和下岗失业人员 4 860 人次，达成招聘意向 583 人次，现场成功招聘 71 人。第三，办理流动人员就业备案 10 636 人。第四，劳动保障监察和信访。2007 年，处理劳动纠纷 235 宗，处理 30 人以上的劳资纠纷突发事件 13 宗，10 人以上企业张挂《劳动保障须知》宣传牌达到 100%，完成辖内企业劳动年审 385 件。受理群众来信来电来访 1 597 人次，100%及时处理。认真贯彻落实《白云区江高镇预防和处理劳动纠纷群体性事件工作预案》（江府［2006］12 号）和《白云区江高镇工资支付监控办法》（江府［2006］13 号）。第五，退管工作。全镇共接受退休人员社会化管理人员 1 916 人，并于 4 月为 454 人提供免费体检。组织文体活动两次，慰问 147 人次。第六，农转居人员养老保险。2007 年 3 月正式开始农转居人员参加基本养老保险工作，至 11 月已经有 4 748 人参加。

（2）存在的问题。第一，农转居人员和农村劳动力就业和再就业工作难度大。原因是人数多、文化低、年龄大、劳动技能差、就业观念竞争意识不强。第二，培训积极性不高。“4050”人员、农转居人员和农村劳动力，由于文化低、年龄大，不愿意参加培训，给再就业工作带来了难度。第三，和谐劳资关系任务重。由于无牌经营和出租厂房经营的劳动密集型企业较多，企业主的法律意识淡薄，拖欠工资而引发的劳资纠纷时有发生。第四，工作任务重，经费不足。

10.2.3.4　黄埔区文冲街社区服务中心

文冲街社区服务中心有工作人员 5 人（在编 3 人、聘用 2 人），在下属各社区有社区服务站 5 个（居委会主任兼站长）。主要职能是培训、就业、社保、退管。中心 2007 年被授予黄埔区“巾帼文明岗”称号。

（1）培训方面。2007 年共组织 156 人参加免费技能培训（其中农转居人员 84 人、城镇失业人员 72 人），取得合格证书 144 人，合格率 92%，完成了区下达的任务。主要培训内容包括电脑、物业管理、插花、叉车、家政管理等。一般由街和社区组织人员（社区给每个人 100 元补贴）落实场地，区里派教师，一般在周末上课。

存在的问题是农转居人员和城镇失业人员年龄都偏大，对培训不感兴趣，培训后对就业也很挑剔，就业率低。

（2）就业方面。2007 年就业情况登记 1 009 人，就业 774 人，就业率 76.71%。其中，“4050”人员就业情况登记 184 人，就业 131 人，就业率 71.20%；转制居民就业情况登记 140 人，就业 115 人，就业率 82.14%；没有零就业家庭；安置低保家庭劳动力 2 人。海安和开元两个社区居委会被授予 2007 年“广州市创建充分就业社区”，海安社区居委会还被授予 2007 年“广州市创建充分就业社区示范点”。

开设社区就业岗位8项，通过家政服务、保洁保绿、门卫、保安等岗位，安置166名下岗、弱势群体和“4050”人员就业，并签订灵活就业协议，一部分人员已经购买了养老保险。

举办用工招聘会5场，参加企业82家，提供空缺岗位2 392个，入场人数3 628人，达成用工意向747人。

辖内居民和外来人员前往“中心”求职179人，通过职业指导和职业介绍成功上岗111人，成功率62%。中心工作人员要注意收集招工信息，并通过宣传栏、居委会、电话等通知求职者。广州市劳动保障信息网也能提供就业信息。

做好隐形就业排查工作，共排查了635人，既办理失业登记又实际有工作的有597人。

辖区内有民营劳务中介1家。

（3）社保方面。2002年撤镇建街，全部农民转为居民，农转居的社保工作2006年10月启动。应参保人员2 711人，已经参保“农保”人员1 793人，纯“农保”率66.14%；参加“城保”的354人，占13.06%；合计农转居人员社保覆盖率达到79.20%。第一批老年人的参保率为100%，831人正在享受养老金。全民医疗保险覆盖率100%。

存在问题较大的是：20世纪70—80年代农转居的人，约700人没有购买养老保险，将来怎么办？建议政府要着手解决。关于企业为职工买社保的问题，建议政府要立法。否则很多职工没有买社保，将来怎么办？

10.2.3.5　黄埔区南岗街社区服务中心

社区服务中心有工作人员9人（在编3人、聘用6人），在下属各社区有社区服务站9个（居委会主任兼站长）。主要职能是培训、就业、社保、退管。

（1）培训方面。一般由街和社区组织人员、落实场地，劳动局的培训中心派教师，一般在周末上课。外来工的培训主要是下到企业，组织专业性培训，如物业公司的保洁保绿培训、物流公司的物流管理培训。对于农转居人员和城镇失业人员的培训，主要培训内容包括电脑、物业管理（治保员）、插花、家政服务等。其中插花班请了芳村花卉中心的专业老师来上课，且插好的花可以带回家，吸引了很多女性来学习，办了2期。物业管理（治保员）培训与社区封闭式管理的需要相结合，也吸引了100多人参加，办了2期。

农转居人员和城镇失业人员的培训，每年下达指标任务，已经进行了5年，培训对象已经减少了，人员积极性不高，课程设置没有直接的用处，培训后也不一定上岗，所以培训很难组织。

建议：政府出台政策，失业证要年审，并要求报读一个培训班，在各社区进行登记。

（2）就业方面。目前共有失业人员约 900 人。主要经验是与东区劳动力市场（私营公司）合作，沙埗社区与其签订合作协议，沙埗社区提供公司用地、公司为沙埗社区人员免费提供就业服务。2005—2007 年，公司每年为沙埗社区介绍就业 200 人。

转制居民的竞争意识不强，免费帮助介绍职业并联系好面试，但面试积极性不高，面试成功率也不高，约 30%。因为他们有股份分红、有出租屋收入，所以社区内的就业是他们比较愿意的。

（3）社保方面。2002 年撤镇建街，全部农民转为居民。2006 年 7 月 1 日，广州市出台了农转居养老保险设施办法，街道农转居的社保工作 2006 年 10 月启动。第一批 1 866 名老年人的参保率为 100%，个人出 8 000 元、社区出 17 000元。社区一下要拿出上百万元，有困难，做了很多工作才完成。很多个人拿不出钱，由经济联合社担保，向农村信用社贷款 5 年期，用退休金还贷。第二批“4050”人员，参保率 50%（1 275 人）。估计是因为有些人在外工作由公司买了、有些人想观望（想等到退休年龄一次性购买）。第三批年轻人，参保人员很少。

（4）退管服务方面。2008 年 5 月开始搭建退管服务平台，接受辖区内社会化管理退休职工，建立自助站，为老人办理了优待证，组织退休人员参加市区的各项活动，为社区星光老年人之家更新了一批活动设施，组织退管人员座谈会，举办退休人员文艺演出，上门慰问服务对象。

10.3　不同农民群体培训情况比较

10.3.1　“城中村”转制居民的培训情况

10.3.1.1　样本基本情况

样本总体为 228 人。近郊调查了白云区均禾街和荔湾区中南街共 83 人，中心城区调查了黄埔区南岗街及文冲街、海珠区南洲街共 145 人。

其中，男女比例接近 1∶1；文化程度为初中及以下人数占 42.1%，高中及中专、技校的占 37.3%，大专和本科占 20.6%。

表 10－2　调查样本性别结构（“城中村”转制居民）

单位：人

	近郊	中心城区	总计
男	41	68	109
女	42	77	119
合计	83	145	228

表 10－3　调查样本受教育程度（“城中村”转制居民）

单位：人,%

	近郊		中心城区		总计	
	人数	百分比	人数	百分比	人数	百分比
小学及小学以下	4	4.8	25	17.2	30	13.2
初中	32	38.6	34	23.4	66	28.9
高中	25	30.1	30	20.7	54	23.7
中专、技校	12	14.5	19	13.1	31	13.6
大专	9	10.8	36	24.8	44	19.3
大学	1	1.2	1	0.7	3	1.3
合计	83	100	145	100	228	100

10.3.1.2　地方政府作用

有约 80.7%的受访者表示村民们获得相关知识或技能的途径主要是镇政府、村委会请专家教授或组织培训。82%的受访者认为村委会在引导村民提高文化素质和专业技能方面发挥了作用，只有 18%的人认为村委没有起到引导的作用。近 72%的受访者表示村里有提供相关的文化素养及专业技能培训的配套设施。

当然，在培训的配套设施方面，中心城区比近郊要稍好一些。但是，在村民们获得相关知识或技能的途径、村委会引导村民提高文化素养和专业技能方面，中心城区和近郊没有明显的差别。

表 10－4　村民获得相关知识或技能的途径（“城中村”转制居民）

单位：人,%

	近郊		中心城区		总计	
	人数	百分比	人数	百分比	人数	百分比
镇政府、村委会请专家教授或组织培训	64	77.1	120	82.8	184	80.7
村民自觉获得	12	14.5	21	14.5	33	14.5
其他	7	8.4	4	2.7	11	4.8
合计	83	100	145	100	228	100

表 10－5 村委会有没有引导村民提高文化素养和专业技能（“城中村”转制居民）

单位：人，%

	近郊		中心城区		总计	
	人数	百分比	人数	百分比	人数	百分比
有	67	80.7	120	82.8	187	82.0
没有	16	19.3	25	17.2	41	18.0
合计	83	100	145	100	228	100

表 10－6 村委会是否提供相关的帮助村民提高文化素养和专业技能的配套设施（“城中村”转制居民）

单位：人，%

	近郊		中心城区		总计	
	人数	百分比	人数	百分比	人数	百分比
有	55	66.3	111	76.6	166	72.8
没有	28	33.7	34	23.4	62	27.2
合计	83	100	145	100	228	100

可见，镇政府（街）政府和村（居）委会十分重视农民培训，在引导和组织村民进行培训方面起到了重要的作用。

10.3.1.3 培训次数

有 56.1%的受访者表示家庭主要劳动力参加过技能培训，其中有约 8%的人参加过两次以上的培训，特别是近郊转制居民有 6%的人表示参加过三次及以上的培训。

表 10－7 家庭主要劳动力是否参加技能培训（“城中村”转制居民）

单位：人，%

	近郊		中心城区		总计	
	人数	百分比	人数	百分比	人数	百分比
是	50	60.2	78	53.8	128	56.1
否	33	39.8	67	46.2	100	43.9
合计	83	100	145	100	228	100

表 10－8　一年参加培训次数（城中村转制居民）

单位：人，%

	近郊		中心城区		总计	
	人数	百分比	人数	百分比	人数	百分比
一次	45	90.0	73	93.6	118	92.2
二次	2	4.0	5	6.4	7	5.4
三次以上	3	6.0	0	0	3	2.4
合计	50	100	78	100	128	100

10.3.1.4　培训内容

随着城市化的发展，只有少数城中村居民从事农业生产，大多数的剩余劳动力要转移到第二、第三产业，因此，“城中村”转制居民的培训类型也发生了变化。近 80%的人表示镇政府和村委会没有组织农业技术培训。

表 10－9　镇政府和村委会有没有组织农业技术培训（“城中村”转制居民）

单位：人，%

	近郊		中心城区		总计	
	人数	百分比	人数	百分比	人数	百分比
有	13	15.7	33	22.8	46	20.2
没有	70	84.3	112	77.2	182	79.8
合计	83	100	145	100	228	100

城中村转制居民的培训内容有插花、厨师点心、家政、美容美发、电脑、财务会计、审计、统计、物业管理、法律、管理、就业、治安、消防、安全生产、出租屋管、水电工培训、叉车机械、创业培训、岗前培训、驾驶、民兵培训、妇女干部、党员培训、计生培训等。从培训的具体内容中可以看出，参加插花、厨师点心、家政、美容美发培训的人员最多。这些培训之所以受到转制居民的欢迎，主要是因为转制居民家庭经济条件好，他们大多不是为了就业而参加培训，更多的是为了完成培训任务，为了提高家庭生活乐趣，为了从培训中能把插花、点心等直接拿回家，甚至是为了消遣而参加培训。参加电脑、财务会计、审计、统计、物业管理、法律、管理等培训则主要是为了提高自身的文化素质，参加就业、治安、消防、安全生产、出租屋管、水电工培训、叉车机械、创业培训、岗前培训、驾驶、民兵培训、妇女干部、党员培训、计生培训等则确实是就业需要。也有少数转制居民在成人高中、夜校参加学历教育。

表 10－10　培训内容（“城中村”转制居民）

单位：人，%

培训内容	人数	百分比
插花、厨师点心、家政、美容美发	33	25.5
电脑	25	19.4
财务会计、审计、统计、物业管理、法律、管理、就业	25	19.4
治安、消防、安全生产、出租屋管	12	9.1
水电工培训、叉车机械	10	8.2
创业培训、岗前培训、驾驶	9	7.1
民兵培训、妇女干部、党员培训	4	3.1
计生培训	4	3.1
农业农药	1	1.0
成人高中、夜校	5	4.1
合计	128	100

10.3.1.5　培训时间

在参加过培训的调查者中，第一次培训在一个星期以内的占 18.5%，一个星期至一个月的占 38%，1～3 个月的占 29.3%，3～6 个月的占 8.7%。可以看出，培训是以三个月以下中短期培训为主。调查还发现，有 5 位参加了 1 年以上的培训，这主要是接受了学历教育。

表 10－11　培训总天数（“城中村”转制居民）

单位：人，%

	第一次培训		第二次培训	
	人数	百分比	人数	百分比
1～5 天	17	18.5	4	7.0
6～10 天	22	24.0	9	16.1
11～30 天	13	14.1	3	5.4
1～3 个月	27	29.3	9	16.1
3～6 个月	8	8.7	1	1.8
6 个月以上 1 年以下	0	0	2	3.6
1 年及以上	5	5.4	28	50.0
合计	92	100	56	100

10.3.1.6　培训费用

培训活动 90%以上是全部免费的，或者是部分免费的。当然少部分人是自己参加社会上举办的收费培训或学历教育。

表 10－12　培训费用（“城中村”转制居民）

单位：人，%

	人数	百分比
免费	77	83.7
50 元以下	2	2.2
50～500 元	4	4.3
500～1 000	2	2.2
1 000 以上	7	7.6
合计	92	100.0

10.3.1.7　组织单位

调查发现，提供培训的单位是比较多的，以村委、社区、街道、镇政府为主，其次是劳动局、民政局、卫生局、安监局、统计局、消防局等政府部门，培训机构、技校、学校、党校也占一定比例。而就业的物业公司、鞋厂等单位提供的培训则较少，主要是因为受访者在这些企业就业的人不多。

表 10－13　培训组织单位（“城中村”转制居民）

单位：人，%

培训提供部门	人数	百分比
村委、社区、街道、镇政府	55	59.9
劳动局、民政局、卫生局、安监局、统计局、消防局	22	23.9
培训机构	5	5.4
技校、学校、党校	5	5.4
物业公司、鞋厂、单位	5	5.4
合计	92	100.0

10.3.1.8　培训效果

在参加过培训的受访者中，有 72.4%的人认为培训的效果好，23%的人认为效果一般，只有 2.3%的人认为效果不好，还有个别人说不清楚。

表 10-14　培训效果（“城中村”转制居民）

单位：人,%

培训效果	第一次培训	
	人数	百分比
好	63	72.4
一般	20	23.0
不好	2	2.3
说不清	2	2.3
合计	87	100

10.3.1.9　培训是否安排就业

调查发现，明确表示培训后安排就业的只占 11.7%。可见，政府通过提供培训并安排就业的作用还不大。

表 10-15　培训是否安排就业（“城中村”转制居民）

单位：人,%

培训是否安排就业	第一次培训	
	人数	百分比
说不清	65	50.8
安排	15	11.7
不安排	48	37.5
合计	128	100.0

10.3.1.10　培训与找工

66.2%的被调查者认为接受培训之后找工作更容易了，有 12.7%的人认为差不多，也有不少被调查者认为很难说清楚找工作是否更容易了。

近郊与中心城区相比，近郊认为找工作更容易的人数比中心城区低得多，认为说不清的人数比中心城区则高得多，这说明中心城区找工作与培训关系比较密切，而近郊则不然。

表 10-16　接受培训后，你感觉找工作的难易程度（“城中村”转制居民）

单位：人,%

	近郊		中心城区		总计	
	人数	百分比	人数	百分比	人数	百分比
更容易	33	39.8	117	80.7	151	66.2
差不多	8	9.6	22	15.2	29	12.7
说不清	42	50.6	6	4.1	48	21.1
合计	83	100	145	100	228	100

10.3.1.11 培训意愿

有74.1%的受访者表示愿意接受培训，有53.1%的受访者认为提高自己收入的主要困难是文化水平低。

近郊与中心城区相比，中心城区的受访者表示愿意接受培训的高达85.5%，近郊则只有54.2%。这与他们认为接受培训后找工作是否更容易有密切关系，也与他们认为提高自己收入的主要困难在于文化水平低的比重有关。

表10－17 培训意愿（“城中村”转制居民）

单位：人，%

	近郊		中心城区		总计	
	人数	百分比	人数	百分比	人数	百分比
愿意	45	54.2	124	85.5	169	74.1
不愿意	36	43.4	6	4.1	42	18.4
无所谓	2	2.4	15	10.4	17	7.5
合计	83	100	145	100	228	100

表10－18 提高自己收入的主要困难（“城中村”转制居民）

单位：人

选项	近郊	中心城区	总计
文化水平低	30（36.1%）	92（63.4%）	122（53.1%）
缺乏途径	22	19	41
信息来源少	9	13	22
投入的成本太高	6	4	10
其他	16	16	32
合计	83	145	228

10.3.2 城郊农民的培训情况

10.3.2.1 样本情况

样本总体158人，远郊调查了从化市鳌头镇和南沙区横沥镇共117人，近郊调查了白云区江高镇41人。男女比例均接近1∶1。年龄均以38岁以上为主，占总人数的81.7%，其中远郊占79.4%、近郊占87.8%。文化程度以初中为主，占55.1%，其次是小学及以下的人数占29.1%，大专和本科只占3.2%。远郊的受访者小学及以下的人数所占比例明显大于近郊。

表 10-19 调查样本性别分布（城郊农民）

单位：人

	远郊	近郊	总计
男	67	21	88
女	50	20	70
合计	117	41	158

表 10-20 调查样本年龄分布（城郊农民）

单位：人，%

	远郊		近郊		总计	
	人数	百分比	人数	百分比	人数	百分比
18 岁以下	2	1.7	0	0.0	2	1.3
18～25 岁	6	5.1	1	2.4	7	4.4
26～30 岁	16	13.8	4	9.8	20	12.7
31～40 岁	52	44.4	17	41.5	69	43.6
41 岁以上	41	35.0	19	46.3	60	38.0
合计	117	100.0	41	100.0	158	100.0

表 10-21 调查样本文化程度（城郊农民）

单位：人，%

	远郊		近郊		总计	
	人数	百分比	人数	百分比	人数	百分比
小学及以下	38	32.5	8	19.5	46	29.1
初中	63	53.8	24	58.5	87	55.1
高中	12	10.3	8	19.4	20	12.6
大专	2	1.7	1	2.4	3	1.9
大学	2	1.7	0	0.0	2	1.3
合计	117	100.0	41	100.0	158	100.0

10.3.2.2 政府作用

城郊农民获得专业知识和技能的途径主要是依靠村民自己，占 50.6%，其次是镇政府请专家传授占 32.3%。村委会组织培训机构对农民进行培训占

11.4%。远郊和近郊有很大差别，远郊有65%的受访者是自己获得，而近郊有75.6%是镇政府请专家传授。可见，镇政府和村委在培训中的作用近郊远大于远郊。

表10-22 村民们获得相关专业知识或技能的途径（城郊农民）

单位：人，%

	远郊		近郊		总计	
	人数	百分比	人数	百分比	人数	百分比
镇政府、村委会请专家或培训机构	33	28.2	36	87.8	69	43.7
村民自己获得	76	65.0	4	9.8	80	50.6
其他	8	6.8	1	2.4	9	5.7
合计	117	100.0	41	100.0	158	100.0

有55.1%的受访者认为村委在引导村民提高文化素养和专业技能，只有12.7%的人认为没有，有29.1%的人表示不清楚。其中，远郊和近郊有很大差别，远郊有50.4%的受访者表示没有，而近郊有58.5%的受访者表示有。进一步说明镇政府和村委在培训中的作用近郊远大于远郊。

表10-23 村委会有没有引导村民提高文化素养（城郊农民）

单位：人，%

	远郊		近郊		总计	
	人数	百分比	人数	百分比	人数	百分比
不清楚	9	7.7	1	19.5	10	29.1
有	49	41.9	35	58.5	84	55.1
没有	59	50.4	5	19.5	64	12.7
合计	117	100.0	41	100.0	158	100.0

在村是否提供相关的帮助村民提高文化素养和专业技能的配套设施方面，总体上一半的受访者表示没有，41.1%的受访者表示有，说明培训的配套设施不够完善。其中，远郊和近郊也很大差别，远郊大部分的受访者表示没有，而近郊大部分的受访者表示有。说明近郊的培训条件比远郊要好些。

表 10-24 村委会是否提供相关的帮助村民提高文化素养和专业技能的配套设施（城郊农民）

单位：人，%

	远郊		近郊		总计	
	人数	百分比	人数	百分比	人数	百分比
不清楚	12	10.3	1	2.4	13	8.2
有	39	33.3	26	63.5	65	41.2
没有	66	56.4	14	34.2	80	50.7
合计	117	100.0	41	100.0	158	100.0

10.3.2.3 培训次数

只有41.8%的城郊农民受访者表示家庭主要劳动力参加过技能培训，其中远郊和近郊差别很大，远郊65%的受访者表示没有，而近郊61%的受访者表示有。说明近郊农民受培训的比重大于远郊。

表 10-25 家庭主要劳动力是否参加技能培训（城郊农民）

单位：人，%

	远郊		近郊		总计	
	人数	百分比	人数	百分比	人数	百分比
是	41	35.0	25	61.0	66	41.8
否	76	65.0	16	39.0	92	58.2
合计	117	100.0	41	100.0	158	100.0

其中有42.4%的受访者参加过两次以上的培训，特别值得注意的是，远郊农民有7%的人表示参加过三次及以上的培训。

表 10-26 培训次数（城郊农民）

单位：人，%

	远郊		近郊		总计	
	人数	百分比	人数	百分比	人数	百分比
一次	22	53.7	16	64.0	38	57.6
两次	12	29.3	7	28.0	19	28.8
三次以上	7	17.1	2	8.0	9	13.6
合计	41	100.0	25	100.0	66	100.0

10.3.2.4 培训内容

政府组织城郊农民培训的内容最多的是就业培训，其次是农业技术培训，而企业家培训较少。因为随着城市化的发展，城郊农民的土地被征用，出现了大量的剩余劳动力，因此就业方面的培训对这些剩余劳动力来说是非常重要的，有助于学习技能，提高素质，更好地就业。大部分城郊农民依然从事农业生产，因此，农业技术培训对农民的农业生产起着非常重要的作用。而组织参加农产品加工企业家培训的只有少数。这是因为某些村的种植规模不大，都以个体种植为主，形成规模的种植很少。

远郊和近郊差别很大，远郊只有 29.9％的受访者表示镇政府和居（村）委会组织过农业技术的培训，而近郊 95.2％的受访者表示镇政府和居（村）委会组织过农业技术的培训；远郊只有 14.6％的受访者表示村委会专门组织过农产品加工的企业家的培训，而近郊 31.7％的受访者表示组织过；远郊有 53.8％的受访者表示村里没有组织过就业方面的培训，而近郊 78.7％的受访者表示村里组织过就业方面的培训。说明近郊农民接受镇政府和居（村）委会组织的农业技术培训、企业家培训和就业培训的比重都大于远郊。

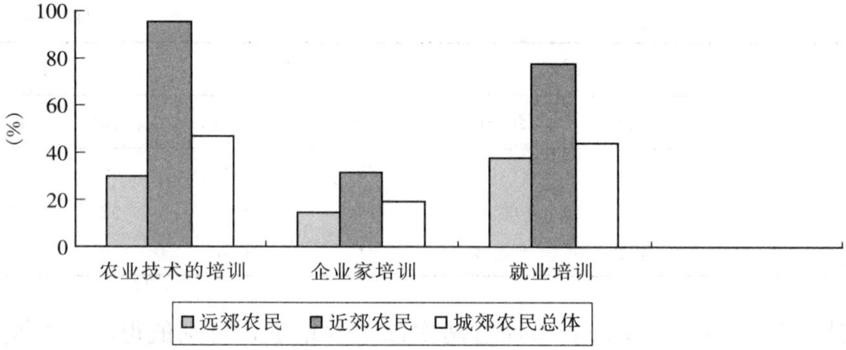

图 10－1 城郊农民培训内容

表 10－27 镇政府和居（村）委会有没有组织农业技术的培训（城郊农民）

单位：人，％

	远郊		近郊		总计	
	人数	百分比	人数	百分比	人数	百分比
不清楚	43	36.8	1	2.4	44	27.8
有	35	29.9	39	95.2	74	46.8
没有	39	33.3	1	2.4	40	25.4
合计	117	100.0	41	100.0	158	100.0

表 10-28 村委会有没有专门组织农产品加工的企业家的培训（城郊农民）

单位：人，%

	远郊		近郊		总计	
	人数	百分比	人数	百分比	人数	百分比
不清楚	10	8.5	2	4.9	12	7.6
有	17	14.6	13	31.7	30	19.0
没有	90	76.9	26	63.4	116	73.4
合计	117	100.0	41	100.0	158	100.0

表 10-29 村里有没有组织就业方面的培训（城郊农民）

单位：人，%

	远郊		近郊		总计	
	人数	百分比	人数	百分比	人数	百分比
不清楚	10	8.6	3	7.3	13	8.2
有	44	37.6	32	78.1	76	48.1
没有	63	53.8	6	14.6	69	43.7
合计	117	100.0	41	100.0	158	100.0

从培训的具体内容中可以看出，城郊农民接受农科知识、果树种植、种菜、养猪方面的培训最多，其次是叉车、铲车、车艺、缝衣和电、无线电、造鞋等为就业而进行的培训，也有家政、电脑、会计等方面的内容。

调查发现，培训的名额是市里安排指标下来的，一般情况下，镇政府、村委都要完成分配下来的培训任务，因此为了完成指标，导致了想尽办法让农民进行培训，因此会开办一些插花、美容、烹饪、理发等培训班，因为人们对这些培训班比较有兴趣，容易完成培训的任务。

表 10-30 培训内容（城郊农民）

单位：人，%

选　项	频数	百分比
叉车、铲车、车艺、缝衣和电、无线电、造鞋	13	19.9
电脑	8	12.1
会计	3	4.5
村干部	2	3.0

（续）

选项	频数	百分比
计生	2	3.0
技能、学车、理发、幼儿园培训	3	4.5
家政、烹饪、妇幼保健	8	12.1
农科知识、果树种植、种菜、养猪	25	37.9
治保	2	3.0
合计	66	100.0

10.3.2.5 培训时间

城郊农民培训主要是以短期培训为主。调查数据显示，时间在一、二周的占大多数，其次是半个月到一个月的。

表 10-31 培训时间（城郊农民）

单位：天，人，%

天数	人数	百分比
1～5	22	33.3
6～10	22	33.3
11～15	6	9.5
16～30	8	14.3
60	2	2.4
90	2	2.4
120	2	2.4
240	0	0.0
1 000	2	2.4
合计	66	100.0

10.3.2.6 培训收费情况

在参加过培训的农户中，有 90.9%的培训是全免费的，只有少数农民参加了自费培训项目。

表 10-32　培训费用（城郊农民）

单位：元，人，%

费用	人数	百分比
0	60	91.0
100	2	3.0
200	1	1.5
300	1	1.5
300 以上	2	3.0
合计	66	100.0

10.3.2.7　组织单位

村委、镇政府是培训的最主要提供者，其次是区政府就业办、劳动中心、就业单位和工厂也提供一定的培训。

表 10-33　组织单位（城郊农民）

单位：人，%

单位	人数	百分比
区政府就业办、劳动中心	9	13.5
村委、镇政府	46	70.3
单位、鞋厂	7	10.8
驾驶学校	2	2.7
师范	2	2.7
合计	66	100.0

10.3.2.8　培训效果

在接受过培训的调查者当中，有 55%的人认为培训的效果好，有 37.5%的人认为培训的效果一般，还有 7.5%的人认为效果不好。

表 10-34　培训效果评价（城郊农民）

单位：人，%

	人数	百分比
好	36	55.0
一般	25	37.5
不好	5	7.5
合计	66	100.0

10.3.2.9 培训是否安排就业

城郊农民参加培训并且安排就业的人数只有总人数的5.7%，可见培训与就业的关联性还很低。

表10-35 培训是否安排就业（城郊农民）

单位：人，%

	人数	百分比
说不清	39	59.1
安排	9	13.6
不安排	18	27.3
合计	66	100.0

10.3.2.10 培训与求职

只有41.8%的受访者表示培训后找工作更容易，还有相当一部分人认为培训的作用不大。也有近三成的人认为说不清，培训与找工作没有直接的关系。

表10-36 接受培训后你感觉找工作难易情况（城郊农民）

单位：人，%

	远郊		近郊		总计	
	人数	百分比	人数	百分比	人数	百分比
更容易	46	39.3	20	48.8	66	41.8
差不多	36	30.8	14	34.1	50	31.6
说不清	35	29.9	7	17.1	42	26.6
合计	117	100.0	41	100.0	158	100.0

10.3.2.11 培训意愿

有52%的受访者认为提高自己收入的主要困难在于文化程度低，有67.1%的受访者表示愿意接受培训，有24.7%的受访者明确表示不愿意参加培训，有8.2%的受访者对参加培训抱无所谓的态度。

表 10-37 培训意愿（城郊农民）

单位：人，%

	远郊		近郊		总计	
	人数	百分比	人数	百分比	人数	百分比
愿意	72	61.5	34	82.9	106	67.1
不愿意	32	27.4	7	17.1	39	24.7
无所谓	13	11.1	0	0.0	13	8.2
合计	117	100.0	41	100.0	158	100.0

表 10-38 提高自己收入的主要困难（多重选择）（城郊农民）

单位：人，%

	远郊		近郊		总计	
	人数	百分比	人数	百分比	人数	百分比
文化水平低	118	53.2	38	48.7	156	52.0
缺乏找工途径	28	12.6	6	7.7	34	11.3
信息来源少	14	6.3	0	0.0	14	4.7
投入的成本太高	22	9.9	18	23.1	40	13.3
其他	40	18.0	16	20.5	56	18.7
合计	222	100.0	78	100.0	300	100.0

10.3.3 外来农民工的培训情况

10.3.3.1 样本情况

样本总体为 230 人。远郊调查了从化市江浦街、鳌头镇和南沙区横沥镇共 59 人，近郊调查了白云区均禾街、荔湾区中南街共 73 人，中心城区黄浦区南岗街、文冲街和海珠区南洲街、西滘共 98 人。男女比例为 1∶1.2，其中远郊男多女少、中心城区女多男少。

表 10-39 调查样本性别分布（外来农民工）

	远郊		近郊		中心城区		总计	
	人数（人）	性别比	人数（人）	性别比	人数（人）	性别比	人数（人）	性别比
男	34	1	33	1	36	1	103	1
女	25	0.7	40	1.2	62	1.7	127	1.2
合计	59		73		98		230	

年龄均以18～37岁为主，占总人数的75.6%，其中远郊28～37岁的人占了一半，近郊18～27岁占一半，这与外来工从事的职业有关，远郊从事代耕者多，近郊从事服务业多。

表10-40 调查样本年龄分布（外来农民工）

单位：人，%

	远郊		近郊		中心城区		总计	
	人数	百分比	人数	百分比	人数	百分比	人数	百分比
18岁以下	0	0.0	0	0.0	0	0.0	0	0.0
18～27岁	15	25.4	37	50.7	36	36.7	88	38.3
28～37岁	29	49.2	22	30.2	35	35.7	86	37.3
38～47岁	10	16.9	12	16.4	23	23.5	45	19.6
48岁以上	5	8.5	2	2.7	4	4.1	11	4.8
合计	59	100.0	73	100.0	98	100.0	230	100.0

文化程度以初中为主，占了46.5%，其次是小学及以下的人数占25.2%，大专和本科只占5.2%。远郊和中心城区的受访者小学及以下的人数占比明显大于近郊，近郊高中文化程度的比重则明显大于远郊和中心城区。

表10-41 调查样本教育程度（外来农民工）

单位：人，%

	远郊		近郊		中心城区		总计	
	人数	百分比	人数	百分比	人数	百分比	人数	百分比
小学及以下	23	39.0	6	8.2	29	29.6	58	25.2
初中	28	47.5	32	43.8	47	48	107	46.5
高中	5	8.5	18	24.7	13	13.3	36	15.7
中技	3	5.1	7	9.6	7	7.1	17	7.4
大专	0	0.0	8	11.0	1	1.0	9	3.9
大学	0	0.0	2	2.7	1	1.0	3	1.3
合计	59	100.0	73	100.0	98	100.0	230	100.0

10.3.3.2 政府作用

对外来农民工所参加的培训进行调查发现，在调查的230名外来农民工中，只有2人接受过镇、村委组织的培训，占的比例非常小，有76人接受过其他组织的培训。

10.3.3.3　培训次数

调查发现，外来农民工接受过培训的比重大约是34%，约有8%的人接受过两次培训，个别人接受过三次培训。

10.3.3.4　培训内容

分析可以看出，农民工的就业培训的内容都是非常有针对性的，与他们目前所在的工作岗位有十份密切的联系。他们的培训内容主要是一些工作的技能，例如，保安、安全生产、机电操控技术、叉车操作、电梯维修、汽车美容、礼仪服务、修缝纫机、烧焊、质量监督、制衣、制鞋等方面的培训，还有新员工入厂培训。很多农民工进厂之前或者进厂之后，都要经过必要的就业技能培训才能上岗。

此外，也有相当一部分农民工的培训内容可能是与提高个人素质、谋求更好的发展有关。如电脑、会计、财务管理、沟通技巧、酒店管理、礼仪服务、理财、营销、质量监督、ISO、蛋糕、餐饮、厨师、饮食卫生、美发、驾驶等。

表10-42　培训内容（外来农民工）

单位：人，%

	人数	百分比
安全、保安、消防、环境保护	15	19.2
会计、财务管理、沟通技巧、酒店管理、礼仪服务、理财、营销、质量监督、ISO	13	16.7
叉车操作、打边、车位、车衣服、电机操控技术、电切、电梯维修、纺织、车厂技术、焊接、剪线头、汽车美容、烧焊、手工机械、修缝纫机、印刷培训、钉鞋纸样、制鞋、制衣、装修	26	33.3
公司规章制度、厂纪律、新员工培训	7	9.0
电脑	6	7.7
蛋糕、餐饮、厨师、饮食卫生、美发	6	7.7
技能	3	3.8
驾驶	1	1.3
美术	1	1.3
合计	78	100.0

10.3.3.5 培训时间

培训主要是以短期培训为主，有37.5%是一个星期以内的培训，33.3%是一个星期到一个月之间的培训，一个月到半年之间的培训有25.7%。只有2.6%是一年以上的培训，为两名外来农民工在职攻读大学学历。

表10-43 培训时间（外来农民工）

单位：人，%

	人数	百分比
1～5天	27	34.6
6～10天	12	15.4
11～30天	14	17.9
1～3个月	7	11.5
3～6个月	11	14.2
6个月以上1年以下	3	3.8
1年以上	2	2.6
合计	78	100.0

10.3.3.6 培训费用

71.8%的培训是免费的。由于外来农民工就业压力大，比较注重个人的学习，参加培训学校、社会营利机构的培训比较多，这些培训是要收取费用的，收取的费用比较高。还有少数农民工参加学历教育，学习时间比较长，费用也比较高。

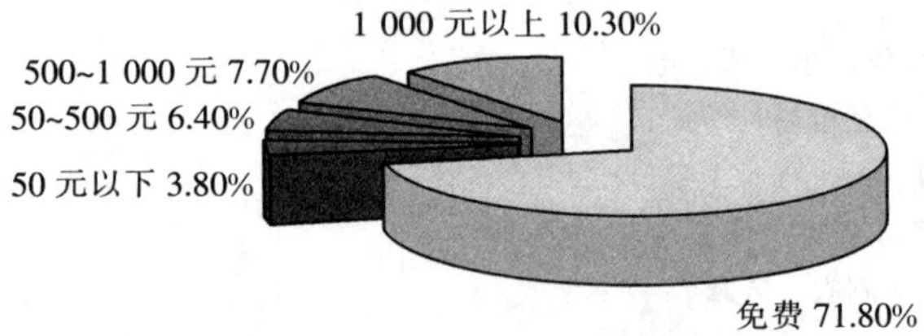

图10-2 培训收费费用结构

10.3.3.7 组织单位

提供培训的单位一般都是农民工就业的单位，占73.1%，而在村委街道、劳动局等当地政府机构参加培训的只有少数。参加培训学校、社会盈利机构的培训相对比较多。

表 10-44　培训组织单位（外来农民工）

单位：人，%

	人数	百分比
村委街道	2	2.6
劳动局市政卫生局消防部门	4	5.1
本单位本工厂本企业	57	73.1
保安公司、中介公司	5	6.4
培训学校、社会营利机构培训	9	11.5
武汉学院	1	1.3
合计	78	100.0

10.3.3.8　培训效果

经调查，有 60.2%的受培训者认为培训的效果好，33.3%认为效果一般，只有 3.9%的受培训者认为培训的效果不好，有个别人认为效果很难说清楚。

表 10-45　培训效果（外来农民工）

单位：人，%

	人数	百分比
好	47	60.2
一般	26	33.3
不好	3	3.9
说不清	2	2.6
合计	78	100.0

10.3.3.9　培训是否安排就业

在参加培训的外来农民工中，只有 44%安排了就业。

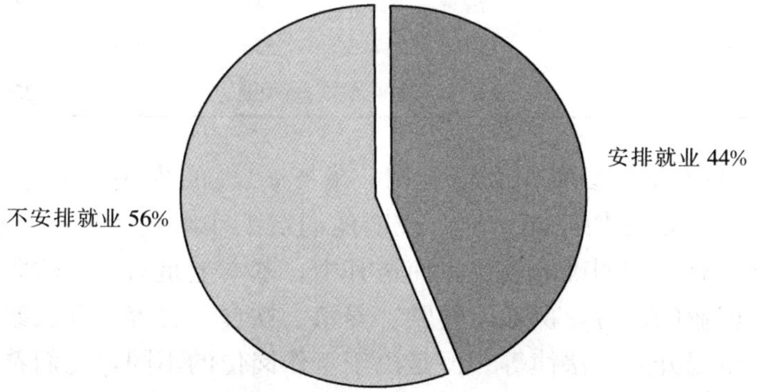

图 10-3　培训是否安排就业

10.3.3.10 培训与就职

在参加培训的外来农民工中，只有47.4%的人认为找工作更容易了，有30.8%的人认为说不清。

表10-46 接受培训后感觉找工作难易情况（外来农民工）

单位：人，%

	人数	百分比
更容易	37	47.4
差不多	17	21.8
说不清	24	30.8
合计	78	100.0

10.3.3.11 培训意愿与培训期望

51.7%的受调查农民工表示愿意参加培训，只有7.4%表示不愿意参加培训，其他的人认为无所谓或者看情况而定。特别是在近郊就业的农民工，有高达71.2%表示愿意接受培训。而在远郊就业的农民工则只有33.9%表示愿意接受培训。

表10-47 培训意愿（外来农民工）

单位：人，%

	远郊		近郊		中心城区		总计	
	人数	百分比	人数	百分比	人数	百分比	人数	百分比
愿意	20	33.9	52	71.2	47	48.0	119	51.7
不愿意	5	8.5	2	2.8	10	10.1	17	7.4
无所谓	20	33.9	6	8.2	18	18.4	44	19.2
看情况而定	14	23.7	13	17.8	23	23.5	50	21.7
合计	59	100.0	73	100.0	98	100.0	230	100.0

当问到目前希望参加什么培训时，有56.1%的农民工表示说不清，有23%的农民工表示参加技能培训，说明他们对工作感到迷茫。只有20.9%的人对培训类型有比较明确的表达，而这其中，基本上是与目前的职业有关的或者是有利于就业的内容，例如，驾驶、养殖、饮食、美容美发、家政服务、管理、文秘、市场开发、法律等。但是由于工作岗位的不同，他们希望得到的培训也不同，例如，有些是公司的白领，他们需要的培训是企业管理产品文化、英语、市场开发等。虽然各不相同，但是目的基本上都是有利于工作就业。

表 10－48 培训期望（外来农民工）

单位：人，%

	远郊		近郊		中心城区		总计	
	人数	百分比	人数	百分比	人数	百分比	人数	百分比
技能	7	11.9	29	39.7	17	17.3	53	23.0
驾驶	0	0.0	2	2.7	3	3.1	5	2.2
养殖	3	5.1	1	1.4	0	0.0	4	1.7
饮食、美容美发、家政服务	9	15.4	3	4.1	5	5.1	17	7.4
管理、文秘、市场开发、法律	3	5.1	11	15.1	8	8.2	22	9.6
说不清	37	62.7	27	37.0	65	66.3	129	56.1
合计	59	100.0	73	100.0	98	100.0	230	100.0

10.3.4 城市居民的培训情况

10.3.4.1 样本情况

样本总体为 173 人。远郊调查了从化市江浦街、鳌头镇共 47 人，近郊调查了白云区江高镇、均禾街、荔湾区中南街共 59 人，中心城区黄浦区南岗街、文冲街和海珠区南洲街 678 人。调查方式主要是把受访者请到社区办，接受访问。

男女比例为 1∶0.9，其中远郊和近郊男多女少、中心城区女多男少。

表 10－49 调查样本性别分布（城市居民）

单位：人，%

	远郊		近郊		中心城区		总计	
	人数	百分比	人数	百分比	人数	百分比	人数	百分比
男	25	1	34	1	32	1	91	1
女	22	0.9	25	0.7	35	1.1	82	0.9
合计	47		59		67		173	

年龄均以 48 岁以上为主，占总人数的 43.9%，其中远郊和中心城区 48 岁以上的人占了一半，近郊 38～47 岁的人也占较大比重。这主要是因为城市居民中，赋闲在家、有时间接受我们访问的多是年纪较大者。

表 10-50 调查样本年龄分布（城市居民）

单位：人，%

年龄分布	远郊		近郊		中心城区		总计	
	人数	百分比	人数	百分比	人数	百分比	人数	百分比
18 以下	0	0.0	3	5.1	0	0.0	3	1.7
18～27	6	12.9	6	10.2	7	10.5	19	11.0
28～37	9	19.1	12	20.3	13	19.4	34	19.7
38～47	9	19.1	20	33.9	12	17.9	41	23.7
48 以上	23	48.9	18	30.5	35	52.2	76	43.9
合计	47	100.0	59	100.0	67	100.0	173	100.0

文化程度初中占比重最大，占 37.6%，其次是小学及以下占 19.1%、高中占 18.5%，值得注意的是大专及大学的也占到 18.5%。

表 10-51 调查样本文化程度（城市居民）

单位：人，%

	远郊		近郊		中心城区		总计	
	人数	百分比	人数	百分比	人数	百分比	人数	百分比
小学及以下	9	19.1	12	20.3	12	17.9	33	19.1
初中	20	42.6	23	39.0	22	32.8	65	37.6
中技	1	2.1	7	11.8	3	4.5	11	6.4
高中	8	17.0	8	13.6	16	23.9	32	18.4
大专	4	8.6	7	11.9	12	17.9	23	13.3
大学	5	10.6	2	3.4	2	3.0	9	5.2
合计	47	100.0	59	100.0	67	100.0	173	100.0

10.3.4.2 家庭主要劳动力是否参加技能培训

调查发现，在接受调查的城市居民中，只有 38.7%的家庭主要劳动力参加培训，占的比例比较小。其中近郊最少，只有 33.9%的家庭主要劳动力参加培训，远郊最多，有 42.6%的家庭主要劳动力参加培训。

表 10－52 家庭主要劳动力是否参加技能培训（城市居民）

单位：人，%

	远郊		近郊		中心城区		总计	
	人数	百分比	人数	百分比	人数	百分比	人数	百分比
是	20	42.6	20	33.9	27	40.3	67	38.7
否	27	57.4	39	66.1	40	59.7	106	61.3
合计	47	100.0	59	100.0	67	100.0	173	100.0

10.3.4.3 培训次数

在问到如参加技能培训，一年能有几次培训时，85%的受访者认为一次，有 6.9%的受访者认为有三次。特别是远郊，有 29.8%的受访者认为有两次及以上。可见远郊居民受到的培训比近郊和中心城区多，近郊居民相对少些。

表 10－53 如参加技能培训，一年几次（城市居民）

单位：人，%

	远郊		近郊		中心城区		总计	
	人数	百分比	人数	百分比	人数	百分比	人数	百分比
一次	33	70.2	54	91.5	60	89.5	147	85.0
两次	9	19.2	3	5.1	2	3.0	14	8.1
三次以上	5	10.6	2	3.4	5	7.5	13	6.9
合计	47	100.0	59	100.0	67	100.0	173	100.0

10.3.4.4 培训意愿

有 50.3%的受访者明确表示愿意接受培训，同时又 26.6%的受访者明确表示不愿意接受培训。

表 10－54 调查样本培训意愿（城市居民）

单位：人，%

	远郊		近郊		中心城区		总计	
	人数	百分比	人数	百分比	人数	百分比	人数	百分比
是	26	55.3	26	44.1	35	52.2	87	50.3
否	10	21.3	18	30.5	18	26.9	46	26.6
视情况而定	11	23.4	15	25.4	14	20.9	40	23.1
合计	47	100.0	59	100.0	67	100.0	173	100.0

10.3.4.5 培训内容

城市居民所希望得到的培训有很多类型。明确表示希望参加电脑方面的培训的人数最多，约占总人数的10%。其次是与工作有关的工作技能、技术、就业技能的培训，占8%。其他还有管理、会计、家政管理、外语、销售、投资方面、家政、美容、烹饪、医疗知识、文化、社交、语言表达、义工、增加知识、跳舞、体育运动、驾驶、教师等，个别希望得到果园相关的培训、种养技术方面的培训。可以看出他们所希望的培训与城中村居民、城郊农民、外来农民工有很大的区别，这是因为他们从事的工作类型不同造成的。

表10-55 培训内容（城市居民）

选　项	频数
没有回答或者说不清	104
看情况而定、什么都可以、适合就好、感兴趣、能提高收入的、实用性高的类型	9
电脑	17
工作技能、技术、与工作有关的、就业技能	14
管理、会计、家政管理、外语、销售、投资方面、	9
家政、美容、烹饪、医疗知识	5
文化、社交、语言表达、义工、增加知识、跳舞、体育运动	5
驾驶	2
教师、教育	2
设计	2
与果园相关的培训、种养技术	2
消防	1
培训没用	1
合计	173

10.3.5 四大农民群体培训情况比较

10.3.5.1 基本情况

转制居民：男女比例接近1∶1。文化程度为初中及以下人数占42.1%，高中及中专、技校的占37.3%，大专和本科占20.6%。

城郊农民：男女比例接近1∶1。年龄均以38岁以上的为主，占总人数的81.7%，文化程度以初中为主，占了55.1%，其次是小学及以下的人数占29.1%，大专和本科只占3.2%。

外来农民工：男女比例为1∶1.2，其中远郊男多女少，中心城区女多男少。年龄均以18～38岁为主，占总人数的75.6%。文化程度以初中为主，占了46.5%，其次是小学及以下的人数占25.2%，大专和本科只占5.2%。

城市居民：男女比例为1∶0.9。年龄均以38岁以上为主，占总人数的67.6%。文化程度初中占比重最大，占37.6%，其次是小学及以下占19.1%，高中占18.，4 %，值得注意的是大专及大学的也占到18.5%。

10.3.5.2 政府作用

“城中村”转制居民中有近80.7%的受访者表示获得相关知识或技能的途径主要是镇政府、村委会请专家教授或组织培训，城郊农民则有50.6%表示是自觉获得。有82%的认为村委引导村民进行文化素质的提高和专业技能的获得，近72.8%的受访者表示村里有文化素养及专业技能培训配套设施。

城郊农民有约55.1%的认为村委没有引导村民进行文化素质的提高和专业技能的获得，50.7%的受访者认为村里没有文化素养及专业技能培训配套设施。

对外来农民工所参加的培训进行调查发现，在调查的230名外来农民工中，只有两人接受过镇、村委组织的培训，占的比例非常小。

表10-56 村民们获得相关知识或技能的主要途径

单位：人，%

	转制居民		城郊农民	
	人数	百分比	人数	百分比
镇政府、村委会请专家教授或组织培训	184	80.7	69	43.7
村民自觉获得	33	14.5	80	50.6
其他	11	4.8	9	5.7
合计	228	100	158	100.0

10.3.5.3 培训次数

转制居民中，家庭主要劳动力参加技能培训的比重最高，占56.1%；城市居民中，家庭主要劳动力参加技能培训的比重最低，只占38.7%；城郊农民中，一年参加两次以上培训的人占比重最高，42.4%。

调查发现，外来农民工接受过培训的比重大约是34%，约有8%的人接受过两次培训，个别人接受过三次培训。

表 10－57　家庭主要劳动力是否参加技能培训比较

单位：人，%

	转制居民		城郊农民		城市居民	
	人数	百分比	人数	百分比	人数	百分比
是	128	56.1	66	41.8	67	38.7
否	100	43.9	92	58.2	106	61.3
合计	228	100	158	100.0	173	100.0

表 10－58　培训次数比较

单位：人，%

培训次数	转制居民		城郊农民		城市居民	
	人数	百分比	人数	百分比	人数	百分比
一次	118	92.2	38	57.6	147	85.0
两次	7	5.4	19	28.8	14	8.1
三次以上	3	2.4	9	13.6	13	6.9
合计	128	100	66	100.0	174	100.0

10.3.5.4　培训内容

“城中村”转制居民的培训内容有插花、厨师点心、家政、美容美发、电脑、财务会计、审计、统计、物业管理、法律、管理、就业、治安、消防、安全生产、出租屋管、水电工培训、叉车机械、创业培训、岗前培训、驾驶、民兵培训、妇女干部、党员培训、计生培训等。其中，插花、厨师点心、家政、美容美发培训最多。这些培训之所以受到转制居民的欢迎，主要是因为转制居民家庭经济条件好，他们大多不是为了就业而参加培训，更多的是为了完成培训任务，为了提高家庭生活乐趣，为了从培训中能把插花、点心等直接拿回家，甚至是为了消遣而参加培训。

城郊农民接受农科知识、果树种植、种菜、养猪方面的培训最多，其次是叉车、铲车、车艺、缝衣、无线电、制鞋等为就业而进行的培训，也有家政、电脑、会计等方面的内容。

农民工的培训内容都是非常有针对性的，都是与他们目前所在的工作岗位有十份密切的联系。他们的培训内容主要是一些工作的技能，例如，保安、安全生产、机电操控技术、叉车操作、电梯维修、汽车美容、礼仪服务、修缝纫机、烧焊、质量监督、制衣、制鞋等方面的培训，还有新员工入厂培训。很多农民工进厂之前或者进厂之后，都要经过必要的就业技能培训才能上岗。

10.3.5.5　培训时间

调查数据显示，各个群体的培训时间大体相同，培训的时间两个星期以内的占大多数，其次是两个星期到三个月以内的。

表 10－59　培训时间比较

单位：人，%

培训时间	转制居民		城郊农民		农民工	
	人数	百分比	人数	百分比	人数	百分比
1～5天	17	18.5	22	33.3	27	34.6
6～10天	22	24.0	22	33.3	12	15.4
11～30天	13	14.0	6	9.1	14	17.9
1～3个月	27	29.3	9	13.7	7	11.5
3～6个月	8	8.7	2	3.0	11	14.2
6个月以上1年以下	0	0	4	6.1	3	3.8
1年及以上	5	5.4	1	1.5	2	2.6
合计	92	1	66	100.0	78	100.0

10.3.5.6　培训费用

各群体的培训都以免费培训为主，所占比重在70%以上，城郊农民更高达90%以上。

由于外来农民工就业压力大，比较注重个人的学习，参加培训学校、社会营利机构的培训比较多，这些培训是要收取费用的，收取的费用比较高。还有少数农民工参加学历教育，学习时间比较长，费用也比较高。

表 10－60　培训的收费水平比较

单位：元，人，%

收费	转制居民		城郊农民		农民工	
	人数	百分比	人数	百分比	人数	百分比
0	77	83.7	60	90.9	56	71.8
50以下	2	2.2	1	1.5	3	3.8
50～500	4	4.3	3	4.5	5	6.4
500～1 000	2	2.2	0	0	6	7.7
1 000以上	7	7.6	2	3.0	8	10.3
合计	92	100.0	66	100.0	78	100.0

10.3.5.7 组织单位

城中村居民和城郊农民，提供培训的单位以村委、社区、街道、镇政府为主。村委、镇政府是培训的最主要提供者，其次是区政府就业办、劳动中心，就业单位和工厂也提供一定的培训。

农民工培训提供的单位一般都是农民工就业单位，其次是培训机构，而在劳动局等当地政府机构参加培训的只有少数。

表 10-61 培训的提供单位比较

单位：人，%

	转制居民		城郊农民		农民工	
	人数	百分比	人数	百分比	人数	百分比
村委、社区、街道、镇政府	55	59.9	46	70.3	2	2.6
劳动局、民政局、卫生局、安监局、统计局、消防局	22	23.9	9	13.5	4	5.1
培训机构	5	5.4	2	2.7	11	14.1
技校、学校、党校	5	5.4	2	2.7	4	5.1
物业公司、鞋厂等	5	5.4	7	10.8	57	73.1
合计	92	100.0	66	100.0	78	100.0

10.3.5.8 培训的效果

在接受过培训的调查者当中，大部分人认为培训的效果好，有一部分人认为培训的效果一般，还有少数人认为效果不好。

表 10-62 培训效果比较

单位：人，%

	转制居民		城郊农民		农民工	
	人数	百分比	人数	百分比	人数	百分比
好	63	72.4	36	55.0	47	60.2
一般	20	23.0	25	37.5	26	33.3
不好	2	2.3	5	7.5	3	3.9
说不清	2	2.3	0	0	2	2.6
合计	87	100	66	100.0	78	100.0

10.3.5.9 培训与就业

培训后安排就业的只是少数，大部分培训不安排就业，还有很多受访者认为说不清。只有农民工表示安排就业的占到44%，这与农民工大部分有就业单位进行培训有关。

表10-63 培训是否安排就业比较

单位：人，%

	转制居民		城郊农民		农民工	
	人数	百分比	人数	百分比	人数	百分比
说不清	65	50.8	131	82.9	0	0
安排	15	11.7	9	5.7	34	44.0
不安排	48	37.5	18	11.4	44	56.0
合计	128	100.0	158	100.0	78	100.0

10.3.5.10 培训与求职

大多数被访者对培训持肯定的态度，他们认为培训总会对自己的工作有用的，但是还有一部分人认为，培训的作用不大。

表10-64 接受培训后感觉找工作的难易程度比较

单位：人，%

	转制居民		城郊农民		农民工	
	人数	百分比	人数	百分比	人数	百分比
更容易	151	66.2	66	41.8	37	47.4
差不多	29	12.7	50	31.6	17	21.8
说不清	48	21.1	42	26.6	24	30.8
合计	228	100	158	100.0	78	100.0

10.3.5.11 培训意愿

大多数被访者表示愿意接受培训，其中转制居民中有意参加培训的比重最大，达到74.1%。也有少部分人表示不愿意参加培训。其中农民工中对培训持无所谓态度的比重最大，达到40.8%。

表 10-65 培训意愿比较

单位：人,%

	转制居民		城郊农民		农民工	
	人数	百分比	人数	百分比	人数	百分比
愿意	169	74.1	106	67.1	119	51.7
不愿意	42	18.4	39	24.7	17	7.4
无所谓	17	7.5	13	8.2	94	40.9
合计	228	100	158	100.0	230	100.0

10.4 不同农民群体就业情况比较

10.4.1 “城中村”转制居民的就业情况

10.4.1.1 就业的基本情况

有固定工作的转制居民占比为75.9%，其中近郊的占86.7%，高于中心城区的69.7%。可以看出城中村居民的就业是比较充分的。

调查的数据显示，在228个调查对象中，只有9人还在从事农业生产，所占的比例只有1.8%。而这9名调查者的工作并不只是农业生产，有的还从事其他类型的工作，这些人有的是因为家里还有一点土地，而年纪又比较大，对农业生产有经验、有感情，很难或不愿意外出工作，因此会继续种植一些农产品来维持生活的基本需要；有的是受村集体的雇佣去耕种一些没有被征用的属于村集体的土地。可以看出“城中村”居民基本实现就业转移。

“城中村”居民转移就业比较充分的原因是多方面的，主要有：①“城中村”居民的文化水平相对比较高；②政府为“城中村”居民提供了更多的就业服务；③就业培训活动开展得比较好；④农村集体经济实体是吸纳事业农民就业的重要途径；⑤“城中村”的农民居住在一个很特殊的地理位置，就业机会多，就业方便。

表 10-66 有无固定工作（“城中村”转制居民）

单位：人,%

	近郊		中心城区		总计	
	人数	百分比	人数	百分比	人数	百分比
有	72	86.7	101	69.7	173	75.9
没有	11	13.3	44	30.3	55	24.1
合计	83	100.0	145	100.0	228	100.0

据受访者反映，不上班的主要原因有以下几个：有固定收入衣食无忧、嫌上班辛苦、嫌工资低、找不到工作、其他。所占比重最大的是找不到工作，占30.8%。而据调查，他们找不到工作的主要原因是他们本身文化程度或年龄没有竞争优势，但对工作却很挑剔，不积极。

表 10-67 未上班原因（“城中村”转制居民）

单位：人,%

	近郊		中心城区		总计	
	人数	百分比	人数	百分比	人数	百分比
有固定收入衣食无忧	0	0.0	30	20.7	30	17.4
嫌上班辛苦	0	0.0	32	22.1	32	18.6
嫌工资低	6	22.2	21	14.4	27	15.8
找不到工作	13	48.2	40	27.6	53	30.8
其他	8	29.6	22	15.2	30	17.4
合计	27	100.0	145	100.0	172	100.0

当时土地被征用时政府采用的补偿方式最主要的是付给补偿金，占大约79.4%，安置就业的非常少，占不到4%。

表 10-68 政府补偿土地被征用的方式（城中村转制居民）

单位：人,%

	近郊	中心城区	总计	百分比
付给补偿金	48	133	181	79.4
安置就业	0	9	9	3.9
其他	35	3	38	16.7
合计	83	145	228	100.0

在集体经济实体中就业的人数只占总人数的1/4左右，其中中心城区占的比重高一些，为1/3，近郊转制居民则占不到1/5。经调查，这些村一般会设立一些社区办、房屋出租管理中心、治安联防队、加工制造企业、服务类的公司等，吸收和安置本地的失地农民，从事社区管理、绿化、保安、维修、服务等工作。

表 10-69 是否在集体经济实体中工作（“城中村”转制居民）

单位：人，%

	近郊		中心城区		总计	
	人数	百分比	人数	百分比	人数	百分比
在	12	14.5	46	31.7	58	25.4
不在	71	85.5	99	68.3	170	74.6
合计	83	100.0	145	100.0	228	100.0

调查结果显示，转制居民的收入来源以非农业收入和房屋租金为主，各占1/3多，村集体分红也是重要的收入来源，所占比重近14%，农业收入则很少。

近郊转制居民与中心城区转制居民的收入来源结构表现出一定的差异：农业收入和房屋租金收入所占比重近郊远高于中心城区，而非农业收入和村集体分红收入所占比重近郊远低于中心城区。

表 10-70 收入来源（“城中村”转制居民）

单位：人，%

	近郊		中心城区		总计	
	人数	百分比	人数	百分比	人数	百分比
农业收入	7	8.4	2	1.4	9	3.9
非农业收入	22	26.5	56	38.6	78	33.8
房屋租金	39	47.0	49	33.8	88	39.0
自营收入	4	4.8	8	5.5	12	5.3
村集体分红	6	7.2	25	17.2	31	13.6
其他	5	6.0	5	3.4	10	4.4
合计	83	100.0	145	100.0	228	100.0

10.4.1.2 求职及影响因素

在问到找工作是否容易时，认为很容易和比较容易的受访者不到20%，而认为比较难和很难的却占到六成。

表 10-71 找工作是否困难（“城中村”转制居民）

单位：人,%

	近郊		中心城区		总计	
	人数	百分比	人数	百分比	人数	百分比
很容易	6	7.2	9	6.2	15	6.6
比较容易	17	20.5	9	6.2	26	11.4
一般	10	12.1	37	25.5	47	20.6
比较难	25	30.1	49	33.8	74	32.5
很难	19	22.9	38	26.2	57	25.0
说不清	6	7.2	3	2.1	9	3.9
合计	83	100.0	145	100.0	228	100.0

影响就业的主要因素，最大的是文化程度，占近40%的比重。其中，近郊比中心城区占比重更高出14个百分点，说明文化程度对近郊转制居民的就业影响更大。其次是技能，占约25%的比重。文化程度和技能的影响比重合计达到65%。性别对就业的影响最小，占3%左右，说明就业的性别歧视很小了，体现了男女就业地位的平等。

表 10-72 影响在城市就业的主要影响因素（“城中村”转制居民）

单位：人,%

	近郊		中心城区		总计	
	人数	百分比	人数	百分比	人数	百分比
文化程度	40	48.2	50	34.5	90	39.5
技能	18	21.7	41	28.3	59	25.8
社会关系	11	13.3	27	18.6	38	16.7
年龄	8	9.6	22	15.1	30	13.1
性别	4	4.8	3	2.1	7	3.1
其他	2	2.4	2	1.4	4	1.8
合计	83	100.0	145	100.0	228	100.0

10.4.1.3 就业过程是否遭受歧视

转制居民在就业过程中受到的歧视很小，认为受到很大歧视的只占14%，有70%左右的人表示没有受到歧视。

表 10－73　在就业过程中是否感觉受到歧视（“城中村”转制居民）

单位：人，%

	近郊		中心城区		总计	
	人数	百分比	人数	百分比	人数	百分比
有很大歧视	12	14.5	21	14.4	33	14.0
有一些歧视	14	16.8	13	9.0	27	12.3
没有歧视	57	68.7	111	76.6	168	73.7
合计	83	100.0	145	100.0	228	100.0

10.4.1.4　就业帮助

从调查结果可以看出，转制居民在就业过程中，帮助最大的是亲朋好友，其次是原籍农村组织。城市政府部门、城市社区组织也有些帮助。最没有帮助的是求助新闻媒体报道呼吁和城市中非营利民间机构。

表 10－74　求职过程中的帮助情况（“城中村”转制居民）

单位：人，%

	没有帮助	很少帮助	有些帮助	帮助很大	合计
亲朋好友	3.9	7.9	33.4	54.8	100.0
原籍农村组织	8.6	23.4	38.9	29.1	100.0
城市政府部门	15.0	22.0	46.0	17	100.0
城市企事业单位	37.3	34.4	14.9	13.4	100.0
城市中工青妇等组织	42.6	29.5	18.0	9.9	100.0
城市社区组织	39.1	31.3	20.2	9.4	100.0
城市中营利性的职业介绍机构	48.1	29.6	16.7	5.6	100.0
城市中非营利民间机构	54.0	32.0	8.0	6.0	100.0
城市中不认识的好心人	43.3	26.7	20.0	10.0	100.0
求助新闻媒体报道呼吁	61.4	27.3	4.5	6.8	100.0

10.4.1.5　外来农民工对就业的影响

转制居民普遍认为外来农民工没有对他们的就业造成什么影响。只有10%的人认为有一定影响。外来农民工对他们的房屋租金收入的影响很大，所以他们希望农民工进城，给他们带来租金收入，他们对农民工的态度是友好的。

表 10-75 外来工是否对就业有影响（“城中村”转制居民）

单位：人，%

	近郊		中心城区		总计	
	人数	百分比	人数	百分比	人数	百分比
是	11	13.3	14	9.7	25	11.0
不是	72	86.7	131	90.3	203	89.0
合计	83	100.0	145	100.0	228	100.0

当问到农民工的收入是否比他们高时，认为高的和认为低的比重总体上差不多。其中，近郊居民认为高的比重稍低于50%，中心城区居民认为高的比重则稍高于50%。这说明，近郊农民工的收入较低，中心城区的农民工收入较高。

表 10-76 农民工的收入与你们相比是高还是低（“城中村”转制居民）

单位：人，%

	近郊		中心城区		总计	
	人数	百分比	人数	百分比	人数	百分比
高	40	48.2	80	55.2	120	52.6
低	43	51.8	65	44.8	108	47.4
合计	83	100.0	145	100.0	228	100.0

10.4.2 城郊农民的就业情况

10.4.2.1 就业的基本情况

根据调查数据整理，被调查的158名城郊农村居民家中的423名家庭劳动力的就业类型如表10-77所示：外出打工成为城郊农民就业的主要方式，外出打工占了劳动力总数的一半以上，其次是留在家中从事农业生产，占总人数的约30%，而经商、办企业、担任村干部的仅占总数的12.9%。

表 10-77 家庭劳动力从事职业的类型（城郊农民）

单位：人，%

职业类型	人数	百分比
种植业	124	29.3
养殖业	18	4.3
经商	37	8.7
办企业	5	1.2
村干部	12	2.8
外出打工	227	53.7
合计	423	100.0

此外，调查还表明，35.1%的远郊农民从事农业生产，而近郊只有28.8%的农民从事农业生产，可见，远郊农民与近郊农民在就业方面存在着差别。

造成从事农业者减少、外出打工者增多的原因是多方面的。第一，随着城市化的快速发展，大量的土地被征用，人均耕地面积减少，有限的土地已经满足不了不断增加的劳动力的需求，因此产生了大批的剩余劳动力。在被调查的城郊农民中，68.4%的农民的土地被征用，其中全部征用的占61.4%。在被征地的调查者中，只有三个人被安排了就业，仅占总数的2.8%，在这三个被安排就业的人中，只有一位表示对安排的岗位表示满意，其他两个都表示不满意。而有限的征地补偿款并不能维持长期的生活，因此这些失地的农民必需外出打工来维持生计。第二，当前农业生产大环境依然不够理想，农业生产受自然环境和资源条件的影响较大，生产条件相对艰苦，而且人均耕地少、农业产业结构不合理、农业产业化程度低、从事农业的收入远远低于从事非农工作，因此，大部分城郊的剩余劳动力选择从第一产业转移到第二、第三产业就业①。

10.4.2.2 找工难易及影响因素

据调查，城郊农民有一半以上认为在城里找工作比较难或很难，认为找工作很容易的人很少，认为比较容易的人约占15%左右，还有10%左右的人认为说不清。实现剩余劳动力的转移就业总体上来说比较困难。

表 10－78 找工是否困难（城郊农民）

单位：人，%

	远郊		近郊		总计	
	人数	百分比	人数	百分比	人数	百分比
很容易	4	3.4	0	0.0	4	2.5
比较容易	16	13.7	7	17.1	23	14.6
一般	16	13.7	6	14.6	22	13.9
比较难	30	25.6	11	26.8	41	25.9
很难	35	29.9	13	31.7	48	30.4
说不清	16	13.7	4	9.8	20	12.7
合计	117	100.0	41	100.0	158	100.0

① 谢伟：《城市化进程中近郊农村青年就业状况研究——基于广州市白云区青年就业状况的实证分析》，华南农业大学2005年硕士论文。

城郊农民认为在城里找工作不容易的原因是多方面的。就业的影响因素最主要是文化程度，选择人数占52.5%；其次是技能，选择人数占21.5%；第三是身体原因等其他因素，选择人数占12.7%；社会关系、年龄、农业户口的选择人数分别只占4.5%、6.3%、2.5%。

表10-79 在城市就业的主要影响因素（城郊农民）

单位：人,%

	远郊		近郊		总计	
	人数	百分比	人数	百分比	人数	百分比
文化程度	71	60.7	12	29.3	83	52.5
技能	10	8.5	24	58.5	34	21.5
社会关系	6	5.1	1	2.4	7	4.5
年龄	10	8.6	0	0.0	10	6.3
农业户口	4	3.4	0	0.0	4	2.5
身体原因等其他因素	16	13.7	4	9.8	20	12.7
合计	117	100.0	41	100.0	158	100.0

10.4.2.3 就业歧视

调查得知，城郊农民就业过程中基本上没有受到歧视，只有少数人感觉有一些歧视。表明目前我国就业的社会环境还是比较公平的，大家可以公平竞争，择优录用。城郊农民在与外来农民工的就业竞争中可能还多少有一些本土优势。

表10-80 在就业过程中是否感觉受到歧视（城郊农民）

单位：人

	远郊	近郊	总计
有很大歧视	2	0	2
有一些歧视	17	9	26
没有歧视	98	32	130
合计	117	41	158

10.4.2.4 就业帮助

从调查结果可以看出，与转制居民一样，城郊农民在就业过程中，帮助最大的是亲朋好友，其次是原籍农村组织。城市中工青妇组织、城市社区组织也有些帮助，其他都基本没有帮助。也有1/4左右的人选择说不清。

表 10-81　在城市找工作时得到下列组织和个人帮助的情况（城郊农民）

单位：%

	说不清	没有帮助	很少帮助	有些帮助	帮助很大	合计
亲朋好友	19.6	27.2	5.7	22.2	25.3	100.0
原籍农村组织	23.4	62.0	3.8	7.0	3.8	100.0
城市政府部门	24.1	70.2	2.5	3.2	0.0	100.0
城市企事业单位	25.3	70.3	1.9	2.5	0.0	100.0
城市中工青妇组织	26.6	66.5	4.4	1.9	0.6	100.0
城市社区组织	26.6	70.2	1.9	1.3	0.0	100.0
城市中营利性的职业介绍机构	27.2	71.6	0.6	0.0	0.6	100.0
城市中非营利民间机构	26.6	71.6	0.6	0.6	0.6	100.0
城市中不认识的好心人	27.2	70.9	1.9	0.0	0.0	100.0
求助新闻媒体报道呼吁	27.2	72.2	0.6	0.0	0.0	100.0

10.4.2.5　外来农民工对就业的影响

与转制居民不同，城郊农民有约一半的人认为外来农民工对他们的就业造成了一定的影响，其中远郊农民认为影响大些，而近郊农民 73.2%的人认为没有影响。而外来农民工对近郊农民的房屋租金收入的影响很大，所以他们希望农民工进城，给他们带来租金收入，他们对农民工的态度比较友好。

表 10-82　外来工是否影响就业（城郊农民）

单位：人，%

	远郊		近郊		总计	
	人数	百分比	人数	百分比	人数	百分比
是	62	53.0	11	26.8	73	46.2
不是	55	47.0	30	73.2	85	53.8
合计	117	100.0	41	100.0	158	100.0

当问到农民工的收入是否比他们高时，有 63.3%的城郊农民认为农民工的收入比他们高，特别是远郊农民。近郊农民认为高的和认为低的比重总体上差不多。这说明，远郊农民的收入较低，近郊农民工的收入较低。

表 10-83 与农民工收入水平的比较情况（城郊农民）

单位：人，%

	远郊		近郊		总计	
	人数	百分比	人数	百分比	人数	百分比
高	79	67.5	21	51.2	100	63.3
低	38	32.5	20	48.8	58	36.7
合计	117	100.0	41	100.0	158	100.0

10.4.3 外来农民工的就业情况

10.4.3.1 就业的基本情况

调查显示，外来农民工在城市的就业情况基本上都是常年就业，农闲时出来就业的人只是极个别现象。表明他们是真正的农村剩余劳动力，在家乡没有需要他们耕种的土地。

表 10-84 目前就业情况（外来农民工）

单位：人，%

	远郊		近郊		中心城区		总计	
	人数	百分比	人数	百分比	人数	百分比	人数	百分比
常年	51	86.4	64	87.7	79	80.6	194	84.3
农闲	2	3.4	1	1.4	0	0.0	3	1.3
临时	5	8.5	5	6.8	7	7.2	17	7.4
其他	1	1.7	3	4.1	12	12.2	16	7.0
合计	59	100.0	73	100.0	98	100.0	230	100.0

外来农民工来到城市就业的主要目的是打工赚钱的，占 73%。其次是为了体验城市生活或羡慕城市繁荣的，占 16.2%，来学习知识技能的和争取永久在城市就业和居住的人很少。表明他们来城市打工是暂时性的，只是趁年轻时来赚点钱或体验一下城市生活，最终他们还是要回到故乡去，那里才是他们的根。

表 10-85　进城求职的主要目的（外来农民工）

单位：人，%

	远郊		近郊		中心城区		总计	
	人数	百分比	人数	百分比	人数	百分比	人数	百分比
打工赚钱	43	72.9	47	64.4	78	79.6	168	73.0
体验城市生活或羡慕城市的繁荣	10	16.9	12	16.4	15	15.3	37	16.2
跟随家人、男女友进城	3	5.1	10	13.7	5	5.1	18	7.8
学习知识技能	2	3.4	4	5.5	0	0.0	6	2.6
争取永久在城市就业和居住	1	1.7	0	0.0	0	0.0	1	0.4
合计	59	100.0	73	100.0	98	100.0	230	100.0

从调查中还可以看出，外来农民工的工作稳定性比较差，没有转换过工种的人只占不到 1/4，分别有 1/4 和 1/5 的人转换过 1 次和 2 次工作，有 30.5% 的人转换过 3 次及以上的工作。比较而言，中心城区没有转换过工作的人和转换过 5 次及以上工作的人所占比重都比较大；远郊农民换工作 3 次以上的人所占比重最大。

表 10-86　换工情况（外来农民工）

单位：人，%

	远郊		近郊		中心城区		总计	
	人数	百分比	人数	百分比	人数	百分比	人数	百分比
没换过	12	20.3	13	17.8	29	29.6	54	23.5
1 次	9	15.3	24	32.9	26	26.5	59	25.7
2 次	16	27.1	13	17.8	18	18.3	47	20.4
3 次	11	18.6	12	16.4	13	13.3	36	15.7
4 次	6	10.2	7	9.6	3	3.1	16	7.0
5 次及以上	5	8.5	4	5.5	9	9.2	18	7.8
合计	59	100.0	73	100.0	98	100.0	230	100.0

统计表明，有将近一半的外来农民工没有与用工单位签订劳动合同。其

中，签订劳动合同比率最高的中心城区也有31.6%没有签订劳动合同，而签订劳动合同比率最低的远郊更是有高达72.9%的人没有签订劳动合同。

表10-87 是否签订劳动合同（外来农民工）

单位：人，%

	远郊		近郊		中心城区		总计	
	人数	百分比	人数	百分比	人数	百分比	人数	百分比
签订	16	27.1	36	49.3	67	68.4	119	51.7
没签订	43	72.9	37	50.7	31	31.6	111	48.3
合计	59	100.0	73	100.0	98	100.0	230	100.0

即使签订了劳动合同，也以一年以下的短期合同为主，两年以上的中长期合同签订率很低，不到10%。劳动合同签订情况最好的中心城区也只有13.4%的人签订的是两年以上的中长期合同。

表10-88 劳动合同期限（外来农民工）

单位：人，%

	远郊		近郊		中心城区		总计	
	人数	百分比	人数	百分比	人数	百分比	人数	百分比
一年以下	11	68.7	24	66.6	40	59.7	75	63.0
一至两年	5	31.3	11	30.6	18	26.9	34	28.6
两年以上	0	0.0	1	2.8	9	13.4	10	8.4
合计	16	100.0	36	100.0	67	100.0	119	100.0

外来农民工就业的行业首先是制造业，在这个行业里就业的农民工合计占调查农民工总人数的65%以上；其次是服务业和建筑业，在这两个行业里就业的农民工约占农民工就业总人数的30%，而从事服务业的人数比从事建筑业的多。外来农民工工作转换的次数比较多，但是从事的行业类型并没有很大的变化。

表10-89 外来农民工第一至四份职业的行业类型

单位：%

	制造业	服务业	建筑业
第一份工作	72.87	18.62	8.51
第二份工作	75.51	22.45	2.04
第三份工作	68.18	27.27	4.55
第四份工作	65.22	28.26	6.25

在问到外来农民工感觉自己的月薪是否合适时，大约一半人认为合适，一半人认为偏低。认为偏高的人只有一个，还有 10 个人回答没有比较过，估计是刚离开学校第一次就业的人。表明农民工期望收入能适当提高。

表 10-90　月薪评价（外来农民工）

单位：人，%

	远郊		近郊		中心城区		总计	
	人数	百分比	人数	百分比	人数	百分比	人数	百分比
合适	27	45.7	40	54.7	47	48.0	114	49.6
偏低	26	44.1	29	39.7	50	51.0	105	45.7
偏高	1	1.7	0	0.0	0	0.0	1	0.4
没比较过	5	8.5	4	5.6	1	1.0	10	4.3
合计	59	100.0	73	100.0	98	100.0	230	100.0

有 45.7%的外来农民工认为在城市就业的收入比在家乡农村时好多了，认为好一些的也有 35.6%，合计有 81.4%的人认为收入好过家乡。认为打工收入比家乡差的只有 6 个人，只占 2.6%，基本可以忽略不计。进城打工收入高于农村正是农民工进城打工的根本原因。

表 10-91　收入状况与家乡对比（外来农民工）

单位：人，%

	远郊		近郊		中心城区		总计	
	人数	百分比	人数	百分比	人数	百分比	人数	百分比
好很多	25	42.4	29	39.7	51	52.0	105	45.7
好一些	21	35.5	32	43.8	29	29.6	82	35.6
差不多	6	10.2	8	11.0	9	9.2	23	10.0
差一些	1	1.7	1	1.4	3	3.1	5	2.2
差很多	0	0.0	0	0.0	1	1.0	1	0.4
说不清	6	10.2	3	4.1	5	5.1	14	6.1
合计	59	100.0	73	100.0	98	100.0	230	100.0

10.4.3.2　找工作难易及影响因素

调查显示，外来农民工对在城市找工作并不认为特别难，认为很容易和比较容易的人数占到 45.2%，加上认为一般的就达到 66.9%，即有 2/3 的人认为找工作不难。认为找工作很难和比较难的只占 27%。还有少数人认为说不清难易。相对而言，在远郊有比较多的农民工认为找工作难些，在近郊找工作最容易。

表 10－92 城市求职难易程度（外来农民工）

单位：人，%

	远郊		近郊		中心城区		总计	
	人数	百分比	人数	百分比	人数	百分比	人数	百分比
很容易	8	13.6	7	9.6	6	6.1	21	9.1
比较容易	12	20.3	31	42.5	40	40.9	83	36.1
一般	11	18.7	23	31.4	16	16.3	50	21.7
比较难	10	16.9	8	11.0	16	16.3	34	14.8
很难	10	16.9	4	5.5	14	14.3	28	12.2
说不清	8	13.6	0	0.0	6	6.1	14	6.1
合计	59	100.0	73	100.0	98	100.0	230	100.0

与其他群体一样，影响农民工在城市就业的主要障碍是文化程度和技能，而性别和户口对就业基本没有影响。

表 10－93 影响在城市就业的主要因素（外来农民工）

单位：人，%

	远郊		近郊		中心城区		总计	
	人数	百分比	人数	百分比	人数	百分比	人数	百分比
文化程度	14	23.7	21	28.8	50	51.0	85	37.0
技能	16	27.1	18	24.7	22	22.5	56	24.3
社会关系	7	11.9	9	12.3	11	11.3	27	11.7
年龄	22	37.3	16	21.9	7	7.1	45	19.6
性别	0	0.0	9	12.3	2	2.0	11	4.8
农村户口	0	0.0	0	0.0	6	6.1	6	2.6
合计	59	100.0	73	100.0	98	100.0	230	100.0

10.4.3.3 就业歧视

外来农民工在就业过程中大部分认为没有受到歧视，但是也还是有四成的农民工认为有歧视，比重远大于城中村居民和城郊农民。

表 10-94 就业歧视（外来农民工）

单位：人，%

	远郊		近郊		中心城区		总计	
	人数	百分比	人数	百分比	人数	百分比	人数	百分比
有很大歧视	6	10.2	6	8.2	5	5.1	17	7.4
有一些歧视	25	42.4	23	31.5	30	30.6	78	33.9
没有歧视	28	47.4	44	60.3	63	64.3	135	58.7
合计	59	100.0	73	100.0	98	100.0	230	100.0

10.4.3.4 就业帮助

从调查结果可以看出，与转制居民和城郊农民一样，外来农民工在就业过程中，帮助最大的是亲朋好友。城市中营利性的职业介绍机构和城市中非营利民间机构有一点帮助，其他都基本没有帮助。可见，农民工进城就业既没有得到原籍农村组织的帮助也没有得到城市政府部门的帮助。

表 10-95 就业帮助情况（外来农民工）

单位：%

	没有帮助	很少帮助	有些帮助	帮助很大	合计
亲朋好友	30.8	15.7	45.2	8.3	100.0
原籍农村组织	88.3	7.8	3.5	0.4	100.0
城市政府部门	90.4	5.7	2.6	1.3	100.0
城市企事业单位	89.6	7.8	2.2	0.4	100.0
城市中工青妇等组织	89.1	8.3	1.3	1.3	100.0
城市社区组织	88.3	3.0	5.2	3.5	100.0
城市中营利性的职业介绍机构	87.8	4.8	5.2	2.2	100.0
城市中非营利民间机构	86.5	6.1	7.0	0.4	100.0
城市中不认识的好心人	91.3	5.2	2.6	0.9	100.0
求助新闻媒体报道呼吁	89.9	5.7	2.2	2.2	100.0

外来农民工进城的第一份工作主要是熟人介绍的，经调查数据显示，有一半以上（52.6%）的进城务工者是经过自己的亲人或者同乡介绍到城里打工的。之后转换的工作，有60%以上是自己找的，但是熟人介绍依然占相当大的比例。通过中介公司和政府组织找到工作的人很少。

表 10－96　求职方式（外来农民工）

单位：%

	自己找	熟人介绍	通过中介	政府组织
第一次	40.4	52.6	4.3	2.7
第二次	63.9	31.9	3.5	0.7
第三次	67.4	31	1	0.6
第四次	62.5	33.3	0	4.2

10.4.3.5　未来打算

据调查数据显示，关于将来的定居问题，外来农民工表示将来肯定会回去的人数只占近 10%，有可能会回去的近 40%，两部分合计约占 50%。表示肯定不回去的占 15.6%，高于肯定会回去的人数，加上不大可能回去的人数占 42.7%。还有 8.7%的人表示说不清楚。可见，回去的和不回去的将近一半对一半或者 5 个对 4 个。

其中，在远郊打工的农民工表示回去定居的比重大些，而在近郊打工的农民工表示回去定居的比重要小些。这可能与他们的年龄有关。远郊农民工 28～37岁的人占了一半，近郊 18～27 岁占一半。年轻人比较希望能够在城市定居。

表 10－97　未来打算（外来农民工）

单位：人，%

	远郊		近郊		中心城区		总计	
	人数	百分比	人数	百分比	人数	百分比	人数	百分比
肯定回去	3	5.1	8	11.0	11	11.2	22	9.6
有可能回去	31	52.5	20	27.4	39	39.8	90	39.1
不大可能回去	11	18.6	24	32.8	27	27.6	62	27.0
肯定不会回去	9	15.3	14	19.2	13	13.2	36	15.6
说不清楚	5	8.5	7	9.6	8	8.2	20	8.7
合计	59	100.0	73	100.0	98	100.0	230	100.0

但是说到未来的工作打算，只有 30.9%的农民工表示要长期留在城市工作，有 50.8%的农民工表示要回到农村，还有高达 18.3%的人还没有想好。这说明他们留恋城市，但对城市的工作、居住等方面的满意度又不太高，心态

矛盾。因此，在中心城区打工的农民工表示长期留在城市工作的比重比远郊和近郊的要高10个百分点。

回到农村的人中，务农的比重还是比较高的，其次是老家县镇打工，回家乡创业的人数比重很低。说明农民工的创业能力和创业意识还不是很强。

表10－98　未来工作打算（外来农民工）

单位：人，%

	远郊		近郊		中心城区		总计	
	人数	百分比	人数	百分比	人数	百分比	人数	百分比
长期留在城市工作	16	27.1	19	26.0	36	36.7	71	30.9
回老家从事非农产业	5	8.5	4	5.5	15	15.3	24	10.4
回老家县镇打工	9	15.3	16	21.9	16	16.3	41	17.8
回家乡自己创业	3	5.1	2	2.7	2	2.0	7	3.0
回到老家农村务农	14	23.7	22	30.2	9	9.2	45	19.6
还没有想好	12	20.3	10	13.7	20	20.5	42	18.3
合计	59	100.0	73	100.0	98	100.0	230	100.0

10.4.4　城市居民的就业情况

从调查数据可以看出，城市居民中无业人员所占比重是比较大的，占受访者总人数的49.1%，接近一半。此外，从事的职业主要还有机关工作人员，占16.8%，企业职工，占12.1%，还有教师、企业管理人员，有11.0%的受访者是个体经营者。

表10－99　样本职业分布（城市居民）

单位：人，%

职业类型	人数	百分比
工人	21	12.1
个体经营者	19	11.0
机关工作人员	29	16.8
教师	8	4.6
企业管理者	11	6.4
无业人员	85	49.1
合计	173	100

城市居民收入的主要来源是工资，占总人数的 57.8%，自办企业和经商的占 17.4%，其他的占 24.9%。

表 10-100 收入来源（城市居民）

单位：人，%

	远郊		近郊		中心城区		总计	
	人数	百分比	人数	百分比	人数	百分比	人数	百分比
工资	18	38.3	37	62.7	45	67.2	100	57.7
自办企业、经商	15	31.9	5	8.5	10	15	30	17.4
其他	14	29.8	17	28.8	12	17.8	43	24.9
合计	47	100.0	59	100.0	67	100.0	173	100.0

10.4.5 四大农民群体的就业情况比较

10.4.5.1 基本情况

转制居民中有固定工作的比重为 75.9%，其中近郊的占 86.7%，高于中心城区的 69.7%。可以看出城中村居民的就业是比较充分的。

城郊农民就业的主要方式是外出打工，外出打工占了劳动力总数的一半以上，其次是留在家中从事农业生产，占总人数的约 30%，而经商、办企业、担任村干部的仅占总数的 12.9%。

外来农民工在城市的就业情况基本上都是常年就业，农闲时出来就业的人只是极个别的。外来农民工就业的行业首先是制造业，占调查农民工总人数的 65%以上；其次是服务业和建筑业，约占农民工就业总人数的 30%，而从事服务业的人数比从事建筑业的多。外来农民工工作转换的次数比较多。

城市居民中无业人员所占比重是比较大的，占受访者总人数的 49.1%，接近一半。在已就业的人员中，从事的职业主要是机关工作人员（16.8%），其次是工人（12.1%），还有教师、企业管理人员，有 11.0%的受访者是个体经营者。可见城市居民就业的职业是比较好的。

10.4.5.2 找工作难易

"城中村"转制居民和城郊农民一样，认为很容易和比较容易的占受访者总人数的近 20%，而认为比较难和很难的却占近六成。

外来农民工对在城市找工作并不认为特别难，认为很容易和比较容易的人数占到 45.2%，加上认为一般的就达到 66.9%，即有 2/3 的人认为找工作不难。认为找工作很难和比较难的只占 27%。

可见外来农民工在城市找工作感觉比"城中村"转制居民和城郊农民更容

易，这说明什么？应该与他们对工作的期望值有密切关系。外来农民工除了就业没有其他收入来源，不工作就无法生存，就业意识强烈，对工作不那么挑剔，而“城中村”转制居民、城郊农民以及城市居民中，他们的收入来源是多方面的，他们不就业也可以生存，就业意愿不强烈，对工作十分挑剔。转制居民的收入来源中房屋租金占1/3多，村集体分红占比重也达到近14%，他们可谓衣食无忧；城市居民工资收入占总人数的57.8%，自办企业和经商的占17.4%，其他的占24.9%。

表 10-101　找工难易情况比较

单位：人，%

	“城中村”转制居民		城郊农民		外来农民工	
	人数	百分比	人数	百分比	人数	百分比
很容易	15	6.6	4	2.5	21	9.1
比较容易	26	11.4	23	14.6	83	36.1
一般	47	20.6	22	13.9	50	21.7
比较难	74	32.5	41	25.9	34	14.8
很难	57	25.0	48	30.4	28	12.2
说不清	9	3.9	20	12.7	14	6.1
合计	228	100.0	158	100.0	230	100.0

10.4.5.3　就业障碍

四个群体普遍认为对影响就业的主要障碍是文化程度，其次是技能，文化程度和技能的影响比重合计达到60%以上，城郊农民甚至达到74%。此外，“城中村”转制居民认为社会关系对就业的影响也比较大，外来农民工则认为年龄对就业的影响也比较大。

表 10-102　就业障碍比较

单位：人，%

	“城中村”转制居民		城郊农民		外来农民工	
	人数	百分比	人数	百分比	人数	百分比
文化程度	90	39.5	83	52.5	85	37.0
技能	59	25.9	34	21.5	56	24.3
社会关系	38	16.7	7	4.5	27	11.7
年龄	30	13.2	10	6.3	45	19.6

10.4.5.4 就业歧视

大部分的受访者都认为就业过程中没有受到歧视，其中，“城中村”转制居民中认为受到很大歧视的占14%，外来农民工认为有一些歧视的占33.9%，比重远大于“城中村”居民和城郊农民，说明外来农民工遭遇就业歧视的比例最高。

表 10-103 就业歧视比较

单位：人，%

	“城中村”转制居民		城郊农民		外来农民工	
	人数	百分比	人数	百分比	人数	百分比
有很大歧视	32	14.0	2	1.3	17	7.4
有一些歧视	28	12.3	26	16.4	78	33.9
没有歧视	168	73.7	130	82.3	135	58.7
合计	228	100.0	158	100.0	230	100.0

10.4.5.5 就业帮助

“城中村”转制居民和城郊农民一样，在就业过程中，认为帮助最大的是亲朋好友，其次是原籍农村组织。城市政府部门、城市社区组织、城市中工青妇组织也有些帮助。其他都基本没有帮助。

外来农民工认为在就业过程中帮助最大的是亲朋好友。城市中营利性的职业介绍机构和城市中非营利民间机构有一点帮助，其他都基本没有帮助。外来农民工进城的第一份工作主要是熟人介绍的，之后转换的工作有60%以上是自己找的，但是熟人介绍依然占相当大的比例。通过中介公司和政府组织找到工作的人很少。可见，农民工进城就业既没有得到原籍农村组织的帮助也没有得到城市政府部门的帮助。

10.5 农民培训与就业存在的问题及应对策略

10.5.1 农民培训与就业政府行为存在的主要问题

10.5.1.1 农民文化素质低，培训工作任务重

据调查，“城中村”转制居民中文化程度初中占比重最大，为28.9%，其次是小学及以下占13.2%，初中及以下人数占42.1%；城郊农民文化程度以初中为主，占了55.1%，其次是小学及以下的人数占29.1%，初中及以下人数占总人数比重高达84.2%；外来农民工初中占46.5%，小学及以下的人数占25.2%，初中及以下人数占总人数比重高达71.7%；城市居民文化程度也是初中占比重最大，为37.6%，其次是小学及以下占19.1%，初中及以下人

数占总人数比重高达 56.7%。

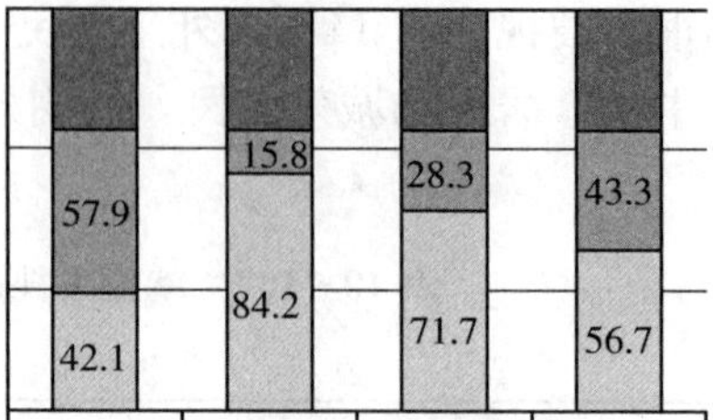

	城中村转制居民	城郊农民	外业农民工	城市居民
■高中及以上(%)	57.9	15.8	28.3	43.3
□初中及以下(%)	42.1	84.2	71.7	56.7

图 10-4　农民文化程度构成

“城中村”转制居民有 53.1%的受访者认为提高自己收入的主要困难在于文化水平低，有 74.1%的受访者表示愿意接受培训，其中中心城区的受访者表示愿意接受培训的高达 85.5%。城郊农民有 52%的受访者认为提高自己收入的主要困难在于文化程度低，有 67.1%的受访者表示愿意接受培训，其中近郊农民表示愿意接受培训的高达 82.9%。外来农民工也有 51.7%的受访者表示愿意参加培训，特别是在近郊就业的农民工，有高达 71.2%表示愿意接受培训。城市居民中也有 50.3%的受访者明确表示愿意接受培训。

10.5.1.2　各群体得到的政府培训极不平衡

“城中村”转制居民有 56.1%的受访者表示家庭主要劳动力参加过技能培训，有约 80%的受访者表示村民们获得相关知识或技能的途径主要是镇政府、村委会请专家教授或组织培训，82%的受访者认为村委会有引导村民进行文化素质的提高和专业技能的获得，近 72%的受访者表示村里有提供相关的帮助文化素养及专业技能培训的配套设施，说明培训的配套措施比较完善。提供培训的单位以村委、社区、街道、镇政府为主，其次是劳动局、民政局、卫生局、安监局、统计局、消防局等政府部门，培训机构、技校、学校、党校也占一定比例，而就业的物业公司、鞋厂等单位提供的培训则较少。

城郊农民只有 41.8%的受访者表示家庭主要劳动力参加过技能培训，其中远郊和近郊差别很大，远郊只有 35%的受访者表示有，而近郊 61%的受访者表示有。获得专业知识和技能的途径主要是村民自己获得，占 50.6%，其次是镇政府请专家传授占 32.3%。村委会组织培训机构对农民进行培训的占 11.4%。其中，远郊和近郊有很大差别，远郊有 65%的受访者是自己获得，而近郊有 75.6%是镇政府请专家传授。可见，镇政府和村委在培训中的作用近郊远大于远郊。有55.1%的受访者认为村委有引导村民进行文化素养的提高和专业技能的获得。在提供相关的帮助村民提高文华素养和专业技能的配套设施方面，总体上一半的受访者表示没有，41.1%的受访者表示有，说明培训的配套措施不够完善。村委、镇政府是培训的最主要提供者，其次是区政府就业办、劳动中心，就业单位和工厂也提供一定的培训。

对外来农民工所参加的培训进行调查发现，在调查的230名外来农民工中，只有2人接受过镇、村委组织的培训，占的比例非常小。调查发现，外来农民工接受过培训的比重大约是40%左右，约有8%的人接受过两次培训，个别人接受过三次培训。而提供培训的单位一般都是农民工就业的单位，占76%，而在村委街道、劳动局等当地政府机构参加培训的只有少数。参加培训学校、社会盈利机构的培训相对比较多。

10.5.1.3 政府对培训资源整合力度不够

目前我国政府的农民培训项目主要由劳动、农业、教育、科技等部门组织实施，但是由于缺乏有效的资源整合机制，有些地方、部门和行业在农民培训方面各自为战，自成体系，造成资源浪费。2003年，农业部、劳动和社会保障部、教育部、科技部、建设部、财政部组成的《农民工职业技能培训》联合调查组的调查显示：目前，教育、农业、劳动、建设、科技等部门都有比较充分的培训资源，但政出多门，培训分散。出现了培训机构、培训设施、培训队伍低水平的重复设置，出现了培训任务不饱满带来的培训资源浪费，出现了争培训任务、争生源、行业垄断培训行为等问题（蔡荣生，2005）。培训资源得不到有效整合和利用，妨碍项目计划的高效实施。

10.5.1.4 指令性的任务下达方式过于行政化

调查发现，各街、镇的培训名额是市里安排指标下来的，街、镇政府一般再把指标分配给其下属劳动就业服务中心或者成人文化学校，为了完成指标任务，基层政府和其下属的劳动就业服务中心、成人文化学校都会想尽办法组织农民培训，请农民来进行培训，完成培训后向上申报，可以按完成的培训名额获得上级政府的培训经费。

由于强调各级政府、各个培训单位要保证完成上级下达的培训任务，并且按照完成的培训任务名额获得培训经费补贴，这就客观上可能造成一些不良的倾向和做法：一是用行政手段争培训盘子、争补贴资金，部门间搞分割，部门外搞限制；二是借机搞强制培训、强制服务，增加农民负担；三是一些招生和培训能力不强的基层政府和培训机构弄虚作假，虚报培训名单，骗取培训经费；四是使得某些地方政府为了完成任务而组织并不符合条件的人员参加培训，从而使这部分培训资金仅增加了培训机构的收入，而并未真正让农民受益；五是培训内容与就业关系不大，一些没有就业愿望、赋闲在家的中老年妇女成了基层政府和培训机构完成培训任务的充数的最好人选，为了吸引这些人来参加培训，不仅要从培训经费中给予他们一定的误工补贴，而且培训的内容是插花、点心制作等，这样他们就可以从培训中直接把插花、点心等拿回家，而且还可以消遣。培训目的不是为了提高农民的就业能力，更多的是为了完成培训任务。

10.5.1.5　农民参加培训的积极性不高、组织化程度较低

政府部门、培训机构是积极组织开展农民培训工作的，但是农民参加培训的积极性却不高。当前农民最直接、最现实的培训需要就是通过种植、养殖业生产显著增加家庭收入或者通过外出务工很快找到一份工作迅速脱贫致富。但目前的农民培训多半不能满足这两种需要。

据社区服务中心人员反映，农转居人员和城镇失业人员的培训，每年下达指标任务，已经搞了五年，培训对象已经减少了，人员积极性也不高，课程设置也没有直接的用处，培训后也不一定上岗，所以培训很难组织。大部分“4050”人员，由于文化低、年龄大，家庭经济状况良好，没有再就业的愿望，所以对培训不感兴趣，不愿意参加培训，培训后的就业也很挑剔，就业率低。城市社区为了完成培训指标任务，给每个人 100 元的培训误工补贴，才能请到人来接受培训，有的人已经被多次邀请来参加培训了。

城郊农民的培训则主要是因为培训内容针对性不强，或者农民没有外出就业的愿望，或者农民观念落后，不重视学习，认为培训没用，农业生产主要依靠经验而不是依靠学习，所以对培训没有热情，不愿意参加培训。例如，南沙区横沥镇新兴村村民反映：村委请来专家讲授技术，但是讲授的种植技术根本没有按农民的实际种植情况来讲授，过于形式化。从化市江埔街下罗村村民在谈及就业培训时，他们认为培训不培训根本没什么差别，没有接受培训的意愿。学员参加岗位培训不仅免费，考试合格后还能发 200 元补助。

外来农民工的培训，主要是因为与工作时间冲突、不是在工厂的培训他们很难出来参加、培训对就业没有帮助等原因，他们也缺乏积极性。由于对工人来说，培训没有加工资、没有改善工作环境、没有加班补贴；对于企业老板来说，培训影响了工人上班，对企业没有直接的好处。所以工人和老板都不积极，培训组织很困难。

10.5.1.6　基层培训单位条件差，无法适应市场的需要

据调查，承接政府培训指标任务的基层单位主要是成人文化技术学校、劳动与社会保障服务中心等。他们举办的培训班内容繁杂，从文到理、从工到农，应有尽有，例如有计算机、电衣车、水电工培训、叉车、机械、铲车、车艺、无线电、电梯维修、汽车美容、烧焊、造鞋、制衣、物业管理、财务会计、审计、统计、法律、礼仪服务、插花、厨师点心、家政、美容美发、治

安、消防、安全生产、创业培训、农科知识、果树种植、蔬菜种植、养猪等。而他们自身的条件非常有限，如，从化市江埔街成人学校（市民学校）只有教师 3 人（1 位语文老师、1 位生物老师、1 位电脑老师），办公室 1 间、课室 1 间；白云区江高镇劳动和社会服务中心只有 14 名工作人员，其中 4 人事业编制、7 人是区劳动局聘用的协管员、3 人是合同工；黄埔区文冲街社区服务中心只有工作人员 5 人（在编 3 人、聘用 2 人），中心除了培训外，还有就业、社保、退管等大量其他方面的工作职能。为了完成培训任务，他们只能与市劳动局培训科、职业技术学校、技工学校等合作，联合举办培训班，或者只是组织人员、落实场地，然后报区由区里派教师来举办培训班。由此可见，农民培训的基层单位的教学设施、设备简陋，师资和工作人员不足。同时，教学手段落后，仍沿用单一的说教式教学方式，严重制约着培训效果。农民培训所获技能落后于劳动力市场的需求，对转移就业起不到很好的效果，也是造成农民参加培训的积极性不高的主要原因之一。

10.5.1.7 培训与就业脱节，培训的针对性和有效性不高

农民参加培训的目的就是为了更好地就业。但是，调查数据显示，对“培训是否安排就业”的回答，“城中村”转制居民、城郊农民回答安排就业的分别占 11.7%、13.6%，外来农民工由于访问的对象是已经就业了的，所以占比重稍高，为 43.6%；对“接受培训后，你感觉找工作的难易程度”的回答，“城中村”转制居民、城郊农民、外来农民工回答更容易的分别占 66.2%、41.8%、47.4%，城郊农民有 31.6%的人认为差不多。就是有些订单培训，其就业情况也不稳定。有的调查对象反映，政府把他们送到用工企业，但许多就业人员出于诸多考虑，如工资不太理想、就业环境难以适应、用工企业生产调整等诸多原因而辞工。说明培训与就业脱节现象比较严重，这也是农民对政府培训不积极的主要原因之一。

表 10-104 培训是否安排就业比较

单位：人，%

	“城中村”转制居民		城郊农民		外来农民工	
	人数	百分比	人数	百分比	人数	百分比
说不清	65	50.8	39	59.1	0	0
安排	15	11.7	9	13.6	34	43.6
不安排	48	37.5	18	27.3	44	56.4
合计	128	100.0	66	100.0	78	100.0

表 10-105 培训与找工难易程度比较

单位：人,%

	"城中村"转制居民		城郊农民		外来农民工	
	人数	百分比	人数	百分比	人数	百分比
更容易	151	66.2	66	41.8	37	47.4
差不多	29	12.7	50	31.6	17	21.8
说不清	48	21.1	42	26.6	24	30.8
合计	228	100	158	100.0	78	100.0

10.5.1.8 部分转制居民和城郊农民就业意愿不高

据调查，部分农转居人员和城郊农民由于有股份分红、有出租屋收入等经济来源，没有就业的需求，就业和再就业工作难度很大。他们不仅文化程度低、年龄偏大、劳动技能差，而且就业观念和竞争意识不强，就业积极性不高。例如黄埔区文冲街有一农转居人员，社区劳动与就业服务中心免费对他进行培训、免费帮他介绍职业并联系好企业约他去面试，他不当回事，面试时极不认真，衣冠不整，要求很多，结果几次都面试不成功。据服务中心工作人员估计，他们介绍去面试的成功率不高，只有30%左右。他们比较愿意做的工作就是本社区内的或经济社的治安联防队员、外管员、保洁保绿员等，工作比较轻松，收入也比较高。

据白云区江高镇劳动和社会服务中心工作人员反映，大部分"4050"人员、农转居人员和农村劳动力，由于文化低、年龄大，不愿意参加培训，给再就业工作带来了难度。

10.5.1.9 农民外出就业主要依赖关系网络求职，政府部门就业帮助不够

从调查结果可以看出，转制居民、城郊农民在就业过程中，帮助最大的是亲朋好友，其次是原籍农村组织；外来农民工在就业过程中，帮助最大的是亲朋好友。城市政府部门、城市社区组织、城市中营利性的职业介绍机构和非营利机构都基本没有帮助。

10.5.1.10 公共就业服务平台的作用还没有充分发挥

农民就业方式以自主就业为主，政府部门作用小的原因之一是农民不知道有一个政府公共就业服务平台。

据调查，广州市已经建立起省、市、区、街道（乡镇）四级公共就业服务体系，街道（乡镇）劳动与就业服务中心已经配备有工作人员与设施，并落实经费，中心工作人员平时注意收集招工信息，并通过宣传栏、居委会、电话等通知求职者，但是，前来办理失业登记和求职登记的人数并不多。例如，白云区江高镇2007年到劳动和社会服务中心办理失业登记总人数仅为4 043人，

办理求职登记的农村劳动力仅为2 143人；据黄埔区文冲街社区服务中心工作人员介绍，2007年辖内居民和外来人员前往“中心”求职179人，通过职业指导和职业介绍成功上岗111人，成功率62%。广州市劳动保障信息网也能提供就业信息，但是能自己上网利用信息的人极少，特别是农民工上网更加困难。

10.5.2 农民培训与就业的政府行为

10.5.2.1 进一步明确农民培训的内容和目标

由于农民文化素质低，培训工作任务重，而政府的农民培训资源十分有限，不可能满足所有农民的培训需要，因此必须进一步明确政府农民培训的重点对象，对不同培训对象采取不同的培训方式和培训内容，使政府农民培训做到有的放矢，以提高培训的效果和效率。

从就业情况和就业意向分，农民可以分成三种类型，即已经就业的农民（包括转移就业的农民工和在家务农的当地农民，简称已就业农民）、没有就业但有强烈就业意向的农民（简称拟就业农民）、没有就业也没有就业意向的农民（简称不就业农民）。

与偏远农村相比，在经济相对发达城市，农民群体主要是已就业农民，特别是农民工占很大比重，拟就业农民所占比重相对较小，不就业农民群体明显存在。

政府对农民进行培训的目的是什么？应当是促进拟就业农民就业和已就业农民提高技能。因此，政府农民培训的重点对象是拟就业农民和已就业农民。实际上，政府各项农民培训项目都有明确的培训对象，问题是没有根据不同地区的实际状况进行区别和划分，各地区培训重点不突出，使得城市中大量的农民工没有得到足够的培训，而不就业群体却得到反复培训，农村中大量拟就业农民没有得到足够的培训，已转移就业农民工培训效果不理想，从而影响了政府培训的整体效果和效率。

城市农民培训的重点对象应当是已就业农民，特别要做好拟就业农民的培训，促进农民就业，而不应该对不就业农民（包括转制居民）进行培训。

10.5.2.2 改进农民培训的途径、内容和方式

城市农民培训的重点对象是已经就业的外来农民工、当地务农的农民和拟转移就业的农民。那么，对不同的农民群体应当采取不同的培训途径、方式和内容。外来农民工培训的重点应当放在用工单位，而不应当放在政府部门，培训的内容主要是心理疏导培训、岗位技能素质培训、城市社会规范培训，培训方式主要采用师带徒培训、短期工余集中培训、在职轮训；务农农民的培训重点应当放在农业部门，而不是社会保障部门，培训的内容主要是农业生产技术、文化科技知识、农村社会管理等，培训方式主要有短期培训、科技推广、

广播电视；社会保障部门的培训重点应当是拟转移就业的农民，对他们进行就业引导性培训和转移就业技能培训，培训方式可以是中短期菜单式培训，开办多种中短期技能培训班供拟就业农民自主选择，特别要组织订单式培训，与用工单位联合，由用工单位提出培训项目，按用工单位要求，联合实施培训，利用公共就业服务系统，把培训与就业紧密结合起来，通过培训促进就业，通过就业调动农民参与培训的主动性和积极性。

据调查，目前各地政府对三个类别的农民群体实施的培训存在很大的雷同，均主要由成人文化技术学校和劳动就业服务中心组织，内容很多都是家政服务、餐厅服务、酒店服务、电子操作、电动缝纫、建筑、计算机操作、保安、烹饪等就业技能。由于缺乏针对性，造成了政府培训部门任务重、组织困难、培训效果差、农民不积极、培训与就业脱离等问题。

表 10－106　不同农民群体的培训方式比较

	已就业农民		拟就业农民		不就业农民	
	外来农民工	当地农民	外来农民工	当地农民	转制居民	其他农民
培训单位	用工单位	农业部门	社会保障部门	社会保障部门	社区 妇联 治安	社区 妇联 治安
培训方式	师带徒 工余培训 在职轮训	短期培训 科技推广 广播电视	菜单式培训 订单式培训	菜单式培训 订单式培训	宣传活动 广播电视	宣传活动 广播电视
培训内容	心理疏导 岗位技能 城市规范	文化科技知识 农业生产技术 农村社会管理	就业引导培训 就业技能培训	就业引导培训 就业技能培训	法律知识 治安形势 社保权益 文化科技知识	法律知识 治安形势 社保权益 文化科技知识

10.5.2.3　建立健全法律法规，完善政府培训的制度激励和奖惩措施

一是对培训单位的激励与约束政策。目前，在农民及农民工培训中，培训单位多，培训条件差，管理不到位，培训质量得不到保证。培训单位在组织生源、实施教学和促进就业过程中的所有成本由自己承担，政府补助资金大部分直补农民，给予培训单位的投入和补贴普遍偏低，特别是与培训单位开展学历教育可以收取较高的学费相比，收益大大降低，在一定程度上影响培训单位工作的积极性。政府应当进一步在各地筛选确定一批定点培训基地，加大对培训基地的投入和补贴，以提高培训基地的工作积极性。同时，要加强对培训工作

的管理、监督、检查、验收等，以确保培训的质量。

二是对用工单位的激励与约束政策。企业对员工进行培训，对企业提高经济效益和竞争力大有益处，但市场经济劳动力商品的流动性又增加了企业人力资源开发投入的外部性风险，如果不能有效降低风险带来的损失，企业投入的积极性就将大大降低，而“搭便车”的动机也会大受刺激。这种风险有的是契约缺陷形成的，通过完善企业与劳动者的劳动合同就可以避免；有的是制度缺陷形成的，要求国家通过完善法律制度解决，如强制性的持证上岗制度、企业员工定期轮训制度等。但是目前我国还缺乏在这方面的激励政策，难以调动用工企业的积极性。同时，用工单位是农村劳动力转移就业的最终目的地，国家必须制定相应的激励政策，调动用工单位使用经过培训的劳动力和高素质技能人才的积极性。

三是对农民的激励与约束政策。目前开展农村劳动力转移培训所需经费基本上采取国家补贴、地方配套和学员承担的方式解决，但是人均一二百元的财政补贴相对于高额的培训和鉴定费用来说，激励效果十分有限。对农村劳动力参加培训和鉴定，取得职业资格证书后的激励政策也明显不足。许多用工单位，特别是中小企业不执行国家就业准入规定，大量未经培训、没有资格证书的人员被录用到技术岗位，存在着有证无证一个样的现象，持证人员在工资待遇和就业条件方面得不到改善，严重影响他们参加培训的积极性。另外规定，所有劳动者包括农民工就业必须领取《广东省就业失业手册》或《社会保障卡》，凭证进行劳动合同备案、享受就业扶持政策和政府提供的就业、教育、卫生、计生、医疗等各项公共服务。政府应当出台政策，对《广东省就业失业手册》实行年审制度，并要求报读一个培训班，才能获得优惠和服务，强化农民进行培训。并且加快实行国家职业资格证书制度和就业准入制度。

10.5.2.4　建立以政府为主导的多元化投入机制

农民是培训主体和直接受益人，虽然从谁受益谁投入的角度来讲，理应承担投入的绝大部分，但是农民培训同普通教育一样，具有很强的公共性和外部性，并且由于农民的收入水平较低，因此，国家财政应加大对农民培训的投入，把培训经费纳入财政经常性预算科目。可以考虑从土地出让金、农村科技开发经费、技术推广和扶贫资金中提取一定比例的经费用于培训。教育部门也安排一定的专项经费，用于支持农民培训计划的实施。但是，农民培训只依靠政府财政投入还远远不够，还必须借助社会力量来进行。政府应建立激励机制，鼓励社会力量办学，积极引导企业和社会资本投资农民培训，对参与农村职业教育和培训的企业和个人，在审批、税收、信贷等方面给予适当的优惠措施，引进竞争机制，实行有偿服务，逐步建立起以政府投入为主导，用人单位和个人共同参与的多元化投入机制。

10.5.2.5 发挥政府主导作用，整合和优化各类培训资源

长期以来，农民教育形成了财政补贴、政府有关单位实施、农民接受的固化的单向传统模式。政府有关部门垄断农民教育培训，政府既当“教练员”又当“裁判员”，难免出现“越位”、“缺位”和“错位”等现象，并在很大程度上抑制了其他部门的积极性，这种制度性障碍和结构性矛盾，困扰着农民教育的健康发育和发展。我们可以借鉴国际上比较成熟的做法：政府为投入主体，提供资金支持；大专院校、科研院所和技术推广组织、农民合作组织及相关企业为教育培训的实施主体，根据农民的实际需要开展分类别、分层次、多样化的培训，通过建立双向选择平台，提供个性化服务。农业部门有农（林、牧、渔）业学校、农业广播学校、农业技术学校、农业技术培训中心，劳动部门有各类技校，科技部门有“星火”培训中心，教育部门有职业技术学校、职业高中，此外还有各种私人培训机构，这些都可以成为农民培训的主体。

10.5.2.6 大力发展以农村初中毕业生为培训对象的农村职业教育

据调查，广州市初中及以下文化程度的人数，“城中村”转制居民占42.1%、城郊农民占84.2%、外来农民工占71.7%。其中初中文化程度的“城中村”转制居民占28.9%、城郊农民占55.1%、外来农民工占46.5%。可见，农村学生完成九年义务教育后，大多数不能接受高中阶段教育，初中毕业后就加入农民工行列。为提高我国产业工人科技文化水平，必须大力推进九年义务教育后的中等职业教育，让农村青少年都能够接受系统的专业知识技能训练，这是农民教育培训的根本出路。实践证明，真正高素质的技术工人，还要靠技工学校和各类职业学院培养。我们看到，面对大学生就业难的严峻形势，技工学校和规范的职业技术学校毕业生却供不应求。国家应把发展农村职业教育同发展农村义务教育放在同等重要的位置。一是要在有条件的地区逐步推行“9+1”义务教育，对未升学的初中毕业生根据就业自愿选择专业，免费参加半年至1年的短期职业教育，取得相应的职业资格证书；二是要通过设立奖学金、发放助学贷款等方式，鼓励农村初中毕业生接受正规职业技术教育；三是要大力发展以培训中高级技术工人为主要目标的中高等职业技术学院和技工学校，鼓励民间力量投资农村职业教育；四是要加大对劳动预备制度的宣传，组织引导农村初中毕业生接受一定程度的职业教育或职业培训后再外出务工，并在全社会转变重学历、轻技能的错误倾向。

10.5.2.7 建立培训加就业服务制度

根据调查情况，绝大多数农民希望参加培训，并且非常希望能够通过培训达到就业目的。因此，应当建立培训加就业服务制度，改变目前培训后安排就业比率低、培训与就业相脱节的现象，推动培训与就业一体化。培训单位要为受训农民提供转移就业服务，这样培训单位才有压力和动力，受训农民的积极

性才能提高。培训单位必须加强与企业的联系，签订培训就业协议，根据企业的需要开展农民培训，培训后由企业安排就业。农村劳动力输出地政府要加强与输入地政府的联系，签订培训就业意向，根据输入地的就业信息，组织培训，实行“订单、定点、定向”的培训模式，培训后安排就业。必须将就业协议作为各培训单位开班的依据，并将就业率纳入考核和发放培训补贴的重要指标。通过订单培训形式，面向社会招标，确定项目实施单位。

10.5.2.8　推行劳动预备制度，实行就业准入制度

组织农村未能继续升学并准备进入非农产业就业或进城务工的劳动力参加必要的转移就业培训，使其掌握一定的职业技能并取得相应的培训证书或职业资格证书。把持证作为就业的准入依据和取得政府各项服务的依据。

加大就业准入的控制范围，严格实行就业准入制度。用人单位招收属于国家规定实行就业准入控制的职业（工种）的农民工，应从取得相应职业资格证书的人员中录用。对用人单位因特殊需要招用技术性较强但尚未参加培训的特殊职业工种）的人员，可在报经劳动保障部门批准之后，先招收后培训，取得相应职业资格后再上岗。

10.5.2.9　改革劳动力市场行政分割状态，建立城乡统一的劳动力市场

目前，发达地区和城市的劳动力市场服务机构与劳动力流出地区的信息联系较少，稳定的联系渠道更为缺乏。不少地区、城市的公共就业服务机构、民间职业介绍组织、职业培训机构相互分割，有的是局部地方的劳动力市场，有的是等人上门的孤立的职业介绍场所，距离形成为农民跨区域流动、进城就业提供信息、职业介绍等服务的城乡一体的劳动力市场体系，还相差甚远。

新中国成立后实施的户籍制度等一系列制度导致劳动力市场被分割为城市和乡村劳动力市场。在二元经济结构下，城乡分割、地区壁垒造成了我国劳动力市场的行政性分割。农村劳动力进入城镇就业仍会受到排挤，如很多城镇对企业使用农民工仍实行总量指标控制，设置行业限制。劳动力市场存在体制性内、体制外劳动力市场。不同的就业形式造成相应的劳动者权益保护和福利待遇的差别，政府提供的就业培训、职业介绍、失业保障只有体制内享受，造成不公平的就业竞争环境，不利于形成统一的劳动力市场。

政府要采取强有力的措施，切实改变劳动力市场行政分割状态，建立城乡统一的劳动力市场。首先，消除壁垒，尽快放开户籍管制，允许城乡劳动者充分自由流动。劳动力自由流动是劳动力市场存在的前提。要实现自由流动，必须减少一些部门和地方政府采取的人为分割劳动力市场和限制劳动力流动、增加劳动力流动成本的制度障碍。逐步取消农业和非农业的界限，取消地域界限，淡化所有制身份，尽量避免对劳动力市场人为的直接行政干预。其次，完善社会保障体系。建立完善的社会保障制度是发展劳动力市场的必要保证，社

会保障为优化劳动力的市场配置、促进劳动力流动提供基本条件，为劳动力市场的培育和发展提供稳定的社会环境。避免由于社会保障制度安排不同造成劳动力市场不合理的制度分割，增加劳动力流动的制度成本；逐步完善并推广农村养老保险、合作医疗保险和最低生活保障制度；逐步实现与城镇制度的对接，研究制定不同账户的跨省转移和接续政策；提高社会保障水平，加强对就业弱势群体的保障。第三，加快城乡公共就业网络的贯通，建立高效率的就业信息网络。社区劳动与就业服务中心要为本地居民和外来农民工提供同等的就业服务。

10.5.2.10　强化政府责任，建立以政府为主导型的失地农民就业安置模式

中国的城市化是在政府引导和规划下进行的，即政府主导型的城市化，对于城市化过程中产生的失地农民的就业安置也必须充分发挥政府的职能作用，实施政府主导型的就业安置模式。充分发挥政府在征地中的职能作用，使失地农民也像下岗工人一样能得到政府实实在在的政策扶持。首先，鼓励和引导企事业单位、社区吸纳农民就业，用行政手段和优惠政策促使用人单位优先安排和接收失地农民，对招用失地农民的单位，施行收费减免、社保补贴、岗位补贴等优惠政策。其次，政府可将已实行的针对城市下岗人员的优惠政策扩大到失地农民，用优惠政策鼓励失地农民自谋职业和自主创业。将失地农民就业纳入中国城市就业体系，建立城乡一体化的劳动力市场就业新机制。扫除制度障碍，改革城乡分割的二元就业制度，取消就业中的城乡户籍歧视，发挥市场在调整就业中的基础性作用，逐步建立城乡劳动者自主择业、平等就业的就业制度。使失地农民与城镇居民一样平等地享有就业培训、择业指导、职业介绍等方面的就业服务。加快经济的发展，坚持市场为导向的就业机制，为失地农民创造更多的就业机会，包括实施公共就业工程计划。把解决失地农民再就业问题同加强城市的绿化、环保、卫生、交通、便民服务等事业结合起来；优化创业环境，降低创业门槛，提高失地农民自主创业、自谋职业的积极性和成功率；规范和引导出租房市场，使之成为失地农民一项可持续生计。

10.5.2.11　明确政府的职能定位，加强农民培训就业管理

第一，政府应该是农民培训就业工作的推动者而不是具体实施者。推动者的定位在于，发起和组织这项工作，从发展的角度考虑这项工作的宏观推进，从政策的制定方面考虑，如何有效地动员和组合社会各类资源，去推动这项工作，而不是自己具体去实施这项工作。

第二，政府应是各类资源的组合者。一是各种职能部门组织资源的组合者。从调查情况看，目前农民培训就业主要由农业厅、教育厅、劳动和社会保障厅、科技厅、财政厅、建设厅6个职能部门根据自己的职能分头实施，这些职能部门都是同一级别的部门，有分工更应该有组合，相互协调的工作应该由

政府出面进行。二是各类教育资源的组合者。现在对农民的培训就业教育资源都是由原有的成人学校、职业培训学校、劳动就业服务中心、用工单位承担，存在着各自为政的问题。作为教育部门，很有必要在政府明确培训目标的基础上，制定相应的教学计划，组织编写相关的教材出版。三是各种社会力量的动员和组合。如社会资金的动员，能有效解决政府投入资金的不足，而市场职业中介力量的介入，应该说能在有效提高培训农民的就业率方面发挥自己的特长和能力。

第三，政府应是市场信息的提供者。农民就业难最大的问题在于就业信息不对称。作为单个就业个体，农民无法获得充分的就业信息，政府应当运用其了解和掌握信息的优势，收集和分析就业信息，采取有效的方法为他们提供就业信息服务。例如定期调查并公布劳动力市场供求状况，定期对不同职业（工种）、不同级别的农民工职业供求和工资价位进行调查，调查分析结果及时向全社会公布。

第四，政府应起督促和服务作用。政府应该将工作的重点放在督促和检查方面，例如农民工培训就业计划的落实、培训就业经费的到位和规范使用情况、政府扶持项目的评估、各类教育培训机构和用工单位的督促和检查；建立农民工培训就业效果评价制度，以实现高质量就业目标为导向，制定评价标准，定期开展对农民工培训的各类教育培训机构的专业设置、培训内容、课程安排、收费标准、招生情况、学员结业率、结业学员鉴定通过率、就业率、工资水平等情况进行调查统计，并及时向全社会公开。

11 城市化进程中农民权益保护的法律机制

城市化在改变传统生产方式的同时，也造就了大量的失地农民和农民工。在城乡二元社会结构的特殊背景下所进行的城市化，许多失去土地的农民和农民工没有被纳入到城市的管理体系中，也没有被纳入到城市的福利与公共品分配体系中，他们成为我国最弱势、最缺乏保障、最边缘化的群体。由此所积累的社会矛盾开始在农村、农业和农民等各个方面表现出来，如何保护其合法权益，不仅对整个城市化进程有着十分重要的影响，也是构建整个和谐社会的需要。

依据《中华人民共和国宪法》第二章“公民的基本权利和义务”，农民作为公民的当然组成部分之一，在政治上享有选举权、被选举权等多项权利，在经济上享有劳动和休息的权利，在年老、疾病或者丧失劳动能力的情况下，有从国家和社会获得物质帮助的权利，有受教育的权利。但在目前城乡二元结构的体制下，农民对这些权利的享有与城市居民还是存在一定的距离，希望通过城市化来消除城乡差距，让农民与城市居民一样，同等享有宪法所赋予的各项权利，这也是推进城市化的目的之一。而在城市化的过程中，尤其是城市化的初期，如果对农民这一弱势群体的利益不予以必要的重视，很有可能使农民的生活水平降低，造成新的社会矛盾，从而影响城市化的进程。例如，城市化中失去土地的农民，就很有可能因无法找到适合自己的工作导致收入减少，农民工的子女因户籍问题难以正常享有接受义务教育的权利等等。结合“中国城市化进程中农民问题的实证研究——以广州市为例”项目中其他子课题的研究情况，在研究中我们集中在两个方面，即城市化进程中对农民的土地财产权益的保护及对农民自治权的保护。

11.1 农民土地财产权益保护

从目前的法律、行政法规来看，作为普通村民对本村土地主要享有以下两方面的权益：一是根据《中华人民共和国农村土地承包法》第 5 条，对本村土地依法享有的承包权；二是根据《中华人民共和国物权法》第 59 条第二款，作为村集体成员，对下列事项享有“依照法定程序”参与决定的权利：①土地承包方案以及将土地发包给本集体以外的单位或者个人承包；②个别土地承包经营权人之间承包地的调整；③土地补偿费等费用的使用、分配办法；④集体出资的企业的所有权变动等事项；⑤法律规定的其他事项。

对上列的第①、②项权利的参与决定方式，在《中华人民共和国土地管理法》第15条、第14条分别予以了规定；对上列的第③、④项权利的参与决定方式，则在《中华人民共和国村民委员会组织法》第19条、第17条进行了规定。

从上述法律规定来看，只是对村集体成员在内部之间如何分享权利、进行决策作出了相关规定，而当村集体的土地权益受到外界侵犯时，作为村民个体应如何进行救济则缺乏相关的规定。另外，目前法律规定对土地征收的前提条件界定不清，对政府介入土地征收行为的规范还存在缺陷，对征地过程中村民知情权的保护还存在许多不足。在实行市场经济体制的背景下却不按市场标准对征地予以补偿，所有的这些问题都使得村民对土地所享有的权益难以得到有效保护。下面就结合本次调查情况，依据现行相关法律规定，对城市化进程中村民土地权益保护中存在的问题进行探讨。

11.1.1 现行法律对农民行使集体土地所有权的组织形式和程序规定不足

如前所述，城市化的过程是城市向农村扩张的过程。在这个过程中，国家对村集体土地的征收是不可避免的。而在这个征收过程中，当村集体的合法权益遭到外部的侵害时，如村集体所有的土地被政府非法征收时，作为农民个体应如何去主张权益进行司法救济，在法律和行政法规方面则缺乏可操作性的规定。尤其是在这种情况下，作为村民自治机构的代表即村民委员会应尽什么义务，如果其不尽义务，对选举其任职的广大村民又将承担什么责任，这些在目前的法律和行政法规中都难以找到可操作性的规定。正是因为在法律上对农民行使集体土地所有权的组织形式和程序相关方面的规定不足，导致农民对土地所享有的权益屡屡被肆意侵犯。下面的个案说明了这个问题。

【个案11-1】村集体利益受到侵害时仅有部分村民授权委托律师主张权益，凸显村委会在维权中的缺位

广州市番禺区洛浦街位于番禺区西北部，北与广州海珠区相接，南隔三支香水道与大石街相邻，东濒广州大学城，西临佛山顺德。总面积25.38平方公里，包括沙滘、南浦两大岛屿，下辖沙溪、厦滘、上漖、洛溪、东乡、西一、西二、西三、桔树等9个行政村和洛溪新城、丽江花园、珠江花园、广州碧桂园、广州奥林匹克花园、洛涛南居等6个社区，常住人口59 834人，流动人口42 102人[①]。

广州市东沙至新联高速公路（以下简称“东新高速公路”）建设项目需征

---

① 《洛浦街概况》，广州番禺洛浦街信息网《今日洛浦》洛浦概况，2010-01-26，http://www.pyluopu.gov.cn/about.asp? SortID=20。

收洛浦街下辖西三村部分土地，当征地开始后，作为西三村全体村民选举产生的村委会应出面就此与政府有关部门交涉，要了解征地是否符合土地利用规划，征地行为是否通过合法审批，是否符合法律规定的征地程序，建设项目征地、拆迁是否合法、补偿标准是否合理等问题。

但事实却并非如此，根据北京市农权律师事务所在2008年7月20日就此出具的“关于广东省广州市东沙至新联高速公路建设项目征地、拆迁案的法律意见书”[①]（农权法函字［2008］第141号），北京市农权律师事务所接受广州市番禺区洛浦街西三村部分村民的委托，依法代理和调查东新高速公路建设项目征地、拆迁是否合法、补偿标准是否合理等问题，其通过到相关部门调查和实地勘察，并经律师事务所集体研究，认为东新高速公路建设项目占地没有征地批文等合法手续，属未批先用、违法占地，且存在建设项目征地不符合土地利用总体规划、征地报批程序违法、征地、拆迁补偿不合理等问题。该意见书的具体理由和法律意见如下：

（1）东新高速公路建设项目征地不符合土地利用总体规划。

经查证，2008年6月6日，广州市国土资源和房屋管理局番禺区分局在番禺区主持召开了东新高速公路项目（广州番禺段）建设涉及原《番禺市土地利用总体规划》（1997—2010）修改方案及修改规划实施影响评价报告专家论证会，并形成了《东新高速公路项目（广州番禺段）建设涉及原〈番禺市土地利用总体规划〉（1997—2010）修改方案及修改规划实施影响评价报告专家论证意见》，该意见第2条载明“该项目（广州番禺段）……大多数不符合土地利用总体规划，占用规划的农用地区301.1035公顷（其中耕地272.4226公顷、园地2.5360公顷、林地14.8206公顷、其他农用地11.3243公顷）……由于番禺区已没有建设用地规模，建议由上级有关部门协调解决……”证实，东新高速公路建设项目征地不符合土地利用总体规划。

《中华人民共和国土地管理法实施条例》第19条规定，“建设占用土地，涉及农用地转为建设用地的，应当符合土地利用总体规划……不符合规定的，不得批准农用地转为建设用地”。《国务院关于深化改革严格土地管理的决定》（国发［2004］28号）第8条规定，“加强农用地转用审批的规划和计划审查，强化土地利用总体规划和土地利用年度计划对农用地转用的控制和引导，凡不符合规划、没有农用地转用年度计划指标的，不得批准用地。”因此，相关部

① 北京市农权律师事务所：《关于广东省广州市东沙至新联高速公路建设项目征地、拆迁案的法律意见书》（农权法函字［2008］第141号），中国农民法律服务中心网站刊登，2010-01-23，http：//www.nmql.com/ShowArticle.shtml？ID=200872515501020493.htm。

门不应为东新高速公路建设项目办理农用地转用及征地审批手续。

（2）东新高速公路建设项目占地至今没有取得征地批文，属未批先用、违法占地。

经调查，东新高速公路建设项目始建于2005年，广州市人民政府为此专门下发了穗府［2005］14号《关于广州东沙至新联高速公路工程建设的通告》（2005年4月12日）。截至2008年7月1日，东新高速公路部分路段已修建完毕，但经查询相关国土职能部门证实，东新高速公路建设项目用地至今没有办理农用地转用及征地审批手续。

《中华人民共和国土地管理法》第43条规定，“任何单位和个人进行建设需要使用土地的，必须依法申请使用国有土地……”第44条、45条规定，建设占用土地，涉及农用地转为建设用地的，应当办理农用地转用审批手续。对于省、自治区、直辖市人民政府批准的道路建设项目占用土地的，涉及农用地转为建设用地的，由国务院批准，并同时办理征地审批手续。而在本案中，在没有取得征地批准文件的情况下，东新高速公路建设项目即开始占地、进行施工建设，这实属未批先用，也是国务院三令五申严格禁止的违法占地行为，应予及时制止和纠正。

（3）征地报批程序违法，没有进行土地现状调查，侵害了被征地农民的知情、确认权。

《国务院关于深化改革严格土地管理的决定》（国发［2004］28号）第14条规定，“在征地依法报批前，要将拟征地的用途、位置、补偿标准、安置途径告知被征地农民；对拟征土地现状的调查结果须经被征地农村集体经济组织和农户确认；确有必要的，国土资源部门应当依照有关规定组织听证。要将被征地农民知情、确认的有关材料作为征地报批的必备材料。”而在本案中，有关部门未告知安置途径，也未进行拟征土地现状调查，更未让被征地农户对土地现状调查结果进行书面确认。尤需指出的是该建设项目涉及占用大面积的基本农田，虽在2005年进行了基本农田保护区的易地补划，但仍涉及占用大面积的耕地，依法应组织听证，而有关部门从未进行过任何听证程序。因此，该建设项目征地报批程序违法，严重侵害了被征地农民的知情、确认权，严重损害了被征地农民的合法权益。

（4）省国土资源厅通过用地预审错误、违法。

经调查，广东省国土资源厅于2004年10月29日作出了粤国土资（预）函［2004］80号《关于广州东沙至新联高速公路项目用地的预审意见》，对东新高速公路项目“同意通过用地预审”。该预审意见第2条载明“该项目选址途经广州、佛山、中山三市，拟用地408.359 9公顷（其中广州市373.241 4公顷、佛山市33.213 5公顷、中山市1.905公顷）。总用地中农用地317.369 5

公顷（其中广州市 315.597 8 公顷、中山市 1.771 7 公顷），农用地中耕地 167.309 5 公顷（其中广州市 165.737 8 公顷、中山市 1.571 7 公顷）、基本农田 195.76 公顷（其中广州市 195.76 公顷）……”

《中华人民共和国土地管理法》第 26 条第一款规定，“经批准的土地利用总体规划的修改，须经原批准机关批准；未经批准，不得改变土地利用总体规划确定的土地用途”。《建设项目用地预审管理办法》第 3 条规定，“预审应当遵循下列原则：（一）符合土地利用总体规划；（二）保护耕地，特别是基本农田……”《国务院关于深化改革严格土地管理》（国发［2004］28 号）第 9 条规定，“凡不符合土地利用总体规划、没有农用地转用计划指标的建设项目，不得通过项目用地预审”。因此，广东省国土资源厅在东新高速公路建设项目用地不符合土地利用总体规划的情况下，通过用地预审明显错误、违法，应予纠正。

（5）东新高速公路建设项目征地、拆迁补偿不合理，应在征用土地方案经依法批准之后，按穗国房字［2007］955 号《关于印发〈广州市集体土地房屋拆迁补偿标准规定〉的通知》确定的最新标准予以补偿。

经调查，广州市番禺区政府于 2005 年即开始进行东新高速公路（番禺段）征地拆迁工作，广州市番禺区国土资源和房屋管理局（现更名为“广州市国土资源和房屋管理局番禺区分局”）于 2005 年 5 月 8 日制订了《广州市东新高速公路工程番禺段征地拆迁补偿方案》，并依据该补偿方案实施征地、拆迁（房屋）。而根据《土地管理法实施条例》第 25 条，《征用土地公告办法》第 4 条、第 6 条、第 7 条之规定，只有在取得征地批准文件、进行两公告（即征用土地公告、征地补偿、安置方案公告）一登记（征地补偿权属登记）之后，才能进行包括拆迁在内的补偿、安置，全额支付各项补偿费用。对于此前因东新高速公路建设项目进行的征地、拆迁显然是不合法的。同时根据上述法律规定，只有征用土地方案经依法批准之后，才能制定、公布、实施征地补偿、安置方案，鉴于此，即便东新高速公路建设项目在此后取得农用地转用及征地审批手续，也应当按照穗国房字［2007］955 号《关于印发〈广州市集体土地房屋拆迁补偿标准规定〉的通知》确定的最新标准（行政区划：番禺　序号：94　区片名称：大石　房屋拆迁最低补偿单价：2 400 元/平方米宅基地使用权区位补偿单价：1 800 元/平方米）予以补偿，而现今相关部门依据穗国房字［2007］955 号文件之前的标准正在进行的拆迁、补偿是不合理的，也是违法的，应当及时予以制止和纠正。

东新高速公路是经（广东）省立项、核准的省重点工程，是改善广州市南北向交通条件、完善区域路网布局、促进地方经济发展的重要举措，村民对此表示理解和支持。但在发展经济、修建高速公路的同时，更应遵循法律法规的规定，做到合理合法。而不能因为是省重点工程，就恣意践踏法律，更不应以损害村民利益为代价。值奥运会即将召开之际，我们希望相关部门及时关注上述违法问题，及时予以制止和纠正，积极化解矛盾，妥善解决问题，认真贯彻落实2008年“两会”会议精神——关注民生构建和谐社会，从而从根本上维护社会稳定。

从上述法律意见书的理由和法律意见来看，由于未经最终生效法律文书认定，暂且不论该意见书阐述的事实是否真实、理由是否合法，至少反映出以下问题：

(1) 当村集体的财产权益受到侵害时，作为村民自治的常设机构村委会应尽什么义务？如果不履行义务，应向全体村民承担什么责任？

(2) 当村集体的财产权益受到侵害时，如村委会不作为，作为普通的村民应如何进行司法救济？

(3) 村集体的意志如何去集中体现？通常的理解是体现大多数村民的意愿，但究竟多少比例才算是“大多数”？

在本案例中，我们留意到，北京市农权律师事务所仅仅是“接受广州市番禺区洛浦街西三村部分村民的委托”，但为什么不是西三村的村委会？如果西三村的村委会不作为应承担什么责任？村民此时可以如何救济？村委会不介入，是不是这部分村民的意见没有体现大多数村民的意见？这一切在目前的法律、法规中都难以找到答案。这个案例除了凸显村委会在维护集体权益过程中的缺位外，同时也彰显出现行法律、法规对农民行使集体土地所有权的组织形式和程序相关方面的规定不足，在这种情形下很显然不利于保护农民对土地所享有的权益。

11.1.2 农民土地财产权益保护中存在的问题

11.1.2.1 从现行法律规定来看，对国家征用土地的前提条件界定不清，致使农民合法享有的土地承包经营权无法得到有效的保护

根据《中华人民共和国农村土地承包》第9条，村集体对自身所有土地享有的合法权益，及村民作为承包方所享有的土地承包经营权，均受国家保护，任何组织和个人不得侵犯。

而根据《中华人民共和国宪法》第10条第二款、《中华人民共和国物权法》第42条第一款及第二款及《中华人民共和国土地管理法》第2条第四款，国家为了公共利益的需要，可以依照法律规定对土地实行征收或者征用并给予补偿。对征收集体所有的土地，应当依法足额支付土地补偿费、安置补助费、地上附着物和青苗的补偿费等费用，安排被征地农民的社会保障费用，保障被征地农民的生活，维护被征地农民的合法权益。

但根据《中华人民共和国土地管理法》第43条，任何单位和个人进行建

设，需要使用土地的，必须依法申请使用国有土地。这就意味着在城市化的建设过程中，对原属于农民集体所有的土地，如用于项目建设，首先必须由国家征收，不论其是否属于公共利益的项目。这显然与前述《宪法》、《物权法》、《土地管理法》中“国家为了公共利益的需要，可以依照法律规定对土地实行征收或者征用并给予补偿”的相关规定存在冲突。

从以上法律规定来看，国家对土地的征收并不需要取得被征收土地权利人的同意，这与世界上其他国家在这方面的立法没有什么差异，但大多数国家在立法中强调征收权行使的公共目的性。正如学者王太高（2004）所述，土地征收制度的后果在于不需要土地所有权人的同意而强制取得其土地，这显然与财产权受法律平等保护的规则存在着矛盾和冲突，进而引发人们对征收权是否合宪的怀疑。公共利益的正当性以及征收权行使的公共目的性不仅成功地消除了这种矛盾和冲突，使得征收权的合宪性（形式合法）得以成立，而且还成为评判征收实践中一项具体征收行为是否合法（实质合法）的根本标准和防止征收权滥用的重要措施①。正因为如此，世界各国宪法中通常都将公共利益的需要明确地规定为财产征收包括土地征收的前提。

虽然《宪法》、《物权法》、《土地管理法》中规定“国家为了公共利益的需要，可以依照法律规定对土地实行征收或者征用并给予补偿”，但《土地管理法》第 43 条中“任何单位和个人进行建设，需要使用土地的，必须依法申请使用国有土地。前款所称依法申请使用的国有土地包括国家所有的土地和国家征用的原属于农民集体所有的土地”的规定，则将城市化建设中普遍存在的许多非公共利益的建设项目也纳入了国家征地的范围，在法律上出现对国家行使土地征收权的前提条件界定不清，且对什么是公共利益，哪些征地属于公共利益的需要，法律又没有作出明文规定。

正是目前法律规定中对国家行使征收或征用土地权利的条件缺乏清晰的规定，对哪些征地属于公共利益的需要在法律上也缺乏准确的界定，致使村集体对自身土地所享有的合法权益处于一种不稳定的状态，使得村民作为承包方所享有的土地承包经营权，在城市化的进程中无法得到有效的保护，土地征收权出现不同程度的滥用。

例如，土地征收权的滥用已经导致严重的社会后果，耕地锐减，大量农民失去土地。据统计，1987—2001 年全国非农建设占用耕地 3 394.6 万亩，其中 70%以上是征地。此外，还有一些突破指标、违法占地以及擅自卖地的现象。卫星遥感资料表明，违法占地数量达占地总量的 20%～30%，有的地方多达 80%。据对 16 个省的调查，2000—2001 年共征地 246.9 万亩，其中耕地

① 王太高《土地征收制度比较研究》，《比较法研究》，2004 年第 6 期。

171.4 万亩，失地农民 236 万人。大体上每征用一亩地就会造成 1.4 人失去土地。照此推算，到 2030 年我国失地农民将达到 1.1 亿人，其中将有 3 500 万人处于无地种、无工作、无最低生活保障金的悲惨境地。①

【个案 11－2】大学城征地拆迁纠纷

广州大学城的征地拆迁纠纷，再一次凸显法律在“公共利益界定”这方面规定的不足。广州大学城位于广州东南部的番禺区新造镇小谷围岛上，距广州市中心约 17 公里，面积 18 平方公里，总建筑面积超过 700 万平方米，分布着中山大学、华南理工大学等十所高校，截至 2005 年 9 月已有 12 万师生入住。在其建设的征地过程中，对征地不满的业主和农民在向政府提出的行政复议中诉称：建设广州大学城只是“局部利益”需要，九年义务教育才是真正的公共利益，而现今的大学教育已经趋向产业化，创造一定的经济效益。而且，在小谷围大学城接受教育的学生占广东省大学生的很小比例，它所代表的不是公共利益②。从传统意义上说，兴办教育作为公共利益的项目并不存在分歧。但随着我国市场经济的发展，高等教育已从过去的完全免费教育，逐渐过渡到现在的收费或部分收费教育，特别是一些民营机构依托高校设立的“独立学院”，若仍然将高等教育视为纯粹的公共利益项目，难免不让人产生异议。

11.1.2.2　广东省以政府文件形式就“政府直接介入征地的项目范围”予以规范，对保护农民的土地承包权具有非常积极的意义

如前所述，现行法律规定对国家行使土地征收权的前提条件界定不清，对哪些征地属于公共利益的需要在法律上也缺乏准确的界定，加上政府在征地中可获取利益，不可避免地会出现土地征收权的滥用。

广州作为改革开放的前沿城市，为了防止政府对土地征收权的滥用，同样也存在“政府对征地过程应如何介入”的问题。在现行法律规定对政府行使土地征收权的规定不足的情况下，为了避免政府对土地征收权的滥用，规范政府对征地过程的介入，广东省人民政府办公厅在 2007 年 3 月 28 日以政府文件的形式转发了《广东省国土资源厅关于深化征地制度改革意见》（粤府办[2007] 29 号），要求各地按该意见认真执行。该意见的第 1 条就是“严格界定政府直接介入征地过程的范围”，该条具体规定如下：

凡建设项目涉及用地时，地方政府及其职能部门的主要职责是组织、指导用地报批和用地监管。

（一）下列项目用地，地方政府和职能部门应参与征地具体工作。

① 杨静、潘承仕：《农村土地征用与农民权益保护》，《小城镇建设》，2004 年第 11 期，第 79 页。

② 黄锫坚：《广州大学城征地拆迁纠纷 国务院 46 号令不起作用》，2004－08－02，http://house.focus.cn/newshtml/72081.html。

1. 国防军事用地；

2. 党政机关办公用地；

3. 非营利性的基础设施、公共设施、社会公益事业用地，包括非营利性的城市基础设施、交通、水利、科研、教育、医疗卫生、体育、文化、社会福利、劳动保障、计划生育、公共广播电视及无线电监测设施等用地；

4. 特殊用地，包括监狱、劳教（改）所、戒毒所、看守所、治安拘留所、消防站、国家物资（粮食）储备库、宗教活动场所等用地；

5. 政府财政全额投资的项目用地；

6. 国家和省的重点项目用地。

（二）除第（一）项所列的各类项目用地外，非公益性以及营利性建设项目用地，按以下程序办理。

1. 项目在符合土地利用总体规划、城镇发展规划，落实农用地转用计划指标和耕地占补平衡措施，符合国家产业政策的前提下，遵循市场规则，由用地者与土地所有者（土地使用权人）直接协商，双方经协商同意后，签订征（用）地补偿协议，向政府申请办理转用、征收（用）、变更登记等手续。

2. 项目属经营性用地的，应按有关规定进入土地交易机构进行招标、拍卖、挂牌或上网竞价公开交易，确定征（用）地补偿价格，再向政府申请办理转用、征收（用）、变更登记等手续。

具体实施办法，由省国土资源厅会省监察厅、财政厅、发展改革委和省农业厅等部门另行制订。

根据该条规定，地方政府和职能部门应参与征地具体工作的项目仅限于具有公益性质的项目用地，对经营性项目用地则由用地者与土地所有者（土地使用权人）直接协商，双方经协商同意后，签订征（用）地补偿协议，向政府申请办理转用、征收（用）、变更登记等手续。如该意见得到认真执行，不仅体现了《宪法》中第 10 条第二款等法律规定得到具体落实，同时意味着对非公共利益的项目，在与原土地所有者（或土地使用权人）就补偿事宜达成协议之前，用地者将无法获得土地使用权，政府将真正处于一种居中裁决的地位，这对保护农民的土地承包权将具有十分重要的作用。

11.1.2.3 在征地过程中对农民享有预征知情权的保护还有待进一步加强

在城市化进程中国家对土地的征收，势必侵犯农民对本村土地所享有的承包权利。从法律上看，这种征收是国家从农民手中直接取得土地所有权或其他权利的行为，具有强制性。但为保障农民在土地征收后获得补偿的权利，按现行的法律、法规及政府部门的规章，在批准用地者获得土地使用权的过程中，对农民就征地补偿事项所享有的知情权予以了保护。

根据国土资源部颁布的《国土资源听证规定》（2004 年 1 月 9 日颁布，国土资源部第22号令）第19条第一款，征地过程中涉及的“拟定拟征地项目的补偿标准和安置方案的”，属于“应当书面告知当事人有要求举行听证的”的事项之一。又根据《广东省建设用地审查报批办法》（粤府办［2005］70号）第8条第十四项规定，“征地补偿安置方案是否按规定举行过听证程序；对被征地群众在听证会上提出的合法要求，当地国土行政主管部门是否已予以采纳”属于建设用地审查的内容之一。

如果这些规定得到认真执行，农民就征地补偿事项所享有的知情权应该可以得到有效保障。为对此作一下了解，同时也希望了解政府在征地过程中是否尊重农民的意愿，我们在问卷中设计了“征地时征求过村民的同意吗”的提问。从收回的问卷来看，仍然有一定比例的村民认为征地时没有征求过他们的同意。

（1）近郊与远郊的调查情况。如果将近郊与远郊作一比较，近郊认为没有征求意见的比例为30.77%，远郊认为没有征求意见的比例为41.30%。这说明政府在征地过程中虽然注意到征求农民的意见，但在征地过程中对村民知情权的保护还有待进一步加强。

表11-1　近郊、远郊村民调查情况汇总表

单位：人

	有征求同意的	没有征求同意的	总计
近郊	9	4	13
远郊	27	19	46
合计	36	23	59

（2）“城中村”居民的调查情况。如果将不同区域的“城中村”的居民调查结果进行比较，近郊“城中村”居民认为没有征求意见的比例为25.76%，城市中心区域“城中村”居民认为没有征求意见的比例为49.66%，产生差异的原因在于，城市中心区域的“城中村”发生征地的时间较早，甚至是计划经济时代，政府在征地过程中起绝对主导作用。

表11-2　“城中村”的居民调查情况汇总表

	有征求同意的	没有征求同意的	总计
近郊“城中村”居民	66	17	83
中心区域“城中村”居民	73	72	145
合计	139	89	228

11.1.2.4 通过法律限定征地的补偿标准，有违市场经济所推崇的公平原则，将侵害农民的合法权益

关于土地征收补偿标准，世界各国和地区征收补偿的范围和标准并不完全相同。在德国，征收补偿的范围包括：土地和其他标的物的权利损失、营业损失以及征收标的物上的一切附带损失。补偿的标准是：土地和其他标的物的权利损失补偿的标准，为土地或其他标的物在征收机关裁定征收申请当日的移转价值或市场价值。营业损失的补偿标准，为在其他土地上投资可获得的同等受益。征收标的物上的一切附带损失的补偿标准，未见有明确规定。在日本，征收补偿的范围包括：土地地价，残余地损失，地上物价值，迁移费，农、林、渔、牧业停业、暂停、规模缩小的损失以及其他损失。补偿的标准：土地地价的补偿标准，为征收时的正常市价，其计算公式为，征收时的正常市价＝确定征收时邻近同类的土地交易价格所确定的相当价格×确定征收至实际征收之间物价指数的变动。残余地补偿标准，为残余地须新建、增建或改进通路、沟渠、围墙、栅栏及其他构造、或须修缮、填土、挖土等所需的费用。地上物补偿的标准为，邻近同等交易对象的相当价格。迁移费补偿、农、林、渔、牧业停业、暂停、规模缩小的补偿和其他损失未有明确的标准。在美国，征收补偿的范围包括：土地所有者的财产损失以及因征收而导致的邻近土地经营者的损失。土地所有者的财产损失补偿标准为，财产的现有价值和该财产未来盈利的折扣价格。补偿数额依他们各自的所有权来确定。在我国台湾地区，征收补偿的范围包括：地价补偿、佃农补偿、土地改良物补偿、迁移费补偿、营业损失补偿及接连地补偿等。补偿的标准：①地价补偿。最新的规定是2000年《土地征收条例》第30条的规定。该条规定："被征收之土地，应按照征收的当期之公告土地现价，补偿其地价。在都市计划区内之公共设施保留地，应按毗邻非公共设施保留地之平均公告土地现价，补偿其地价。前项征收补偿地价，必要时得加成补偿；其加成补偿成数，由直辖市或县（市）主管机关比照一般正常交易价格，提交地价评议委员会于评议当年期公告土地现值评定之。"②土地改良物补偿。根据《土地征收条例》第31条的规定，土地改良物补偿以"估定价值"为标准，但是，对于估价基准，则因改良物是"建筑改良物"还是"农作改良物"而有不同。对于"建筑改良物"实行"重建价格"标准，对于"农作改良物"实行"法定统一价值"标准。③其他补偿，依《土地法》的规定办理。

从世界各国和地区立法来看，一般以市场价格作为主要参照依据。这个市场价值要通过规范的价格评估体系公平确定，目的是使被征地人的合法权益不致因政府的行为受到实质的损害[①]。

---

① 张永超：《完善我国土地征收制度的立法建议》，资源网/地产市场/制度研究。

但目前《中华人民共和国土地管理法》第47条第六款中对“土地补偿费和安置补助费的总和不得超过土地被征收前三年平均年产值的三十倍”的限定，以及在2004年10月21日颁布并实施的《国务院关于深化改革严格土地管理的决定》（国发［2004］28号）中第十二项规定“土地补偿费和安置补助费的总和达到法定上限，尚不足以使被征地农民保持原有生活水平的，当地人民政府可以用国有土地有偿使用收入予以补贴”，虽然对法律规定的补偿标准有所突破，但都没有体现“以被征土地和相关资产的市场价格为主要参考标准”的原则。我国目前正努力建设社会主义市场经济体系，对土地征收的补偿标准也应当通过市场方式确定，通过法律、行政手段来限定征地补偿标准，显然有违市场经济所推崇的公平原则，使农民利益受损。

据学者何建华、于建嵘（2005）的调研数据，近20年来，国家向农民征地约1亿亩，共获得征地补偿费与市场价的差价约为2万亿元。由于有这种利益冲动，各地都把出卖农民土地作为获利和创收的重要措施。据统计，从1990—2002年全国用于非农建设占用耕地达4 736万亩。其中，1990—1996年非农占地共3 080万亩，平均每年440多万亩；1997—2002年非农占地1 646万亩，平均每年约274万亩[①]。

为了解农民对当时获得的土地补偿金是否满意，我们在问卷中设计了“对当时的土地补偿金满意吗”的提问，从回答的结果来看：

在城市郊区，近郊农民对补偿不满意和很不满意的比例为41.67%，远郊农民对补偿不满意和很不满意的比例为71.74%，远郊农民相对近郊农民来说，对当时的土地补偿金不满意或很不满意更高，具体结果见表11－3。

表11－3　城市郊区关于“对当时的土地补偿金满意度”的调查结果汇总表

单位：人

	满意	比较满意	不满意	很不满意	总计
近郊	4	3	3	2	12
远郊	4	9	24	9	46
合计	8	12	27	11	58

但在“城中村”区域，近郊区域的“城中村”调查对象对征地补偿不满意和很不满意的比例为15.66%，中心区域的“城中村”对补偿不满意和很不满意的比例为46.21%，具体结果见表11－4。

① 何建华、于建嵘：《城市化进程中的农民权益保护问题》，《华中师范大学学报》（人文社会科学版），2005年第3期，第20页。

表 11-4 “城中村”关于“对当时的土地补偿金满意度”的调查结果汇总表

单位：人

	满意	比较满意	不满意	很不满意	总计
近郊的“城中村”	28	42	13	0	83
中心区域“城中村”	26	52	41	26	145
合计	54	94	54	26	228

将城市郊区与“城中村”的调查结果进行对比不难发现，“城中村”区域的调查对象对征地补偿不满意和很不满意的比例要低一些。

另外，从征地中产生纠纷的原因来看，主要是“经济利益分配不合理”。按现行法律规定，对土地的征用无须征得村民的同意，只有在征地补偿方面需要征求村民的意见，但对村民的意见是否采纳，仍然要由与此有较大利益关系的政府进行裁决。由于土地涉及农民的生存之本，在征地过程中如果各方利益平衡不好，产生纠纷在所难免。为了解征地过程中纠纷情况，我们在问卷中设计了“征地过程中发生了纠纷没有”及“如果有，是什么纠纷”的问题。从收回的问卷来看，大部分农民都确认征地中发生过纠纷，产生纠纷的主要原因是“经济利益分配不合理”。

从受访者确认发生纠纷的比例来看，在近郊是 38.46%，而在远郊是 67.39%，很显然，在远郊发生纠纷的比例远高于近郊，在远郊的征地中矛盾更为突出。具体到产生纠纷的原因，绝大多数受访者认为是“经济利益分配不合理”。

（1）城市郊区村民的调查情况。

表 11-5 城市郊区关于“征地过程中发生了纠纷没有”的调查结果汇总表

单位：人

	有产生纠纷	没有产生纠纷	总计
近郊	5	8	13
远郊	31	15	46
合计	36	23	59

（2）“城中村”居民的调查情况。但在“城中村”区域，近郊区域的“城中村”调查对象确认发生纠纷的人数为 7 人，占总数 8.43%，中心区域的“城中村”对象确认发生纠纷的人数为 62 人，为 42.76%，具体结果见表 11-6。

表 11-6 “城中村”关于“征地过程中发生了纠纷没有”的调查结果汇总表

单位：人

	有产生纠纷	没有产生纠纷	总计
近郊“城中村”	7	76	83
中心区域“城中村”	62	83	145
合计	69	159	228

11.1.2.5 现行法律中有关土地征收程序的规定，缺乏对征地行为的合法性审查，对被征地者的救济措施规定不足，不利于保护农民的合法权益

农民依据现行法律对土地所享有权益的实现，有赖于土地征收程序的公正。没有程序的公正，保护农民的权益便是一种奢谈。在法律规定中对土地征收程序的设置正是为了平衡国家、集体和个人的利益，维护各方的合法权益，实现社会公平正义，并促进土地征收的顺利进行，带动经济和社会发展。

根据《土地管理法》及其实施条例，我国的征地审批权和农用地转用审批权主要集中在国务院和省两级政府，县市人民政府只有执行权，起到约束土地征收、防止耕地流失的作用。在征收程序上主要有以下几个阶段，即建设单位申请、政府审批、发布征地公告、征询村民意见、地籍调查和地上附着物登记、拟定补偿方案、政府核准方案、土地补偿登记、实施补偿安置方案和交付土地。但从下面这个案例所反映的情况来看，现行法律中有关土地征收程序的规定，缺乏对征地行为的合法性审查，对被征地者的救济措施规定不足，不利于保护农民的合法权益。

【个案 11-3】广州从化征地黑幕：来自征用农民土地的调查①

就在离广东省会城市广州不到一个小时车程的从化市，竟然会在征地这一敏感的问题上出现众多令人难以置信的荒唐情节：征地程序违法，征地补偿因对象而标准不一，征地过程中不断的暴力介入，13 年前的征地村民至今没有拿到一分钱补偿款，而记者的采访工作没有得到任何官方的回应。种种迹象表明，从化鳌头镇政府力图在回避某些事实与真相。

所有过往的经验告诉我们，多数违法征地行为有其相同之处，那就是降低补偿标准，以最低的成本获得更多的利益，这是违法征地的实质。

为弄清事实真相，记者为此展开了调查。

调查之一：近千亩农民土地糊涂易了主人

鳌头镇离从化市不过十余公里，离广州市车程亦不到一个小时，交通、地

① 张晓晖：《广州从化征地黑幕：来自征用农民土地的调查》，搜狐财经频道从中华工商时报转载，2006-01-18。

理位置均属优越，近年来，越来越多的企业看上了这里的区位优势与廉价的土地。

早在1992年，政府就开始对这里进行规划建设，理论上讲，当地的地价应趋于不断升值的阶段。

2005年初，政府就开始向当地农民征用土地。是年9月，广州市将从化市鳌头镇列入市重点扶持中心镇来发展，其建设步伐加速，用地量也与日俱增。与此同时，鳌头镇也加快了向农民征用土地的速度。

该镇一位干部在向广州有关领导汇报工作时甚至这样发言："鳌头镇目前可用的土地资源已经不多，而将耕地转化为商业用地的审批手续非常繁琐，在整个建设规划已经获得批准的前提下，是否可以简化土地审批手续，以加快中心镇的建设步伐。"

或许正是在这一意识下，鳌头镇在征用土地的问题上，出现了众多令人难以置信的荒唐情节。以至该镇白石村的村民在向记者反映情况时，都不敢暴露身份，要求记者保密，怕的就是被"黑社会"报复。

据了解，白石村的大片土地被规划在鳌头镇面积过千亩的工业园里。其中，下元社、大和社在2005年就被鳌头镇政府征用了水田、山地、耕地及水塘总面积约500亩。

据下元社的一名村民介绍，政府征用了该社集体水田面积为38亩多，山地面积为60多亩，这还不包括1992年征用的至今没有取得分文补偿的50亩水田以及一些个人所有的山地数十亩。

鳌头镇政府给出的标准是：水田每亩为11 000元，山地每亩为3 000元。12亩水塘则分文未补。

同次被征土地的还有白石村大和社，被征水田46亩、山地250多亩及10多亩水塘，其标准也大致相同，所不同的是，10多亩水塘被象征性地给了5万元的补偿。

根据广东省实施《中华人民共和国土地管理法》办法第第30条之规定，征用农民集体所有土地的补偿费包括土地补偿费、青苗补偿费、附着物补偿及安置补助费四项。

根据鳌头镇白石村下元社和大和社的实际，其补偿标准远远低于广东省所规定的标准。记者参考了一下相邻的湖南农村（其经济没有从化发达的县市）征地补偿标准，水田每亩在4万元以上。即便是在1992年的广州市番禺区农村，其水田的补偿价格也在25 000元以上，而这一价格也遭到了当地村民的质疑与指责。

"也正因如此，镇政府在征用土地时并没有按照规定的程序进行公告，没有开村民大会讨论通过，所有的程序都没有依法办理过。"一知情人说。

“我们连起码的补偿标准的文件都没有”，大和社一村民不满地表示，“镇政府在2004年底到村里召集大家开过一次会说要征地，并公布了每亩9 000元的标准，当时，大多数的村民都不同意这一标准，我们要镇政府提供征地的文件，镇里的干部说，文件念一下就可以了，说文件不能随便给我们。”

在没有标准、没有达成协议的情况下，镇政府在三天后就开始了征地行动：开始丈量土地，并把补偿标准提高到11 000元。

“为了实现其征地目的，镇政府向各家各户发出警告，如果不同意，则他们自己量，而补偿款拿不拿得到他们不保证”。据大和社的村民讲，“被这么一吓，一些法律意识欠缺的村民不得不就范，就算不就范也是先推了填了你的土再说，根本没有法律可言。”

一村民说：“混乱的丈量形式是多重补偿标准的开始，有的村民是亲自到了现场，只补了土地补偿费；有的村民没有到场，甚至还少量了土地；有的村民如果在镇里有人可能就拿了双倍的补偿。”

直到今天，有的村民还没有在镇政府的征地协议上签字，有的土地还没有确权及补偿。

2005年7月4日，施工单位要填平大和社曾于1992年被征用的50亩水田时，遭到了村民的反对，因为补偿款一直没有到位。但稍后，维护权益的村民被施工单位组织的闲散人员打伤数人。

白石村大和社的村民还告诉记者，该合作社仅有的一口12亩水塘被强行推平了，目前该社仅剩的40多亩水田就没有了水源可以耕种，该社未来的生产生活成了难题。

事实上，关于广东农村集体建设用地入市后的生产生活出路问题，广东省部分地方早有相关规定。这一点，在2005年10月1日，《广东省集体建设用地使用权流转管理办法》在全省正式实施后被加以强调。

根据新规，农村集体经济组织出让、出租和抵押集体建设用地使用权，须经农民集体土地所有者2/3以上成员同意；所取得的土地收益纳入农村集体财产统一管理，其中50%以上应存入银行专户，专款用于农民集体成员的社会保障安排。

此规定旨在保护农民土地使用权流转规程中利益流失之外，还为农民的生产生存提供了可持续发展的制度保障。反之，农民卖完了土地之后，每亩1万多元吃完了之后，靠着人均不到几分地究竟该怎么生活?

显然，鳌头镇白石村下元社和大和社的几百农民即将面临这一问题，而作为主导这一行为的村委不仅没有依法去实施与维护广大村民的利益的行为，相反，却与民争利。

调查之二：民企合法租赁厂房突变非法建筑

说到白石村委与民争利的问题，就要说到该村村委出租给从化市祥润陶瓷原料厂的厂房一事。

据了解，早在 2001 年 3 月 8 日，从化市祥润陶瓷原料厂法人李永坚与鳌头镇白石村委签订了厂房承包合同。合同约定由白石村委报鳌头镇政府批准将闲置旧厂房（原爆竹厂）2 000 多平方米及土地共约 40 亩发包给李永坚，使用期限为 30 年，时间为 2001 年 6 月 1 日至 2031 年 5 月 30 日。该合同的签订经鳌头镇政府农村承包合同管理办公室认可，属于合法租用。

李永坚自承包上述厂房以来，办理了一切经营手续，并先后投入 250 万元进行了厂房建设，并投资 20 多万元利用厂区部分空地种植绿化树约两万余棵。

经过四年的建设，祥润陶瓷原料厂已初具规模，每年向鳌头镇政府上缴企业管理费 10 000 元，向白石村委缴交承包款 25 000 元。

但在 2004 年 4 月 29 日，祥润陶瓷原料厂突然接到了鳌头镇政府因项目需要，让其搬迁的通知。而在此过程中，鳌头镇政府没有发布征用拆迁公告，没有与其商谈拆迁补偿问题。

2004 年 12 月 28 日，鳌头镇政府又以该厂为镇工业园区建设用地被征用为由，认定其属于违章建筑，限令 10 天内自行拆除，否则政府将强行拆除，并不给予补偿。

对此，祥润陶瓷原料厂表示了强烈抗议，李永坚称，自己合法经营的企业如被拆迁直接经济损失至少在 200 万元以上，厂区所种植的绿化树也价值 100 万元以上。

2005 年 9 月 28 日，从化市国土资源和房屋管理局又向祥润陶瓷原料厂发出通知，通知称广州万力橡胶轮胎有限公司投诉其非法占用该公司约 100 亩土地。

为此，祥润陶瓷原料厂于 10 月 12 日给从化市国土资源和房屋管理局写出了报告，认为投诉与事实不符。

到了 2005 年 11 月 16 日，从化市国土资源和房屋管理局对祥润陶瓷原料厂做出了一份《行政决定书》，认定该厂非法占用广州万力橡胶轮胎有限公司约 40 亩土地，并责令其清场撤出。但在同一天，从化市政法委副书记黄锦添带队到祥润陶瓷原料厂，就该厂的拆迁补偿问题进行了调查。

后经从化市委多次协调，鳌头镇政府答应与该厂就拆迁补偿安置问题于 2005 年 12 月 21 日上午到从化公证进行评估。但是，当天下午，李永坚却接到了镇城监中队限期 7 天拆除的通知。

4 天之后的 12 月 25 日，从化市国土资源和房屋管理局又就祥润陶瓷原料厂的报告做出复函，认定该厂于 2001 年与白石村委签订的合同缺乏法律依据，所签合同无效。其理由是：合同中涉及的土地已于1992年11月17日被征用并出让给广州美芝灵集团有限公司。而后，该片土地的使用权又于2004年3月26日被从化国土资源和房屋管理局竞购得到，并于2004年12月27日出让给广州万力橡胶轮胎有限公司。

但是，鳌头镇政府和从化市国土资源和房屋管理局的认定很快遭到了该片土地的真正所有者白石村大和社众多村民的否定。

为此，白石村大和社村民提供了一份白石村委与大和社签订的租用合同，该合同表明：村委出租给从化市祥润陶瓷原料厂的厂房，真正的所有人归大和社村民。

而大和社的村民告诉记者，1992年被征用的土地其补偿款至今没有到位，其中下元社50亩土地至今未补偿，大和社涉及从化市祥润陶瓷原料厂的厂房及周围土地40亩其补偿款，村民也是分文未取。由此可见，1992年的征用是无效的。

"如果1992年就被政府征用，那么，2004年鳌头镇政府就不会再次对从化市祥润陶瓷原料厂厂房的土地做出补偿"，大和社一村民说，"陶瓷厂土地的这笔补偿款也没有分到我们的手中，而是被镇政府指定的一位村民所存在银行，其密码也在镇政府手中。"

但是，就是在这种确权清晰的情况下，鳌头镇政府于2005年12月27日下午带领治安队10多人，带着木棍及挖土机到陶瓷厂进行强制拆迁。当厂方向其要求出示强制拆迁的文件时，镇政府未能提供。当天，陶瓷厂多名员工在阻止镇政府的治安队用挖土机损坏厂区的园林绿化时被治安队员打伤，其中，用来拍摄的摄像机被抢走。据反映，厂方在报警求助后，赶到的警察并未及时制止打人事件。

事实上，镇政府对从化市祥润陶瓷原料厂的厂房及周围土地40亩补偿款分两部分，一部分为土地，另一部分是土地上的附着屋厂房。对土地部分，白石村委给村民的说法是不管；对厂房部分，白石村委给村民的说法是，厂房与村民无关。

就在记者采访之后，正在着手写稿的当天，又接到了被采访的企业负责人及村民的电话，内容是他们接到了当地人的恐吓电话，要他们老实点，不要搞事。

之所以给记者打电话，那是因为被采访对象怕被报复，希望记者能给予帮助，但记者只能提醒他们，切记要做好保护自己的工作。

调查之三：20多亩土地换来两月余非法监禁

怕被"黑社会"报复的还有大和社农民江××，因为他就是因为征地问题上书广东省省长黄华华而被多次恐吓，还在自己的家中遭人殴打，最后还被镇政府以所谓的“计划生育问题”没搞清楚抓去关了70天，至今，他的背上还贴着膏药，行动不便。

关于江××，实际上是一个被“征用”了20多亩土地的农民，得到的却是镇政府给予的70多天非法监禁的悲情“故事”。

之所以在“征用”两字上用了引号，那是因为政府根本就没有承认征用了他20多亩土地；之所以用了“故事”两字，那是因为记者不愿相信那是事实。

据记者了解，大和社村民江××，是该社村民江××的养子。在鳌头镇政府2004年底开始为工业园征地时，江家也有20多亩山地位于征用范围内。

但是，在该社其他村民的土地均被丈量予以补偿之后，江××家的20多亩依然没有接到镇政府丈量补偿的通知。

为了弄清缘由，江××找到镇政府相关干部。但该镇干部不是告诉他没有山地在那里，就是回答他没有时间。

后来，在江××的强烈要求下，镇党委组织了一个征地调查组到白石村委调查情况，后在多名社代表在场证明的情况下，证实江××家确实有20多亩土地在征地范围内而没有被丈量补偿。

在得到确认后，为了保险起见，江××于2005年7月11日给市长梁建清写了一封情况反映信，7月18日又到广州市人大进行上访。

但等到2005年7月21日，江××没有得到镇政府的答复和通知，而此时，江家的山地正在被一天天地填埋着。

心急如焚的江××第二天找到镇政府的相关领导，但此时镇政府的态度发生了大改变：先是告诉他地是不会给他量的；再就是告诉他说，看在其养父母年事已高的份上，镇里会以困难补助的形式给予一万几千的补助。

2005年7月23日晚上8点多钟，两名身穿迷彩服的人找到江××家并警告说：“星期一你收了钱，就算了，不要再搞事，不然的话有你好受!”江因怕被他们打，便没有出声。两人见江没出声，便离开了。当天夜里，江害怕得一夜没睡。

在此情况下，江××又于2005年7月26日到广州市政府和广东省政府上访。

2005年7月28日，镇政府与江××签订了一份支助协议，补助其父子24 000元，其条件是不得再就征地问题提出异议。

江××并不赞成这一方案，仍旧被征用的20多亩土地向有关部门讨个说法。江的持续上访终于激怒了镇政府。2005年8月5日，镇政府以江××违反计划生育管理条例为由将其带到镇政府，并对其做出罚款30000多元的决定。

关于江××违反所谓的计划生育政策一事，具体情况为江的妻子于1991

年4月依照计划生育政策到计生部门进行了绝育手术。

但到了1998年江的妻子由于计生部门的手术原因，意外地怀孕并生下一胎，又于1999年再次进行了绝育手术。

“在过去的几年中，镇政府并没有追究我的责任，因为意外的怀孕责任并不在我，而在计生部门，”江××说，“因此，被镇政府以违反计划生育政策为由进行惩治，明显用意不良，是对我上访为追讨合法的土地补偿的一种恶意报复。”

就这样，鳌头镇政府以违反计划生育政策为由将其非法关押在镇政府约70天，这70天对江××来说，不论身体还是心理都受到了严重的摧残。

对于上述问题存在，记者数次找到该事件的重要主体——鳌头镇委、镇政府。记者日前曾先后到镇委、镇政府找过该镇副书记杨××、主管国土与征地工作的副镇长邱××，前者以没空为由拒绝见面，后者则以没有安排不接受采访。

在此情况下，记者又找到了从化市国土资源与房屋管理部门，部门有关负责人则告诉记者，鳌头镇的征地工作主体是鳌头镇，具体要与他们联系。为此，记者又将一份采访函于2006年1月9日送至鳌头镇党政办公室，并留下详细联系办法，但至记者发稿时都没有得到任何答复。

从个案11-3所反映的情况来看，目前的土地征收程序在保护农民的合法权益方面还存在以下缺陷：

（1）程序中缺乏对土地征收行为的合法性审查。如前所述，虽然《宪法》、《物权法》、《土地管理法》中规定“国家为了公共利益的需要，可以依照法律规定对土地实行征收或者征用并给予补偿”，这也是国际上通行的原则，亦为我国法律所接受。但如何保证这一原则在实施过程中得到遵守在程序上却没有保障，在目前涉及审批程序的相关法律规定中没有任何征地行为合法性的专项审查，在征地公告中法律规定也没有要求就征地的合法性进行专门说明。这样的一个直接后果是无论在实际操作中还是在观念上都淡化了对征收土地行为合法性这一基本前提的重视，导致农村集体的土地被随意征收，从而严重侵害了集体土地所有权和土地承包经营权。本案例中“近千亩农民土地糊涂易了主人”，再次凸显了在程序上对征地行为合法性进行审查的必要性。

（2）缺少对行政机关的监督机制。根据《土地管理法》第五章建设用地的相关规定，行政机关既是土地征收的决定者，亦是执行者，处于绝对优势地位，而在《土地管理法》第六章监督检查中，对在征地过程中如何监督行政机关、防止其权力滥用却没有任何规定，在我国现行土地立法中没有规定必要的监督机制。如在征地范围的决定权、征地审查权、赔偿方案确定权等方面都只规定由行政机关自主决定，具体实施，缺少对行政机关的必要监督，其不仅容易侵害集体和个人的合法权益，也会引发行政权力的滥用，破坏政府和人民的关系，危害社会稳定和繁荣。像本案例涉及的“擅自将农民集体所有的土地的使用权出让、转让或者出租用于非农业建设的”行为，根据《土地管理法》第81条之规定，所承担的后果仅仅是“由县级以上人民政府土地行政主管部门责令限期改正，没收违法所得，并处罚款”，这显然不利于保护农民对土地所享有的合法权益。

(3) 对被征地者的救济措施规定不足。土地征收对被征地者来说是件很重要的事情，因为这将对其合法权益造成重要影响，如果在这种情形下被征地者在法律上缺乏相应的救济措施，其合法权益将无法得到有效保护。但从现行法律规定来看，对于土地征收出现争议时的行政和司法救济措施，缺乏明确全面的规定。像本案例中出现的土地补偿纠纷，如根据《土地管理法实施条例》第25条“对补偿标准有争议的，由县级以上地方人民政府协调；协调不成的，由批准征用土地的人民政府裁决。征地补偿、安置争议不影响征用土地方案的实施”。这就是说，不管农村集体经济组织和农民对征地补偿、安置有何意见，国家都可以先征地。在征地程序上的如此设计，显然不利于被征地者的救济，在法律上凸显对被征地者的救济措施规定不足。

11.2 村民自治及存在的问题

11.2.1 村民自治的有关概念

11.2.1.1 村民自治

村民自治，是指村民通过自治组织，依据《宪法》、《村民委员会组织法》等法律、法规办理与村民利益相关的村内事务，实行自我管理、自我教育、自我服务，在法律上既是一项法律制度，也是一种法律行为。村民自治，既表现为农村社会政治民主化的发展，又面临农村社会城市化的机遇与挑战。就村民自治外部环境而言，村民自治作为一项基层社会民主政治制度，运行于整个社会的城市化和现代化进程中，乡村民主的发展受到城市民主和现代民主的影响和制约。就村民自治内部而言，村民自治在其内部结构要素，如农民的非农化、产业结构的工业化、社区环境的城镇化、乡村都市化以及社会关系、组织形式、生活方式和分配方式多样性的变动中生成、推进与发展，出现了农村社区向城市社区部分或整体转制、村民自治向城市居民自治转制的现象①。

村民自治的核心内容是“四个民主”：①民主选举，即直选，由村民直接选举村民委员会成员、村务公开监督小组成员、村民民主理财小组成员；②民主决策，即通过村民会议决定重大事项，通过村民代表会议研究日常工作；

① 宋月红：《城市化与村民自治的变迁》，《北京行政学院学报》，2002年第1期，第1～6页。

③民主管理，通过制订村民自治章程或村规民约，建章立制对村务实现规范化管理；④民主监督，即实行村务、财务公开，民主评议干部，建立重大事项汇报制度。

11.2.1.2 村民自治权

村民自治权，也就是村民在自治过程中所享有的村级民主选举权、村级民主决策权、村级民主管理权和村级民主监督。

广州作为改革开放的前沿城市之一，目前已经普遍建立并切实实行了以民主选举、民主决策、民主管理和民主监督为基本内容的村民自治制度，在城市化的过程中，农村集体组织所控制的财产不断增加并且升值，出现农民的非农化、产业结构的工业化、社区环境的城镇化、乡村都市化，农民从集体获得的利益也不断增加，农村集体组织在村务管理、利益分配的过程中所面临的矛盾也更加突出，像2005年7月的全国首例罢免村委会主任的“太石村罢免事件”[①]，及2009年6月的“村民怀疑村干部携征地拆迁款公款旅游围堵考察大巴”事件[②]，都发生在广州。在这样一种背景下，如何保护农民所享有的村民自治权，既是促进城市化的需要，更是构建和谐社会的需要。考虑到后面分析问题的需要，先把“太石村罢免事件”和“村民怀疑村干部携征地拆迁款公款旅游围堵考察大巴”事件作一介绍。

【个案11-4】番禺太石村事件：村民依法“罢”村官（资料来源：南方都市报2005-09-12）

昨日上午9时，广州市番禺区鱼窝头镇太石村的数百名村民，盼来了镇政府的一纸公告。在该公告中，政府同意了太石村民罢免村官的动议，村民可通过投票方式，自行决定现任村委会主任陈××是否“下野”。

今年7月29日，太石村村民将一份400人签名的《罢免动议》递交给了番禺区民政局，在动议中，村民以大量耕地被征用、土地抛荒、经济发展缓慢等原因，要求罢免村委会主任陈××的职务。随后的7月31日、8月14日，他们自发在村里举行了两次普法宣传会。

番禺区民政局积极与村民多次沟通后，9月5日下午，太石村召开有关会议，协商罢免村官事宜。9月7、8两日，区民政局相关人员来太石村对签名进行核实，最终确定有584人签名，超过太石村合法选民的1/5，达到了罢免所需要的法定人数。

至此，从7月29日到9月10日，40多个日子的奔波，“太石村事件”有

① 维基百科网站根据国内外媒体报道整理：《太石村罢免事件》。

② 记者：徐剑桥、陶达嫔，实习生：袁喆：《村民怀疑村干部携征地拆迁款公款旅游围堵考察大巴》。

了初步结果。

占地建厂房成导火索：

太石村位于番禺区鱼窝头镇北部，分 13 个生产队，人口 2 075 人。该村虽然不算富裕，但多年安详，民风和谐。

今年 7 月，太石村生产队一队的村民冯××无意中发现，在自家生产队的土地上，突然冒出了 5 块空地，看样子是要建厂房。“厂房就建在村生猪屠宰场后面，占地大约 7 000 多平方米。我当时很纳闷，这是政府给我们划的基本农田保护区，为何会建工厂呢，而且建工厂的事情，我作为一队的村民一无所知”。随后，冯××找到了生产队队长，令人意外的是，队长对这些厂房的来历，用途也全然不知。

杀猪场后突然冒出厂房的事情很快在村里传开了，不少其他生产队的人也赶过来了解情况。为维护生产队利益，冯××组织了一些村民，要求开发商出示有关证明，同时停止施工，但无法得到满意答复。眼看耕地被侵占，村民意见很大。

虽然一队的村民没有阻止施工的进行，但不少人在事件中反思：太石村 3 000多亩土地，目前已租出去了 2 000 多亩，这些土地中有没有违规现象，村领导在操作中是否会中饱私囊，或者办事不力。杀猪场后要建厂房，让“罢官”这个以前想都没想过的事情进入了村民视野。

村民调查发现 17 疑点：

产生怀疑后，13 个生产队的村民立即行动，通过各种关系和手段，对近几年来该村发生的经济、社会事件进行调查，并整理出 17 个疑点。

“问题太多了，这 17 个是金额较大的。我随便举几个，我村利盈首饰厂土地使用证面积为 29 277 平方米，但向村民公开的合同中，征地面积却是 14 960平方米，多余面积涉及 300 多万元；太石工业区 1993 年征地 100 多亩至今抛荒，为何不分给农民种庄稼；太石变电站征地款以及太石中学征地款去向不明；我村这么多工厂，卖出这么多土地，却还负债千万元；猪场后面的厂房 7 000 多平方米，是否已卖或租地。另外，逢年过节从不去给特困户送温暖；农田遭受涝灾，村委会不帮助排涝，也不帮助申请救灾款……”村民组织者冯××越说越激动。

村民还纷纷表示，这 17 个疑点虽然均有来历，但没有政府权威部门核实，村委会也没有明确回应，因此其不能代表村领导就有违规腐败行为，但是，从 17 个疑点中，我们可以说陈××没有及时公布财务，没有让村民享受充分的知情权，同时，村里福利提不上来，村民认为是陈××的领导能力有问题，大家不再相信他，要罢免他。

村官作解释深感落寞：

村民的罢官之举，将现任番禺区鱼窝头镇太石村民委员会主任、番禺区鱼窝头镇太石经济发展有限公司书记、主任、总经理陈××推上了风口浪尖，记者在7月31日、9月10日两次采访陈××，其反复重申村民的疑点纯属猜测。

陈××首先表示了自己当选的合法性。据悉，今年是广东省村官的改选年，太石村也于4月份进行了村委会选举。“我在投票中获得过半数的选票，直接任村委会主任的，如果没记错，60%多的选民选了我，对于当选，我堂堂正正”。

对于村民列出的17个疑点，陈××扫了一眼笑道：“90%以上都是假的，村民乱讲。”他表示，村里卖地肯定存在，不过，有的地并非是他出手，有的地经过了村民同意。“上世纪90年代初期，我还不在村里做书记的时候，镇政府就征了一部分地，在90年代便开发完了。2002年经村民代表同意，卖出了49亩土地，接下去又经村民代表大会表决，卖出了180亩土地，收入600多万元”。陈××还认为，这些账目均可查，没什么好隐瞒的。

至于自己的执政能力，陈××只是表示村里的经济越来越好。“我自1998年当选村主任以来，尽职尽责。罢免动议虽是个别村民在搞事，但我并没阻止，因为我也想了解一下村民对我的真实评价。希望有关部门在全面调查后作出公正处理”。据悉，陈××1998—2001年担任太石村村委会主任，2002—2004年当任村党支部书记。今年，则是主任、书记一肩挑。

随后，在陈××的指引下，记者找到了太石村6月份的收支账目。“谁说账目没有公开，都贴着呢”。在村委会办公室公告栏里，的确粘贴着该村的财务报表。

9月10日上午，陈××和番禺区鱼窝头镇党委副书记张××召开部分村民会议，在会议上，张××肯定了陈××的成绩，而陈××则表示，对于村民罢免自己，感到“落寞、悲哀”，同时其向村民解释了部分疑点，并一再承诺，自己绝没有贪污。

村民不满惊动区政府：

村民很快付诸行动，几名见过世面的组织者起草了《罢免动议》，其中阐明了罢免动机：财物不明、土地抛荒、经济滞后。随后400多名村民在动议上签名或按下手印。按照有关规定，罢免村官属于民政局的基层管理事务，因此7月29日，村民将有手印的《罢免动议》送至番禺区民政局，民政局明确表示，一个月后给村民答复。

8月29日，村民收到区民政局不予受理的答复。区民政局表示，村民提交的《罢免动议》属复印件，无效，该局无法受理。

区民政局的答复引起了众多村民不满，有村民指出两个疑点，第一，《中华人民共和国村民组织法》没有规定《罢免动议》必须提交原件。“我们要把动议交给镇政府、村委会、区民政局，但原件只有一份”。第二，既然区民政局要原件，为何刚刚递交上去的时候不讲清楚，而非要一个月后才跟村民解释。

为表达不满，8月31日清晨6时，100多位村民来到番禺区政府东门席地而坐。村民的举动惊动了区政府，有关负责人来到现场做工作，并将部分村民护送回村。不过，每送回一批，村民又来一批，8月31日至9月1日下午6时，村民如此来了三批。在政府的劝导下，太石村村民于9月1日下午全部回村。

政府的积极态度促使村民作出了让步，9月5日上午9时，太石村冯××等5位村民再次来到番禺区民政局接待室，将重新签名的《罢免动议》原件递交给民政局，上有800余名村民的签名。

政府同意村民罢免动议：

9月5日下午，太石村召开有关会议，协商罢免村官的事宜。9月6日，区民政局在该村贴出通告，正式声明，该局定于9月7—8日来太石核实《罢免动议》上签名的人数，要求村民携带身份证来村委会办公室门口登记。

9月7日上午8时，两三百名太石村民便等候在村委会门口，村委会院内已排好了几条长桌子和一些长椅子，静候核实工作组的到来。8时30分，由番禺区民政局马××局长带队、共四五十人组成的工作组来到了太石村村委会。太石村委会成员，除主任陈××外，几乎都来到了现场。

根据太石村现有的实际情况，工作组也相应安排了13位工作人员，每位负责一个组的核实。9时30分，工作组开始对9月5日村民递交的签名信（有800余人签名）进行身份证登记核实，现场秩序一直井然。

两天后，区民政局工作人员宣布，《罢免动议》上的584位村民得到核实。昨日上午9时左右，镇政府将一纸盖有公章的公告贴在村头公告栏上。公告确认了在《罢免动议》上签名的总人数，人数超过法律规定，政府将组织罢免的下一步工作。

公告一出，全村沸腾了。“我们的努力没有白费，感谢政府”，“只要依法办事就能成功，政府真是开明”，村民奔走相告。从9月5日上交《罢免动议》到公告贴出，前后不过一周，其中政府要处理很多繁杂事项，效率不可谓不高。

11.2.2 村民自治存在的问题

从以上案例分析结合本课题调研的情况，对广州城市化进程中农民自治权保护的情况作如下分析。

11.2.2.1 从中央到地方，都十分重视通过文件的形式来弥补现行法律、法规在保护农民自治权方面存在的不足，从而促进农民自治权的保护，但具体落实的效果不是很理想

根据《宪法》第111条，村民委员会是一个群众自治性组织，其主任、副

主任、委员由村民选举产生，其职责是办理本居住地区的公共事务和公益事业，调解民间纠纷，协助维护社会治安，并且向人民政府反映群众的意见、要求和提出建议，而在《村民委员会组织法》中，则对村民委员会如何产生，村民委员会应如何办理本居住地区的公共事务和公益事业，履行《宪法》第111条第二款所赋予的职责，进行了规定。但有些规定仍然不够具体，使得其在具体执行中难以有效保护农民依法所享有的自治权，为此，很有必要对此进一步规范或细化。

以村务公开为例，村务公开是村民能有效行使自治权的前提，如果村务公开得不到保障，村民依法所享有的民主决策、民主管理、民主监督也就无从谈起。为此，在《村民委员会组织法》第22条中对村务公开提出了要求，但从该条法律规定来看，公开的内容不够完善，村务公开的形式、时间和基本程序不够规范，对村务公开的保证、监督措施不够具体。为此，广东省人民代表大会常务委员会在2001年6月16日发布了《广东省村务公开条例》，对村务公开从内容到具体实施环节，及其责任进行了细化。随后，中共中央办公厅、国务院办公厅在2004年6月22日联合发出了《中共中央办公厅、国务院办公厅关于健全和完善村务公开和民主管理制度的意见》（中办发［2004］17号），在该意见的第二点“进一步健全村务公开制度，保障农民群众的知情权”中，又从四个方面对村务公开进行了细化。中共广东省纪律检查委员会在2006年2月6日又发出《广东省违反政务公开厂务公开村务公开条例责任追究的暂行办法》（粤纪发［2006］3号），广东省村务公开工作领导小组在2006年6月28日又就深入贯彻《中共中央办公厅、国务院办公厅关于健全和完善村务公开和民主管理制度的意见》（中办发［2004］17号）和《广东省村务公开条例》，出台了《关于进一步深化和规范村务公开民主管理的实施意见》（粤村发［2006］3号）。

广州市还根据中央、省委文件的精神，建立了村务公开工作领导小组成员单位联系点制度。根据该制度要求，各村务公开工作领导小组成员单位原则上都要挂钩联系1个行政村作为联系点。各挂钩联系单位要落实领导责任制，对联系点（村）开展村务公开工作进行指导，每年原则上不少于两次到联系点开展调查研究，及时掌握开展村务公开工作动态情况，并将每次开展挂钩联系工作的情况及时报送市村务公开工作领导小组办公室。村务公开工作领导小组各成员单位要积极发挥作用，普遍指导、参与联系点村的村务公开民主管理示范创建活动，努力把联系点培育成示范点。同时，要建立示范点工作情况分析研究制度，年终市村务公开工作领导小组办公室要召开专题会议，综合开展挂钩联系工作情况，分析研究解决存在问题，总结推广经验与示范典型。在开展挂钩联系工作期间，挂钩联系单位要认真开展好“五个一”的活动，即：一是参加一次联系点（村）决定重大事项的村民代表会议或村“两委”联席会议；二是参加一次由镇（街）组织的民主评议村干部活动；三是检查一次联系点（村）的民主理财小组审核村财务账目工作和村务公开工作；四是有条件的单位要帮助联系点（村）解决一项实际问题或解决一项村务公开工作存在问题；五是每年年终对开展挂点联系工作情况进行一次总结。通过扎实开展“五个一”的联系活动，努力把联系点（村）建设成示范点，以点带面促进全市村务公开民主管理工作的全面落实。

应该说，在《村民委员会组织法》的实施过程中，从中央到地方若干相关文件的出台，及广州市推行的“建立村务公开工作领导小组成员单位联系点制度”等措施，无疑对保护村民自治权起到了十分重要的作用，但在实际工作中的具体落实情况仍然存在需要进一步完善的地方。比如，2005 年 7 月的全国首例罢免村委会主任的“太石村罢免事件”，及 2009 年 6 月的“村民怀疑村干部携征地拆迁款公款旅游围堵考察大巴”事件，其实质问题仍然是村务公开工作没有做好。从我们发出问卷调查的情况来看，郊区的村务公开落实的也不是很好，但“城中村”的村务公开落实的不错。

（1）近郊和远郊农村村务公开情况。在近郊发出问卷总数为 41 份，回答“是”的人数为 6 人，占问卷总数的比例为 14.63%，其余回答“否”，占问卷总数的比例为 85.37%。在远郊发出问卷总数 117 份，回答“是”的人数为 58 人，占问卷总数的比例为 49.57%，其余回答“否”，占问卷总数的比例为 50.43%。

表 11－7　近郊与远郊村村务公开

单位：人

	是	否	总计
近郊	6	35	41
远郊	58	59	117
合计	64	94	158

如果将近郊与远郊做一对比，远郊实行村务公开的情况要好于近郊；若将近郊与远郊综合起来进行计算，问卷总数为 158 份，回答“是”的人数为 64 人，占问卷总数的比例为 40.50%，其余回答“否”，占问卷总数的比例为 59.5%。总体上郊区的村务公开情况不理想。

（2）“城中村”村务公开情况。“城中村”的调查对象主要为分布在近郊和中心城区的“城中村”居民，在近郊的“城中村”发出问卷总数为 83 份，其中：回答“公开”的人数为 79 人，占问卷总数的比例为 95.18%；回答“不公开”的人数为 1 人，占问卷总数的比例为 1.20%；回答“不清楚”的人数为

3 人，占问卷总数的比例为 3.62%。

在中心区域的“城中村”发出问卷总数为 145 份，其中：回答“公开”的人数为 124 人，占问卷总数的比例为 85.51%；回答“不公开”的人数为 9 人，占问卷总数的比例为 6.21%；回答“不清楚”的人数为 12 人，占问卷总数的比例为 8.28%。

表 11-8　“城中村”村务公开情况

单位：人

	公开	不公开	不清楚	总计
近郊“城中村”	79	1	3	83
中心“城中村”	124	9	12	145
合计	203	10	15	228

如果将近郊与中心区域的“城中村”做一对比，近郊“城中村”实行村务公开的情况要稍微好于中心区域的“城中村”。若将近郊与中心区域的“城中村”综合起来进行计算，问卷总数为 228 份，回答“公开”的人数为 203 人，占问卷总数的比例为 89.04%；回答“不公开”的人数为 10，占问卷总数的比例为 4.39%；回答“不清楚”的人数为 15，占问卷总数的比例为 6.57%。总体上“城中村”的村务公开情况比较理想。此外，如果将郊区与“城中村”的村务公开情况在整体上作一比较，从调查情况来看，“城中村”的村务公开情况要明显好于郊区。

从以上对村务公开调查的结果来看，在法律规定不甚明确的情况下，中央及地方都及时出台了相关的文件予以细化，这无疑对保护村民自治权起到重要作用，但其执行情况确有待进一步改善。

11.2.2.2　农民对自身所享有的村民自治权的重要性认识不足，不但影响自身权益的享有，同时影响他人对村民自治权的行使

如前所述，村民自治权主要体现在四个方面，即民主选举、民主决策、民主管理及民主监督。但这些权利的行使，依据《村民委员会组织法》等相关法律、法规及文件是要求具备一定条件的，如果这些法定条件不具备，自然便无法行使。例如，根据《村民委员会组织法》第 14 条第二款，在选举村民委员会的过程中，要求“有选举权的村民的过半数投票，选举有效”，如果参加村民会议的人数未超过有选举权的村民人数的一半，意味选举无法进行。很显然，这些有选举权但不参加村民会议的村民，在放弃自身权利的同时，也影响到其他到会村民对村民自治权的行使。根据《广州市村民自治发展报告》① 第

① 广州市民政局课题组：《广州村民自治发展报告》，河源下载站。

三部分“村民自治发展面临的新问题”，如何保证出席村民选举会议的人数达到法定要求，已经让具体组织村民选举的镇、村两级干部厌倦，并就此产生畏难情绪，据该报告分析，问题主要体现在三个方面：

一是村民选举的组织工作似乎成了乡镇政府的“额外负担”。有些乡镇干部反映，按理说村民选举是村民自治分内的事情，政府只起指导作用，但实际不是这样。搞一次村民选举，镇里干部要全员动员，采取包片包村、责任落实到人等组织措施，目的是保证一次选举成功，否则劳民伤财、人疲马倦。

二是村民参加投票的误工补贴如何解决的问题。在课题组调查的这些农村，村民投票的误工补贴大致上是5～30元/1次（平均是15元/1次）。“投票误工补贴”类似公社时期的“政治工分”，成了村民参与村里公共事务活动的一种惯例。几乎所有的被调查村干部都认为，如果不发投票补贴，《村委会组织法》规定的“双过半”就难以保证。番禺有个穷村，年收入5万元左右，选民2 300多人，村里一次投票选举就要花掉村集体的全部积累。结果，新上任的村委会接手一个“经济空壳”，其工作的难度可想而知。应该说，遇到这种问题的农村不是少数。

三是选举出来的干部，有个三年任职的时间限制，投入实际工作的时间不多。因此一些镇干部反映，部分村干部的实际工作状况是，第一年适应适应，第二年初入角色，第三年等待选换届。也就是说，真正发挥作用的时间不超过1年半，村民选举的前后事情就得花费了村干部1年多的时间和精力。乡镇政府又如何应对这样的局面。

另外，根据我们对村民对村务公开的关注程度的调查结果，针对“你是否关注村务公开”的问题，郊区（含近郊和远郊）村民中的结果是：

在近郊中回答“是”的人数为36人，占近郊问卷总数的87.80%；在远郊中回答“是”的人数为51人，占远郊问卷总数的43.59%。近郊的农民比远郊的农民更关注村务公开，这与近郊的村集体经营管理的资产较多、村民从村集体获取的利益更多，远郊的村集体经营管理的资产较少、村民从村集体获取的利益不多，有一定的关系。

表11-9　是否关注村务公开

单位：人

	是	否	总计
近郊	36	5	41
远郊	51	66	117
合计	87	71	158

调查结果所显示的远郊村民对村务公开不关注的比例高达56.41%，进一步印证了《广州市村民自治发展报告》所反映的问题，农民行使自身享有的自治权时，竟然需要政府采取“支付补贴”等激励措施予以保障，这充分说明，农民对自身所享有的村民自治权的重要性认识不足。这种认识上的不足，不但影响自身权益的享有，同时影响他人对村民自治权的行使。

11.2.2.3 现行法律、法规对农民行使自治权的方式，大多为原则性的规定，尤其是对自治权中的决策权、管理权、监督权的具体行使方式缺乏明确的指引

在城市化的背景下，村集体的土地由于周边环境及基础设施的改善而出现升值，在土地被征收过程中所获得的各种补偿，使村集体的财产增加，农民则从村集体承包土地上进行个体经营，逐渐转向由村集体统一集中村的土地开展有规模、有组织的经营，农民从集体分配获得的利益逐渐成为收入的主要来源。在这样一种背景下，如何保障农民自治权，尤其是其中的决策权、管理权、监督权，就显得尤为重要。为此，在《村民委员会组织法》、广东省实施《村民委员会组织法实施办法》、《广东省村民委员会选举办法》、《广东省村务公开条例》、《广东省村务管理办法》等相关法律、地方法规中对农民所享有的自治权均予以了规定，但对权利的具体行使，缺乏明确的指引。

(1) 关于村民行使选举权的问题。根据《村民委员会组织法》第13条，村民委员会的选举，由村民选举委员会主持。村民选举委员会成员由村民会议或者各村民小组推选产生。但在实际操作中又由谁来主持村民选举委员会成员的选举呢？根据《村民委员会组织法》第3条“中国共产党在农村的基层组织，按照中国共产党章程进行工作，发挥领导核心作用；依照宪法和法律，支持和保障村民开展自治活动、直接行使民主权利”，那么，该条规定中所指的“发挥领导核心作用”，是否意味着“村民选举委员会成员的选举”由村里的党支部主持？另外，根据《广东省村民委员会选举办法》第4条“村民委员会的选举工作应当在中国共产党广东省各级委员会的领导下依照宪法和法律进行”，是否可推断“村民选举委员会成员的选举”由村里的党支部主持？在案例4“太石村罢免村委会主任事件”中，罢免程序中所必需的“村民选举委员会成员的选举”最终是由村里的党支部主持，如果出现法律并未禁止的“村党支部书记兼任村委会主任、村党支部成员也是村委会成员”，若村党支部若拒绝主持及组织“村民选举委员会成员的选举”，这些主张罢免的村民又该如何进行司法救济呢？究竟哪一个部门或机构应承担主持或组织“村民选举委员会成员的选举”的职责，现行的法律、法规及相关文件对此却没有明确的进一步指引。若是“村民选举委员会成员的选举”都无法进行，行使选举权便成为一种奢谈。

(2) 关于村民行使决策权、管理权与监督权。根据《村民委员会组织法》

第17条至第20条，农民依法享有通过村民会议的形式，对村里的事务享有参与决策、管理的权利；为了保证农民能有效地行使决策、管理等自治权，在《村民委员会组织法》第18条及第22条中，分别设定村民委员会履行组织召开村民会议并进行村务公开的义务，村委会若不履行这两项法定义务，农民自然无法自行去行使自治权。由此可见，村委会对这两项义务的履行直接关系到农民能否行使自治权，但在法律规定中，如果村委会不组织召开村民会议时没有为农民设计任何救济措施，而对村委会“不及时公布应当公布的事项或者公布的事项不真实”时，村民所享有的救济权仅仅是“有权向乡、民族乡、镇人民政府或者县级人民政府及其有关主管部门反映，有关政府机关应当负责调查核实，责令公布；经查证确有违法行为的，有关人员应当依法承担责任”，虽然法律要求“有关政府机关应当负责调查核实，责令公布”，但对其处理村民反映的时效却没有规定。

另外，依据《村民委员会组织法》第16条，农民依法享有通过村民会议提请罢免村委会成员的形式，行使监督权，但村民会议则由村委会组织召开。很显然，如果是罢免村委会主任或村委会全体成员，在实践中村民显然很难要求“村委会组织召开村民会议”。为此，在《广东省村民委员会选举办法》第31条第二款中规定，罢免村民委员会主任或者全体村民委员会成员的，应当在不设区的市、市辖区、县、自治县人民政府主管部门和乡级人民政府的指导下，由重新选举产生的村民选举委员会主持，而对由谁组织“重新选举产生的村民选举委员会”，则缺乏相关法律规定，对罢免事由、罢免申请的受理机构、审查方式等涉及罢免的关键程序，法律规定中也没有予以明确。在法律规定对权利行使方式缺乏明确指引情况下，村民自然难以行使体现监督职能的罢免权。

上面的分析表明，现行法律规定虽然授予村民享有体现自治的民主决策、民主管理、民主监督等权利，但对如何保障村民顺利行使这些权利，相关法律规定明显不足。当村民所享有的这些权利受到侵害时法律上没有设定相应的救济机制，这显然不利于保护村民的自治权。

在案例4“太石村罢免事件”中，若从现行法律、法规来思考，反映出以下问题：①罢免程序中缺乏罢免申请的受理和审查机构。村民依法提出罢免村委会主任是法律所赋予的权力，但村民的罢免申请应由谁负责受理和审查呢？法律上没有明确规定。在没有规定罢免申请受理和审查机构的情况下，罢免程序显然难以启动。就算罢免程序启动后，依法应由村民选举委员会主持召开罢免的村民会议，但应谁组织“村民选举委员会成员的选举”呢？法律上也没有明确规定。在本事件中涉及的番禺区民政局，其本身并非法定的罢免申请受理和审查的机构，其无权就村民罢免申请做出任何决定，但在事实上却对罢免程序能否启动扮演了关键角色。②对罢免申请人本身应承担的责任或义务没有规定。罢免申请的提出，无疑将对村集体产生重要影响，如在法律规定中对罢免申请人本身应承担的责任或义务没有规定，将有可能出现申请权的滥用。本事件中，在罢免程序启动、村民选举委员会成立后又撤销申请，作为当事人对自己权利的处分在法律上是允许的，但在民事诉讼中起诉后又撤销诉讼是要承担一定后果的（已缴纳的诉讼费只退回 50%），而在罢免程序中作为提出申请的当事人是否应承担程序启动所发生的相关费用呢（像组织选举村民选举委员会成员大会的费用等）？其对那些没有撤销申请的当事人是否也应承担责任呢？法律上对此却没有规定。按照《村民委员会组织法》，在罢免程序启动、村民选举委员会成立后，如果在随后举行的村民会议上村民接受了村委会主任对自己行为的辩解，最终应该是以村民会议表决结果没有通过罢免动议而结束罢免程序，现在以部分村民撤销罢免申请致使申请人数未达到法定标准而终结罢免程序，的确让人感觉在程序上有些遗憾。

调查中，有村民因怀疑村干部乱用征地拆迁款案例。从表面看是村务公开问题，但从深层次看，是法律对村民获取村务信息的知情权保障不足的问题。根据《公司法》第 34 条第二款，有限责任公司的股东“可以要求查阅公司会计账簿”，如遭到拒绝，则可以请求人民法院要求公司提供查阅，这无疑对股东的知情权起到了有效的保护作用。而在《村民委员会组织法》中只是要求村委会进行村务公开，并没有赋予普通村民“可以要求查阅村委会会计账簿”的权力，在普通村民获取知情权遇到阻力时法律又没有设定相应的救济机制。在这样的背景下，出现“村民怀疑村干部携征地拆迁款公款旅游围堵考察大巴事件”也就在所难免，“太石村罢免事件”中的部分村民附和罢免申请后又撤回所表现出的摇摆性，也与村民无法获取足够的村务信息有关。试想，如果村民很容易获取村务信息，对村委会主任是否存在贪污就很容易核实，部分村民附和罢免申请后又撤回的事情也就不会发生。

从我们实地调查中所反映的情况来看，在郊区大部分受访者认为自己对村集体经济管理缺乏参与，村干部的决策没有尊重大多数村民的意见，对村务公开的真实性持怀疑态度的较多。村民在行使民主决策权、民主管理权过程中存在一定的障碍。这也说明，村民在行使民主决策权、民主管理权、民主监督的法律规定还存在缺陷。有关具体调查结果如下：

其一，郊区大部分受访者认为自己对村集体经济管理缺乏参与，“城中村”受访者对村集体经济管理的参与总体上比郊区要好。随着城市化的进展，村集体经济的力量不断壮大，让村民参与村集体经济管理，是村民依法行使自治权的方式之一。为了解村民对村集体经济管理的参与情况，我们在问卷中设计了“村民对集体经济管理的参与程度”的问题。

在郊区居民中总共发出158份问卷，其中近郊为41份、远郊为117份。从收回问卷的情况来看，回答“根本没有参与”的比例，在近郊是70.7%，在远郊是86.32%，综合近、远郊的比例是82.28%；回答“重大事务参与”的比例，在近郊是24.39%，在远郊是8.55%，综合近、远郊的比例是12.65%；回答“全部参与”的比例，在近郊是4.91%，在远郊是5.14%，综合近、远郊的比例是5.06%。结果显示：郊区大部分受访者认为自己对村集体经济管理缺乏参与。

表11-10　近郊和远郊村民对集体经济管理的参与程度

单位：人

	根本没有参与	重大事务参与	全部参与	总计
近郊	29	10	2	41
远郊	101	10	6	117
合计	130	20	8	158

在“城中村”居民中的228份（其中近郊的“城中村”为83份、城市中心区的“城中村”为145份）调查问卷的数据来看，回答“根本没有参与”的比例，在近郊是39.76%，在中心区是37.24%，综合近郊、中心区的比例是38.15%；回答“重大事务参与”的比例，在近郊是56.63%，在中心区是55.86%，综合近郊、中心区的比例是56.14%；回答“全部参与”的比例，在近郊是3.61%，在中心区是6.90%，综合近郊、中心区的比例是5.7%。结果显示：“城中村”居民对“重大事务参与”的比例过半，参与情况要好于郊区。

表11-11　“城中村”居民对集体经济管理的参与程度

单位：人

	根本没有参与	重大事务参与	全部参与	总计
近郊	33	47	3	83
中心区	54	81	10	145
合计	87	128	13	228

其二，郊区受访村民认为村干部的决策没有尊重大多数村民的意见。为了解村民参与民主决策的情况，我们在郊区居民调查中设计了“你认为村干部在决策时是否尊重多数村民的意见”的提问，总共发出158份问卷，其中近郊为41份、远郊为117份。从调查的结果来看，远郊回答“否”的人数为89人，占远郊总人数117的76.07%；近郊回答“否”的人数为30人，占近郊总人

数 41 的 73.17%。两者的比例相近，都反映村干部的决策没有尊重大多数村民的意见。

表 11－12 郊区村民对村干部在决策时是否尊重多数村民的意见

单位：人

	是	否	总计
近郊	11	30	41
远郊	28	89	117
合计	39	119	158

其三，郊区受访村民对村务公开的事项持较大的怀疑态度。为了解村民参与民主决策的情况，我们在郊区居民调查中设计了“你认为村务公开的事项是否真实”的提问，总共发出 158 份问卷，其中近郊为 41 份、远郊为 117 份。调查结果是：在近郊中回答“是”的人数为 10 人，占近郊问卷总数的比例为 24.39%；在远郊中回答“是”的人数为 38 人，占远郊问卷总数 117 的比例为 32.48%；其余回答是“不好说”或“否”。说明村民对村务公开的事项持较大的怀疑态度。

表 11－13 “城中村”居民对村干部在决策时是否尊重多数村民的意见

单位：人

	是	不好说	否	总计
近郊	10	27	4	41
远郊	38	66	13	117
合计	48	93	17	158

11.2.2.4 现行法律有关村级组织治理模式的规定，不能有效保护村民的自治权

在现行法律有关村级组织治理模式的规定方面，根据《村民委员会组织法》第 3 条，村党支部是依照党章进行工作，发挥领导核心作用；依照宪法和法律，支持和保障村民开展自治活动、直接行使民主权利。又根据《村民委员会组织法》第 19 条，村民通过村民会议的形式对村民委员会的运作产生作用，同时在《村民委员会组织法》第 22 条中，要求村民委员会进行村务公开。为使《村民委员会组织法》的相关规定落到实处，广东省人民代表大会常务委员会出台了《广东省村务公开条例》，广东省人民政府办公厅出台了《广东省农村集体财务公开制度》。

《广东省村务公开条例》第 10 条规定：村设立由 3～7 人组成的村务公开

监督小组，其成员由村民会议或者村民代表会议推选产生。村务公开监督小组的任期与村民委员会的任期相同。村民委员会成员及其近亲属不得担任村务公开监督小组成员。在该条例第 11 条又规定村务公开监督小组的职责，其职责是：监督村务公开制度的执行；审查村务公开的各项内容；征求并反映村民对村务公开的意见和建议；督促村民委员会对村民提出的意见和建议及时进行整改并作出答复。从 2005 年 7 月的全国首例罢免村委会主任的“太石村罢免事件”、2009 年 6 月的“村民怀疑村干部携征地拆迁款公款旅游围堵考察大巴”事件，及我们发出问卷调查的情况来看，郊区的村务公开落实的也不是很好，但“城中村”的村务公开落实的不错。

《广东省农村集体财务公开制度》第 9 条规定：民主监督机构是对村组集体财务公开实行民主管理和民主监督的代表机构。民主理财监督机构由村组集体经济组织成员大会或成员代表大会选举产生，成员一般 3～7 人，组长由民主理财监督机构成员会议选举产生。民主理财监督机构每 3 年改选一次，与村民委员会换届同步进行，可连选连任。在该制度第 11 条又规定了民主理财监督机构的权利和义务。一是享有预决算初审权，财务开支监督权和对不合理开支的否决权。①有权对财务收支的原始凭证及有关资料、实物进行逐单，逐项审核、签字。未经民主理财监督机构成员共同签字同意的原始凭证，不准会计人员入账。②有权对财务公开、财务制度、经济合同、财务预算，决算的执行情况进行定期检查，监督；③有权对库存现金、银行存款、物资、产成品、固定资产存量等进行不定期的盘查、审核；④有权监督张榜公布的财务、资产内容是否及时、真实、完整。未经民主理财监督机构审核盖章或成员共同签字的财务公布表不得上墙公布。⑤有权要求村、组社区性组织纠正审核中或财务公开中发现的问题，并向上级主管部门反映有关财务管理中存在的问题或提出处理建议。二是听取和反映全体村民和社员对社区性集体经济财务、会计工作的意见和建议。接受村民和社员的咨询并作出解释。每年向本组织成员大会或成员代表会议提出民主理财监督工作报告。三是自觉接受上级主管部门的指导和当地党支部的领导，处理事情公平、公正，以事实为依据，以有关的制度、规定为尺度。凡违反制度、规定使集体经济受到损失的，要承担责任。四是民主理财监督机构依法履行监督职责受法律保护，任何单位和个人不得阻碍、威胁和打击报复。五是民主理财监督机构成员的报酬，采用误工补助的方法。补助标准由各村、组决定，报乡镇人民政府备案。民主理财监督机构的活动经费及其成员的补助经费由村、组社区集体经济组织在管理费用中列支。

为了解村民主理财监督机构即村民主理财小组的运作情况，我们展开了相应的调查，调查中设计了“村里有没有民主理财小组”等提问，调查的结果如下。

（1）绝大多数受访村民确认本村设立了村民主理财小组。

其一，郊区村庄。就“村里有没有民主理财小组”的提问，在郊区总共调查158个村民，其中近郊为41个、远郊为117个。针对提问的调查结果是：在近郊中回答“是”的人数为39人，占近郊问卷总数的比例为95.12%，其余回答“否”；在远郊中回答“是”的人数为92人，占远郊问卷总数的比例为78.63%，其余回答“否”；若综合近、远郊情况，郊区受访村民中，回答“是”的人数为131人，占近郊问卷总数的比例为82.91%，其余回答“否”。表明绝大多数郊区受访村民确认本村设有村民理财小组。

表11-14 近郊和远郊村庄是否建立村民理财小组

单位：人

	是	否	总计
近郊	39	2	41
远郊	92	25	117
合计	131	27	158

其二，“城中村”。在“城中村”总共调查227个村民，其中近郊的“城中村”为82个、城市中心区域的“城中村”为145个。针对提问的调查结果是：在近郊的“城中村”受访村民中回答“是”的人数为74人，占近郊问卷总数的比例为90.24%，其余回答“没有”或“不知道”；在城市中心区域的“城中村”受访村民中中回答“是”的人数为124人，占远郊问卷总数的比例为85.52%，其余回答“没有”或“不知道”；若综合近郊、城市中心区域情况，受访村民中，回答“是”的人数为198人，占“城中村”问卷总数的比例为87.22%，其余回答“没有”或“不知道”。表明绝大多数受访的“城中村”居民确认本村设立了村民主理财小组。

表11-15 “城中村”是否建立村民理财小组

单位：人

	有	没有或不知道	总计
近郊	74	8	82
远郊	124	21	145
合计	198	29	227

（2）村民主理财小组在使村干部不乱花钱方面能产生一定的作用，但效果不理想。

其一，郊区村庄。就“村民主理财小组能否使村干部不乱花钱”的提问，在郊区总共调查158个村民，其中近郊为41个、远郊为117个。针对提问的调查结果是：在近郊中回答“能”的人数为10人，占近郊问卷总数的比例为24.39%；回答“不能”的人数为23人，占近郊问卷总数的比例为56.09%；回答“不清楚”的人数为8人，占近郊问卷总数的比例为19.52%。在远郊中回答“能”的人数为57人，占近郊问卷总数的比例为48.72%；回答“不能”的人数为38人，占近郊问卷总数的比例为32.48%；回答“不清楚”的人数为22人，占近郊问卷总数的比例为18.8%。

若综合近、远郊情况，郊区受访村民中，回答“能”的人数为67人，占近郊问卷总数的比例为42.41%；回答“不能”的人数为61人，占近郊问卷总数的比例为38.61%；回答“不清楚”的人数为30人，占近郊问卷总数的比例为18.98%。

结果表明，郊区的村民主理财小组在使村干部不乱花钱方面能产生一定的作用，但效果不理想，远郊的村民主理财小组表现更好一些。

表11－16 近郊和远郊村庄村民对村民主理财小组能否使村干部不乱花钱的看法

单位：人

	能	不能	不清楚	总计
近郊	10	23	8	41
远郊	57	38	22	117
合计	67	61	30	158

其二，“城中村”。就“村民主理财小组能否使村干部不乱花钱”的提问，在“城中村”总共调查228个村民，其中近郊的“城中村”为83个、城市中心区域的“城中村”为145个。针对提问的调查结果是：在近郊的“城中村”受访村民中回答“能”的人数为42人，占近郊问卷总数的比例为50.6%；回答“不能”的人数为10人，占近郊问卷总数的比例为12.05%；回答“不清楚”的人数为31人，占近郊问卷总数的比例为37.35%；在城市中心区域的“城中村”受访村民中回答“能”的人数为83人，占近郊问卷总数的比例为57.24%；回答“不能”的人数为37人，占近郊问卷总数的比例为25.52%；回答“不清楚”的人数为25人，占近郊问卷总数的比例为17.24%。

若综合近郊、城市中心区域情况，受访村民中，回答“能”的人数为125人，占近郊问卷总数的比例为54.82%；回答“不能”的人数为47人，占近郊问卷总数的比例为20.61%；回答“不清楚”的人数为56人，占近郊问卷总数的比例为24.56%。

结果表明，“城中村”的村民主理财小组在使村干部不乱花钱方面能产生一定的作用，近郊和中心区的效果差不多，但总体上好于郊区的村民主理财小组的运作。

表 11-17 "城中村"居民对村民主理财小组能否使村干部不乱花钱的看法

单位：人

	能	不能	不清楚	总计
近郊	42	10	31	83
中心区	83	37	25	145
合计	125	47	56	228

综合以上调查结果，村务公开监督小组和村民主理财小组在村级组织治理模式中对村民委员会的运作能起到一定的监督作用，对村民自治权的保护起到了一定的积极作用，但在具体运作中仍然存在一定的问题。像"太石村罢免事件"及"村民怀疑村干部携征地拆迁款公款旅游围堵考察大巴"事件的发生，都说明涉及事件相关村的村务公开监督小组和村民主理财小组未能正常运作，目前的村级治理模式存在一些缺陷。具体来说，这些缺陷主要表现在以下方面。

第一方面，在村级组织治理模式中被法律、条例及文件赋予一定职权的机构和个人，对其在行使职权时所应承担的责任或义务在法律上缺乏清晰的界定，使村民自治权的保护不利。从立法的基本原则来说，对通过法律获得授权的机构或个人来说，如果在立法时仅仅是赋予其权利，但却不制定行使权利的规则，这自然无法保证权利的正常行使。在村级组织治理模式中同样如此，为使村级组织能正常运作，赋予村党支部、村民委员会、村务公开监督小组、村民主理财监督小组等机构一定的职权是必要的，但对这些机构如何行使职权，及行使职权时应承担哪些相应的责任或义务，通过立法来予以规范也是必要的。否则，村民自治权就难以获得保护。

根据《村民委员会组织法》第 5 条第三款，村民委员会享有"依照法律规定，管理本村属于村农民集体所有的土地和其他财产"的职权；《村民委员会组织法》第 19 条，村民委员会在办理涉及村民利益的规定事项时"必须提请村民会议讨论决定，方可办理"；《村民委员会组织法》第 22 条中又要求村民委员会实行村务公开。很显然，村民委员会对上述职权及义务的履行，直接影响到村民自治权的享有。若村民委员会在履行职权中存在徇私舞弊，或不履行"提请村民会议讨论决定，方可办理"及"实行村务公开"的义务，其究竟应承担什么责任或不利后果？但在《村民委员会组织法》等法律规定中对此却无任何具体规定。

根据《广东省村务公开条例》第 11 条，村务公开监督小组的职责是“其职责是：监督村务公开制度的执行；审查村务公开的各项内容；征求并反映村民对村务公开的意见和建议；督促村民委员会对村民提出的意见和建议及时进行整改并作出答复。”如果村务公开监督小组不履行该职责，甚至徇私舞弊，其又应承担什么责任或不利后果？该条例对此也没有规定。

根据《广东省农村集体财务公开制度》第 11 条，村民主理财监督小组享有广泛的监督职权，同样，如果其不履行职责又应承担什么责任或不利后果，该文件也没有具体规定。

上面的分析表明，在目前的村级组织治理模式中，在授予治理机构权利的同时尚未设定行使权利的规则，这将难以保证其权利公正地行使，村民自治权也就难以保护。

第二方面，在法律上缺乏村集体的注册登记制度，不利于保护村民自治权。首先，村集体注册登记制度的缺乏，使村集体的管理制度、运行规则、财产等不够透明，不利于保护村民自治权。“民主选举、民主决策、民主管理、民主监督”是《村民委员会组织法》第 2 条所赋予村民的自治权，为使这些自治权落到实处，在《物权法》第 59 条第一款中明确规定“农民集体所有的不动产和动产，属于本集体成员集体所有”，在《村民委员会组织法》第 19 条中又就村民委员会对村务管理中的决策设定了相应的义务，在《物权法》第 63 条第二款中还规定“集体经济组织、村民委员会或者其负责人作出的决定侵害集体成员合法权益的，受侵害的集体成员可以请求人民法院予以撤销”。而这些自治权利的行使，无不与村集体的财产状况、村集体的运作规则（类似公司章程，如村规民约等）、村集体的组织机构有关。但由于目前在法律上缺乏这样一种对村集体进行注册登记的制度，村民个人无法通过合法途径了解村集体的财产状况，村民个人主张的权益是否符合村集体的运作规则也无法判断，谁应就村集体的行为承担责任也无法确定，从而使得村民自治权的保护处于十分不利的状态。通过建立村集体的注册登记制度，使村集体的财产状况处于公开的状态，村集体的运作规则及村集体的组织机构处于一种透明、确定的状态，将更清晰地明确村民与村集体之间的相互关系（即权利和义务），从而有利于村民自治权的保护。

其次，村集体注册登记制度的缺乏，村集体独立承担民事责任的机制无法建立，同样不利于保护村民自治权。根据《宪法》第 10 条第二款、《物权法》第 58 条、第 60 条、第 63 条第一款，村集体在法律上独立地享有民事权利是没有异议的，但其是否能独立地承担民事责任在法律上还没有定论。虽然先后出台了“最高人民法院研究室关于人民法院对农村集体经济所得收益分配纠纷是否受理问题的答复”和“最高人民法院关于审理涉及农村土地承包纠纷案件适用法律问题的解释”来处理相关诉讼主体资格问题，但仍然存在缺陷。例如，《物权法》第63条第二款中还规定“集体经济组织、村民委员会或者其负责人作出的决定侵害集体成员合法权益的，受侵害的集体成员可以请求人民法院予以撤销”，但在“最高人民法院关于审理涉及农村土地承包纠纷案件适用法律问题的解释”第1条第三款却规定“集体经济组织成员就用于分配的土地补偿费数额提起民事诉讼的，人民法院不予受理”，“用于分配的土地补偿费数额”就属于“集体经济组织、村民委员会或者其负责人作出的决定”之一，既然法律规定可请求人民法院撤销，但按最高人民法院的司法解释却规定不受理，这显然存在冲突。

第三方面，现有法律对职务犯罪的界定难以有效惩处村官侵占集体财产的犯罪行为，不利于保护村民自治权。村官按通常的理解是指村委会主任、村党支部书记及其他在村务管理中负有一定职责的人员，随着城市化的发展，村集体的财产日益增加，村干部在经营管理村集体财产的过程中出现利用职务便利侵占村集体财产的犯罪行为也就在所难免，但如何适用法律进行有效惩处存在一定的难度。

从《刑法》第382条对“贪污罪”的界定来看，犯罪主体必须是“国家工作人员”，侵占的必须是“国有财物”；根据《刑法》第93条对“以国家工作人员论”情形的界定，及全国人大常委会《关于刑法第九十三条第二款的解释》，村民委员会等村基层组织人员协助人民政府从事的七种行为属于刑法规定的“其他依照法律从事公务”的活动。这些行为包括：①救灾、抢险、防汛、优抚、扶贫、移民、救济款物的管理；②社会捐助村自治事物款物的管理；③国有土地的经营和管理；④土地征用补偿费用的管理；⑤代征、代缴税款；⑥有关计划生育、户籍、征兵工作；⑦协助人民政府从事的其他行政管理工作。村民委员会等基层组织人员从事前款规定的公务，利用职务上的便利，非法占用公共财物、挪用公款、索取他人财物或者非法收受他人财物，构成犯罪的，适用刑法第382条和第383条贪污罪、第384条挪用公款罪、第385条和第386条受贿罪的规定。也就是说，只有协助人民政府从事行政管理工作，才构成职务犯罪，而对于“不是协助人民政府从事行政管理工作、且侵占的不是国有财产”时出现的利用职务便利侵占村集体财产的犯罪行为，则难以按贪污罪进行惩处，其后果必然是村民自治权受到侵害。

另外，对村级治理模式中重要人物“村党支部书记”，如果职务犯罪的主体是基层党组织负责人，又没有在村委兼任职务，能不能直接定罪，理论界有争议。一种观点认为不能直接定罪，理由是农村基层组织只有村委会，不包括党组织。第二种观点认为能够定罪，村支书这一身份可以解释为“村民委员会等村基层组织人员”。在当今政治体制框架下，农村中除了村委会还有村党组织，在许多地方，村党组织负责人的影响力不在村委会之下，村里很多重大事项的决定，村党组织的意见可能起到重要的作用。第三种观点认为可以定罪，理由是将其作为共同犯罪人来看待。

由于国家工作人员的职务犯罪中贪污罪、挪用公款罪和受贿罪量刑重，“村官”中的村支书能不能以国家工作人员职务犯罪直接定罪，理论上还存在分歧。这一分歧显然会导致司法实践中不一致，从而影响到法律的完整性和统一性，使村官的职务犯罪无法得到有效惩处，最终影响到村民自治权的保护。

11.3 完善农民权益保护的政策建议

11.3.1 对村民委员会、村集体经济组织的运作及其应承担的责任，政府应该出台可操作性的法律规定

对于作为自治组织成员的村民来说，由于在法律上没有迁徙自由权，因此不能以自身的意思表示加入或退出村民自治组织。一旦村民的户口落在特定的村，村民的生命、自由和财产不得不与这个特定的自治组织联系在一起。这种情况使得村民委员会、村集体经济组织对于村民权利的影响不只是局部的，而是全面性的。在《村民组织法》中，出于对自治权力的限制，对于村民自治组织如何运作作了程序和实体上的规定，但其中并没有关于“越界”的责任条款，对于村委会、村集体经济组织滥用权力，侵犯农民个体权利的行为，从行为的认定到责任的承担，均缺乏可操作性的法律规定。如果不对村委会、村集体经济组织的行为予以规范，村民个体权利将得不到较好的保护。当然，即使不进行城市化，这个问题也是存在的，只不过是在城市化的过程中，有些村委会、村集体经济组织滥用权力，侵犯农民个体权利的行为，致使这个问题显得比较突出。

11.3.2 对“公共利益需要”界定要通过立法的形式予以明确，使农民对土地所享有的权益得到有效保护

根据《农村土地承包法》第 5 条，农民作为农村集体经济组织成员有权依法承包由本集体经济组织发包的农村土地；任何组织和个人不得剥夺和非法限制农村集体经济组织成员承包土地的权利，即农民对本集体经济组织的土地依法享有土地承包权；在该法第 20 条中还对土地承包期限予以明确界定（耕地的承包期为 30 年，草地的承包期为 30～50 年，林地的承包期为 30～70 年；特殊林木的林地承包期，经国务院林业行政主管部门批准可以延长）。但农民享有承包权的前提是其所属的集体经济组织必须拥有该土地的所有权。

根据《宪法》第 10 条第二款，农村和城市郊区的土地，除由法律规定属于国家所有的以外，属于集体所有；宅基地和自留地、自留山，也属于集体所

有。又根据该条第三款，国家为了公共利益的需要，可以依照法律规定对土地实行征收或者征用并给予补偿。但现行法律对“公共利益需要”界定不清，实际征地中造成公益性和经营性建设用地不分，征地范围模糊不清，大量商业性用地也打着公共利益的名义进行征地，致使农民对土地所享有的权益具有不稳定性。

早在十六届三中全会时，就提出过“严格界定公益性用地和经营性用地”的要求，最近，在党的十七届三中全会作出《关于推进农村改革发展若干重大问题的决定》中又有了更加明确的要求，即“公益性的用地继续由国家征收，经营性的用地、农村集体土地可以以不同的方式参与经营开发，而且要保障农民的合法权利。”但目前尚未形成立法。

11.3.3 建立有效地征地补偿安置争议的协调和司法裁决机制，摒弃目前的行政裁决机制，有效保障农民的合法权益

按照广州市国土资源和房屋管理局根据《土地管理法》等相关法律规定制定的《广州市申请使用建设用地规则》，申请建设用地主要有7个环节，即用地选址、用地预审、立项和环评、申办建设用地规划许可证、申办用地手续、申领建设用地批准书、申请土地登记。在这些环节中，只有申领建设用地批准书所需的土地征用方案，需要与农民协商，而在该环节之前，政府实际上已经同意了申请者征用土地。而申请者在取得政府同意征地的情况下再与农民协商征地补偿，已经使农民处于十分被动的地位，尤其是关于征地补偿纠纷的处理机制，政府虽然不是被征土地的直接使用者，但属于征地中的受益者，因为建设用地只能从政府手中获取。而根据《土地管理法实施条例》第25条，对补偿标准有争议的，由县级以上地方人民政府协调；协调不成的，由批准征用土地的人民政府裁决。征地补偿、安置争议不影响征用土地方案的实施。在政府可从征地中获取收益的情况下，虽然目前在征地补偿中增设了听证程序，仍然难以保证政府在征地补偿纠纷中进行独立公正的裁决。因此，被征地农民的参与权、监督权和申诉权得不到有效保障也就不奇怪了。

11.3.4 进一步完善征地程序，建立市场化的征地补偿机制

由于在农村土地征收中各种程序的缺失，农民的权益遭到严重践踏。因此必须完善农村土地征收的程序，以维护被征收土地农民的正当权益。为此必须保障农民在土地征收中的各种程序性权利。首先，是知情权。征地前，有关部门应将拟征地的用途、位置、补偿标准、安置途径等，以书面形式告知被征地农村集体经济组织和农民。有关部门应对拟征土地及地上附着物的现状进行调查，调查结果应与被征地农村集体经济组织、农民和地上附着物产权人共同确认。必要时可由有关部门与农民共同聘请土地评估中介机构对被征收的土地进行评估。其次，是参与权。将拟订征地方案、审查报批、方案公告、征地补偿

方案登记、制定征地补偿、安置方案、公告征地补偿方案并组织实施、清理土地等征地过程纳入规范化、法制化轨道，建立征地的协商机制和司法仲裁机制。赋予被征地农村集体经济组织和农民对拟征土地的补偿标准、安置途径申请听证的权利。然后，是提请司法进行最终裁决权。法律应该明确规定，农民无法就补偿事宜达成协议时，有权提出异议并可申请仲裁，对仲裁不服的，任何一方都可申请法院作出最终裁决。当事人对土地征收补偿费用的分配使用存在异议的可以向人民法院就集体经济组织提起民事诉讼，经过审查符合受理条件的，人民法院应予以受理，在案件审理过程中可以适用调解原则，调解不成人民法院应当作出判决。另外，征地补偿中建立市场化的原则。从世界各国和地区立法来看，一般以市场价格作为主要参照依据。这个市场价值要通过规范的价格评估体系公平确定，目的是使被征地人的合法权益不致因政府的行为受到实质的损害。我国建设社会主义市场经济，对土地征收的补偿标准也应当通过市场方式确定，而不应当通过行政手段来确定。具体来说，可以根据土地的不同地域、不同类型以评估方法确定补偿标准。为了切实保护农民利益，为了建立我国完善的土地市场，征地补偿应当以土地的市场价格为依据，实行合理补偿。目前，在我国农村，集体土地具有多重功能，即为农业生产服务的生产资料功能和对农民进行生存保障的社会保障功能及发展功能，农地所有权的市场价格要体现这三重功能。

12　近郊与远郊的城市化
——典型村的分析

12.1　白云区江高镇大田村的城市化

12.1.1　大田村的基本情况

大田村是广州市近郊白云区江高镇下属的一个行政村。江高镇是一个既具有农业生产（花卉、水产）优势，又具有工业（工业园区）、交通运输（铁路运输编组站和大型公路运输物流中心）、商业、教育开发（广东私立白云学院位于该镇）优势的经济综合实力和后发优势很强的镇。而大田村作为该镇的一个行政村，经济发展也得益于这种地理区位优势。

2007年末全村农户1 100户，农村居民人口3 600，其中劳动力人口2 000余人，贫困农户8户，主要是孤寡老人和残疾人员。全村有外来人口30 000多人（由于外来人员的流动性而没有确切数据，该外来人口数据包括白云学院的学生），其中劳动力人口近10 000人。全村耕地2 500亩，其中水田1 300亩、旱地1 200亩。水田大多改造为鱼塘（统计上仍为耕地）养鱼（养有四大家鱼），旱地主要种植花卉和蔬菜，每年也会种植100亩左右的甜玉米。全村不种植粮食。有两个养猪场，每年出栏300头生猪，养殖有50 000只左右的鸡、鸭。主要农产品是花卉（主要品种为兰花、玫瑰花）、蔬菜、猪、鸡、鸭等。全村有果园50亩（种植香蕉），养殖水面2 000亩。国民生产总值1.1亿元，种植和畜牧大约占8%，渔业占10%，工业占70%，第三产占22%。农民人均纯收入10 080元，其中家庭经营收入占30%，工资收入占50%，土地租金与房屋租金占20%。

以广州市的地理位置来看，大田村地处广州市近郊。以白云区的位置看，处于城市边缘。这一特殊的地理位置，决定了大田村将是城市化扩张中的又一个"城中村"。

村集体经济收入来源于以下方面：一是白云学院租用土地收益、征用土地的租金及征地补偿；二是大田马蹄粉厂（带动了从化市、增城市、清远市、番禺等地2万余农户的马蹄生产）租金收入；三是大田康体中心租金收入等。从以上收入看，大田村经济收入主要来源于物业性投资。

流经大田村的巴江河有一小岛，村集体正筹划搞一个观光休闲农业基地。

近年来，大田村里的土地有几次大面积的征用，共征地1 000多亩，其中建工业园区征地 450 亩、白云学院征地 250 亩、广（州）珠（海）铁路（2011 年春节通车）征地 300 亩。从征地的用途看，一是发展工业；二是发展交通运输（国家征地）；三是发展教育事业（民办高校征地）。

12.1.2 大田村经济发展的现状

处于广州市城市边缘的大田村，经济发展水平与广州市远郊的从化市下罗村及桥头村相比，优势非常明显，表现在以下方面。

(1) 经济结构多样化。全村经济结构以物业发展为主，农业生产只是其中的一小部分。外来人口 3 万多人形成的租房、生活的巨大消费推动了大田村的经济发展。

白云学院的建设与发展及工业园区的建设与发展对大田村经济发展起着很重要的作用。为了满足白云学院部分学生的住宿需求（白云学院征地建设的学生公寓不够学生住宿），村投资建设的学生公寓，对增加村集体经济收入是一个非常重要的项目。

村里的耕地有农民自己耕种和转租两种形式。全村农民自己耕种耕地大约 700 亩，转租大多由村集体集中转租，转租租金每亩 1 200 元/年。全村大约转租耕地 1 800 亩。并且，大部分转租耕地由外来农民工租种，一般租种 60～70 亩，也有本村两夫妻租地 10 亩左右。

白云学院、大田马蹄粉厂、大田康体中心以及工业园区的各类型企业给予本村村民和来自于湖南、湖北、江西、贵州，四川、云南等省的外来农民工提供了就业机会。并且，这些外来工大多租住在大田村村民自建房。

(2) 村集体经济发展势头好。大田村近几年的征地补偿费共 6 000 多万元。征地补偿费的 80%支付给被征地农民，而 20%留在村委统一作为开发的投资资金，加上村集体集中土地，规模出租每年近 400 万的租金收入，村集体具有较强的经济实力。村里除了正常的日常开支外，投资新建了白云学院学生公寓，建设厂房出租都是村集体经济收入的重要来源。

(3) 农民收入主要依赖于打工收入。从农民收入构成分析，家庭经营收入占 30%，工资收入占 50%，土地租金与房屋租金占 20%。大田村近 3/4 的耕地被外来农民工承包。承包租金根据距离交通的方便及灌溉条件及基础设施的情况而定，租金大约每亩 900～1 250 元。许多村民选择了工业园区的工作，以及在白云学院从事保洁等工作。也有的村民在本村从事社区管理工作，比如从事治安员的工作等。因此，经营耕地不再是农民收入的主要来源。而仍从事耕地劳作的村民大多数是年长者和无一技之长者。从访谈中村民所表现对现有耕地的态度看出，农民绝不愿放弃承包耕地，不放弃耕地的承包权利。这既表现出农民对耕地的依赖，同时，处于城市边缘这一特殊的地理位置，也使大田村的村民看到城市化扩张及征地的趋势，以及今后发展成为“城中村”，宝贵土地资源收入的预期。

在大田村，当地农村居民与外来农民工形成了当地企业的务工人员，月工资大约为 1 500 元左右。一些文化较高、有一技之长者可达到 2 000 元或以上的月收入。

（4）外来农民工子女就读本地学校要交借读费。大田村有一所公办小学，教师全部由政府教育部门安排。全校学生 500 多人，但很少外来农民工子女入读该村小学，只有 10 多人。原因是外来工子女不属本社区户口，就读本地学校增加了学校的学位，因而需交借读费等。就读该村学校外来工子女的家长大多在企业作管理层的工作，工作相对比较稳定。由于借读费拒绝了众多的外来工子女就读，也就催生了附近“强刚学校”等两所农民工子弟学校。

（5）村级财务管理公开并体现民主化。本届的村干部是 2008 年 2 月经村民大会选举产生的，上一任村主任继任，并兼村党支部书记。村里的集体经济管理采用股东大会制度，重大事务的决定都有村民代表参与。

村里成立了由村民大会选举产生的理财小组。理财小组成员 5 人，其中 4 人是村民，1 人是村会计。村财务经村委委员、理财小组成员、上级（江高镇行政主管）部门领导共同审查签字后再在财务公告栏上公示。

村财务管理由股东理事会和村联合社共同管理，体现的是社区型、企业型的股份合作。村主任（村支书兼）一把手兼任董事会董事，制定了一套管理章程和制度。据村主任介绍，在股份确定和分红问题上，村民有一些意见。但目前没有政策性文件（这与随后调查的黄埔区具有股份固化的政策性文件相比，白云区没有这方面的统一政策性文件），只有指导性文件。因此，村主任认为股份的确定与分红等问题有待完善。

（6）村民的股份分红。村集体经济发展已初具规模，待发展的项目多。但政府在用地政策上把握得很严。曾经村里填埋了 60 多亩耕地试图建厂房出租，但因手续不具备被政府部门查处并要求恢复原貌，村集体只好在填埋耕地的废墟上种上香蕉树，视为恢复作了耕地。

就以现在的大田村的收益看，每年都有一定的收益作为村民的股红进行分配。村民的股份是按人定股：满股为 6 股。60 岁以上的在籍（户口在本村、或称为常住人口）人口为满股，即 6 股；18～59 岁的在籍人口为 4 股；18 岁以下在籍人口为 2 股。三年作一次调整。刚出生的孩子遇到股份调整，股份调整时该出生孩子即可享有股份，如果是调整后出生的孩子，只有等下次调整时才能有股份，本村居住的城镇居民（过去曾经是本村居民，于 1991 年转制为城镇居民）享受 50% 的股份。2007 年，全村共计分红 12 195 股，分红 471.280 3 万元，平均每股 386 元。每股分红多少在不同村的下属经济社有区别，由于村下属的经济社不同的地理位置优势而不同，最高的经济社每股可达到600多元，最低的经济社每股仅有100多元。

村里对老年人有“老有所养”的养老金安排，凡60岁以上的在籍老人，村里每月发60元的养老金，并在每年重阳节都有慰问金发放。

12.1.3 村干部对村经济发展的看法

在村集体经济发展问题上，村干部认为当前村经济发展主要是缺政策。目前村里有许多关于村经济发展的思路，最主要就是没有土地灵活使用的政策。比如：现在使用土地来办各种公共设施建设，上级部门都不会审批，更不用说其他建设用地。新建楼房必须经过有关部门审批才能新建，否则属违法行为要追究责任。因此，村集体期望增加建设部分学生公寓以满足白云学院学生住宿的需求，苦于项目不能审批。所以，村干部认为，一点建设用地的余地都没有是一个阻碍村集体经济发展的“瓶颈”因素。村民宅基地从1998年起一律不批，村民买不起商品楼，所以，宅基地审批是一个大问题。村干部的看法是：“有政策就有资金，有土地就有项目”。当然，村干部的这些看法，尤其是土地的审批问题是与国家的政策相悖的。

12.1.4 对城市化的看法

城市化的扩张在大田村表现得很明显。主要是在与白云区其他已经城市化的“城中村”的比较中显现出来的。认为城市化有利之处在于：一是给本人带来更多的就业机会；二是自建房屋有更多的出租机会；三是村集体经济发展有更多的红利可以分配。

对于身份的转换问题，比较多的村民不愿意转换为城市居民。1991年曾经转制的一批居民，至今身份改变不大，反而因为早期的转制，现在股份只有未转制居民的50%，相对的就业等机会也没有多大的区别，没有享受到城市的相应待遇，甚至于在1991年转制的时候还交了1万多元的转制费用。有的转制居民考虑到当时转制时候的生计问题，村里给转制居民还留有一小部分耕地耕种。

对城市化发展，村民充满了期待。主要的期望是物业出租，再就是争取创业机会。

村民清楚户口转制势在必行，也清醒地知道城市化的发展必然带来耕地的减少。有已经发展成为“城中村”的社区的例证在前，所以，村民也就不担心转制会带来哪些不利，而更多关心的是给予优惠政策。

大田村的村民认为过去三年城市化向农村的延伸速度是比较慢的。比如，配套的公共设施的安排，水、电、路、气等基础设施还没有惠及到大田村这样的半城半乡（既有50%的城镇居民，又有50%的农村居民；既有工业开发园区、大学校园、交通便捷，又有耕地的存在，现在的耕地还明确为基本农田保护区）社区。村民很清楚这一点，基础设施的建设必然吸引很多企业来投资，创业的态势才显得出来，才具有工业化和城市化的发展。

与黄浦区南岗街道办事处的沙步经济联社（居委会）及文冲街道办事处的文冲经济联社（居委会）、白云区均禾街道办事处的平沙经济联社（居委会）及长红经济联社（居委会）、海珠区南洲街道办事处西滘社区居委会及枥滘居委会、荔湾区中南街道办事处的海中经济联社（居委会）的转制社区相比（皆是本课题的调查点），大田村的经济实力不如以上社区，但发展潜力很大。

村民普遍认为，大田村发展为城市，政府一定要吸取原有转制社区的经验和教训，即应针对城市建设作统一的规划。

村民认为城市化的发展也有很多不利的影响。一是就业，要想找到工作是不难的，但能找一份好的工作比较难；二是城市化带来的污染问题非常突出，尤其是水污染直接影响了村民的正常生活。大田村 2000 多亩农田灌溉的是排污水，以至于村民用污染水灌溉，自己种的菜自己都不敢食用。而大田村的水污染来自于生活污水和重金属污染水源。

12.1.5 对外来工的看法

村委会对外来工有较为完善的登记，对出租屋进行登记与管理（村委特别强调这一管理是不收费的），对外来工的工资监控（主要是企业或老板是否有拖、欠农民工工资的行为）、安全生产、劳动保障等进行管理，尤其是对外来女工的计划生育管理需要进行很细致的登记、记录和定期的查环查孕。

由于有工业园区和白云学院以及其他企业的就业机会，所以，本村居民认为并没有与外来工有就业冲突。只认为外来工对当地社区的治安影响是很大的，如小偷小摸行为；外来工对环境卫生也有一些影响，比如外来工乱丢垃圾。

为了维护村里的治安，采取群防群治的办法，村里聘请了 30 个保安（治安）人员，治安人员的工资要由村集体经济来支付，无疑增加了村集体经济的负担。

村干部认为外来人员数量庞大，为其办理暂住证以及计划生育管理等工作任务都非常大，那些在企业工作的外来人员，常常游离在管理视线之外，计划生育、办理暂住证、居住登记都有一定的难度。

当然，村民也认为，外来农民工遇到最大的问题有：找工作的困难和子女入学教育享受与城市社区市民子女同等待遇的困难。

对于外来工的卫生的不讲究、治安的不遵守、文明行为的不雅等，当地居民认为是外来农民工的三大管理难度。

12.1.6 关于村民选举村干部显现的问题

大田村委员会下属的各经济社在干部选举中存在着一些现象，即村里的大姓家族和有钱人控制了社干部的选举。各社在选举干部时普遍存在贿选，这对村委会干部开展工作非常不利。贿选的经济社干部不听村干部的，反过来，这样选举出来的经济社干部，村干部不敢大胆工作，得小心翼翼地工作以求得经济社干部的支持，即村干部不敢得罪下面的经济社干部。这不仅造成村委会对经济社的管理不顺，对村务管理、村的发展、村的和谐都造成很大的影响。

村、社两级在利益上的关系比较微妙，村委会认为经济社的经济收益应该提取10%～20%给村委会，原因是，社区的治安、卫生等由村委会负责开支的这些大项目，经济社也应当承担一部分开支。

12.1.7 结果与讨论

(1) 对于广州市近郊、处于城市边缘的大田社区，村干部与村民对城市化的认识显得比较现实，半城半农的环境使村民感觉城市化的速度是慢的。村民期待城市化，当然，在期待中更期待的是城市化带来的利益。

(2) 在村里连续两天的调研，村主任作了细致的安排，妇女主任按我们的要求风风火火地给我们安排调查样本。在调查的第一天，村委会还在一个农家乐山庄请全体调研人员吃中午饭。说明村集体平时就有这方面的接待安排，也说明村集体具有一定的经济实力。这是与从化市调查的两个点截然不同的。

(3) 村主任的思维比较活跃，“有政策就有资金，有土地就有项目”的思路说明村干部当前主要的工作思路是要政策。也可以看出，城市化发展的有关政策是城市化影响因素中最重要的因素。

(4) 大家族和有钱人在经济社干部选举中所起的作用在经济发展中不容忽视。

12.2 从化市鳌头镇桥头村的城市化

12.2.1 桥头村的基本情况

桥头村是从化市鳌头镇下属的一个行政村，地处从化市新兴工业园区边缘，与106国道及广（州）从（化）高速公路相邻，是广州市远郊的一个行政村。2007年末全村农户338户，农村居民人口1 480人，其中劳动力人口830余人，贫困农户30户，贫困人口86人。全村有外来人口25人，其中劳动力人口25人。耕地706亩，其中水田620亩、旱地86亩，粮食产量482.8吨。主要经济作物有荔枝、龙眼、花生和蔬菜，年产荔枝62吨、龙眼40吨、花生67.9吨、蔬菜1 631吨，并有零星的柿子和枇杷种植。全村林地500亩、果园676亩。养殖水面40亩，年产鲜鱼46吨。年生猪存栏420头，耕牛23头，家禽14 050只。农民人均纯收入3 860元，在农民的收入构成中，种植占30%，养殖占20%，打工占50%。

以广州市的地理位置来看，桥头村地处广州市远郊；以从化市看，桥头村处于从化市城郊。与新兴的工业园区（棋杆工业园区）相邻的这一特殊的地理位置，决定了桥头村将是工业化与城市化共同扩张的首选地。

1995 年以来，村里共被征用 300 亩土地，用于镇政府办公大楼、供电所、司法所、派出所办公楼建设，目前有 80 亩耕地被征计划用于建设地税、国税所办公楼，该 80 亩地原为基本农田保护耕地。村干部说，征地费 3.19 万元/亩（包括青苗补偿费等），全部付给了被征地的农户。

12.2.2　桥头村经济发展的现状

地处城郊和工业园区边缘的桥头村，经济发展水平与广州市近郊城乡结合部相比，具有一定的差距，表现在以下方面。

（1）以农业生产为主。全村以农业生产为主。耕地主要种植水稻、甘蔗和莲藕，水果主要有荔枝和龙眼。养殖以养鸭为主。由于地处 106 国道和广（州）从（化）高速公路鳌头出口，农产品运销比较便捷。

村域内有早期土地建成厂房出租给制衣厂（每年收取租金 2 万元）和食品厂（每年收取租金 0.31 万元）。由于大多数企业集中建在工业园区（该园区以棋杆居委会为中心），并且外来务工人员也大多居住在工业园区内的出租屋，所以，桥头村的外来农民工并不多，仅有 25 个从事建筑的泥水工的外来工在村里租房居住。

工业园区集中了几家大型的企业，如万宝压缩机厂、日立空调、保金艺首饰、鸿达首饰、永钊首饰、高金首饰、东伦钻石加工厂、佰家益市场、穗屏养殖场及 30 多家私营中小型企业、250 多个商铺、40 多家饭店等。这些企业给予桥头村村民和来自湖南、江西、湖北、贵州、四川、云南、河南等省的外来农民工提供了就业机会。

（2）村集体经济薄弱。鳌头镇建设发展过程中，鼓励下属各村在集镇中发展门面。因此，桥头村村委集资在镇里建了 10 个铺位对外出租，租金 0.42 万元/年；村集体山地出租给果农种果树，租金 0.55 万元/年；村卫生站出租给个人，每年租金 0.36 万元；制衣厂租金 2 万元和食品厂租金 0.31 万元。这是村集体经济的全部收入来源，远远不够村集体日常开支。由于村集体经济薄弱，村干部的工资由镇财政解决。镇政府财政给村主任每月工资 750 元，其他村委委员每月工资 600 元，村里的收入给每位村干部每月发 500 元。与在下罗村的调查相同，当调查组调查快到中午的时候，村干部明显显得紧张，同样也是感觉到他们是担心中午的接待问题。所以，我们赶快给他们解释，我们自己解决吃饭问题，并请村委会的干部为我们在镇里的快餐店给我们订了快餐盒饭（村委会离镇走路要 20 分钟路程，而村里除有两个小卖铺和走卖商外，没有其他任何餐饮服务业），并给 4 个村干部一起订了盒饭。

（3）地处工业园区边缘，有更多的打工机会与打工收入。工业园区的钻石厂（生产的钻石产品均为出口产品）、冰箱压缩机厂等大型企业吸引了全国 4

万多外来农民工来这些企业打工，也给桥头村民更多的工作机会。打工收入占全部收入的50%，并且年人均纯收入3860元，高于江浦街下罗村的人均年纯收入3030元。与下罗村情况相同，经营耕地不再是农民收入的主要来源。全村没有农户把耕地承包给别人种的情况，村民也不愿转包别人的耕地。从访谈中村民所表现对现有耕地的态度看出，农民既不愿放弃承包耕地，但也不把精力集中在耕地上。农民愿意无偿把耕地给他人种，但不放弃耕地的承包权利。这既表现出农民对耕地的依赖，更表现为对耕地的预期。因此，农民把更多的精力和时间集中在外出打工，以增加收入。

工业园区打工一般月收入1 100～1 200元，在东伦钻石加工厂工作的人员工作三年后月收入可达2 000元，园区工作大多数企业是计件制，计件工资月平均可达到1 500～1 700元，企业管理层人员可以达到3000元左右的月收入。

（4）外来农民工子女能享受与本村子女相同的政策。桥头村有一所公办小学，教师全部由政府教育部门安排。附近8个行政村的孩子在该小学上学，全校学生人数超过1 000人。自2006年农村地区义务教育政策实施取消学费后，桥头村民的孩子入学享受了这一惠民政策，免除了学杂费。外来农民工子女完全能享受与本村子女相同的政策。

（5）村级财务管理公开并体现民主化。村里成立了由村民大会选举产生的理财小组。理财小组成员5人，全由村民担任。村财务经村委委员、理财小组成员、上级（鳌头镇行政主管）部门领导共同审查签字后再在财务公告栏上公示，群众对财务管理大多满意。

12.2.3 对城市化的看法

城市化的扩张在桥头村表现得不明显。村干部和村民大多对此没有太多的和较深的看法，顺其自然。因此，对城市化的认识不足，对村民转化为市民的表现比较模糊。不像黄浦区南岗街道办事处的沙步经济联社（居委会）及文冲街道办事处的文冲经济联社（居委会）、白云区均禾街道办事处的平沙经济联社（居委会）及长红经济联社（居委会）、海珠区南洲街道办事处西滘社区居委会及枥滘居委会、荔湾区中南街道办事处的海中经济联社（居委会）的转制居民那样多的有关村民转化为城市居民的看法。村民认为，除非政府安排就业，有稳定的工作，他们愿意转变为市民到城里居住，转农村户口为城市户口。如果不能安排就业和有稳定的工作，就会形成很多生活上的困难，还不如在农村家里有地可以耕种。

村民普遍认为：在20世纪七八十年代，大家都愿意转为城市居民，进入20世纪90年代，大多数人就不愿意迁出户口，包括上大学以及外出打工也都不愿意迁出户口。有的村民讲得更为具体，现在的大学生毕业后都只能把户口和档案放在人才市场，显得没有着落，不如把户口留在原地。更有的村民担心，现在的户口迁移只能从农村迁出而不能再迁回农村，而只能是迁回当地的居委会。当然，村民最关心的是户口迁出以后会失去承包耕地。

对村里的村民来说，对于城市化发展速度他们认为现在的速度是不快不慢，认为农村要发展为城市先要具备一定的基础，并要以提高生活水平为前提。当然，他们也清醒地认识到城市化发展必定会给大家增加更多的收入机会。并认为城市化发展给原有的城市居民带来的好处最大，而农村居民将是城市化发展的弱势群体。

12.2.4 对外来工的看法

虽然在桥头村居住的外来工人数不多，但村委会仍然要对其进行居住情况及计划生育情况以及治安进行管理，协助镇政府相关部门给外来农民工办理暂住证等。由于工业园区的建设吸引了大量的外来农民工，也给当地农民带来就业。他们普遍认为外来农民工与本地居民并没有就业方面的冲突。

由于当地的就业机会，使得外来农民工中的女青年与本村男青年结婚的较多，2007 年，就有 30 个外来农民工女青年与本村男青年结合组成家庭。而本村女青年嫁给外来农民工的全村只有 3 个。这说明当地的环境对外来农民工具有较大的吸引力。

12.2.5 结果与讨论

（1）对于桥头村来说，地处广州市的远郊和从化市郊区，虽然地处工业园区边缘，但以农业生产为主的经济结构没有改变，使得村干部和村民对城市化没有明显的认识。

（2）村里的 300 亩土地被征用全部是用于政府及相应部门的办公楼房建设，并非租用，只是一次性地付给农民征地补偿费。因此，这样的征地对村集体经济及对村民的可持续生计产生的影响不大。村干部的工资需要政府财政来解决，村民在村集体中没有享受到分红等利益。因此，村民对村的发展也没有太大的期望。

12.3 从化市江浦街下罗村的城市化

12.3.1 下罗村的基本情况

下罗村是从化市江浦街道办事处下属的一个行政村，与 105、106 国道及广（州）从（化）公路相邻，是广州市远郊的一个行政村。2007 年末全村农户 638 户，农村居民人口 3 215 人，其中劳动力人口 1 000 余人，贫困农户 38 户，贫困人口 72 人。全村有外来人口 780 人，其中劳动力人口 670 人。全村耕地 3 900 亩，其中水田 2 200 亩、旱地 1 700 亩，粮食产量 805 吨。主要经济作物有荔枝、龙眼和蔬菜，年产荔枝 60 吨、龙眼 16 吨、蔬菜 4 350 吨。全村林地 2 700 亩、果园 730 亩。养殖水面 87 亩，年产鲜鱼 30 吨。年生猪存栏

880 头，耕牛 16 头，家禽 8 855 只。国民生产总值 910 万元，农民人均纯收入 3 030 元。

以广州市的地理位置来看，下罗村地处广州市远郊；以从化市看，处于城郊结合部。这一特殊的地理位置，决定了下罗村将是城市化扩张的首选。

近年来，村里的土地有两次大面积的征用，共征地 837 亩，其中 800 亩是 2002 年用于发展大学城（广州大学商学院），20 亩用于下罗村小学建设，17 亩发展南海食街。征地费 3.19 万元/亩，全部付给了被征地的农户。

12.3.2 下罗村经济发展的现状

地处城郊结合部的下罗村，经济发展水平与广州市近郊城乡结合部相比，差距非常明显，表现在以下方面。

（1）经济结构单一。全村以农业生产为主，又以蔬菜（水葱生产具有特色）、水果为主要农产品。与广（州）从（化）公路接壤地段有部分村民自建楼房的一楼开设铺面自营或出租。

村域内有纺织制品厂、天马摩托车厂、丛风摩托车厂、大学城（广州大学城建学院）、南海食街、凯旋宫（娱乐餐饮业）等企业以及 10 多个私营小型企业。这些企业给予本村村民和来自湖南、湖北、江西、贵州、四川、云南等省的外来农民工提供了就业机会，并且这些外来工大多租住在下罗村村民的自建房。

（2）村集体经济薄弱。1994 年原村委会贷款建的村委办公楼共有三层，一楼五个商铺出租，村集体有一个农场（5 亩地）出租给一私人老板建摩托车配件厂，每年的租金 3.15 万元，这是村集体经济的收入来源。但 1994 年贷款建村委办公楼的贷款 10 万元至今没有偿还，加上贷款利息，现在这笔钱已经变成了 15 万元，这是村里自 1994 年以来一直承担的债务。按照财政规定，村集体收入不足 7 万元的，由财政补贴到 7 万。所以，下罗村每年由财政补贴 3.85 万元，加起来总收入为 7 万元。这些收入要负担村干部的工资及日常的开支。当调查组到村委调查时，快到中午的时候，村干部明显显得紧张。我们明显感觉到他们是担心中午的接待问题。所以，我们赶快给他们解释，我们自己解决吃饭问题，并在村委会的楼下订了快餐盒饭，并给 4 个村干部一起订了盒饭，我们请他们吃饭。这让他们很感动，也是后来村干部连续两天一直陪着我们完成调研的一次感情交流了。

村集体有部分零星耕地，村民谁愿种谁种，不收取任何费用。

（3）农民收入主要依赖于外出打工。经营耕地不再是农民收入的主要来源。下罗村人均耕地 1.3 亩，30 年承包期不变的政策使户与户之间的耕地拥有量悬殊较大。有的农户有 10 亩以上的耕地，有的农户只有一个人 1 亩多的承包地。全村没有农户把耕地承包给别人种的情况，村民也不愿转包别人的耕地。

在下罗村，当地农村居民与外来农民工形成了当地企业的务工人员。月工资大约为1 000～1 500元。一些文化较高、有一技之长的农民也到珠三角收入较高的番禺、东莞等地工作，为家里带来比在当地高得多的收入。

（4）外来农民工子女能享受与本村子女相同的政策。下罗村有一所公办小学，教师全部由政府教育部门安排。自2006年农村地区义务教育政策实施取消学费后，下罗村村民的孩子入学享受了这一惠民政策。外来农民工子女入读该村小学也同样享受了这一政策，不另交任何借读费和赞助费等，村小学在校生本村孩子占85%、外来农民工子女占15%。

（5）村级财务管理公开并体现民主化。本届的村干部是2008年2月经村民大会选举产生的，上一任村主任继任，并兼村党支部书记。从新一任村委的工作看，群众拥戴率较高。村主任曾经是房地产行业中的建筑商，以自己的经营收入投资60多万元新建了村的公益事业，如村社的路面硬化、体育设施、绿化环境等。群众大多认为这样的村干部能带领群众致富。

村里成立了由村民大会选举产生的理财小组。理财小组成员5人，全由村民担任。村财务经村委委员、理财小组成员、上级（江浦街办事处行政主管）部门领导共同审查签字后再在财务公告栏上公示。群众对财务管理大多满意。

12.3.3 对城市化的看法

村民普遍认为村民转变为市民到城里居住，离承包耕地距离太远而不便耕种。认为农村变为城市主要表现为：一是建筑变了，二是农民工作也会改变。

也有村民认为城市人口多、热闹，生活方便，赚钱容易，更实际的村民认为在城里贩菜卖也很方便。

村民希望政府能针对城市建设作统一的规划。

12.3.4 对村主任的印象

村主任曾经是在经营房地产行业的建筑商，富裕的时候不慎染上过吸毒，8年的吸毒期间耗资200多万元。戒毒后，一心用于经商和从事公益事业。他对村的发展有很多的好建议，比如，充分利用好政府的政策。

村主任认为：①村里可以利用国家征地征10送1（征10亩地，送1亩地的用地指标给村里）的有关规定，充分灵活地用好这一送地，开展集体经济。比如，把征地补偿的部分资金留在村集体，作为农民的股份投资新建厂房出租，让农民从租金收入中得到股红分配的收益，而这种安排只能以村集体的名义才能集中使用好这部分征送的土地，靠分散的农户是达不到规模经营效益的。目前，大学城计划再征该村土地300亩，如果村里能配套得到35亩土地使用权，则可以盖成厂房出租。村民可以参股，可以将征地补偿费的一半留在村里作为股份。建成的厂房24 000平方米，如果以每月每平方米4元租金计算，一年的租金收入可以达到 112 万元。②在新农村建设中，对农民新村进行规划，集中建设后，对老宅基地可以集中开发建成厂房出租，这样全村大约可以开发 1 800 亩土地用于厂房建设出租，以获取收益扩大集体经济和增大村民股份分红。③村里利用自然资源可以发展“农家乐”，发展生态旅游。④沿 105、106 国道地段可以开发房地产、酒店和娱乐业。

村主任的想法很多，有待实施。但可以这样认为：这是一个很实在的村干部。

12.3.5 结果与讨论

（1）对于广州市的远郊地区，村干部与村民对城市化的认识还是比较模糊的。

（2）在村里连续两天的调研，村主任作了调研工作的协调与安排后，5 位村干部中有 4 位村干部放下其他工作，始终配合我们的工作，陪着我们（包括第一天调研工作到晚上 10 点）一直到调研结束。这不像以后遇到的一些调查点的村干部总是强调“忙！忙！忙！”的情况。这可能也说明远郊村和城郊村村干部工作由于环境的差异而形成工作忙与闲的差异，当然，更深层次就是村干部的收益差异的问题了。

附　　录

附录1　广州市1978—2007年主要经济指标一览表

年份	总人口（人）	GDP（万元）	非农业人口（人）	城市化率（%）	总投资（万元）	国有投资（万元）	非国有投资率（%）
1978	4 815 417	430 947	2 314 858	48.072	72 641	68 584	5.60
1979	4 919 189	487 515	2 438 670	49.575	74 288	68 887	7.30
1980	5 000 658	575 497	2 555 832	51.110	99 565	89 823	9.80
1981	5 090 664	634 075	2 614 982	51.368	136 300	104 736	23.20
1982	5 165 674	721 533	2 660 328	51.500	210 108	153 549	26.90
1983	5 240 252	796 746	2 710 792	51.730	228 889	175 182	23.50
1984	5 334 581	977 350	2 843 711	53.307	299 248	245 333	18.10
1985	5 431 487	1 243 623	2 956 158	54.426	436 197	346 000	20.70
1986	5 532 926	1 395 466	3 047 757	55.054	524 813	424 240	17.30
1987	5 632 622	1 732 050	3 140 046	55.748	584 140	468 967	19.70
1988	5 750 293	2 400 818	3 265 954	56.796	902 161	703 117	22.10
1989	5 837 019	2 878 733	3 361 951	57.597	933 326	780 946	16.70
1990	5 918 462	3 195 952	3 413 860	57.682	905 937	761 738	15.90
1991	5 997 893	3 866 741	3 482 920	58.069	1 037 424	850 310	18.10
1992	6 095 547	5 107 027	3558 383	58.376	1 881 379	1 520 508	19.20
1993	6 204 135	7 443 455	3 753 872	60.506	3 733 976	1 885 582	49.50
1994	6 338 332	9 853 082	3 872 396	61.095	5 257 053	2 701 653	48.60
1995	6 433 241	12 591 974	3 952 759	61.443	6 182 515	3 324 871	46.20
1996	6 532 967	14 680 643	4 032 704	61.729	6 389 360	3 172 138	50.40
1997	6 629 339	16 781 156	4 108 639	61.977	6 565 767	3 543 369	46.10
1998	6 704 699	18 935 177	4 172 824	62.237	7 588 283	3 803 451	49.90
1999	6 807 635	21 391 758	4 256 925	62.522	8 782 586	4 514 598	48.60
2000	6 939 568	24 927 434	4 361 055	62.843	9 236 676	4 830 889	47.70

（续）

年份	总人口（人）	GDP（万元）	非农业人口（人）	城市化率（%）	总投资（万元）	国有投资（万元）	非国有投资率（%）
2001	7 058 885	28 416 511	4 510 794	63.902	9 782 093	4 475 639	54.20
2002	7 171 300	32 039 616	4 873 678	67.961	10 092 421	3 529 709	65.00
2003	7 226 882	37 586 166	6 236 342	86.294	11 751 668	4 469 885	62.00
2004	7 348 972	44 505 503	6 520 462	88.726	13 489 283	5 371 055	60.20
2005	7 466 206	51 542 283	6 681 980	89.496	15 191 582	5 612 243	63.10
2006	7 573 939	60 738 277	6 791 785	89.673	16 963 824	6 070 411	64.20
2007	7 701 900	71 091 814	69 14 289	89.774	18 633 437	6 802 190	63.50

年份	市场化率（%）	FDI（万美元）	非国有企业职工数（万）	大中专学生（万人）	医生人数（万人）	床位数（万床）	进出口总额（亿美元）
1978	25.194	553	44.788	44.94	24.88	29.78	
1979	25.617	984	43.934	54.69	26.45	29.84	
1980	26.441	3 013	43.081	54.28	29.02	29.38	
1981	33.229	3 531	43.258	57.87	29.41	32.00	
1982	35.168	5 268	43.435	60.63	31.82	33.08	
1983	33.556	5 289	43.612	66.56	33.74	33.40	
1984	30.944	15 587	43.788	78.43	33.44	33.68	
1985	32.334	15 782	43.967	94.77	33.17	35.67	
1986	30.556	17 966	43.811	99.43	34.48	36.05	
1987	31.786	8 574	43.872	103.35	34.61	38.13	21.71
1988	32.906	27 119	43.712	112.42	34.83	39.28	32.25
1989	30.591	43 892	44.482	116.10	35.72	40.07	35.32
1990	30.192	27 263	44.484	110.16	35.36	41.05	41.79
1991	31.042	40 519	43.983	106.92	34.91	41.99	53.82
1992	31.987	74 595	44.773	109.37	34.80	43.94	70.75
1993	47.393	147 028	45.285	126.51	35.52	43.84	134.33
1994	46.981	204 816	45.362	139.74	35.17	43.75	161.36
1995	46.498	225 298	46.795	147.56	36.06	44.41	166.99
1996	50.591	260 002	50.781	151.23	34.12	45.31	166.89
1997	49.720	289 379	53.339	153.60	34.25	45.11	187.46
1998	52.832	304 467	55.763	160.76	33.85	45.67	178.77
1999	53.641	317 600	58.683	196.03	33.68	45.68	191.85

（续）

年份	市场化率（%）	FDI（万美元）	非国有企业职工数（万）	大中专学生（万人）	医生人数（万人）	床位数（万床）	进出口总额（亿美元）
2000	56.162	311 541	64.625	264.14	33.54	48.12	233.51
2001	60.329	332 746	66.459	343.44	33.61	48.50	230.37
2002	65.186	265 299	65.371	414.97	32.76	45.43	279.27
2003	62.989	306 409	63.917	516.75	32.36	47.08	349.41
2004	62.124	247 696	64.048	623.14	33.20	48.77	447.88
2005	64.164	284 128	65.227	738.58	34.44	52.44	534.75
2006	65.093	305 477	65.986	814.28	35.95	56.29	637.62
2007	64.908	341 138	66.316	888.35	37.57	58.45	734.94

附录 2　广州市黄埔区荔联街沧联股份经济联合社章程

（资料来源：黄埔信息网 www. hp. gov. cn）

第一章　总　　则

第一条　为进一步规范、完善社区股份合作制，明晰集体资产产权，更有效地筹集闲散资金，维护社区股份经济联合社和股东的合法权益，根据有关法律、法规、政策和区委、区政府《中共广州市黄埔区委 广州市黄埔区人民政府关于完善社区经济组织股份合作制指导意见》（埔发［2003］24 号）、《〈中共广州市黄埔区委 广州市黄埔区人民政府关于完善社区经济组织股份合作制指导意见〉的实施原则》（埔办［2003］50 号）的规定，结合原《沧联村经济合作社社员资格划分细则》和《2001—2002 年沧联村股份分配细则》及有关规定等实际情况，制定本章程。

第二条　广州市黄埔区荔联街沧联股份经济联合社（以下简称本经联社），是由原广州市黄埔区南岗镇沧联村经济联合社过渡而成的社区合作经济组织；是将沧联村原有的社区集体经济组织全部资产"折股量化到人"，按劳动合作与资本合作相结合的方式形成的股份合作经济组织；是原沧联村集体经济组织（包括原沧联村村属企业）财产的所有者；是股东在基本生活资料公有的基础上，进行生产经营活动所形成的经济关系在组织上的体现。

第三条　原广州市黄埔区南岗镇沧联村经济联合社下属的经济合作社过渡为本经联社股份经济合作社（以下简称股份经济社）。

第四条　本经联社下属所有股份经济合作社和原沧联村委会所属的企业（公司）均为各自独立核算的经济单位。

第五条　股份经济合作社以社为单位成为本经联社的股东，按各股份经济合作社全体股东的股份占本经联社股份比例参与股份分红。

第六条　本经联社坚持在合法、平等和有利于稳定、发展的基础上，确定股东资格、股权设置、股权配置以及股东的股权处置等股东利益相关事项。

第七条　本经联社严格遵守国家法律、法规、政策，接受区委的领导和区政府的管理，宗旨是通过明晰产权，建立科学的产权制度，促进集体经济发展，维护全体股东的共同利益，致力于实现共同富裕。

第二章　股权界定和配置

第八条　股权界定按照"一刀切断"的方法，实行"生不增、死不减，进不增、出不减"，固化股权。固化股权截止时间为 2002 年 7 月 31 日 24 时。

第九条　本经联社的股份设置有社区股、社会股和募集股。

一、社区股

社区股是指在2002年7月31日24时前按《2001—2002年沧联村股份分配细则》及相关规定享有股份分红资格的原村民所持有的股份，包括未满16周岁的原村民所持有的股份。社区股股东是指持有社区股的原村民。

（一）原村民按2001年4月18日村民代表大会通过的《2001—2002年沧联村股份分配细则》的方式配置股份，并以2002年7月31日作为调股截止时间进行调股，在此基础上扩大45倍。原村民所持有的股份自然转为社区股股份。

（二）在撤镇设街前（2002年7月31日前）户口仍留在原沧联村的农业户口的外嫁女，符合《批转区农业办〈关于对我区农村股份合作制章程中有关农业户的“外嫁女”股权待遇条款进行修改的意见〉的通知》（埔府〔1996〕23号文）精神，如未配股的按本经济组织规定的年龄等级配置社区股股份，参与股份分红时间从2004年1月1日起开始计算。

（三）持有股份的原村民在2002年7月31日前新生的子女，如出生后未能及时在2002年7月31日前入户口，在本《章程》通过之日前办理好入户手续的，按本经济组织规定的年龄等级配置社区股股份。持有股份的原村民违反计划生育政策生育的子女，如已纳入社区计划生育统计报表，并在社区股份合作经济组织《章程》通过之日前已入户，给予配股。但是，须按计划生育的有关法律、法规、政策及本章程有关规定进行处罚。

（四）在2002年7月31日前的农业户口人员、原南岗镇范围内享有社区合作经济组织股权资格的人员或享受经济组织待遇的征地居民，嫁给本社区有股权的原村民，在2002年7月31日前未能及时迁入户口，如在2002年7月31日前提出迁入申请并已领取公安部门颁发《准予迁入证明》，且在本《章程》通过之日止已迁入户口，配置社区股股份。

（五）口头或书面承诺不参与股份分配的人员不予配股。

二、社会股

社会股是指在计股的起止时间内，曾是本社区原村民并在本社区从事过劳动、承担了社员义务后因出嫁或其他原因外出（指征地“农转居”后自谋职业、非征地招工、购置商品房后迁户口、读书后自谋职业等）目前未享有股份的非农人员以及按埔府［1996］23号文有关精神，当时不列入配股范围的农业户口人员（本章程另有规定的除外），按其在本社区劳动农龄时间配给股份。

（一）以下人员不具备社会股股东资格：

1. 征地时或征地后“农转居”已领取或带走安置补助费以及征地招工安置者；

2. 原在党政机关、群团组织以及事业单位工作现已享受离退休待遇的原本社区人员；现已在党政机关、群团组织以及事业单位工作的原本社区人员；

3. 在本次完善股份合作制截止时间内的现役军官、三级以上士官；

4. 计股期间虽在原社区参加过劳动、但按落实“知青”政策已经招工、回调或转居的插队知青；

5. 原迁入户口时已承诺不参与股份分配人员；

6. 户口空挂在本社区、经济社的外来人员；

7. 已定居国外、港、澳、台的原村民；

8. 在2002年7月31日24时前已去世人员；

9. 已配有原农村社区合作经济组织（含农村经济组织转制或过渡的组织）股份或已享受社员（村民）待遇的人员。

（二）社会股计股起始时间为1973年2月28日零时（为国务院批准黄埔区建区的时间），终止时间为2002年7月31日24时（为我区撤镇设街时间）。男、女均以年满16周岁为开工时间，60周岁为退勤年限，提前或超龄劳动部分不纳入计算社会股时间。

（三）社会股东按劳动农龄时间配给社会股股份，计算标准为10股/年。社会股总数不得超过本经联社（经济社）社区股总数的20%，否则，按比例核减。

1. 1973年2月28日零时已满16周岁的人员劳动农龄计算办法：自1973年2月28日零时起至户口迁出之日止期间的劳动时间作为劳动农龄。

2. 1973年2月28日零时未满16周岁的人员劳动农龄计算办法：自满16周岁起至户口迁出之日止期间的劳动时间作为劳动农龄。16周岁前的劳动时间不作为劳动农龄。

3. 原本村外嫁的妇女，如不符合《批转区农业办〈关于对我区农村股份合作制章程中有关农业户的“外嫁女”股权待遇条款进行修改的意见〉的通知》（埔府［1996］23号文）的有关规定，不具备配置社区股资格，但按有关规定符合社会股东资格的配给社会股，不管其户口是否迁出，其劳动农龄均以登记结婚之日起满一年作为计算劳动农龄截止时间（2002年7月31日后的时间不计算农龄）。

4. 在计股起止时间内，在原村集体经济组织从事劳动时间不足半年的不作为计股劳动时间，超过半年的按一年作为计股时间。

5. 复员退伍军人，在本村劳动期间计算劳动农龄，复员后回本村参加集体劳动的，军龄按劳动农龄计。复员后招工的，其军龄转为工龄，不作劳动农龄计。

6. 已经招工、回调或转户的插队知青，在本村劳动期间不计劳动农龄。留村知青，征地农转居后没有安置的，应按在村实际劳动年限计算劳动农龄。

（四）社会股股东从2004年1月1日开始计算股份分红。

三、募集股

募集股是指社区股东拥有股份不足满股数，在自愿的前提下，一次性认购的股份。本经联社暂不设募集股，日后视经济发展需要，经股东代表大会讨论通过后可设立募集股。

第十条　股东所持有的股权经董事会批准并办理有关手续后可进行转让、继承、赠与。持股人只有参与分红、赠与、转让、继承等权利，不得抽资退股，股份不得作担保、抵押。原则上个人持股量不超过总股数的5%，社会股转让后性质不变。

第三章　股份分红

第十一条　股份确认与登记。本经联社的股东股份确认和登记在股东代表大会通过章程后的两个月内完成，并统一发给股权证书。股权证书只作为股份和分红凭证，不能作为其他证件使用，也不能用作抵押等。如有遗失，由持证人报失并申请补发。

第十二条　股份分配必须坚持效益决定分配的原则，实行盈利共享，风险共担。本经联社收益分配顺序如下：

1. 交纳国家规定的税款。
2. 弥补上年亏损。
3. 还到期债务。
4. 按规定提取公积金。
5. 按规定提取公益金。
6. 提取福利费等。
7. 其他公共开支。
8. 按股进行分配。

股份分配方案由董事会确定。本经联社的股份分配直接划入股份经济合作社，由股份经济合作社按相关规定确定分配方式。股东股份分配后可能发生的税费由股东本人负责。

第四章　股东的权利与义务

第十三条　股东的主要权利

一、社区股股东享有章程规定的股份所有权（包括股份占有权、使用权、收益权、处分权，下同）、重大决策表决权、选举权与被选举权等（未满16周岁的社区股股东，不享有社区经济组织的选举权和被选举权）。

二、社会股股东拥有股份的所有权，但没有重大决策的表决权、选举权和被选举权。

三、股东可在本经联社核准的前提下，按规定程序和范围处分本人股份的权利。

第十四条　股东的主要义务

一、执行党和国家的方针、政策、法令，遵守本经联社制定的各项规章制度。

二、承认并遵守本章程，服从和执行股东代表大会和董事会的各项决议。

三、积极完成国家和集体的各项任务。

四、本章程规定的其他义务。

第十五条 计划生育方面

一、违反法律法规超生的、不按间隔生育的、非婚生育的、重婚生育的按以下规定处理：

1. 超生的：从作出处理决定之日起，取消该夫妇双方及所生育的子女十四年或计划生育处罚期的股份分红资格，期间超生夫妇须交清社会抚养费及违约金，并落实相应的节育措施，方可恢复股份分红资格。

2. 不按间隔生育的：在本《章程》通过之日前抢生的，由抢生之日起，取消该夫妇双方及所生育的子女股份分红资格，待其交清社会抚养费及违约金，并落实相应的节育措施后，至间隔期满，方可恢复股份分红资格。但在本《章程》通过之日后抢生（包括已发现未落实节育措施和未交清社会抚养费及违约金）的，按超生处理。

3. 非婚生育的：在本《章程》通过之日前非婚生育一孩的，由发现日起，取消该夫妇双方及所生育的子女股份分红资格，待其办理结婚证，交清社会抚养费及违约金，并落实相应的节育措施后，方可恢复股份分红资格；非婚生育二孩或以上的，按超生处理。但在本《章程》通过之日后发现非婚生育的，不论孩次，均按超生处理。

4. 重婚生育的按《广东省人口与计划生育条例》从重从严处理。

二、已婚育龄妇女（含非婚生育者）每年必须按规定按时参加本社区组织的孕情检查，不按规定参加孕情检查的，视作违反计划生育处理，取消该夫妇及所生子女当年股份分红。

三、2002 年 7 月 31 日前夫妻双方均承诺终身只生育一个子女的、并在规定时间内落实节育措施和领取《独生子女优待证》，固化该独生子女的股权时不按双倍股份进行固化，按其实际的配股数固化，但仍可享受固化股权的双倍股份分红至十四周岁，年满十四周岁后按固化股份数分红。

四、2002 年 7 月 31 日 24 时后合理出生的独生子女，因不属配股范围，为鼓励股东落实计划生育政策，可给予一定的奖励，奖励办法另定。

五、转让人、被继承人、赠与人违反计划生育政策处罚期间，其已转让、继承、赠与的股份，取消股份分红资格，待按规定交清社会抚养费、落实相应的计划生育措施和处罚期满后，方可恢复其股份分红资格。

六、独生子女享受双倍股份分红或奖励金后，父母违反计划生育政策再生育者，必须退回所享受的分红或奖励金，同时交清社会抚养费、违约金，并落实相应的节育措施，期满十四周年或计划生育处罚停股期满后，方可恢复其股份分红资格。

第十六条 五保户的股份分红，由本经联社及所在的股份经济合作社领取，并负责其生活及一切福利待遇。五保户去世后，其股权由经联社及所在股份经济合作社收回。

第十七条 符合应征条件不愿应征的股东或入伍后擅离部队的义务兵，从当年起停止股份分红三年，并按《兵役法》有关规定处罚。

第十八条 不完成集体分派的集体劳动任务的，扣罚股份分红（具体实施办法另订）。

第十九条 被判处刑事处罚、劳动教养、畏罪潜逃和被公安机关强制戒毒的停股股东，符合《2001—2002 年沧联村股份分配细则》的，按其被判处刑事处罚、劳动教养、畏罪潜逃和被公安机关强制戒毒的实际年龄段配给股份进行固化。凡在劳教、服刑、潜逃期间，取消其股份分红资格，其拥有的所有股份禁止流转，解除劳教或刑满释放后，经董事会批准后，方可恢复股份分红，其股份可依法流转。

第二十条 涉及下列内容作出修改，必须通过所有股东的 95%以上按"一人一票"方式，并以 95%以上票数同意才能形成决议：一是调整各股东之间所占股份份额；二是增加或减少本经联社股份份额。

第五章 组织机构与管理

第二十一条 本经联社内设股东代表大会、董事会、监事会。

一、股东代表大会

（一）股东代表大会是本经联社的最高权力机构。股东代表根据本经联社章程及法律法规的规定程序选举产生，实行"一人一票"制。股东代表大会由董事会召集，每年不少于两次，特殊情况，可以召开临时会议。

（二）股东代表大会的主要职权：

1. 审议、通过、修改本经联社章程。

2. 审议批准董事会、监事会的工作报告，决定本经联社重大决策方案，包括重大投资项目、财务预决算和年终收益分配方案等。

3. 选举与罢免董事会和监事会成员。

4. 按有关规定，审核董事会、监事会成员及本经联社其他管理成员的薪酬报告。

选举或罢免董事会和监事会成员、作出各项决议，采用无记名投票方式，以全体代表过半数通过。

二、董事会

董事会是股东代表大会的常务决策机构和管理机构，由 9 人组成（股份经济合作社董事会成员人数另定，下同），负责本经联社的日常业务工作，每届任期三年。董事会必须执行股东代表大会的决议，并向股东代表大会和全体股东负责，接受股东代表大会和全体股东的监督。

（一）董事会的产生。董事会成员由股东代表大会选举产生。董事会成员候选人由股东代表十人联名推荐，经社区党委、街道党工委批准后，由股东代表大会采取"一人一票、差额选举"的方式选举产生，差额候选人数不少于 2 名。选举工作由上一届董事会主持，候任董事会成员于上一届任期届满前产生。

董事会设董事长 1 名、副董事长 2 名。董事长和副董事长由全体董事会成员以"一人一票、不记名方式"选举产生，董事长为本经联社的法定代表人。董事会成员可以接受董事会聘请，出任本经联社属下企业的高级管理人员，如总经理或其他职务，但不得出任可能损害本经联社利益的其他经济组织管理人员。

（二）董事会的主要职权：

1. 筹备、召开股东代表大会，执行股东代表大会的决议，向股东代表大会报告工作；

2. 制订本经联社的年度计划，财务预、决算，经营和收益分配方案；

3. 代表本经联社，聘任公司经理、财务主管（或同等职务）和中层管理人员，签订经济合同，监督、履行合同；

4. 向股东代表大会提出处理本经联社重大事项的处理方案，提交年度公共管理（包括公司行政管理费用、福利开支）方案和管理办法；

5. 行使股东代表大会的其他授权。

（三）董事会内部管理。

董事会实行集体负责制，重大事项实行一人一票、少数服从多数制，在赞同和反对票相等时，董事长有权多投一票。董事会的会议必须有详细的文字记录，并由与会者签字，存档备查。董事会、监事会成员及其他管理人员的报酬参考区政府有关规定执行，并向股东代表大会通报。

（四）董事会的责任与义务。

董事会必须以全体股东利益至上为宗旨，以发展先进生产力，促进本经联社劳动成员的共同富裕为任期目标。董事会成员必须对董事会的决策承担相应的责任。董事会的决议违反法律、行政法规或者本经联社章程、决议，致使集体经济受到重大损失时，赞同决策的董事应主动辞职，并依照国家的有关法律负相应的经济和其他责任；董事会成员有严重侵占或挪用集体资产行为，或违反国家法律、法规、政策受到严重处罚的，必须辞职，并承担相应的责任。

三、监事会

（一）监事会是由股东代表大会选举产生的常设监督机构，由 5 人组成，其产生办法与董事会相同。监事会的成员不能由董事会成员兼任（包括总经理和其他高级管理人员），同时实行回避制度，董事会成员的直系亲属不得出任监事会成员；监事会任期与董事会相同。监事会采取监事召集人制，不设监事长。监事会的人员报酬、活动经费实行单列，由董事会提交方案，并经股东代表大会审议批准后执行。

（二）监事会的主要职责：

1. 依据政府的有关规定，依照股东代表大会的决议和本经联社的章程，对董事会、总经理、高级管理人员和其他管理人员进行监督，防止侵害集体经济和股东利益行为的发生，对股东代表大会及全体股东负责。

2. 监督执行本经联社高级管理人员，包括董事会成员、（总）经理或副（总）经理、财务人员有无违反法律法规和本经联社章程的行为。监事会成员列席董事会会议，但没有表决权。

3. 有权随时要求董事会和执行本经联社业务的董事、经理对重大承包、转让、经营合同及执行情况以及有关当事人对某项较大开支作出解释。

4. 检查本经联社的财产情况，查阅账簿和会计资料。核对董事会提交的各种财务资料，发现疑问又不能得到合理解释时，可向上级主管部门反映或委托审计机构进行审计。

5. 监事会每年要召开两次以上的会议，会议可根据内容和需要邀请董事会成员和部分股东参加。监事会必须在年终的股东代表大会上作监察工作报告。

监事会必须依章行使职权，不得超越权限范围干扰决策机构、执行机构行使职权。本章程中有关董事会成员所负担相应责任和辞职条款适用监事会成员。

第六章　附则

第二十二条　为了持续增强本经联社的综合发展实力和竞争力，应积极探索引进如现金入股等激励与约束机制，建立起既维护现有股东利益，又有利于本经联社可持续发展的治理机制。

第二十三条　本章程是为了适应“撤镇设街”的发展新形势，按照区委、区政府《关于完善社区经济组织股份合作制指导意见》及其实施细则的要求对《2001—2002 年沧联村股份分配细则》（2001 年 4 月 18 日村民代表大会通过的）进行修改。本经联社过去有关规定与本章程有抵触的，以本章程规定为准。

第二十四条 本经联社属下各股份经济合作社参照本章程及实施细则制定其章程及实施细则。

第二十五条 根据本章程制订其实施细则，提交股东代表大会通过后执行。

第二十六条 本章程自股东代表大会通过之日起生效。本章程的解释权属于股东代表大会。在大会休会期间，由董事会行使解释权。

广州市黄埔区荔联街沧联股份经济联合社

二〇〇三年十二月三十一日

附录3　广东省农村集体财务公开制度

（资料来源：广东省人民政府办公厅政府信息公开网 www. gd. gov. cn）

第一条　为了加强农村集体财务活动的管理与监督，促进农村集体经济健康发展和社会稳定，根据国家有关法律、法规，结合本省实际，制定本制度。

第二条　本制度适用于本省行政区域范围内拥有、占用、使用农村集体资产的村、组社区性组织的财务公开。

第三条　乡镇人民政府和县级以上农业行政管理部门负责指导、监督本行政区域村、组集体财务公开工作，监察、组织、财政、民政等部门按照各自的职能分工予以配合。

第四条　村、组社区性组织实行财务公开制度。

村、组社区性组织财务公开坚持“实际、实用、实效”的原则，并做到“公布地点公众化、公布形式专栏化、公布内容通俗化、热点问题专项化”，通过设立公布栏（墙）、召开发布会、公布到户等多种形式，将农村集体财务信息和资产状况及时、准确、完整地向群众公布。有条件的村、组应实行集体财务电算化管理，运用电脑触摸屏进行公开。

村、组社区性组织财务公布栏（墙）旁边设立意见箱，接受群众监督。

村、组社区性组织财务公开的样式由县级农业行政管理部门统一规定。

第五条　村、组社区性组织财务公开的主要内容：

（一）财务计划：

1. 财务收支计划；

2. 固定资产购建计划；

3. 基本建设计划；

4. 兴办企业及资源开发投资计划；

5. 收益分配计划；

6. 其他与集体经济或农民负担有关的财务收支计划。

（二）损益性收入：

1. 村提留收入；

2. 发包及上交收入；

3. 集体统一经营收入；

4. 其他收入。

（三）损益性支出：

1. 干部工资、补贴、奖金、公务活动支出；

2. 招待费支出；

3. 集体统一经营支出；
4. 其他支出。
（四）非损益性收支：
1. 土地补偿费收支；
2. 福利费收支；
3. 捐赠款及捐赠物资收支；
4. 上级拨款收支；
5. 乡镇统筹费及涉农税费收支；
6. 扶贫救济收支；
7. 依法向群众专项筹集的公益性、生产性建设资金收支；
8. 各项建设开支（包括购建生产性固定资产等支出）；
9. 公益福利开支（包括购建公益性固定资产支出和合作医疗支出等）；
10. 其他非损益性收支。
（五）债权债务：
1. 应收款；
2. 应付款；
3. 各项借款；
4. 其他债权债务。
（六）集体资产：
1. 现金及银行（信用社）存款；
2. 产品物资；
3. 固定资产；
4. 对外投资；
5. 其他资产。
（七）收益分配：
1. 收益总额；
2. 缴纳税金；
3. 提取公积金；
4. 提取公益金；
5. 提取福利费；
6. 投资分利；
7. 其他分配；
8. 未分配收益。

第六条 村、组社区性组织财务公开的时间及要求：

年初公布财务计划；经济发达村组每月后 10 日内、经济次发达和落后地区每季后 10 日内公布财务收支情况；年度终了后 15 日内公布各项财务收支、各种财产、债权债务、收益分配、预决算；现金及银行存款应按出纳账原原本本公开，征地款、应收款、应付款、救灾救济款、上级拨款、干部报酬以及其他重要财务事项、专项经济事项和多数群众或民主理财监督机构要求公开的经济事项，应及时进行专题明细公布。

第七条　村、组社区性组织财务公开的程序：

（一）由民主理财监督机构对账目、凭证和实物、存款进行全面核实；

（二）民主理财监督机构出具审核意见，经村、组社区性组织主要负责人、主管会计和民主理财监督机构成员共同签字；

（三）按县级农业行政管理部门要求公开的样式进行公布。

第八条　村、组社区性组织按照本制度第五条规定的公开内容向群众公布后，其主要负责人应安排专门时间，接待群众来访，解答群众提出的问题，听取群众的意见和建议。对群众在财务公开中反映的问题要及时解决；一时难以解决的，要作出解释。不得对提出和反映问题的群众进行压制或打击报复。

第九条　民主理财监督机构是对村、组集体财务公开实行民主管理和民主监督的代表机构。

民主理财监督机构由村、组集体经济组织成员大会或成员代表大会选举产生，成员一般 3～7 人，组长由民主理财监督机构成员会议选举产生。民主理财监督机构每 3 年改选一次，与村民委员会换届同步进行，可连选连任。

第十条　民主理财监督机构成员应具备以下基本条件：

（一）具有一定的文化水平，懂基本的财会知识；

（二）非村、组主要领导干部及其直系亲属；

（三）秉公办事，作风正派。

第十一条　民主理财监督机构的权利和义务：

（一）享有预决算初审权、财务开支监督权和对不合理开支否决权：

1. 有权对财务收支的原始凭证及有关资料、实物进行逐单、逐项审核、签字。未经民主理财监督机构成员共同签字同意的原始凭证，不准会计人员入账；

2. 有权对财务公开、财务制度、经济合同、财务预算、决算的执行情况进行定期检查、监督；

3. 有权对库存现金、银行存款、物资、产成品、固定资产存量等进行不定期的盘查、核实；

4. 有权监督张榜公布的财务、资产内容是否及时、真实、完整。未经民主理财监督机构审核盖章或成员共同签字的财务公布表不得上墙公布；

5. 有权要求村、组社区性组织纠正审核中发现或财务公开中发现的问题，并向上级主管部门反映有关财务管理中存在的问题和提出处理建议。

（二）听取和反映全体村民和社员对社区性集体经济财务、会计工作的意见和建议。接受村民和社员的咨询并作出解释。每年向本组织成员大会或成员代表会议提出民主理财监督工作报告。

（三）自觉接受上级主管部门的指导和当地党支部的领导，处理事情公平、公正，以事实为依据，以有关的制度、规定为尺度。凡违反制度、规定使集体经济受到损失的，要承担责任。

（四）民主理财监督机构依法履行监督职责受法律保护，任何单位和个人不得阻碍、威胁和打击报复。

（五）民主理财监督机构成员的报酬，采用误工补助的办法。补助标准由各村、组确定，报乡镇人民政府备案。

民主理财监督机构的活动经费及其成员的补助经费由村、组社区集体经济组织在管理费用中列支。

第十二条 村、组社区性组织成员享有下列监督权：

（一）有权对所公布的财务账目提出质疑。对财务账目的真实性、合法性、合理性有怀疑的，可由10人以上（含10人）的村、组成员联名向村、组社区性组织提出书面申请，并提供联名委托书委托民主理财监督机构或镇经管部门查阅审核有关财务账目；民主理财监督机构或镇经管部门负责将查阅审核的情况和结果在公布栏张榜公布；

（二）有权要求有关当事人对有关财务问题进行解释或解答；

（三）有权逐级反映财务公开中存在的问题，提出意见和建议。

（四）有权对财务公开不及时、不完整、弄虚作假等行为向乡镇人民政府或县级以上农业行政管理部门及其他有关部门反映和举报。

第十三条 村、组社区性组织应定期或不定期召开村民或社员议事会议。凡属财务管理的重大事项以及农民关注的热点、难点问题的处理，都应先召集党员大会讨论，再提交村民或社员大会或代表会议讨论，按大多数人的意见进行决策。

第十四条 县级以上农业行政管理部门和乡（镇）政府对村、组社区集体财务公开工作承担下列指导和监督职责：

（一）指导和监督村、组社区性组织建立健全财务管理制度和财务公开制度，实行财务公开和民主理财。

（二）组织有关财会人员对村、组社区性组织的财务活动进行交叉会审，对群众反映强烈的社区性组织进行重点审计，对村、组干部进行任期经济责任和离任审计，对占用农村集体资产的企业和单位进行定期审计，并及时公开审计结果。

（三）对村、组社区性组织财会人员和民主理财监督机构成员进行培训，不断提高他们的政治、业务素质。

（四）对村、组社区性组织与民主理财监督机构在预决算、财务开支、管理制度等方面存在的不同意见进行协调与裁决。

第十五条　县、乡（镇）两级政府应将村、组社区集体财务公开纳入工作目标进行管理，并作为考核农村基层干部政绩的重要内容。

第十六条　各级政府对村、组集体财务公开工作应加强监督检查：县、镇每半年、地级以上市每年组织一次检查或抽查，省每年组织工作组到各市抽查。

第十七条　乡镇人民政府或县级以上农业行政管理部门和其他有关部门对违反本制度的村、组社区性组织应责令其限期整改；对有关责任人员给予批评教育并责令其改正；对拒不改正或者有打击报复行为的，依法作出处理或向有关单位提出处理建议；对挥霍、侵占、挪用、私吞集体财物及其他违法行为的依法及时处理，情节严重构成犯罪的，移交司法机关追究刑事责任。

第十八条　本制度自公布之日起施行。此前我省村、组社区性组织财务公开规定与本制度不一致的，以本制度为准。

参 考 文 献

白凤峥 . 2004. 对建立农民工社会保障制度的认识［J］. 生产力研究（7）.

卜新民，叶健夫，黄德发，等 . 2001. 创新珠三角—兼与长江三角洲比较研究［A］//广东统计局 . 广东统计年鉴（2001）［C］. 北京：中国统计出版社：34 - 52.

蔡昉 . 2001. 劳动力迁移的两个过程及其制度障碍［J］. 社会学研究（4）：47.

蔡昉 . 1992. 中国人口流动方式与途径［M］. 北京：社会科学文献出版社 .

蔡继明，周炳林 . 2002. 小城镇还是大都市：中国城市化道路选择［J］. 上海经济研究（10）.

曹鉴燎 . 2001. 制度立区——城区公有制经济制度创新案例研究［M］. 北京市：经济科学出版社 .

陈德宁，沈玉芳 . 2004. 广东城市化的动力特征与发展方向探讨［J］. 经济地理（1）：77.

陈鸿宇，周立彩 . 2002. 珠三角洲地区城市化发展模式与对策［A］//陈甬军，陈爱民 . 中国城市化：实证分析与对策研究［C］. 厦门：厦门大学出版社 .

陈继松 . 2003. 广州城市化道路的实践［J］. 城乡建设（2）.

陈立俊 . 2008. 基于国际经验的我国城市化对策研究［J］. 工业技术经济（7）：11 - 14.

陈玫君，杜放 . 2006. 中国城市化的先锋——深圳农村城市化的实践与创新［M］. 北京：经济科学出版社 .

陈天宝 . 2009. 农村社区股份合作制改革及规范［M］. 北京：中国农业出版社 .

陈欣欣，黄祖辉 . 2003. 经济发达地区就地转移劳动力向城市迁移的影响因素分析——基于广州市农户意愿的调查分析［J］. 中国农村经济（5）.

陈甬军 . 2009. 中国城市化发展实践的若干理论和政策问题［J］. 经济学动态（12）：27.

窦开龙 . 2005. 我国农民工弱势群体城市适应问题的人力资本视角分析［J］. 甘肃经济管理干部学院学报（2）.

杜鹰，白南生 . 2002. 走出乡村——中国农村劳动力流动实证研究［M］. 北京：经济科学出版社 .

段成荣 . 2001. 省际人口迁移迁入地选择的影响因素分析［J］. 人口研究（1）.

段敏芳 . 2005. 城市化发展与人口迁移［J］. 统计与决策（2）.

冯云廷 . 2005. 城市经济学［M］. 大连：东北财经大学出版社 .

傅晨 . 2008. 让农民分享城市化的成果［J］. 学术研究（4）：88 - 93.

高汉 . 2009. 集体产权下的中国农地征收问题研究［M］. 上海：上海人民出版社 .

郭志刚，济川 . 2001. logistic 回归模型——方法与应用［M］. 北京：高等教育出版社 .

郭志刚 . 2001. 社会统计分析方法——SPSS 软件应用［M］. 北京：中国人民大学出版社 .

国务院研究室课题组 . 2006. 中国农民工调研报告［M］. 北京：中国言实出版社 .

韩长赋 . 2004. 中国现代化进程中的“三农”问题［M］. 北京：中国农业出版社 .

何晓红.2006. 论农民工市民化的素质障碍及对策 [J]. 百家讲坛 (1): 152.
赫广义.2007 城市化进程中的农民工问题 [M]. 北京: 中国社会科学出版社.
胡慧洪.2001. 广州市农村工业化进程中城镇化的成长机制及政策选择 [D]. 广州大学.
胡玮.2004. 我国城市化进程中的迁移问题探讨 [J]. 发展改革 (7).
简新华, 张国胜.2006. 日本工业化、城市进程中的"农地非农化" [J]. 中国人口·资源与环境 (6): 97.
瞿建松.2002. 集体土地流转制度研究 [D].
蓝宇蕴, 张汝立.2005. 城中村成因的探析——以广州市石牌村为例的研究 [J]. 中国农村经济 (11).
蓝宇蕴.2005. 都市里的村庄——一个"新村社共同体"的实地研究 [M]. 北京: 生活·读书·新知三联书店.
雷国本.2007. 我国城市化中的制约因素和模型选择 [J]. 城市开发研究 (6): 19-20.
李晋玲, 刘人境.2007. 城市化测度方法研究 [J]. 西北大学学报: 哲学社会科学版, 37 (3): 174-176.
李丽萍, 郭宝华.2006. 城市化形成及演进机制的比较 [J]. 改革 (3): 61-66.
李强.2003. 影响中国城乡流动人口的推动与拉力因素分析 [J]. 中国社会科学 (1): 128.
李强.1999. 中国大陆城市农民工的职业流动 [J]. 社会学研究 (3): 93.
廖丹清.2001. 我国城市化道路的选择因素 [J]. 经济学家 (2).
林芳文. 广州经济蓝皮书: 2004 广州经济形势分析与预测.
刘传江, 徐建玲.2008. 中国农民工市民化进程研究 [M]. 北京: 人民出版社.
刘红萍, 杨钢桥.2004. 城市化中的城中村形成机制与思考 [J]. 农业现代化研究 (4).
吕柯.2004. 浅议"农民工"市民化存在的主要障碍 [J]. 中共成都市委党校学报 (4): 45.
罗茜.2008. FDI 对我国城市化进程的影响 [J]. 开发研究 (4): 19-23.
马九杰, 孟凡友.2003. 农民工迁移非持久性的影响因素分析——基于深圳市的实证研究 [J]. 改革 (4): 82.
马庆国.2002. 管理统计: 数据获取、统计原理、SPSS 工具与应用研究 [M]. 北京: 科学出版社.
迈克尔·P. 托达罗.1992. 经济发展与第三世界 [M]. 北京: 中国经济出版社.
孟令国.2004. 发达国家农村劳动力转移的经验及对我国的启示 [J]. 农村经济 (1).
钱陈, 城市化与经济增长的主要理论和模型述评 [J], 浙江社会科学, 2005 (2): 190-196.
钱文荣, 黄祖辉.2007. 转型时期的中国农民工 [M]. 北京: 中国社会科学出版社.
任远, 邬民乐.2006. 城市流动人口的社会融合: 文献述评 [J]. 人口研究 (5): 87.
宋蓓.2007. 国外城市化发展路径评述 [J]. 国外社会科学 (2): 41-45.
孙超英.2002. 发展中国家城市化道路及其借鉴 [J]. 四川行政学院学报 (5).
孙福滨.1999. 中国城市化过程中的人口迁移模型研究 [D]. 西安交通大学.
孙中和.2001. 灰关联理论及 Logistic 模型在中国城镇化研究中的应用 [J]. 中国农村

观察（6）.
唐茂华．2007．东西方城市化进程差异性比较及借鉴［J］．国家行政学院学报（5）：99－101.
王康．1988．社会学词典［M］．济南：山东人民出版社．
王一鸣，杨宜勇，史育龙．2000．关于加快城市化进程中的若干问题研究［J］．宏观经济研究（2）.
王毅杰．2005．流动农民留城定居意愿影响因素分析［J］．江苏社会科学（5）：26，28，29.
魏城．2007 中国农民工调查［M］．北京：法律出版社．
温铁军．2000．中国的城镇化道路与相关制度问题［J］．开放导报（5）.
文军．2005．论我国城市劳动力新移民的系统构成及其行为选择［J］．社会学研究（1）：54.
吴兴陆．2005．农民工定居性迁移决策的影响因素实证研究［J］．人口与经济（1）：7.
吴业苗．2004．“小城镇牵引”效应与农民的迁移意愿［J］．理论导刊（12）.
熊波，石人炳．2009．理性选择与农民工永久性迁移意愿——基于武汉市的实证分析［J］．人口与经济（4）：15－17.
许学强，刘琦，曾祥章．1988．珠三角洲的发展与城市化［M］．广州：中山大学出版社．
许学强．1998．中国乡村——城市转型与协调发展［M］．北京：科学出版社．
轩明飞．2008．村（居）改制：城市化背景下的制度变迁——以济南市前屯改制为个案［M］．北京：社会科学文献出版社．
薛凤旋，杨春．1997．外资：发展中国家城市化的新动力——珠三角洲个案研究［J］．地理学报，52（3）：193－205.
叶超，陈明星．2008．国外城乡关系理论演变及其启示［J］．中国人口·资源与环境（1）：34－39.
曾旭晖，秦伟．2003．在城市农民工留城倾向影响因素分析［J］．人口经济（3）：52.
张国平．对我国城市化进程中两大主题的深度思考［J］．社会科学战线（8）：66.
张秀生，陈立兵．2005．村经济发展［M］．武汉：武汉大学出版社．
赵新平，周一星．2002．改革以来中国城市化道路及城市化理论研究述评［J］．中国社会科学（2）.
郑功成．2006．科学发展与共享和谐［M］．北京：人民出版社．
郑孟煊，黄绍汪．2006．城市化中的石牌村［M］．北京：社会科学文献出版社．
中国农民工问题研究总报告起草组．2006．中国农民工问题研究总报告［J］．改革（5）：5.
中国社会科学院经济增长前沿课题组．2003．经济增长、结构调整的累积效应与资本形成［J］．经济研究（8）：30.
左学金．2007．2006—2007 年：上海经济发展报告：构建服务型经济结构［M］．北京：社会科学文献出版社．
A. 刘易斯．1989．二元经济论［M］．北京：北京经济学院出版社．

参 考 文 献

Arrow, WKenneth J. 1962. The Economic Implication of Learning by Doing [J] . Review of Economic Studies (29): 155 - 173.

Black, D and J. V. Henderson. 1999. A theory of urban growth [J] . Journal of political eco nomy, 107 (2): 252 - 284.

Goldscheider, G. 1983. Urban migrants in developing nations [M] . New York: West view press.

Lucas Robert E. 2002. Life earnings and rural - urban migration [M] . Working paper.

Perton Unwin. Preston D. 1975. Rural - urban and Inter - settlement interaction: Theory and Analytical Structure [J] . Area (7): 171 - 174.

Romer, Paul M. 1986. Increasing returns and long - run growth [J] . Journal of political economy , 94 (5): 1002 - 1037.

Unwin. Tim. 1989. Urban - rural interaction in Developing Countries: a Theoretical Perspective [A] . In Poter, Unwin, eds. The Geography of Urban - rural Interaction , London.

后　记

中国的改革开放已经走过了三十多年的发展历程，中国的城市化和工业化发展水平也得到大大提升，2011年中国城市化率将会超过50%，但是户籍制度及一系列政策约束形成了中国严重的城乡二元社会结构，进而造成大量农村劳动力无法顺利向城市转移和同化。随着中国城市规模的不断扩大和城市对土地财政的依赖性日益增强，城市拆迁导致了中国城市中心区域和城市边缘地带诞生了大批的失地农民，在中国华南的国际大都市广州，还存在大量由于城市化不彻底的产物——"城中村"及大批"城中村"居民，此外，受户籍制度约束而无法完全融入城市的广大农民工群体，再加上城市周边农村地区的各类农民，这四大群体构成了中国城市化尤其是广州市城市化进程中的农民问题。受到中国现代化发展路径、中国工业化发展模式和城市二元社会结构等因素的影响，城市化进程中的农民问题呈现出既不同于发达资本主义国家的发展特征，也不同于计划经济时代的农民问题，而是政府、市场、制度、全球化等因素相互交织在一起而形成的复杂的问题体系。

2007—2010年，受福特基金会资助，仲恺农业工程学院承担的"城市化进程中的农民问题"就城市化进程中的四大农民群体进行了调查和研究，通过将定量的问卷调查和定性的访谈相结合，本书系统地梳理了这四大农民群体形成的历史脉络、发展过程和未来趋势，并且结合中国城市化尤其是本次研究的实地调查城市——广州的发展经验和现实状况进行了现状分析、比较研究和趋势预测。通过从共时性的群体区分和历史性的群体变迁来看待和研究城市化进程中的农民问题，本研究在挑战以往学术界笼统地就土地、身份、职业、价值、消费等单一角度的研究和分析农民问题的基础上，进行了跨群体的比较分析，通过比较失地农民、"城中村"居民、郊区农民和外来农民工这四大群体，我们可以发现不同农民群体在职业选择、身份适应、权益保护、经济发展和社会参与等方面都存在较大的差异和立场，这些差异和立场对我们今后认识和理解城市化进程中的农民问题提供了新的材料和视角，也为政府进行政策制定和日常治理提供了经验和借鉴。此外，本研究还在针对以往静态地看待中国城市化、中国农民问题和中国城市化进程中的农民问题的基础上，采用了历史性变迁研究，通过分析城市化发展不同阶段的失地农民、"城中村"居民、郊区农民和外来农民工的行为特征和价值观念的变迁和发展，为读者呈现出了一幅动态城市化发展和变迁的中国农民问题的画面。为此，本研究着重跨群体的比较分析和历史性的动态变迁分析为学术界和政府管理部门提供了大量新结论和新发现。

本研究历时三年多时间，今天书稿终于付梓。课题组感谢福特基金会的资助，感谢仲恺农业工程学院院长崔英德教授、副院长何斌研究员、副院长瞿志印研究员等校领导对本研究的支持和关心，感谢仲恺农业工程学院科研处处长田允波教授、刘晓娜副教授、禹慧敏博士的大力支持，感谢经济与管理学院和同事的帮助，尤其要感谢参与本课题研究的各位课题组成员，他们是：王厚俊、焦洁（总撰并完成第5部分写作），杨守玉、李勤志（完成第3部分写作），周辉、杨莎（完成第8部分写作），杜江南、余保才（完成第11部分写作），黄红球（完成第7部分写作），叶玉琴（完成第10部分写作），徐妍（完成第12部分写作），季莉娅、徐万开（完成第6部分写作），吴晨（完成第2部分写作），欧阳敏华（完成第4部分写作），黄毅、邓勿（完成第9部分写作），周可（完成第1部分写作）。正是大家的共同努力和凝聚的集体智慧，本书才得以出版。感谢李超海博士给予本书提出的中肯建议。

同时，要感谢我们的学生，他们是：焦洁（贵州大学硕士研究生）、梁大明、吴显珍、梁莹、练石勇、缪淑珍、李翠琴、张秋院、杨嘉莉、张小琴、蔡俊柳、黄晓驹、赵泳冰、秦锦清、曾明全、彭森愉、徐智通、彭潆军、肖全良、伍据以及农林经济管理2007级的全体同学。正是他们参与的详细调查、资料整理、文字录入等基础工作，不仅提高了他们认识问题、分析问题、解决问题的能力，也给本课题研究提供了大量的人力支持。感谢广州市六区调查点区、镇、村相关部门和领导对本课题的关心和调研中提供的帮助。

成果形成过程中，我们参阅、吸收了国内外学者、同仁的研究成果和文献，是他们的思想启迪了我们。正是在他们研究的基础上，我们做了一些努力。由于篇幅有限，不能一一列举，借此对这些作者表示衷心的感谢，并致敬意！

作者

2011年4月于广州

图书在版编目（CIP）数据

城市化进程中的农民问题/王厚俊等著．—北京：
中国农业出版社，2011.6
ISBN 978-7-109-15679-1

Ⅰ.①城…　Ⅱ.①王…　Ⅲ.①农民问题-研究-中国
Ⅳ.①D422.64

中国版本图书馆CIP数据核字（2011）第090287号

中国农业出版社出版
（北京市朝阳区农展馆北路2号）
（邮政编码 100125）
责任编辑　刘明昌

中国农业出版社印刷厂印刷　　新华书店北京发行所发行
2011年6月第1版　　2011年6月北京第1次印刷

开本：700mm×1000mm　1/16　　印张：30
字数：571千字　　印数：1～1 500册
定价：52.00元